2016-2017

中国政法大学法律硕士

·优秀学位论文集·

中国政法大学法律硕士学院 编

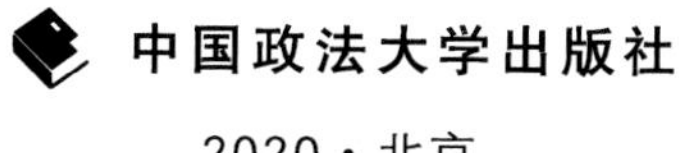

2020·北京

序

在我近三十年的教学生涯中，指导、评阅过的硕士和博士学位论文超过了五百篇。教学相长，这些论文不仅花费了我大量的心血，同时也给了我许多收益。

但是，不知从何时开始，学位论文逐渐成为一些学生的负担。尤其是研究生们为求职等现实压力所累，已无暇专注于论文观点的时代性思考和文字的斟酌与推敲，大多数论文的写作普遍成了关于某个问题的枯燥推演，或者成了一种知识谱系的梳理，往往是认真、规矩有余，而缺少观点独到、生机勃勃的文字。我也经常问学生：你喜欢研究哪些问题？自己想过吗？多数人往往答不上来。由此，我意识到：原来很多人对学问并无喜欢，写作论文不过是为了完成任务顺利毕业而已。可是，没有喜欢自然也就不会有见地、有深度，当然就更谈不上有文采并能体现社会现代性了。这正是今天的学问越来越成为一种工具，几乎成了“纸上的文学”的缘由。

钱穆老先生说，凡做学问，当能通到身世，尤贵能再从身世又通到学问。前人所谓之“身世”，亦即今人谓之的“时代”。从古至今，凡成大家者，其学问无不具备时代性，无不能将其身世融入学问当中。梁漱溟老先生也说过，“学问贵能得要”以及“学问家以能得为要，故觉轻松、爽适、简单”。得要就是心得、自得。我不是学问家，但也知道，做研究的最高境界就是进得去也出得来，要有心得、有感悟，要和自己与社会相联系，而不是仅仅为知识所累。“学”字的本义为觉悟，而“术”则是道路，是方法。学术，其实是一种觉悟的方式，学者则是正在觉悟的人。在学问之中，如果不出示觉悟之道，不呈现出一颗自由的心灵，就终归是一种技能、一种工具，是一种“为人”之学，而少了“为己、为世”之学的责任。

基于这种思维，每年毕业季，当一本本厚厚的学位论文摆在案头时，我和每一位老师一样，努力在数百篇文章中寻找见解独到并富有生命力的作品。对法律硕士学生的论文，我则是怀有更大的热忱，抱有更多好奇和期许。这是有原因的，我们的法律硕士学生以其不同专业的本科背景，而对社会具有更加宽阔的思维和认识角度，他们年轻，充满活力，强烈的时代感使他们充满着不愿被压抑的梦想和激情。他们中的大多数，虽然在论文写作中还不知如何“达之于道”，却也本能地拒斥着为学术而学术的孤冷。他们遵循规范，但也向往带着镣铐跳舞；他们仰视前辈，但也不忘自己发声。在这些可爱的学生们所作论文的一些段落中，你总能发现他们的机智与慧心，总能体会到哲理、幽默和非常大胆的臆断——这些看起来最不整饬的部分，恰恰是这本优秀论文集最见才华、最见性情的地方，它所塑造的是这些学生的心灵底色，里边埋藏着他们的学术理想，充满着他们对自己、对社会的责任意识，同时也昭示着他们不同凡响的创造精神。

为此，我们在每年几百份的毕业论文中挑选出为数不多的精品编辑成《中国政法大学法律硕士优秀学位论文集》。这些优秀论文摆在我们面前，作为一种记录，既是学生们心灵的私语，也是他们智慧的痕迹，更是他们对自己、对社会的感悟、思考和见地。尽管学生们的有些见解尚幼稚、欠成熟，但我非常珍惜他们这些独到的思维和心得，因为有感而发远比堆砌材料重要，摆脱历史束缚本身的能力也比历史感本身重要得多。我一直认为，在学生们理应开怀大笑的年龄，我们不应只看到他们脸上的肃穆和规矩；在他们还可以怀疑一切的岁月，我们要学习他们的勇气和激情，尽量鼓励、呵护他们的个性和热情。这就是我今天向大家推荐这本论文集的原因。

费安玲

2014 年 8 月

出版说明

本论文集所收录的论文均为近几年经中国政法大学法律硕士学院学位论文答辩委员会推荐并经法律硕士学院学位评定分委员会审核，从数百篇法律硕士学位论文中精选出来的优秀作品。

我们编辑出版这本论文集，旨在一方面使它成为法律硕士学生规范学术论文写作的范本，通过对这些论文的研读，学生们能够进一步强化良好的学术规范训练；另一方面，因这些论文多关注法学理论在司法实践层面的实际运用，区别于纯粹学术型的理论研究，符合法律硕士学生培养侧重实务应用的自身特点，能够更贴近学生未来的法律职业之路，为他们构建问题导向的应用型研究奠定坚实基础。

此外，就学生个体角度而言，这本论文集为他们展示其独特学术思想、推介个人研究成果提供了平台。学位论文被收录，对学生们来说既是一种荣誉，也是一种激励，更是对他们在中国政法大学求学成果的认可，这必将在校内乃至各法律硕士培养单位形成一种积极的辐射带动作用。作为我院编辑的第一套优秀学位论文集，这将仅仅是一个开始，今后我们还将陆续编辑出版这类书籍。借用“抛砖引玉”一语，我们期待着未来能够有更多更优秀的学位论文被选入这个集子。

当然，文中的某些学术观点，仅代表作者个人意见。本论文集不求达到学术观点的一致，但求能够产生思想和规范的共鸣。同时，限于时间仓促和编辑水平，难免存在疏漏之处，敬请读者见谅指正。

中国政法大学法律硕士学院

2019年1月8日

目录

2017年优秀学位论文

2016 年

优秀学位论文

论提单首要条款

孙亚卿

摘　要

首要条款是指印在提单背面，关于承运人权利、义务、责任及免责适用某一公约或某一国内法的条款。关于提单首要条款的性质，理论界存在着不同的声音，司法实践适用上也存在着分歧，对于其性质的确定及效力的研究在国际海事争议解决方面起着重要作用。本文将从提单首要条款的概念及产生原因入手，描述《维斯比规则》生效后出现的新类型的争议，进而对其性质进行判断，在确定性质的基础上运用比较法和案例法分析论证提单首要条款的效力问题，以期对学术研究和国际货物贸易纠纷的解决有所帮助。笔者认为，提单首要条款是法律适用条款，本质符合意思自治原则，是提单当事人合意的结果。提单首要条款和一般法律适用条款共存于提单时的适用问题，可采用“分割适用互相补充法”和“重叠适用和谐解释法”解决。

本文分三个部分：

第一部分是提单首要条款的概述。首先，简单介绍提单首要条款。提单首要条款产生于《海牙规则》签订之后，一方面源于缔约国对《海牙规则》的强制适用以及将《海牙规则》内国法化的强制性并入；另一方面源于非缔约国承运人为保护自身利益，利用提单首要条款援用《海牙规则》或某一国内特定法。其次，叙述了在《维斯比规则》生效后，就在提单中并入《海牙规则》还是《海牙—维斯比规则》又产生的新争议。

第二部分论证提单首要条款的性质是法律适用条款。本部分由关于提单首要条款性质的两种不同观点引入，进而采用国际私法原理及案例分析的方法，对提单首要条款是法律适用条款进行论证。首先，从提单首要条款符合法律适用条款的特征进行正面论证；其次，对认为提单首要条款不是法律适用条款的理由进行辨析及驳论。

第三部分是提单首要条款在司法实践中的适用问题。第二部分已经确定提单首要条款的性质，进而解决提单首要条款在实践中的适用问题，分别从提单中仅有首要条款以及既有首要条款又有其他一般法律适用条款的情况进行分析。提单中仅有首要条款时，又以《维斯比规则》的生效为节点，对于其生效后在提单中并入的到底是《海牙规则》还是《海牙—维斯比规则》进行了分析和探讨。而提单与一般法律适用条款冲突的解决，一般采用“分割适用互相补充法”“重叠适用和谐解释法”进行解决。

引　言

提单首要条款（Paramount Clause）源于1924年《关于统一提单的若干法律规则的国际公约》[1] 第10条的规定，因公约或国内海上运输法的规定，缔约国签发的提单中要求插入首要条款。随着海运的发展，非缔约国的承运人为保护自己的利益也会在提单中以首要条款的形式并入《海牙规则》。但在英国 Vita Food Products, Inc. v. Unus Shipping Co., Ltd.[2] 与 Anglo-Saxon Petroleum Co., Ltd. v. Adamastos Shipping Co., Ltd.[3] 两个案件的判决中对首要条款有了不同的认定后，学界便出现了对提单首要条款性质的不同观点，并且直到现在，对提单首要条款的性质与适用仍然存在争议。由于《关于修订统一提单的若干法律

---

〔1〕 1924年《关于统一提单的若干法律规则的国际公约》(International Convention for the Unification of Certain Rules of Law Relating to Bills of Lading, 1924)，以下简称《海牙规则》(Hague Rules)。

〔2〕 Vita Food Products, Inc. v. Unus Shipping Company Limited in liquidation [1939] UKPC 7, [1939] A. C. 277 (P. C.), (1939) 63 Ll L Rep 21 (30 January 1939), P. C. (on appeal from Nova Scotia).

〔3〕 The Saxon Star, [1958] 1 Lloyd's L. Rep. 73 (H. L. 1958).

规则的国际公约议定书》[1] 适用范围的扩大而淡化了提单首要条款在提单中的作用,[2] 但是租船合同、班轮提单中依旧会插入首要条款，围绕提单首要条款的案件也并未得到较统一的判定，反而又围绕着“是并入了《海牙规则》还是《海牙—维斯比规则》”产生了新的疑问。本文以此为背景，对提单首要条款的性质认定以及对其效力大小的确定发表自己的观点。

针对以上背景及当下学术界对提单首要条款性质的争议和实践中的效力认定的分歧，笔者翻阅了大量中外文献并查找了相关案例，采用比较分析法和案例分析法对此问题进行论证。国内外学者在提单首要条款性质的探讨上对两种观点各有坚持，例如英国上议院的 Denning 法官认为提单首要条款是并入合同的普通条款并以此观点对 Anglo-Saxon Petroleum Co., Ltd. v. Adamastos Shipping Co., Ltd 案[3]进行判决，莫里斯在他的《戴西和莫里斯论冲突法》中也推定提单首要条款为并入合同的普通条款。我国学者持此观点的也不在少数，韩立新教授认为，把首要条款认作法律选择条款是错误的,[4] 但其并未在文中指出错在何处。而朱芸在《论提单适用法律条款与首要条款》[5] 中赞同韩立新的观点，也认为提单首要条款不是法律适用条款，并指出二者在含义和范围上有所区别。持这种观点的理由大概包括以下方面：其一，提单首要条款必须强制适用《海牙规则》或者各国已转化适用的海上货物运输法，并且在提单中要强制列入提单首要条款。与法律适用条款不同的是，法律适用条款是遵循当事人意思自治原则而由当事人合意选择的结果。其二，提单首要条款规定适用《海牙规则》或者各国已转化适用的海上货物运输法，并不属于当事人可以自己选择的“法律”。[6] 一方面，对《海牙规则》的缔约国来说，无论是其加入《海牙规则》还是将《海牙规则》内国法化，根据“条约必须信守原则”，有关承运人最低责任与义务、承运人应享有的免责范围和承运人对货物灭失或损害的赔偿限额的规定只能适用国际公约，谈不上选择的问题；对非缔约国而言，奉行“公约对第三国不加损害也不予利益”的原则，国际公约并非其遵守的“法

---

[1] 《关于修订统一提单的若干法律规则的国际公约议定书》(Protocol to Amend the International Convention for the Unification of Certain Rules of Law Relating to Bills of Lading, 1924)，以下简称《维斯比规则》(Visby Rules)。

[2] 《维斯比规则》第 5 条第 2 款规定：“每个缔约国应将本公约的各项规定适用于上述提单。”

[3] The Saxon Star, [1958] 1 Lloyd's L. Rep. 73 (H. L. 1958).

[4] 韩立新：《论提单中有关法律适用条款》，载《中国海商法年刊》，大连海事大学出版社 1996 年版，第 219 页。

[5] 朱芸：《论提单适用法律条款与首要条款》，载《政法论坛》2001 年第 3 期，第 115 页。

[6] 张方圆：《提单首要条款之研究》，中国政法大学 2006 年硕士学位论文，第 15 页。

律”。[1] 另一方面，当事人可以选择的法律属于国内实体法，不包括国际公约和国际惯例，提单首要条款的产生只是为了扩大公约的适用范围。朱芸将提单首要条款定义成“为强制适用某一公约或其已内国法化的公约”，“而提单法律适用条款……指有关提单的任何争议应适用某一法律也即准据法解决的条款。因此，提单法律适用条款，不等于首要条款。”[2]

当然也有另一部分学者同意提单首要条款是法律适用条款，如屈广清在《论提单首要条款的性质和效力》[3] 一文中指出，提单首要条款是特殊的法律适用条款，认同此观点的学者还包括吴焕宁教授等。但对此观点进行详尽论述的学者很少，能获取的文章也很少。因此，屈广清对提单首要条款的性质不是法律适用条款的观点进行了反论证，即找出其中立论不足之处。他认为提单首要条款是法定的要求理由不充分。因为美国、英国等缔约国将《海牙规则》转化为国内法适用的同时亦要求在提单中并入《海牙规则》的条款，即要求插入首要条款，[4] 但没有插入首要条款的提单没有因此而无效，承运人也没有因此受到惩罚。他还指出 1932 年英国的 TORRI 案及 1947 年 CIANO 案中，法院均认定：提单没有插入首要条款，并不因此而无效，而是仍应适用英国的《海上货物运输法》。法官认为，英国的《海上货物运输法》具有强制性，但提单中是否插入首要条款不是强制的。[5] 在国内也有类似的案例，广州海事法院在“柯兹亚”轮延迟交货纠纷案[6]中对首要条款效力进行了认定：“双方当事人选择法律适用的意思表示真实，不违反中国法律，应确认其效力。”[7] 此案在下文会详细论述。所以，提单首要条款并不具有严格的强制性。只有很少的“声音”认为，提单首要条款在不同情形下有不同的性质。大致分为：首要条款指定的法律为国内实体法时，其性质为法律适用条款；指定为未加入的国际公约时，因不属于“国家法”，所以不是法律适用条款，而是并入提单的一般的合同条款。[8]

---

〔1〕 刘雨佳：《论提单首要条款的性质和效力》，载《海大法律评论》2006 年第 00 期，第 87 页。

〔2〕 朱芸：《论提单适用法律条款与首要条款》，载《政法论坛》2001 年第 3 期，第 117 页。

〔3〕 屈广清、刘萍：《论提单首要条款的性质和效力》，载《河南省政法管理干部学院学报》2005 年第 1 期，第 99 页。

〔4〕 吴焕宁主编：《国际海上运输三公约释义》，中国商务出版社 2007 年版，第 63~64 页。

〔5〕 屈广清、刘萍：《论提单首要条款的性质和效力》，载《河南省政法管理干部学院学报》2005 年第 1 期，第 98 页。

〔6〕 孙南申、张苏峰：《论未对中国生效的国际私法条约在国内法院适用问题》，载《武大国际法评论》2013 年第 1 期，第 85 页。

〔7〕 高冰轮：《浅论提单首要条款》，载《改革与开放》2014 年第 5 期，第 42 页。

〔8〕 高冰轮：《浅论提单首要条款》，载《改革与开放》2014 年第 5 期，第 42 页。

参阅国内外学者不同的文献后，笔者以这些理论或实践案例为基础，对提单首要条款的性质及效力进行论证。本文除以提单的法律适用、租船合同并入提单、提单对第三人的效力这些海商法知识为基础外，还结合国际私法原理，如“意思自治原则”的概念、“分割论”的来源，对提单首要条款的性质做充分论证，并对《海牙规则》条文的释义及与《海牙—维斯比规则》的关系来对提单首要条款中并入的是《海牙规则》还是《海牙—维斯比规则》的争议进行探讨，以期对司法实践中有关提单首要条款案件争议的解决有所帮助。

第一章　提单首要条款概述

一、提单首要条款的概念及渊源

（一）提单首要条款的概念

国内学者比较统一地将提单首要条款定义为，指明该提单受某一国际公约或某特定国内法支配的条款。[1] 提单首要条款是以该国际公约或国内法来确定承运人相关的权利义务关系，并解决提单当事方之间争议的条款。许多船运公司将首要条款纳入提单中，其内容多为：本提单依据《海牙规则》的相关规定生效，该公约被视为已并入提单。该提单中所载任何内容，都不应理解为承运人会放弃公约中规定的权利或豁免，或增加任何义务或责任。[2]

根据《美国法律词典》（*The US Legal Dictionary*）对首要条款的定义：“首要条款是海商法的规定，是在租船合同中指明某一法律适用该协议”，典型的例子是将美国《海上货物运输法》（COGSA）并入提单。首要条款是根据联邦法律并入提单的基本条款，是从美国港口进行对外贸易的海上货物运输合同的证明。[3]

虽然学界对于提单首要条款的定义比较统一，但在提单首要条款的性质和效力方面不仅理论界的认识不一致，在海事司法实践中对关于首要条款的提单

---

〔1〕 司玉琢主编：《海商法》，中国人民大学出版社 2008 年版，第 135 页。

〔2〕 屠颖晟：《论提单中仲裁条款、管辖权条款及首要条款等效力》，上海海事大学 2006 年硕士学位论文，第 25 页。

〔3〕 *The US Legal Dictionary*: Clause Paramount is a provision in Maritime law. Clause paramount is a provision in a charter party that specifies what law of the jurisdiction will govern the agreement. This typically incorporates the Carriage of Goods by Sea Act (46 U. S. C. A. § 1300) into the charter. Clause paramount is an essential provision which should be incorporated in any bill of lading according to the federal law. Clause paramount demonstrates a contract for the transportation of goods by sea from the United States ports in foreign trade.

纠纷也没有统一的认定标准。

（二）提单首要条款产生的原因

提单首要条款渊源于《海牙规则》。19 世纪后期，随着海上航运的发展，国际贸易交往不断深入，承运人在海上货物运输中逐渐处于有利地位，提单中载入的承运人免责条款被广泛适用。对此，为遏制承运人这种滥用权利任意增加免责条款的现象，提单首要条款明确了承运人的基本义务及最低责任，并且满足了提单实务的迫切需要以保护货主利益的实现。美国在 1893 年制定了《哈特法》(Harter Act，1893)，[1] 明确了承运人应尽义务，且规定免除应尽责任的条款无效。1921 年，国际海事委员会（以下简称“CMI”）拟定了《海牙规则草案》，在 1924 年制定了《关于统一提单的若干法律规则的国际公约》，即《海牙规则》，旨在国际层面统一解决提单纠纷。自《海牙规则》1931 年生效以来，随着海洋运输和国际贸易的发展，特别是海上集装箱班轮运输的出现，暴露出许多问题。为扩大提单运输国际公约的适用范围以及解决其他问题，1968 年 CMI 制定的《关于修订统一提单的若干法律规则的国际公约议定书》获得通过，即《维斯比规则》。经《维斯比规则》修订后的《海牙规则》，称为《海牙—维斯比规则》。之后，为平衡货主与承运人之间的风险分配，联合国贸易法委员会起草的 1978 年《联合国海上货物运输公约》[2] 在联合国海上运输外交大会上通过。调整海上货物运输的三大国际公约相继生效，且在适用范围上逐步扩大。

根据《海牙规则》第 10 条规定：“本公约各项规定，适用于在任何缔约国所签发的一切提单。”该条款表明，公约强制适用于所有在缔约国签发的提单，但是公约不强制适用于非缔约国签发的提单。[3] 一些国家在《海牙规则》生效之前就将其转化为国内法适用，例如英国 1924 年颁布的《海上货物运输法》、澳大利亚 1924 年颁布的《海上货物运输法》等。[4] 根据 1924 年英国《海上货物运输法》第 3 条规定，提单要明确含有一条“受本法适用的《海牙规则》的

〔1〕 全称为《关于船舶航行、提单以及与财产运输有关的某些义务、职责和权利的法律》（An Act Relating to Navigation of Vessels, Bills of Lading and to Certain Obligations, Duties and Rights in Connection with the Carriage of Property）。

〔2〕《联合国海上货物运输公约》（United Nations Convention on the Carriage of Goods by Sea，1978），以下简称《汉堡规则》（Hamburg Rules）。

〔3〕 吴焕宁主编：《国际海上运输三公约释义》，中国商务出版社 2007 年版，第 63~64 页。

〔4〕 张文广：《海上货物运输法的历史发展及其启示》，载《中国海商法研究》2013 年第 2 期，第 14 页。

约束”的条款，这就是“首要条款”。[1] 美国1936年颁布的《海上货物运输法》、加拿大的《水路货物运输法》也有类似规定。另外，实践中没有加入《海牙规则》的非缔约国的承运人经常主动在提单中插入首要条款，以达到适用《海牙规则》的效果。也就是说，非缔约国的承运人为适用《海牙规则》，往往以“首要条款”指向《海牙规则》，从而使该公约并入提单成为提单条款之一，达到其适用不受缔约国限制的效果，以保护自身的利益。非缔约国承运人可以根据国际海上货物运输合同中“意思自治”和“合同自由”的原则在提单中加入一条款使其适用承运人所选择的法律，并且赋予该条款以最高的地位和效力，作为提单的首要条款。

（三）《海牙—维斯比规则》对提单首要条款的发展

1977年6月23日，《维斯比规则》生效，其第5条适用范围不仅包括《海牙规则》规定的提单签发地是公约缔约国的情形，还增加了——当货物是从一个缔约国起运，以及当提单或提单证明的海上货物运输合同规定适用公约——两种情况。[2] 因此，《海牙—维斯比规则》的适用范围被大大地扩大了，而且缔约国可以通过国内法的规定进一步扩大公约的适用范围，将公约适用于上述这些提单之外的提单。例如，英国1971年《海上货物运输法》将《海牙—维斯比规则》转化为国内法，该法第1条第6款（b）规定，如果运输合同签发的是不可转让的运输单据且这些单据中明确援引了《海牙—维斯比规则》，那么该规则应当适用。[3]

---

〔1〕 Carriage of Goods by Sea Act 1924, Article 3: "Statement as to application of Rules to be included in bills of lading. Every bill of lading, or similar document of title, issued in Great Britain or Northern Ireland which contains or is evidence of any contract to which the Rules apply shall contain an express statement that it is to have effect subject to the provisions of the said Rules as applied by this Act."

〔2〕《维斯比规则》第5条：本公约第10条应改为下列规定：“本公约各项规定应适用于在两个不同国家的港口之间有关货物运输的每一份提单，如果：（a）提单在一个缔约国签发；或（b）从一个缔约国港口起运；或（c）提单载有的或由提单所证明的契约的规定，该契约应受本公约的各项规则约束或应受本公约生效的任何国家的立法约束，不论船舶、承运人、托运人、收货人或任何其他关系人的国籍如何。每个缔约国应将本公约的各项规定适用于上述提单。本条不应妨碍缔约国将本公约的各项规定适用于未在前述各款中列明的提单。”

〔3〕 Carriage of Goods by Sea Act 1971, Article 1 (6): "Without prejudice to Article X (c) of the Rules, the Rules shall have the force of law in relation to— (a) any bill of lading if the contract contained in or evidenced by it expressly provides that the Rules shall govern the contract, and (b) any receipt which is a non-negotiable document marked as such if the contract contained in or evidenced by it is a contract for the carriage of goods by sea which expressly provides that the Rules are to govern the contract as if the receipt were a bill of lading, but subject, where paragraph (b) applies, to any necessary modifications and in particular with the omission in Article Ⅲ of the Rules of the second sentence of paragraph 4 and of paragraph 7."

如果说在《海牙规则》生效初期，承运人往往使用“首要条款”来满足公约的适用，《海牙规则》的强制性就有可能被规避；那么，《维斯比规则》生效后，这个问题就不存在了。因为《维斯比规则》第5条第2款“每个缔约国应将本公约的各项规定适用于上述提单”的规定，赋予了《海牙—维斯比规则》以强制适用的法律效力。[1]

虽然《汉堡规则》的适用范围比《海牙规则》《海牙—维斯比规则》更为宽泛，不但确认了合同缔结地法适用原则（装货港所在地国），还确认了受理案件所在地法的原则（卸货港所在地国），体现了《汉堡规则》试图最大限度地扩大其适用范围的立法意图。从这个意义上讲，提单的首要条款也就没有存在的必要了。但是，《汉堡规则》相比较《海牙规则》《海牙—维斯比规则》而言，明显不利于承运人，承运人也无意通过首要条款去适用《汉堡规则》。因此，实践中承运人依旧会插入首要条款选择适用《海牙规则》或《海牙—维斯比规则》或某国内海上运输法，围绕首要条款适用的纠纷也不断发生。

综上，实践中的提单首要条款涉及适用公约的情形有两种：承运人或者将《海牙规则》并入提单，作为提单的首要条款；或者将《海牙—维斯比规则》并入提单，使提单受其制约。但是，在《维斯比规则》生效前并入提单的首要条款自然会被理解为受《海牙规则》的制约，而关于1977年以后提单中并入的首要条款是受《海牙规则》的制约还是《海牙—维斯比规则》的制约，学界和实务界存在不同的观点。这部分内容笔者将在提单首要条款的效力中进行分析。

二、提单首要条款的表现形式

目前，在实践中，提单首要条款通常使用的文本有以下几种。

（一）航次租船合同中的提单首要条款

在航次租船合同中，典型的提单首要条款形式是由波罗的海国际航运公会（The Baltic and International Maritime Council，以下简称“BIMCO”）制定的“康金提单”1994年版：“首要条款：（a）起运地国家签订的1924年布鲁塞尔《关于统一提单的若干法律规则的国际公约》即《海牙规则》适用于本提单。在起运地国没有这种法规时，应当适用目的地国的相应法规。如目的地国对海运无强制性的法律规范，仍适用《海牙规则》。（b）《海牙—维斯比规则》适用的运输。对于《海牙—维斯比规则》（即1968年2月23日签署的对《海牙规则》修正议定书）强制适用的运输，相应法规的条款适用本提单。（c）承运人对于装船前和卸船后或货物处于另一承运人掌管时发生的损坏或灭失不负责任，承

[1] 吴焕宁主编：《国际海上运输三公约释义》，中国商务出版社2007年版，第81页。

运人对于甲板货或活动物的损失不负责任。"[1]

除此之外，还有较新的 1977 年美国船舶经纪人和代理人协会［Association of Ship Brokers and Agents（U. S. A），Inc.，以下简称"ASBA"］制定的适用于油轮航次租船合同（Tanker Voyage Charter Party）的 ABSAT-ANKVOY 格式，其中第 20 条（b）（ii）也有相应规定："本提单应受 1936 年 4 月 16 日通过的美国《海上货物运输法》的约束。但如在本提单签发地，其他法案、法令或立法赋予 1924 年 8 月布鲁塞尔《关于统一提单的若干法律规则的国际公约》以成文法效力，则本提单应受此种法案、法令或立法规定的约束，此种适用的法案、法令或立法（以下简称'法案'），应视为并入本提单。并且，本提单中的任何规定都不应视为船东放弃根据法案所享有的任何权利或豁免，或增加其根据法案应承担的义务或责任。如本提单中的条款与法案相抵触，则此种条款无效，但以所抵触的部分为限。"[2]

（二）定期租船合同中的提单首要条款

定期租船合同常用的格式是美国纽约土产交易所（New York Produce Exchange，以下简称"NYPE"）制定的，NYPE93 第 31 条[3]："本租船合同受下列条款约束，并且应将其包括在签发的所有提单或运单内：首要条款，本提单

---

〔1〕 CONGENBILL 1994, English version："（2）General Paramount Clause.（a）The Hague Rules contained in the International Convention for the Unification of certain rules relating to Bills of Lading, dated Brussels the 25th August 1924 as enacted in the country of shipment, shall apply to this Bill of Lading. When no such enactment is in force in the country of shipment, the corresponding legislation of the country of destination shall apply, but in respect of shipments to which no such enactments are compulsorily applicable, the terms of the said Convention shall apply.（b）Trades where Hague-Visby Rules apply. In trades where the International Brussels Convention 1924 as amended by the Protocol signed at Brussels on February 23rd 1968 - the Hague-Visby Rules apply compulsorily, the provisions of the respective legislation shall apply to this Bill of Lading.（c）The Carrier shall in no case be responsible for loss of or damage to the cargo, howsoever arising prior to loading into and after discharge from the Vessel or while the cargo is in the charge of another Carrier, nor in respect of deck cargo or live animals."

〔2〕 ASBA, Clause Paramount："This Bill of Lading shall have effect subject to the provisions of the Carriage of Goods by Sea Acts of the United States, approved April 16, 1936, except that if this Bill of Lading is issued at a place where any other Act, ordinance or legislation gives statutory effect to the International Convention for the Unification of Certain Rules relating to Bills of Lading at Brussels, August 1924, then this Bill of Lading shall have effect, subject to the provisions of such Act shall be deemed to be incorporated herein and nothing herein contained shall be deemed a surrender by the Owner of any of its rights or immnities or an increase of any of its responsibilities or liabilities under the Act. If any term of this Bill of Lading be repugnant to the Act to any extent, such term shall be void to the extent but no further."

〔3〕 波罗的海国际航运公会联合美国船舶经纪人和代理人协会与新加坡海事基金会（以下简称"SMF"）于 2015 年 10 月 16 日共同发布纽约土产交易所期租合同（NYPE 2015），这是 NYPE 自 1993 年问世以来的第一次修订，也是第一次由 BIMCO、ASBA 和 SMF 共同发布租船合同修订版。不过，提单首要条款并没有修改。

应根据适用的美国《海上货物运输法》《海牙规则》或《海牙—维斯比规则》，或由于提单上的起运港或目的港可能强制适用的其他类似国内立法而发生效力，该法律或《海牙规则》或《海牙—维斯比规则》应视为并入本提单，并且本提单中的任何规定均不应视为承运人对其根据该法案所享有的任何权利或豁免的放弃，或对其根据该法案所承担的责任或义务的增加。如本提单的任何条款与该法案相抵触，则该条款无效，但仅以所抵触者为限。"[1]

（三）班轮提单中的"首要条款"

班轮提单中，并没有像"康金提单"或者"NYPE93"格式中对提单首要条款有着规范的表述，但从内容上可以将这样的条款视为一种特殊的首要条款，例如在1993年《中华人民共和国海商法》（以下简称《海商法》）颁布前，中远公司（COSCON）提单背面条款第3条承运人责任条款规定："有关承运人的义务、责任、权利及豁免应适用《海牙规则》，即1924年8月25日在布鲁塞尔签订的《关于统一提单的若干法律规则的国际公约》。"[2] 中国外运股份有限公司制定的"外运海运提单范本"背面条款第4条"海牙规则"规定，"关于本提单承运人的义务、责任、权利和豁免，应遵照1924年《关于统一提单的若干法律规则的国际公约》，即《海牙规则》的规定"。1993年《海商法》生效之后，目前中远公司提单条款则规定该提单受中华人民共和国法律的制约。

还有一种条款，通常被称为"地区条款"（Local Clause），是指承运人为了适应某一地区法律规定而在提单中拟定的指明从该国或地区港口运往或运出货物时，必须适用该国或地区内的法律。最常见的是美国地区条款，其规定来往美国港口的货物运输只能适用美国1936年《海上货物运输法》，运费按联邦海事委员会（FMC）登记的费率执行，如提单条款与上述法则有抵触时，则以美国法为准。[3] 例如，中远公司提单第26.2条规定："虽有第26.1条中的规定，

---

[1] NYPE 93 (2015), English version: "This C/P is subject to the following clauses all of which are also to be included in all bills of lading or way bills issued here under: (a) CLAUSE PARAMOUNT. This bill of lading shall have effect subject to the provisions of the Carriage of Goods by Sea Act of the United States, the Hague Rules, or the Hague-Visby Rules, as applicable, or such other similar national legislation as may mandatorilly apply by virtue of origin or destination of the bill of lading, which shall be deemed to be incorporated herein and nothing herein contained shall be deemed a surrender by the carrier of any of its rights or immunities or an increase of any of its responsibilities or liabilities under said applicable Act. If any term of this bill of lading be repugnant to said applicable Act to any extent, such term shall be void to that extent, but no further."

[2] COSCON Article 3: " CARRIER's RESPONSIBILITY. In respect of Carrier's liabilities, responsibilities, rights and immunities, the Hague Rules contained in the International Convention for the Unification of Certain Rules Relating to Bills of Lading, singned at Brussels on August 25, 1924, shall be applied."

[3] 张方圆：《提单首要条款之研究》，中国政法大学2006年硕士学位论文，第31页。

当某项运输业务包含驶往或来自或经由美利坚合众国的某一港口或地点的运输时，本提单便应受美国《海上货物运输法》的规定的约束，而该法应被视为已载入本提单，而本提单中所载任何内容均不得视为承运人对其根据美国《海上货物运输法》而享有的任何权利、豁免、除外或限制的放弃，或其义务的任何增加。”笔者认为，这是便于在进出美国港口的货物运输中，如果产生纠纷，即使诉讼地不在美国本地，也可以根据该条款处理并解决纠纷。再如，中远公司提单背面条款当中“责任与限制”第2款规定：“如有关运输包括驶往、来自或经过美利坚合众国某一港口或地点的运输，本提单便应受其第26.2条中所述1936年美国《海上货物运输法》及其修订条款的约束。无论是承运人、其受雇人、代理人、分立契约人及（或）船舶，在任何情况下，对超出美国《海上货物运输法》中规定的每件或每单位赔偿限度的任何数额，都不负责，除非货方已在装运前将货物的性质及价值加以申报并已载入本提单，而且货方已就此项申报价值加付运费。”〔1〕笔者认为，该条是专门规定承运人赔偿限额的法律适用条款，即在涉美航线中承运人赔偿限额适用美国1936年《海上货物运输法》相关的规定。

此外，中国外运股份有限公司制定的“外运海运提单范本”背面条款第27条“美国条款”规定：尽管有本提单其他条款，来往美国港口的货物运输应适用美国1936年《海上货物运输法》。如本提单中任何规定根据美国1936年《海上货物运输法》判定为无效时，该规定仅在此限度内无效，不影响其他条款的效力。

关于这种地区条款是否为首要条款，学界是有争议的。笔者认为，虽然这样的条款并非像一般意义上的首要条款那样将某一公约或法律统一适用于所有提单运输，而是限定在涉及某个国家的运输，但其确实是将某个国家的海上运输法适用于提单运输，且指向承运人义务、责任、免责及责任限额等的规定。

当事人约定适用的通常是该法规，因此从这个角度看，地区条款也属于特殊的法律选择条款，按照特殊优于一般的原则，可以将其视为一种特殊的首要条款。当然，这些为了满足某些国家国内法中的强制规定而在提单中规定的特殊条款，在适用时也不得违反法院地国家的公共秩序和强行法的规定。

三、提单首要条款性质之争

（一）有关提单首要条款性质的两种观点

学术界关于提单首要条款的性质，第一种观点认为提单首要条款是法律适

〔1〕具体内容参见中远公司（COSCON）提单背面。

用条款。Vita Food Products Inc. v. Unus Shipping Co.，Ltd.〔1〕以首要条款为法律适用条款判决承运人免责，这是对后续研究提单首要条款产生了深远影响的案件。国外学者这样描述首要条款，“首要条款的作用在于明确船运合同所适用的法律”。〔2〕学者杨仁寿指出，“大陆法系国家提单中插入首要条款，将视为对准据法的选定”。〔3〕孙岚也撰文认为：“首要条款的性质是法律适用条款，因为它表明当事人合意就提单运输中承运人的权利、义务、责任和免责问题适用某公约或某国内法的意思。”〔4〕翁杰、刘萍亦认为：“提单的首要条款与法律适用条款之间没有本质的区别，是特殊的法律适用条款，与其他法律适用条款具有同等的效力。”

英国1957年的Anglo-Saxon Petroleum Co.，Ltd. v. Adamastos Shipping Co.，Ltd.〔5〕一案，审理此案的Parker法官将首要条款解释为与其他合同条款一样是合同的一部分。此后，关于提单首要条款的性质产生了另外一种观点，即“首要条款是并入提单的普通合同条款并非法律适用条款”。著名国际私法学者莫里斯在其著作中指出：“应该区别当事人对合同自体法的明示选择和把自体法以外的外国法的某些规定作为合同中一个或一些术语的情况。”〔6〕因此，莫里斯也是将提单首要条款作为并入提单中的普通合同条款对待的。在国内同样有学者持第二种观点，如韩立新教授曾在其文章中指出，“把首要条款认作法律选择条款是错的”。〔7〕之后又在其《海事国际私法》中解释说：“首要条款的特点在于将某个公约或是某个法律的一部分‘并入合同’，该条款有效与否理应由提单中的准据法决定。”〔8〕而郭国汀在《提单法律适用条款与首要条款若干问题研究》一文中也认为：“首要条款只是普通的提单条款，目的在于维护强制性法律规范的适用，排除和限制当事人法律适用方面的自由意思。提单首要条款只有在法

---

〔1〕Vita Food Products Inc. v. Unus Shipping Company Limited in liquidation［1939］UKPC 7，［1939］A. C. 277（P. C.），（1939）63 Ll L Rep 21（30 January 1939），P. C.（on appeal from Nova Scotia）.

〔2〕Thomas J. Schoenbaum，Admiralty And Maritime Law 10-11 At 51（4th Ed. 2004）；Steel Coils，Inc. v. CAPTAIN NICHOLAS I M/V，197 F. Supp. 2d 560，563（E. D. La. 2002）（citation omitted）. 原文：“The functionof the Clause Paramount is to specify the law to be applied to the contract of carriage.”

〔3〕杨仁寿：《载货证券》，三民书局1991年版，第267页。

〔4〕孙岚、刘超：《提单首要条款性质的研究》，载《现代法学》2003年第6期，第183页。

〔5〕The Saxon Star，［1958］1 Lloyd's L. Rep. 73（H. L. 1958）.

〔6〕［英］J. H. C. 莫里斯主编：《戴西和莫里斯论冲突法》（下），李双元等译，中国大百科全书出版社1998年版，第758页。

〔7〕韩立新：《论提单中有关法律适用条款》，载《中国海商法年刊》，大连海事大学出版社1996年版，第224页。

〔8〕韩立新主编：《海事国际私法》，大连海事大学出版社2001年版，第155、159页。

院地国是国际公约的缔约国时其效力才会被承认。"〔1〕

学者对提单首要条款的性质产生上述两种不同的观点，主要有两方面原因：其一，插入提单首要条款是否是法定要求；其二，提单首要条款只解决部分承运人责任问题及指向某一特定法是否符合法律适用条款的特征。关于提单首要条款性质的具体分析，笔者将在第二部分详细论证。

（二）提单首要条款在司法实践中的分歧

因提单首要条款性质在学界的争议，在司法实践中，提单首要条款的适用也存在着分歧。上述 Vita Food Products Inc. v. Unus Shipping Co. , Ltd. 案〔2〕，所涉货物是由纽芬兰〔3〕起运到目的地纽约，在加拿大新斯科夏沿海受损，收货人因此将承运人诉至加拿大法院。承运人签发的提单包含的首要条款指定适用英国法，而按照《纽芬兰法》规定则适用《海牙规则》，该案的争议焦点是应当适用当事人约定的英国法抑或《纽芬兰法》的强行性规定。案件最后上诉到英国枢密院，审理此案的赖特法官认为，当事人在提单中约定了适用的法律，且"善意""无法律规避与政策规避"，从而承认了当事人约定适用英国法的条款有效，判决承运人免责。同样是英国，在 1957 年 Anglo - Saxon Petroleum Co. , Ltd. v. Adamastos Shipping Co. , Ltd. 案〔4〕中，提单引入的首要条款被审理此案的 Denning 法官解释为与其他合同条款性质相同，而非法律适用条款。在 1976 年 The "Agios Lazaros" 案中，Denning 法官认为，首要条款的目的只是阻止了当事人不合法的免责条款。并且他坚持认为"首要条款对于商人的意义，只是通过首要条款将《海牙规则》并入提单所要证明的合同而已，且给予其最高的效力以保证适用《海牙规则》"。〔5〕

除上述国外案例的判决中对首要条款的性质、效力认定不一之外，在我国司法实践中存在着同样的问题。在《最高人民法院公报》刊登的"美国总统轮船公司与菲达电器厂、菲利公司、长城公司无单放货纠纷再审案"〔6〕中，原告菲达电器厂委托被告美国总统轮船公司将两批货物运输至新加坡，货物运抵后，

---

〔1〕 郭国汀：《提单法律适用条款与首要条款若干问题研究》，载北京大学法学院海商法研究中心主编：《海商法研究》（第 1 辑），法律出版社 2000 年版，第 72 页。

〔2〕 Vita Food Products Inc. v. Unus Shipping Company Limited in Liquidation [1939] UKPC 7, [1939] A. C. 277 (P. C.), (1939) 63 Ll L Rep 21 (30 January 1939), P. C. (on appeal from Nova Scotia).

〔3〕 当时，纽芬兰不属于加拿大。

〔4〕 The Saxon Star, [1958] 1 Lloyd's L. Rep. 73 (H. L. 1958).

〔5〕 张方圆：《提单首要条款之研究》，中国政法大学 2006 年硕士学位论文，第 20 页。

〔6〕 参见北大法宝 http: //www. pkulaw. cn/case/pfnl_1970324837041629. html? keywords = 总统 & match=Exact，最后访问日期：2016 年 1 月 12 日。

在收货人无正本提单的情况下被告向其交付了货物。此案最后在最高人民法院再审，最高人民法院认为，该案属于海上货物运输合同纠纷，提单是双方当事人自愿选择使用的，提单首要条款中明确约定适用1936年美国《海上货物运输法》或《海牙规则》。法院认为，对法律适用的这一选择是双方当事人的真实意思表示，且不违反中华人民共和国的公共利益，是合法有效的，对各方均具有法律约束力，应当尊重。[1]

而山东省高级人民法院在“（印度）拉迪恩航运有限公司诉（中国）五矿贸易有限公司提单记载与实际货物不符损害赔偿纠纷案”[2]中，却与最高人民法院对提单首要条款性质的认定有所不同。山东省高级人民法认为该案是一起海上货物运输纠纷提起的损害赔偿诉讼，该案原告拉迪恩航运有限公司称提单背面第2条为首要条款，是法律适用条款，应适用《海牙规则》，而被告五矿贸易有限公司答辩称首要条款不是法律适用条款，只是将《海牙规则》并入提单而已，所以应适用中国法律。最后，山东省高级人民法院支持了被告的答辩，认为提单中的首要条款虽含有法律适用的内容，但该条款不是法律适用条款，而是将首要条款指向的国际公约并入提单，从而构成提单的一般条款，且在目的方面首要条款主要是为了使提单强制适用《海牙规则》或《海牙—维斯比规则》，并不是为确定准据法。[3]

鉴于对提单首要条款性质的认定不一及司法实践中存在的分歧，笔者尝试对提单首要条款的性质及其效力做逐步分析，以期得出更深刻的认识，并期望对提单首要条款在我国的司法实践层面有所帮助。

第二章　提单首要条款是法律适用条款

法律适用条款，是指出某种涉外民事法律关系应适用何国法律来调整的规范，指定援用的法律是准据法。[4]现代国际私法对当事人自主选择合同适用法律的要求应符合意思自治原则及最密切联系原则，以利于保证法律适用结果的可预见性，妥善解决案件争议。[5]

---

〔1〕参见北大法宝 http://www.pkulaw.cn/case/pfnl_1970324837041629.html? keywords=总统&match=Exact，最后访问日期：2016年1月12日。

〔2〕山东省高级人民法院民事判决书（2002）鲁民四终字第24号。

〔3〕山东省高级人民法院民事判决书（2002）鲁民四终字第24号。

〔4〕赵相林主编：《国际私法》，中国政法大学出版社2011年版，第91页。

〔5〕张方圆：《提单首要条款之研究》，中国政法大学2006年硕士学位论文，第10页。

法律适用条款不同于一般的法律规范，具有以下特征：其一，在合同中法律适用条款由当事人合意选择，即其产生于当事人的意思自治；[1] 其二，法律适用条款一般是从实体法中选取法律作为准据法，包括国内实体法和国际统一实体法；其三，法律适用条款可以分割解决合同中的部分问题，在一个合同中可以存在两个以上法律适用条款；其四，法律适用条款选择法律是为了确定合同当事人之间的权利、义务、责任问题。笔者将从提单首要条款的产生、作用及目的出发，并结合法律适用条款的特征，论证其性质属于法律适用条款。

一、提单首要条款符合意思自治原则

（一）首要条款的产生并非法定要求

因部分缔约国将《海牙规则》转化为其本国的《海上货物运输法》时同时要求提单中必须列有"首要条款"，[2] 如1924年英国《海上货物运输法》第3条规定："提单要明确含有一条'受本法适用的《海牙规则》的约束'的条款，这就是'首要条款'。"[3] 1936年美国《海上货物运输法》第1312条规定[4]："本法通用于在对外贸易中自美国出口经海上运输货物的一切运输合同。……本法中的任何规定，都不得被视为适用于美国与其属地港口之间的货物运输。但如果在美国与其属地港口间运输提单中载有明确声明受本法约束，则完全受本法约束。而且，每一具作为对外贸易运输合同证明的提单，都应载有一项声明即该提单根据本法各项规定而生效。"[5] 以及1991年澳大利亚《海上货物运输法》第10条第1款（b）（iii）项的规定："合同中应包含声明该合同适用修改后的《海牙规则》（除记名提单或类似的物权凭证等）的条款，本合同受修改后

---

〔1〕 肖永平：《肖永平论冲突法》，武汉大学出版社2002年版，第14页。

〔2〕 吴焕宁主编：《国际海上运输三公约释义》，中国商务出版社2007年版，第63~64页。

〔3〕 Carriage of Goods by Sea Act 1924, Article 3: "Statement as to application of Rules to be included in bills of lading. Every bill of lading, or similar document of title, issued in Great Britain or Northern Ireland which contains or is evidence of any contract to which the Rules apply shall contain an express statement that it is to have effect subject to the provisions of the said Rules as applied by this Act."

〔4〕 US COGSA 1936, § 1312: "This chapter shall apply to all contracts for carriage of goods by sea to or from ports of the United States in foreign trade. … Provided further, That every bill of lading or similar document of title which is evidence of a contract for the carriage of goods by sea from ports of the United States, in foreign trade, shall contain a statement that it shall have effect subject to the provisions of this chapter."

〔5〕 ［荷］杰·贝斯：《租船与航运用语》，张常临译，人民交通出版社1980年版，第362页。

的《海牙规则》约束。"〔1〕为此，产生了提单首要条款源于法定要求，〔2〕插入首要条款具有强制性，不符合意思自治原则的观点。

对于此观点，首先，实践中上述国家法院没有判定未插入首要条款的提单无效。〔3〕在1932年英国的TORRI案和1947年CIANO案中，法院都认定未依法插入首要条款的提单，并非因此无效，而自动适用英国《海上货物运输法》。〔4〕而我国《海商法》不要求提单中加入首要条款，所以也不会因没有提单首要条款而影响提单的效力。〔5〕

其次，虽然在缔约国签发的提单要求插入首要条款，以强制适用《海牙规则》，但这种强制不一定会得到法院地国的认可；The Vita Food（［1939］A. C. 277）案中，纽芬兰强制适用《海牙规则》，但诉讼是在加拿大进行（当时纽芬兰还不属于加拿大），提单中适用英国法的条款虽然违反纽芬兰的强制性规定，但并不违反加拿大法院地的法律，因此当事人的意思自治得到了法官的尊重。〔6〕

最后，若提单中当事人选择的法律规定承运人承担的责任比《海牙规则》规定的要高，法院也会认定首要条款的有效性。《海牙—维斯比规则》第4条第5款（g）项规定〔7〕："承运人、船长或承运人的代理人和托运人之间的协议，可以规定高于本款（a）项规定的最高金额，但如此规定的最高金额不得低于（a）项所列的最高金额。"〔8〕美国法院也在改变自己的做法，如果提单首要条款适用法律会增加承运人的责任，则提单首要条款是有效的，不再适用美国强

〔1〕COGSA 1991，Article 10. 1（b）（iii）：" Application of the amended Hague Rules contained in or evidenced by a non-negotiable document（other than a bill of lading or similar document of title），being a contract that contains express provision to the effect that the amended Hague Rules are to govern the contract as if the document were a bill of lading. "

〔2〕李攀：《提单首要条款效力之分析》，载《上海审判实践》2010年第12期，第28页。朱芸：《论提单适用法律条款与首要条款》，载《政法论坛》2001年第3期，第116页。

〔3〕［美］G. 吉尔摩、C. L. 布莱克主编：《海商法》，杨召南、毛俊纯、王君粹译，中国大百科全书出版社2000年版，第232页。

〔4〕［美］G. 吉尔摩、C. L. 布莱克主编：《海商法》，杨召南、毛俊纯、王君粹译，中国大百科全书出版社2000年版，第315页。屈广清：《国际私法专论》，法律出版社2006年版，第225页。

〔5〕姚新超：《国际贸易惯例与规则实务》，对外经济贸易大学出版社2005年版，第289页。

〔6〕［加］威廉·泰特雷：《国际冲突法：普通法、大陆法及海事法》，刘兴莉译，法律出版社2003年版，第204页。

〔7〕Hague-Visby Rules，Article 4. 5（g）："By agreement between the carrier，master or agent of the carrier and the shipper other maximum amounts than those mentioned in sub-paragraph（a）of this paragraph may be fixed，provided that no maximum amount so fixed shall be less than the appropriate maximum mentioned in that sub-paragraph. "

〔8〕吴焕宁主编：《国际海上运输三公约释义》，中国商务出版社2007年版，第302页。

行法——《海上货物运输法》。[1] 除此之外，我国《海商法》的责任限额也高于《海牙规则》规定的责任限额，我国法院审理有关提单首要条款并入《海牙规则》的案件时，根据我国《海商法》第 44 条规定[2]，适用《海牙规则》的首要条款无效。[3]

因此，认为首要条款属于提单法定要求，要强制适用《海牙规则》的观点是不符合事实的。[4] 在《海牙规则》形成初期，缔约国强制插入首要条款，只是为了强调在缔约国作为法院地国时《海牙规则》的强制适用性，以免承运人通过“合同自由”而规避责任。[5] 但随着不断有非缔约国承运人自主插入首要条款，适用《海牙规则》首要条款不仅仅有防止承运人任意免责的单一目的，也在于使之成为明确承运人责任的法律适用条款。

（二）提单首要条款符合意思自治原则

由上文可知，提单中插入首要条款非法定要求，《海牙规则》也并非在任何提单中强制适用，因提单签发地不同，其适用也是不同的。无论是从缔约国签发的提单还是从非缔约国签发的提单，都可以适用意思自治原则，只有提单签发地与案件诉讼法院地都是《海牙规则》的缔约国时，才强制适用《海牙规则》的规定。

1. 承运人可自主决定是否在提单中插入首要条款

首先，《海牙规则》缔约国的承运人签发的提单，其插入的首要条款只要不存在恶意规避责任，不违反法院地法的强制性规定及公共政策，即成为有效的法律适用条款。根据 1980 年《关于合同义务法律适用的公约》[6] 第 3 条第 1 款第 2 句，“双方当事人可以选择适用于全部合同或仅适用于部分合同的法律”[7] 以及公约第 4 条第 5 款第 2 句，“如果从整个情况看，合同与另一个国

---

〔1〕［加］威廉·泰特雷：《国际冲突法：普通法、大陆法及海事法》，刘兴莉译，法律出版社 2003 年版，第 206 页。

〔2〕《海商法》第 44 条规定：“海上货物运输合同和作为合同凭证的提单或者其他运输单证中的条款，违反本章规定的，无效。此类条款的无效，不影响该合同和提单或者其他运输单证中其他条款的效力。将货物的保险利益转让给承运人的条款或者类似条款，无效。”

〔3〕姚新超：《国际贸易惯例与规则实务》，对外经济贸易大学出版社 2005 年版，第 289 页。

〔4〕张方圆：《提单首要条款之研究》，中国政法大学 2006 年硕士学位论文，第 11 页。

〔5〕杨良宜：《提单》，大连海运学院出版社 1994 年版，第 3 页。

〔6〕1980 年《关于合同义务法律适用的公约》(Convention on the Law Applicable to Contractual Obligations Opened for Signature in Rome)，以下简称《罗马公约》(Rome Convention)。

〔7〕Rome Convention 1980，Article 3. 1：“A contract shall be governed by the law chosen by the parties. … By their choice the parties can select the law applicable to the whole or a part only of the contract.”

家有更密切的联系，则不适用前述三款的推定”[1] 也可以得出 Vita Food Products Inc. v. Unus Shipping Co.，Ltd. 案应适用英国法的结论。

其次，非缔约国承运人签发的提单，尤其是大陆法系国家并无提单必须加入首要条款的规定，提单签发人可以根据意思自治原则在其中加入首要条款约定选择适用的国际公约或法律。我国并非《海牙规则》的缔约国，但我国《海商法》第 269 条规定：“合同当事人可以选择合同适用的法律，法律另有规定的除外。合同当事人没有选择的，适用与合同有最密切联系的国家的法律。”[2] 当事人可以在提单中约定适用《海牙规则》，在不违背我国强行法及公共秩序的情况下该约定有效。例如前述最高人民法院在“美国总统轮船公司与菲达电器厂、菲利公司、长城公司无单放货纠纷再审案”终审判决中承认了提单首要条款的效力。总之，虽然意思自治原则在提单首要条款并入提单时受到了一定的限制，但并不能否定其意思自治性，提单首要条款是符合意思自治原则的。[3]

综上所述，笔者认为对于缔约国而言，只要其提单条款未违反法院地国强行法的规定，提单当事人善意协商一致的法律选择就是有效的；而对于非缔约国如很多大陆法系国家而言，提单承运人自由选择《海牙规则》作为适用的国际公约，以更好地保护自身的利益，就更谈不上强行性。因此，提单首要条款不是强制性的，其并非排除当事人意思自治，而是给予了当事人自由选择的空间。归根结底，提单首要条款是符合意思自治原则的，这一点与法律适用条款没有区别。

2. 首要条款是提单当事方合意的结果

有观点因提单首要条款往往是承运人事先印制的格式条款，并未事先与提单持有人协商而否定提单首要条款是提单当事方合意的结果。但根据国际私法理论，提单首要条款符合意思自治原则，是提单当事方之间合意的结果，属于对合同适用的准据法默示的选择方式，[4] 体现着当事人订立运输合同时的意思表示。

1980 年《罗马公约》第 3 条第 1 款第 1 句和第 2 句“合同应适用双方当事

---

〔1〕 Rome Convention 1980，Article 4.5：“Paragraph 2 shall not apply if the characteristic performance cannot be determined，and the presumptions in paragraphs 2，3 and 4 shall be disregarded if it appears from the circumstances as a whole that the contract is more closely connected with another country.”

〔2〕 ［美］G. 吉尔摩、C. L. 布莱克主编：《海商法》，杨召南、毛俊纯、王君粹译，中国大百科全书出版社 2000 年版，第 315 页。

〔3〕 张方圆：《提单首要条款之研究》，中国政法大学 2006 年硕士学位论文，第 10 页。

〔4〕 默示条款：“法院通过探究当事人订立合同的目的而对合同作出的解释。”

人选择的法律。此项选择必须是明示的，由合同条款或具体情况合理确定地表明"[1] 及1985年《海牙国际货物销售合同适用法律公约》[2] 第7条第1款第1句和第2句"货物买卖合同依双方当事人所选择的法律。当事人选择法律协议必须是明示的，或为合同当事人的履约行为所显示"[3] 都允许当事人默示的法律选择方式。

全球大部分国家也都承认当事人可以默示选择法律。美国《统一商法典》(Uniform Commercial Code，UCC) 第1201条第3款规定："'协议'指当事方事实上达成的合意。此种合意可以根据当事方使用的语言得到证实，也可以根据其他客观情况，包括本法规定的交易过程、行业惯例或履约过程，得到推定证实。"[4]

属于依据特定事实推定合同中的默示条款，[5] 保加利亚《海商法典》第24条第1款规定："合同双方可任意明示或默示选择适用的法律，法律选择不受限制。" 1987年《瑞士联邦国际私法》第116条第2款规定："合同当事人选择法律应采取明示方式或从合同条款或从有关情况中做出肯定的判断。"[6]《中华人民共和国合同法》（以下简称《合同法》）第171条规定的是关于试用买卖合同的默示规则。[7]

笔者认为提单首要条款符合法律的默示选择方式，理由如下：

海运时间长、距离远的特点，使承运人不可能在向托运人签发提单时，与

---

〔1〕 Rome Convention 1980, Article 3. 1: "A contract shall be governed by the law chosen by the parties. The choice must be expressed or demonstrated with reasonable certainty by the terms of the contract or the circumstances of the case. "

〔2〕 1985年《国际货物销售合同适用法律公约》(Convention on the Law Applicable to Contracts for the International Sale of Goods)，以下简称《海牙公约》(Hague Convention)。

〔3〕 Hague Convention 1985, Article 7. 1: "A contract of sale is governed by the law chosen by the parties. The parties' agreement on this choice must be express or be clearly demonstrated by the terms of the contract and the conduct of the parties, viewed in their entirety. Such a choice may be limited to a part of the contract. "

〔4〕 UCC, Article 1201. 3: "Agreement, as distinguished from contract, means the bargain of the parties in fact, as found in their language or inferred from other circumstance, including course of performance, course of dealing. "

〔5〕 雷雨：《美国〈统一商法典〉的合同解释规则》，西南政法大学2012年硕士学位论文，第10页。

〔6〕 1987年《瑞士联邦国际私法》(Switzerland's Federal Code on Private International Law), Article 116: "The contract shall be governed by the law chosen by the parties. 2 The choice of law must be express or clearly evident from the terms of the contract or the circumstances. In all other respects it shall be governed by the law chosen. "

〔7〕《合同法》第171条规定："试用买卖的买受人在试用期内可以购买标的物，也可以拒绝购买。试用期间届满，买受人对是否购买标的物未作表示的，视为购买。"

未知的提单持有人就提单首要条款达成面对面的合意，但不能仅凭这点就否定提单首要条款是提单当事方合意的结果，更不能否认托运人和提单持有人皆受提单首要条款的制约。现在船运公司的提单一般都是格式化并且公开的。从托运人的角度说，托运人和承运人受运输合同约束，提单与运输合同相冲突时，以运输合同为准。因此，承运人签发提单时，托运人可以与承运人商定修改提单的某些条款；但是，如果托运人在接受提单时没有提出异议，那么提单上载明的条款包括首要条款在内，就相当于承运人与托运人达成默示的一致。从提单持有人或者提单受让人角度说，提单持有人或受让人和承运人受提单约束，因为提单的物权凭证特性已经突破了合同相对性原则，提单持有人的合意体现在其“默示同意”上，那么提单上载明的首要条款对提单持有人有效。

武汉海事法院在“中国江苏省轻工业品进出口集团股份有限公司诉中国·江苏环球国际货运有限公司等海上货物运输合同纠纷案”中判决如下：双方当事人在提单首要条款中约定 1936 年美国《海上货物运输法》为处理本案的法律，符合我国法律关于合同当事人可以选择合同适用的法律的规定。[1] 此判决承认提单首要条款符合契约自由的原则，且其效力及于提单持有人，是提单当事人协商一致的结果。

综上所述，提单首要条款符合意思自治原则，虽然受到一定范围的限制，但无论从承运人是否插入提单首要条款，还是从提单是双方合意的结果看，都可以论证提单首要条款符合法律适用条款的特征，体现了意思自治原则。[2]

二、提单首要条款的目的在于确定承运人权利和义务的准据法

法律适用条款是指定援用实体规则即准据法确定当事人权利义务的。提单首要条款的作用就是指定援用某国际公约或某国法律确定有关承运人权利、义务及责任的问题，因此提单首要条款符合法律适用条款的特征，作用是指定准据法。

（一）提单首要条款用来确定准据法

法律适用条款选择准据法的范围包括国内实体法和国际统一实体法，即国际公约和国际惯例。[3] 提单首要条款一般指向三大运输公约，即《海牙规则》《海牙—维斯比规则》《汉堡规则》，国内法主要是指国家的《海上货物运输法》或《海商法》。

---

〔1〕 武汉海事法院民事判决书（1999）武海法宁商字第 80 号。

〔2〕 翁杰、刘萍：《论提单首要条款的性质和效力》，载《法律科学（西北政法学院学报）》2005 年第 2 期，第 93 页。

〔3〕 徐冬根：《国际私法趋势论》，北京大学出版社 2005 年版，第 46 页。

首先，在非缔约国签发的提单中首要条款选择适用《海牙规则》的情况下，《海牙规则》是约束提单当事人权利义务的《准据法》。有人因《维也纳条约法公约》[1] 第34条的规定“条约非经第三国同意，不为该国创设权利或义务”，便以“公约对第三国不加损害也不予利益”原则否定上述情况下《海牙规则》是准据法的观点。[2] 对此笔者是不认同的。从《条约法公约》第31条的解释条款来看，条约的内容应从其目的与宗旨出发并联系上下文善意地去理解，而《条约法公约》的目的与宗旨主要是限制缔约国随意破坏条约的平衡，[3] 并非限制国际公约的非缔约国自主选择适用国际公约。再者，从国际私法“最密切联系原则”出发，当事人选择的法律规范（包括国际公约和国际惯例）只要跟合同有密切联系即可，如同合同当事方选择适用外国法律。

国际公约也承认可以选择未加入的国际公约作为准据法。《欧洲议会和欧洲联盟理事会关于合同之债准据法的第593/2008号条例》[4] 序言第13段规定[5]：“本条例不得妨碍当事人在其合同中援引一个非国家实体的法律或者某国际公约。”[6] 1994年《美洲国家间国际合同法律适用公约》[7] 第7条第1款规定，“合同由当事人选择的法律支配”。[8] 公约没有将“法律”一词严格限定

---

〔1〕《维也纳条约法公约》(Vienna Convention on the Law of Treaty)，以下简称《条约法公约》。

〔2〕刘雨佳:《论提单首要条款的性质和效力》，载《海大法律评论》2006年第00期，第73页。

〔3〕UN Doc. A/Cn. 4/572.

〔4〕《欧洲议会和欧洲联盟理事会关于合同之债准据法的第593/2008号条例》[Regulation (EC) NO 593/2008 of the European Parliament and of the Council of 17 June 2008 on the Law Applicable to Contractual Obligations]，以下简称《罗马条例I》(Rome I)。

〔5〕Rome I 2008, Paragraph 13: “This Regulation does not preclude parties from incorporating by reference into their contract a non-State body of law or an international convention.”

〔6〕Giesela Rühl, Party Autonomy in the Private International Law of Contracts: Transatlantic Convergence and Economic Efficiency, CLPE Research Paper 4/2007, at http://papers.ssrn.com/sol3/papers.cfm?abstract_id=921842, Dec. 12, 2009.

〔7〕1994年《美洲国家间国际合同法律适用公约》(Inter-American Convention on the Law Applicable to International Contracts)，以下简称《墨西哥公约》(Mexico Convention)。

〔8〕Mexico Convention 1994, Article 7.1: “The contract shall be governed by the law chosen by the parties.”

于“国家法”，这在《墨西哥公约》第9条第2款[1]和第10条[2]的规定中可以进一步得到证明。

司法实践中也有相关案例，1993年广东省高级人民法院审理的“五矿东方贸易进出口公司诉罗马尼亚班轮公司‘柯兹亚’轮迟延交货纠纷案”中，其提单背面条款载明：“1924年《关于统一提单的若干法律规则的国际公约》的条款并入本提单。”法院认为，五矿东方贸易进出口公司、罗马尼亚班轮公司一致同意以1924年《关于统一提单的若干法律规则的国际公约》作为解决本案纠纷的法律。五矿东方贸易进出口公司与罗马尼亚班轮公司双方适用法律的意思表示，不违反中国法律，应确认其效力。[3] 因此法院将《海牙规则》作为准据法适用。

综上，未加入的国际公约可以作为准据法是有理念基础及相关立法基础的，司法实践也对此给予肯定。因此，非缔约国签发的提单适用《海牙规则》是成立的。

其次，美国冲突法研究者将分割法定义为：“法院在解决案件争议时，对不同的问题适用不同的法律。”[4] 也即合同可分割成几个部分，可以适用不同的准据法。[5] 在现代国际私法理论中，分割论为主流观点，诸如国际公约、国家立法都有所体现，实践中也往往采用分割法处理案件争议。例如，1980年《罗马公约》第3条第1款关于“双方当事人可自行选择适用于合同的全部或部分法律”的规定，以及1994年《墨西哥公约》第7条第1款关于“合同应受当事

---

[1] 1994年《墨西哥公约》第9条第2款规定：“国际组织认可的国际商法也应予以考虑。”原文为Article 9. 2: “The Court will take into account all objective and subjective elements of the contract to determine the law of the State with which it has the closest ties. It shall also take into account the general principles of international commercial law recognized by international organizations.”

[2] 1994年《墨西哥公约》第10条规定：“法院可以为满足特殊案件公平及公正的要求，也可以适用国际商法中的准则、习惯和原则以及普遍接受的商业惯例和习惯。”原文为Article 10: “In addition to the provisions in the foregoing articles, the guidelines, customs, and principles of international commercial law as well as commercial usage and practices generally accepted shall apply in order to discharge the requirements of justice and equity in the particular case.”

[3] 孙南申、张苏峰：《论未对中国生效的国际私法条约在国内法院适用问题》，载《武大国际法评论》2013年第1期，第85页。

[4] BLACK's LAW DICTIONARY 448 (7th ed. 1999). 转引自孙南申、杜涛主编：《当代国际私法研究：21世纪的中国与国际私法》，上海人民出版社2006年版，第86页。

[5] 屈广清、刘萍：《论提单首要条款的性质和效力》，载《河南省政法管理干部学院学报》2005年第1期，第99页。

人选择的法律支配……上述选择可以与合同的全部或部分有关”的规定。〔1〕实践中，美国最高法院在“斯卡德诉芝加哥联邦国民银行案（Scudder v. Union National Bank of Chicago）”〔2〕中指出“有关合同的订立、解释和效力问题，受缔约地法支配，有关合同的履行事项由受履行地法支配”，也体现了分割论的观点。〔3〕

最后，根据分割论，提单首要条款将提单中有关承运人权利、义务及责任问题单独选择某一公约或某国法律适用是符合国际私法中的分割理论的，也是符合法律适用条款将合同的某一部分选择适用某一法律的特征的。

总之，无论未加入的国际公约是否构成准据法，还是首要条款只规定了合同部分事项的法律适用，都可以论证提单首要条款符合法律适用条款选择准据法的范围，并体现了合同中法律适用分割论的特征。

（二）提单首要条款的目的是解决承运人责任问题

准据法的目的是调整提单当事人的权利义务关系并解决案件纠纷，而提单首要条款的目的是解决有关承运人的义务、责任、权利和免责的问题，并非只是为了扩大国际公约的适用范围，更不是排除当事人选择法律时的意思自治以维护强行法的适用。〔4〕

首先，提单首要条款的内容是指引选择准据法解决有关承运人责任问题，不涉及提单当事人的实体权利和义务，是《海牙规则》或某国法律的间接适用，符合法律适用条款的特征，即为了选择准据法而存在。

其次，提单首要条款是为了解决承运人的权利和义务、责任和豁免而适用某公约或某法律的条款。承运人责任在提单中是一个非常重要的问题，也是一个特别的问题。因此，专门并入提单首要条款而不是用一般的法律适用条款去解决承运人责任问题，是为了更有针对性地解决法律问题。

最后，首要条款不以扩大公约的适用范围为目的。从前文已知，提单首要条款是基于意思自治原则产生的，是当事人自由选择的结果。无论是提单签发

---

〔1〕 Mexico Convention 1994, Article 7.1: “The contract shall be governed by the law chosen by the parties··· Said selection may relate to the entire contract or to a part of same.”

〔2〕 91 U. S. 406, 411 (1875). 转引自李先波：《契约法论》，湖南人民出版社 2001 年版，第 371 页。

〔3〕 郭国汀：《提单法律适用条款与首要条款若干问题研究》，载北京大学法学院海商法研究中心主编：《海商法研究》（第 1 辑），法律出版社 2000 年版，第 72 页。李先波：《契约法论》，湖南人民出版社 2001 年版，第 371 页。

〔4〕 郭国汀：《提单法律适用条款与首要条款若干问题研究》，载北京大学法学院海商法研究中心主编：《海商法研究》（第 1 辑），法律出版社 2000 年版，第 74 页。

人还是托运人及提单持有人，制定或接受提单首要条款的初衷都是为了妥善并有效解决已发生的纠纷，维护自身利益，因此又何谈是为了扩大公约的适用范围？再者，英美法系国家将《海牙规则》转化为内国法并作为强制法适用，其目的是为了更好地平衡承运人与货主之间的利益，也是在“合同自由”盛行时以防止承运人滥用此原则随意免责，并非仅仅为了扩大公约的适用。

综上所述，对于提单首要条款的性质，无论从提单首要条款的产生符合“意思自治原则”选择的国际公约属于准据法的范围，还是提单首要条款的目的是解决海上货物运输合同中承运人的责任问题，都符合法律适用条款的特征。

第三章　提单首要条款在司法实践中的适用

一、提单中仅有首要条款的适用

（一）《海牙规则》时代首要条款的适用

首先，提单签发地及法院地都为《海牙规则》的缔约国，且法院地国有强制适用的提单法律或《海牙规则》转化的国内《海上货物运输法》时，提单首要条款的适用分以下几种情况。其一，根据提单首要条款适用的法律，承运人责任高于《海牙规则》的单位责任限额但低于法院地强制性提单法律时，则适用法院地强制法。其二，根据提单首要条款适用的法律，承运人承担的责任既高于《海牙规则》的规定又高于法院地强制性提单法律的责任限额时，则适用提单首要条款指向的法律。因《海牙规则》第 5 条第 1 款规定：“承运人可以自由地全部或部分放弃本公约中规定的权利和豁免，或增加他所应承担的任何一项责任和义务。”[1]（见表 1）

其次，提单签发地及法院地依然都为《海牙规则》的缔约国，但法院地国无强制性提单法律时，提单首要条款中若指定的是《海牙规则》以外的法律，且高于《海牙规则》的责任限额，则自然适用《海牙规则》以外的法律以尊重当事人的意思自治。若根据首要条款承运人承担的责任低于《海牙规则》的单位责任限额，则提单首要条款无效，适用《海牙规则》。[2] 其一，《海牙规则》第 3 条第 8 款规定：“运输合同中的任何条款、约定或协议，凡是解除承运人或

---

〔1〕 Hague Rules, Article 5. 1: “A carrier shall be at liberty to surrender in whole or in part all or any of his rights and immunities or to increase any of his responsibilities and obligations under this Convention, provided such surrender or increase shall be embodied in the bill of lading issued to the shipper.”

〔2〕 包远寒:《〈海牙规则〉的适用》，载《上海大学法学评论》，上海大学出版社 2002 年版，第 139 页。

船舶对由于疏忽、过失或未履行本条规定的责任和义务，因而引起货物或关于货物的灭失或损害的责任的，或以下同于本公约的规定减轻这种责任的，则一律无效。"[1] 其二，因《海牙规则》第10条的规定："本公约各项规定，应适用于在任何缔约国签发的一切提单。"既然法院地国也为《海牙规则》缔约国，因此《海牙规则》同属于法院地的强制性规定，如若违反法院地国的强制性规定，则该条款是无效的。[2]（见表1）

再次，法院地为《海牙规则》的非缔约国，且有提单法律的强制性规定时，若适用提单首要条款指向的法律违反法院地国的强制性提单法律，则提单首要条款无效，适用法院地国法律。例如司玉琢对"中国抽纱深圳进出口公司诉日本大阪商船三井船舶株式会社案"[3] 的评析，该案中，中国抽纱深圳进出口公司将卖给巴拉圭一家公司的抽纱品交予日本大阪商船三井船舶株式会社运输，货物买方接受后，中国抽纱深圳进出口公司遭银行拒付后，以此将日本大阪商船三井船舶株式会社诉至青岛海事法院。该案提单首要条款规定，提单适用1957年日本《海上货物运输法》。司玉琢认为，因提单首要条款指向的法律与我国《海商法》第四章的内容相冲突而且减轻了承运人责任，应该该条款判决无效，依最密切联系原则适用中国法律进行判决。

最后，当法院地国无提单强制性法律时，只要当事人选择的法律是善意、合法、不存在规避法律及不违背法院地国的公共政策，提单首要条款依据其是当事人自由合意的结果而有效，当事人的意思自治就应当受到尊重，且提单首要条款指向的准据法应当得到适用。[4] 前述"美国总统轮船公司与菲达电器厂、菲利公司、长城公司无单放货纠纷再审案"就发生在这种情况下，提单首要条款的效力得到我国最高人民法院的认可，并尊重当事人的选择，适用当事人约定的法律（见表1）。

---

〔1〕 Hague Rules, Article 3.8: " Any clause, covenant, or agreement in a contract of carriage relieving the carrier or the ship from liability for loss or damage to, or in connexion with, goods arising from negligence, fault, or failure in the duties and obligations provided in this Article or lessening such liability otherwise than as provided in this Convention, shall be null and void and of no effect. "

〔2〕 王军主编：《国际私法案例教程》，中国政法大学出版社1999年版，第128~133页。

〔3〕 司玉琢主编：《海商法学案例教程》，知识产权出版社2003年版，第49~55页。

〔4〕 Vita Food Products, Inc. v. Unus Shipping Company Limited in liquidation [1939] UKPC 7, [1939] A. C. 277 (P. C.), (1939) 63 Ll L Rep 21 (30 January 1939), P. C. (on appeal from Nova Scotia).

表1 《海牙规则》时代提单中只有首要条款时其适用情况

提单签发地		法院地		法院地强制性提单法律		提单首要条款适用	
缔约国	非缔约国	缔约国	非缔约国	有	无	责任高	责任低
√		√		√		√	×
√		√			√	√	×
			√	√		√	×
			√		√	√	

（二）《维斯比规则》生效后首要条款的适用

《维斯比规则》生效之后，产生了提单首要条款并入的是《海牙规则》还是《海牙—维斯比规则》的争议。2016年英国上议院判决的“Yemgas Fzco（Yemen Branch），Yemgas Fzco T/A（Yemen Branch），v. Superior Pescadores S. A. Panama”[1]就涉及这一问题。该案中货物于2008年在比利时起运，目的地是也门，运输途中货物受损，货物所有人起诉到英国法院，提单中并入了首要条款。首要条款表述为：“The Hague Rules contained in the International Convention for the Unification of certain rules relating to Bills of Lading…”因为根据《海牙规则》单位责任限额兑换成货币的金额比适用《海牙—维斯比规则》要高，所以货物所有人主张首要条款并入的是《海牙规则》而不是《海牙—维斯比规则》，然而根据1971年英国《海上货物运输法》，本案应适用《海牙—维斯比规则》。该案主要的争议焦点是首要条款究竟并入的是《海牙规则》还是《海牙—维斯比规则》，英国高等法院判决首要条款并入的是《海牙规则》，承运人上诉到英国上议院，上议院判决首要条款并入的是《海牙—维斯比规则》。[2]该案是现在典型的关于提单首要条款适用的争议案件，即提单中首要条款若表述为：“The Hague Rules contained…”，则并入的到底是《海牙规则》还是《海牙—维斯比规则》？

首先，根据提单签发时间来看，如果提单签发日在《维斯比规则》生效之前，则提单首要条款并入的是《海牙规则》。1976年就有类似先例，比如“The

[1] [2014] EWHC 971 (Comm) 2014 WL 1219313, Sweet & Maxwell 2016.

[2] 郑睿：《如何理解“首要条款”》，载航运界 http://www.ship.sh，最后访问日期：2016年3月21日。

Agios Lazaros [1976] 2 Lloyd's Rep. 47"，该案中租船合同订立于1972年，当时英国1971年《海上货物运输法》已经通过但尚未生效。〔1〕租船合同中有一条款规定“首要条款并入该合同中”，英国上议院的Lord Denning认为，提单中并入的是《海牙规则》，因为租船合同订立时《维斯比规则》还未签订，更未生效。〔2〕

其次，如果提单签发日在《维斯比规则》生效后，除非提单首要条款明确并入《海牙规则》则自动适用《海牙—维斯比规则》。《维斯比规则》第6条规定：“在本议定书的各缔约国之间，本公约与议定书应作为一个文件，合起来阅读和解释。”〔3〕这里的“本公约”，即《海牙规则》。著名海商法专家泰特雷（Tetley）教授在其名著《海上货物索赔》中论述道：“《海牙—维斯比规则》（1968年2月23日布鲁塞尔议定书）不应当被认为是一个单独的公约。《海牙—维斯比规则》是对1924年《海牙规则》的修正。”〔4〕杨良宜也认为：“布鲁塞尔议定书不是一个完整的法案，而是对《海牙规则》的修订和补充。”〔5〕上述“Yemgas Fzco & Ors v. Superior Pescadores SA（2016）EWCA Civ. 101”案例也可以佐证提单签发是在《维斯比规则》生效后，且未明确说明提单中并入的是《海牙规则》，因此以《海牙—维斯比规则》为准据法判决承运人的责任。

二、首要条款与一般法律适用条款并存时的适用

根据提单首要条款的内容可知，提单首要条款往往只针对承运人权利、义务、责任及免责问题进行准据法的选择，但提单中还存在一般法律适用条款去支配调整合同的其他问题，如支配合同的形式、合同的缔结及合同的效力等问题的法律适用条款。〔6〕此时，可能就会出现两个条款相冲突或支配调整范围相重叠的问题，以下就提单首要条款与一般法律适用条款的冲突解决做详细论述。

（一）“分割适用互相补充法”解决首要条款的适用

“分割适用互相补充法”的提出，源于国际私法理论中的分割论。在国际合同中，较常见的分割法是将合同的内容、合同的形式、合同当事人的缔约能

---

〔1〕The Agios Lazaros [1976] 2 Lloyd's Rep. 47.

〔2〕The Agios Lazaros [1976] 2 Lloyd's Rep. 47.

〔3〕Visby Rules, Article 6：" As between the Parties to this Protocol the Convention and the Protocol shall be interpreted together as one single instrument. "

〔4〕［加］威廉·泰特雷：《海上货物索赔》，张永坚等译，大连海运学院出版社1993年版，第6页。

〔5〕杨良宜：《提单》，大连海运学院出版社1994年版，第96页。

〔6〕黄进主编：《国际私法》（第2版），法律出版社2005年版，第88页。

力〔1〕分为三部分，分别采用不同的准据法规则。但有时当事人也可以有意识地将合同内容分割，提单首要条款与一般法律适用条款所要解决的问题具有可分性的话，则法律适用条款之间也相互独立，即可考虑分割法。〔2〕提单首要条款与一般法律适用条款之间不会发生冲突，各自支配合同的一部分。

（二）“重叠适用和谐解释法”解决首要条款的适用

提单中的首要条款与一般法律适用条款支配合同范围有重叠时，则采用“重叠适用和谐解释法”处理，主要分两种情况：

第一，提单中既有首要条款又有一般法律适用条款，提单签发地为《海牙规则》或《海牙—维斯比规则》的缔约国，法院地也同样是该公约的缔约国时，在合同内容的重叠部分，根据条约优先原则，提单首要条款的效力高于一般法律适用条款，承运人的责任按照《海牙规则》或《海牙—维斯比规则》的规定进行判定。〔3〕1988 年的“Suvieren 轮”案，〔4〕提单签发地为土耳其某港口，提单首要条款规定适用《海牙—维斯比规则》，同时提单中一般法律适用条款注明受 1936 年美国《海上货物运输法》的制约。本案争议解决地为英国，因法院地国为《海牙—维斯比规则》的缔约国之一，且该案符合该公约的适用，所以英国法院以《海牙—维斯比规则》强制适用为由，对承运人主张的适用美国 1936 年《海上货物运输法》的答辩不予采纳，承运人按《海牙—维斯比规则》的规定承担责任。

第二，提单中首要条款与一般法律适用条款共存，但法院地为《海牙规则》或《海牙—维斯比规则》的非缔约国时，应适用“重叠适用和谐解释法”，一般采用“就高原则”，即以规定承运人责任较重的条款为适用条款，其效力高于另一条款。我国《海商法》第 45 条规定：“本法第 44 条的规定不影响承运人在本章规定的承运人责任和义务之外，增加其责任和义务。”泰特雷教授在其《国际冲突法》中指出：“国际公约内国法化后，可能产生多种结果，一般是偏袒货方利益制度加以解决。”〔5〕美国《海上货物运输法》规定不允许承运人免除或减轻其责任，但增加或加重责任则不在其列。所以，在承运人权利、义务、责任和免责问题重叠冲突的部分采用“就高原则”是有法可依的。

---

〔1〕屈广清、刘萍：《论提单首要条款的性质和效力》，载《河南省政法管理干部学院学报》2005 年第 1 期，第 101 页。

〔2〕孙岚、刘超：《提单首要条款性质的研究》，载《现代法学》2003 年第 6 期，第 185 页。

〔3〕董水清：《论提单中载入首要条款的必要性》，载《中国海商法研究》2013 年第 2 期，第 33 页。

〔4〕李攀：《提单首要条款效力之分析》，载《上海审判实践》2010 年第 12 期，第 29 页。

〔5〕［加］威廉·泰特雷：《国际冲突法：普通法、大陆法及海事法》，刘兴莉译，法律出版社 2003 年版，第 207~208 页。

结 论

综上所述，提单首要条款既关系到海商法中提单法律适用的问题，又关系到国际私法理论的问题；实践中世界各国对三大运输公约的接受与保留各不相同，又存在着每个国家的国内海上货物运输法，且提单中往往不只存在一个法律适用条款，这些都无疑使提单的法律适用变得更加复杂。笔者由提单首要条款的性质出发，通过探讨其适用情况，目的是希望为司法实践提供一些帮助。从提单首要条款产生符合"意思自治原则"出发进行判断，其本质是由承运人自行决定是否在提单中插入首要条款，其作用是为确定承运人相关权利、义务及责任的准据法，由此得出提单首要条款是法律适用条款。

提单首要条款的适用也是非常复杂的，但确定其性质后进而解决其适用问题就简单多了。同时，首要条款的适用又关系到《海牙规则》和《海牙—维斯比规则》的适用冲突，以及首要条款和一般法律适用条款的冲突解决。笔者认为，因《海牙—维斯比规则》是修订后的《海牙规则》，并非一个单独公约，所以在适用上未明确适用《海牙规则》的则按《海牙—维斯比规则》适用。另外，首要条款与其他法律适用条款冲突时，可采用"分割适用互相补充法"及"重叠适用和谐解释法"来确定承运人的责任，这样才能更好地平衡船货各方之间的利益。

参考文献

一、中文著作

1. 吴焕宁主编:《国际海上运输三公约释义》，中国商务出版社 2007 年版。
2. 司玉琢主编:《海商法》，中国人民大学出版社 2008 年版。
3. 杨仁寿:《载货证券》，三民书局 1991 年版。
4. ［英］J. H. C. 莫里斯主编:《戴西和莫里斯论冲突法》（下），李双元等译，中国大百科全书出版社 1998 年版。
5. 韩立新主编:《海事国际私法》，大连海事大学出版社 2001 年版。
6. 赵相林主编:《国际私法》，中国政法大学出版社 2011 年版。
7. 肖永平:《肖永平论冲突法》，武汉大学出版社 2002 年版。
8. ［荷］杰·贝斯:《租船与航运用语》，张常临译，人民交通出版社 1980 年版。
9. ［美］G. 吉尔摩、C. L. 布莱克主编:《海商法》，杨召南、毛俊纯、王君粹译，中国大百科全书出版社 2000 年版。

10. 屈广清：《国际私法专论》，法律出版社 2006 年版。

11. 姚新超：《国际贸易惯例与规则实务》，对外经济贸易大学出版社 2005 年版。

12. ［加］威廉·泰特雷：《国际冲突法：普通法、大陆法及海事法》，刘兴莉译，法律出版社 2003 年版。

13. 杨良宜：《提单》，大连海运学院出版社 1994 年版。

14. 徐冬根：《国际私法趋势论》，北京大学出版社 2005 年版。

15. 孙南申、杜涛主编：《当代国际私法研究：21 世纪的中国与国际私法》，上海人民出版社 2006 年版。

16. 李先波：《契约法论》，湖南人民出版社 2001 年版，第 371 页。

17. 王军主编：《国际私法案例教程》，中国政法大学出版社 1999 年版。

18. 司玉琢主编：《海商法学案例教程》，知识产权出版社 2003 年版。

19. ［加］威廉·泰特雷：《海上货物索赔》，张永坚等译，法律出版社 2003 年版。

20. 黄进主编：《国际私法》（第 2 版），法律出版社 2005 年版。

21. 杨良宜：《提单及其付运单证》，中国政法大学出版社 2001 年版。

22. 杨良宜：《期租合约》，大连海事大学出版社 1997 年版。

23. 杨良宜：《程租合约》，大连海事大学出版社 1998 年版。

24. 杨大明：《期租合同》，大连海事大学出版社 2007 年版。

25. 杨良宜：《合约的解释：规则与应用》，法律出版社 2015 年版。

26. 李双元：《国际私法（冲突法篇）》，武汉大学出版社 2001 年版。

27. 司玉琢：《海商法专论》，中国人民大学出版社 2007 年版。

28. 对外贸易经济合作部条约法律司编译：《国际商事合同通则》，法律出版社 2003 年版。

29. ［日］中村真澄、箱井崇史：《日本海商法》，张秀娟、李刚、朴鑫译，法律出版社 2014 年版。

30. ［加］威廉·泰特雷：《国际海商法》，张永坚等译，法律出版社 2005 年版。

31. 袁发强主编：《海商法案例教程》，北京大学出版社 2012 年版。

32. 秦瑞亭主编：《国际私法案例精析》，南开大学出版社 2011 年版。

33. 郭瑜：《提单法律制度研究》，北京大学出版社 1997 年版。

34. 王国华：《海事国际私法专题研究》，辽宁大学出版社 2012 年版。

二、中文期刊

1. 韩立新：《论提单中有关法律适用条款》，载《中国海商法年刊》大连海事大学出版社 1996 年版。

2. 朱芸：《论提单适用法律条款与首要条款》，载《政法论坛》2001 年第 3 期。

3. 刘雨佳：《论提单首要条款的性质和效力》，载《海大法律评论》2006 年第 00 期。

4. 屈广清、刘萍：《论提单首要条款的性质和效力》，载《河南省政法管理干部学院学报》2005 年第 1 期。

5. 孙南申、张苏峰：《论未对中国生效的国际私法条约在国内法院适用问题》，载《武大国际法评论》2013 年第 1 期。

6. 高冰轮:《浅论提单首要条款》,载《改革与开放》2014 年第 5 期。

7. 张文广:《海上货物运输法的历史发展及其启示》,载《中国海商法研究》2013 年第 2 期。

8. 孙岚、刘超:《提单首要条款性质的研究》,载《现代法学》2003 年第 6 期。

9. 郭国汀:《提单法律适用条款与首要条款若干问题研究》,载北京大学法学院海商法研究中心主编:《海商法研究》(第 1 辑),法律出版社 2000 年版。

10. 李攀:《提单首要条款效力辨析》,载《上海审判实践》2010 年第 12 期。

11. 翁杰、刘萍:《论提单首要条款的性质和效力》,载《法律科学(西北政法学院学报)》2005 年第 2 期。

12. 包远寒:《〈海牙规则〉的适用》,载《上海法学评论》,上海大学出版社 2002 年版。

13. 董水清:《论提单中载入首要条款的必要性》,载《中国海商法研究》2013 年第 2 期。

14. 李寄:《论提单首要条款的性质》,载《中国水运(学术版)》2007 年第 4 期。

15. 邓斌:《试论提单首要条款及其实践》,载《中国水运(学术版)》2007 年第 3 期。

16. 刘萍:《提单首要条款性质辨析》,载《行政与法(吉林省行政学院学报)》2005 年第 4 期。

17. 谢宝朝:《浅析提单首要条款的性质和效力》,载《中国水运(学术版)》2007 年第 9 期。

18. 秦瑞亭:《提单法律选择条款探微》,载《中国海商法研究》2013 年第 3 期。

19. 文静:《提单记载的法律适用条款的效力认定》,载《第四届广东海事高级论坛论文集》2012 年。

20. 许军珂:《当事人意思自治原则对法院适用国际条约的影响》,载《法学》2014 年第 2 期。

21. 罗晓斌、谢明:《论提单首要条款并入的国际公约或国内法的效力》,载《海运法规通讯》2002 年第 3 期。

22. 肖永平、张弛:《论中国〈法律适用法〉中的"强制性规定"》,载《华东政法大学学报》2015 年第 2 期。

三、学位论文

1. 张方圆:《提单首要条款之研究》,中国政法大学 2006 年硕士学位论文。

2. 雷雨:《美国〈统一商法典〉的合同解释规则》,西南政法大学 2012 年硕士学位论文。

3. 胡映新:《论合同准据法的确定》,中国政法大学 2005 年硕士学位论文。

4. 汪水松:《提单首要条款研究》,武汉大学 2003 年硕士学位论文。

5. 屠颖晟:《论提单中仲裁条款、管辖权条款及首要条款等效力》,上海海事大学 2006 年硕士学位论文。

6. 范婷婷:《国际合同法律适用的新发展——以〈国际合同法律选择通则〉为中心》,厦门大学 2014 年硕士学位论文。

7. 葛玉玲：《论国际私法上的意思自治原则》，河南大学2011年硕士学位论文。

8. 曹蓓华：《提单争议解决条款的法律问题分析》，复旦大学2008年硕士学位论文。

9. 景欣：《国际货物买卖合同默示条款研究》，西南政法大学2011年硕士学位论文。

四、外文文献

1. Vita Food Products, Inc. v. Unus Shipping Company Limited in Liquidation [1939] UKPC 7, [1939] A. C. 277 (P. C.), (1939) 63 Ll L Rep 21 (30 January 1939), P. C. (on appeal from Nova Scotia).

2. The Saxon Star, [1958] 1 Lloyd's L. Rep. 73 (H. L. 1958).

3. Thomas J. Schoenbaum, Admiralty And Maritime Law 10-11 At 51 (4th Ed. 2004); Steel Coils, Inc. v. CAPTAIN NICHOLAS I M/V, 197 F. Supp. 2d 560, 563 (E. D. La. 2002) (citation omitted).

4. UN Doc. A/Cn. 4/572.

5. Giesela Rühl, Party Autonomy in the Private International Law of Contracts: Transatlantic Convergence and Economic Efficiency, CLPE Research Paper 4/2007.

6. The Agios Lazaros [1976] 2 Lloyd's Rep 47.

7. [2014] EWHC 971 (Comm) 2014 WL 1219313, Sweet & Maxwell 2016.

8. Foster Wheeler Energy Corp. v. An Ning Jiang Mv 349 Cite as 383 F. 3d 349 (5th Cir. 2004).

9. An Overview of The Considerations Involved in Handling The Cargo Case A1 Michael F. Sturley D1. Tulane Maritime Law Journal 1997. Martime Claim in Japan, Ohki Hirata.

10. Yemgas Fzco & Ors v. Superior Pescadores S. A. Case No: A3/2014/1285 Court of Appeal (Civil Division) 24 February 2016 [2016] EWCA Civ 1012016 WL 00692394.

11. Seabridge Shipping A. B. v. AC Orssleff's Eftf's A/S Case No. 1999 Folio No. 418 High Court of Justice Queen's Bench Division 9 August 1999.

12. WL 807168 Before: Mr. Justice Thomas 9 August, 1999.

五、最高人民法院公报和各级人民法院判决

1.《最高人民法院公报》2002年第5期。

2. 山东省高级人民法院民事判决书（2002）鲁民四终字第24号。

3. 武汉海事法院民事判决书（1999）武海法宁商字第80号。

六、官方网站

1. 国际海事委员会网：http：//www. comitemaritime. org.

2. 中国涉外海事审判网：http：//www. ccmt. org. cn.

3. 山东省高级人民法院网：http：//sdfy. chinacourt. org/index. shtml.

4. 武汉海事法院网：http：//www. whhsfy. hbfy. gov. cn.

5. 上海海事法院网：http：//shhsfy. gov. cn.

6. 英国政府网：http：//www. legislation. gov. uk.

7. 澳大利亚政府网：http：//www. australia. gov. au.

8. 欧盟官网：http：//europa. eu/index_en. htm.

9. 美国政府网：https：//www. usa. gov.

10. 瑞士联邦政府网：https：//www. admin. ch/gov/de/start. html.

11. 联合国官方网站：http：//www. un. org/zh/index. html.

七、国际公约和各国法律（中英文版）

1. 1924 年《关于统一提单的若干法律规则的国际公约》（《海牙规则》）。

2. 1968 年《关于修订统一提单的若干法律规则的国际公约议定书》（《维斯比规则》）。

3. 1893 年《关于船舶航行、提单以及与财产运输有关的某些义务、职责和权利的法律》（《哈特法》）。

4. 1978 年《联合国海上货物运输公约》（《汉堡规则》）。

5. 英国 1924 年和 1971 年《海上货物运输法》。

6. 澳大利亚 1924 年和 1991 年《海上货物运输法》。

7. 美国 1936 年《海上货物运输法》和 1999 年《海上货物运输法（草案）》。

8. 1969 年《中华人民共和国海商法》。

9. 1985 年《国际货物销售合同适用法律公约》（1985 年《海牙公约》）。

10. 美国 1952 年《统一商法典》。

11. 1987 年《瑞士联邦国际私法》。

12. 1969 年《维也纳条约法公约》（《条约法公约》）。

13. 《欧洲议会和欧洲联盟理事会关于合同之债准据法的第 593/2008 号条例》（《罗马条例 I》）。

14. 1980 年《关于合同义务法律适用的公约》（《罗马公约》）。

15. 1994 年《美洲国家间国际合同法律适用公约》（《墨西哥公约》）。

16. 2008 年《联合国全程或部分海上国际货物运输合同公约》（《鹿特丹规则》）。

17. 1999 年《中华人民共和国合同法》。

八、网站

1. 郑睿：《如何理解“首要条款”》，载航运界 http：//www. ship. sh.

2. 杨良宜个人网站：http：//www. yangliangyee. com.

3. http：//www. lawandsea. net.

4. www. lexmercatoria. org.

5. https：//www. bimco. org.

6. 中国远洋海运集团有限公司：http：//www. cosco. com.

驰名商标的反淡化保护标准研究

陈丽萍

摘　要

驰名商标保护制度是现代知识产权保护体系中的重要一环。随着当今社会消费模式和贸易模式的变革，商标作为商业信誉的载体受到广泛关注，驰名商标经评估后可以进行质押贷款、折价入股、许可转让，其广告宣传功能也成为继指示来源功能后最重要的一项功能。淡化理论强调保护商标权人的商誉，首先在美国兴起，随后波及全球，成为混淆理论之后商标保护的又一重要理论支撑。由于概念模糊、理论分歧诸多，我国在引入淡化理论时一直持保守态度。

除了绪言和结论，本文分为四章。第一章对淡化理论兴起的背景、含义等内容进行概括介绍。第二章聚焦该理论的域外发展状况，内容涵盖美国 2006 年《商标淡化修正法案》（TDRA）确立的反淡化保护标准、日本包括防御商标注册制度在内的驰名商标扩大保护制度以及相关反淡化保护的国际条约，这些域外立法、司法实践确立的反淡化保护标准可以为我国提供重要参考。第三章以反淡化保护视角来评析我国目前的驰名商标保护现状，尤其注重通过案例归纳的方式追踪法律实践中的热点、难点问题。由于我国《商标法》尚未明确提及“淡化”一词，最高人民法院便在原混淆理论指导下的法律条文中通过扩大解释“误认”一词含义的方式引入淡化思想。一方面，这得益于我国司法的能动性特点，可以使实践中规范淡化行为变得有法可依；另一方面，此举亦使混淆理论、淡化理论的界限更加模糊。第四章从驰名商标认定与保护思路、反淡化保护对象、淡化行为类型、证明标准、救济手段、适用限制六个方面探讨反淡化保护的各项具体标准，希望能丰富并发展商标保护理论，为实务部门准确、快速判断某种行为是否构成商标侵权提供理论指导。

关键词：驰名商标　跨类保护　混淆理论　淡化理论

绪　言

我国经济发展进入新常态，消费需求是深刻认识新常态的重要视点，供给侧改革的核心之一即做好消费、做活市场。[1]近年，中国综合经济实力和国际影响力大幅提升，“MADE IN CHINA”产品已经遍布全球，我国消费者也越来越受到世界商家的瞩目，未来中国可能会成为全世界最大的买方市场。作为一种“强商标、强保护”的思考方法，淡化理论的出现与当前贸易模式、消费模式的变革紧密相连，因此该理论不会是商标保护史上的“昙花一现”。随着知识产权重要性的提高和财产权理论的发展，越来越多的国家开始趋向对享有盛誉的驰名商标开展强保护行动。从1927年美国Frank Schechter教授开始呼吁反淡化保护算起，尽管淡化理论历经近一个世纪的发展，已经在各国积累了丰富的实践经验，但是关于具体的反淡化保护标准依然众说纷纭，存在较大的争议。如何建立与我国国情相适应、有利于培育和保护民族品牌、紧扣电子商务发展潮流的驰名商标反淡化保护制度，是迫在眉睫的问题。

反淡化保护一直是学术研究的热点问题之一。美国商标淡化理论及法律实践自Frank Schechter教授发表“The Rational Basis of Trademark Protection”一文后一直处于世界领先地位，关于反淡化保护的判例和学术著作最为丰富、详实，可以为我国相关标准的确立提供更多的借鉴。欧洲通常被认为是淡化思想起源

〔1〕 李文：《深刻认识我国经济发展新常态（人民要论）》，载人民网 http：//opinion. people. com. cn/n/2015/0602/c1003-27088631. html，最后访问日期：2016年3月9日。

之地，欧盟国家的联想理论、声誉商标保护制度与反淡化保护有异曲同工之妙。日本与中国同为大陆法系国家，在商标权获得方面均采用注册获得原则，虽然日本的反淡化保护制度并不完善，但是相似的发展状况反而可以成为我国相关立法的重要参考。尤其是目前我国《反不正当竞争法》修改在即，借鉴日本《不正竞争防止法》中关于反淡化保护的相关内容，在中国的法律中明确引入反淡化保护思想不失为一种很好的选择。从国内驰名商标反淡化保护研究方面来看，笔者于 2016 年 3 月 20 日以“驰名商标”“淡化”为关键词，在中华数字书苑进行检索得到相关电子图书信息 32 条，在百链云图书馆进行检索得到报纸、图书、期刊、论文等文献资料 955 篇，在中国知网进行检索得到相关期刊、学位论文 9339 篇，在读秀网站上进行检索得到图书、期刊、报纸、学位论文、会议论文等 5250 篇强关联性的文章。上述文章的发表时间最早为 1984 年，最晚为 2016 年 2 月，由此可以看出反淡化保护研究也是我国学术领域经久不衰的课题。

本文分为四章，内容涵盖美国、日本、中国驰名商标扩大保护的历史和近况。通过对商标淡化理论进行系统研究，可以在驰名商标认定方法、跨类保护范围、淡化类型、证明标准等具体的反淡化保护标准方面比较美日中的立法和司法实践差异。这将有助于归纳总结淡化侵权行为的构成要件和规律性特征，进而丰富和发展商标保护理论；也可以为实务部门准确、快速判断某种商标行为是否构成侵权提供理论指导；同时有利于切实有效保护消费者和商标权人的合法权益，为中国“智”造产品提供繁荣发展的良好制度环境。

本文主要采用实证分析法、比较研究法、历史分析法等研究方式。实证分析法主要包括案例研究和制度分析；比较研究方法是指对美国、日本、欧盟各国立法、司法实践进行比较考察；历史分析方法指对美、日、中三国理论研究成果、立法资料等进行历史考察。

任何理论均非十全十美，淡化理论亦不例外。例如从保护对象来看，淡化理论是否可以扩展至企业名称、字号、包装等所有的商业标识？从行为类型来看，淡化理论如何解释商标替换、吞噬等性质的侵权行为？淡化理论内涵丰富、外延复杂，更细致、更深入的微观应用性研究以及问题对策研究、跨学科研究是今后相关研究的必然趋势。

第一章　淡化理论概述

一、商标淡化理论产生的背景

商标是指商品的生产经营者在其商品或者服务〔1〕上使用的，由文字、图形、颜色三维标志和声音等要素或其组合构成的，具有显著特征且便于识别同类商品或者服务来源的标记。〔2〕从各国的立法及司法实践看，商标保护理论从欺诈理论开始，之后逐步向狭义混淆理论、广义混淆理论发展，保护内容和范围呈现不断扩张的趋势。〔3〕

欺诈理论为早期商标保护提供重要理论支撑，使用他人的商业标识或使用与他人商业标识的相似标识而致使消费者对产品的出处产生混淆的行为是欺诈行为。由于被告具有主观故意这一要件往往难以证明，因此依据该理论判定商标侵权具有明显的局限性。〔4〕

商标法制定之初是为了克服欺诈理论的弊端，并将是否侵权的考虑重点由被告主观心态转向消费者的心理认知，禁止在同种类产品、关联产品〔5〕上使用他人商标或使用与他人商标相似的标识而导致公众混淆产品来源的行为。随着市场经济和企业经营多元化的发展，将他人商标或与他人商标类似的标识贴附于不同种类或非关联产品之上，虽然不会造成产品来源混淆，但会使消费者误认为企业之间存在附属关系、关联关系或者赞助关系，在司法实践中混淆行为的认定呈现出扩大的趋势，广义混淆理论应运而生。〔6〕

随着商家大规模的宣传促销活动以及公众品牌意识的提高，商标的质量保证和广告宣传功能越发受到重视，商标不仅仅是一个符号，其准财产权性质进一步凸显，将他人商标或与之类似的商标贴附于非竞争性产品〔7〕上，试图搭驰名商标品牌价值“便车”的行为越来越多。即使消费者在此情况下不会对产品

---

〔1〕 本文中的“商品/产品”包括尼斯分类表中的“服务”。

〔2〕 王莲峰：《商标法学》（第2版），北京大学出版社2014年版，第1页。

〔3〕 张体锐：《商标法上混淆可能性研究》，知识产权出版社2014年版，第22~49页。同时参阅閔琳琳：「著名商標の保護制度のあり方—日米中における希釈化理論の発展分析」，金沢大学2015年博士（法学）学位論文，第2頁。

〔4〕 张体锐：《商标法上混淆可能性研究》，知识产权出版社2014年版，第23页。

〔5〕 本文所述“同种类或关联商品/产品”同“相同或者类似商品”。

〔6〕 张体锐：《商标法上混淆可能性研究》，知识产权出版社2014年版，第24页。

〔7〕 本文中的“非竞争性商品/产品”同“不相同或不类似的商品/产品，非同种类或不近似商品/产品”。

来源产生错误的认识，但是从商标权人的角度讲，权利人与该驰名商标之间的一一对应关系被切断，驰名商标所承载的品牌吸引力受到损伤。与此同时，淡化实施者却可以从中获得非正当的竞争优势。混淆理论指导下的商标制度对此种非正当的“搭便车”行为鞭长莫及。为维护市场竞争秩序、弥补商标权人利益损失，对驰名商标所承载的良好商誉进行超强保护成为新的理论发展趋向。

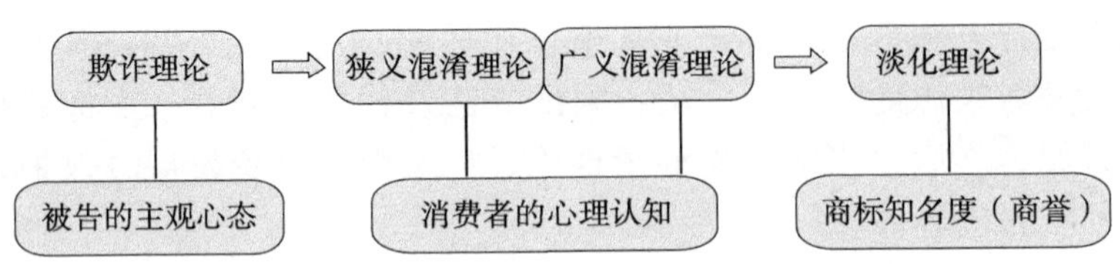

图 1　商标各理论确权、侵权认定侧重点简图〔1〕

二、商标淡化理论的起源

淡化理论之起源在学术界有一定争议。部分学者认为，反淡化保护思想最早体现在 1898 年英国法院的“Kodak”商标案中。原告柯达公司成立于 1880 年，其照相机产品上使用的“Kodak”商标在世界范围内享有较高的知名度，由此英国法院禁止被告在自行车等产品上使用“Kodak”商标。虽然该案涉及跨类保护，但法院的论证理由却牵强地引用了混淆理论，“柯达公司未来也许会制造、贩卖主要用于运输‘Kodak’产品的自行车而引起混淆”。〔2〕

还有部分学者认为，该理论源于 1924 年德国法院关于“Odol”商标的判决。使用在漱口水商品上的“Odol”商标被消费者广为知晓，德国法院基于公序良俗原则认为，“当消费者在被告的钢铁制品上看到‘Odol’商标而产生关于

〔1〕 图 1 系笔者对该节观点的简单总结。

〔2〕 Walter J. Derenberg, “...the concept originated in England when the British court protected the trademark ‘Kodak’ against use on bicycles”, The Problem of Trademark Dilution and the Antidilution Statutes, *Vol.* 44 *Cali. L. Rev.* 448 (1956). 转引自閔琳琳:「著名商標の保護制度のあり方—日米中における希釈化理論の発展分析」, 金沢大学 2015 年博士（法学）学位論文，第 17 頁。同时，参见祝建军:《驰名商标认定与保护的规制》，法律出版社 2011 年版，第 234 页；邓宏光:《商标法的理论基础：以商标显著性为中心》，法律出版社 2008 年版，第 304 页，均提及该案并赞同上文观点。

漱口水的联想时，该商标即受到淡化损害”,[1] 此处明确使用了“淡化”一词。

三、商标淡化的定义

降低商标的品牌价值是定义淡化的核心要素。“商标淡化之父” Frank Schechter 教授认为，“通过在非竞争性产品上使用某臆造商标的行为，将逐渐削弱商标或商业名称的识别性，分散、模糊该商标或者商业名称在公众当中唤起的心理感受”。[2] 美国法律明确称，“淡化是指他人降低驰名商标识别力的行为，不论驰名商标所有人与他人之间是否具有竞争关系，也不论是否可能产生混淆、误认或者欺诈”。[3]

无独有偶，日本也有学者认为“淡化是指即使消费者没有产生混淆，但因使用与他人驰名商标相同或者类似的商标而造成驰名商标强识别性降低（淡化）的行为”,[4] 或者“减少、摊薄商业标识所拥有的财产价值，也就是识别力、良好形象、吸引顾客的广告价值等行为”。[5]

值得一提的是，世界知识产权组织（WIPO）在 1996 年的《反不正当竞争示范条款》中提到了“商誉或声誉淡化”概念，《反不正当竞争示范条款》将淡化保护的对象扩充为“商标、商号或其他商业标识、产品外形、产品或服务表征、

---

〔1〕 J. Thomas McCarthy, McCarthy on Trademarks and Unfair Competition, （4th ed.） Thomson West, 2010. Schechter 在 “The Rational Basis of Trademark Protection” 一文中亦援引该案，转引自李小武：《商标反淡化研究》，浙江大学出版社 2011 年版，第 1、6 页。曾陈明汝认为商标淡化理论（原文为《商标冲淡理论》）起源于德国的两个案例，1923 年的“4711” 古龙水商标案和“Odol” 商标案，参见曾陈明汝：《商标法原理》，中国人民大学出版社 2003 年版，第 128 页。另外，包括曾陈明汝在内的很多学者将“mouthwash” 译作 “牙膏”。

〔2〕 Frank I. Schechter, “The Rational Basis of Trademark Protection”, 40 *Harv. L. Rev.* 813, 825 (1927). 原文：It is the gradual whittling away or dispersion of the identity and hold upon the public mind of the mark or name by its use upon non-competing goods.

〔3〕 美国现行《兰汉姆法》第 45 条原文：The term “dilution” means the lessening of the capacity of a famous mark to identify and distinguish goods or services, regardless of the presence or absence of-(1) competition between the owner of the famous mark and other parties, or (2) likelihood of confusion, mistake, or deception.

〔4〕 服部健一、井手久美子：「米国商標希釈化法— 2006 年連邦商標希釈化改正法案とその進展」，知財研フォーラム70 巻（2007 年），第 72 頁。原文：「希釈化とは、消費者には混同が生じない場合でも、他者の著名商標と同一及び類似した商標を使用することにより、著名商標の強い識別価値が低下（希釈）する」。转引自関琳琳：「著名商標の保護制度のあり方—日米中における希釈化理論の発展分析」，金沢大学 2015 年博士（法学）学位論文，第 16 頁。

〔5〕 小泉直樹：「ダイリューション」ジュリ1005 号 29 頁（1992 年）。原文：「営業上の標識…が有する財産的価値、すなわちその識別力、良いイメージ、顧客吸引力ないし広告力などを薄め、減少せしめる」。转引自関琳琳：「著名商標の保護制度のあり方—日米中における希釈化理論の発展分析」，金沢大学 2015 年博士（法学）学位論文，第 16 頁。

知名人士或著名虚构角色”，将保护的侧重点转移至产品“商誉或者声誉”。[1]

第二章 驰名商标特殊保护制度域外发展现状

一、美国淡化理论发展现状

美国商标淡化理论及法律实践自 1927 年 Frank Schechter 教授发表“The Rational Basis of Trademark Protection”一文后，一直处于世界领先地位。如表 1，2006 年 TDRA[2] 从淡化行为类型、保护对象、证明标准、救济手段、权利限制等方面明确并细化了反淡化保护的各项标准，把关于驰名商标的保护提高至一个崭新的层次。

表 1 2006 年 TDRA 确立的反淡化保护标准[3]

淡化行为	弱化：指由于一个标志或者商业名称与驰名商标的相似而引起的可能导致驰名商标的显著性受损的联想。
	丑化：指由于一个标志或者商业名称与一驰名商标的相似而引起的损害该驰名商标的声誉的联想。
保护对象	在全国范围具有较高知名度的驰名商标。
证明标准	淡化的可能性标准。
救济手段	禁令；销毁侵权物；损害赔偿请求权（被告恶意），有法定赔偿金。
限　　制	合理使用、任何形式的新闻报道和评论、非商业使用不构成淡化。

概言之，美国的反淡化保护制度具有以下特点：其一，商标法和专门的反

[1] 李阁霞：《论商标与商誉》，知识产权出版社 2014 年版，第 196 页。1996 年世界知识产权组织（WIPO）《反不正当竞争示范条款》第 3 条：“损害他人商誉或声誉：①［一般原则］无论是否引起混淆，在工商业活动中对他人企业的商誉或声誉造成损害或可能造成损害的行为或行径，应构成不正当竞争行为。②（a）［损害商誉或声誉的示例］损害他人的商誉或声誉特别可能发生于对下列各项承载商誉或声誉的淡化：（i）商标，无论注册与否；（ii）商号；（iii）商标或商号以外的商业标识；（iv）产品外形；（v）产品或服务的表征；（vi）知名人士或著名虚构角色。（b）［“淡化”的定义］本示范条约所称“商誉或声誉的淡化”，意指商标、商号或其他商业标识、产品外形、产品或服务的表征、知名人士或著名虚构角色的识别性或广告价值的减少。”

[2] TDRA：Trademark Dilution Revision Act of 2006 的缩写，通常译作“2006 年《商标淡化修正法案》”。

[3] 表 1 系笔者选取“美国联邦商标淡化立法不同阶段文本对比”一表的部分内容制作而成。原表参见李小武：《商标反淡化研究》，浙江大学出版社 2011 年版，第 266~268 页。

淡化立法相结合，反不正当竞争法作用式微；[1] 其二，州立法先于联邦立法，迄今为止很多重要的术语和概念的含义依然含糊不清，相较于混淆理论，法院并未积极适用淡化理论；[2] 其三，注重对商标扩大保护范围进行限制，尤其注意预防利用反淡化保护制度损害自由竞争和言论自由的行为；其四，淡化是区别侵权和不正当竞争的独立诉因，[3] 同业经营者之间亦可能存在淡化行为。

二、日本驰名商标保护制度

日本与中国同为大陆法系国家，在商标权获得方面均采用注册获得原则，对于驰名商标的保护分为事前预防制度和事后保护制度两部分。[4]

事前预防制度主要指防御商标注册制度，即在注册环节预防驰名商标所有权人利益受损的一种手段。[5]

表2 日本防御商标注册制度对商标权效力的扩大[6]

<table>
<tr><th colspan="2" rowspan="2">商标法</th><th colspan="3">指定商品或服务</th></tr>
<tr><th>相　同</th><th>类　似</th><th>不类似</th></tr>
<tr><td rowspan="2">相　同</td><td>相　同</td><td>商标使用权
（第25条）</td><td>商标禁用权
（第37条第1号）</td><td>需求者之间被广泛认可的注册商标，其于防御商标注册制度下的商标禁用权（第67条第1号）</td></tr>
<tr><td>类　似</td><td>商标禁用权
（第37条第1号）</td><td>商标禁用权
（第37条第1号）</td><td>超出商标权的权利范围，不受保护</td></tr>
</table>

〔1〕 関琳琳：「著名商標の保護制度のあり方—日米中における希釈化理論の発展分析」，金沢大学2015年博士（法学）学位論文，第30頁。作者认为“美国继承了英国的法律传统，因而没有成文的反不正当竞争法，在引入驰名商标淡化理论的初期（1995年之前——笔者注）更加依赖于州反淡化法而不是反不正当竞争法”。值得一提的是，1995年美国法学会颁布的《反不正当竞争法重述》中已明确包含商标淡化的内容，其列举了判断商标显著性和知名度的一些要素，并将淡化行为分为弱化和丑化，其内容也被包括美国最高法院在内的许多法院在判决书中引用。参见李阁霞：《论商标与商誉》，知识产权出版社2014年版，第171~182页。

〔2〕 Clarisa Long, *The Political Economy of Trademark Dilution*, in Trademark Law and Theory: A Handbook of Contemporary Research, Edward Elgar, Northampton, 2008, pp. 132-147.

〔3〕 杜颖：《社会进步与商标观念：商标法律制度的过去、现在和未来》，北京大学出版社2012年版，第173页。

〔4〕 関琳琳：「著名商標の保護制度のあり方—日米中における希釈化理論の発展分析」，金沢大学2015年博士（法学）学位論文，第32頁。

〔5〕 李小武：《商标反淡化研究》，浙江大学出版社2011年版，第143页。

〔6〕 表2系笔者根据「防護標章登録による商標権の効力の拡大」表格内容翻译制作而成。原表参阅産業構造審議会知的財産政策部会商標制度小委員会：「我が国における著名商標の保護の在り方について」，平成22年7月2日，資料1，第1頁。

尽管国内有观点认为防御商标注册制度也是反淡化保护的一种形式，但是笔者认为此乃误读。防御商标注册制度指：把需求者之间被广泛认可〔1〕的注册商标预防性地注册在可能产生混淆的不类似产品上，商标所有人因而享有禁止他人在此类产品上注册该商标的权利。〔2〕由上述定义可知，防御商标注册制度的适用范围是可能产生混淆的不类似产品，结合现实生活，此处的“不类似产品”语意更加接近“不同种类但是可能会产生关联的产品”，其主要目的是禁止广义混淆而不是预防淡化。在防御商标注册制度下，商标权的保护范围仅包括商标相同的情况，不包括商标相似的情况，而且特许厅的统计资料显示，防御商标注册和续展量都较少，〔3〕因此日本国内已有不少要求废止防御商标注册制度的呼声。

事后保护制度指的是，侵权行为发生后基于《商标法》和《不正竞争防止法》〔4〕有关规定对所有权人提供权利救济的制度。〔5〕日本最初的《商标法》和《不正竞争防止法》都以来源混淆为前提要件，即使是全国范围内驰名的商标，只要侵权发生在不会造成来源混淆的产品上，这两部法律也都鞭长莫及。汽车领域的驰名商标“HONDA”被使用在文具上、“Coca-Cola”商标被使用在服装上等一系列围绕驰名商标产生的争议行为，减弱了驰名商标的品牌价值，令所有权人深受其害。为规范此类行为，1993 年日本《不正竞争防止法》进行修

---

〔1〕为“需要者の間に広く認識されている商標”直译，也称“周知商標”，驰名商标的保护也是该法条的应有之义。青木博通：「周知・著名商標の抵触・併存」，中央知的財産研究所研究課題『不正競争防止法第 2 条第 1 項第 1 号、同第 2 号について』研究報告第 12 号（日本弁理士会中央知的財産研究所，2004 年）第 630 頁。原文：「周知商標中にいわゆる著名商標も含まれる。著名商標とは周知商標の中でも特に高い名声を有するため、それが表示する商品（サービス）と競業関係等のない非類似の商品（サービス）に使用されても出所の混同を生ずるようなおそれがあるものをいい、したがって、非類似の商品（サービス）についても、これと同一または類似の商標の登録が拒否される（4 条 1 項 15 号）ようの商標である。」

〔2〕産業構造審議会知的財産政策部会商標制度小委員会：「我が国における著名商標の保護の在り方について」，平成 22 年 7 月 2 日，資料 1，第 1 頁。原文：「……現行商標法において防護標章登録制度を設け、需要者の間に広く認識されている登録商標について出所の混同のおそれがある非類似の商品等を予め登録し、その範囲に限り商標権の禁止的効力が及ぶように手当てされている……」

〔3〕特许厅官网「特許行政年次報告書 2015 年版［統計・資料編］」第 44~46 页（http：//www.jpo.go.jp/shiryou/toushin/nenji/nenpou2015_index.htm，最后访问日期：2015 年 9 月 27 日）。例如：2010 年注册 39 件、续展 250 件；2011 年注册 41 件，续展 175 件；2012 年注册 50 件、续展 309 件；2013 年注册 41 件、续展 415 件；2014 年注册 41 件。

〔4〕“不正競争防止法”直译，相当于我国的《反不正当竞争法》。

〔5〕関琳琳：「著名商標の保護制度のあり方—日米中における希釈化理論の発展分析」，金沢大学 2015 年博士（法学）学位論文，第 33 頁。

改，在商标侵权案件中，即使不会发生来源混淆，受害人依然可以依据第2条第1项第2号而获得法律保护。[1]

表3 日本关于驰名商标保护的法条规定[2]

<table>
<tr><th>法案名称</th><th colspan="3">法条规定</th></tr>
<tr><td rowspan="3">商标法（2015年修订）</td><td rowspan="3">第4条第1项关于下列商标，虽有前条规定，不能进行商标注册。</td><td>第10号</td><td>将周知商标或者与之类似的商标，注册在与他人业务相关联的类似商品或服务上。</td></tr>
<tr><td>第15号</td><td>可能会对他人商品或服务造成混淆的商标（由第10项到前项所列者除外）。</td></tr>
<tr><td>第19号</td><td>以不正当的目的（包括获得不正当利益的目的、损害他人的目的或者其他不正当的目的）在与他人业务有关联的商品或服务上使用与日本国内或者国外的周知商标相同或者类似的商标（前项所列者除外）。</td></tr>
<tr><td>不正竞争防止法（2015年修订）</td><td>第2条第1项下列属于不正当竞争的行为。</td><td>第2号</td><td>使用与他人驰名商品标识相同或者相似标识作为自己商品标识的行为，或者转让、贩卖，或者以转让、贩卖为目的展示、出口、进口、通过电信电话等方式销售使用上述标识的商品的行为。</td></tr>
</table>

日本《商标法》第4条第1项第10号、第15号、第19号着重在注册过程中扩张驰名商标的保护范围，但商标法中是否引入淡化理论还存在一定的争议，从法条内容本身来看其仅涉及混淆理论。但2000年最高裁判所在レール・デ

〔1〕 平尾正樹:「商標法」，学陽書房2002年版，第419頁。

〔2〕 表3系笔者翻译、制作，法条内容来自日本电子政府综合窗口官网。商标法：http：//law. e-gov. go. jp/htmldata/S34/S34HO127. html. 原文:「10他人の業務に係る商品若しくは役務を表示するものとして需要者の間に広く認識されている商標又はこれに類似する商標であつて、その商品若しくは役務又はこれらに類似する商品若しくは役務について使用をするもの；15他人の業務に係る商品又は役務と混同を生ずるおそれがある商標（第十号から前号までに掲げるものを除く）；19他人の業務に係る商品又は役務を表示するものとして日本国内又は外国における需要者の間に広く認識されている商標と同一又は類似の商標であつて、不正の目的（不正の利益を得る目的、他人に損害を加える目的その他の不正の目的をいう。以下同じ）をもつて使用をするもの（前各号に掲げるものを除く）」不正竞争防止法：http：//law. e-gov. go. jp/htmldata/H05/H05HO047. html. 原文：「2自己の商品等表示として他人の著名な商品等表示と同一若しくは類似のものを使用し、又はその商品等表示を使用した商品を譲渡し、引き渡し、譲渡若しくは引渡しのために展示し、輸出し、輸入し、若しくは電気通信回線を通じて提供する行為」。

ュ・タン案中明确表示，“《商标法》第4条第1项第15号采用广义上的混淆理论，其意在防止‘搭便车’和淡化商标的行为，通过保护商标的识别功能而实现维护在先使用者商业信用及相关方权益的目的”。[1]特许厅相关文件中也指出，“《商标法》第4条第1项第19号规范恶意抢注未注册的驰名商标，受保护条件也不要求必须造成来源混淆，其立法目的在于制止‘搭便车’、预防商标淡化”。[2]

针对此问题，还有人认为“日本采用注册主义制度，注册商标是否会在形式上造成混淆是商标法立法的初衷，在商标法体系中评价‘不会造成混淆情况下的商标价值减损’行为非常困难，当不会发生混淆但可能造成商标价值减损时，依赖《不正竞争防止法》第2条第1项第2号进行法律救济”。[3]不过，适用该条款存在前提条件，假设行为实施者并没有把商标作为自己的“商业标识”使用而是采取丑化、贬损商标形象等其他方式来降低驰名商标的价值，则即使此时已经产生商标“淡化的可能性”，亦不在该条款的规范范围之列。出于此种担忧，日本有很多学者认为该条款也止步于广义混淆理论，远称不上是反淡化

---

〔1〕 最判平成12年7月11日平10（行ヒ）85号。原文：「同号の規定は、周知表示又は著名表示へのただ乗り（いわゆるフリーライド）及び当該表示の希釈化（いわゆるダイリューション）を防止し、商標の自他識別機能を保護することによって、商標を使用する者の業務上の信用の維持を図り、需要者の利益を保護することを目的とするものであるところ、その趣旨からすれば、企業経営の多角化、同一の表示による商品化事業を通して結束する企業グループの形成、有名ブランドの成立等、企業や市場の変化に応じて、周知又は著名な商品等の表示を使用する者の正当な利益を保護するためには、広義の混同を生ずるおそれがある商標をも商標登録を受けることができないものとすべきであるからである。」转引自関琳琳：「著名商標の保護制度のあり方―日米中における希釈化理論の発展分析」，金沢大学2015年博士（法学）学位論文，第78頁。

〔2〕 特許庁『工業所有権法逐条解説』，第1007~1008頁（発明協会，第15版，1999年）。转引自関琳琳：「著名商標の保護制度のあり方―日米中における希釈化理論の発展分析」，金沢大学2015年博士（法学）学位論文，第34頁。

〔3〕 関琳琳：「著名商標の保護制度のあり方―日米中における希釈化理論の発展分析」，金沢大学2015年博士（法学）学位論文，第78頁。原文：「登録主義を原則とする日本では、登録した商標との形式的混同の有無が出発点となってしまっているため、混同を生じさせない商標の価値毀損という結果を商標の中で評価することは本来困難であった。そのため、これに対応する保護制度としては、不正競争防止法2条1項2号が別途用意された。このように、現在の日本では、混同が生じない商標権の価値毀損に対しては、不正競争防止法による保護で対応している。」

保护条款。[1]

三、驰名商标的国际法保护

我国的驰名商标保护制度深受国际条约的影响。《巴黎公约》第 10 条第 2 段基于狭义混淆理论，把对驰名商标的保护范围限定于同种类或关联产品上。[2]《TRIPS 协议》第 16 条把保护范围扩张至非竞争性产品上，规定他人使用商业标识时不得明示或暗示其与商标所有人之间存在任何联系，理论依据延及广义混淆理论。[3] WIPO1999 年《关于驰名商标保护规定的联合建议》第 4 条[4]明确提出反淡化保护理论，且：①既包括同种类或关联产品，也适用于非竞争性产品；②商标知名度可要求及于"全体公众"。另外，前述 WIPO1996 年《反不正当竞争示范条款》第 3 条把淡化他人商业标识所承载的商誉或声誉的行为明确列为不正当竞争行为的一种，且正如第一章"商标淡化的定义"所分析的那样，其适用对象更为宽广。[5]

---

〔1〕 林いづみ:「商標の希釈化と混同のないところにおける著名商標の保護」，パテント65 巻 13 号（2012 年），第48 頁。原文:「日本の不正競争防止法 2 条 1 項 2 号は、相手方が著名商標を自己の標章として使用していない場合には、著名商標の識別性を不鮮明化し又は毀損する「希釈化のおそれ」があっても、その使用を排除することができないという意味で、著名商標との類似性により広義の混同のおそれがある場合を保護した規定にとどまり、混同のおそれがない場合の『希釈化』からの保護を規定するものではないといえよう。」转引自閔琳琳:「著名商標の保護制度のあり方—日米中における希釈化理論の発展分析」，金沢大学 2015 年博士（法学）学位論文，第 53 頁。

〔2〕 邓宏光:《商标法的理论基础：以商标显著性为中心》，法律出版社 2008 年版，第 289 页。《巴黎公约》第 10 条第 2 段:"特别禁止下列情况：……③在经营商业中使用会使公众对产品的性质、制造方法、特点、使用目的或数量发生混乱的表示或说法……"

〔3〕 邓宏光:《商标法的理论基础：以商标显著性为中心》，法律出版社 2008 年版，第 290 页。但是《TRIPS 协议》第 16 条是否包含淡化理论存在争议，王莲峰在《商标法学》（第 2 版）（第 260 页）中即认为第 16 条已经引入淡化理论，因为该条将驰名商标的保护扩大到不相同或不相似的商品上。《TRIPS 协议》第 16 条第 3 段:"《巴黎公约》（1967）第 6 条之 2 应基本上适用于与已获得商标注册的商品或服务不相似的商品或服务，只要该商标在那些商品或服务上的使用会表明那些商品或服务与该注册商标所有人之间存在着联系，且这种使用有可能损害该注册商标所有人的利益。"

〔4〕 世界知识产权组织（WIPO）1999 年《关于驰名商标保护规定的联合建议》第 4 条:"①（a）只要一商标或其主要部分构成对驰名商标的复制、模仿、翻译或音译，并使用、提出注册申请或注册在与驰名商标相同或类似的商品或服务上，易于造成混淆的，即应认为该商标与驰名商标发生冲突。（b）无论所使用、提出注册申请或注册的商品或服务如何，只要一商标或其主要部分构成对驰名商标的复制、模仿、翻译或音译，且至少符合下列条件之一的，即应认为该商标与驰名商标发生冲突：（i）该商标的使用会暗示其使用、提出注册申请或注册的商品或服务与驰名商标所有人之间存在联系，并且可能会损害驰名商标所有人的利益；（ii）该商标的使用可能会以不正当的方式削弱或者淡化驰名商标的显著性；（iii）该商标的使用会不正当地利用驰名商标的显著性。（c）尽管有第 2 条第 3 款（a）（iii）的规定，适用本条第 1 款第 2 项 b 和 c 的成员国可以要求驰名商标必须在全体公众中驰名……"

〔5〕 李阁霞:《论商标与商誉》，知识产权出版社 2014 年版，第 196 页。

相对而言，国际条约的缔结是各国相互妥协的产物，必须考虑不同国家的国情和对条约的接受程度，因此会具有明显的保守性特征。WIPO 的建议由于无须考虑上述问题，因此可以吸收最新的理论成果，从其规定上也可以看出“强商标、强保护”的发展趋势，商标的准财产权性质得到进一步突显。

第三章　中国驰名商标跨类保护制度——以反淡化保护为视角

一、驰名商标的定义

如表 4，驰名商标的定义仅存在于司法解释和部门规章之中，法律效力级别相对较低。

表 4　中国关于驰名商标定义的法条规定〔1〕

<table>
<tr><th>级别</th><th>法案名称</th><th>发布日期</th><th>时效</th><th>法条规定</th></tr>
<tr><td>司法解释</td><td>最高人民法院关于审理涉及驰名商标保护的民事纠纷案件应用法律若干问题的解释</td><td>2009. 4. 23</td><td>现行有效</td><td>驰名商标是指在中国境内为相关公众广为知晓的商标。（第 1 条）</td></tr>
<tr><td rowspan="4">部门规章</td><td rowspan="2">驰名商标认定和管理暂行规定</td><td>1996. 8. 14</td><td rowspan="3">失效</td><td rowspan="2">驰名商标是指在市场上享有较高声誉并为相关公众所熟知的注册商标。（第 2 条）</td></tr>
<tr><td>1998. 12. 3</td></tr>
<tr><td rowspan="2">驰名商标认定和保护规定</td><td>2003. 4. 17</td><td>驰名商标是指在中国为相关公众广为知晓并享有较高声誉的商标。（第 2 条）</td></tr>
<tr><td>2014. 7. 3</td><td>现行有效</td><td>驰名商标是在中国为相关公众所熟知的商标。（第 2 条）</td></tr>
</table>

给驰名商标下定义时必须厘清三个要素的概念：中国境内、相关公众、

〔1〕 表 4 系笔者在北大法宝网站以“商标”为关键词，以“法律法规”为条件进行检索得到的相关规定，共 707 篇，逐一筛选内容后总结完成该表。

声誉。

（一）中国境内

2003年前的法律文件中并没有直接提及驰名商标发生地必须在中国境内，而2003年以后的司法解释及部门规章中则明确包含“在中国境内”这一要件。

首先，知识产权保护具有地域性特点，基于国家主权原则，外国驰名商标并不能在中国获得自动保护。现实中有关机关大多认为，即使在国外久负盛名，但若在中国境内并没有实际使用，则该商标知名度亦不属于“驰名”。例如，在“长铃及图”商标案中，商评委、一审法院和二审法院均认为引证商标在世界各国注册、宣传、获奖的证据不能当然证明该商标在中国境内的知名度，因此拒绝对其进行驰名认定。[1]另外，上述机关同时亦均承认“对于中国境内注册并长期使用、客观上具有较高知名度的外国商标，在驰名商标认定上可以放宽举证责任要求，只不过具体的降低标准目前还没有形成统一的共识”。[2]

相比于中国，日本法对外国商标获得保护的条件设置更加宽松。基于日本《商标法》第4条第1项第19号的规定，若商标在海外若干国家周知或者驰名，即使在日本并不广为知晓也可以受到保护，禁止在完全非竞争性产品上恶意（此处恶意采广义理解）抢注外国驰名商标或与之近似的商标。其立法背景在于，外国驰名商标奇货可居，日本国内时常会发生抢注外国驰名商标以阻止外国人进入本国市场或者要求开设代理店、索要高额转让金的现象。[3] 1989年，“同仁堂”商标成为第一个国内驰名商标就是为制止他人企图在日本抢注该商标的行为。[4]随着经济全球化和电子商务的发展，海淘、代购等新兴消费模式方兴未艾，商品已有在世界范围内流通的趋势。借助于网络媒体的力量，广告宣传片、电子杂志、影视作品等产品宣传活动的影响力往往不限于目标投放地，某些优秀的作品还有无意中被全球网友热捧的可能。在此时代背景之下，我国的商标保护是否应该具有前瞻性和开放性，以及是否给予外国驰名商标更多保护值得我们深思。

其次，“在中国境内”是否意味着驰名商标的知名度需要及于“全国”？对这一问题目前尚无统一认识，绝大部分驰名商标都是全国范围内被广泛知晓。但是，商标宣传工作的“地理范围”仅是认定驰名的因素之一，且宣传工作所

---

〔1〕 铃木株式会社与中华人民共和国国家工商行政管理总局商标评审委员会商标争议行政纠纷上诉案。北京市高级人民法院（2011）高行终字第964号行政判决书，审判时间为2011年7月12日。若无特别标注，本文所涉及的中国案例都来自北大法宝“CaseShare裁判文书分享平台”。

〔2〕 徐琳：《2013年商标评审案件行政诉讼情况汇总分析》，载《中华商标》2014年第8期。

〔3〕 平尾正樹：「商標法」，学陽書房2002年版，第190頁。

〔4〕 祝建军：《驰名商标认定与保护的规制》，法律出版社2011年版，第89~90页。

涉及的“地理范围”与知名度的“地理范围”也会有微妙的差别，只为某几个省或者特定区域内的公众所熟知的商标也可能被认定为驰名商标。

从域外立法方面看，美国 2006 年 TDRA 明确表示受反淡化保护的商标均要在全国范围内有足够知名度。欧盟国家在声誉商标扩大保护制度中仅要求声誉及于成员国相当部分地区即可，并不要求及于全境。[1] 日本相关法律中都没有关于驰名商标的明确定义，仅在“月友会”案件的法院判决中写到“此处的‘著名’（相当于汉语语境下的‘驰名’——笔者注）必须及于全国而不是地方”。[2]

（二）相关公众

“相关公众”是指与商标所标识的产品息息相关的人群，[3] 其范围远小于“一般公众”“某国的普通公众”等表述。人大常委会法制工作委员会巡视员何永坚曾表示，“这是因为不同商品的受众差别较大，例如，生活消费品上使用的商标，应当要求其在广大消费者中驰名；但如果要求仅在特定行业（例如精密机械制造）中使用的商标也在全体消费者中驰名，则失之过严”。[4]

美国在 Syndicate 销售公司案、[5] Advantage Rent A Car 案、[6] Times Mirror 杂志案[7] 中都曾采用“特殊市场”（niche fame，又译“利基市场”）驰名标准。原告商标虽然对于普通公众来说并不知名，但是在原被告共处的市场上具有很高的知名度，则它也能获得反淡化保护。值得注意的是，该类案件中争议商标所标识的产品可以是竞争性产品，而我国的驰名商标目前仅可能在非竞争性产品上获得反淡化保护，在竞争性产品上一般获得免于混淆的保护。不过，美国也在 2006TDRA 中否定了“利基市场驰名”标准，在法案第 2 条中明确表示驰名商标需为“美国一般公众所广泛认可”。欧盟法院审理 Chevy 案时也表示，

---

〔1〕 文学：《商标使用与商标保护研究》，法律出版社 2008 年版，第 144~145 页。

〔2〕 東京高判昭和 56 年 11 月 5 日無体集 13 巻 2 号，第 793 頁。转引自閔琳琳：「著名商標の保護制度のあり方—日米中における希釈化理論の発展分析」，金沢大学 2015 年博士（法学）学位論文，第 8 頁。

〔3〕《最高人民法院关于审理商标民事纠纷案件适用法律若干问题的解释》第 8 条：“商标法所称相关公众，是指与商标所标识的某类商品或者服务有关的消费者和与前述商品或者服务的营销有密切关系的其他经营者。”

〔4〕 何永坚主编：《新商标法条文解读与适用指南》，法律出版社 2013 年版，第 43~44 页。

〔5〕 Syndicate Sales, Inc. v. H am pshire Paper Corp., 192 F. 3d 633 (7th Cir. 1999).

〔6〕 Advantage Rent A Car, Inc. v. Enter. Rent A Car Co., 238 F. 3d 378, 380 (5th Cir. 2001).

〔7〕 Times Mirror Magazines Inc. v. Las Vegas Sports News, L. L. C., 212 F. 3rd 157, 164 (3rd Cir. 2000).

“《指令》第5条[1]规定的‘声誉’既可以是全体公众中，也可以是特定产品在相关公众中的声誉”。[2]日本法院在CECIL McBEE案判决中确认“驰名商标并不局限于特定领域的相关经营者和消费者，而必须为社会上一般公众广为知晓”。[3]

另外，驰名商标认定过程中的“相关公众”与《商标法》第13条第3款“误导公众”中的“公众”是否为同一主体？北京市第一中级人民法院在“苹果”商标案中认为两处的“公众”不是同一主体。法院认为，“驰名商标认定应以核定使用的产品的相关公众为判断主体。‘误导公众’后果的判断则应以在后商标指定使用的产品的相关公众为判断主体”。[4]“俩面针L. M. ZHEN LIANG-MIANZHEN及图形”商标判决书[5]中的一审法院再次重申上述观点。从上述判决书的表述中我们可以明显看出驰名商标认定标准和保护范围中“相关公众”的内容是不一致的。在个案认定原则下，对于相关公众进行两次重复判断是否有必要？是否会造成司法资源浪费？如果仅仅把保护消费者利益为核心的混淆理论作为商标法的理论支撑，则若使用两商标的产品差距非常大，目标消费人群的利益如何划分？由此也可反证以商标权人利益保护为核心要素的淡化理论具有存在的合理性，当在先、在后商标使用的产品差距非常大时，驰名商标保护

〔1〕 1988年欧洲共同体《协调成员国商标立法第一号指令》第5条：“商标赋予的权利：①注册商标赋予其所有人以独占权……②任一成员国也可以规定所有人有权禁止任何第三人未经其同意，在商业中在与其商标注册的商品或服务不相似的商品或服务上使用一标记，如果该标记与其商标相同或相似，且其商标在该成员国享有声誉，而该标记的使用无正当理由从其商标的显著性或声誉中获利或对它们造成损害的。③如果满足第1和2款的条件，以下行为尤其可以被禁止：（a）在商品或其包装上贴附该标记；（b）在该标记下提供商品，投放市场或为此类目的而持有商品，或在该标记下供应或提供服务；（c）在该标记下进口或出口商品；（d）在商业文函及广告中使用该标记。④如果在为符合本指令的必要规定生效之前，一成员国的法律在第1款b项及第2款所指的条件下并不禁止一标记的使用，该商标赋予的权利不得用以对抗该标记的继续使用。⑤成员国中适用的禁止以区别商品或服务的目的之外的目的使用一标记的规定，不受第1到4款规定的影响，只要该标记的使用无正当理由从该商标的显著性或声誉中获利或对它们造成损害。”

〔2〕 文学：《商标使用与商标保护研究》，法律出版社2008年版，第144~145页。

〔3〕 東京高判平成16年8月9日判時1875号，第130頁，「セシルマクビー」事件。转引自閔琳琳：「著名商標の保護制度のあり方一日米中における希釈化理論の発展分析」，金沢大学2015年博士（法学）学位論文，第8頁。

〔4〕 德士活有限公司与国家工商行政管理总局商标评审委员会商标异议复审行政纠纷上诉案。北京市高级人民法院（2012）高行终字第669号行政判决，审结日期为2012年11月20日。二审法院未评述该观点。

〔5〕 国家工商行政管理总局商标评审委员会与柳州两面针股份有限公司商标异议复审行政纠纷上诉案。北京市高级人民法院（2013）高行终字第72号行政判决，审结日期为2013年4月26日。

的侧重点应由消费者利益转向该驰名商标所承载的商誉。[1]

（三）声誉

由表4可知，我国最初定义驰名时都要求该商标有“较高声誉”，但2009年最高人民法院在定义中删掉了关于声誉方面的要求，仅将“该商标享有的市场声誉”作为认定商标驰名的因素之一。

首先，“较高声誉”这一构成要件是否有存在的必要目前尚有争议。有学者认为，被消费者所熟知属于事实判断而不是价值判断的范畴，声誉一般但因价格低廉而被消费者所熟知的商标依然可以受到驰名商标制度的保护。[2]如果仅从混淆理论来看，该种观点并无明显瑕疵。然而，如果考虑到在相关立法与实践中引入淡化理论对驰名商标予以“强保护”，那么对可能受保护的对象是否应该有更加严格的要求？如果该商标声誉一般但仅因价格低廉而被消费者熟知，那么如何判断该商标所承载的商誉价值？如何确认丑化行为引起的损害后果？

其次，“声誉”和“商誉”是否属于同一个概念？从我国目前的立法方面来看，“声誉”一词与淡化理论广泛联系。例如，有学者根据最高人民法院的相关司法解释[3]将驰名商标反淡化保护的目的归纳为“防止不正当利用声誉、保护商标显著性”。[4]从有关反淡化保护的司法判决文书来看，“声誉”“商誉”的使用没有统一的标准，倾向于被当作一组可以相互替换的同义词来使用。例如，同样基于《商标法》第13条第3款，在“王老吉 WANGLAOJI”商标案中，法院的表述为“……弱化其与广州医药公司之间的对应关系，进而损害广州医药

---

〔1〕 李阁霞：《论商标与商誉》，知识产权出版社2014年版，第188~191页。作者引用INTEL案判决书认为：“若‘相关公众’不重合，则无论是在先商标还是在后商标的‘相关公众’都不会认为两个商标之间存在某种联系，在先商标不能主张反淡化保护；即便‘相关公众’相同或者具有重合性，若商品完全不同，‘相关公众’也未必会认为两个商标之间存在联系，在先商标是否可以主张反淡化保护需要结合其他要素来分析。如果在先商标的声誉已经超出‘相关公众’的范围，在后商标的‘相关公众’即便与在先商标不相同或不具有重合性，也有可能认为两个商标之间存在某种关联，在此情况下就有可能主张反淡化保护。”

〔2〕 祝建军：《驰名商标认定与保护的规制》，法律出版社2011年版，第6页。

〔3〕《最高人民法院关于审理涉及驰名商标保护的民事纠纷案件应用法律若干问题的解释》第9条：“足以使相关公众对使用驰名商标和被诉商标的商品来源产生误认，或者足以使相关公众认为使用驰名商标和被诉商标的经营者之间具有许可使用、关联企业关系等特定联系的，属于商标法第13条第1款规定的‘容易导致混淆’。足以使相关公众认为被诉商标与驰名商标具有相当程度的联系，而减弱驰名商标的显著性、贬损驰名商标的市场声誉，或者不正当利用驰名商标的市场声誉的，属于商标法第13条第2款规定的‘误导公众，致使该驰名商标注册人的利益可能受到损害’。”

〔4〕 彭学龙：《商标法的符号学分析》，法律出版社2007年版，第278~283页。

公司基于该驰名的引证商标而获得的商品声誉和市场信誉等利益”。[1]在“米其林 MICHELIN”等商标案中，法院的表述则为“使用与米其林公司该商标整体结构近似的标识的行为使得原告该驰名商标被淡化，商标上所凝结的唯一特性被减少……进而对该驰名商标所承载的商誉造成损失”。[2]

笔者认为，淡化理论在中国发展尚不成熟的现状是造成目前用语不统一的主要原因。“商誉”已被普遍认为是一种法律术语，内涵包括但不限于“声誉”,[3] 因此，在驰名商标反淡化保护领域用“商誉”取代“声誉”是更为合理的一种方式。

二、驰名商标认定现状简析

（一）驰名商标认定与保护机构

在我国，商标局、商评委、法院均有权根据案情需要进行驰名商标认定。行政机关与司法机关之间、人民法院内部之间认定和保护尺度不统一的问题较为突出。例如，根据北京市第一中级人民法院相关课题组的数据统计，2001 年至 2007 年上半年涉及驰名商标认定的案件中，北京地区法院认定驰名商标的比例不到 30%，而某些法院则超过 80%。[4]商评委年度报告中的统计显示，在 2013 年、2014 年商评委一审败诉案件中，分别有 17%和 10%的案件是因为驰名商标认定与法院意见不同而败诉。[5]淡化理论本身的概念具有一定的模糊和不统一性，而我国驰名商标认定尺度的不统一、行政机关与司法机关职权划分问题进一步加大了淡化理论引入的难度。

（二）按需认定原则下淡化理论的缺失

商标保护以制止侵权行为为中心，为治理驰名商标异化现象，我国仅在跨类保护等法定类型的案件中根据案情情况需要进行驰名认定。

在“高露洁”系列商标案中，北京市第一中级人民法院认为“原告提交的证据材料目的是证明引证商标在牙膏上被广为知晓，而争议商标被指定使用于油漆等产品上，二者在实用功能、产品用途、售卖途径、消费对象等方面均差

[1] 国家工商行政管理总局商标评审委员会等诉广州医药集团有限公司商标异议复审行政纠纷案。北京市高级人民法院（2014）高行终字第 661 号行政判决，审结日期为 2014 年 4 月 16 日。

[2] 米其林集团总公司（COMPAGNIEGENERALEDESETABLISSEMENTSMICHELIN）与李道伟等侵害商标专用权纠纷上诉案。重庆市高级人民法院（2013）渝高法民终字第 00123 号民事判决，审结日期为 2013 年 12 月 19 日。

[3] 郑新建:《商誉权的法律保护》，中国人民公安大学出版社 2010 年版，第 10~14 页。

[4] 参见北京第一中级人民法院:《驰名商标司法保护中存在的问题及解决对策》，载《中国知识产权报》，2007 年 10 月 31 日。转引自祝建军:《驰名商标认定与保护的规制》，法律出版社 2011 年版，第 265 页。

[5] 徐琳:《2014 年商标评审案件行政诉讼情况汇总分析》，载《中华商标》2015 年第 9 期。

别明显，被异议商标不会导致相关公众对商品来源或者第三人与原告之间关系产生混淆、误认。在此情况下，人民法院没有必要对引证商标是否构成驰名商标进行评判”。[1]

表5　（2012）一中知行初字第1422号案件涉案商标[2]

	商　标	指定商品/服务
争议商标		【第2类】油漆、防火油漆、漆稀释剂、油胶泥、漆、杀菌漆、固定剂、瓷漆、铝涂料等商品
引证商标一		【第3类】牙膏等商品
引证商标二	高露洁	【第3类】漂白剂、香料、肥皂、牙粉、牙膏、洗发液、肥皂等商品
引证商标三	高露潔	【第3类】漂白剂、香料、肥皂、牙粉、牙膏、洗发液等商品
引证商标四	COLGATE	【第3类】牙膏、香皂、洗发液、清洁制剂、香料、化妆水、香水等商品

在“强生 qiangsheng”商标纠纷案件中，一审法院同样基于混淆理论认为“争议商标、引证商标使用的产品区别很大，消费者通常不会对产品来源产生混淆，即便进行驰名认定，亦无法给予引证商标以跨类保护”，因此并未进行驰名商标认定。而二审法院却认定其为驰名商标，并判决“其申请注册被异议商标的行为无形中利用了第601208号‘强生’商标的市场声誉，占用了强生公司因付出努力和大量投资而获得的利益成果，将减弱驰名商标的显著性，致使驰名商标注册人的权益受到损害”。[3]

---

〔1〕 高露洁-棕榄公司（GOLGATE-PALMOLIVE COMPANY）诉中华人民共和国国家工商行政管理总局商标评审委员会商标异议行政纠纷案。北京市第一中级人民法院（2012）一中知行初字第1422号行政判决，审结日期为2012年8月13日。

〔2〕 表5及后文的表6、表8、表9涉及的商标信息均为笔者根据判决书中的申请号/注册号在商标局官方网站查询所得。

〔3〕 强生公司等诉中华人民共和国国家工商行政管理总局商标评审委员会商标异议复审行政纠纷案。北京市高级人民法院（2013）高行终字第2403号行政判决，审结日期为2014年6月16日。转引自徐琳：《2013年商标评审案件行政诉讼情况汇总分析》，载《中华商标》2014年第8期。

表6 （2013）高行终字第2403号案件涉案商标

	商 标	指定商品/服务
争议商标	强生 qiangsheng	【第30类】酵母、食用香料（不包括含醚香料和香精油）、家用嫩肉剂
引证商标	强生	【第3类】婴幼儿用润肤膏、婴幼儿用洗液、婴儿护肤油、婴幼儿爽身粉、婴幼儿洗发香波、婴幼儿浴液、婴幼儿用皂

商标局、商评委、法院基于不会造成来源混淆、关联混淆观点判定无须进行驰名商标认定的案例还有很多。虽然在判断是否存在或可能存在商标侵权方面淡化理论已经得到相当程度的适用，但在判断是否需要进行驰名商标认定方面几乎只能找到混淆理论的影子，这明显具有不合理性。

三、注册驰名商标跨类保护制度

（一）理论依据

《商标法》第13条明确以“混淆理论”为理论基础，相当一部分学者认为若非最高人民法院扩大解释《商标法》第13条，则现行商标法中根本不存在淡化理论。[1] 商评委工作人员在其内部刊物上曾明确表示注册驰名商标的保护不仅依赖“禁止混淆原则”，也会适用“反淡化保护原则”。[2]

笔者于2015年9月20日以“驰名商标”“淡化”为关键词，在北大法宝“CaseShare裁判文书分享平台”对2012年以后的法院判决书进行检索，共搜集相关案例行政判决118篇，部分商标保护案例情况汇总如表7。针对同样的案件，虽然一审、二审法院均判决对驰名商标进行跨类保护，但是从“理论依据”一栏可以明显看出目前存在混淆理论和淡化理论适用标准不统一的问题，把淡化看作混淆结果的判决屡见不鲜。

---

〔1〕 指前述《最高人民法院关于审理涉及驰名商标保护的民事纠纷案件应用法律若干问题的解释》第9条规定。杜颖：《社会进步与商标观念：商标法律制度的过去、现在和未来》，北京大学出版社2012年版，第178页。祝建军：《驰名商标认定与保护的规制》，法律出版社2011年版，该书第237~240页亦有类似看法。

〔2〕 徐琳：《2014年商标评审案件行政诉讼情况汇总分析》，载《中华商标》2015年第9期。原文：“目前商评委与法院已基本达成共识，对注册驰名商标保护不应仅限于‘禁止混淆原则’，但就反淡化原则的适用还未形成统一明确的标准。”

表 7　2012—2015 年司法机关给予驰名商标跨类保护案例一览表〔1〕

一审案件字号	二审案件字号	理论依据
(2012) 一中知行初字第 300 号	(2014) 高行终字第 1648 号	【一审】混淆理论；【二审】混淆理论与淡化理论（淡化显著性）
(2013) 一中知行初字第 1458 号	(2013) 高行终字第 2020 号	【一审】混淆理论与淡化理论（贬损）；【二审】淡化理论（降低显著性，模糊唯一特定联系，进而弱化驰名商标的区别特征，但不同意会造成“贬损”）
(2012) 一中知行初字第 719 号	(2013) 高行终字第 2019 号	【一审】混淆理论；【二审】混淆理论与淡化理论，将淡化视为混淆的结果
(2012) 一中知行初字第 2138 号	(2013) 高行终字第 1458 号	【一审】淡化理论（有可能减弱引证商标的显著性）；【二审】混淆理论与淡化理论，将淡化视为混淆的结果
(2012) 一中知行初字第 3116 号	(2013) 高行终字第 263 号	【一审】混淆理论；【二审】混淆理论与淡化理论，将削弱显著性视为混淆的结果
(2012) 一中知行初字第 1697 号	(2013) 高行终字第 956 号	【一审】混淆理论；【二审】淡化理论（破坏密切联系，削弱显著性）
(2012) 一中知行初字第 1981 号	(2013) 高行终字第 26 号	【一审】混淆理论；【二审】混淆理论与淡化理论，将减弱显著性视为混淆的结果

例如，在“佐丹奴 ZUODANNU”商标案件里，法院认为“虽然被异议商标指定使用的卫生巾、月经垫、消毒棉等商品，与威腾公司上述商标核定使用的服装类等商品在原料、功能用途等方面存在差异，但是考虑到二者均系日常生活用品，其相关公众的范围一致，在销售渠道、消费对象等方面存在较大关联性。因此，在被异议商标与第 657901 号‘佐丹奴’商标所使用商标标志近似的情况下，容易误导公众，认为被异议商标与威腾公司的‘佐丹奴’商标之间具有相当程度的联系，从而减弱威腾公司‘佐丹奴’商标的显著性，误导公众，致使威腾公司的利益可能受到损害，因此被异议商标的注册已构成对威腾公司

〔1〕表 7 系笔者根据北大法宝“CaseShare 裁判文书分享平台”相关资料制作。

驰名商标的摹仿……"[1]因为“两商标近似、相关公众范围一致，所以导致他人误认生产者之间具有相当程度的联系”逻辑中暗含的理论依据是关联混淆，因此将减弱“佐丹奴”商标的显著性视为关联混淆的结果，笔者认为非常值得商榷。

（二）跨类保护范围分析

虽然“驰名商标”与“跨类保护”经常是捆绑出现的一对法律概念，但是并非所有跨类保护的案件都需要进行驰名商标认定，被认定为驰名也不一定会给予跨类保护，即使给予跨类保护其类别的跨度也各有不同。

商标确权或者商标侵权类案件中，判断是否给予跨类保护常需考虑下列因素：①商标的显著性；②商标的近似程度；③知名度，包括引证商标和争议商标；④核定或指定产品的关联程度，包括其在尼斯分类表中的种类；⑤在先所有人扩充生产的可能性或产业链延伸的可能性；⑥混淆或误认实际存在的证据；⑦目标消费者选购时的注意力程度；⑧产品销售渠道；⑨在后商标注册申请人或使用人产品的质量；⑩在后商标注册申请人或使用人的主观意图等。[2]概言之，商标的显著性尤其是固有显著性、知名度、商品关联程度、被控行为的误导性后果等是把握跨类保护尺度的主要因素。[3]

基于混淆理论适用《商标法》第13条，疑难点在于驰名商标、争议商标在产品功能、用途、消费对象、销售渠道方面是否差异明显，尤其涉及消费者心理认知的相关证明要求较为严格；基于淡化理论适用《商标法》第13条，则对产品消费对象、销售渠道的认定采取宽泛态度，疑难点在于驰名商标是否具有足够的知名度和显著性，这也是衡量该驰名商标承载商誉价值大小的重要指标，在理论上，知名度极高、显著性极强的驰名商标可以获得全类保护。因为如果某商标具有很强的固有显著性和知名度，则其声誉传播和受认可的范围可能已经扩展到核定使用产品涉及的相关公众之外，因此可能使得目标消费者以外的人群对该商标评价降低的行为也会损害该商标的商誉价值。

笔者认为，可以结合相关司法实践案例来分析两理论在适用侧重点上的区别。

---

〔1〕 中华人民共和国国家工商行政管理总局商标评审委员会与威腾国际有限公司（Walton International Limited）商标异议复审行政纠纷上诉案。北京市高级人民法院（2013）高行终字第26号行政判决，审结日期为2013年2月26日。

〔2〕 黄晖：《商标法》，法律出版社2004年版，第141~142页。

〔3〕 祝建军：《驰名商标认定与保护的规制》，法律出版社2011年版，第102~103页。

表 8　“锐步”商标与“宝马”商标跨类保护范围对比

	商　标	指定商品/服务	案件结果
引证商标	锐步	【第 25 类】服装、外衣和运动服装、鞋、运动鞋和便鞋、帽子（发上为男人妇女和儿童用品）	—
争议商标一	RUIBU锐步	【第 12 类】陆地车辆发动机、陆地车辆传动马达、陆地车辆动力装置、机动车减震器、陆地车辆用离合器、风挡刮水器、车辆喇叭、车辆油箱盖（气）、车辆防盗警铃	不会导致混淆，无须进行驰名商标认定，争议商标予以核准注册
争议商标二	锐步 REEBOK	【第 8 类】磨具（手工具）、农业器具（手动的）、园艺工具（手动的）、修指甲工具、电动或非电动刮胡刀、手工操作的手工具、冲模（手工具）、雕刻工具（手工具）、剪刀	易导致混淆，认定驰名商标，争议商标不予核准注册
引证商标	寶馬	【第 12 类】车辆、机动车辆及其零配	—
争议商标	帝神宝马 DISHENBAOMA	【第 25 类】服装、皮衣、羽绒服装、婴儿全套衣、足球鞋、鞋、帽子、袜、领带、裤带	易造成关联混淆或者淡化驰名商标显著性，撤销争议商标

“锐步”商标系列案件中，两商标构成近似，商标所有权人已提供充分证据证明引证商标具有较高知名度和较强显著性。法院认为，“‘修指甲工具、剪刀、磨具’等第 8 类商品与引证商标核定使用的第 25 类鞋、服装等商品均属于日常生活用品，易引起混淆误认；‘陆地车辆发动机、陆地车辆传动马达’等第 12 类商品与引证商标核定使用的第 25 类鞋、服装商品，行业特征区分明显、差异巨大，不会引起混淆误认”。但是当引证商标的知名度进一步提升，即使“宝马”商标核定使用的“机动车辆”等第 12 类商品与争议商标指定使用的第 25 类鞋、服装类商品差别较大，但法院依然认定争议商标的注册易造成混淆或淡

化，损害了宝马股份公司的合法利益。[1]

四、驰名商标扩大保护的其他情形

除发生在非竞争性商品上的驰名商标扩大保护以外，在域名与商标冲突案件、未注册驰名商标同类保护案件、商号与商标冲突案件、外观形象等其他商业标识与商标冲突案件等很多案件中都可以体现加强高知名度商标保护力度的思想。由于篇幅所限，笔者此处仅就法律明文规定可进行驰名商标认定的商号与商标冲突案件进行评述。

企业名称和商标在标明产品来源方面具有相似的功能，在企业商誉价值承载方面，名称中核心字号的作用并不一定低于商标的作用。针对此类案件，法院已经积累了丰富的判例。根据有关规定,[2] 该类案件是否认定驰名以具体案情为准。在实践中，既有原被告是跨行业非竞争关系而进行驰名商标认定的情形，也存在原被告是同行业竞争关系却进行驰名商标认定的情形。例如，在涉及"容声"商标的案件中，原被告都是家电行业生产商，一审、二审法院均认为被告的行为极易引起相关公众对市场主体及其产品来源的混淆，可能造成该商标的淡化和商业价值的降低。[3]这并不是孤例，在其他同行业商标与商号的冲突案件中也不时存在引入淡化理论的现象。在涉及"华立"商标的案件中，法院在没有认定"华立"为驰名商标的情况下，亦认为被告的行为"会在一定程度上淡化'华立'注册商标、'华立'企业字号的显著性，削弱该标识在消费者心目中独特的商业价值"。[4]

笔者认为上述判决行文用词可能存在用语不规范的情况，需要商榷。淡化

---

〔1〕"锐步"商标：力宝克国际有限公司诉中华人民共和国国家工商行政管理总局商标评审委员会商标异议复审行政纠纷案。北京市第一中级人民法院（2012）一中知行初字第2631号行政判决，审结日期为2012年12月10日；北京市第一中级人民法院（2012）一中知行初字第2136号行政判决；北京市高级人民法院（2013）高行终字第1448号行政判决，审结日期为2014年9月25日。"宝马"商标：北京市第一中级人民法院（2012）一中知行初字第300号行政判决；北京市高级人民法院（2014）高行终字第1648号行政判决，审结日期为2015年6月18日。

〔2〕《最高人民法院关于审理涉及驰名商标保护的民事纠纷案件应用法律若干问题的解释》第2条："在下列民事纠纷案件中，当事人以商标驰名作为事实根据，人民法院根据案件具体情况，认为确有必要的，对所涉商标是否驰名作出认定：①以违反商标法第13条的规定为由，提起的侵犯商标权诉讼；②以企业名称与其驰名商标相同或者近似为由，提起的侵犯商标权或者不正当竞争诉讼；③符合本解释第6条规定的抗辩或者反诉的诉讼。"

〔3〕上海容声工贸有限公司等与海信科龙电器股份有限公司侵犯商标专用权及不正当竞争纠纷上诉案。四川省高级人民法院（2010）川民终字第12号民事判决，审结日期为2010年9月3日。

〔4〕华立仪表集团股份有限公司与上海华立仪器仪表有限公司、乐清市跃进电表厂等商业贿赂不正当竞争纠纷案。浙江省杭州市中级人民法院（2013）浙杭知初字第388号民事判决，审结日期为2015年5月18日。

作为一个法律术语有其独特的内涵，并不应该仅仅被视为混淆的一种结果，在适用上其对商标的知名度、保护范围也有极高的要求。混淆理论在我国立法、司法实践中都已经相对成熟，基于混淆理论即可解决的冲突不应再适用淡化理论。

第四章 关于中国驰名商标反淡化保护标准的若干思考

一、驰名商标认定与保护思路

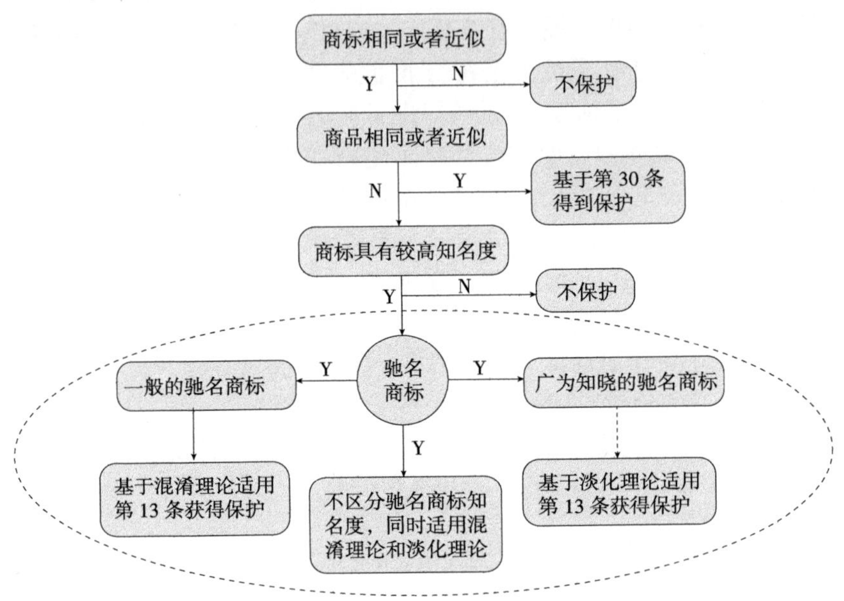

图2 驰名商标认定与保护思路流程图[1]

椭圆部分目前争议非常大，笔者总结的只是几种常见思路，其问题点主要有三：其一，按需认定原则中确定“需”的思路存在混乱。引证商标具有较高的知名度时，是否需要认定为驰名商标主要基于《商标法》第13条，看是否会造成混淆、误认，而要适用第13条则必须首先认定引证商标为驰名商标，这实际上已经进入思维的循环，这也是前述“高露洁”案引起争议的原因。其二，一般驰名和广为知晓的驰名划分不明确。“一般商标获得禁止狭义混淆的保护→

〔1〕 图2系笔者对若干案例进行汇总后得出的结论。

一般驰名商标获得禁止广义混淆的保护→广为知晓的驰名商标获得反淡化保护”是部分学者提出的一种观点,[1] 该观点虽然在法律条文和法院判决中没有明确表示，但结合前述“锐步”商标案、“宝马”商标案可知，在适用第 13 条时有关机关确实有关于驰名商标知名度的考量。其三，假设驰名商标的知名度非常高，则在适用第 13 条时是否有必要区分混淆理论和淡化理论？在没有对驰名商标知名度进一步划分的情况下，目前法院的判例中既有单独适用混淆理论或者单独适用淡化理论的情形，也有将淡化视为混淆结果而适用的情形，还有将淡化同混淆并列适用的情形。假设如学者建议的那样对驰名商标的知名度进一步划分，则椭圆部分在适用第 13 条时可有如图两种思路。

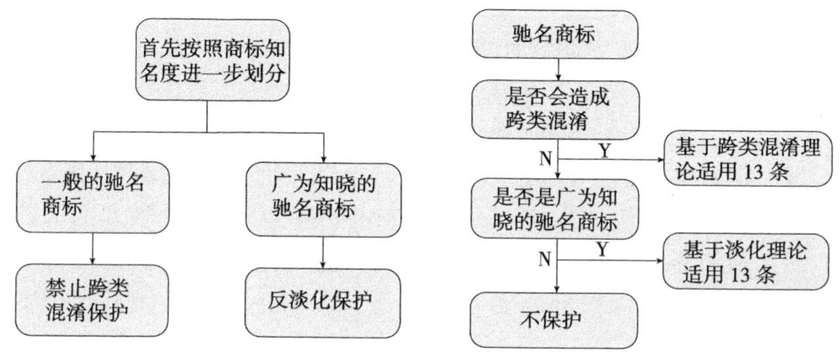

图 3　适用第 13 条思路流程图（图 2 椭圆部分）

笔者认为，首先，应根据案件类型来决定驰名商标认定时“按需认定”原则下的“需”指向为何，以期有效解决按需认定与混淆误认循环论证的混乱局面。随着驰名商标异化现象的治理力度不断加强，驰名商标将有望回归法律本意，而不再只是广告宣传资源，这也为通过案件类型决定是否进行驰名认定提供了客观基础。域名与商标冲突案件从法定驰名认定情形到 2009 年后不再需要驰名认定的立法转变，为此种方法提供了很好的例证。[2]

其次，在美国，商标侵权仅指混淆侵权，淡化是独立于商标侵权、不正当竞争的诉因，法院会针对其主张作出分项判决。[3] 目前中国相关案件判决中大多将是否适用《商标法》第 13 条第 3 款作为判决中独立的一项，其缺陷在于将

---

〔1〕 祝建军:《驰名商标认定与保护的规制》，法律出版社 2011 年版，第 249 页。

〔2〕 祝建军:《驰名商标认定与保护的规制》，法律出版社 2011 年版，第 56~57 页。

〔3〕 V Secret Catalogue, Inc. V. Moseley, 259 F 3d 464 (6th Cir. 2001)，转引自杜颖:《社会进步与商标观念：商标法律制度的过去、现在和未来》，北京大学出版社 2012 年版，第 173 页。

混淆理论与淡化理论融为一体，容易造成“淡化是混淆结果之一”的误解。复制、模仿或翻译注册驰名商标会引发两项损害，从保护消费者的角度讲，这造成了产品来源混淆或者关联混淆，从保护权利人方面看亦造成商标淡化，一个行为导致的损害在法律上无须用不同的理论给予重复保护。笔者认为，应该将驰名商标按照知名程度进一步划分，“一般驰名”获得禁止跨类混淆保护，而只有广为知晓的“驰名”才能获得超强保护。最高人民法院在有关法律文件〔1〕中也已经注意到根据商标知名度不同区分保护范围的问题，这为上述划分方式提供了很好的思路支持。消费者的利益始终是商标法的核心利益，混淆理论的界限之外才是淡化理论的起点。

二、反淡化保护对象

淡化理论具有丰富的内涵和外延，“驰名”“已注册”是通说观点中构成反淡化保护对象的必备要素，〔2〕未注册但驰名的商标只可能在同类产品上得到免于混淆之保护。《商标法》第 13 条之所以作这种区分是因为各国商标权利的取得制度不同。我国采用商标注册主义制度，也即只有登记注册后相关利益方才能取得商标权利，商标权的发生与是否实际使用并无直接关联。因为产品流通领域的扩大，判断在先使用人变得异常困难，强调通过使用获得商标权的使用主义制度更容易造成商标权利的不稳定状态，注册主义制度因其可以有效减少权利纷争而被诸多国家广泛采用。〔3〕就法律逻辑而言，反淡化保护必然可以推及未注册驰名商标之上，但未来是否将其添加至反淡化保护之列需根据法律传统、文化背景、市场伦理等因素具体考量。〔4〕

另外，商号、产品外观形象等其他具有商誉承载功能的标识是否能够成为反淡化保护的对象是各国尚未解决的难题，尤其是产品外观可能涉及立体商标、著作权、外观设计专利权等多种权利的交叉，在保护方式的选择方面更需要慎重考虑。

三、淡化行为类型

根据前述司法解释，〔5〕可以将淡化行为分为弱化、丑化、不正当利用他人

---

〔1〕《最高人民法院印发〈关于审理商标授权确权行政案件若干问题的意见〉的通知》第 11 条：“对于已经在中国注册的驰名商标，在不相类似商品上确定其保护范围时，要注意与其驰名程度相适应。对于社会公众广为知晓的已经在中国注册的驰名商标，在不相类似商品上确定其保护范围时，要给予与其驰名程度相适应的较宽范围的保护。”

〔2〕刘期家：《商标侵权认定法律问题研究》，知识产权出版社 2014 年版，第 198 页。

〔3〕関琳琳：「著名商標の保護制度のあり方—日米中における希釈化理論の発展分析」，金沢大学 2015 年博士（法学）学位論文。

〔4〕李小武：《商标反淡化研究》，浙江大学出版社 2011 年版，第 217 页。

〔5〕指前述《最高人民法院关于审理涉及驰名商标保护的民事纠纷案件应用法律若干问题的解释》第 9 条规定。

商标声誉三类。但这种类型的划分争议比较大，在实践中有些法院认为“‘不正当利用驰名商标的市场声誉’的行为因其常与淡化或丑化行为同时存在，通常情况下较难单独构成一类损害驰名商标声誉的行为”，[1] 即否认其为单独的一类淡化行为。笔者亦认同法院的观点，“不正当利用驰名商标的市场声誉”更确切地说是一个兜底条款，很难称其为单独的一类淡化行为类型。

（一）弱化

减弱商标显著性，即弱化，是最被经常引用的淡化类型。如图 4 可知，商标的显著性、知名度、相似度、商品的关联程度、消费者、主观状态等都是认定弱化的重要参考依据，某种程度上讲，这些参考因素也是判断混淆的必备要素。尽管判断弱化时经常可以找到混淆可能性判断的影子，但是各参考因素的考察侧重点却不尽相同。

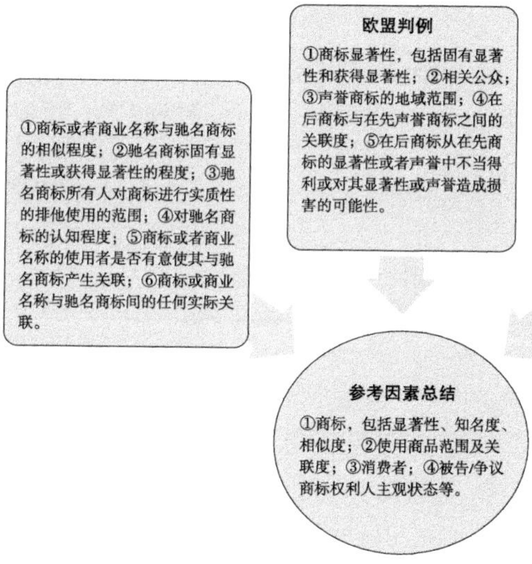

①商标或者商业名称与驰名商标的相似程度；②驰名商标固有显著性或获得显著性的程度；③驰名商标所有人对商标进行实质性的排他使用的范围；④对驰名商标的认知程度；⑤商标或者商业名称的使用者是否有意使其与驰名商标产生关联；⑥商标或商业名称与驰名商标间的任何实际关联。

欧盟判例

①商标显著性，包括固有显著性和获得显著性；②相关公众；③声誉商标的地域范围；④在后商标与在先声誉商标之间的关联度；⑤在后商标从在先商标的显著性或者声誉中不当得利或对其显著性或声誉造成损害的可能性。

中国司法实践

①商标的显著性和相似度；②商品的相似性，主要用来判断商标是否驰名，即在不相同的商品领域商标的知名度是否也仍然可以广为人知；③商品销售渠道；④消费者对商标的认知；⑤在后使用者对在先商标相同或相似的商标进行使用时的主观状态等。

参考因素总结

①商标，包括显著性、知名度、相似度；②使用商品范围及关联度；③消费者；④被告/争议商标权利人主观状态等。

图 4　认定弱化的参考因素[2]

例如，商标的显著性无论在混淆理论还是淡化理论下都是重要的参考因素，在混淆理论下考察商标显著性的侧重点在于消费者的心理认知。商标的显著性越强，则在消费者脑海中留下的印象越深刻，特定条件下相关公众产生错误认知的可能性就越高；在淡化理论下考察商标显著性的侧重点在于商标权限制的

---

[1] 国家工商行政管理总局商标评审委员会与柳州两面针股份有限公司商标异议复审行政纠纷上诉案。北京市高级人民法院（2013）高行终字第 72 号行政判决，审结日期为 2013 年 4 月 26 日。

[2] 图 4 系笔者自己制作，相关内容参考李阁霞：《论商标与商誉》，知识产权出版社 2014 年版，第 188~191 页。

利益权衡，尤其用于权衡是否应给予获得显著性商标超强保护方面。在“杏花村”商标案中，商评委和一审法院都认可“杏花村”的知名度已经达到“驰名”认定的要求，但以不会引起混淆为由驳回了商标权人要求跨类保护的请求。[1]结合该案案情进行发散式思考：他人在完全非竞争性产品上使用模仿“杏花村”的商标必定降低该驰名商标的识别功能，但这种损害是否值得依据淡化理论给予超强保护呢？笔者认为答案是否定的。“借问酒家何处有？牧童遥指杏花村”，杜牧的《清明》广为传颂，所以“杏花村”与酒的联系不仅仅依靠商标权人的使用与宣传，因此“杏花村”商标的固有显著性程度较低，这样一个饱含历史文化因素的词汇不应被商标权人所垄断。

表9　（2010）一中知行初字第1241号涉案商标

	商　标	指定商品/服务
争议商标	杏花村	【第31类】树木，谷（谷类），植物用种苗，活动物，鲜水果，新鲜蔬菜，植物种子，饲料，酿酒麦芽，植物
引证商标一		【第33类】白酒
引证商标二	杏花村	【第33类】含酒精饮料（啤酒除外）

若仅从语言文字角度理解“弱化”，则造成混淆或者可能造成混淆的行为必然会引起商标的弱化。因为不管引证商标是否具有足够高的知名度，一旦消费者对商标所标识的产品来源产生错误的认识，则引证商标与权利人之间原本的一一对应关系即受到损害，引证商标的识别性也受到削弱，这也是诸多判决书误将淡化视为混淆结果的重要原因之一。笔者认为，“弱化”作为法言法语，具有不同于生活使用意义上的独特含义，即表现在已经排除了混淆造成显著性降低的情形，因此在相关的法律判决中需要谨慎用词，发生在具有竞争关系的同业经营者之间的商标侵权案件一般仅适用混淆理论进行权利救济即可。

（二）丑化

丑化商标形象、破坏其市场声誉是另一种常见的淡化类型。实践中主要的案件情形为：将驰名商标与某些洁厕用品、性爱用品、毒品等容易带来不当遐

---

〔1〕山西杏花村汾酒厂股份有限公司诉国家工商行政管理总局商标评审委员会商标行政纠纷案。北京市第一中级人民法院（2010）一中知行初字第1241号行政判决，审结日期为2010年6月18日。何怀文：《商标法：原理规则与案例讨论》，浙江大学出版社2015年版，第427页亦有对该案的类似分析。

想的产品相关联；将驰名商标与品质低劣或不符合品牌定位的产品相关联，包括将已经损坏、变质、报废的原商标所有人生产的产品在市场上销售的行为，但不包括合法维修、二手交易行为；单纯贬损、污蔑、诽谤原告商标的行为等。[1]

在不正当竞争领域，有学者认为针对竞争对手（包括经营者的身份、资格资质、荣誉、发展历史等）或者其产品（包括特性、来源、质量、价格、交易条件等）的、诋毁他人商誉的虚假陈述行为也属于丑化行为。[2] 不过，《反不正当竞争法》第5条、第9条、第14条[3]涉及的丑化、贬损通常发生在同业经营者之间，尤其是第5条的规定明显以禁止混淆为原则，笔者认为并不应该属于淡化理论涉及的范畴。换句话说，笔者不认为目前的《反不正当竞争法》中存在淡化理论的影子。2016年2月25日国务院发布的《反不正当竞争法（修订草案送审稿）》第5条列举"市场混淆行为"、第8条列举"引人误解的商业宣传行为"、第11条列举"损害商誉行为"，[4] 亦没有体现出进行反淡化保护的倾向。

丑化同混淆理论的联系突出反映在与售前、售后混淆行为的关系方面。售

---

〔1〕 李阁霞：《论商标与商誉》，知识产权出版社2014年版，第192-194页。

〔2〕 李阁霞：《论商标与商誉》，知识产权出版社2014年版，第195-196页。

〔3〕 1993年《反不正当竞争法》第5条："经营者不得采用下列不正当手段从事市场交易，损害竞争对手：①假冒他人的注册商标；②擅自使用知名商品特有的名称、包装、装潢，或者使用与知名商品近似的名称、包装、装潢，造成和他人的知名商品相混淆，使购买者误认为是该知名商品；③擅自使用他人的企业名称或者姓名，引人误认为是他人的商品；④在商品上伪造或者冒用认证标志、名优标志等质量标志，伪造产地，对商品质量作引人误解的虚假表示。"第9条："经营者不得利用广告或者其他方法，对商品的质量、制作成分、性能、用途、生产者、有效期限、产地等作引人误解的虚假宣传。广告的经营者不得在明知或者应知的情况下，代理、设计、制作、发布虚假广告。"第14条："经营者不得捏造、散布虚伪事实，损害竞争对手的商业信誉、商品声誉。"

〔4〕 参见中国政府法制信息网公开征求意见系统：http://zqyj.chinalaw.gov.cn/readmore?id=987&listType=1.《反不正当竞争法（修订草案送审稿）》第5条："经营者不得利用商业标识实施下列市场混淆行为：①擅自使用他人知名的商业标识，或者使用与他人知名商业标识近似的商业标识导致市场混淆的；②突出使用自己的商业标识，与他人知名的商业标识相同或者近似，误导公众，导致市场混淆的；③将他人注册商标、未注册的驰名商标作为企业名称中的字号使用，误导公众，导致市场混淆的；④将与知名企业和企业集团名称中的字号或其简称，作为商标中的文字标识或者域名主体部分等使用，误导公众，导致市场混淆的。本法所称的商业标识，是指区分商品生产者或者经营者的标志，包括但不限于知名商品特有的名称、包装、装潢、商品形状、商标、企业和企业集团的名称及其简称、字号、域名主体部分、网站名称、网页、姓名、笔名、艺名、频道节目栏目的名称、标识等。本法所称的市场混淆，是指使相关公众对商品生产者、经营者或者商品生产者、经营者存在特定联系产生误认。"第8条："经营者不得实施下列引人误解的商业宣传行为：①进行虚假宣传或者片面宣传；②将科学上未定论的观点、现象作为定论的事实用于宣传；③以歧义性的语言或者其他引人误解的方式进行宣传。"第11条："经营者不得捏造、散布虚假信息、恶意评价信息，散布不完整或者无法证实的信息，损害他人的商业信誉、商品声誉。"

前混淆、售后混淆都是典型的商誉盗取行为，对此类行为的禁止与其说是对消费者权益的保护，不如说开始侧重对商标所有人商誉的维护，是相关法律从禁止混淆保护逐渐过渡到反淡化保护的重要连接点。当被告将与原告相同或相似的商标使用在品质低劣的产品上时，则类似于售前混淆、售后混淆的行为也可能会导致商标价值的降低，笔者认为其行为与丑化的区分点在于原被告双方是否处于完全非竞争性市场当中。当原被告产品相同或者有关联时，可以通过混淆理论的扩大适用来保护商标权人的商誉，而当原被告提供的产品类别差距过大，无论是实际购买者还是潜在购买者都不会产生混淆、误认时，要制止这种商誉盗用行为则不得不求助于淡化理论。

售前混淆

指当消费者看到被告使用的与原告相同或近似的商标时，会认为被告的商品来自原告或二者存在某种关联关系，但在实际购买时，这种混淆已经消失，消费者不会真正购买被告的商品，或者即使购买，也不是因为混淆或误认，而是出于消费者的真实选择和判断。

常见情形

假冒案件、域名、元标签、竞价排名等电子网络侵权领域。

对商誉的损害

①被告提供相近品质的商品：原告客户分流，消费忠诚度降低，商誉价值受损；②被告提供品质低劣的商品：增加选择成本，潜在消费者可能因不满意被告商品而不再购买原告商品。

售后混淆

指购买者在购买过程中并不会就商品的来源产生混淆，其购买决定也不是因为受到了混淆、欺骗或者误认而作出的，但是在购买之后，当其他消费者看到该产品时，却可能对产品的来源产生混淆。

常见情形

假冒案件，尤其是仿冒奢侈品产品外观类案件。

对商誉的损害

①被告提供相近品质的商品：原告顾客流失，且“代表身份地位或者某种品味”的原告商品的稀缺性受损；②被告提供品质低劣的商品：假货充斥，原告商品社会评价降低。

图5　售前混淆、售后混淆商誉损害分析图〔1〕

另外，单纯评价商标的行为涉及言论自由领域，被法院认定为贬损、污蔑、诽谤商标的可能性较小，实践中讨论最多的是商标戏仿是否构成淡化的问题。在现实生活中明目张胆地注册、使用他人商标的案例毕竟是少数，很多情况下，

---

〔1〕 图5系笔者自己制作，相关内容参考李阁霞：《论商标与商誉》，知识产权出版社2014年版，第149~168页。

在后注册申请人或使用者都会对商标进行差异性改造以求规避法律责任，而戏仿与模仿的区别在于是否在差异性设计环节中加入了幽默、滑稽、讽刺因素。商标戏仿既可能产生混淆问题，也可能涉及商标的弱化、丑化问题。笔者认为，戏仿可以分为两类：一类是在某些影视作品、宣传活动[1]中对商标进行戏谑式调侃、讽刺，戏仿行为实施者可能是进行艺术创作，也可能是从事营利性活动，该类行为虽然在一定程度上会损害被戏仿对象的商业形象和信誉，但是这种创新性使用应该受到社会的鼓励；另一类是戏仿商标并进行商标性使用。美国法院在一些案件中认为，“成功的戏仿不会构成商标弱化，因为戏仿在很大程度上要突出、加强而不是弱化被戏仿对象的显著性特征”。[2]日本有法院认为，“将意图戏仿驰名商标的图形组合在一起构成新的商标，虽然与驰名商标的图形有近似的部分，但是给经营者、消费者留下深刻印象的反而是它与驰名商标不同的那个地方，从这个意义上讲，两商标不构成近似”。[3]虽然此情况下是否会导致侵权需要根据被戏仿对象的知名度、戏仿程度、消费者注意力程度等多个方面进行综合分析，但是在品牌价值越来越受重视的今天，笔者倾向于对此类戏仿商标进行严格审查、控制。

（三）其他

商标淡化理论的核心是保护商标所承载的商誉，由于对商誉损害的模式可能多种多样，所以淡化行为类型也可能是多种多样的，通用化就是一种常见的争议类型。商标通用化，即退化，是指商标由表示产品来源的标识变成产品通用名称的过程，其可否作为淡化行为的一种则值得深究。[4]首先，商标退化为产品通用名称即意味着商标已不具有显著性，有观点据此认为通用化是弱化的

---

〔1〕 例如，美国 Martin Cendreda、Joel Moser 导演的著名动画片《马男波杰克》和国内冯小刚导演的电影《大腕》等作品中都有非常多的戏仿国内外知名商标的桥段，可参见《马男波杰克》百度词条：http：//baike. baidu. com/link？ url = LY_d9Pv2vd60YudaOMWjniajmqLpMhL_gAHd5H2wBNk2zPsrUkRF-wAisqo2F87oGbKN1pvhN3JbjlW_7U3kd359SJWyMlQbx1_qq_RrgOStou9i_Toba8Evzdg_RZw4；《大腕》百度词条：http：//baike. baidu. com/link？ url=yshI_XCSs70yY_ywnkHHk751Htjc_EZH3qVkMuMxAetrk97TKKT1Bl73QvkPmmkCazDj5o-HxQyDIbA98S_vsqbltBHWT4FYH82YUwrtvUW.

〔2〕 Louis Vuitton Malletier S. A. v. Haute Diggity Dog，LLC，507 F. 3d 252（4th. Cir.，2007）. 转引自李小武：《商标反淡化研究》，浙江大学出版社 2011 年版，第 103～104 页。People for the Ethical Treatment of Animals v. Doughney（“PETA”），263F. 3d 359，366（4th Cir. 2001）. 转引自西村雅子：「商標法講義」，社团法人発明協会 2010 年版，第 30 頁。

〔3〕 知財高判平成 21・2・10 平 20（行ケ）10311、登録取消決定の取消。原文：「……著名商標のパロデイーとみられる図形を結合した商標について、著名商標の図形と似ている点があるものの、取引者・需要者に印象付けられる特徴は該当ブランドの商標とは異なるものであるとして、類似性が否定された……」，转引自西村雅子：「商標法講義」，社团法人発明協会 2010 年版，第 30 頁。

〔4〕 李小武：《商标反淡化研究》，浙江大学出版社 2011 年版，第 204～205 页。

一种极端表现形式，是弱化的结果而不是淡化行为类型。其次，商标通用化的案例中，所有权人的不当使用起很大的作用，评价权利人自身的行为并不具有现实意义。例如，百度网站的宣传广告为“百度一下，你就知道”，商标权利人自身选择把“百度”商标作为一个动词推广使用，将“百度一下”解释为“泛指通过互联网搜索引擎搜索一下”，[1] 若继续不当使用则可能使该商标陷入“搜索”服务通用名称的危险之中。最后，通用化行为尤易发生在书籍、字典、报刊、电视广播等媒体传播中，属于非商业使用或言论自由领域，商标权人很难通过诉讼获得救济。[2]

四、证明标准

在有无实际损害的证明标准方面，不管依据混淆理论还是淡化理论进行跨类保护，司法实践中的大部分案例均采用可能性标准。一般表述为“容易使相关公众误认为其与引证商标存在某种特定联系而对商品来源产生混淆或误认”，[3] “对于驰名商标的保护不仅在于防止混淆、误认，还在于防止他人商标的使用会暗示该商标所有人和驰名商标注册人之间存在某种联系，以及他人商标的使用可能会削弱和淡化驰名商标的区别性特征”。[4]但是，在某些判决书中，法院对跨类混淆提出了更高的举证要求，“对于相同或类似商品上的混淆认定，在先商标专用权人通常仅需证明存在商品类似这一事实即可，而不需另行举证证明在后商标的注册使用具有混淆的可能性”，以及“在跨类混淆认定中，驰名商标所有人应举证证明存在‘特定的事实’使得即便在非类似商品上使用相同或近似的商标亦会使相关公众产生混淆”。[5]同时，法院虽未明述“淡化”的语意概念，但是实践中也采用了可能性证明标准。笔者认为，法院关于跨类混淆证明标准的认定具有不严谨性，淡化理论保护力度远大于跨类混淆理论，尚且采用可能性证明标准，对于跨类混淆提高证明标准既难以执行又没有必要。

一般而言，除非有相反的证据，否则只要存在淡化行为就可以推定存在淡

---

〔1〕“百度一下”在百度百科的词条解释，参见 http：//baike. baidu. com/link?url=6Lzysv7Tq2qBAazZpFoXUIFOA9tvQbzOnsavluBWkK3zI_UXYGJPnFIFeEYH6_PV_56IW2x9hL1Ke_Om4Qj2N4jFO8FwCmOjy1-nsd6oNi3，最后访问日期：2016 年 2 月 23 日。

〔2〕对此，欧盟国家在法律中赋予商标权人“字典修订权”，《欧共体商标条例》第 10 条规定“如果编入字典、百科全书或类似参考书的共同体商标，给人的印象是已经成为其注册使用的商品的通用名称，出版社应根据商标权人的要求保证至少在最近再版时，注明该词为注册商标”。

〔3〕北京市高级人民法院（2014）高行终字第 1648 号行政判决，审判时间为 2015 年 6 月 18 日。

〔4〕北京市第一中级人民法院（2014）一中知行初字第 3909 号行政判决，审判时间为 2015 年 2 月 13 日。

〔5〕国家工商行政管理总局商标评审委员会与柳州两面针股份有限公司商标异议复审行政纠纷上诉案。北京市高级人民法院（2013）高行终字第 72 号行政判决，审结日期为 2013 年 4 月 26 日。

化可能性。有学者曾指出，“‘驰名商标存在被淡化的可能’仅是一种盖然性判断，不是事实判断，因而无需由驰名商标所有人举证证明”。[1]在商标确权类案件中，采用可能性证明标准无可厚非。在商标侵权类案件中，尤其是混淆侵权领域，有学者进一步主张根据原告的诉讼请求决定采用的证明标准，仅申请禁令救济情况下证明存在混淆可能性即可，若想获得金钱损害赔偿救济则原告必须提供实际混淆存在的证据，主要有写错地址的投诉信件、打错的要约电话、顾客对涉诉双方当事人关系的询问、市场调查问卷结果等。[2]但因为存在举证方制造虚假投诉以获得证据材料的可能性，所以该类证据的真实性往往不一定得到法院认可。而在淡化侵权领域，证明丑化行为尚可能依赖投诉信件、市场调查等手段获得市场信誉降低的实际证据，弱化则是一个长时间、逐步减弱的过程，要证明弱化实际发生几乎是不可能完成的举证责任，因此笔者认为即使原告提出损害赔偿请求也不宜采用实际淡化的证明标准。

五、救济手段

在商标确权类案件中，主要有驳回注册申请、撤销已注册商标/企业名称登记、禁止使用三种救济方式。在商标侵权类案件中，侵权主体包括商标使用人、销售商、制造商、无权处分人和辅助人；责任承担包括停止侵害、消除影响、赔偿损失、赔礼道歉等形式；[3]通常证明故意不是认定侵权的法定要件，而是属于加重情节。[4]实践中将商标淡化作为独立诉因单独提起诉讼的案例较少，在过错责任的认定标准、损害赔偿等方面，目前我国立法尚未区分混淆理论和淡化理论的不同。不过，如上文所述，因为淡化损害比混淆损害更难以证明，所以在实务中更需要根据当事人的主观恶意程度来进行损害赔偿额的认定。

六、适用限制

利益平衡乃任何法律都绕不开的考量因素，包括商标权在内的知识产权保护也不例外。反淡化保护也需要在权利人利益、他人正当利益、社会公共利益

---

[1] 刘期家：《商标侵权认定法律问题研究》，知识产权出版社 2014 年版，第 203 页。

[2] 张体锐：《商标法上混淆可能性研究》，知识产权出版社 2014 年版，第 188~190 页。

[3] 刘期家：《商标侵权认定法律问题研究》，知识产权出版社 2014 年版，摘要部分第 2~3 页。刘期家认为，商标侵权的民事责任主要有停止侵害、赔偿损失、消除影响三种形式，但是在上海容声工贸有限公司等与海信科龙电器股份有限公司侵犯商标专用权及不正当竞争纠纷案、西班牙米盖尔（香港）制造集团有限公司等与米盖尔（天津）发展有限公司商标侵权及不正当竞争纠纷案等很多案件中法院都有关于“登报赔礼道歉”的相关内容，因此笔者也将其作为一种责任承担方式。参阅四川省高级人民法院（2010）川民终字第 12 号民事判决，审结日期为 2010 年 9 月 3 日；天津市高级人民法院（2006）津高民三终字第 3 号民事判决，审结日期为 2006 年 5 月 17 日。

[4] 黄晖：《驰名商标和著名商标的法律保护》，法律出版社 2001 年版，第 237 页。

之中维持微妙的平衡，以求法律制度的价值最大化。[1] 司法实践中对商标权的限制主要表现为四个方面，常见标准可参考图6。

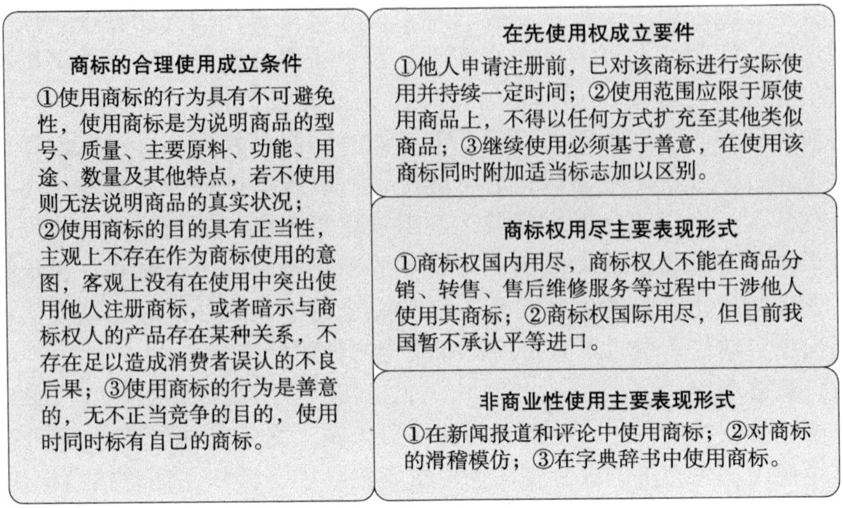

商标的合理使用成立条件

①使用商标的行为具有不可避免性，使用商标是为说明商品的型号、质量、主要原料、功能、用途、数量及其他特点，若不使用则无法说明商品的真实状况；②使用商标的目的具有正当性，主观上不存在作为商标使用的意图，客观上没有在使用中突出使用他人注册商标，或者暗示与商标权人的产品存在某种关系，不存在足以造成消费者误认的不良后果；③使用商标的行为是善意的，无不正当竞争的目的，使用时同时标有自己的商标。

在先使用权成立要件

①他人申请注册前，已对该商标进行实际使用并持续一定时间；②使用范围应限于原使用商品上，不得以任何方式扩充至其他类似商品；③继续使用必须基于善意，在使用该商标同时附加适当标志加以区别。

商标权用尽主要表现形式

①商标权国内用尽，商标权人不能在商品分销、转售、售后维修服务等过程中干涉他人使用其商标；②商标权国际用尽，但目前我国暂不承认平等进口。

非商业性使用主要表现形式

①在新闻报道和评论中使用商标；②对商标的滑稽模仿；③在字典辞书中使用商标。

图6　商标权限制的参考标准[2]

结　论

曾几何时，德拉莫斯总检察长在Sirenav-Eda案中“商标发明人贡献远小于青霉素发明人”的观点[3]代表了多数人对商标地位的看法。仅具有指示来源功能的普通商标固然价值有限，但在互联网经济和品牌效应日趋繁荣的今天，具有良好商誉和广告价值的驰名商标对社会运行的贡献却远被低估。首先，尽管“发明”一个商标的成本可能微不足道，但是该商标要想成为驰名商标，则需要企业多年的质量经营和巨大的广告投入，企业的成本付出并不一定比其他知识产权的获得者少。其次，发明创造带来的生产力进步满足人类基本的物质需求

[1] 冯晓青：《商标权的限制研究》，载《学海》2006年第4期。

[2] 图6系笔者自己制作，相关内容参考吴汉东等：《知识产权基本问题研究》，中国人民大学出版社2005年版，第590页。刘期家：《商标侵权认定法律问题研究》，知识产权出版社2014年版，第103~113页亦有参考。

[3] 李明德：《欧盟知识产权法》，法律出版社2010年版，第441页。德拉莫斯总检察长的观点：“洗漱用品上的Prep Good Morning商标发明人对人类的贡献，显然不及青霉素发明人对人类的贡献大。”

以后，“让生活更美好”成为一种新的精神需求，驰名商标的出现在相当程度上满足了人们对稀缺性的需求。很多消费者购买、消费或者投资某品牌的商品与其说是为了商品的实用功能，不如说是为了彰显自己的生活品味、获得价值认同感。最后，如果对商标的投资得不到法律的确定保护，则企业扩大生产规模、提高商品质量或价值的动力就会进一步降低，市场经济的繁荣无异于“南柯一梦”。

通过对淡化理论发展和适用现状进行系统梳理，笔者得出如下结论：

第一，淡化理论的核心在于商誉保护，尽管作者署名、企业名称（包括简称）、字号、包装等任何可能成为经营标识的符号都存在被淡化的可能，实践中也存在少量依据广告法等来进行保护的案例，[1] 但是中国目前司法实践中淡化理论主要适用的对象依然是注册的驰名商标，且商标显著性和知名度是决定受保护范围的最重要因素。

第二，适用商标法时要注意以下几点：其一，驰名商标按需认定过程中在坚持禁止混淆原则下也要适当考虑防止淡化因素，并且在认定时可以根据需要将知名度划分为“一般驰名”“广为知晓的驰名”，对想要获得反淡化保护的商标进行驰名商标认定时提出更高的举证责任要求，要求该商标为全国范围内的一般公众所知晓。其二，适用《商标法》第 13 条时要严格进行理论区分，不能把淡化视为混淆的结果。尽管一旦消费者对商标所标识的来源产生错误的认识，则驰名商标与权利人的唯一对应关系也会被削弱，从而降低该驰名商标的识别力，但是当这种损害基于混淆理论已经可以获得救济时则无须再适用淡化理论。其三，在假冒类案件和域名、元标签、竞价排名等电子侵权领域，被告将与原告相同或相似商标使用在品质低劣的商品上时，若原被告商品相同或者有关联时，则可以通过售前混淆、售后混淆等扩大适用混淆理论的方式来保护商标权人的商誉；当原被告是完全的非竞争关系，而且无论是实际购买者还是潜在购买者都不会产生混淆、误认时，可以适用淡化理论来保护商标权人的商誉。

第三，我国《反不正当竞争法》正在酝酿修订中，参考日本的相关规定，笔者认为可以在修订草案送审稿“第二章 不正当竞争行为”下引入淡化理论。一种方法是利用兜底条款第 14 条，[2] 将他人驰名商标或与之类似的商标贴附于非竞争性产品上这种非法获取竞争优势的行为也认定为“不正当竞争行为”，

---

〔1〕 李小武：《商标反淡化研究》，浙江大学出版社 2011 年版，第 195 页。

〔2〕 参见中国政府法制信息网公开征求意见系统：http：//zqyj. chinalaw. gov. cn/readmore？id＝987&listType＝1.《反不正当竞争法（修订草案送审稿）》第 14 条：经营者不得实施其他损害他人合法权益、扰乱市场秩序的不正当竞争行为。前款规定的其他不正当竞争行为，由国务院工商行政管理部门认定。

从而保护权利人的利益。另一种方法是直接修改草案送审稿第 5 条为“经营者不得利用商业标识实施下列行为：……⑤擅自使用他人在全国范围内为一般公众广为知晓的驰名商标，或者使用与之近似的商业标识作为自己商业标识的行为……”，明文引入反淡化保护思想。

参考文献

一、著作类

1. 冯晓青主编：《知识产权法》（第 3 版），中国政法大学出版社 2015 年版。
2. 何怀文：《商标法：原理规则与案例讨论》，浙江大学出版社 2015 年版。
3. 王莲峰：《商标法学》（第 2 版），北京大学出版社 2014 年版。
4. 刘期家：《商标侵权认定法律问题研究》，知识产权出版社 2014 年版。
5. 张林：《商标显著性研究》，厦门大学出版社 2014 年版。
6. 张今、郭斯伦：《电子商务中的商标使用及侵权责任研究》，知识产权出版社 2014 年版。
7. 张体锐：《商标法上混淆可能性研究》，知识产权出版社 2014 年版。
8. 李阁霞：《论商标与商誉》，知识产权出版社 2014 年版。
9. 北京市高级人民法院知识产权庭：《北京法院商标疑难案件法官评述》，法律出版社 2014 年版。
10. 何永坚：《新商标法条文解读与适用指南》，法律出版社 2013 年版。
11. 徐家力：《百年商标之争——知名商标案例及解读》，上海交通大学出版社 2013 年版。
12. 来小鹏：《知识产权法学理论与实务研究》，中国政法大学出版社 2012 年版。
13. 王素娟主编：《虚拟与现实社会中有形与无形财产间最新民商问题法律分析》，中国人民公安大学出版社 2012 年版。
14. 张玉敏主编：《西南知识产权评论》（第 2 辑），知识产权出版社 2012 年版。
15. 杜颖：《社会进步与商标观念：商标法律制度的过去、现在和未来》，北京大学出版社 2012 年版。
16. 孔祥俊：《商标法适用的基本问题》，中国法制出版社 2012 年版。
17. 张丽英：《世界贸易组织法律制度与实践》，高等教育出版社 2012 年版。
18. 李小武：《商标反淡化研究》，浙江大学出版社 2011 年版。
19. 祝建军：《驰名商标认定与保护的规制》，法律出版社 2011 年版。
20. 程永顺主编：《商标与域名判例》，知识产权出版社 2010 年版。
21. 杨军：《名牌战略与知识产权法律保障制度研究》，知识产权出版社 2010 年版。
22. 郑新建：《商誉权的法律保护》，中国人民公安大学出版社 2010 年版。
23. 李明德：《欧盟知识产权法》，法律出版社 2010 年版。

24. 李伟:《商标纠纷新型典型案例与专题指导》,中国法制出版社 2009 年版。

25. 王莲峰:《商业标识立法体系化研究》,北京大学出版社 2009 年版。

26. 文学:《商标使用与商标保护研究》,法律出版社 2008 年版。

27. 邓宏光:《商标法的理论基础:以商标显著性为中心》,法律出版社 2008 年版。

28. 彭学龙:《商标法的符号学分析》,法律出版社 2007 年版。

29. 曾陈明汝:《商标法原理》,中国人民大学出版社 2003 年版。

30. 黄晖:《驰名商标和著名商标的法律保护》,法律出版社 2001 年版。

31. 西村雅子:「商標法講義」,社団法人発明協会 2010 年版。

32. 中山信弘、大渕哲也、茶円茂樹等:「商標・意匠・不正競争判例百選」,有斐閣 2007 年版。

33. 経済産業省知的財産政策室:「逐条解説不正競争防止法平成 18 年改正版」,有斐閣 2007 年版。

34. 平尾正樹:「商標法」,学陽書房 2002 年版。

二、期刊论文类

1. 徐琳:《2014 年商标评审案件行政诉讼情况汇总分析》,载《中华商标》2015 年第 9 期。

2. 徐琳:《2013 年商标评审案件行政诉讼情况汇总分析》,载《中华商标》2014 年第 8 期。

3. 冯晓青:《注册驰名商标反淡化保护之探讨》,载《湖南大学学报(社会科学版)》2012 年第 2 期。

4. 任燕:《论驰名商标淡化与反淡化措施——再谈我国驰名商标保护的立法完善》,载《河北法学》2011 年第 11 期。

5. 刘贵增:《商标行政案件中驰名商标反淡化保护之法律解读》,载《电子知识产权》2011 年第 4 期。

6. 郑瑞琨、楚恒:《驰名商标反淡化保护立法探析》,载《电子知识产权》2010 年第 9 期。

7. 范晓波、韩婷婷:《商标通用化问题研究》,载《中国发明与专利》2010 年第 3 期。

8. 邓宏光:《我国驰名商标反淡化制度应当缓行》,载《法学》2010 年第 2 期。

9. 邓宏光:《美国联邦商标反淡化法的制定与修正》,载《电子知识产权》2007 年第 2 期。

10. 冯晓青:《商标权的限制研究》,载《学海》2006 年第 4 期。

11. 冯晓青:《商标法的竞争性利益平衡机制探讨》,载《中华商标》2005 年第 7 期。

12. 産業構造審議会知的財産政策部会商標制度小委員会:「新しいタイプの商標の保護等のための商標制度の在り方について」,平成 25 年 2 月報告書。

13. 日本特許庁:「特許行政年次報告書 2015 年」,2015 年 9 月。

14. 青木博通:「周知・著名商標の抵触・併存」,2004 年中央知的財産研究所研究課題『不正競争防止法第 2 条第 1 項第 1 号、同第 2 号について』研究報告書。

15. Frank I Schechter, “The Rational Basis of Trademark Protection”, *Harvard Law Review*, 1927, 40: 813.

16. Seiko Hidaka, Nicola Tatchell, Mark Daniels, Bonita Trimmer, Adam Cooke, “A Sign of the Time? A Review of Key Trade Mark Decisions of the European Court of Justice and Their Impact upon National Trade Mark Jurisprudence in the EU”, 94 *Trademark Reporter* 1105, 2004.

17. Caroline Chicoine, Jennifer Visintine, “The Role of State Trademark Dilution Statues in Light of the Trademark Dilution Revision Act of 2006”, *The Trademark Reporter*, 2006, 96: 1155.

18. Clarisa Long, “The Political Economy of Trademark Dilution”, in *Trademark Law and Theory: A Handbook of Contemporary Research*, Edward Elgar, Northampton, 2008, 132-147.

三、学位论文类

1. 杜伟杰:《驰名商标跨类保护研究》，西南政法大学 2013 年硕士学位论文。

2. 孙晓霞:《商标戏仿行为侵权判断标准研究》，华东政法大学 2014 年硕士学位论文。

3. 閔琳琳:「著名商標の保護制度のあり方－日米中における希釈化理論の発展分析」，金沢大学 2015 年博士学位論文。

论营业转让中的债务承担

刘宗鑫

摘　要

随着我国市场化经济的不断深入，在商事实践中经常会发生各类市场主体将资产的全部或部分转让给他人，并由他人在该营业资产基础上继续经营的现象。他们所转让的对象既不是单个的物或权利，也不是数个财产的简单集合，而是包含物、权利、专利技术、商业信誉、客户名单、商业模式在内的各类有形、无形财产的有机整体。这一整体在大陆法系国家被称为营业，转让这一整体的行为被称为营业转让。正由于营业作为一个整体涉及各种有形财产、无形财产甚至债务，因此营业转让不仅关系着转让人和受让人的利益，还涉及债权人的利益。

评析域外立法实践可知，大陆法系国家在营业转让中有关债务承担问题的立法主要分为以德日为代表的强制债务承担模式和以法国为代表的自愿债务承担模式两种；英美法系国家则以美国的“后继者责任规则”以及在此基础上进一步发展而来的“新继受人规则”最有特色。通过对大陆法系和英美法系立法模式的评析，结合我国立法现状和司法实践，本文提出了若干完善我国营业转让中债务承担规则的建议。

本文正文部分主要分为以下几部分。

第一章主要介绍营业转让的债务承担问题，分析理论界对于“营业”的定义以及本文对“营业”的界定，引出营业转让中债务承担相关概念的辨析，厘清营业转让的概念和特征，指出传统民商法解决营业转让中债权人保护时存在的局限性。

第二章主要介绍关于债务承担的域外考察。分别研究了大陆法系国家中的德国、日本和法国以及英美法系国家中的美国的立法模式，通过对域外各国立法模式的评析，结合我国本土国情和司法实践，总结出我国可以借鉴的相关制度和立法思路。

第三章主要剖析了我国现行债务承担规则和其中存在的不足。首先，对我国现行债务承担规则进行梳理，得出我国债务承担规则对债权人保护有所欠缺的结论。其次，对《最高人民法院关于审理与企业改制相关的民事纠纷案件若干问题的规定》（以下简称《企业改制司法解释》）进行评析，分析“债随物走”规则的理论误区和实践误用。

第四章在前三章的基础之上，通过借鉴域外优秀的立法经验，深入剖析我国营业转让中债务承担规则的不足，提出应当完善和改革的措施。首要任务应当理顺营业转让债务承担规则的法理基础，在理论基础之上针对存在的问题，提出切实可行的完善措施，包括以立法的方式确认营业转让的概念、保障债权人知情权、平等保护所有债权人以及重释债随物走原则；保护未来债权人的利益。

结论部分主要是对本文的总结，通过营业转让概念的引出，到营业转让中债务人保护缺失现状的分析，借鉴域外优秀的立法经验，最后提出有针对性的完善我国债权人保护的具体措施。

关键词：营业　营业转让　债务承担

引　言

一、研究的背景及意义

随着我国社会的发展和市场经济的进步，在商事实践中经常会发生各类市场主体将资产整体转让给他人，并由他人在该营业资产基础上继续经营的现象。小到个体经营户，大至上市公司，都会利用这一交易方式来满足自身的目的和需求。这种现象与传统商事交易中物的买卖有一个最大的不同点，即他们所转让的对象既不是单个的物或权利，也不是数个财产的简单集合，而是包含物、权利、专利技术、商业信誉、客户名单、商业模式在内的各类有形、无形财产的有机整体。在大陆法系中，这样的整体性、机能性财产被称为营业，而转让营业的行为被称为营业转让。

营业转让在商事实践中应用颇多，盖因其具有天然的优势：对于转让方来说，在商业实践中，转让作为一个整体的营业所得的价款必定高于分别出售营业中的各种财产；而对于受让方来说，受让一个营业整体可以便于继续经营，避免“从零开始”的尴尬。在转让过程中，由于被转让的对象包含各类有形财产以及各类无形财产甚至合同与债务，因此实施这类行为不可避免地会影响到第三人的利益。具体到营业转让后的债权债务承担中，转让方转移具有担保债务功能的营业资产的必然结果之一，就是其现有资产价值的大幅度缩水，甚至可能在转让营业后即行解散。尽管在此种情况下转让方会相应地取得转让营业的现金对价，但由于现金对价极易被消耗和隐匿，因此债权人若向转让人请求履行，其债权往往很难实现。从利益平衡的角度来说，有必要规定在某些特殊情形下，债权人可以向受让人请求承担清偿责任。然而根据我国现有的法律规定及学说理论，如果转让当事人与受让人没有就转移债务达成协议，债权人只能向转让人请求清偿。虽然合同法上的撤销权、破产法上的管理人撤销权以及公司法上的法人人格否认制度都为债权人提供了救济，但由于适用条件严格，债权人想要维权并不容易。于是，司法审判实践中发展出了所谓债随物走的原则，并为司法解释所确认。该原则要求受让人应当在受让财产的范围内对债权人承担清偿责任。对此，学术界、实务界都有不同的声音，认为该司法解释错误地理解了一般担保和特别担保之间的关系，从缺乏保护的极端走向了过度保护的另一个极端。

因此，为了使营业转让行为能够有效地进行，同时又能兼顾第三人的利益，需要一个完善的规则体系对营业转让中的债务承担规则进行调整。在大力发展市场经济的当下，商事实践亟须一套行之有效的规则来规范营业转让中的债务承担。

二、创新之处

本文的创新之处在于有针对性地提出了营业转让中保护债权人利益的思路。一方面，本文通过考察现行法律法规中关于债务承担的规定，归纳总结出债权人可以利用的救济方式，并对这些方式逐一做出评价，提出了自己的观点和完善建议；另一方面，本文考察了域外法在这一领域的规定，介绍了法国法上的公示制度和美国法上的新继受人制度，强调只要受让人业务经营是对转让人业务的延续，其实质是企业人格的延伸，那么就可以要求受让人承担转让人对于未来债权人的债务。笔者进一步提出，随着消费者权益运动的兴起和环境问题的日益突出，我国可以借鉴美国新继受人责任中的规定，并对债随物走规则进行重释，从而保护未来债权人的利益。

三、研究方法

在本文中，笔者综合运用了多重研究方法，主要有：

（一）历史分析方法

任何概念和制度都不是空中楼阁，必然植根于一定的历史条件中。考察一项制度的历史渊源，以史为鉴，有助于更好地对其进行符合时代要求的制度创新。本文试图通过梳理“营业”这一概念在中国历史和世界历史中的演进过程，考察“营业”这一概念内涵和外延的变化，分析“营业”以及与此相关的营业转让制度的特殊性，为研究营业转让制度中的债务承担规则打下坚实的基础。

（二）比较分析方法

本文比较了国内外营业转让中债务承担问题的相关立法模式和制度设计，考察了德国、日本、法国、美国对这一问题的具体规定，并以此为基础提出了在中国建立和完善这一制度的现实选择。

（三）案例分析方法

通过研究我国审判实践中已经出现的诸多有关营业转让的案例，我们可以对案件争议的过程、焦点、判决结果和法理依据等作出归纳和总结，发现现行规则框架的合理性和不足之处，从而提出更有针对性的改良规则。

第一章　营业转让的债务承担概述

一、营业概述

按照字面意思理解，营业转让可以被拆分成“营业”和“转让”两个部分。前者是标的，即营业是转让的标的；后者是行为，即这一行为的性质是转让行为。营业转让被视为独立制度研究的前提，作为转让标的的“营业”在内涵和外延上具有特殊性。只有当营业本身无法被现有的制度完全涵盖且具有理论和实践上的模糊地带时，我们才能说对营业转让的单独研究是有意义的。

（一）营业的特殊性分析

作为大陆法系国家商法的“基本元素”，营业是这些国家商法概念体系中极为重要的基础性概念。纵观世界诸国的商法，尽管在体例上千差万别，但均是以商主体和商行为为中心构建起来的。而对这两组概念的阐释又离不开对营业概念的解释和说明。[1] 因此，营业作为阐释商主体、商行为等概念的前提，在各国的商事立法中具有基石般的重要地位。

然而，对于"营业到底是什么"这一问题，各国的立法鲜有明确回应。学界对营业的概念也众说纷纭，且其中常常混淆相关概念，有必要在此予以厘清。总的来说，营业与"商业""资产（财产）""企业"等相似概念之间存在差异，具有自身的独特性。首先，营业与商业不同。所谓商业，是指以营利为目的所从事的一种事业，其包含营利和营业两种属性。因"经营商业之目的，在于营利；商业之活动，在于营业。必须两种性质兼备，乃为商业全貌，如缺其一，则非商业"。[2] 而现代汉语中的"商业"一词侧重描述行业类别，难以体现出营业的财产属性。其次，营业与"资产""财产"不同。资产、财产的概念仅能涵盖客观意义上的营业，即"商事营业资产"。而事实上，营业不仅包含客观意义上有形财产与无形财产的结合，还包含存在于这一集合体上的各种主观要素。这些主观要素是"资产""财产"概念所不能涵盖的。最后，营业与"企业"不同。从严格意义上说，企业应当是一个经济学概念而非法学概念，当企业概念在法学层面上使用时一般具有两种意义：一方面，企业是由一群为了营利目的集合在一起的元素组成的整体，可以成为法律关系的客体；[3] 另一方面，企业也被赋予法律人格从而可以成为法律关系的主体。营业概念的内涵要大于企业概念的内涵，因为企业既可以只经营一个营业，也可以同时经营若干相互独立的营业。当整体转让时，营业转让就相当于企业转让；而当企业的部分营业被转让时，并不能构成企业的转让。

纵观营业概念的发展演变，我们会发现，营业的内涵和外延不仅是丰富的，而且处在动态变化中。在不同的历史时期，受当时生产力水平的制约，人们对营业的认识不尽相同，营业的内涵和外延也在不断发生着演变。在农业社会，人类的生产经营活动主要集中于对土地的利用，营业的内涵仅包含有体物；到了手工业时代，作坊主的个人经验、独家工艺等成为营业的重要组成部分；及至工业社会，各种无形财产，如工业产权、股权、商业租赁权等开始成为营业

---

〔1〕 如《德国商法典》第 1 条第 2 项："商人即为从事营业的人。商营业是指任何营业行为，但是企业依其性质和范围不要求以商人的方式经营的除外。"第 2 条："其营利事业依第 1 条第 2 项非为营业的企业，以该企业的商号已经登入商业登记簿为限，视为本法典所称的营业。"《日本商法典》第 503 条："商人与其营业所进行的行为，为商行为。"《韩国商法典》第 5 条："利用店铺或者其他类似设施，以商人的方法进行营业的人，也视为商人。"《瑞士债务法》第 934 条："凡经营商业、工厂或其他依商人之方法作为营业，而进行商业登记的，也视其为商业。"

〔2〕 张国健：《商事法论》，三民书局 1980 年版，第 59 页。

〔3〕 例如，《澳门商法典》在第 9 编"商业企业"中规定了企业的转让、用益、担保。

的题中之义，营业的概念得到了全面扩展；而在我们今天所处的信息社会，数据、信息、电波频率、商业模式等也被纳入营业的范畴。可见，随着科技的进步和人类生产力的发展，营业的内涵和外延已经从农业时代的有体物发展到今天的集有形财产要素和无形财产要素于一身的财产和权利的集合体。这一集合体外延的丰富性已经远远超出了传统意义上民事财产的范畴。面对这样一个内容庞杂的集合体，传统民法的调整是远远不够的。正如学者马俊驹所指出的那样，想要通过扩充民法典的制度、概念去统领商法上的财产权的做法是行不通的。〔1〕营业的特殊性，恰恰就体现在这些不能为传统民法所单独调整的元素中。据此我们可以得出结论，营业有着丰富的内涵和外延，无法被现有的制度涵盖，在理论和现实上存在模糊地带。这也就使得我们有必要对营业以及营业转让这一制度进行单独研究。

（二）理论意义上的营业以及本文所使用的营业概念

在理论上，营业这一概念的内涵和外延十分丰富。国内学者普遍认为，现代汉语中的“营业”一词可以具备动词或名词词性。从动态的含义理解，营业指的是一种营业活动，即“以营利为目的而进行的连续的、有计划的、同种类的活动或行为”,〔2〕又被称为主观营业或活动的营业，侧重强调该商业活动的过程。持类似观点的还有商法学者施天涛;〔3〕从静态的含义理解，“营业”是指“商人为实现一定的营利目的而运用的全部财产的组织体”,〔4〕又称为客观营业或组织的营业，侧重强调静态的营业财产。学者林咏荣亦对这一观点表示认可。〔5〕

让我们再次将目光投向域外法。在大陆法系国家，凡是制定了商法典的，多数都明确使用了“营业”这一基础概念，如德国、日本、韩国、瑞士等。然而，上述诸国中只有《德国商法典》在其第1条第2款对“营业”这一基础概

〔1〕马俊驹指出：“欲通过传统民法典财产概念的适当扩展去统领商法财产权和其他无形财产权的努力是徒劳的。”参见马俊驹：《民法典探索与展望》，中国民主法制出版社2005年版，第323页。

〔2〕谢怀栻：《外国民商法精要》（增补版），法律出版社2006年版，第257页。

〔3〕施天涛将营业定义为“商人以营利为目的而反复不间断地实施某种商业活动的行为”。参见施天涛主编：《商法学》，法律出版社2003年版，第96页。

〔4〕王保树：《寻求规制营业的“根”与“本”》，载《中国商法年刊》2007年第00期。

〔5〕林咏荣将营业定义为“商业经营之一定范围、一定场所和相当设施的总和”。参见林咏荣：《商事法新诠》（修订版），五南图书出版公司1980年版，第44页。转引自滕晓春：《营业转让制度研究》，中国政法大学2008年博士学位论文。

念做出了定义性的规定。[1]在理论界，有学者试图准确界定“营业”的内涵和外延，有侧重从财产的角度进行定义的，[2] 也有侧重从行为的角度进行定义的。[3] 这些观点的侧重各有不同，但总体而言依然难逃主观营业与客观营业之划分的窠臼。[4] 这也体现了人们对于营业的认识的两个主要视角：其一为“活动”；其二为“财产”。

本文所指的营业仅限于客观营业，即商人为实现一定的营业目的而组织化了的机能性财产。[5]营业具有以下特征：一是客观性。营业财产是客观存在的实体，如商号、存货、设备和房屋的租赁权等，而非一种主观的生产经营行为。二是机能性。营业是由有形财产和无形财产这两大类财产要素所组成的，每一类财产要素中又包含若干具体的财产元素，如产品、生产设备、专利技术、商业秘密、客户名单等。这些元素的有机结合体是本文所指的营业这一有机体。营业有机体中任何一个要素的缺失都会对营业的整体价值产生不利影响。三是有价性。在转让营业的过程中，营业财产中的有形财产，如存货、设备等，毫无疑问是可以被一般等价物量化的。除此以外还有一部分无形财产，如良好的商誉、固定的客源等，转让时也会被评估定价并体现在转让价款中。因此，营业具有有价性。

二、营业转让的债务承担相关概念辨析

（一）营业转让概念辨析

明确了营业是一个具有客观性、机能性、有价性的机能性财产后，我们可以进一步对营业转让做出定义。所谓营业转让，顾名思义，是指将具有一定的营利目的组织化了的机能性财产进行转让的商事交易行为，即将整个营业作为一个集合进行交易。在概念界定上，营业转让与企业合并、分立，股权转让和

---

〔1〕《德国商法典》第1条第2款规定：“营业是指任何营利之事业，但企业依种类或范围不要求以商人方式进行经营的，不在此限。”参见《德国商法典》，杜景林、卢谌译，法律出版社2010年版，第3页。

〔2〕 如日本学者关俊彦认为，“营业是为了一定的营业目的组织化的以人和物的资源构成的有机的具有机能的财产”。参见［日］关俊彦：《商法总论总则》，有斐阁2003年版，第106~107页。转引自滕晓春：《营业转让制度研究》，中国政法大学2008年博士学位论文。

〔3〕 如德国学者卡纳里斯认为，“营业是一种独立的、有偿的，包括不特定的多种行为的、向外公示的行为，但是艺术、科学的活动和那些其成果需要高度人身性的自由职业不包括在内”。参见［德］C. W. 卡纳里斯：《德国商法》，杨继译，法律出版社2006年版，第30页。

〔4〕 正如日本学者松波仁一郎所言：“于营业，有取财产集合意味之客观意义者，有取含业务之主体意味之主观意义者。”参见［日］松波仁一郎：《日本商法论》，秦瑞玠、郑钊译，中国政法大学出版社2005年版，第42页。

〔5〕 王保树：《商法总论》，清华大学出版社2007年版，第185页。

重大资产转让等在最终效果上类似的制度都不尽相同。

1. 营业转让与企业合并、分立

营业转让属于交易法调整的范畴。在司法实践中，对于商事法律法规没有做出具体规定的问题，一般应适用合同法上的条款。[1] 且因营业转让是一个机能性营业财产的整体转让，故其不同于企业合并分立，并不存在股权受让或者股东接收的问题；而企业的合并、分立属于组织法规制的范畴，应适用公司法、企业法等规范进行调整。同时，企业的合并与分立会对公司股东的地位产生直接影响。被合并企业的股东可能成为新的合并公司的股东，原公司股东的股份也会因分立而减少或消灭。

2. 营业转让与股权转让

营业转让的主体一般是企业，客体是企业的营业财产。由于受让人受让资产是为了继续经营该营业，因此法律要求在营业的让渡完成后，转让人须承担竞业禁止的义务；股权转让则不同。股权转让的主体是公司的股东，客体是股东持有的公司股份。通常情况下，股权转让完成后，法律并不会要求股东不得从事相同或类似的经营活动，即股东不会受到竞业禁止的限制。

3. 营业转让与重大资产转让

营业转让的客体是以一定方式组织起来的机能性营业财产，强调其运营价值，目的是受让人必须在营业让渡完成后继续从事经营。因此，法律要求转让人不得在转让营业后继续经营同种营业，否则会有碍于营业转让的实效，也有违诚实信用原则；而对于重大资产转让制度，其强调的是该资产本身的数量庞大或价值巨大，并不强制要求受让人继续从事该种营业。因此，出让人无须履行竞业禁止义务。

（二）营业转让的特征和本质

营业转让的特征可从主体和客体两方面分别阐述。

其一，在主体方面，营业转让制度可以在不打破营业这一整体的机能性财产的前提下转换实际经营者。在营业转让的过程中，原经营者将其营业的一部分或全部让渡给新经营者，从而实现经营主体的更替。其二，在客体方面，营业转让制度可以维护待转让营业在转让前后整体机能的完整性。如前所述，营业作为一个有机整体，其内部各要素具有密切联系，缺少任何一个都会导致营业整体价值的缩水。而营业转让制度的优势恰恰在于可以将营业这一整体转让给新的经营者，既可以使新的经营者免去新设企业的麻烦，又可以使其坐享原经营者积淀的商业价值和无形财产，从而实现经营规模的快速扩张。

---

[1] 参见滕晓春：《营业转让制度研究》，中国政法大学2008年博士学位论文。

因此，以功能主义的视角观之，营业转让的本质在于：在变换了实际经营者的前提下，维持了营业行为的延续性和营业财产的完整性，[1]从而惠及转让人、受让人双方。这一特质使得营业转让制度被广泛运用在今天的商事实践中。例如，我国许多企业进行公司制改制时，多采用转让原企业的营业资产作为对新设公司的出资，从而换取对未来公司的股权。在这一过程中，原企业实际上转让并放弃了该营业资产，并由新成立的公司取得对该营业资产的支配。因此，尽管我国暂未制定商法典，现行法律法规也没有对营业资产制度做出明确规定，但这都不妨碍营业转让规则被以各种方式运用于商事实践中。

（三）传统民商法在解决营业转让的债务承担问题上存在局限

如前文所述，营业作为一个集有形财产要素与无形财产要素于一体的财产和权利的集合体，是一种组织化了的机能性财产。这一机能性财产内涵的丰富性已经远远超出了传统意义上民事财产的范畴，很难被现有的制度完全涵盖。这也就意味着，现有的债权保全规则在调整营业转让时存在局限，现行的债务承担救济规则已经失灵。

我国现有的债权保全制度主要规定在《合同法》《担保法》《企业破产法》中。其中一般性的规定是，债务人应当以其全部财产就其债务负责，这在学理上被称为一般担保。考虑到债务人的总财产时刻处于变化之中，可能会因债务人责任财产的减少而损害债权人的债权，一般担保并不能为债权人提供充分的保护。因此，《担保法》《物权法》又规定了特别担保制度。特别担保由人保和物保组成。其中，人保的基本逻辑是将第三人拉进债务关系中，并规定债权人可以向他们中的任何人要求清偿债务，变相扩大了债务人责任财产的范围；物保的逻辑则是通过创设抵押权、质权等担保物权，并规定债权人可以以担保物的价值为限获得优先受偿，使得设定了担保的债权人在特定财产清偿顺位上要优先于没有设定担保的债权人。[2] 除此之外，对于没有设定特别担保的债权人，民法赋予其债权人代位权和撤销权，以便在债务人不当减少总财产而有损债权实现时，债权人能够及时维护自身利益。同时，《企业破产法》第 31 条、第 32 条、第 33 条、第 34 条也规定了管理人的撤销权。可见，我国立法通过规定一般担保和特别担保两项制度，构筑起了一道保障债权安全的防护网。

然而，由于营业资产相比于一般财产的特殊性，这一防护网在实践中至少有两处漏洞：第一个漏洞是债权人撤销权的适用条件过于严苛，实践中可操作

---

〔1〕 参见蒋大兴：《营业转让的规制模型：直接规制与功能等值》，载《清华法学》2015 年第 5 期。

〔2〕 参见王军：《评“企业债务随企业财产变动原则”——法释［2003］1 号司法解释的一个理论误区》，载《法学》2007 年第 12 期。

性较差。在营业资产转让的过程中，债权人很难能够及时获知相关信息。而当权利人想要主张转让价格不合理时，其所要承担的证明义务过重。事实上，营业资产作为“一个变动的、不确定的总体财产”，同一营业资产上的估值可能差异巨大，这就使得债权人举证证明“转让价格不合理”的难度大大增加。第二个漏洞是撤销、恢复原状这种救济方式很难实际填补债权人遭受的损失。营业作为一种组织化的机能性财产，其价值不仅体现在设备、商品、现金这些实物上，更体现在一些具有商业价值的事实关系上，如客户名单、营销网络、商业秘密等。这些事实关系一经受让方掌握，是很难撤销、恢复原状的。因此，撤销权在实践中能够提供的保护是极其有限的。《企业破产法》中的类似规定有着与此相同的尴尬：营业财产中某些具有经济价值的资料、信息不具有撤回的可能性。

综上所述，营业的特殊性决定了传统的民商法理论和制度已经无法解决营业转让实践中出现的债务承担问题，营业转让中债务承担规则的滞后在实践中也引发了众多纠纷，有损于社会主义市场经济的进一步发展。而随着上海自贸区的建设和公司登记制度改革的推进，营业转让作为一种资源配置的手段必然会被大量运用于商事实践中。因此，为了促进营业资产的有效率流动，同时防止恶意逃废债务、维护债权人利益，我们有必要为营业转让制度寻找一个更合理的债务承担规则。

第二章　对营业转让中债务承担的外国法比较研究

一、大陆法系国家的债务承担：强制承担模式与自愿承担模式

营业转让中债务承担问题的核心在于：受让人是否要承担转让人在原营业上的债务。笔者归纳整理后发现，大陆法系国家对于这一问题大体有两种不同的立法例。第一种是以德国和日本商法为代表的肯定说，又称强制承担模式，认为转让人因营业而产生的债务是营业转让的一部分，随营业的转让一并移转。若受让人继续使用该商号，原则上就要承担原营业的所负债务。第二种是以法国为代表的否定说，又称自愿承担模式，规定受让人是否承担原债务由受让人自行决定，法律不作硬性要求。此外，为解决可能存在的债权人保护不力和债务逃废的问题，法国商法设置了通知公告程序和反对权、竞价权制度，以保持双方权利义务的均衡。这两种立法例代表了大陆法系国家处理营业转让时债务承担问题的主流观点，现分述如下。

（一）强制债务承担模式的代表：德国、日本

德国对于债务承担的规定是典型的强制承担。依照德国商法的规定，受让人若续用原企业的商号，原则上就要承担原营业的所负债务。《德国商法典》第25条第1项对受让人继续使用转让人商号时的债务承担规则做出了原则性规定："以原商号（无论是否附加表示承继关系的文字）继续一个从生存的人手中取得的营业的人，对原营业主在营业经营中所成立的全部债务承担责任"（第1项前段）；第2项规定了第1项情形下两种不承担责任的除外情况，即只有在商事登记簿上进行了登记且公告或者已由受让人或转让人通知第三人的情形，债务才不移转至受让人；第3项对受让人未继续使用原商号时的债务承担规则做出了规定，即在未使用原商号的情形下，除非存在特别原因，否则受让人原则上也不承担营业债务。

《德国商法典》第26条规定了转让人继续对其原有债务承担责任的前提和期间："……仅在此种债务于5年时间届满之前届期，并且已经由此对原营业主以《民法典》第197条第1款第3~5项的所称的方式确认请求权，又或者实施或者申请诉讼上的或者行政上的执行行为时，原营业主始对此种债务负责任……"除此之外，《德国商法典》第27条、第28条分别就继承人继承属于遗产的营业时对营业债务的责任以及加入独资商人的营业后成立的公司，对原营业债务是否承担责任的问题做出了规定。[1]

受德国法影响较深的《日本商法典》，对营业转让中受让人债务承担问题的规定与德国法有诸多相同之处。根据《日本商法典》的规定，一般来说，受让人受让营业后继续使用该商号的，受让人对转让人营业中所产生的债务应当承担连带偿还的责任，这是一种不真正连带责任。[2] 但在某些特别情况下，债权人的清偿请求权会受到限制，比如债务人未使用原商号并且公告愿意承担转让人的债务时，债权人的清偿请求权会受到两年除斥期间的限制，期间经过则权利消灭。[3]

---

〔1〕 参见《德国商法典》，杜景林、卢谌译，法律出版社2010年版，第19~21页。

〔2〕《日本商法典》第14条规定："商人授权他人使用自己的商号从事营业或事业，第三人误以为是该商人的营业而与被授权人交易时，就该交易所生债务，该商人与该被授权人负连带清偿责任。"第17条规定："营业受让人继续使用转让人的商号时，对于转让人因营业而产生的债务，亦负清偿责任；受让人于受让营业后即登记对转让人债务不负责任的意旨时，不适用前款的规定；在转让营业后，转让人和受让人即向第三人通知上述意旨，则对接到通知的第三人，亦同。"参见《日本最新商法典译注》，刘成杰译注，柳经纬审校，中国政法大学出版社2012年版，第41~42页。

〔3〕《日本商法典》第18条第1项规定："营业受让人虽不继续使用转让人的商号，但以广告表示承受转让人因营业而产生的债务时，则债权人可以对该受让人请求清偿。"第18条第2项规定债权人请求受让人承担责任的法定期间为2年。参见《日本最新商法典译注》，刘成杰译注，柳经纬审校，中国政法大学出版社2012年版，第43~44页。

与德国法稍有不同的是，类似《德国商法典》第25条第2项那样的除外规定在日本法中并不存在。

（二）自愿债务承担模式的代表：法国

与德国法、日本法混淆使用企业与营业的概念不同，在法国法上，企业与营业是截然不同的，企业概念的内涵要远大于营业概念。法国法上“企业”的概念十分宽泛，包括商业经营中的所有动产、不动产、无形资产以及债权债务；而“营业”概念仅包括营业资产中的有形资产和无形资产，既不包括不动产，也不包括转让人的债务。正因法国法上的营业并不包括转让人的债务，所以在当事人没有特殊约定的情况下，受让人一般不承担相应债务。

法国法上这种与德国不同的营业概念在实践中可能会引发恶意逃债的问题。假如转让人和受让人恶意串通，以低价转让营业资产或者隐匿转让价款，则会对债权人的利益造成严重损害。针对这一问题，法国商法在保护第三人知情权方面煞费苦心，创立了别具一格的公示制度。其在《商事营业资产买卖设质法》中规定了双层公示制度：首先，转让人需要在一定期限内于资产所在地或者省内的专门报刊上刊登公告，至迟不得超过转让合同签署之日起15日；其次，在第一次公示作出后的15日内，还需在官方规定的《法定公告正式简报》上向全国再次公示。此外，法国商法还赋予债权人以反对权和竞价权以此防止转让人贱卖资产或者恶意逃债。具体来说，反对权应当在该公告刊登《法定公告正式简报》的10日内行使。[1] 反对权的效力是中止受让人的付款行为，否则受让人应当向债权人承担支付转让价款的责任。如果债权人认为转让资产的估值畸低，以至于不能清偿其全部债务，债权人还可以行使公开竞价拍卖请求权。[2]

总的来说，在对待营业债务的承担问题上，相较于以商号和营业资产整体性概念为基础的德国法、日本法，法国法则另辟蹊径，制定了以公示制度为核心的债权人保护体系。

二、英美法国家的相关规定——美国的后继者责任规则

在传统的美国公司法和合同法领域，公司间进行资产转让时，受让公司一般不需要承担转让公司的债务。原因是资产收购本质上是一种买卖行为，受让人已经支付了合理对价，再强令其承担责任于法无据。不过，在上述一般情况之外，美国判例法确认在以下四种情况中受让公司也要承担转让公司的债务：一是受让人明示或者默示愿意承担转让人债务的情形。依据意思自治原理，在

---

〔1〕参见［法］伊夫·居荣：《法国商法》（第1卷），罗结珍、赵海峰译，法律出版社2004年版，第767页。

〔2〕张民安：《商法总则制度研究》，法律出版社2007年版，第353~354页。

双方当事人就债务承担问题达成一致的情况下，法律只需加以确认，并无强制干涉的必要。二是转让人的行为构成欺诈性转让的情形。若转让人是以逃废债务为目的，以低价甚至无偿转让资产致使其责任财产不当减少，从而危害债权实现时，法院可能会将受让公司视为这一欺诈行为的同谋而科以责任。三是资产转让的行为构成了事实合并的情形。若是某项资产转让被认为在实质上构成合并时，则应适用合并中债权债务概括承继的规定，由受让人承担转让人的债务。四是构成纯粹延续的情形。顾名思义，如果受让人完全保留了转让人的原班人马，只是利用这一资产继续其原来的事业时，此时受让人只是转让人的“纯粹延续”，受让人会被要求承担转让人的责任。

在实践中，也有部分转让人在出售营业资产后不再继续从事原营业，而直接解散清算，并将清算后的剩余财产分配给公司股东。在这种情况下，如果原公司生产的产品出现产品质量侵权，受害人往往会面临投诉无门的尴尬境地。随着司法实践的发展，尤其是消费者权益保护运动的兴起，这种情况越来越引发人们的关注，传统的后继者责任制度也逐渐显露出弊端：其不能在原公司出售重大资产且解散后为未来债权人提供足够的保护。面对这一情况，出于公众利益的需要和公共政策的考量，美国法院通过判例，在上述四种后继者责任的基础上又发展出事业延续规则（continuity of enterprise）和生产线规则（the product line rule），用以更好地保护债权人尤其是未来债权人的利益。事业延续规则由密歇根州法院在 Turner v. Bituminous Cas. Co. 案[1]中确立，事实上放宽了纯粹继续理论的适用条件。适用纯粹继续理论要求转让人与受让人在实际所有者方面存在一致性、延续性，在事业延续规则中并没有这一要求。生产线规则由美国加州法院在 Ray v. Alad Corp. （Cal. 1977）案中创设，该规则只适用于产品责任诉讼，规定受让公司只要受让原公司的生产线并继续生产同样的产品，即需要向未来债权人承担潜在债务的清偿责任。

不可否认的事实是，尽管新继受人规则的出现至今已有近几十年，但这一规则并不足够成熟，甚至在美国国内也颇具争议。有美国学者统计发现：在1999年，全美50个州中有13个州明确表示接受新继受人制度。这一数字到2006年中期变成了12个，不仅没有增加，反而有所减少。[2] 尽管如此，笔者依然认为，在美国最高法院对这一规则作出表态之前，尚难以断言新继受人规则是否已经不合时宜。况且，新继受人规则为重释我国司法实践中的“债随物走”原则提供了一条可能的路径，也对填补我国未来债权人保护领域的空白具

---

〔1〕 Turner v. Bituminous Cas. Co. , 244N. W. 2d873 (Mich. 1976).

〔2〕 彭冰：《美国法上的继受人责任》，载《环球法律评论》2008年第2期。

有重要的借鉴意义。

三、评析与启示

笔者反对“拿来主义”的方法论，即认为西方发达国家的法律制度是完美的，域外的立法例都值得借鉴。事实上，没有任何一种法律制度是真正完美的。我们对于域外立法例的态度应当批判地吸收，做到“取其精华，去其糟粕”。

从这个角度来说，上述域外立法例也有值得推敲的地方。以德国商法为例，德国商法认为只要“受让人续用转让人的商号，原则上就要承担转让人营业上所负的债务”。〔1〕针对此规定的立法目的及条款的正义性，有学者提出了质疑。德国学者卡纳里斯指出，《德国商法典》第25条的规定可能会演变成一个巨大的责任陷阱。他援引联邦最高法院判决的“K. R. 金属加工厂案”〔2〕来论证该法第25条存在的问题：一方面，在该债权实际上已经不可能实现的情况下，债权人竟在受让的有限商事合伙中获得了有偿付能力的债务人，并依法可以对其主张之前已经不可能被执行的债权，这对债权人来说绝对是“意外的礼物”。另一方面，商人们是不可能意识到受让原企业的行为实际上蕴含着承担原有限公司债务的巨大风险。对于继受营业的经营者来说，《德国商法典》第25条实际上就是一个暗藏危机的责任陷阱。而这一规定贯彻在司法实践中的后果就是，不但原有限责任公司的重整将化为泡影，还会使新的有限商事合伙在财务上遭受重大打击，甚至破产。

尽管对德日商法相关规定的批评之声不绝于耳，但从总体来看，大陆法系国家已经发展出一套比较系统完备的营业债务承担规则，用以平衡营业转让过程中的各方利益，这套规则系统是值得肯定的。尤其值得我们学习的是，德国法和日本法都承认在受让人继续使用原商号的情况下，转让人的债务原则上可以随着营业财产的移转而转移至受让人处，并结合本国实际情况分别规定若干例外情形。这种规则设定对于保护债权人的利益意义深远。同时，通过引入受让人责任的时效限制，防止了因受让人责任过重而可能导致的市场流转不畅。而从保护第三人以及维护交易安全的角度，法国两层级登记公示制度同样值得

---

〔1〕参见《德国商法典》第25条。

〔2〕该案中，一个商号为“K. R. 金属加工有限责任公司”的企业陷入财务危机，由于缺乏破产财产而没有启动破产程序，并于商事登记簿中登记了解散。然后，此前以“K. R.”为商号名称的另一企业“K. R. 有限商事合伙”继续经营有限责任公司的营业。该商事合伙不仅继续使用着原有限责任公司的机器、经营场所和基础设施，还在自身的商号中加入了原有限责任公司商号中的实质业务附属部分“金属加工”。不料，此时出现了一个原有限责任公司的债权人，并依据《德国商法典》第25条第1款第1句向该有限商事合伙主张价款请求权。经审理，德国联邦法院支持了该债权人的诉讼请求，判令该有限商事合伙企业向债权人支付价款。

借鉴。总体来说，大陆法系国家现有的制度在一定程度上解决了各方利益的衡平问题，值得我国立法和司法的借鉴。

当我们把目光投向美国，美国判例法中为未来债权人提供保护的制度同样值得我们学习。和上文提到的一样，继受人规则在美国司法实践中也备受争议。有学者认为继受人规则不仅使转让人“逃避”了责任，还会加重受让人的责任负担，从而影响到交易的顺利进行，增加交易成本，有违效率原则。笔者不能认同这一观点。笔者以为，在自由市场条件下，继受人规则给受让人增加的责任成本必然会以价格减少的方式传递给转让人。正因为继受人规则的存在，受让人在与转让人谈判的过程中必然会有所考虑，也就相应多了一份讨价还价的筹码。而最终减少的这部分交易价格作为对未来债权人清偿的备付金，最终受益的依然是未来潜在的债权人。

第三章 我国现行的债务承担规则与不足

一、我国现行营业转让债务承担规则的梳理

目前，我国的商事法律、法规中没有对营业转让做出完整的表述，也未规定一套完善的债务承担规则。究其原因，盖因营业转让是商法总则中的制度之一，需要在商法典中做出一般性的规定。而我国没有制定商法典，因此在营业转让问题上存在立法疏漏。笔者发现，我国法律法规中涉及营业转让的规定十分杂乱，散见于法律、司法解释、部门规章等若干不同效力等级的法律文件中。因此，研究我国现有规定及其弊端之前，有必要对相关规定进行梳理和总结，如下表所示：

表 1　我国现行营业转让债务承担规则梳理

法律法规	法规表述	法律规则
《合同法》	第 84 条：债务人将合同的义务全部或者部分转移给第三人的，应当经债权人同意。	一般规则
	第 74 条第 1 款：因债务人放弃其到期债权或者无偿转让财产，对债权人造成损害的，债权人可以请求人民法院撤销债务人的行为。债务人以明显不合理的低价转让财产，对债权人造成损害，并且受让人知道该情形的，债权人也可以请求人民法院撤销债务人的行为。	债权人撤销权

续表

法律法规	法规表述	法律规则
《企业破产法》	第 31 条：人民法院受理破产申请前一年内，涉及债务人财产的下列行为，管理人有权请求人民法院予以撤销：①无偿转让财产的；②以明显不合理的价格进行交易的；③对没有财产担保的债务提供财产担保的；④对未到期的债务提前清偿的；⑤放弃债权的。 第 32 条：人民法院受理破产申请前 6 个月内，债务人有本法第 2 条第 1 款规定的情形，仍对个别债权人进行清偿的，管理人有权请求人民法院予以撤销。但是，个别清偿使债务人财产受益的除外。 第 33 条：涉及债务人财产的下列行为无效：①为逃避债务而隐匿、转移财产的；②虚构债务或者承认不真实的债务的。 第 34 条：因本法第 31、第 32 条或者第 33 条规定的行为而取得的债务人的财产，管理人有权追回。	管理人撤销权
《关于人民法院在审理企业破产和改制案件中切实防止债务人逃废债务的紧急通知》	第 9 条：人民法院审理国有企业改制案件，应当依法认真处理好改制企业遗留债务的承担问题。对于改制企业遗留债务，当事人之间约定了新的债务承担人、并经债权人同意的，可依当事人的约定；对于虽未经债权人同意，但新的债务承担人有足够能力清偿债务的，可按照实际情况确认由新的债务承担人承担债务；对于仅对改制企业的财产进行了处理，而未处理改制企业债务的，原则上应当由改制变更后的企业在所接受财产的等值范围内承担原企业遗留债务。	
《关于出售国有小型企业中若干问题意见的通知》	第 8 条：严格保护债权人利益。出售企业过程中要充分尊重债权人的意见，依法落实各项债权。已为债权金融机构的货款设定抵押或质押的企业财产，出售方在出售时必须征得债权金融机构的同意。出售时，银行贷款到期的，出售收入必须优先用于清偿贷款本息；未到期的，购买者应与出售企业的债权金融机构签订转贷和还款协议，并提供相应担保……	国有企业营业转让规范
《关于进一步规范国有企业改制工作实施意见的通知》	第 1 条第 2 款：改制方案必须明确保全金融债权，依法落实金融债务，并征得金融机构债权人的同意。审批改制方案的单位（包括各级人民政府、各级国有资产监督管理机构及其所出资企业、各级国有资产监督管理机构以外有权审批改制方案的部门及其授权单位，下同）应认真审查，严格防止企业利用改制逃废金融债务，对未依法保全金融债权、落实金融债务的改制方案不予批准。	

续表

法律法规	法规表述	法律规则
《企业改制司法解释》	第6条：企业以其部分财产和相应债务与他人组建新公司，对所转移的债务债权人认可的，由新组建的公司承担民事责任；对所转移的债务未通知债权人或者虽通知债权人，而债权人不予认可的，由原企业承担民事责任。原企业无力偿还债务，债权人就此向新设公司主张债权的，新设公司在所接收的财产范围内与原企业承担连带民事责任。 第7条：企业以其优质财产与他人组建新公司，而将债务留在原企业，债权人以新设公司和原企业作为共同被告提起诉讼主张债权的，新设公司应当在所接收的财产范围内与原企业共同承担连带责任。 第24条：企业售出后，买受人将所购企业资产纳入本企业或者将所购企业变更为所属分支机构的，所购企业的债务，由买受人承担。但买卖双方另有约定，并经债权人认可的除外。 第25条：企业售出后，买受人将所购企业资产作价入股与他人重新组建新公司，所购企业法人予以注销的，对所购企业出售前的债务，买受人应当以其所有财产，包括在新组建公司中的股权承担民事责任。 第26条：企业售出后，买受人将所购企业重新注册为新的企业法人，所购企业法人被注销的，所购企业出售前的债务，应当由新注册的企业法人承担。但买卖双方另有约定，并经债权人认可的除外。	债随物走规则

二、我国现行债务承担规则对债权人保护力度不足

（一）民商法上关于债务承担的一般规定对营业转让债权人不利

如前所述，我国没有对营业转让相关问题做出一般性规定，因此对营业转让中债务承担问题的判断只能依据民商法上的一般规定和学说解释进行推断。我国《合同法》第84条在这一点做出了最为原则性的规定：债务人部分或全部移转合同义务的，应当经过债权人同意。

根据这一条文的规定，可以按照当事人在转让债务时约定的不同，分三种情况予以讨论：

第一，当事人约定不转让债务的情形。依据意思自治原理，在双方当事人就债务承担问题达成一致的情况下，法律只需加以确认，并无强制干涉的必要。因此，在当事人就债务处理问题达成合意的情况下，受让人不承担任何清偿

责任。

第二，当事人约定转让债务的情形。学理上将债务承担分为免责式和并存式两种，此处亦需要对这两种形式进行讨论。对于这一条文是否承认并存的债务承担这一问题，理论上颇有争议。持肯定观点的学者认为，该条文所规定的债务部分移转实际上就是指并存的债务承担；[1] 持否定观点的学者认为，该条文仅适用于全部免责的债务承担和部分免责的债务承担两种情况。[2] 考虑到学界对于这一问题尚无定论，且选择并存的债务承担对转让人来说毫无意义（不能免除转让人的清偿责任），因此这里的债务承担只能理解为免责的债务承担。此时，债权人若同意，则由受让人单独承担债务，转让人无须继续承担；若债权人不同意，则由转让人继续单独承担清偿责任。

第三，当事人未约定债务承担的情形。在这种情况下，受让人受让该营业资产是支付了相应对价的（如现金、股权等），因此并不需要承担原企业债务，除非双方达成一致或者出现欺诈性转让的情形。由于双方并无特殊约定，因此受让财产的一方也不用承担清偿责任。

根据上述分析，债权人只可以在当事人之间约定了债务移转的情形下才可以请求受让人清偿债务。而且，债权人向受让人请求清偿的同时就意味着放弃对转让人的求偿权。因此，民商法上关于债务承担的一般规则对债权人来说特别不利。

（二）债权人能够利用的救济措施及其限制

除了原则性的规则之外，债权人还可以借助合同法上的撤销权、破产法上的撤销权、公司法人人格否认制度以及相关国有企业营业转让规范来维护自身的利益。只不过，由于种种原因，上述可用的救济措施在实践中的效果并不理想。

1. 合同法上的撤销权

《合同法》第74条规定了债权人撤销权，即债务人欺诈性转让财产时，债权人可以请求人民法院撤销债务人的行为，以充实债务人的责任财产。然而，在实践中适用该条文对营业转让行使撤销权实际上相当困难，原因正如本文第一章所述：营业财产作为一种组织化的机能性财产，其价值不仅体现在设备、商品、现金这些实物上，更体现在一些具有商业价值的事实关系上，如客户名单、营销网络、商业秘密等。这些事实关系一经受让方掌握，是很难撤销、恢

---

〔1〕 参见王利明：《民商法研究》（第6辑），法律出版社2014年版，第533页。

〔2〕 参见杨明刚：《论免责的债务承担》，载崔建远主编：《民法九人行》（第2卷），金桥文化出版（香港）有限公司2004年版，第20页。

复原状的。此外，债权人想要证明受让人“明知不合理低价”也是非常困难的。因此，由于合同法上的撤销权的适用条件苛刻，使得这一保护方式在实践中并不能为债权人提供足够的保护。

2. 破产法上的撤销权

《企业破产法》中也有撤销权制度，规定在第31条~第34条。与《合同法》上的撤销权相比，在《企业破产法》中，管理人无须证明财产受让人“明知”价格明显不合理，且管理人可以直接追回债务人的财产（该法第34条）。因此，从这两点来看，破产法所提供的保护要强于合同法上的债权人撤销权。尽管如此，想要适用破产法上的撤销权，仍需要证明转让价格明显低于该资产的市场价格。对于营业这样复杂的交易客体来说，证明这一点绝非易事。除此之外，即使管理人依据上述规定取回了财产，该财产也只能纳入破产财产并按照分配顺序进行分配，债权人只能有限地回收这一债权。

3. 公司法上的人格否认制度

债权人另一个可用的救济途径是《公司法》第20条规定的法人人格否认制度。[1] 美中不足的是，该法没有进一步明确是否可以反向适用法人人格否认，即债务人为逃避债务将资产转移到其他公司的情形。因该条文规定的责任主体是公司股东，故从文义解释的角度难以给出肯定的回答，学说上也颇有争议。而根据国外的理论和实践，反向适用人格否认制度还要求受让人与转让人具有实质的同一性，债权人还必须证明债务人存在滥用的主观意图。

4. 国有企业营业转让规范

在上述三种一般性的救济途径之外，还有一些部门规范性文件为债权人提供了特殊的救济途径，如《关于出售国有小型企业中若干问题意见的通知》《关于规范国有企业改制工作意见的通知》等，笔者将其统称为国有企业营业转让规范。这些规范制定的初衷是顺应企业改制的浪潮，因此适用范围相对狭窄，仅适用于国有企业。而在建立完善的市场经济体系成为国家方针政策的今天，民营企业已经成为中国经济不可或缺的组成部分。在激烈的市场竞争环境中，大量的民营企业同样有着资产重组、实现资源优化配置的现实需求。因此，这些仅适用于国家作为转让人的国有中小企业整体出售的条文，已经无法满足现实的需求。此外，上述规则还有一处显而易见的弊端：对国有金融债务做出特

---

〔1〕《公司法》第20条规定：“①公司股东应当遵守法律、行政法规和公司章程，依法行使股东权利，不得滥用股东权利损害公司或者其他股东的利益；不得滥用公司法人独立地位和股东有限责任损害公司债权人的利益；②公司股东滥用股东权利给公司或者其他股东造成损失的，应当依法承担赔偿责任；③公司股东滥用公司法人独立地位和股东有限责任，逃避债务，严重损害公司债权人利益的，应当对公司债务承担连带责任。”

别规定的做法违反了平等保护原则，造成了对金融债务与非金融债务、国有债务与非国有债务之间的不平等保护。按照相关部门规范的规定，[1] 企业出售时金融债权人利益优先，出售所得价款必须优先清偿金融机构的贷款。这类规定严重偏向金融债权人，人为地制造了债权保护的不平等，损害了同为市场主体的其他债权人的利益。

（三）债权保护的偏向性——过度保护金融债权人，不保护未来债权人

除了民商法上的一般救济规则对债权人不利、债权人所能利用的救济措施多受限制外，现实中还存在偏袒金融债权人的做法。在国务院相关规章中，明确规定转让方在转让已为金融机构的贷款担保的企业财产时，须经过金融机构同意。这在某种意义上剥夺了转让双方对转让行为的决定权，转而将这一权力赋予了金融机构。这种人为制造不平等的做法不仅会大大增加转让的不确定性，使得交易成本剧增，还会导致商事交易中的利益不均衡，不利于营业转让交易的高效运行和市场经济的健康发展。

如果说，对金融债权人的过度保护是一枚硬币的正面，那么它的反面就是我国立法中对于未来债权人保护的无力甚至空白。实践中已有过这样的前车之鉴：某企业经过改制被注销，数年后其生产的产品出现质量问题导致消费者遭受损害，消费者想要起诉却投诉无门。在美国，在这种情况下法院会考虑适用新继受人规则，强令受让企业承担赔偿责任。这是一种出于司法政策上的考量，虽然颇有争议，但至少是一种解决的方案。而在我国，目前并没有保护未来债权人的立法，这在实践中也引发了不少问题。

三、《企业改制司法解释》评析——“债随物走”原则的理论误区和实践误用

正是因为我国现行法律对营业转让债权人保护不力，司法实践中出现了大量假借企业改制之名恶意逃债的现象：有的企业利用改制之机，将优质资产组成新的法人实体，把债务和不良资产归于老企业名下使其破产。主张债权的债权人面对的是一个由负债和不良资产组成的“烂摊子”，而企业的核心资产早已“金蝉脱壳”。这种逃避债务的做法严重损害了债权人利益，破坏了市场交易秩序，因此需要更加公平的规则加以规制。

为了更好地规制利用企业改制整体转让营业而恶意逃债的问题，最高人民法院于2003年初出台了《企业改制司法解释》。在全部36个条文中，涉及营业

---

[1] 《关于出售国有小型企业中若干问题意见的通知》第8条：“……（企业）出售时，银行贷款已到期的，出售收入必须优先用于清偿贷款本息；未到期的，购买者应与出售企业的债权金融机构签订转贷和还款协议，并提供相应担保……”

转让中债务承担问题的主要有：一是部分转让：第 6 条、第 7 条；二是全部转让：第 24 条、第 25 条、第 26 条。

长期以来，司法实践在处理转让双方恶意串通逃废债务的案件过程中，总结出“债务随企业财产变动”原则。而通过上述五个条文，最高人民法院以司法解释的形式对这一所谓“债随物走”原则予以确认。“债随物走”原则是指原企业转让全部或部分资产与他人组建新公司的，新设公司也应当与转让营业的公司一起向债权人承担连带清偿责任，责任范围以新设公司接受的财产为限。通过研究这一规则以及最高人民法院有关法官的阐释，笔者发现“债随物走”原则的理论基础是所谓“企业法人财产原则”——这一原则要求企业法人以其一般责任财产对外承担民事责任。[1] 债务人处分财产的行为或因转让后获得的大量现金极易消耗，或因转让资产估价畸低从而减少了其法人财产，都会降低债务人自身的清偿能力，故受让企业应当在接受财产的范围内对原企业债务承担连带责任。笔者认为最高人民法院的这一阐释是非常值得商榷的，“债随物走”规则在理论上存在疑点。

（一）理论误区

担保分为一般担保和特别担保，前者是指债务人须以当前及将来的全部财产作为其债务的总担保，债务人的责任财产是全体债权人的共同担保，个别债权人不能优先受偿；后者是指可以请求特定人清偿或者针对特定物受偿的担保，包括人保和物保。人保将若干个负有清偿责任的第三人拉进债务关系中，规定债权人可向其中任何人主张债权，实际上扩大了债权人可受偿财产的范围；物保则通过创设抵押权、质权等担保物权的方式，规定当债务人不履行债务时债权人得将该财产变价，并以其价值优先受偿。[2] 值得注意的一点是，一般担保和特别担保的区别就在于一般担保中债务人的责任财产不能被用于清偿个别债权人，而特别担保中的债权人可以就特定财产优先受偿。这一区别投射在“债随物走”原则中，个别债权不具有与企业财产一起变动的效力。在实践中，最先援用“债随物走”原则的债权人又将获得一种优先受偿权，这也是“特别担保”的特征，与“一般担保”相去甚远。从有无追及力的角度分析，我们可以得出相同的结论：“债随物走”原则中规定转让人的债务可以随转让财产的转移而转移，意味着司法解释赋予了这种担保以某种“追及力”。事实上，只有“特

---

〔1〕 参见最高人民法院民事审判第二庭编、李国光主编：《最高人民法院关于企业改制司法解释条文精释及案例解析》，人民法院出版社 2003 年版，第 36~39 页。

〔2〕 参见王军：《评“企业债务随企业财产变动原则”——法释［2003］1 号司法解释的一个理论误区》，载《法学》2007 年第 12 期。

别担保”如抵押权、质权等，才会具有追及力。因此，我们可以肯定地说，“债随物走”原则实际上导致一般债权人获得了某种“特别担保”，而这种“特别担保”既“具有扩展债务人范围的人保性质，又具有追及变动财产的物保优先性”。[1]

（二）实践误用

在这种错误理论的基础上，笔者以两个案件为例，一窥《企业改制司法解释》在适用上的矛盾。

第一起案件是润田公司案（以下简称“润田案”）。[2] 该案中，债务人兴禹集团欠禹城建行4654万元本金及利息未支付。后兴禹集团进行公司制改造，其改制方案内容如下：一是在保留原企业的基础上，兴禹集团从其总资产中剥离资产15 919万元、负债11 265万元（净值4654万元，不包括兴禹集团在本案中的债务）与他人一同出资组建了润田公司。二是在4654万元净资产额中，兴禹集团以实物出资3930万元作为国有法人股，占84.44%。其他20名股东出资724万元，占15.56%。本案中，一审法院将15 919万元这个完整的“资产+债务”的转投资行为分解成两个部分：其中等额资产债务（11 265万元）的转让构成“分立”，资产大于负债的净额（4654万元）构成“转投资”。根据法人财产原则，新公司应当就构成“分立”的部分承担责任，“转投资”部分不承担责任。二审法官则更加直接，其以债务并没有实际发生转移为由，直接认定属于“将债务留在原企业”，应当适用《企业改制司法解释》第7条。

第二起案件是信诚公司案（以下简称“信诚案”）。[3] 该案中，债务人化肥厂欠山东工行2900万元本金及利息未支付。后化肥厂进行改制，方案如下：一是化肥厂从其总资产中剥离资产7772万元、负债4812万元，以二者差额2960万元与他人共同出资设立信诚公司。在新成立的公司中，化肥厂占其总出资比例的74%。二是1个月后，化肥厂向信诚公司等额转让了9653万元资产和债务。本案的一审法官认为，信诚公司在设立时接受了与4812万元负债等额的

---

〔1〕 参见彭冰：《债务随企业财产变动原则研究》，载北京大学法学院编：《江流有声：北大法学院百年院庆文存之民商法学·经济法学卷》，法律出版社2004年版，第300~313页。

〔2〕 该案全名为“中国建设银行山东省分行与山东禹城中农润田化工有限公司、山东兴禹化工集团公司等借款合同纠纷上诉案”。参见最高人民法院民事审判第二庭编、奚晓明主编：《民商事审判指导》（2004年第2辑），人民法院出版社2005年版，第171~184页。

〔3〕 该案全名为“山东信诚化工股份有限公司与中国工商银行山东省分行、滕州市化肥厂、山东鲁南化学工业集团公司、滕州市国有资产经营有限公司借款合同纠纷上诉案”。参见最高人民法院民事审判第二庭编、奚晓明主编：《民商事审判指导》（2004年第2辑），人民法院出版社2005年版，第201~211页。

资产，1 个月后又接受了 9653 万元资产，合计 14 465 万元，构成“以优质资产与他人组建新公司”，应当适用《企业改制司法解释》第 7 条，承担连带责任。而在案件二审中，法院的观点有了变化，认为本案中“投入资产 7772 万元和负债 4812 万元”存在两个不同的法律事实：第一个法律事实是化肥厂以净资产 2960 万元出资的行为，在性质上应属于投资行为，该行为仅涉及法人财产形式的变化，但财产的总量并没有减少，因此对化肥厂承担责任并没有不利影响。第二个法律事实是化肥厂向信诚公司转移 4812 万元等额债权债务的行为，该行为符合《企业改制司法解释》第 6 条[1]的规定，应当适用条文第 6 条判决受让人承担连带责任。

结合上述两起案件，笔者认为，“债随物走”原则在实践中至少有以下三方面缺陷。

第一，错误地计算了新设公司接受财产的范围。按照《企业改制司法解释》的规定，新设公司应当在“所接受财产范围内”承担责任。然而，这一范围在具体计算上颇具争议。润田案中，债务人兴禹集团向润田公司实际转移的财产是 15 195 万元，然而一审法院却判令润田公司在所接受的 11 265 万元范围内承担责任，这个数值的出现让不少学者感到意外。[2] 一审法院对此的解释是，兴禹集团用实物出资 3930 万元换取了等额股权，并没有减少债务人的责任财产，因此这部分应当予以扣除，15 195 万元扣除 3930 万元后即 11 265 万元。案件上诉后，最高人民法院推翻了这一认定，认为无须区分投资和转移财产，润田公司应当在全部 15 195 万元范围内承担连带责任。反观信诚案，一审法院计算信诚公司所接受财产时采用同样的方法却得到了最高人民法院的支持。

第二，错误地适用了责任形式。根据《企业改制司法解释》第 6 条的规定，只有在“原企业无力偿还债务”的情形下，新设公司才承担责任，此处新设公司承担的责任形式明显是补充责任。而第 7 条中直接规定了新设公司应当承担连带责任。从文义上看，第 6 条和第 7 条的责任形式是明显不同的。而在信诚案中，最高人民法院虽然适用了第 6 条补充责任条款，却最终判决信诚公司承担连带责任。这一判决完全忽视了第 6 条规定为补充责任的性质，直接套用“债随物走”原则判令承担连带责任，在实务界引发了不小的争议。考虑到信诚案已被《最高人民法院公报》所刊载，最高人民法院的这一做法实际上已经修改

[1] 《企业改制司法解释》第 6 条规定：“企业以其部分财产和相应债务与他人组建公司，对所转移的债务债权人认可的，由新组建的公司承担民事责任；对所转移的债务未通知债权人或者虽通知债权人，而债权人不予认可的，由原企业承担民事责任。原企业无力偿还债务，债权人就此向新设公司主张债权的，新设公司在所接受的财产范围内与原企业承担连带责任。”

[2] 王军：《中国公司法》，高等教育出版社 2015 年版，第 441~447 页。

了司法解释第6条，将补充责任变更为连带责任。

第三，无法区分企业转投资行为与恶意逃债。在企业转投资的情形下，虽然转移了部分财产，但这些财产换来了新设公司的相应股权，企业的责任财产并没有减少，只是形式发生了变化。这与恶意逃债明显不同。然而在《企业改制司法解释》颁布后，如何区分转投资与恶意逃债成了难题。在润田案和信诚案中，原企业的改制方案都是通过剥离“部分资产+部分债务”的方式成立新公司，再以资产大于负债的净资产额作为对新设公司的出资，并获得相应股权。在本质上，这是一个以转投资方式实现的部分改制。但问题是，如何区分企业转投资行为与企业改制中转移财产的行为呢？润田案中，法院认为适用《企业改制司法解释》的依据是改制经过当地政府部门的批准。但这种认定依然存疑，企业部分改制中转移资产与他人成立公司同一般公司转投资并无本质区别。

综上所述，《企业改制司法解释》不仅在理论上存有误区，在实践操作中也面临争议。一方面，《企业改制司法解释》错误理解了企业财产对于债务的一般担保的性质，从而在一般担保与特别担保之外创造了一种“超级担保权”，对债权人的保护有矫枉过正的嫌疑；另一方面，实践中《企业改制司法解释》在责任财产的范围、承担的责任形式上存在问题，其不区分转投资与逃废债务的规则设定也会导致企业转投资行为的萎缩。因此，笔者基于对现有债务承担规则的分析、反省，试图提出重构“债随物走”原则的解决路径。

第四章　营业转让中债务承担的完善

一、厘清营业转让中债务承担规则的法理基础

（一）公司社会责任理论

公司社会责任理论起源于20世纪30年代的美国，是对公司绝对营利性观点的修正。公司社会责任理论的主要观点是，公司不仅应当对股东利益最大化承担责任，还应当对股东之外的包括雇员、消费者、债权人、中小竞争者、当地社区、环境、社会弱者以及整个社会公众等利益相关者承担责任。[1] 这其中就包括债权人的利益。值得一提的是，这里的债权人包括现时债权人和未来债权人两种，后者的利益在立法中常常被忽视。在营业转让的过程中，应当妥善安排这两种债权人的利益。

〔1〕 施天涛：《公司法论》，法律出版社2014年版，第49~55页。

（二）意思自治原则与善意第三人保护原则

所谓意思自治原则，是指民事主体得依其意思来设定自身私法上的权利义务，主要内容包括契约自由和所有权自由。[1] 按照意思自治原则，人们可以在法律的框架内自由选择最合适的交易方式和交易策略，并设定最符合自身利益的权利义务关系。意思自治原则意味着在营业转让中，转让人和受让人可以依据意思自治原则自由安排如何转让、何时转让、债务如何承担等问题。

然而，当事人的意思自治并不是没有边界的。为了保护相对人的信赖利益、维护社会公益，法律会对意思自治原则加以必要限制。虽然当事人可以依意思自治自由安排营业转让及债务承担的相关事宜，但实际上在营业转让过程中，利害关系方除转让方和受让方之外还包括第三方，即债权人。转让人和受让人所做的对债务承担的安排，都会直接影响债权人债权的受偿。因此，为了保护债权人的利益，转让双方不得存在恶意串通、转移资产、逃废债务等行为。这既符合诚实信用原则，也是基于交易安全的考量。

二、完善我国营业转让债务承担规则的立法建议

（一）以立法的方式确认营业转让的概念

在我国，许多立法文件中都有“营业”这一表述，如营业执照、营业税、营业场所等。在商事实践中，随着市场经济的发展和社会的繁荣进步，事实上的营业转让已经被广泛运用于商事实践中。然而，我国的商事法律、法规至今仍没有对营业、营业转让的概念做出完整表述，更不用说制定完整的规则了。1999 年，在王保树教授的倡议下，深圳特区颁布了一部地方性法规《深圳经济特区商事条例》，其中明确规定了商人、商主体、营业、营业转让等，一度引起商法学界的热烈讨论。然而，该条例经过十余年的实施，已经于 2014 年被废止。如此一来，是否意味着高层对于在全国范围内设置统一的营业转让规则失去了信心？在多方查证资料未得的情况下，笔者电话联系了深圳市人大工作人员，得到的回答模棱两可。

笔者以为，该条例的废止或许另有原因，但我国对于营业转让规则的迫切需求是摆在眼前的事实。现行法律在日益增长的营业社会关系调整需求和严重缺失的商法规则这对矛盾面前，表现出一种“似乎是在规制营业而实际上又难以规制营业”的窘境。[2] 笔者认为，可以仿照我国《民法通则》的立法例，在未来将营业转让这一商法上的一般性制度规定在《商事通则》中，此乃最优之选择；若立法技术、时机不成熟，也可借助此番编订民法典的东风，在民法典

---

〔1〕 王泽鉴：《民法概要》，北京大学出版社 2011 年版，第 23 页。

〔2〕 朱慈蕴：《营业规制在商法中的地位》，载《清华法学》2008 年第 4 期。

的总则部分对营业制度做出一般性规定，这在当下也不失为一种诚恳务实的立法选择；再退一步说，如果仍有顾虑，也可以在上海自贸区等经济区继续试点，待时机成熟后再推行全国。总而言之，通过立法的方式确认营业转让的概念和规则是当下亟须解决的一个问题。

（二）保障债权人知情权，赋予债权人异议权和竞价权

在营业转让中，债权人处在十分不利的位置上：一方面，改制企业在转让营业后，现有的资产价值会大幅缩水，其通过转让获得的现金对价也极易被消耗或隐匿。因此，债权人请求转让人承担清偿责任时往往存在困难。另一方面，按照民商法对债务承担的一般规定，债权人向受让人请求清偿的同时就意味着放弃了向原债务人的求偿权。在这种两难的抉择中，法律并未赋予债权人表达异议的权利，这就导致债权人只能选择要求改制企业设定担保或者立即清偿债务，否则就会诉诸法庭。这种解决方式无疑是双输的。

在这一点上，法国的双层公示制度为我们提供了启示。在原则上，法律应当规定营业转让需要履行公告程序，并进一步规定当转让的营业资产达到特定数额或者占到转让人全部资产的特定比例时，应个别通知所有债权人。这是用公示的方式保障债权人的知情权。当然，仅仅保障债权人的知情权是不够的。为防止转让方和受让方恶意串通损害债权人，法律还应赋予债权人异议权和竞价权：债权人可以在法定期间内以出卖人的财产不当减少为由提出异议，中止营业转让程序，或者通过参与竞价的方式，使债务人应当增加的财产增加。

（三）平等保护所有债权人，利用金融债权人的市场地位实现自我保护

我国现有的营业转让中，债务承担制度的一大弊病就是过分偏向于保护金融债权人的利益，为此出台了诸多部门规范性文件。这些文件对金融债权做了特殊规定，或要求优先清偿银行债务，或要求另行提供担保，人为地造成金融债务与非金融债务、国有债务与非国有债务之间的不平等保护，不符合债权的平等保护原则。在强调大力发展社会主义市场经济的今天，应当尽快废除这一系列国有企业营业转让规范，并通过立法的方式确定对所有债权人提供平等的保护措施。

诚然，金融机构肩负着保障市场安全乃至社会稳定的重任，在我国国民经济体系中占有重要比重。因此，对于在取消了特殊保护之后如何保护金融债权人利益的问题，笔者认为应当从利用金融债权人的市场地位出发，鼓励金融债权人利用市场的规则进行自我保护。在债权债务关系建立前，作为“准债权人”的金融机构在交易中处于强势地位，完全可以在合同中约定另行担保、加速清偿条款或者在特定情形下优先受偿等。在风险控制环节，金融债权人可以加强对债务人基本信息、偿债能力等的尽职调查。在营业转让过程中，亦可通过参

股成为债务人的股东，从而参与到债务人的公司治理中。

（四）重释“债随物走”原则，保护未来债权人利益

若转让公司在营业转让后被注销，其后一旦出现因该公司生产的产品质量缺陷导致的侵权责任，受害者（债权人）该向谁主张权利呢？随着近年来我国消费者权益保护倡议的兴起，更多人开始关注产品责任。提出“构建和谐社会”的宏伟目标后，国家对产品责任的重视亦提上日程。在保护未来债权人利益方面，美国的“新继受人规则”可资借鉴。《企业改制司法解释》中派生出的“债随物走”规则在适用效果上已经与“新继受人规则”十分类似。可惜的是，“债随物走”原则将企业财产错误地理解为债权的一般担保，从而要求新设公司在所接受的财产范围内对原公司承担连带责任，混淆了债的保全和担保制度，在一般担保与特别担保之外创立了一个具有物权性质的“超级担保权”，与现有的法律原则产生了冲突，并对实践活动产生了不利影响。

笔者认为，当下更好的选择是对“债随物走”这一规则进行重新阐释，对该原则的适用设置一些具体的条件，并进一步发展这一原则，使之能够扩展到产品责任以及环境污染责任上，从而能够将保护范围覆盖到未来债权人。具体来说有两种实现路径：一是在《公司法》或《企业破产法》中规定限制公司解散后分配财产，从中扣除部分金额用以清偿可能出现的未来债权人；二是通过司法解释的方式借鉴美国的“新继受人规则”，令受让企业承担清偿责任。

结 论

所谓营业转让，顾名思义，是指将具有一定的营利目的组织化了的机能性财产进行转让的商事交易行为，即将整个营业作为一个集合进行交易。营业转让既是大陆法系国家商法中的一项重要制度，也是现代商事实践中普遍存在的一种客观经济现象，是市场进行资源配置的重要手段。营业转让的实际效果与企业分立合并、股权转让、重大资产转让等制度不尽相同，因此在我国的商法实践中也普遍存在。然而，面对我国商事实践中日益增长的营业社会关系调整需求，我国法律并没有明确规定营业的概念以及营业转让制度，从而面临一种“似乎是在规制营业而实际上又难以规制营业”的窘境，造成了在商事实践中对债权人的保护不力，这主要体现在两个方面：一方面，民商法上关于债务承担的一般规定对营业转让中的债权人不利；另一方面，合同法、破产法上所能给债权人提供的救济措施限制颇多。在这一背景下，我国司法实践中总结出了所谓“债随物走”原则，并由《企业改制司法解释》所确立。“债随物走”原则

要求原企业转让全部或部分资产与他人组建新公司的，新公司应当以其接受的财产为限对原企业的债务承担连带责任，其理论基础是“企业法人财产原则”。对此，学术界、实务界都有不同的声音。笔者认为，《企业改制司法解释》及其确立的“债随物走”原则错误地理解了一般担保的真正含义，混淆了一般担保与特别担保的概念，从而为债权人的债权设定了某种“追及力”，从缺乏保护的极端走向了过度保护的另一个极端。此外，结合相关案例笔者发现，“债随物走”原则在实践中的适用也很混乱，其无法厘清企业转投资行为与恶意逃废债务行为之间的界限，其对于“新设公司接受财产范围”的判断标准不一，其适用的责任形式也自相矛盾。针对这些问题，笔者提出应当审慎地借鉴国外立法例，取其精华，去其糟粕，完善我国营业转让中的债务承担规则。

我国营业转让中的债务承担规则的完善，可以从以下方面进行：首先，通过立法的方式规定营业和营业转让制度，最佳的选择是仿照《民法通则》的立法例，在《商事通则》中对这一一般性制度予以规定。另一个可行的选择是借本次编订民法典的东风，将营业转让制度规定在民法典总则部分中。其次，借鉴法国的双层公示制度，保障债权人知情权，立法赋予债权人以异议权和竞价权。再次，取消对于金融债权人的特殊保护，利用金融机构自身的市场地位，运用市场的规则来加强金融机构的自我保护，法律应当对所有债权人一视同仁。最后，重释“债随物走”原则，参考美国法上的“新继受人规则”，将这一原则的精神与保护未来债权人的公共政策考量相连接，从而填补我国立法上对于未来债权人保护的空白。

参考文献

一、著作类

1. 《德国商法典》，杜景林、卢谌译，法律出版社 2010 年版。
2. 《日本最新商法典译注》，刘成杰译注，柳经纬审校，中国政法大学出版社 2012 年版。
3. 赵旭东主编：《商法学》，高等教育出版社 2015 年版。
4. 张国建：《商事法论》，三民书局 1980 年版。
5. 马俊驹：《民法典探索与展望》，中国民主法制出版社 2005 年版。
6. 谢怀栻：《外国民商法精要》（增补版），法律出版社 2006 年版。
7. 王军：《中国公司法》，高等教育出版社 2015 年版。
8. 施天涛：《商法学》，法律出版社 2003 年版。
9. ［德］C. W. 卡纳里斯：《德国商法》，杨继译，法律出版社 2006 年版。
10. ［日］松波仁一郎：《日本商法论》，秦瑞玠、郑钊译，中国政法大学出版社 2005

年版。

11. 王保树:《商法总论》，清华大学出版社 2007 年版。

12. ［法］伊夫·居荣:《法国商法》（第 1 卷），罗杰珍、赵海峰译，法律出版社 2004 年版。

13. 张民安:《商法总则制度研究》，法律出版社 2007 年版。

14. 王利明:《民商法研究》（第 6 辑），法律出版社 2004 年版。

15. 最高人民法院民事审判第二庭编、李国光主编:《最高人民法院关于企业改制司法解释条文精释及案例解析》，人民法院出版社 2003 年版。

16. 最高人民法院民事审判第二庭编、奚晓明主编:《民商事审判指导》，人民法院出版社 2005 年版。

17. 施天涛:《公司法论》，法律出版社 2014 年版。

18. 刘小勇:《营业转让制度研究——以日本法为中心展开》，中国人民大学出版社 2014 年版。

19. 王泽鉴:《民法概要》，北京大学出版社 2011 年版。

20. 陈景善、王军、吴日焕:《中国政法大学案例研习系列教材：商法案例研习》，中国政法大学出版社 2013 年版。

21. 王泽鉴:《债法原理》，北京大学出版社 2013 年版。

二、论文类

1. 王保树:《寻求规制营业的“根”与“本”》，载《中国商法年刊》2007 年第 00 期。

2. 蒋大兴:《营业转让的规制模型：直接规制与功能等值》，载《清华法学》2015 年第 5 期。

3. 彭冰:《美国法上的继受人责任》，载《环球法律评论》2008 年第 2 期。

4. 杨明刚:《论免责的债务承担》，载崔建远主编：《民法九人行》（第 2 卷），金桥文化出版（香港）有限公司 2004 年版。

5. 彭冰:《债务随企业财产变动原则研究》，载北京大学法学院编:《江流有声：北大法学院百年院庆文存之民商法学·经济法学卷》，法律出版社 2004 年版。

6. 朱慈蕴:《营业规制在商法中的地位》，载《清华法学》2008 年第 4 期。

7. 王军:《评“企业债务随企业财产变动原则”——法释［2003］1 号司法解释的一个理论误区》，载《法学》2007 年第 12 期。

8. 楼建波:《化解企业部分改制下债权僵局的制度设计——兼对最高人民法院改制司法解释第 6、第 7 条理论基础之争的反思》，载《清华法学》2009 年第 3 期。

9. 彭冰:《“债随物走原则”的重构与发展——企业重大资产出售中的债权人保护》，载《法律科学（西北政法大学学报）》2008 年第 6 期。

10. 李凡、陈国奇:《营业转让中的债务承担》，载《北京仲裁》2010 年第 4 期。

11. 叶林:《营业资产法律制度研究》，载《甘肃政法学院学报》2007 年第 1 期。

12. 王长华:《营业转让中的债务承担问题研究》，载《西部法学评论》2014 年第 5 期。

13. 郭娅丽:《“金蝉”不再“脱壳”——论营业转让中债权人的利益保护》，载《河北法学》2012 年第 2 期。

14. 滕晓春:《营业转让制度研究》，中国政法大学 2008 年博士学位论文。

15. 张开志:《营业转让中的债务承担规则研究 》，广东商学院 2013 年硕士学位论文。

16. 王凤姣:《营业转让中对债权人利益保护之研究》，西南政法大学 2014 年硕士学位论文。

俄罗斯法定继承顺序的变化及其启示性研究

陈莹璐

摘　要

我国现行继承法制定于 1985 年，其中许多规定已与当今社会实际状况相脱节，呈现出诸多弊端。修改继承法已提上我国的立法日程，而法定继承顺序问题是修法的重点与难点。目前，我国继承法存在继承人范围过窄、法定继承顺序单一、继承人与被继承人的关系界定不明确等缺陷已是学界不争的事实。针对以上问题，有必要在修改继承法的过程中参考其他国家法定继承顺序的相关规定。众所周知，我国现行继承法主要借鉴了苏联继承法。而在 2002 年，俄罗斯对《俄罗斯联邦民法典》中的继承编部分进行了修订，完善了被继承人与继承人之间身份关系的认定方式，扩大了法定继承的范围，将继承顺序从两个变为八个，在血亲继承中引入亲等制度，添加了继父母、继子女之间的继承条款，这一系列改变对我国继承法修改具有很强的借鉴意义。本文拟从俄罗斯法定继承顺序的历史演进入手，关注其立法变化并对之加以评析，并且结合我国的国情与立法现状提出法定继承顺序方面的立法建议。

本论文除引言和结论外，分以下四个部分：

第一部分，俄罗斯法定继承人范围和顺序的历史演进。本部分以十月革命为节点，介绍了十月革命前俄罗斯帝国时期的亲系继承制度，该制度主要呈现出“按支继承”的特点，与同期其他国家继承法相比较为完善，但也存在忽视旁系近亲属与直系尊亲属利益的缺陷；同时梳理了十月革命后继承法从被取消到完善的全过程：从取消继承权到继承人范围过大，从不分继承顺位到八个顺位继承，从无继承法到现今富有俄罗斯本民族特色的继承法。

第二部分，俄罗斯法定继承顺位的变化分析。继承法的修改体现在以下三个方面：其一，在血亲继承人中引入亲等制度，在本位继承方面，将继承人范围扩大到五亲等亲属，并考虑其他相关因素，对继承顺序进行调整；在代位继承方面，从发生原因、代位顺位以及代位代数限制三个方面扩大了继承范围。其二，增加了非血亲继承顺位，包括第七顺位的继父母、继子女和第八顺位的依靠被继承人扶养的人。在继父母与继子女之间，理清了相互继承与抚养、赡养义务的区别，阐释了继父母、继子女间的单方收养制度；对于依靠被继承人扶养的人，根据其是否属于前顺位继承人，分两种情况规定其参与继承的条件与方式。其三，“将继承人与被继承人亲属关系的认定具体化，包括亲子关系、婚姻关系和抚养关系三个方面”。[1] 在亲子关系方面，引入了亲子关系推定制度、亲子关系否认制度、子女的认定制度，并特别考虑到人工生育子女在此方面的特殊性。在配偶关系认定方面，着重分析了对登记瑕疵婚姻的认定问题，以及俄罗斯对于事实婚姻的否定态度。扶养关系方面，则要求扶养时间满一年且构成被扶养人的主要生活来源。

第三部分，俄罗斯法定继承顺序变化特点之评析。其一，在血亲继承方面亲等制度的引入可谓本次修改的点睛之笔，但在本位继承和代位继承方面呈现出范围过大、立法粗糙的现象，并且本位继承与代位继承的衔接也有失妥当。其二，在非血亲继承方面，将配偶固定为第一顺位有欠妥当；但继父母与继子女相互继承的创新科学合理；非固定继承顺序的规定体现了人文关怀。其三，继承人与被继承人亲属关系认定具体化方面，在亲子关系认定上，科学先进，具有前瞻性；在婚姻关系认定方面则显得过于严格；扶养关系认定方面，明确具体，有可操作性。

第四部分，俄罗斯法定继承顺序制度对我国的启示。本部分从中国法定继承顺序的缺陷入手，从继承人范围、继承顺序以及被继承人与继承人基础法律关系认定方式三个方面加以分析。继承人范围方面存在本位继承与代位继承范

---

〔1〕 王蜀黔、付海英：《俄罗斯继承法综述》，载《法律适用》2004 年第 6 期。

围过窄，将尽主要赡养义务的丧偶儿媳或女婿纳入法定继承范围有失偏颇，未将被继承人扶养的缺乏劳动能力又无生活来源者纳入法定继承范围的问题。在继承顺序方面，我国存在继承顺序过少，顺位依据过于单一，未纳入亲等制度，配偶、父母、继子女、继父母顺位不当的不足。被继承人与继承人基础法律关系方面，我国在亲子关系的确定上存在立法空白，对婚姻认定的规定过于严格且难以操作，在扶养关系的认定上还存在立法漏洞。针对以上缺陷，笔者建议从以下三个方面完善法定继承顺序：首先，引入亲等制度，扩大法定继承人的范围至三亲等，将继父母、继子女以及被继承人扶养的缺乏劳动能力又无经济来源者纳入法定继承范围，将代位权性质定义为固有权，将继承人与被继承人同时死亡纳入代位继承发生的原因，同时赋予兄弟姐妹的子女以代位继承权。其次，完善法定继承顺序，引入亲等制度，参考俄罗斯和其他国家继承顺序安排我国继承顺位。最后，在被继承人与继承人基础法律关系方面，填补亲子关系认定层面的立法空白，赋予事实婚姻中配偶一定的继承权，明确认定构成扶养关系的条件。

关键词：法定继承人范围　法定继承顺序　亲等制度　代位继承

引　言

一、选题意义

法定继承是一项在当被继承人未处分其遗产时，由法律统一确定规则，使被继承人的遗产能够在继承人之间进行合理分配的法律制度，是继承法的重要组成部分。法定继承人顺序是法定继承的基础性问题，直接关乎继承人的利益。相对于遗嘱继承，法定继承更为古老，[1] 且更符合中华民族忌谈死亡的传统。我国现行继承法制定于20世纪80年代，诸多规定已与现代社会相脱节，并且继承法的修改也已提上了立法日程。[2] 法定继承顺序作为立法修改中不可回避的关键，亟须尽快提出完备的立法建议。在此背景下，除了立足本国国情外，吸收国外继承法的立法经验，借鉴发达国家继承法运用的治理实践，对制定符合我国国情、先进科学的继承法具有重要意义。目前国内大多数学者已经参考了德国、法国、瑞士、日本、英国与美国等国家的相关规定，但对俄罗斯的法定

〔1〕 参见 M. M. Борисевич, Римское гражданское право. M., 1995, C. 10.（罗马民法）。
〔2〕 参见李国华：《〈继承法〉修改提上日程》，载《西南商报》2012年9月5日。

继承制度少有涉及。而我国现行继承法主要借鉴了苏联继承法，“不仅源于政治追求的接近，也源于地理位置和经济模式的接近”。[1] 所谓有相似才可以比较，才会更有研究的价值，因此对于俄罗斯继承法的完善理应引起我国学者的关注。并且《俄罗斯联邦民法典》继承编于2002年进行了修正与完善，将法定继承的范围加以扩大，将法定继承顺序从两个增加到八个，将亲等制度引入法定继承，将继承基础身份关系的认定加以完善，还独具特色地添加了继父母、继子女之间的相互继承，创造性地规定了依靠被继承人扶养者的非固定继承顺位，这些修改对我国具有重大借鉴意义。本文以现行俄罗斯法定继承顺序的法律规定为研究对象，深入分析俄罗斯法定继承顺序的修改变化、立法动议、实施状况，并结合其他国家的立法经验对其变化的科学性进行评析，秉着扬长避短、总结经验、吸取教训、批判学习的态度，就中国继承法法定顺序的构建问题提供全面性立法建议。

二、研究现状

目前，国内涉及俄罗斯法定继承顺序的著作与文章主要有：鄢一美的《俄罗斯当代民法研究》《俄罗斯民法典中继承法律规范的新变化》；王蜀黔的《〈俄罗斯民法典·继承编〉评介》《中俄继承法若干问题比较》；王歌雅的《俄罗斯联邦继承法的私权守望与价值追求》《审视与借鉴：俄罗斯联邦的继承制度》。在上述文章中，继承顺序均只作为文章的一个部分，因此论述的篇幅有限，且内容多只限于法条规定，对于其立法意义的论述也仅仅立足于整体总括，认为继承范围的扩大体现了对公民私有财产的保护，减少了将私有财产收归国有的现象。相对而言，在俄罗斯境内却不乏对这一问题进行研究的文章和著作。除了 Е. А. Сухонов、Т. М. Рассолова、С. А. Степанова、В. А. Белов、А. И. Иванчак 在其各自的民法教材中对继承顺序的法律规定进行逐条解读，以及 В. В. Гущин、В. А. Гуреев、П. В. Крашенинникова、Ю. Ф. Беспалов、А. Ю. Беспалова、В. М. Лебедев 在相关继承法方向的专著或文章中对俄罗斯法定继承顺序的具体应用问题进行细致分析外，也有许多学者专门撰写论文从不同角度对俄罗斯法定继承顺序进行细致的阐述。针对第一顺序继承人进行分析的文章，包括：М. С. Абраменков 的《论第一顺位继承人》《收养关系中父母和子女的相互继承问题》，И. Р. Альбиков 的《事实婚姻配破继承权问题分析》和 А. Ю. Касткина 的《子女继承问题》；针对继承顺位以及继承范围进行分析的文章有 О. Е. Блинков 的《法定继承人亲等范围的扩大》，О. Ю. Малкин 的《法定继承人》，М. А. Димитриев 的《法定继承与代位继承》；涉及扶养的无劳动能力人的

[1] 王歌雅：《审视与借鉴：俄罗斯联邦的继承制度》，载《俄罗斯中亚东欧研究》2010年第1期。

继承问题的文章有 И. В. Журавлев 的《被扶养人的继承问题研究》；而涉及无人继承财产这一热点问题时，К. В. Казарян、М. С. Абраменков、А. В. Фиошин、Е. А. Панфиллов、С. Е. Клещев、Ю. Сорокина、Б. Л. Хаскельберг、В. В. Ровный、Ю. С. Пальчикова 等学者均著有文章进行评述。综上所述，俄罗斯境内对这一问题的研究是细致全面的，具体表现为：一是研究细化深入，对继承法中各顺位继承人所涉及的问题、之所以置于此顺位的立法依据、背后的法律追求都进行了详细的论述；二是研究方法多样，较多地运用了案例分析、比较法研究、历史研究等方法从多个方面对法定继承顺序问题加以论述；三是系统性强，研究内容精深。本文在收集以上材料的基础上，对材料进行整理分析，结合各位学者的观点，对俄罗斯法定继承顺序问题进行深入而全面的探讨，并结合我国国情和国内学者对其他国家继承顺序问题的研究，力求提出相对合理的立法建议。

三、研究的主要内容

第一，对俄罗斯法定继承人范围和顺序的历史演进进行梳理和分析。按照时间的脉络，对俄罗斯法定顺序制度的衰落与复兴进行探讨，重点分析其背后法律思维的转变。

第二，从静态和动态、理论和立法层面分析俄罗斯法定继承顺位的发展变化与立法现状，分析其变化的理论依据与现实意义，探究法律修改的可行性与必要性。

第三，从比较法的视角分析俄罗斯与世界其他发达国家在法定继承顺序方面的不同特点，学习并借鉴外国的成功经验，针对我国立法实践的不足，提出适合中国国情的立法建议。

四、本文的基本观点

第一，应当在血亲继承中引入亲等制度。通过对亲等进行限制，将本位继承人、代位继承人限定在一定范围内，以达到限定法定继承人范围的目的；并且在总体上依照亲等数的大小排列法定继承顺序，使法定继承顺序反映亲属的亲疏远近关系。

第二，秉承“卑亲属优于尊亲属”的原则，以更好地保护直系卑亲属的利益，尊重被继承人的真实意愿。在继承顺序中可以将同一顺位的卑亲属列于尊亲属之前，并且可以限制亲等数过大的尊亲属参与继承，以防止遗产过多流向过远的旁系血亲。

第三，继承权的产生与一定的基础法律关系对应。对于非血亲继承人的继承权来源，配偶之间和继子女、继父母之间都是基于姻亲关系，依靠被继承人扶养的无劳动能力人则是基于扶养关系。

五、研究思路

首先，通过文献梳理、资料整合分类的方法对俄罗斯法定继承顺序进行历史分析和实证分析，引出俄罗斯法定继承顺序变化的内容。其次，从比较法的角度对俄罗斯法定继承顺序的变化问题及现行俄罗斯法定继承顺序的特点进行评述，总结其立法的经验教训。最后，对俄罗斯法定继承顺序进行批判性学习，提出法定继承顺序的立法建议。

六、研究方法

第一，文献研究方法。用互联网工具搜索相关文献，并对已有的俄罗斯专著、论文以及收集到的相关资料进行整理筛选，归纳整合，找到研究的出发点和研究内容，为本文的研究打下文献基础。

第二，比较分析法。学习和借鉴是研究外国法的目的之一，本文通过对中、俄、德、法、日、英、美等多国法定继承顺序的比较，分析俄罗斯法定继承顺序的利弊，取精用宏，为我国法定继承顺序的构建提供参考。

第三，实证研究方法。从司法实践层面对亲子关系、婚姻关系等作为继承权基础的法律关系认定问题进行分析，总结出法律运用的模式与规律，再将此模式运用到我国的立法建议中以更好地指导司法实践。

七、创新之处

第一，选题新颖。针对俄罗斯法定继承顺序，目前国内少有学者进行细致的研究，本文将俄罗斯法定继承顺序的变化之处逐条加以分析，为我国立法提供可借鉴的材料。

第二，研究资料新颖。本人利用在俄罗斯留学期间收集的关于俄罗斯继承顺序方面最新的俄文资料，在归纳总结的基础上进行研究，力求反映俄罗斯境内最新的学术动态。

第三，研究观点新颖。立足对俄文资料的把握，对法定继承顺序有了新的认识与了解，冲破了我国传统继承法思维的束缚，提出了有新意的立法建议。

第一章　俄罗斯法定继承人范围和顺序的历史演进

对法律问题的研究不可避免地要探究该问题的产生与发展。俄罗斯继承法的发展历史可谓千回百转、跌宕起伏，在这些法律制度的变革中蕴含着整个民族法律思维的转变。

一、十月革命前的亲系继承制

十月革命前的俄罗斯帝国时期，继承法采取亲系继承制，即按照血缘关系的亲疏远近，把血亲亲属划分为若干个亲系，以亲系为单位安排继承顺位。当时的继承制度呈现出罗马法“按支继承”的特点，即当一个支系无继承人时，再由下一支系参与继承。

（一）十月革命前亲系继承制的具体规定与评析

1. 十月革命前亲系继承制之具体规定

此前的《俄罗斯帝国继承法》规定，“被继承人的遗产先由直系卑亲系继承，且不受代数限制，当该顺位缺失的情况下，则转由其旁系亲系继承”,〔1〕“继承顺序由整个亲系与被继承人的亲疏远近决定”,〔2〕“在同一亲系中，亲等数小的亲属排斥亲等数大的亲属参与继承”。〔3〕具体而言，在“直系卑亲属缺位的情况下，由亲兄弟及其直系卑亲属继承；当亲兄弟这一亲系缺位时，则由亲姐妹及其直系卑亲属继承；如果被继承人没有亲兄弟姐妹，则由与己身同源于祖父母、外祖父母的亲属（父母、叔、姑、姨、舅）及其直系卑亲属继承；若上述继承人均缺位，则由与己身同源于曾祖父母、外曾祖父母的亲属继承，以此类推，直到找到继承人”。〔4〕对配偶的继承则有单独规定，“即使在遗嘱存在的情况下，配偶也固定可以继承不动产的1/7和动产的1/4”。〔5〕“如果没有继承人，或者自公告之日起10年内无人主张继承权，则遗产被认定为无主财产。”〔6〕无主财产在无特殊规定的情况下归国家所有。〔7〕

2. 十月革命前亲系继承制的优缺点

十月革命前继承法的优点有二：其一，充分体现了卑血亲优于尊血亲的原则，防止了继承财产过多地向旁系亲属扩散。其二，赋予配偶以固定继承份额，保护了配偶的继承权。在当时能赋予配偶以继承权是其立法进步的体现，但过于僵硬的继承份额规定也难以依实际情况平衡配偶与血亲继承人的利益。其缺点体现为继承人范围极广、继承制度不公两个方面。〔8〕所谓继承人范围极广是

---

〔1〕译自1983年俄罗斯帝国继承法汇编第1142条。

〔2〕译自1983年俄罗斯帝国继承法汇编第1125条。

〔3〕译自1983年俄罗斯帝国继承法汇编第1122条。

〔4〕译自Д. И. Мейер，Русское гражданское право. //Под ред. А. И. Вицына：Изд. 10-е.，испр. И доп. Пг. 1915，С. 622-634.

〔5〕译自1983年俄罗斯帝国继承法汇编第1148条。

〔6〕译自1983年俄罗斯帝国继承法汇编第1162条。

〔7〕该特殊情况规定在1983年俄罗斯帝国继承法汇编第1167条、第1168条、第1170条。即当被继承人是教育机构或玛丽娅皇后教育机构部的成员时，机构取得该无主财产。教徒在宗教机构死亡的动产归该宗教机构。

〔8〕参见Г. Ф. Шершеневии，Учебник руского граждфнского права，Изд. 10-е. М.，1912，С. 840-841.

指对于亲系的远近没有限制，继承人范围可以涉及极远的旁系血亲，这是我们现代立法所难以接受的。[1] 所谓制度不公，体现在忽视了对直系尊亲属利益的保护。被继承人兄弟姐妹先去世且没有子女的情况下父母才参与继承的规定，可能导致道德风险事故的发生，不利于社会和谐。[2] 总体看来，以亲系为基础安排继承顺序不能体现个体与个体之间血缘关系的亲疏远近，可能导致一些近亲属无法取得继承权。

（二）十月革命前俄罗斯亲系继承制的消亡

十月革命的一声炮响带来了世界无产阶级革命的春风，带给俄罗斯继承法的影响值得讨论。"1918 年 4 月 27 日全俄中央执行委员会发布了《关于废除继承权的决定》。"[3] 该法决定取消遗嘱继承与法定继承，规定"财产所有人死亡时，其财产归国家所有"，[4] "仅在存在无劳动能力的尊亲属、卑亲属、全血亲和半血亲的兄弟姐妹、配偶的情况下，才可以取得部分遗产"。[5]

二、十月革命后俄罗斯继承法的复苏与完善

（一）苏联前期继承法初现端倪

苏联时期，领导人认识到若私权得不到保护，国家经济就无法发展。1922 年 5 月 22 日全俄中央执行委员会发布了《关于俄罗斯联邦依法保护公民私有财产的决定》，继承权也因此得以恢复。[6] 此时新通过的民法典肯定了公民的继承权，将"继承的金额限制在 10 000 卢布以内"，[7] 将"继承人的范围限于直系卑亲属、配偶和没有劳动与生活来源且在被继承人死前依靠被继承人扶养不少于一年的人"。[8] 考虑到被继承人的父母往往先于被继承人死亡，该继承法未将父母纳入法定继承的范围。[9] "上述继承人不分顺序地平分被继承人的遗产，而无人继承的财产将划归国有。"[10]

这一时期，虽然在一定程度上确立了继承权，但狭小的继承人范围与严格

---

〔1〕 参见 И. А. Покровский，Основные проблемы гражданского права，М.，Спб.，1903，С. 74-102.

〔2〕 参见 В. А. Белов，Проблем Гражданского права，М.，Право，2002. No. 1.

〔3〕 Декрет ВЦИК от 27/4 апреля 1918г. //Собрание узаконений. 1918，No. 34，Ст. 465.

〔4〕《关于废除继承权的决定》第 1 条。

〔5〕《关于废除继承权的决定》第 2 条。

〔6〕 Свод узаконений РСФСР，1922，No. 36，Ст. 423. 参见苏联 1922 年第 36 号法令。

〔7〕《苏俄民法典》第 416 条（该限制于 1926 年 3 月 1 日被取消）。

〔8〕《苏俄民法典》第 418 条。

〔9〕 参见 Рубанов А. А. Правовое положение граждан в отношенниях по наследованию// Гражданско-правовое пложение личности в СССР. М.，1975，С. 174.

〔10〕《苏俄民法典》第 420 条。

的继承金额限制，致使公民继承权无法得到充分的保护。

（二）卫国战争时期放宽对继承范围的限制

1941—1945 年大量苏联士兵死于卫国战争。应征入伍的战士往往都很年轻，他们中的大部分都没有子女，依原继承法父母无法参与继承的规定，致使出现大量无主财产划归国家的情况。〔1〕针对此现象，国家放宽了遗嘱继承中对遗嘱形式要件的要求，并对法定继承人的范围和顺序做了相应的调整。“1945 年 3 月 14 日最高苏维埃主席团通过《关于法定继承和遗嘱继承》的法令。”〔2〕该法令规定：“法定继承人包括子女（包括养子女）、配偶和无劳动能力的父母，也包括被继承人扶养一年以上的无劳动能力人。如果上述继承人拒绝或未接受法定继承，由被继承人具有劳动能力的父母继承，当父母不存在时，由被继承人的兄弟姐妹继承。但代位继承仅限于被继承人的直系卑亲属。”〔3〕

卫国战争可谓苏联继承法发展的一个转折点。战争使得国家人口大大减少，家庭支离破碎，为避免过多无人继承财产划归国家的情况出现，苏联政府略微放松了对继承权的限制，将尊亲属和旁系亲属也排在子女和配偶之后，作为第二、第三顺序继承人，客观上促进了俄国继承法的发展。

（三）苏联中后期两顺位继承制度的规定

1964 年苏联修订了《苏俄民法典》，其继承部分明确规定了法定继承的两个顺位，“第一顺序继承人即子女（包括养子女、未出生的子女、父母辈限制亲权的子女）、配偶、父母（包括养父母）；第二顺序继承人即兄弟姐妹（包括全血缘和半血缘的兄弟姐妹）、祖父母、外祖父母。被继承人死前依靠被继承人生活不少于一年的无劳动能力人可以作为非固定顺序继承人，与第一或第二顺位继承人平等地参与继承。孙子女、外孙子女、重孙子女、外重孙子女可代位继承”。〔4〕“如果被继承人将遗产赠与国家，或既无法定继承人又无遗嘱继承人，或继承人被剥夺继承权，或存在继承人未接受遗产，或继承人放弃继承权且该放弃有利于国家，或者没有法定继承人且遗嘱只处分了部分财产的情况下，被认为是无人继承的遗产，归国家所有。”〔5〕不难发现，此规定与我国现行继承

---

〔1〕参见 Рубанов А. А. Правовое положение граждан в отношениях по наследованию// Гражданско-правовое положение личности в СССР. М., 1975, С. 274.

〔2〕Ведомости Верховного Совета СССР, 1945 г. No. 15（1945 年《俄罗斯联邦最高苏维埃公报》）。

〔3〕1945 年 3 月 14 日出台的《关于法定继承和遗嘱继承》的最高苏维埃主席团命令的第 1 条；陈程：《中俄继承法律制度比较研究》，新疆大学 2012 年硕士学位论文。

〔4〕1964 年《苏俄民法典》第 532 条。

〔5〕1964 年《苏俄民法典》第 546 条、第 550 条、第 552 条。

法如出一辙，是我国继承法的参考模板。

该继承法规定的继承人范围仅限于近亲属。由于当时苏联处于计划经济时期，对于私有财产的保护还不够重视，允许公民拥有的财产也仅限于生活资料，因此虽然法定继承人范围极小，但在总体上符合当时的国情。

（四）现行俄罗斯继承法中八顺位继承制的形成

1. 继承法修订的立法背景：私权保护意识的增强

随着经济体制改革，国家颁布了一系列法律来保护公民的私有财产权。〔1〕1993年《俄罗斯联邦宪法》提出，“私有财产不可侵犯原则，每个人对于其财产都有权主张所有权，有权单独地或与他人共同占有、使用和处分……除法院判决外，任何人都不能被侵夺属于他人的财产……继承权应当受到保护。”〔2〕1995年1月1日开始实施的《俄罗斯联邦民法典》规定“除法律明确禁止外，公民和法人可以拥有任何财产……”,〔3〕私有权的范围得以扩大，相应的遗产范围也随之扩大，关于法定继承人范围的确定也日益受到关注。

2. 第一次修改：将法定继承顺序从两个变为四个

为了更好地保护私权，立法者认为仅存在两个继承顺序而导致出现大量私人财产无人继承划归国有是显失公平的，因此“于2001年初通过了修改《苏俄民法典》第532条法定继承的决议”。〔4〕该决议在保留原法定继承人继承权的基础上，增加了两个继承顺位：“第三顺序继承人叔、舅、姑、姨和第四顺序继承人曾祖父母和外曾祖父母。”〔5〕同时该决议还放宽了代位继承的范围，一改原来只有“孙子女、外孙子女、重孙子女、外重孙子女可代位继承”〔6〕的风格，“将亲兄弟姐妹的子女、第三顺位继承人的子女（堂、表兄弟姐妹）也纳入了代位继承的范围”。〔7〕由于第四顺位继承人的子女已处于法定继承的第二顺位，所以不可能存在由其代位继承的情况，因此立法者将代位继承限定于前三顺位。立法者在修改法律的同时，还极力向国会、其他权力机关以及社会表明继承法修改的必要性，并将此作为先期修改来观察新法的适用效果，为以后进

〔1〕包括《苏联财产所有权法》《俄罗斯联邦所有权法》。

〔2〕《俄罗斯联邦宪法》第35条。

〔3〕《俄罗斯联邦民法典》第一部分第213条。

〔4〕Федеральный закон “О внесении изменений и дополнений в статью 532 Гражданского кодекса РСФСР” // СЗ РФ, 2001, No. 21, Ст. 2060.（《关于修改完善俄罗斯联邦继承法第532条的决议》）。

〔5〕《关于修改完善俄罗斯联邦继承法第532条的决议》第1条。

〔6〕1964年《苏俄民法典》第532条。

〔7〕《关于修改完善俄罗斯联邦继承法第532条的决议》第1条。

一步修法做铺垫。[1]

3. 第二次修改：将法定继承顺序从四个变为八个

2002年《俄罗斯联邦民法典》继承编的通过，进一步扩大了法定继承人的范围，法定继承顺序增加到八个，第一顺位代位继承的范围也扩大了。具体而言，“第一顺位继承人的顺序不再限于孙子女、外孙子女、重孙子女、外重孙子女，而扩大到所有直系卑亲属……第五顺位为四亲等的亲属，即侄子女、外甥子女的子女，以及祖父母、外祖父母的兄弟姐妹；第六顺位继承人为五亲等的亲属，即侄子女、外甥子女的孙子女，堂、表兄弟姐妹的子女，以及祖父母、外祖父母的侄子女、外甥子女；第七顺位继承人为继子女、继父母；第八顺位继承人则保留原来非固定顺序继承人的规定，由被继承人死前依靠被继承人生活不少于一年的无劳动能力人继承；无人继承的遗产由国家继承。”[2]

“修改后的法定继承人范围涉及四个亲系：其一，已身的晚辈直系血亲；其二，父母及其四亲等以内的晚辈直系血亲；其三，祖父母、外祖父母及其三亲等以内的晚辈直系血亲；其四，曾祖父母、外曾祖父母以及其两亲等以内的晚辈直系血亲；”[3] 除此之外，还有配偶、继子女与继父母姻亲之间的相互继承。

4. 小结

继承人范围的扩大是继承法现代化的标志。立法者的立法动议是尽量保证将遗产留在家庭内部，留给死者的近亲属，保证遗产的继承能够充分实现，避免公民私有财产因无人继承划归国有，这是“私有财产不可侵犯”原则在继承法中的应有之意。但也应看到，对于直系卑亲属不限制亲等来参与代位继承的规定，以及有关曾祖父母和外曾祖父母，侄子女、外甥子女的孙子女参与继承的规定，更多的只是停留在法条上，在现实生活中很难找到适用的情形。

第二章　当代俄罗斯法定继承人顺序的发展变化

俄罗斯现行的八个法定继承顺序是从苏联时期的两个法定继承顺序变化而来的。其顺位的变化体现在以下三个方面：其一，在血亲继承方面，将范围扩

---

〔1〕 参见 Т. Т. Зайцева, П. В. Крашенинников, Наследовенное право комментарий законодательства и практика его примения, Статус, Москва, 2009.

〔2〕《俄罗斯联邦民法典》第1142～1145、1148条。

〔3〕 Ю. Н. Власов, Наследственное право Российской Федерации: Обшие положения, правовые основы, образцы типовых докуменов, М., 1998；焦阳：《论我国法定继承人的顺序》，大连海事大学2011年硕士学位论文。

大到五亲等，将继承顺序增加到六个，将代位继承扩大到第三顺位父母亲兄弟姐妹的子女；其二，扩大了非血亲继承，赋予了继子女、继父母第七顺位继承权，确定了被继承人的扶养人非固定顺序继承人的地位；其三，在继承人与被继承人的基础法律关系方面，将其认定加以细化，增加其在现实生活中的可操作性。

一、血亲继承制的调整

血亲继承人即有血缘关系的继承人，第一顺位中的子女、父母，以及第二到第六顺位继承人都与被继承人存在一定的血缘关系。在血亲继承方面，俄罗斯继承法的调整主要表现在继承人范围的扩大与继承顺位的增加。本文将从本位继承和代位继承两个方面，对血亲继承制度的调整加以重点阐述。

（一）本位继承内容的丰富

1. 亲等制度的引入

“亲等，为区别系统上下亲属相互间亲疏远近之标准单位。”[1] 原来的苏联继承法只存在两个顺位，法律对此采取直接列举的方式，并未涉及亲等制度。而调整后的《俄罗斯联邦民法典》于第1145条直接规定“如果不存在第一、第二、第三顺序继承人的情况下，被继承人不属于前述继承顺序的第三、第四和第五亲等亲属有权参与继承”。[2] 同时立法者在本条对亲等的计算方法进行了明确的界定，即“亲等以间隔亲属的出生次数确定[3]（被继承人己身不计算其中）”。[4] 借助亲等这一法律工具，俄罗斯在继承人范围与顺序的表述上更加简洁明了，在继承人顺序的安排上更加科学合理。将亲等制度纳入继承法是大部分国家的选择，这种做法能科学地反映亲属之间的亲疏远近关系，并依此合理安排继承顺序，即“亲等数越小，亲属关系越近，继承顺序越靠前”。[5]

2. 本位继承范围的扩大

在本位继承方面，“……苏联继承法采取严格的血亲限制主义的立法例，直系尊血亲止于祖父母、外祖父母，直系卑亲属仅限于子女”。[6] 而《俄罗斯联邦民法典》继承编修改后，本位继承范围扩大至五亲等（并非全部五亲等），几

---

〔1〕 史尚宽：《亲属法论》，中国政法大学出版社2000年版，第58页。

〔2〕《俄罗斯联邦民法典》第1145条。

〔3〕 直系血亲按照二者之间的出生次数，旁系血亲则需先找到其同源人，再分别计算同源人到二者的出生次数，求和即可。

〔4〕《俄罗斯联邦民法典》第1145条。

〔5〕 А. П. Сергеева, Ю. К. Толстого, Гражданское право учебник, Проспект, Москва, 2005.

〔6〕 李双元、温世扬主编：《比较民法学》，武汉大学出版社1998年版，第1030页。

乎涵盖了被继承人所有生存着的亲属，可谓“血缘之所及，继承之所在”。[1]

立法者之所以将继承范围扩大到五亲等，包括以下原因：其一，受苏联解体后原独联体成员法律规定的影响。由于文化风俗、政治环境、法律基础的相近，俄罗斯在继承范围的确立方面极大地参考了原独联体成员国的法律规定。乌克兰（《民法典》第1265条）、白俄罗斯（《民法典》第1061条）、吉尔吉斯斯坦（《民法典》第1145条）、哈萨克斯坦（《民法典》第1064条）和乌兹别克斯坦（《民法典》第113条）均将法定继承人的范围规定为六亲等范围内的亲属。[2] 依据《关于修订俄罗斯联邦民法典的第三部分第1145条》法律备忘录的记载，“No. 567773-6号草案曾提出将继承人的范围扩大到六亲等”。[3] 其二，为了保护克里米亚共和国和塞瓦斯托波尔市公民的合法权利与利益。这两个地区一直在归属于乌克兰还是俄罗斯方面摇摆不定，如果将法定继承范围仍界定为六亲等，则可以保证其公民的继承利益不受影响。其三，参考了其国内学者与业内工作者的意见。对于将继承人范围扩大到六亲等的做法，学界普遍认为继承人范围过大。一些学者认为过分地扩大法定继承人的范围，甚至扩大到被继承人一生都不曾接触、毫无关系、毫不了解的人是违背被继承人意志的，被继承人死前甚至无法预料其死后“施舍”的对象。[4] 甚至有学者将这样的继承人称为“搞笑的继承人”[5]“可笑的继承人”。[6] 同时，有学者提出亲等数较大的尊亲属存在的可能性极小，并且若这些人真的存在，会导致遗产过多地流向旁系亲属，因此应当予以排除。[7] 立法者在听取这些意见后，将法定继承范围从六亲等调整到五亲等，并限制将第三到第五亲等中的四世祖父母、五世祖父母以及兄弟姐妹的曾祖父母及曾外祖父母排除在外。

---

〔1〕 参见 Е. А. Кириллова, Основания наследования в гражданском праве российской федерации// ИНФРА-М. Москва, 2014, С. 86.

〔2〕 О. Ю. Малкин, Л. А. Смолина, Наследование по закону пережившим супругом // Наследственное право, 2014, No. 1, С. 27 - 31; М. С. Абраменков, П. В. Чугунов, Седьмая очередь наследников // Наследственное право, 2009, No. 4, С. 23 - 24; В. Н. Гаврилов, Нетрудоспособные иждивенцы как обязательные наследники // Вестник Саратовской государственной академии права, 2010, No. 3, С. 93-99.

〔3〕《关于修订俄罗斯联邦民法典的第三部分第1145条》法律的解释性备忘录。

〔4〕 参见 Вадим Анатольевич Белов, Круг наследников по законустатья, Вестник Московского университета, Право, Год издания: 2002, No. 1, Серия 11.

〔5〕 参见 Б. С. Антиминов, К. А. Грове, Советское наследственное право. М., Юр. лит., 1955, С. 30.

〔6〕 参见 А. А. Бугаевский, Советское наследственное право. М., Одесса, 1926.

〔7〕 参见 О. Е. Блинков, О расширении круга родственников, призываемых к наследованию по закону// Наследственное право, 2011, No. 1.

3. 本位继承顺序的调整

随着继承范围的扩大与亲等制度的引入，继承顺序的增加自不必说。新继承法在原来两个亲等顺位[1]的基础上添加了四个血亲顺位。[2] 顺序的安排几乎是按照亲等大小进行的，但也做了略微的调整。在“卑亲属优于尊亲属”这一继承原则的指导下，俄罗斯将同样是“第三亲等的叔、舅、姑、姨与曾祖父母和外曾祖父母分别列为第三顺序和第四顺序继承人”,[3] 其目的是“防止继承财产过多地向旁系扩散”,[4] 使得继承顺序的安排更加合理。遗憾的是，为了保证民法典继承编的尽快通过，俄罗斯采取了在原来顺位上直接添加新顺位的方式，并未对原顺位中父母、子女同列为第一顺位的规定加以修改，不符合“卑亲属优于尊亲属”的原则。

（二）代位继承范围的扩大

“代位继承是法律规定由继承人的直系卑亲属血亲继承，以弥补法定继承人缺位时无以继承的缺憾。”[5] 因此代位人是一定范围内本位继承人的直系卑亲属，以本位继承为基础，继承范围受本位继承范围的影响。在俄罗斯本位继承极度“扩张”的大背景下，相应扩大代位继承的范围是其必然选择。代位继承的扩大主要体现在三个方面。

1. 取消了被继承人直系卑亲属代位继承的代数限制

晚辈直系血亲是长辈所遗的血肉，被视为长辈生命的延续。将遗产留给自己的后人是人之天性，是被继承人繁衍后代、延续香火的必然选择。基于此，俄罗斯取消了被继承人直系卑亲属代位继承关于代数的限制，以亲等为序，使遗产最大限度地在死者的直系血亲中流转，真正地发挥照顾晚辈直系血亲的目的。这一修改符合被继承人的真实意思表示，满足了死者不希望财产过多流向旁系血亲的愿望，体现了对公民私有财产的尊重；同时也顺应保护直系卑亲属

---

[1] 依据《俄罗斯联邦民法典》第 1142、1143 条之规定，第一顺位继承人中血亲继承人为被继承人的父母、子女，第二顺位继承人为被继承人的亲兄弟姐妹，以及祖父母、外祖父母。

[2] 依据《俄罗斯联邦民法典》第 1144、1145 条之规定，第三顺位继承人为父母的兄弟姐妹；第四顺位继承人为曾祖父母和外曾祖父母；第五顺位为侄子、侄女、外甥、外甥女的子女以及祖父母外祖父母的兄弟姐妹；第六顺位继承人为兄弟姐妹的曾孙子女，堂、表兄弟姐妹的子女，祖父母、外祖父母兄弟姐妹的子女。

[3] 《俄罗斯联邦民法典》第 1144、1145 条。

[4] А. Л. Маковский, Е. А. Суханова, Комментарий к части третьей Гражданского кодекса Российской Федерации, М., Юрист, 2003, С. 160.

[5] 王歌雅：《俄罗斯联邦继承法的私权守望与价值追求》，载《俄罗斯中亚东欧研究》2009 年第 5 期。

的潮流，同世界多数国家一样对直系卑亲属参与继承的代数不加以限制。[1]

2. 将代位继承的范围扩大到第二、第三顺位的旁系血亲

随着本位继承顺位的增加，俄罗斯将第二、第三顺位中旁系血亲的子女也纳入代位继承的范围，即侄子女、外甥、外甥女以及堂、表兄弟姐妹也可以代位继承，将代位继承的范围从直系扩大到旁系。这一做法在笔者看来是与俄罗斯本位继承范围相适应的，由于本位继承范围极大，适当地赋予旁系亲属的子女以代位继承权可以使整个法律的立法理念保持一致。并且立法者将旁系的代位继承仅限于一代，防止与被继承人既无太多亲情也无生活上相互扶助的人参与继承，符合被继承人的意愿，维护了其他继承人的继承权。

3. 增加了代位继承发生的原因

在继承人先于被继承人死亡作为代位继承发生原因的基础上，立法者增加了“继承人与被继承人同时死亡”[2] 的情况，使得代位继承体系更加严密。依照原继承法的规定，在都有继承人的情况下，推定长辈先死亡，然后进行转继承。[3] 相比于新规定，“推定长辈先死亡进而发生转继承的做法”不但不符合实际情况，还会导致被继承人的财产由继承人的继承人分割，不符合被继承人将财产更多留给自己晚辈直系血亲的愿望，也违背了保护直系卑亲属利益的原则。而将此情况纳入代位继承的调整范围就显得合情、合理、合法。

二、非血亲继承制度的构建

非血亲继承即血亲以外参与继承，在俄罗斯包括配偶、继父母与继子女以及被继承人扶养的人。对于配偶而言，立法者并未对其继承顺位加以调整；规定继子女与继父母是新增的继承人，也是俄罗斯继承法的一大特色；对于被继承人扶养的人，立法者则在原先苏联规定的基础上加以完善，使其更加科学合理。

（一）继子女与继父母相互继承权的引入

《俄罗斯联邦民法典》第 1145 条第 3 款规定，“在没有前述继承人的情况下，继子女和继父母作为第七顺序继承人参与继承。”[4] 在 1964 年《苏俄民法典》中，继子女、继父母仅在符合非固定顺位继承人条件的情况下，才能作为被继承人扶养的人参与继承。这是俄罗斯首次将继子女、继父母单列为一个顺

---

〔1〕 也存在一些特定的国家，例如《越南民法典》关于代位继承制度的规定就将代位继承人的范围限制在被代位人的孙子女及曾孙子女，重孙子女及其直系卑亲属则不享有代位继承权。

〔2〕《俄罗斯联邦民法典》第 1146 条。

〔3〕《最高人民法院关于贯彻执行〈中华人民共和国继承法〉若干问题的意见》第 2 条。

〔4〕《俄罗斯联邦民法典》第 1145 条第 3 款。

位参与继承。[1]

1. 理清了继子女与继父母的继承权基础

由于继子女与继父母之间的相互继承是俄罗斯的特色，其他国家少有规定，[2] 因此俄罗斯特别注意了对其继承权形成的法理基础加以说明。俄罗斯特别区分了继父母、继子女之间的抚养、赡养制度与继子女、继父母之间的相互继承制度。该两种制度分别隶属于俄罗斯的婚姻法与继承法。婚姻法中将抚养与赡养相对应而且形成抚养关系达到一定时间，是要求继子女进行赡养的理由，与当时基础婚姻所处的状态无关；继承法中将继承与婚姻相对应，再婚形成的姻亲关系是继子女与继父母相互继承的基础，与是否形成抚养关系无关。《俄罗斯联邦婚姻法》虽然规定，“当继子女没有亲生父母或者不能从亲生父母处得到足够的生活费用时，继父母有义务抚养未成年的继子女，反过来继子女也有义务赡养无劳动能力的、曾经抚养教育过自己的继父母”，[3] 但这并不能推出，继父母、继子女因此形成了拟制血亲关系，进而成为彼此的第一顺位继承人。国外学者一致认为，继父母对继子女的抚养不是产生继承权的理由。他们认为在合法婚姻的基础上，继父母有义务帮助配偶照顾孩子，但这种义务不同于父母的抚养义务。首先，继父母的义务是出于对自己配偶的帮助；其次，继父母的帮助不能直接产生独立抚养支付的请求权，而只能要求配偶提供必要的家庭抚养。只要再婚关系解除，这种抚养责任就消灭。总之，继承与婚姻相对应，赡养与抚养相对应。继父母、继子女作为第七顺位继承人相互继承的前提是，再婚的婚姻关系有效且双方未离婚，因为无关抚养问题，所以与结婚时继子女的年龄无关。[4] 而要求继子女进行赡养的权利与该基础婚姻的状态无关，要考察是否存在不少于五年的抚养关系。[5]

2. 可通过单方收养制度提前继承顺位

为了保证再婚家庭的稳定性，针对继子女的收养问题，俄罗斯在婚姻法中新增了单方收养制度。进行单方收养后，继子女、继父母关系就转化为拟制血

---

〔1〕 И. В. Журавлев, Наследственные права иждивенцев: современное регулирование// Наследственное право, 2014, No. 2.

〔2〕 中国形成抚养关系的继父母与继子女间可以相互继承。

〔3〕《俄罗斯联邦婚姻法》第 97 条。

〔4〕 В. М. Лебедев, Секретарь Пленума, В. В. Дорошков, Судья Верховного Суда Российской ФедерацииПостановление No. 9, Пленума верховного суда Российской Федерации от 29. 05, 2012, Председатель Верховного Суда Российской Федерации.

〔5〕 О. Н. Садиков, Г. Е. Авилов, Комментарий к гражданскому кодексу Российской Федерации, ИНФРА-М. Москва, 2006.

亲关系，纳入第一顺位继承人的范畴。婚姻法规定，“如果收养方为一人，法院会决定在建立收养关系的同时，保留其与亲生父母之中一方的亲子关系，相应地也就保留他们之间的继承权（收养人为男士则保留其与生母之间的权利义务关系，收养人为女士则保留其与父亲之间的继承关系）。”〔1〕这一制度的规定，就为继子女的收养提供了法律依据，既维护了再婚家庭的稳定，也兼顾了被继承人的意愿，在当事人自愿收养的前提下赋予了继子女同婚生子女一样的权利。

（二）非固定继承顺序的完善

非固定顺序继承，即依靠被继承人扶养的人与任一参与法定继承的顺位者共同参与继承，享有同等继承权。〔2〕作为例行人道主义的俄罗斯，对依靠被继承人扶养的人参与继承的传统在继承法刚恢复时就有所涉及，〔3〕而后又将其规定在《苏俄民法典》中。本次修法就是在该制度的基础上进行的完善。对于非固定继承顺序，此次修法主要从以下三方面进行完善。〔4〕

1. 增加“非固定顺位继承人”第八顺位继承权

赋予被继承人扶养的无劳动能力人以非固定继承顺位，是该类继承人特有的继承方式，即与任一参与继承的顺位者共同参与继承，享有同等继承权。〔5〕但若全部继承人均为被继承人扶养一年以上的无劳动能力人，则按照正常顺序继承。〔6〕对于非固定顺序继承的规定在苏联时期就存在，而此次修法的创新之处体现在其他继承人都不存在的情况下，赋予不属于前七继承顺位的被继承人扶养的人以第八顺位继承人地位。这一规定使得所有被继承人扶养的人不会因其他法定继承人的缺位而失去继承权，更加体现了俄罗斯“扶贫济弱、乐善好施的博爱精神”。〔7〕而第一至第七顺位继承人缺位包括以下三种情况：继承人

---

〔1〕《俄罗斯联邦婚姻法》第137条。

〔2〕И. В. Журавлев, Наследственные права иждивенцев: современное регулирование// Наследственное право, 2014, No. 2.

〔3〕М. В. Гордон, Наследование по закону и по завещанию//Юридическая литература, М., 1967, С. 17.

〔4〕Волтерс Клувер, Комментарий к Гражданскому кодексу Российской Федерации, Часть третья (постатейный) // Отв. ред. Л. П. Ануфриева. М., 2004, С. 129.

〔5〕И. В. Журавлев, Наследственные права иждивенцев: современное регулирование// Наследственное право, 2014, No. 2.

〔6〕К. Б. Ярошенко, Волтерс Клувер, Наследственное право // Отв. ред. М., 2005, С. 36.

〔7〕檀林飞：《遗产酌分制度研究——兼对我国遗产酌分制度发展史之查考》，西南政法大学2012年硕士学位论文。

不存在；继承人被限制继承权；继承人被依法剥夺继承权。[1] 如果前七顺位继承人都由于以上原因无法参与继承，那么非固定顺位继承人就转为第八顺位继承人参与继承。

2. 区分规定“非固定顺位继承人”参与继承的条件

新《俄罗斯联邦民法典》继承编依照“非固定顺位继承人是否属于第二至七顺位继承人为标准，对继承条件进行区别规定。不属于第二至第七顺位继承人的，将与被继承人共同生活作为其参与继承的前提，反之则不作要求”。[2] 此顺位的继承权基础是长期稳定的扶养关系，对于不属于前七顺位继承人的人，其与被继承人之间扶养关系的稳定性更需要进行严格的考察。因此“共同生活”成为此类主体参与继承的必要条件。对其采取更严格的认定标准，是为了更准确地体现被继承人的真实意愿，对该类主体进行保护的同时，兼顾对其他继承人继承权的保护。

同时需要注意法律规定的代位继承人，虽然不属于第二至第七顺位继承人，但可以类推适用该规定，[3] 即代位继承人作为非固定顺位继承人参与继承时，不要求其与被继承人共同生活。[4]

3. “无劳动能力”认定标准的明确化

参与“非固定顺序继承”的继承人必须符合“无劳动能力”这一条件。而对于认定“无劳动能力人”的标准，立法一直采取模糊处理的态度。此次司法解释对该问题予以明确化，规定无劳动能力人包括以下三类：①未满 18 周岁的未成年人；[5] ②退休后无收入来源的老人；[6] ③尚无退休金的一级、二级、三级伤残的公民。[7] 而确定其为无行为能力的时间以开始继承之日为准，具体来说就是：①继承人在开始继承的那天未满 18 岁的；②在开始继承那天之前已

---

[1] 被限制继承权是指继承人如有一些行为，例如杀害被继承人、篡改遗嘱等，有法律规定直接限制其继承权。依法剥夺继承权是指由于该继承人的某些行为，其他继承人起诉要求法庭判决剥夺其继承权，例如不尽抚养或赡养义务等。

[2] 《俄罗斯联邦民法典》第 1148 条。

[3] 参见《俄罗斯联邦婚姻法》第 6 条关于法律无明文规定的可类推适用相似法条的规定。

[4] М. С. Абраменков, Высшее судебное толкование отечественного наследственного закона: не обошлось без ошибок // Наследственное право, 2013, No. 1, С. 4.; О. Е. Блинков, Российский наследственный закон: новое толкование от Верховного Суда Российской Федерации // Наследственное право, 2012, No. 3, С. 9.

[5] 符合《俄罗斯联邦民法典》第 21 条关于未成年人的规定。

[6] 符合 2001 年 12 月 17 日出台的《俄罗斯联邦退休制度》法案第 7 条第 1 款的规定。

[7] 符合 2001 年 12 月 17 日出台的《俄罗斯联邦退休制度》法案第 27、28 条的规定。

经到达法定退休年龄的；③在继承开始那天或之前符合认定伤残的条件，[1] 到继承开始那天或者以后仍处于伤残状态的。只有此三类人才符合参与“非固定顺序继承”中无劳动能力人的认定标准。

三、继承人与被继承人基础法律关系认定的细化

“继承权的来源无非有三种：基于血缘、基于婚姻、基于扶养”，[2] 对应的三种基础法律事实即亲子关系事实、婚姻关系事实和扶养关系事实。对于这三种法律事实，俄罗斯都在原先苏联继承法的基础上加以细化，使其更加明确、更具可操作性。对于前两个问题，俄罗斯在1995年颁布的《俄罗斯联邦家庭法》中加以细化，而对于最后一个问题则直接规定在《俄罗斯联邦民法典》关于第八顺位继承人继承的部分。

（一）亲子关系认定的细化

存在亲子身份是主张父母子女之间相互继承的前提。“亲子认定的内容包括自然出生子女的认定和人工生育子女的认定”，[3] “认定的规则包括，婚生子女的推定和否认规则、非婚生子女的准正和认领规则”，[4] “非婚生子女的准正是指非婚生子女的婚生化，使非婚生子女取得婚生身份，赋予其与婚生子女相同的法律地位”。而俄罗斯法律规定，“非婚生子女与婚生子女具有相同的权利义务”，[5] 因此不存在非婚生子女的准正问题，对于非婚生子女，俄罗斯只规定了父亲、母亲身份的确定问题。

1. 婚生子女推定制度的细化

关于婚生子女的推定，俄罗斯将“婚内出生的子女及未婚生子女”细化为“婚姻存续期以及婚姻中男方死亡三百天内出生的子女，证明其亲子关系的成立，只要有出生证明即可”，[6] 且“在子女出生前三百天内父母离婚的，在没有其他证据的情况下，子女仍然被视为婚生子女”，[7] 同样“当父母的婚姻被认定为无效婚姻时，其‘婚内’子女或者婚姻被认定为无效之日起三百天内所

---

[1] 符合2006年2月20日颁布的“关于认定伤残的条件与程序”的政府令第12~13条的规定。

[2] 费安玲：《罗马继承法研究》，中国政法大学出版社2000年版，第172页。

[3] 司丹：《亲子制度研究》，黑龙江大学2013年博士学位论文。

[4] 陈苇、王薇：《我国设立非婚同居法的社会基础及制度构想》，载《甘肃社会科学》2008年第1期。

[5] 陈苇、王薇：《我国设立非婚同居法的社会基础及制度构想》，载《甘肃社会科学》2008年第1期；《俄罗斯联邦家庭法》第53条。

[6] 参见 О. Н. Садиков，Г. Е. Авилов，Комментарий к гражданскому кодексу Российской Федерации，ИНФРА-М. Москва，2006.

[7] 《俄罗斯联邦家庭法》第48条。此条为1997年11月15日通过俄罗斯联邦第140号法令进行修改的。

生的子女的权利（自然包括继承权）不受影响”。[1] 以上两种情况中，若女方已亡，男方承认女方为其前妻并能证明孩子的出生时间且无其他相反证据，也可认定为婚生子女。[2]

在亲子推定中，还加入了人工生育亲子推定的成分。对于采取人工生育技术的申请，俄罗斯法律规定要进行严格的实质审查，只允许由处于婚姻状态下的男女双方以书面形式同意在指定机构进行人工生育。并规定“夫妻双方书面同意采取人工生育技术生育子女的，即为该出生婴儿的父母”。[3] 以严格的审查和相关法律推定保证人工生育子女能受到来自父母双方的爱，保障其健康成长。法律同时还关注了对代孕妈妈的保护，肯定其在怀孕分娩过程中的辛劳，规定“若采取代孕方式，则父母的登记需经过代孕妈妈的同意”，[4] 防止代孕妈妈工具化，保护其人格利益。但贸然赋予代孕妈妈以亲子登记的前置权利，可能会损害子女的利益。由于代孕前并未对代孕妈妈的抚养能力予以考察，因此若依其个人意愿直接将她登记为母亲，不符合保护子女利益的原则。

2. 对婚生子女否认制度增加限制

关于婚生子女的否定，俄罗斯原来采用概括主义的立法原则，即“由登记簿上的父母、子女的生父母以及成年子女或其监护人依法定程序提出足以证明不存在父子关系的证据方可行使否定权。”[5] 俄罗斯在修订《俄罗斯联邦家庭法》时，结合人工生育的问题，对婚生子女否认制度加以一定的限制，以保护子女的利益。其限制表现在以下方面：其一，在证据认定方面，提高了否定事实的证明标准，规定法院不可仅仅通过 DNA 检测结果就对父亲身份进行认定或者否认，同时还需要其他相关证据予以佐证。[6] 以此防止在采用异质授精的情况下，丈夫对亲子关系否认权的滥用。[7] 其二，“否定了因人工生育情况下，子女被推定为婚生子女后，夫妻双方的否认权。即符合夫妻共同书面同意采取人工生育方式进行生育后，夫妻不得再行使否定权”，[8] 以此保护人工生育子女的利益。其三，“对于在登记时就明知自己并非子女的生父，之后再以此提出

〔1〕《俄罗斯联邦家庭法》第 30 条。

〔2〕参见 В. В. Гущин, В. А. Гуреев, Наследованное право России, Москва, Юрист, 2015, С. 139.

〔3〕《俄罗斯联邦家庭法》第 51 条。

〔4〕《俄罗斯联邦家庭法》第 51 条。

〔5〕《俄罗斯联邦家庭法》第 52 条第 1 款。

〔6〕参见 М. С. Абраменков, Доказывание статуса наследника первой очереди Наследственное право, 2012, No. 1.

〔7〕С. А. Сухонов, Гражданское право, М., 2009, С. 671.

〔8〕《俄罗斯联邦家庭法》第 52 条第 3 款。

异议的，法院不予受理”。[1] 这是禁止反言原则在继承法中的体现。俄罗斯针对新兴的人工生育技术及时对婚生子女否认制度加以调整，走在了世界前列。

3. 非婚生子女父亲身份确认的明确化

俄罗斯的非婚生子女的亲子关系认定问题，在母亲的认定上一直比较明确，即由其产院主治医生或者接生人员提供证据证明子女的出生事实即可。而对于父亲身份的认定却一直存在认定标准不明、各地标准不一的问题。因此俄罗斯通过《俄罗斯联邦家庭法》和一些司法解释确定了统一的认定标准，即父子关系的认定需符合以下条件之一：其一，子女出生于 1944 年 7 月 8 日苏联最高苏维埃主席团的法令颁布前，其父母虽未登记结婚，但相关机构对其事实婚姻有书面记录。其二，“由非婚生子女的生父生母共同向户籍登记部门提交申请认定的材料。只有在母亲死亡、被确定为无行为能力人、失踪或被剥夺监护权时，经监护机关的同意，才可以由父亲单方到户籍登记部门申请。除此情况外，只能由法院判断是否存在父子关系。如果有证据证明，分娩后共同上缴父子关系认定申请确有困难，可以在女方怀孕期间向户籍登记部门提出申请，于子女出生后就直接进行父子关系登记。若子女已满 18 周岁，为完全民事行为能力人，进行父子关系认定还须经得子女同意；若子女为无或限制民事行为能力人，则须经其监护人同意”。[2] 其三，“无生父母共同申请或生父在符合条件情况下单独申请的，可以按照父母一方、子女的监护人或成年子女本人申请进行强制认定”。[3] 其四，父亲死前承认其与该非婚生子女存在父子关系，依据《民事诉讼法》可以将承认的事实认定为法律事实，使子女取得继承权。

关于非婚生子女继承曾有这样一则案例：原告诉俄罗斯某户籍登记部门，要求确立原告与父亲的父子关系，恢复接受遗产继承的时效并认可其继承权。原告提出，他的父母未进行婚姻登记，因此他的出生证明上未注明父亲。出生后，原告与父母共同生活。父亲始终承认他们之间的父子关系。原告婚后与妻子生活在父亲的房子内，后因父亲生病，又搬回同父母一起生活。原告经常在家帮助父亲做家务，与父亲一起庆祝节日，和其他家庭成员无异。父亲于 1994 去世，其母于 1996 年去世。父亲去世后，留有一处房产，并指定原告为遗产继承人。庭审过程中，原告提交了其出生证明、父亲的房产证明、父母的死亡证明以及继承了母亲遗产而未继承父亲遗产的公证材料。原告还请证人出庭作证，以证明他们一直像一家人一样共同生活，父亲还曾参加原告的家长会，他们对

---

〔1〕《俄罗斯联邦家庭法》第 52 条第 2 款。

〔2〕《俄罗斯联邦家庭法》第 48 条。

〔3〕《俄罗斯联邦家庭法》第 49 条。

外一直以父子相称。被告户籍登记部门的代表对原告所陈述的事实全部予以认可。原告继承父亲遗产的前提是认定他们之间存在父子关系这一法律事实，因此法院首先对亲子关系进行了审查并得出结论。依据《俄罗斯联邦婚姻法》第49条“缺少亲子证明的非婚生子女可以由其监护人、收养人或者在该子女到达法定年龄后，由他自己向法院申请认定亲子关系。这种情况下法院应当充分审查每份证明存在亲子关系的证据”[1] 以及第50条“当父亲死前承认其与该非婚生子女存在父子关系的，可以将承认存在父子关系的事实认定为法律事实”,[2] 法院认为，由于父亲在其生前一直承认其与原告是父子关系，因此法院认定其间存在父子关系。原告要求延长接受遗产的时间并参与父亲遗产继承的诉求，法院也予以支持。据此原告取得了父亲遗产中房屋的所有权。[3]

由此案例可知，非婚生子女继承案件的争议焦点即证明亲子关系。而这一关系的证明并不局限于被继承人生前明确的书面表示，被继承人生前的各种行为也可以成为确定其亲子关系的依据。如果被继承人行为的外在表现足以让社会一般人认为存在亲子关系，则可以成为认定双方存在亲子关系的依据之一。与婚姻关系必须以登记为认定条件相比，法律对非婚生子女亲子关系的认定秉承宽容的态度，这是为了保护非婚生子女的继承权，并且不违背被继承人的真实意愿。不因非婚生子女的父母未进行结婚登记就断然否定其继承权，不让无辜的孩子为自己父母的行为买单，符合平等、公平的法律理念。

（二）婚姻关系认定的灵活化

夫妻间相互继承以存在有效的婚姻为前提。如果婚姻被确认无效，即便是善意方，也不可以参与继承。由于法律已经赋予“善意方一定的经济补偿”,[4] 因此不再赋予其继承权。由于婚姻无效的效力溯及既往，这使得原来的“配偶”丧失了享有继承的基础，自然无法享有继承权。但对于共同生活期间的财产，双方均享有分割的权利，并且这一权利可以在一方死后提出。

婚姻有效的认定需要从形式要件和实质要件两个方面进行判断。俄罗斯通过对婚姻法和相关司法解释的修改，更加重视对婚姻实质内容的考察，而在婚姻形式要件的考察上有所松动。俄罗斯在只承认登记婚姻效力[5] 的基础上增强了登记婚姻认定方法上的灵活性，承认了一些特殊时期的宗教婚姻与事实婚姻的效力，并依据互惠原则对涉外婚姻的效力予以承认。

---

[1] 《俄罗斯联邦婚姻法》第49条。

[2] 《俄罗斯联邦婚姻法》第49条。

[3] 参见 Т. И. Зайцева, Судебная практика по наследственным делам. М. , 2007, С. 19-21.

[4] 《俄罗斯联邦婚姻法》第30条。

[5] 《俄罗斯联邦婚姻法》第1~2条。

1. 增强了登记婚姻认定方法的灵活性

苏联时期对于婚姻的认定一律采取“认证不认人”的态度，如果结婚证丢失且无档案可查，继承权就无法主张。而在司法解释中规定，证明存在婚姻登记的事实除登记机关的档案可以证实之外，其他证据若可以证明，法院并不全然否定。

2003 年法院曾审理过这样一起案件：原告起诉要求法院确认她与丈夫于 1933 年已经登记结婚的法律事实。这一法律事实是确认其享有丈夫遗产继承权的必要条件。其诉讼的事实理由是，他们的结婚证在卫国战争期间丢失，而婚姻登记处的档案也只有部分留存下来，并且保留的部分中并没有关于该份婚姻登记的记载。为支持其诉求，原告提交了以下证据：其一，政府出具证实原告夫妇一直共同生活的证明；其二，丈夫的死亡证明；其三，登记机关出具的其与丈夫婚姻登记记录遗失通知书。法院审理认为，原告与丈夫曾进行过婚姻登记。理由是：若未进行过婚姻登记，就不会有上述书证存在。法院依据原告与丈夫同姓的事实，并结合政府出具的证实其婚姻状况的证明，认定原告与丈夫存在登记结婚的事实。[1]

通过案例我们不难发现，现今俄罗斯在认定存在登记婚姻方面，更加重视对婚姻实质要素的考察，在符合实质条件的情况下，如果能用证据证明存在婚姻登记的事实，法院就会予以认定。

2. 对 1944 年 7 月 8 日之前的事实婚姻限制承认

《俄罗斯联邦民法典》颁布后，改变了对原来事实婚姻一律否定的态度，将事实婚姻分为两部分，对 1926 年 1 月 1 日至 1944 年 7 月 8 日[2]之间的事实婚姻采取限制承认的态度，对 1944 年 7 月 8 日之后的婚姻采取不承认的态度。

限制承认事实婚姻的条件除了存在事实婚姻的外观与婚姻的实质要件外，还需要同时满足以下四个条件：其一，一方或双方死亡；其二，婚姻缔结于 1926 年 1 月 1 日至 1944 年 7 月 8 日；其三，婚姻一直持续到一方或双方死前；其四，双方均未与他人结婚。

关于事实婚姻的继承问题曾有这样一则案例：2007 年某法院公开法庭审理了原告诉某市联邦财产管理机构，要求确立事实婚姻关系一案。2006 年原告事实婚姻中的伴侣去世，留下一处房产。原告起诉到法院要求确立其与死者存在事实婚姻关系，以取得继承权。原告诉称自 1942 年起，与死者就存在事实婚姻

---

〔1〕 参见 Т. И. Зайцева, Судебная практика по наследственным делам. М., 2007, С. 15-16.

〔2〕 之所以把时间节点定位在 1944 年 7 月 8 日，是由于当天最高委员会主席团颁布了“关于国家加强援助孕妇、多子女母亲，保护妇女儿童权利，授予‘英雄母亲’称号，并颁发荣誉勋章”的决定。而该决定中针对的母亲不仅包括处于法律婚姻中的，也包括处于事实婚姻中的。

关系，该事实婚姻持续了近 65 年，一直持续到死者去世，但他们未进行婚姻登记。在该事实婚姻存续期间，原告一直与死者同居，并以夫妻关系相处，共同抚养他与前妻的儿子。这一点也得到了原告儿子与邻居的证实。死者一生未与任何人登记结婚，区房管局也出具文件证实从 1961 年起到 2006 年死者去世，原告与死者一直生活在一起。法院认为，以上证据可以证实原告与死者之间存在事实婚姻这一法律关系。本案中，原告的前妻于 1940 年去世，自那时起，原告与前妻的婚姻关系即宣告终止。在原告与死者事实婚姻存续期间，原告并不存在已登记的婚姻。原告与死者存在事实婚姻的外观与婚姻的实质要件，并符合该时期认定事实婚姻的四个条件，因此法院支持了原告的诉讼请求，承认两人存在事实婚姻关系。原告也因此取得了继承权。

俄罗斯承认这一段时期的事实婚姻的效力，除了受当时俄罗斯鼓励生育、表彰英雄母亲、保护妇女利益政策的影响，也与当时的社会状况密不可分。当时战争不断，百姓流离失所，进行婚姻登记多有困难。并且战争期间，人口急剧下降，国家为鼓励生育，也就放宽了对婚姻认定条件的限制。但国家仅在一方死亡或双方死亡、无法进行婚姻登记以弥补婚姻效力并且存活者未与他人结婚的情况下，才承认事实婚姻的效力。

3. 对卫国战争时期沦陷区的宗教婚姻予以承认

修订后的《俄罗斯联邦婚姻法》规定，“国家承认在伟大的卫国战争时期俄罗斯公民在原苏联沦陷区以宗教仪式举办婚礼的婚姻效力，直到这些地区的婚姻登记机构得以恢复为止。在上述期间内，以宗教仪式缔结的婚姻与依法在婚姻登记处缔结的婚姻具有相同的法律效力，并不要求公民事后补办登记。”[1]依此形式缔结的婚姻会有相应的教会文件予以确认。法律对于卫国战争时期的婚姻持宽容的态度，以保证“患难夫妻”间的继承权。

（三）扶养关系认定的规范化

承认因扶养取得继承权的国家并不多，而俄罗斯一直坚持赋予被继承人扶养的人以继承权，这可谓俄罗斯大国人道主义的体现。而对于扶养关系的认定，原先采取了不拘小节的做法，进行了粗犷规定。《俄罗斯联邦民法典》修订后，将被继承人扶养的人直接纳入法条中，并将其扶养关系的认定规范化。

1. 扶养程度的明确化

作为产生继承权的扶养，已经不单是一个行为问题，由于其会影响其他继承人的继承权，因此必须对其认定的标准予以明确化。司法解释的认定标准是，该扶养必须成为被扶养人长期基础生活的来源。被扶养人有自己的工资、退休金、

---

〔1〕《俄罗斯联邦婚姻法》第 169 条。

补助以及其他收入，并不影响该扶养关系的认定，只要证明被扶养人的这些收入不足以支持其生活，而被继承人的扶养是其生活收入的基本来源即可。

2. 对扶养的持续时间加以规定

对于形成继承权基础的扶养要求是长期的、不间断的，因为只有这样方可认定被继承人的死亡对其生活会造成很大的影响。因此此次修法时，在法条中加入了一年的规定，即持续到被继承人去世前被扶养人受其完全的或者主要的扶养不少于一年。关于以时间的长短判断关系的稳定性，进而确定权利的情况并不少见，例如，前文提到的继父母抚养达到5年，是其主张继子女进行赡养的一个条件；一些国家对取得时效的规定更体现了时间在权利认定方面的重要性。但需注意的是，如果该长期扶养是通过以房养老这种终身租赁协议约定的，〔1〕则不可依此取得继承权。

第三章　当代俄罗斯法定继承顺序变化特点评析

对一个制度进行评析，必须从其变化入手，抓住其特点。下文就在分析俄罗斯法定继承顺序变化的基础上，结合其他国家的法律，从血亲继承、非血亲继承、继承人与被继承人基础关系认定三个方面对俄罗斯法定继承顺序制度加以评析。

一、血亲继承中的利弊分析

血亲继承方面的变动主要涉及亲等制度的引入、本位继承的扩大、代位继承的修订等问题，下文将对这些问题一一进行阐释。

（一）亲等制度引入的正确性

“关于血亲继承人的继承顺序，当前主要有三种立法例：亲等制、亲系制、亲等亲系结合制。”〔2〕亲等制与亲系制可谓各有优劣。亲等制的优势在于：“第一，可以准确反映与被继承人亲属关系的亲疏远近程度，以此作为安排继承人顺位的依据，可以保证继承人都是与被继承人关系最为密切的人；第二，通过亲等继承制，可以轻松控制继承人的范围。在每个亲等中，人数都是有限的，在立法时只需要明确亲等的范围，就可以将每一顺位继承人的数量控制在一定

〔1〕《俄罗斯联邦民法典》第601条关于以房养老约定的规定：以生前抚养为条件，进行不动产变更，但保留终身租赁权，类似于我国的生前抚养协议，只是物权变动发生的时间不同。

〔2〕李智：《大陆与香港法定继承制度比较研究》，河北师范大学2011年硕士学位论文。

范围内。"[1] 亲等制的劣势在于：其一，"不能有效区分直系血亲和旁系血亲"，[2] 同一顺位中尊亲属的继承也会使遗产流向更远的旁系；其二，仅对亲等加以限制，会使实际上几乎无法参与继承的尊亲属被纳入法定继承人的范围，使法律条文在现实中处于死亡状态。亲系制的优点在于，可以很好地区分直系卑亲属、直系尊亲属和旁系亲属，更好地保护晚辈直系血亲的利益，防止财产的过分外流，防止较远尊亲属参与继承，保证法律条文的生命力；但其缺点也是显而易见的，由于"亲系制并未对亲等数加以限制，亲系的无限延续性可能导致后位亲系难以参与继承"，[3] 并且亲系制本身很难体现继承人和被继承人个体之间的亲疏关系，这就可能致使与被继承人关系很亲密的旁系亲属或尊亲属无法继承。

采取亲系制的典型国家是德国，[4] 而大部分国家采取的是亲等亲系结合制，例如英国、[5] 法国、[6] 瑞士、[7] 美国，[8] 它们兼采亲等制与亲系制的

---

〔1〕 陶冶：《浅析法定继承人顺序的确定依据》，载《东方企业文化》2014 年第 7 期；王蓓：《血亲的法定继承顺序研究》，载《东岳论丛》2009 年第 1 期。

〔2〕 陶冶：《浅析法定继承人顺序的确定依据》，载《东方企业文化》2014 年第 7 期。

〔3〕 王蓓：《血亲的法定继承顺序研究》，载《东岳论丛》2009 年第 1 期；李岩：《论我国法定继承制度的立法完善》，南京理工大学 2006 年硕士学位论文；李智：《大陆与香港法定继承制度比较研究》，河北师范大学 2011 年硕士学位论文。

〔4〕《德国民法典》第 1924~1929 条规定，第一顺位继承人为被继承人的直系卑亲属，第二顺位继承人为父母及其直系卑亲属，第三顺位继承人为祖父母及其直系卑亲属，第四顺位继承人为曾祖父母及其直系卑血亲；第五顺位继承人为更远的祖辈及直系卑血亲，以此类推。参见《德国民法典》，陈卫佐译注，法律出版社 2006 年版。

〔5〕 英国采取直系卑亲属亲系继承，其他亲属亲等继承的立法例。英国血亲继承顺序为：第一顺位继承人为直系卑血亲，第二顺位为父母，第三顺位为全血缘的兄弟姐妹及其直系卑血亲，第四顺位为半血缘的兄弟姐妹及其直系卑血亲，第五顺序为祖父母、外祖父母，第六顺位为全血缘的伯、叔、姑、舅、姨及其直系卑血亲，第七顺位为半血缘的伯、叔、姑、舅、姨及其直系卑血亲。参见陈苇：《家事法研究（2007 年卷）》，群众出版社 2008 年版，第 175 页。

〔6〕 法国采取直系亲属亲系继承，旁系亲属亲等继承。《法国民法典》第 734 条、第 739 条、第 740 条、第 744 条、第 745 条规定，血亲继承人的继承顺序为：第一顺位继承人为被继承人的直系卑亲属，第二顺位为父母、兄弟姐妹及兄弟姐妹的直系卑血亲，第三顺位为除父母以外的直系尊亲属，第四顺位为其他六亲等以内的旁系血亲。参见陈苇：《家事法研究（2007 年卷）》，群众出版社 2008 年版，第 175、178 页。

〔7〕 瑞士采取以亲等来限制亲系范围的立法例，即将亲系继承限制在祖父母这一亲等，使得继承人范围止于祖父母及其直系卑亲属。《瑞士民法典》第 457~460 条规定，第一顺位继承人为被继承人的直系卑亲属，第二顺位继承人为父母及其直系卑亲属，第三顺位继承人为祖父母及其直系卑亲属。但亲系继承至祖父母系止。参见《瑞士民法典》，殷生根、王燕译，中国政法大学出版社 1999 年版，第 198 页。

〔8〕 美国则采取亲系继承制，用亲等限制直系尊亲系和旁系亲系。美国《统一继承法典》规定了四个血亲继承的法定顺序：第一顺序为直系卑血亲；第二顺序为父母；第三顺序为兄弟姐妹及其直系卑血亲；第四顺序为祖父母、外祖父母及其直系卑血亲。其中直系卑血亲不受亲等限制，直系尊亲属限制最远为祖父母、外祖父母，旁系血亲则在四亲等以内享有继承权。参见张玉敏：《继承法律制度研究》，法律出版社 1999 年版，第 201 页。

优点，用亲等限制亲系继承，至于亲等亲系结合式，则依据各国自身的国情和立法习惯决定。俄罗斯引入亲等制的成功之处，在于其亲等制度运用过程中的调整，用“卑亲属优于尊亲属”和限制后位尊亲属参与继承的方式，弥补亲等制的不足，避免遗产过多向旁系扩散，保证法律条文的生命力，这是俄罗斯继承法修改的点睛之笔。

（二）本位继承亲等范围过大

俄罗斯出于私权保护的需要，扩大继承人范围的做法是毋庸置疑的，但对于范围最终划定的结果却有待商榷。从亲等继承人范围极小的《苏俄民法典》到如今亲等继承人范围极大的《俄罗斯联邦民法典》，这种大起大落的修改方式，与俄罗斯的民族性格有关，就像在经济上俄罗斯也曾采取过休克疗法一样。极端扩大继承人范围的合理性受到许多学者的质疑，俄罗斯著名法学家苏哈诺夫就认为，没有必要将继承人的范围扩大至此：一些继承人根本无法活到继承开始之时，比如曾祖父母、曾外祖父母。[1] “从世界立法的趋势来看，对继承权的限制已成为普遍要求，反映在法定继承上就是新修改的法律对法定继承人的范围限制越来越小。”[2] 例如，“韩国就将法定继承人的范围从八亲等缩小至四亲等”。[3] 法定继承人范围缩小的主要原因是当代亲属观念的淡化。现代社会早就一改过去“四世同堂的大家族”为“夫妻齐心的小家庭”，血缘关系较远的亲属往往欠缺联系，甚至可能不知道对方的存在。这种情况下，将其纳入法定继承人范围就显得有失偏颇。一味地追求本位继承的扩大，看似是出于对私权保护的追求，防止遗产国有化，但其实质上也可能违背被继承人的意愿，违背继承法的立法精神。

（三）代位继承的修订科学合理

在代位继承的修订方面，立法者立足于本位继承，结合本国的立法传统及社会观点，并借鉴外国法律中的先进思想，促使修订结果科学合理。立法者参考世界多数国家[4]的立法经验，取消了直系卑亲属代位继承代数的限制，体现了对公民私有财产的尊重，使遗产最大限度地在被继承人的直系血亲中流转，满足死者不希望财产过多向旁系外流的意愿；与此同时，将代位继承的范围扩

---

〔1〕 Е. А. Сухонов, О третьей части Гражданского кодекса РФ// Вестник Высшего Арбитражного Суда РФ, 2009, No. 3.

〔2〕 刘春茂主编：《中国民法学·财产继承》，中国人民公安大学出版社 1990 年版，第 238 页。

〔3〕 尚贤：《法定继承人的范围和顺序》，载《郑州航空工业管理学院学报（社会科学版）》2007 年第 6 期。

〔4〕 也存在一些特定的国家，例如《越南民法典》关于代位继承制度的规定将代位继承人的范围限制在被代位人的孙子女及曾孙子女，重孙子女及其直系卑亲属则不享有代位继承权。

大到旁系亲属，赋予第二、第三顺位旁系血亲的子女以代位继承权，与本位继承人极大的继承范围相呼应。将旁系血亲纳入代位继承的做法在世界范围内并不罕见，“德国、瑞士就承认被继承人父母的直系卑亲属、祖父母的直系卑亲属代位继承的地位”，[1] 法国、日本承认被继承人兄弟姐妹的卑亲属代位继承的地位；美国承认被继承人兄弟姐妹的卑亲属、祖父母及外祖父母的直系血亲卑亲属的代位继承权。俄罗斯的特色之处在于，将亲兄弟姐妹以及父母的亲兄弟姐妹代位继承的范围仅限于一代。这一做法与俄罗斯本身的立法传统和社会观念相符。在立法传统上，2002 年《俄罗斯联邦民法典》第三部分修订前，代位继承一直限于孙子女、外孙子女、重孙子女、外重孙子女，修法后才将第一顺位继承人的代位继承扩大至直系卑亲属，因此将第二、第三顺位旁系血亲代位继承范围限于一代，符合俄罗斯限制代位继承范围的立法传统；在社会观念上，俄罗斯民众普遍认为若不对第二、第三顺位旁系血亲代位继承加以限制，会使与被继承人既无太多亲情也无生活上相互扶助关系的人参与继承，违背了被继承人的真实意思表示，这也是俄罗斯民众所难以接受的。因此，俄罗斯对第二、第三顺位旁系血亲代位继承采取了仅限于一代的立法模式。当然，限制代位继承代数的立法模式并非俄罗斯独有，“日本在 1981 年修改民法典时，也一改亲兄弟姐妹直系卑亲属作为代位继承人的规定，将代位继承仅限于亲兄弟姐妹的子女”。[2]

在代位继承的发生原因上，俄罗斯创造性地补充了继承人与被继承人同时死亡的情形，增加了晚辈直系血亲参与继承的可能性，更符合被继承人的意愿与保护直系卑亲属的立法理念。总体来看，俄罗斯代位继承的修改在借鉴外国法时，又不乏结合本国特色的创造性规定，值得我国借鉴。

（四）本位继承与代位继承的衔接有失妥当

本位继承和代位继承的衔接与代位权性质的认定有关。“依据认为代位继承人是基于被代位人的继承权而继承，还是基于自己所固有的代位继承权而继承，将认定代位权性质的学说分为‘代位权说’与‘固有权说’。”[3] 在俄罗斯，代位继承采取“代位权说”，即若本位继承丧失或被剥夺继承权，其直系卑亲属也丧失代位继承权。俄罗斯法律规定，“剥夺继承权的情形包括：其一，为自身继承利益篡改遗嘱、谋害被继承人或其他继承人的；其二，父母被剥夺继承权

[1] 《瑞士民法典》，殷生根、王燕译，中国政法大学出版社 1999 年版，第 121 页。

[2] 安志伟：《我国代位继承制度的实务分析》，黑龙江大学 2013 年硕士学位论文。

[3] 王浩：《论我国法定继承制度的完善》，华南理工大学 2013 年硕士学位论文。

的。以上情形下，其晚辈直系血亲都不得代位继承。"[1] 由此可见，俄罗斯代位继承的前提是继承人未丧失继承权。但纵观俄罗斯法定继承顺序，不难发现被列在代位继承人范围内的卑亲属并未再被列入法定继承顺序。这就导致一旦继承人丧失或被剥夺继承权，其晚辈直系血亲将再无继承的可能，而这背离了保护直系卑亲属合法利益的立法目的。同时，将继承人的过错强加于其子女身上，也不符合民法责任自负的原则，对代位继承人来说是不公平的。若通过将晚辈直系血亲列入本位继承人范围来解决这一问题，不仅使法条臃肿，也无法体现直系卑亲属优于尊亲属与旁系亲属的法律精神。因此，为了避免此类问题的发生，现在大多数国家都采用固有权说，比如意大利、德国、瑞士、日本，这样就很好地避免了晚辈直系血亲因继承人丧失继承权而缺位的现象。而俄罗斯法律在修订时，未对代位权性质进行重新界定，是其修订法律的遗憾之处。

二、非血亲继承制度的优势与不足

俄罗斯继承法中非血亲继承制度是其最有特色的地方，包括配偶的相互继承、继子女和继父母之间的继承以及被继承人扶养的无劳动能力人的继承。本部分将结合其他国家的立法，对此三类规定分别予以评述。

（一）不足：未改变将配偶固定在第一顺位的立法模式

俄罗斯此次的继承法修改采取在原顺位上增加顺位的做法，因此忽略了配偶作为第一顺位继承人的不妥之处。其不妥体现在以下两方面：其一，被继承人与配偶共同抚育的子女数越多，配偶的付出就会越多，但其所取得的遗产份额反而会减少，这不符合保护配偶继承权的立法趋势；其二，由于配偶继承权的效力与婚姻存续期间的长短无关，因此会出现婚姻过于短暂且无子女和父母的情况下由配偶独占全部遗产，而不允许与被继承人朝夕相处甚至可能对被继承人承担过扶养义务的亲兄弟姐妹参与继承的情况。极端地说，遇到登记当天被继承人去世，或者被继承人去世当天配偶就再婚的情况，配偶仍可以排除亲兄弟姐妹的继承，这不符合一般的社会观念。因此将配偶放在第一顺位，不利于配偶继承权的保护，也不利于配偶与其他亲属继承权的平衡。

"针对配偶继承顺序问题，现代国家主要采取配偶不固定顺序的立法例。"[2] 日本、[3] 德国、法国、瑞士以及英美都是采用配偶不固定顺位继承的

---

〔1〕《俄罗斯联邦民法典》第1146条。

〔2〕陈苇主编：《外国继承法比较与中国民法典继承编制定研究》，北京大学出版社2011年版，第370~371页。

〔3〕《日本民法典》规定配偶可与任何继承人共同继承；配偶与第一顺位子女共同继承时取得遗产的1/2；与第二顺位直系尊亲属共同继承时取得遗产的2/3；与第三顺位亲兄弟姐妹同继承时取得遗产的3/4。参见渠涛编译：《最新日本民法》，法律出版社2006年版，第900~901条。

典型代表。这些国家都规定了配偶可以与一定顺序范围内的继承人共同参与继承，并且根据配偶所处的不同顺位赋予其不同的继承份额，很好地平衡了配偶与其他顺位继承人的继承利益。其中“德国还赋予配偶对家庭中所属物品和结婚礼物的先取权”；〔1〕法国的规定更为细致，其区分同一顺位中继承人的不同身份而赋予配偶不同的继承份额，即因子女是否为配偶所生，分别规定不同的继承份额；〔2〕瑞士“对于配偶的无固定顺位继承采用所有权与用益物权二者择一的立法模式”，〔3〕在每个顺位规定不同的所有权份额和用益物权份额，供配偶选择；而英美法系国家则“在继承开始前赋予配偶先取权，使得配偶先取得一部分遗产，继承开始后再与其他继承人共同参与继承”。〔4〕这些配偶先取权、

---

〔1〕《德国民法典》规定配偶与第一顺位直系卑亲属共同参与继承时，取得遗产的1/4，与第二顺位父母及其直系卑亲属或第三顺位祖父母、外祖父母共同参与继承时取得遗产的1/2，无上述血亲继承人时取得全部遗产。与此同时，法典还赋予配偶对婚姻家中所属物品和结婚礼物的先取权。参见《德国民法典》，陈卫佐译，法律出版社2006年版，第1922~1941条。

〔2〕《法国民法典》规定在与被继承人的子女或直系卑血亲共同参与继承时，若所有子女都是夫妻双方所生时，则由配偶选择受领全部财产的用益权或者全部财产1/4的所有权；若有子女并非夫妻双方所生，则配偶分得全部财产1/4的所有权。无子女或直系卑血亲时，配偶与被继承人的父母双方共同参与继承，取得遗产的1/2，但若仅存在父母中的一位，则配偶取得遗产的3/4。无上述继承人时，配偶取得全部遗产的继承权。参见《法国民法典》，罗结珍译，中国法制出版社1999年版，第757~758条。

〔3〕《瑞士民法典》规定配偶与被继承人的直系卑血亲共同参与继承时，配偶可选择被继承人一半遗产的用益物权或1/4遗产的所有权，当配偶与被继承人的父母及其晚辈直系血亲共同参与继承时，配偶可以取得被继承人3/4遗产的用益物权和1/4财产的所有权，当配偶与被继承人的祖父母、外祖父母及其晚辈直系血亲共同继承时，配偶可以取得被继承人一半遗产的所有权和一半遗产的用益物权，无上述继承人时，配偶继承全部遗产。参见《瑞士民法典》，殷生根、王燕译，中国政法大学出版社1999年版，第356页。

〔4〕“英国继承法规定，当配偶与第一顺序的子女共同参与继承时，配偶先取得12.5万英镑的特留份、从被继承人死亡到遗产分割前以年息4%计算的法定遗产利息以及被继承人的全部的个人物品。继承开始后，配偶分得剩余遗产的一半的终身权益。配偶与在第二顺序的父母共同参与继承时，配偶先取得20万英镑的特留份及先取得的遗产份额所产生的法定利息和被继承人的个人物品，继承开始后，配偶分得剩余遗产的一半的所有权。如果没有父母，配偶与第三顺序的其兄弟姐妹及被继承人除子女外的晚辈直系血亲共同参与继承，其继承方式与父母相同。无上述继承人时，配偶取得全部遗产。”参见李欣：《中外配偶法定继承权之考察评析》，载《学术界》2011年第3期；李岩：《论我国法定继承制度的立法完善》，南京理工大学2006年硕士学位论文。“《美国统一继承法典》规定，无论配偶与谁共同参与继承均先取得价值5000美元的宅院特留份和价值不超过3500美元的豁免财产（不受遗产债权人追索的财产），若配偶为被继承人生前扶养之人，还可以从现款中取得合理的家庭特留份以保证在遗产分割期间的正常生活。配偶和被继承人的子女及其晚辈直系血亲共同参与继承的情况下，若该子女为配偶所生，则配偶可先取得5万美元的遗产，同时继承剩余遗产的1/2；若该子女中存在非配偶所生的情况，则配偶只享有剩余遗产的1/2的继承权。无子女时，当配偶与父母共同继承，配偶先取得5万美元的遗产，同时继承剩余遗产的1/2。当不存在子女及其晚辈直系血亲和父母的情况下，由配偶取得全部财产。”参见李欣：《中外配偶法定继承权之考察评析》，载《学术界》2011年第3期；王蓓：《配偶的法定继承顺序和应继份制度研究》，载《天府新论》2008年第5期。

用益物权的规定，更好地维护了配偶的正常生活，将被继承人死亡的影响在物质形式上降到最低。这些方式比起俄罗斯将配偶列为第一顺位的做法，更能保护配偶权利，更合理地平衡了配偶与其他继承人之间的利益。

（二）亮点：创造性地赋予继父母、继子女后顺位继承权

俄罗斯将继父母、继子女列为第七顺位继承人，可谓法定继承领域的一大创新。该创新建立在对法律关系清晰把握的基础上。首先，立法者将基于婚姻的继子女、继父母关系区分于基于血亲（包括拟制血亲）的亲属关系，未将其纳入第一顺位继承人，而是创造性地将继父母、继子女列为第七顺位继承人，既考虑到两者不存在血亲关系，赋予其与子女一样的继承权会导致财产外流，又考虑到再婚家庭于生活上存在很多交集甚至共同生活，赋予其一定的继承权可以保证再婚家庭的稳定，有利于社会的和谐。其次，理清了“继子女、继父母间的相互继承制度”与“继父母、继子女之间抚养、赡养制度”的脉络，使继承与姻亲关系相对应，赡养与抚养相对应，以是否存在有效的婚姻关系作为判断继父母、继子女能否作为第七顺位继承人的依据，以是否存在不少于五年的抚养关系作为能否要求继子女进行赡养的前提。由于第七顺位是法定继承中的后顺位，位于血亲继承人之后，不会妨碍血亲继承的发生，而在有继承权的血亲继承人不存在时赋予继子女、继父母以相互继承权，相比于将财产认定为无主财产而划归国有更符合当事人的意愿，因此俄罗斯创造性地将继子女、继父母列为第七顺位继承人。俄罗斯的这一立法规定，可谓在法律上有理有据，在情感上合情合理，是法定继承顺序层面的一大创举。

（三）优势：非固定继承顺序的完善合乎俄罗斯国情

赋予被继承人扶养的人以“非固定顺序继承权”一直是俄罗斯的特色规定。非固定顺序继承可以保证其取得供其生活所必需的财产，同时又不至于完全阻碍其他继承人的继承，其法律设计科学合理。此次修法对非固定继承顺序的完善，使被继承人扶养的人在无其他顺位继承人的情况下可以单独参与继承，更好地实现了保证被扶养人正常生活的立法目的。

立法者对该制度保留与完善的做法符合俄罗斯的国情：其一，从实际情况来看，“据 2006 年数据统计，在俄罗斯总人口中有 4350 万人依靠他人赡养，占总人口的近三分之一。”〔1〕如此大比例的救助人群，给政府带来了巨大的财政压力。由于俄罗斯社会保障制度尚不完善，通过“非固定顺序继承”将受被继承人扶养的一些无劳动能力人纳入继承人范围，以继承的方式保障了老幼病残及失业者、贫困者的生活，为贫穷且无劳动能力人提供来自社会的援助的同时，

---

〔1〕 程亦军：《俄罗斯人口发展与社会问题》，载《俄罗斯中亚东欧市场》2006 年第 2 期。

也减轻了国家的财政负担。[1] 其二，从国民情感上，被继承人长期扶养的无劳动能力人“大都作为家庭成员与被继承人的家庭共同生活，互爱互助，产生了较深厚的感情，其中一人死亡时允许与其朝夕相处的‘家人’继承其遗产，于情于理都是可以接受的”。[2] “历史法学派代表人物萨维尼认为，一切法律本来就是从民俗与舆论而不是从法理学形成的。”[3] “继承法作为最具民族特色的部门法之一，与一个国家的风土人情和民族气节有着密切的联系。”[4] 此规定符合俄罗斯以往的共产主义情怀，体现了俄罗斯民众对“老有所终，壮有所用，幼有所长，鳏寡孤独废疾者，皆有所养”[5] 的大同社会的追求。从立法追求上，“保留非固定顺序继承符合被继承人的意愿。由于被继承人生前愿意长期负担被扶养人的生活费，那么可以推定在其死后让被扶养人取得遗产的一部分甚至全部也是不违背其意愿的。”[6] 综上所述，保留与完善非固定继承顺序的做法完全符合俄罗斯的国情。

三、对继承基础关系的认定的评析

继承法修订的同时，对作为继承权基础的亲子关系、婚姻关系、抚养关系的认定也都有所完善，本部分就结合国外的立法例，对修订后继承基础关系的认定问题加以评析。

（一）亲子关系的确立方式——瑕不掩瑜

《俄罗斯联邦家庭法》对亲子关系认定的规定加以修订后，一改之前的混乱状态，整体上显得先进科学，但也有一些不足之处值得进一步完善。

1. 俄罗斯亲子关系确立方式上的优势

亲子关系确立方式修订后，与其他国家相比，其优势主要体现在以下三方面：其一，注意了人工生育问题对亲子关系认定的影响，具有前瞻性。对此俄罗斯采取了对人工生育申请进行严格实质审查、对人工生育子女亲子关系否认权的行使予以限制等一系列措施，摒弃了原来“DNA 为王”的思想，同法国、

---

〔1〕 Р. О. Халфина, Право наследования в СССР. М. , Госюриздат, 1951, С. 31-32.

〔2〕 王蓓：《血亲的法定继承顺序研究》，载《东岳论丛》2009 年第 1 期。

〔3〕［英］乔治·皮博迪·古奇：《十九世纪的历史学与历史学家》，耿淡如译，商务印书馆 1990 年版，第 1989 页。

〔4〕 申建平：《继承法上配偶法定居住权立法研究》，载《求是学刊》2012 年第 4 期。

〔5〕《国学经典：礼记》，李慧玲、吕友仁译，中州古籍出版社 2010 年版，第 155 页。

〔6〕 王蜀黔：《中俄继承法若干问题比较》，载《时代法学》2004 年第 2 期。

美国[1]一样，成为对人工生育规定最完善的国家之一。其二，法律规定详略得当，具有概括性，能应对多样的社会事实，保证立法的稳定性。在婚生子女的推定上，未规定受胎期间，这相对于严格采用“受胎说”的法国、日本来说，拓宽了父子推定的范围，将父母将刚结婚就出生即并非在父母婚姻关系期间受胎的子女，也纳入婚生子女的范围，有利于家庭的稳定和子女利益的保护。“同时由于受胎期间是医学研究的产物，随着医学的进步不排除出现受胎期间过短或过长的婴儿存活的可能”，[2] 不对受胎时间做出死板的规定，也可以使俄罗斯法律相比于规定受胎时间的德国、瑞士、意大利等国来说更具稳定性。并且，婚生子女亲子关系的否认制度完全可以纠正不规定受胎期间所带来的一些错误。在婚生子女推定的否认事由上，俄罗斯顺应了时代的潮流，采取概括主义的立法原则，即提出足以证实不存在父子关系的证明，以此应对现实生活复杂多变的情况。其三，注重对非婚生子女的平等保护。俄罗斯不仅在法条中规定了婚生子女与非婚生子女的平等权，并在法律制度的设定层面也予以体现。其未分别设立非婚生子女的准正与认领制度，而是合二为一地仅规定了父亲、母亲身份的确认问题，便从法律运行上消除了歧视，保护了非婚生子女的利益。这种方式也同样被德国和瑞士所采用。

2. 俄罗斯亲子关系确立方式的瑕疵

修改后的《俄罗斯联邦家庭法》对亲子关系认定问题进行了很好的完善，但也存在一些不足之处。其一，在婚生子女推定问题上，赋予代孕妈妈前置的同意权。但对于未能得到代孕妈妈同意的情况应如何处理，却未给出相应的解决方案，这可能导致人工生育子女的利益受损。其二，将生父母纳为婚生子女的否定权人。这一规定为俄罗斯所特有，日本、法国、瑞士、意大利、德国关于否定权人的规定都未超出子女、父母及父亲的父母的范围。[3] 赋予生父母以否认权，直观地表现出权衡血缘真实与维护家庭稳定时俄罗斯更倾向于血缘真

---

〔1〕《法国民法典》规定，经过夫妻双方同意的以医学方法出生的子女，推定夫妻为其生父母，捐赠人不得和子女确立任何亲子关系，也不得提起任何责任之诉。对采取医学方法生育表示同意后，禁止夫妻双方对人工生育的子女提起任何异议之诉；如果丈夫事后不承认由此所生子女，则应从裁判上宣告其存在婚外父子、女关系，要求其必须对子女之母及子女本人承担责任。美国大多数州也规定，应把子女推定为最初共同决定进行人工生育的夫妻的子女。而对于代理母亲，各州规定则不尽相同，但总体上倾向于反对代理母亲与子女建立亲子关系。参见梁洁:《亲子关系确立制度研究》，西南政法大学 2012 年硕士学位论文。

〔2〕鲍红香:《父母子女身份确定制度研究》，西南政法大学 2003 年硕士学位论文。

〔3〕日本将父亲作为唯一的否认权人，法国则放宽到父母和父亲之继承人，但对其加以一定的限制，瑞士规定子女、父亲及父亲的父母为否定权人，意大利规定母亲和子女享有否认权，且子女未成年时由其他人提起，德国规定父母和子女均享有否认权。

实，但过分追求血缘真实可能不利于子女利益的保护。其三，未规定否认权的时限，这使得亲子关系会一直处于不确定的状态，不利于家庭的稳定与子女的成长。

（二）事实婚姻的认定过于严格

《俄罗斯联邦民法典》虽然对事实婚姻的态度有所松动，但整体上还是采取了否认的态度，这不利于事实婚姻中对婚姻付出较多一方利益的保护。在俄罗斯也不乏建议引入国外事实婚姻相互继承制度的声音。[1] 事实婚姻的认定问题，实际上属于国家对婚姻形式自由的干预，是公权力与私权利的平衡。婚姻虽属于私法的范畴，应遵循意思自治的原则，但婚姻关系家庭的形成，而家庭作为社会的基本单元又关系到社会稳定与国家安宁，需要国家对其自由予以限制。"婚姻不仅涉及当事人之间的人身关系和财产关系，也关系到后代的抚养、财产的继承以及社会第三人的利益"，[2] 因此任何国家都会给予一定的干预。但是由于婚姻法属于私法领域，这就决定了国家干预的有限性。

现代社会越来越强调对国家权力的限制，尊重私法领域的意思自治，在不违反法律原则的前提下，对私法领域问题予以一定的包容，也是立法者处理现实与理想之间矛盾的智慧。对待事实婚姻的态度，除美国一些州直接认可符合婚姻的实质要件、具有婚姻外观、得到社会的一般认可[3]的事实婚姻外，其他国家多采取消极承认的态度。"法国赋予具备婚姻外观的事实婚姻中善意的当事人同合法婚姻一样的权利"；[4] "德国赋予同居满三年且未提出过婚姻无效诉讼的当事人一定的继承权"；[5] "英国赋予事实婚姻中接受扶养的一方当事人从另一方遗产中分得一定数额的生活费的权利"；[6] 而"日本则只承认事实婚姻中忠实、相互扶助、日常家事代理等婚内权利义务，不承认其间存在相互继承的权利"。[7] 当今世界各国，即便很少有国家直接认定事实婚姻的有效性，也都采取了相关的变通措施。与其相比，俄罗斯的限制界限过于死板与严格，不利于对事实婚姻中"配偶"继承权的保护。

[1] Т. П. Солодкова, Защита прав фактических супругов в наследственных правоотношениях// Наследственное право, 2009, No. 2, С. 10-12.

[2] 李宁欢：《论事实婚姻的法律调整》，中央民族大学 2011 年硕士学位论文。

[3] 并非全部的州均要求"社会的一般认可"这一条件。

[4] 陈苇主编：《婚姻家庭继承法学》，法律出版社 2002 年版，第 203 页。

[5] 《联邦德国婚姻法》第 17 条第 2 款。

[6] 夏吟兰、蒋月、薛宁兰：《21 世纪婚姻家庭关系新规制——新婚姻法解说与研究》，中国检察出版社 2001 年版，第 187 页。

[7] 江毅：《日本内缘婚制度研究》，载《时代法学》2007 年第 1 期。

（三）扶养关系的认定具体且科学

扶养关系的认定是成为俄罗斯“非固定顺序继承人”的基础，这一继承制度与我国遗产酌分制度中对无劳动能力又无生活来源的人，可以分给他们适当的遗产[1]的规定十分相似，但在扶养关系的认定上，俄罗斯比我国走得更远。其一，关于其扶养关系不得少于一年的规定，明确了长期扶养的界限标准，为司法实践提供了法律依据，同时还规定该扶养必须持续到被继承人死亡之时。其二，对不属于前七顺位法定继承人的被扶养人，要求其与被继承人共同生活的规定，符合对扶养关系稳定性的要求。该类继承人与被继承人并不存在近血亲或姻亲关系，若再不共同生活，就很难判断他们之间存在物质与精神上的依附性。“共同生活更能直观、客观地证明其间存在经济上、生活上或精神上的扶持和协助，更容易产生精神上和物质上依赖”,[2] 这也是赋予其继承权的原因。其三，俄罗斯并不要求扶养关系的成立以无任何生活来源为前提，只要求被继承人提供的生活来源为主要的即可，这一认定规则比我国坚持“无劳动能力且无生活来源”的“双无规定”更加科学。随着社会保险制度的完善，几乎已经不存在毫无生活来源的人，因此俄罗斯的规定更具有可操作性和前瞻性。物质上的扶养只要达到时间上的连续性、长期性以及数量上的重要性、决定性即可。其四，针对“非固定顺位继承人”的扶养，还须认定被扶养人为无劳动能力人，对于无劳动能力的判断要以继承开始时为准。这样可以更好地实现法律养老育幼、社会救助的功能。

第四章 俄罗斯法定继承顺序变化对我国立法的启示

知不足，然后能自反也，知困，然后能自强也。提出对我国法定继承顺序方面的立法建议之前，必须先探讨我国现行立法的不足。

一、我国法定继承顺序制度的立法缺陷

随着我国经济体制改革的不断深入、市场经济体制的完善，三十多年前颁布的继承法早已不能满足当今社会生活的需要，在运行中呈现出诸多弊端。

（一）法定继承人范围不合理

我国继承法的法定顺序不合理体现在以下几个方面。

---

[1] 参见《中华人民共和国继承法》（以下简称《继承法》）第 14 条。

[2] 郭喜鸽:《对我国遗产酌情分与制度的反思与完善》，中国政法大学 2015 年硕士学位论文。

1. 本位继承人范围较窄

依据我国《继承法》第10条[1]之规定，我国血亲继承的范围仅限于二亲等。这远远小于其他国家关于继承人范围的规定，且与我国的现实生活相脱节。其与现实生活的不适应体现在以下五方面：

第一，《继承法》的规定违反了宪法“保护私有财产不受侵犯”[2]的原则。通常死者均愿意将遗产留给自己的亲属，过窄的继承人范围常常造成遗产因无人继承而划归国有的现象。所谓“国不与民争利”，这种规定会挫伤国民创造财富的积极性，不利于经济发展。

第二，此规定不利于资源的优化配置。“随着国家对个体经济和私营经济的确认与保护，公民私有财产大量增加，遗产的范围也随之扩大。”[3]遗产继承的意义也不局限于对继承人生活的保障，而更多地变为一种生产资料的积累。一旦遗产被收归国有，就很难发挥其资本原始积累的功效，不利于物尽其用。

第三，我国“计划生育”的长期推行使得继承人范围被进一步限缩。计划生育基本国策的推行，导致我国家庭大多呈现出“四二一”模式，即四个老人、一对中年夫妇、一个孩子。因而“亲兄弟姐妹”继承的规定就变得无人问津，在事实上导致继承人范围的进一步限缩，财产收归国有的可能性进一步加大。

第四，“过窄的继承范围不利于对涉外婚姻当事人继承利益的保护”。[4]改革开放以来，特别是加入WTO以来，我国涉外婚姻的数量不断增多。在国际交往日益频繁的今天，世界法律逐渐趋同，而继承人范围相对较窄的我国，应适当扩大继承人范围，减少法律冲突，保护涉外婚姻当事人的合法权益。

第五，我国现行继承法主要借鉴了苏联继承法，而如今俄罗斯已经扩大了继承人的范围，“其他独联体国家也纷纷扩大了法定继承人的范围”，[5]我国也应顺应时代的潮流，适当扩大我国继承人的范围。

2. 代位继承过于局限

依据我国《继承法》第11条之规定，[6]可得出以下结论：其一，代位继承的范围仅限于被继承人子女的晚辈直系血亲；其二，代位的发生原因只限于

---

[1]《继承法》第10条：“遗产按照下列顺序继承：第一顺序：配偶、子女、父母。第二顺序：兄弟姐妹、祖父母、外祖父母。”

[2]《宪法》第13条第1款：“公民的合法的私有财产不受侵犯。”

[3] 魏珺：《法定继承人范围和顺序的探究》，南昌大学2014年硕士学位论文。

[4] 刘耀宏：《完善我国法定继承制度有关规定的思考》，载《现代经济信息》2009年第18期。

[5] 王蓓：《法定继承人范围改革研究》，载《西南民族大学学报（人文社科版）》2010年第5期。

[6]《继承法》第11条：“被继承人的子女先于被继承人死亡的，由被继承人的子女的晚辈直系血亲代位继承。”

继承人先于继承人死亡。这样规定的局限性表现在以下两方面：

第一，代位继承范围过窄，与我国国情不相适应。“我国长期推行计划生育政策，我国独生子女家庭众多。在各种自然灾害、意外事故频发的今天，‘失独家庭’的数量不断上升。”“据卫生部的数据显示，我国每年新增失独家庭 7.6 万个”，〔1〕“人口学家预计，我国失独家庭未来将达到一千万”。〔2〕在这样的社会背景下，若继续坚持将代位继承的范围限定为子女的晚辈直系血亲，会使得代位继承很难实现。若是“合理扩大被代位人的范围，肯定一定范围内旁系血亲的代位继承权，还可以在一定程度上促进亲属关系的发展，加强亲属之间的沟通与交流，引导人们重视亲情，鼓励亲属间相互扶助、养老育幼”，〔3〕这对“四二一模式家庭”众多的我国是十分必要的。

第二，代位继承发生的原因过于单一，未将继承人与被继承人同时死亡的情况列入。这就导致互有继承权的多人于同一事件中死亡、不能确定死亡的先后顺序且各有继承人时，推定长辈先死亡，进而发生了转继承。与俄罗斯在此情况下发生代位继承相比，我国转继承的做法会导致遗产外流。

同时需要注意，我国目前在代位继承上采用“代位权”说，并且未将被继承人子女的晚辈直系血亲列入本位继承的范围，因继承人子女丧失或继承权被剥夺，就会导致其晚辈直系血亲再无继承的可能。

3. 尽主要赡养义务的丧偶儿媳或丧偶女婿不应纳入第一顺位继承人

“将对公、婆、岳父、岳母尽了主要赡养义务的丧偶儿媳或丧偶女婿纳入第一顺位继承人，有失偏颇。”〔4〕其理由如下：

第一，此条规定违反法理。其一，该规定有悖于权利义务相统一的原则，法律泛道德化。“无论丧偶与否，儿媳对公婆、女婿对岳父母并没有法律上的赡养义务，儿媳对公婆、女婿对岳父母的赡养属于道德范畴”，〔5〕是儿媳或女婿自愿的行为。所谓权利义务相统一，没有法律上的义务，又何来法律上的权利？其二，该条规定还忽略了子女作为第一顺位继承权的基础是血缘关系，而非扶

---

〔1〕 李慧芳、王欢欢、时阳丽、王珊珊：《关于乡村“失独家庭”的生存状况及相关政策分析》，载《青年时代》2014 年第 21 期。

〔2〕 《我国失独家庭将达千万》，载央视网 http://news.cctv.cn/2013/02/16/ARTI1360970409478883.shtml，最后访问日期：2017 年 3 月 12 日。

〔3〕 唐琳：《海峡两岸代位继承制度之比较研究》，载《漳州师范学院学报（哲学社会科学版）》2013 年第 4 期。

〔4〕 《继承法》第 12 条：“丧偶儿媳对公、婆，丧偶女婿对岳父、岳母，尽了主要赡养义务的，作为第一顺序继承人。”

〔5〕 史玲：《再议丧偶儿媳和丧偶女婿的继承权》，载《科技信息》2007 年第 7 期。

养关系，不能因其尽到主要扶养义务，就对法定继承的基础予以突破。

第二，该规定容易引起继承遗产分配的不公平。其一，可能造成对被继承人的其他子女遗产分配不公的现象。“根据《最高人民法院关于贯彻执行〈中华人民共和国继承法〉若干问题的意见》第29条的规定，丧偶儿媳或丧偶女婿的继承并不影响其子女的继承权。”〔1〕这会导致该家庭的继承份额是其他家庭的两倍，违背了子女均分的原则。其二，若该条成立，“对尽赡养较多未丧偶的儿媳或女婿来说是不公平的”。〔2〕如果配偶没有劳动能力，常年卧病在床，作为其配偶不仅照顾自己的配偶，还对配偶的父母尽了主要赡养义务，在同等情况下可以赋予丧偶儿媳或女婿以继承权，但拒绝此类儿媳或女婿参与继承，与公平原则不符。

第三，这种做法可能导致被继承人财产的外流，与被继承人的意愿不符。这种打破了以血缘关系确定继承权的做法，并没有充足的法理依据予以支持。对其赡养义务，可以通过遗赠等方式回馈，而无须突破法理，将其纳入法定继承人范围。

4. 未将被继承人扶养的缺乏劳动能力且无生活来源的人纳入法定继承范围

在我国，依靠被继承人扶养的缺乏劳动能力且无生活来源的人的继承被规定在《继承法》第14条的遗产酌分制度中，〔3〕作为继承制度的补充，具有十分积极的意义。该制度设计符合我国养老育幼、关怀弱者的传统美德，也“符合被继承人的意愿，使那些生前依靠被继承人扶养而又没有劳动能力和生活来源的人，免于陷入‘食不果腹、衣不蔽体’的处境”，〔4〕减轻国家扶养的负担。同时此制度对于疑难案件的解决也发挥着重要的作用，例如同居关系中当事人之间的相互继承、存在扶养关系的养子女与生父母之间被扶养人的继承等。遗产酌分制度虽好，但并不属于我国法定继承范围。因此对于遗产酌分制度与法定继承制度的关系、成为遗产酌分主体的条件，以及酌分的份额都完全依靠法官的自由裁量，导致了法律操作层面的困难。故而建议立法者将遗产酌分制度中“被继承人扶养的缺乏劳动能力又没有生活来源的人”纳入法定继承范围，明确其顺位与认定方式，使该制度的作用得以真正发挥。但需注意，对于遗产

〔1〕《最高人民法院关于贯彻执行〈中华人民共和国继承法〉若干问题的意见》第29条规定：“丧偶儿媳对公婆、丧偶女婿对岳父、岳母，无论其是否再婚，依继承法第12条规定作为第一顺序继承人时，不影响其子女代位继承。”

〔2〕欧阳中梁：《完善我国法定继承人范围立法的思考》，西南政法大学2013年硕士学位论文。

〔3〕《继承法》第14条：“对继承人以外的依靠被继承人扶养的缺乏劳动能力又没有生活来源的人，或者继承人以外的对被继承人扶养较多的人，可以分配给他们适当的遗产。”

〔4〕赵靖宇：《论我国法定继承人范围规定之完善》，中国政法大学2011年硕士学位论文。

酌分制度中“继承人以外的对被继承人扶养较多的人”则不应将其纳入法定继承的范围，以防止法律泛道德化，对于这种情况可以通过遗赠等方式自愿进行补偿。

（二）法定继承人顺序设置不科学

我国法定继承顺序的不科学性体现在以下方面：

1. 法定继承人顺序过少

我国现行的法定继承人顺序只有两个，远远少于其他国家。“当时我国正处于计划经济时期，经济水平不发达，人民个人财富匮乏、个人权利意识淡薄，‘国家本位’思想占据上风。”〔1〕这种环境下的立法已与当今社会脱节，更无法与世界接轨，所以应适当增加继承顺位，以适应当今的社会环境。

2. 未将亲等制度纳入法定继承顺位

我国现行继承法是以“代”来计算血缘关系的，虽简便易行，但精确性不够。以“代”计算直系血亲，是“从自己算起为一代，向上数至父母为二代，祖父母、外祖父母为三代；往下数自己至子女为二代，至孙子女、外孙子女为三代。旁系血亲的计算首先要找到自己与待计算旁系血亲的血缘同源人，然后从两边分别往上数至血缘同源人，取其多者为其代数”。〔2〕“这样的计算方法使得表面上代数相同的旁系血亲可能实际上血缘关系亲疏有别。”〔3〕而亲等制度则清晰地反映了被继承人与各血亲之间的亲疏远近关系。因此，建议将亲等制度纳入法定继承。

3. 不应将父母列为第一顺位继承人

“将父母与子女共同列为第一顺位继承人，是受‘死后赡养’理论的影响，即生前的赡养义务延续到死后”，〔4〕但“这混淆了赡养与继承性质上的区别”。〔5〕赡养追求的是长辈生活上的富足，而继承追求的是遵从死者的意愿。“依据对北京、重庆、武汉、山东等地区民众的调查显示，我国大多数民众被调查者都希望将父母列于子女之后，为第二顺序继承人。”〔6〕并且随着经济的发展，养老制度的完善，当下已经很少出现父母因无法继承财产而造成“食不果

---

〔1〕魏庆爽：《澳大利亚无遗嘱继承制度研究》，西南政法大学 2008 年硕士学位论文。

〔2〕方砚：《家庭法中自然血亲拟制化的比较研究》，贵州大学 2009 年硕士学位论文。

〔3〕童哲：《中西亲等计算方法的比较及我国相关立法建议》，载《公安学刊（浙江公安高等专科学校学报）》2005 年第 1 期。

〔4〕刘悦：《关于我国法定继承人顺序的思考》，载《天津市政法管理干部学院学报》2001 年第 3 期。

〔5〕张玉敏：《法定继承人范围和顺序的确定》，载《法学》2012 年第 8 期。

〔6〕陈苇：《当代中国民众继承习惯调查实证研究》，群众出版社 2008 年版，第 201 页。

腹、衣不蔽体”的状况；相反，“在民间当死者有子女时，父母往往主动不参与继承”。[1] 并且立法还可以通过赋予父母以住房或其他物品使用权的方式保障父母的生活，而不需要通过让父母参与继承来达到“死后赡养”的目的。同时，经济发展还带来了遗产数量的增多，若由父母继承遗产，则父母死亡时不可避免地会导致财产向旁系外流，这是每个有晚辈直系血亲的被继承人所不愿看到的。因此我们应同世界大部分国家一样将父母的继承顺位排在子女之后，列为第二顺位继承人。

4. 不应将配偶固定在第一顺位参与继承

将配偶固定在第一顺位参与继承，并不能达到保护配偶继承权的目的。“我国继承法将配偶列为第一顺序法定继承人，无疑体现了对配偶的重视，但将其与父母、子女同列为同一顺位继承人平等参与继承”，[2] 没有体现赋予对于家庭负担较多的配偶在继承方面的优待，不符合民法中权利、义务相统一的原则。并且在父母、子女均存在的情况下，配偶分得的财产份额往往较少，不利于配偶继承权的保护。若不存在子女与父母时，“单独让配偶继承也不符合我国一些地方所秉承丈夫死后，丈夫的兄弟姐妹、祖父母与妻子共同继承财产的传统”，[3]不利于配偶与其他继承人之间继承利益的合理分配。

而将配偶列为不固定继承顺位，并依据不同顺位规定配偶享有不同的法定继承份额，可以避免某一顺位继承人过多而导致配偶继承份额缩水的情况，也平衡了配偶与其他法定继承人的继承利益；同时赋予配偶以住房与日常生活用品的先取权，以保证配偶的正常生活。相比于现行继承法的规定，此种立法例能更好地保护配偶的继承权，还能兼顾其他继承人的继承利益。

5. 对继子女、继父母继承顺位的安排有失妥当

让形成抚养关系的继父母、继子女作为第一顺位继承人参与继承是不合理的，应赋予其后顺位继承权。依据《中华人民共和国婚姻法》（以下简称《婚姻法》）第27条的规定，[4] 我国将继父母与受其抚养的继子女之间的关系视为拟制血亲，并将其作为继父母、继子女互为第一顺位继承人的法律基础。但这一规定的不合理之处是显而易见的。

---

[1] 许民慧：《中、日、意三国法定继承制度之比较》，载《湖南商学院学报》2004年第3期。

[2] 刘悦：《关于我国法定继承人顺序的思考》，载《天津市政法管理干部学院学报》2001年第3期。

[3] 何勤华、李秀清、陈颐：《新中国民法典草案总览（中卷）》，法律出版社2003年版，第456页。

[4] 《婚姻法》第27条第2款：“继父或继母和受其抚养教育的继子女间的权利和义务，适用本法对父母子女关系的有关规定。”

第一，让形成抚养关系的继子女、继父母互为第一顺位继承人是不公平的。依据最高人民法院的司法解释，[1] 继子女可以双重继承继父母和生父母的遗产。在继子女完全享有生父母的继承权的情况下，生父母却要与继父母分享继子女的遗产，这是有失公平的。

第二，以抚养关系作为建立拟制血亲的标准，与民法的“意思自治”原则相违背。民法中拟制法律关系的建立，需以当事人同意为前提。“继父母对继子女的抚养，往往是出于扶助自己配偶的目的，而非要建立亲子关系。”[2] 若想自愿建立拟制血亲关系则可以采取收养的方式，因此强制规定其间为拟制血亲关系违背意思自治原则。

第三，再婚关系解除后，仍赋予继父母、继子女以继承权，与社会观点不符。依据《婚姻法》第 36 条之规定，[3] 血亲不受父母离婚的影响，继父母、继子女之间的拟制血亲关系也包括在内，因此其相互的继承权依然存在。而继父母、继子女关系实质上只是婚姻关系的附属物，所谓“皮之不存，毛将焉附”，在现实中该继承权的保留很难被民众所接受。

第四，继父母与继子女之间的拟制血亲关系脆弱，不足以产生继承权。虽然立法将形成抚养关系的继父母、继子女之间的关系规定为拟制血亲关系，但与解除收养关系需要满足一系列条件不同，“在基础婚姻关系解除时，仅由继父或继母不同意就可以解除该拟制血亲”，[4] 可见该拟制血亲更类似于姻亲，是十分脆弱的。这种不稳定的拟制血亲关系很难作为产生继承权的基础。

第五，将继父母与继子女之间的关系定义为拟制血亲关系，会导致我国法律规定之间的冲突。若继父母、继子女之间系拟制血亲关系，那么该拟制血亲的效力应当及于继父母的子女，即继兄弟姐妹。依据《继承法》可推定，继兄弟姐妹之间可以作为第二顺位继承人互相继承。但《继承法》明确规定，“该相互继承权需要以存在扶养关系为条件”，[5] 这就产生了立法上的矛盾。

---

〔1〕《最高人民法院关于贯彻执行〈中华人民共和国继承法〉若干问题的意见》第 21 条：“继子女继承了继父母遗产的，不影响其继承生父母的遗产。继父母继承了继子女遗产的，不影响其继承生子女的遗产。”

〔2〕 魏小军、谈婷：《有关继父母子女关系立法的思考》，载《理论探索》2006 年第 2 期。

〔3〕《婚姻法》第 36 条：“父母与子女间的关系，不因父母离婚而消除。”

〔4〕《最高人民法院关于人民法院审理离婚案件处理子女抚养问题的若干具体意见》第 13 条规定，“生父与继母或生母与继父离婚时，对曾受其抚养教育的继子女，继父或继母不同意继续抚养的，仍应由生父母抚养”。

〔5〕《最高人民法院关于贯彻执行〈中华人民共和国继承法〉若干问题的意见》第 24 条规定，“继兄弟姐妹之间的继承权，因继兄弟姐妹之间的扶养关系而发生。没有扶养关系的，不能互为第二顺序继承人”。

同时，这一规定还可能带来当事人再婚的障碍。因此，我国将继父母、继子女纳为第一顺位继承人是不合理的。

（三）关于继承基础法律关系的确定规则不明确

在继承基础法律关系的确定问题上，我国存在亲子关系、扶养关系确定规则不明确和事实婚姻认定过于严格的问题。

1. 亲子关系确定规则缺位

“关于亲子关系的确立，我国基本是通过司法解释、法院复函、制定办法的形式来进行规制的，这些规定不成体系，也不够全面”，[1] 并且在婚生子女的推定与否认、非婚生子女的认定制度上都呈现出缺位的状态。只有《最高人民法院关于适用〈中华人民共和国婚姻法〉若干问题的解释（三）》中对婚生否认的举证问题有所涉及。但这唯一的司法解释，还做出了“一方没有相反证据又拒绝做亲子鉴定可以直接推定亲子关系不成立的规定”，[2] 完全违背了保护子女利益的原则。在亲子关系认定这类确认身份的案件中，应对审判结果的准确性有着更高的要求，法官应秉承职权探知主义查明真相，而不应为了追求诉讼效率而采用证据规则推定的方式，轻易打破已有的亲子关系。

“关于人工生育子女亲子关系的确立问题，只有《最高人民法院关于夫妻离婚后人工授精所生子女的法律地位如何确定的复函》（以下简称《复函》）[3] 中有所涉及。”[4] 根据《复函》的规定可以推出以下结论：其一，我国将人工生育的适用主体限定在有婚姻关系的夫妻双方，排除了单身女性、同居关系中的男女采取此方式的可能性；其二，“一致同意”是确定亲子关系的唯一依据，排除了因血缘而否定亲子关系的可能性；其三，一致同意实施人工生殖生育的夫妻为子女法律意义上的父母，排除了精子、卵子捐赠者进行亲子关系认定的可能性。但《复函》的效力很低，不能直接作为法院判决的依据，因此这方面的司法实践仍处于无法可依的状态。

总之，在亲子关系确认问题上我国呈现出立法缺位的状况，应尽快完善我

---

〔1〕 梁洁：《亲子关系确立制度研究》，西南政法大学2012年硕士学位论文。

〔2〕《最高人民法院关于适用〈中华人民共和国婚姻法〉若干问题的解释（三）》第2条：“夫妻一方向人民法院起诉请求确认亲子关系不存在，并已提供必要证据予以证明，另一方没有相反证据又拒绝做亲子鉴定的，人民法院可以推定请求确认亲子关系不存在一方的主张成立。当事人一方起诉请求确认亲子关系，并提供必要证据予以证明，另一方没有相反证据又拒绝做亲子鉴定的，人民法院可以推定请求确认亲子关系一方的主张成立。”

〔3〕《复函》中指出：“在夫妻关系存续期间，双方一致同意进行人工授精，所生子女应视为夫妻双方的婚生子女，父母子女之间权利义务关系适用《中华人民共和国婚姻法》的有关规定。”

〔4〕 林冬竹：《论我国亲子关系的确立规则》，华东政法大学2012年硕士学位论文。

国亲子关系确立制度，以保证继承法的顺利运行。

2. 事实婚姻的认定过于严格

关于事实婚姻的规定，我国采取严格的限制承认主义，原则上仅承认登记婚姻的效力。“对于事实婚姻，根据《最高人民法院关于适用〈中华人民共和国婚姻法〉若干问题的解释（一）》的规定，〔1〕以1994年2月1日为节点，对于之前符合结婚实质要件的，予以承认”；〔2〕对于之后符合结婚实质要件的，要求其补办结婚登记，方可承认，“可是补办结婚登记的操作性很差，须以双方自愿为前提”，〔3〕对继承而言，“即使自愿也无法进行补办，致使相伴到死的事实婚姻‘配偶’无法取得继承权”，〔4〕这是崇尚自由的当今社会所难以接受的。

面对事实婚姻实际存在数量居高不下的现实，国家坚持对事实婚姻过于严苛的认定方式，不符合现代社会推崇的“减少公权力干预私权领域”的理念，也不利于私权的保护。因此建议我国顺应世界各国事实婚姻立法趋于宽松的大趋势，明确事实婚姻成立的实质要件，赋予符合婚姻实质要件并具有同法律婚姻一样公示效果的事实婚姻，以类似法律婚姻的地位。“承认是为了保护符合婚姻实质条件的事实婚姻中‘夫妻’双方的合法权益，赋予其类似的效果是为了与法律婚姻相区分，保证国家的婚姻登记政策不至于变为一纸空文。涉及……继承方面，则可以参照对配偶继承的规定赋予其一定的继承权”。〔5〕

3. 扶养关系的认定不够明确

我国继承法在遗产酌分制度中对扶养关系的认定十分模糊，导致司法实践层面操作困难。“不知该扶养是法律义务上的扶养还是事实关系上的扶养”，〔6〕对扶养时间的长短以及是否共同生活都没有明确的规定，这就导致各地对扶养

---

〔1〕《最高人民法院关于适用〈中华人民共和国婚姻法〉若干问题的解释（一）》第5条：“未按婚姻法第8条规定办理结婚登记而以夫妻名义共同生活的男女，起诉到人民法院要求离婚的，应当区别对待：①1994年2月1日民政部《婚姻登记管理条例》公布实施以前，男女双方已经符合结婚实质要件的，按事实婚姻处理；②1994年2月1日民政部《婚姻登记管理条例》公布实施以后，男女双方符合结婚实质要件的，人民法院应当告知其在案件受理前补办结婚登记；未补办结婚登记的，按解除同居关系处理。”

〔2〕朱晓喆：《诉讼时效完成后债权效力的体系重构——以最高人民法院〈诉讼时效若干规定〉第22条为切入点》，载《中国法学》2010年第6期。

〔3〕陈苇、高伟：《我国事实婚姻制度之重构——澳大利亚的〈事实伴侣关系法〉的启示》，载《法学杂志》2008年第2期。

〔4〕张翠文：《事实婚姻探究》，吉林大学2008年硕士学位论文。

〔5〕张翠文：《事实婚姻探究》，吉林大学2008年硕士学位论文。

〔6〕檀林飞：《遗产酌分制度研究——兼对我国遗产酌分制度发展史之查考》，西南政法大学2012年硕士学位论文。

关系认定的标准不一。对于“缺乏劳动能力又没有生活来源”〔1〕的认定时间、认定标准也处于立法空白的状态，亟须明确。

二、俄罗斯法定继承顺序变化对我国的启示

继承制度不同于其他法律制度，是极具民族特色的，其与一个民族的历史、风俗习惯、家庭文化密切相关。国家的婚姻家庭制度和民族传统习惯对继承制度都有深远的影响。本文立足我国国情，参考俄罗斯和其他国家的法定继承顺序的规定，提出如下立法建议。

（一）扩大法定继承人的范围

扩大继承范围的立法趋势在国内已达成共识，但扩大到何种程度尚无定论。确定法定继承人范围时应考虑我国具体的民族传统习惯、社会道德观念、国家立法政策、世界立法趋势等，在人们可接受的范围内划定我国法定继承人的范围。法定继承人范围的确定需坚持两个原则：“第一，要尊重财产私有权，尽可能通过法律规定实现死者真实意愿，充分发挥遗产对近亲属的扶养作用”；〔2〕第二，防止与死者关系较远的亲属取得遗产，避免遗产因外流而丧失继承的意义。

1. 将父母的亲兄弟姐妹及侄子女、外甥子女纳入血亲继承人范围

划定继承人的范围，首先要确定血亲继承人的范围。在血亲法定继承人范围的划定方面，笔者建议摒弃以往的世代计算法，而采用亲等计算法。将三亲等以内亲属纳入法定继承的范围，即将父母的亲兄弟姐妹纳入法定继承人范围，并与之相对应，通过扩大代位继承的方式，将侄子女、外甥子女也纳入法定继承的范围。实际上，三亲等亲属还包括曾祖父母、外曾祖父母，之所以将其排除在外，是为了与原法中直系尊亲属的代数保持一致，以免被继承人的遗产通过继承的方式流向更远的旁系血亲。之所以确定侄子女、外甥子女与叔伯姑舅姨的相互继承，是因为这一做法符合我国继承法的历史传统、民族风俗和文化习惯。

就历史传统而言，在唐宋的客商继承制度中，侄子是法定继承人之一。从宋代开始直到清末修律，“绝户”的家庭就存在“立继”和“命继”的做法，〔3〕即为绝户之家选择嗣子参与继承，而嗣子的选择必须要从同宗的近支或同姓的卑亲属中产生，这也就使得侄子往往通过立嗣参与继承。

---

〔1〕《继承法》第14条。

〔2〕赵靖宇：《论我国法定继承人范围规定之完善》，中国政法大学2011年硕士学位论文。

〔3〕绝户是指没有男子继承财产，命继是有尊亲属选定嗣子参与继承，立继是由妻子选定嗣子参与继承。

就民族风俗而言，“壮族家庭如丈夫死后没有子女，妻子可以招夫填房，招来的丈夫有权继承产业，但必须将一小部分田地分给原来的兄弟或子侄。如被继承人无子女的，可于生前在侄子中指定一人或向远房外族要一子作为养子来继承财产，立远房外族为养子时也必须将一部分田产分给其侄子。若生前无养子或指定的继承人，死后则由兄弟或亲侄平分其遗产”。〔1〕“鄂温克族规定，如果被继承人生前无子女，死后财产又无直系血亲继承时，财产就由死者亲近的晚辈继承。如果亲近的晚辈很多不能确定时，则由老人按家谱制定最亲近者继承。通常死者的外甥无继承权，而只能由其同姓侄子继承。”〔2〕由此可见，侄子继承在我国少数民族中也有所涉及。

就文化习惯而言，“在农村地区的传统立法中本就有侄子女继承的习惯，并且现在仍然存在大量叔伯姑舅姨与侄子女、外甥子女相互继承遗产的现象。只是在民事立法时，由于大量移植西方的立法经验，就将此习惯从法律中抹去了”。〔3〕在城市中，尽管家庭结构已由农业社会的大家庭转向小家庭，但亲属的情感却不限于小家庭成员或近亲属之间，近亲属以外的亲属特别是三亲等以内亲属间的情感依然十分浓厚。“在现实生活中，侄子女、外甥子女与叔伯姑舅姨的关系十分亲近，他们无论在物质层面还是精神层面都有着频繁的交往。尽管法律没有在他们之间规定相互扶养的权利义务，但在他们相互间特别是没有近亲属时，常有相互扶助的事实和道德义务。”〔4〕

综上所述，将父母的兄弟姐妹与侄子女、外甥子女纳入法定继承人范围，既符合我国经济社会发展的要求，也适应当今社会婚姻家庭的状况，亦迎合我国的传统文化与民族风俗，既科学合理，又具有可接受性。

2. 将继父母、继子女以及“依靠被继承人扶养的缺乏劳动能力又没有经济来源的人”纳入非血亲继承人范围

我国现行继承法关于非血亲法定继承范围的规定仅有配偶，笔者参考《俄罗斯联邦民法典》继承编并结合我国实际国情后，建议将继父母、继子女以及

---

〔1〕 高其才：《中国少数民族习惯法研究》，中国政法大学 2002 年博士学位论文；广西壮族自治区编辑组、《中国少数民族社会历史调查资料丛刊》修订编辑委员会：《广西壮族社会历史调查》（第 1 册），民族出版社 2009 年版，第 115 页。

〔2〕 高其才：《中国少数民族习惯法研究》，中国政法大学 2002 年博士学位论文；秋浦：《鄂温克人的原始社会形态》，中华书局 1962 年版，第 130 页。

〔3〕 程芳：《论我国法定继承人范围的扩大——以亲等为切入点》，华中科技大学 2012 年硕士学位论文。

〔4〕 赵靖宇：《论我国法定继承人范围规定之完善》，中国政法大学 2011 年硕士学位论文。

“依靠被继承人扶养的缺乏劳动能力又没有经济来源的人”〔1〕也纳入法定继承人的范围。

第一，取消以形成抚养关系作为继父母、继子女相互继承前提的规定，将继子女、继父母作为非血亲继承人纳入法定继承的范围。法律的一个功能是指引作用，原继承法将形成抚养关系的继父母、继子女纳入法定继承范围的立法初衷无非是增进再婚家庭成员的感情。但其规定不符合社会的认知，并且给当事人再婚带来了很大障碍。继承制度作为婚姻家庭制度的重要组成部分，作用之一就是维护家庭的和睦团结。继续保留继父母、继子女的相互继承权，更有利于我国再婚家庭关系的维护。从我国再婚家庭的现状来看，绝大多数继父母、继子女的关系比较和睦，若完全把继父母、继子女排除在法定继承人范围之外，易导致其关系冷漠，甚至引起对继子女的歧视。因此笔者借鉴《俄罗斯联邦民法典》继承编，建议以姻亲关系为基础，将继父母、继子女单独作为一个顺位纳入法定继承人范围。由于以姻亲关系作为继承权的形成基础，因此在基础婚姻存续期间，继子女不区分年龄均可享有继承权，基础婚姻解除后也不会出现继父母、继子女仍可相互继承的局面。至于未成年继子女的抚养，则是基于再婚夫妻间的扶助义务，将此与继子女成年后对继父母的赡养义务相对应，赋予抚养继子女达到一定时间的继父母以要求赡养的权利，保证权利义务的统一。

第二，建议参考俄罗斯的第八顺位继承人，将“依靠被继承人扶养的缺乏劳动能力又没有经济来源的人”〔2〕纳入法定继承人的范围。这是出于对我国具体国情的考虑：我国不同于美国、德国等社会保障制度完善的西方发达国家，对弱势群体扶养的很多负担落在了社会肩上，此制度的确立可以防止被继承人死亡后，那些“依靠被继承人扶养的缺乏劳动能力又没有经济来源的人”〔3〕无以为生状况的出现。需要注意，对“缺乏劳动能力又没有经济来源”〔4〕的判断需以继承开始的时间为准，这样才能真正起到保护弱者的立法目的。其中，“缺乏劳动能力包括两种情况，其一是未成年人，即尚未取得劳动能力；其二是因年老、体弱多病或残疾丧失劳动能力的人”。〔5〕对于没有生活来源的判定，笔者建议采取扩大解释，即理解为“被扶养人的现有财产和可得收入无法维系其

〔1〕《继承法》第14条。

〔2〕《继承法》第14条。

〔3〕《继承法》第14条。

〔4〕《继承法》第14条。

〔5〕檀林飞：《遗产酌分制度研究——兼对我国遗产酌分制度发展史之查考》，西南政法大学2012年硕士学位论文。

最基本的生活”。[1]

3. 扩大代位继承的作用范围

“我国现在代位继承仅限于子女的晚辈直系血亲，并且在代位权的性质方面采取代表说，一旦继承人丧失继承权，其晚辈直系血亲就不能参与继承。这显然与我国扩大代位继承作用的立法政策相左。”[2] 对此，本文决定通过以下两种方式扩大代位继承的作用范围。

第一，改代位继承的理论基础为固有权说，并将代位继承人列入法条之中加以体现，以实现本位继承与代位继承的完美衔接。根据《婚姻法》的规定，祖父母、外祖父母与孙子女、外孙子女具有抚养、赡养义务，[3] 这说明祖父母、外祖父母与孙子女、外孙子女的关系十分密切，其相互继承是基于两者自身的原因。由于我国未将孙子女、外孙子女再列为本位继承人，所以单纯因为其父母的过错就完全剥夺孙子女、外孙子女的法定继承权未免有失公平。在现实生活中，迫于生活与工作的压力，退休在家的祖父母、外祖父母帮助其子女抚养孙子女、外孙子女的现象比比皆是，祖父母、外祖父母与孙子女、外孙子女之间的感情也格外深厚，仅因子女丧失继承权就剥夺孙子女、外孙子女继承的可能性，并不符合祖父母、外祖父母的真实意思表示。因此笔者建议对代位继承采取固有权说，使得代位继承权并不因本位继承权的丧失而归于消灭。

第二，“扩大代位继承权的范围至兄弟姐妹的子女。兄弟姐妹是与被继承人关系最密切的旁系血亲，一般在一个家庭中共同生活”，[4] “相互照顾，感情密切，而且兄弟姐妹的子女与作为叔伯姑舅姨的被继承人也较为亲近，长大之后较多也愿意照顾与赡养被继承人。由此可以推知，当被继承人没有第一顺序的法定继承人与晚辈直系血亲可以继承遗产，也没有第二顺序的法定继承人可以继承遗产时，由被继承人兄弟姐妹的子女代位继承遗产，是符合被继承人意愿的。”[5] 另外，根据上文对我国传统民俗、历史习惯、文化风俗的阐释，笔者建议将代位继承人扩大到亲兄弟姐妹的子女。

---

[1] 檀林飞：《遗产酌分制度研究——兼对我国遗产酌分制度发展史之查考》，西南政法大学 2012 年硕士学位论文。

[2] 李鸿雁：《浅谈我国法定继承人范围和顺序》，载《辽宁广播电视大学学报》2014 年第 2 期。

[3] 参见《婚姻法》第 28 条。

[4] 梁慧星：《中国民法典草案建议稿附理由（侵权行为编·继承编）》，法律出版社 2004 年版，第 227 页；唐琳：《海峡两岸代位继承制度之比较研究》，载《漳州师范学院学报（哲学社会科学版）》2013 年第 4 期。

[5] 唐琳：《我国代位继承规则之修正探究》，载《福建江夏学院学报》2013 年第 5 期。

（二）重构法定继承顺序

“为了更好地反映继承人与被继承人之间的亲疏远近关系”,〔1〕笔者建议首先对现行法定继承顺序进行调整。为了保护被继承人的意愿、防止财产过多流向旁系血亲，“建议将子女及其晚辈直系血亲作为第一顺序法定继承人，父母位列其后作为第二顺序法定继承人”,〔2〕原第二顺位继承人顺延至第三顺位继承人，即兄弟姐妹及其子女与祖父母、外祖父母。而“对于配偶则采用不固定顺序继承，可与第一、第二、第三顺位继承人共同继承”。〔3〕“在无前三个顺序时，由配偶取得全部遗产。”〔4〕其次，以亲等为基础，依照亲等数的大小添加新的继承顺位。将第三亲等中的叔伯姑舅姨作为第四顺位继承人参与继承。再次，将继父母、继子女作为第五顺位继承人。最后，参考俄罗斯法律与我国传统文化，赋予“依靠被继承人扶养的缺乏劳动能力又没有经济来源的人”〔5〕非固定继承顺位，在无其他继承人时，以第六顺位继承人的身份参与继承。需要注意，在酌分财产制中要求酌分财产的主体为“继承人以外的人”，对此基于公平原则应理解为“事实上未参与继承的人”，即在法定继承范围内“依靠被继承人扶养的缺乏劳动能力又没有经济来源的人”〔6〕仍可作为酌分财产制的主体，也自然被纳入该非固定继承顺位。不同的是，若此人属于前顺位继承人，在继承开始时又未列于参与继承的顺位，无论其是否与被继承人共同生活，均和参与继承的顺位继承人一样，享有同等继承权。“若此人不是前顺位继承人，则要求其必须与被继承人共同生活，才可与参与继承的顺位继承人一样，享有同等继承权。”〔7〕与此同时，为了更好地保护配偶的继承权且继续发挥我国的孝道传统，建议将国外配偶的先取权与父母的使用权纳入继承法。

综上所述，笔者对法定继承顺序的建议稿如下：

第一顺位继承人：子女（包括养子女）及其晚辈直系血亲。“被继承人的子女先于被继承人或与被继承人同时死亡以及丧失继承权的，由被继承人子女的晚辈直系血亲代位继承。”〔8〕

---

〔1〕刘野：《略论我国同一顺序法定继承人均等继承的有限原则》，载《法学研究》1986 年第 2 期。

〔2〕陈苇、冉启玉：《完善我国法定继承人范围和顺序立法的思考》，载《法学论坛》2013 年第 2 期；刘悦：《关于我国法定继承人顺序的思考》，载《天津市政法管理干部学院学报》2001 年第 3 期。

〔3〕杨立新、和丽军：《我国配偶法定继承的零顺序改革》，载《中州学刊》2013 年第 1 期；陈苇、冉启玉：《完善我国法定继承人范围和顺序立法的思考》，载《法学论坛》2013 年第 2 期。

〔4〕陈苇、杜江涌：《我国法定继承制度的立法构想》，载《现代法学》2002 年第 3 期。

〔5〕《继承法》第 14 条。

〔6〕《继承法》第 14 条。

〔7〕石均正：《俄罗斯联邦继承法》，载《福建警察学院学报》2008 年第 2 期。

〔8〕唐琳：《我国代位继承规则之修正探究》，载《福建江夏学院学报》2013 年第 5 期。

“第二顺位继承人：父母（包括养父母）。”〔1〕

“第三顺位继承人：兄弟姐妹、祖父母、外祖父母。”〔2〕“被继承人的兄弟姐妹先于被继承人或与被继承人同时死亡的，由被继承人的兄弟姐妹的子女代位继承。”〔3〕

第四顺位继承人：第三亲等的亲属——被继承人父母的兄弟姐妹（叔伯姑舅姨）。

第五顺位继承人：继父母、继子女。

“依靠被继承人扶养的缺乏劳动能力又没有经济来源的人的继承”：〔4〕属于第二至第五顺位的法定继承人，“在继承开始之日，缺乏劳动能力又没有经济来源，又未列于参与继承的顺位，如果在被继承人死亡前对其扶养不少于一年，无论其是否与被继承人共同生活，均与参与继承的顺位继承人一样，享有同等继承权。不属于第二至第五顺位的法定继承人，在继承开始之日，缺乏劳动能力又没有经济来源，如果在被继承人死亡前与其共同居住且对其扶养不少于一年，在有其他法定继承人时，与参与继承的顺位继承人一样，享有同等继承权；在无其他法定继承人时，作为第六顺序继承人参与继承。”〔5〕

“配偶可与前三顺位继承人共同参与继承，在无上述继承人的情况下则由配偶继承全部财产。配偶与第一顺位继承人共同参与继承时，取得遗产的二分之一，与第二顺位继承人参与继承时取得遗产的三分之二，第三顺位继承人参与继承时取得遗产的四分之三，无上述血亲继承人时取得全部遗产。”〔6〕

配偶对遗产中供自己使用的住房和日常生活用品享有先取权，此先取权不受清偿遗产债务的影响。若先取权超过遗产继承的份额，以先取权为其应继份。未能参与继承的父母对遗产中供个人生活使用的住房和日常生活用品，享有终身使用权。

“继承开始后，由前一顺序继承人继承，后顺序继承人不继承。没有前顺序

〔1〕刘悦：《关于我国法定继承人顺序的思考》，载《天津市政法管理干部学院学报》2001年第3期。

〔2〕刘悦：《关于我国法定继承人顺序的思考》，载《天津市政法管理干部学院学报》2001年第3期。

〔3〕唐琳：《我国代位继承规则之修正探究》，载《福建江夏学院学报》2013年第5期。

〔4〕参见《继承法》第14条。

〔5〕参见《俄罗斯联邦民法典》第1148条。

〔6〕刘悦：《关于我国法定继承人顺序的思考》，载《天津市政法管理干部学院学报》2001年第3期。

继承人继承的，由后一顺序继承人继承。”[1]“同一顺位的继承人份额均等”，[2] 但法律另有规定的除外。无人继承的财产划归国家所有。

（三）完善法定继承关于基础关系的规定

需要完善的基础关系包括：父母子女关系、事实婚姻关系，以及对非固定顺位继承人的扶养关系。

1. 填补亲子关系认定的立法空白

坚持我国一元立法模式，即对婚生子女与非婚生子女同等对待，并对亲子关系认定进行如下立法规定：

对于母亲身份：采取“谁分娩谁为其母”[3] 的原则，以代孕情况为例外。在采取代孕生育的情况下，以要求通过代孕生育的女方为母亲。

对于父子身份，分为以下三方面：

第一，父子关系的推定：采取宽松的态度，不规定受胎期间，直接规定“如果子女出生时父母处于婚姻状态，以及子女自父母离婚、确认婚姻无效或父亲死亡之日起三百天内出生，推定子女与婚姻中的男方存在亲子关系”。[4]

第二，父子关系的否认：为了保护公民的隐私权、避免第三人滥用诉权破坏婚姻家庭关系，建议我国将否认权的主体确定为“父、母和成年子女”。[5] 对于否定的事实，“建议参考俄罗斯的立法，采取概括主义的立法原则，即可提出足以证明不存在父子关系的事实”。[6] 在否定期间内，“参考其他国家的规定，将否认期间定为一年”，[7] 自否定权人知道或者应当知道否认事由之日起算。该否认期间的性质是“除斥期间，不得中止、中断、延长，期间内未行使，否定权归于消灭”。[8] 从发现问题起，一年的时间足以让否定权人主张权利，“且过长的时间会使家庭长期处于不稳定状态，不利于子女的成长”。[9] 笔者还建议删除《最高人民法院关于适用〈中华人民共和国婚姻法〉若干问题的解释（三）》中关于推定亲子关系不存在的规定，坚持《最高人民法院关于人民法院在审判工作中能否采用人类白细胞抗原作亲子鉴定问题的批复》中强调的对亲

---

〔1〕参见《继承法》第10条第3款。

〔2〕参见《继承法》第13条。

〔3〕刘成明：《论代孕母亲所生子女的身份确认》，载《攀登》2007年第3期。

〔4〕《俄罗斯联邦家庭法》第48条。

〔5〕杨遂全等：《婚姻家庭法新论》，法律出版社2003年版，第75页。

〔6〕鲍红香：《父母子女身份确定制度研究》，西南政法大学2003年硕士学位论文。

〔7〕李洪祥、徐春佳：《我国未来民法典中亲子关系否认制度的建构》，载《当代法学》2008年第5期。

〔8〕梁慧星：《民法总论》，法律出版社2011年版，第229页。

〔9〕梁慧星：《民法总论》，法律出版社2011年版，第229页。

子鉴定结果秉承从严把握的态度，“对亲子鉴定结论，仅作为鉴别亲子关系的证据之一，一定要与本案其他证据相印证，综合分析，作出正确判断”。〔1〕

第三，父子关系的认定：必须秉承子女最佳利益原则，在征得女方、成年子女的同意，或在成年子女欠缺行为能力时征得成年子女监护人同意的情况下，由生父依其真实意思表示提出认定亲子关系的申请。同时承认以“遗嘱方式认可存在亲子关系的效力”,〔2〕子女可依此享有继承权。对于亲子关系的强制认定，则由法院依实际情况作出判断，将诉权人规定为母亲和成年子女，被诉人规定为亲生父母及其继承人，强制认定事实规定为足以证明存在亲子关系的证据。

对于人工生育问题，首先将《复函》的规定纳入法律范畴，“将人工生育适用范围严格限制在具有婚姻关系且书面同意进行人工生育的男女，子女出生即推定其存在亲子关系，并剥夺其否认权”。〔3〕这就排除了在夫妻双方一致同意的情况下，因医疗机构误用他人精子和采用异质授精情形下丈夫的否认权。但这不影响夫妻对医疗机构的求偿权。笔者建议，对于人工生育的申请应采取严格的实质审查，必须夫妻本人共同向申请机构提交一致同意的书面材料，并提供有效的结婚证，防止“未经丈夫书面同意”或者“此书面同意是在欺诈或胁迫的情形下作出的”，以及“在婚姻关系终止后，妻子使用亡夫或前夫精子进行人工授精”〔4〕的情形发生。

2. 限制承认事实婚姻中配偶的继承权

对于事实婚姻，我国应秉承宪法规定的“尊重和保障人权”原则，顺应国际上有关事实婚姻的立法趋势，“对符合结婚实质要件且同居达到一定期间的事实婚姻予以承认和适度保护”。〔5〕且将承认的条件明确化：“第一，男女双方持续共同生活满两年或育有子女。第二，双方以夫妻名义公开共同生活，并得到社会公认。第三，双方均符合结婚的实质要件”。〔6〕之所以将时间设定为两年，是参考婚姻法中关于“夫妻因感情不和分居满两年的，人民法院调解无效的，

---

〔1〕《最高人民法院关于人民法院在审判工作中能否采用人类白细胞抗原作亲子鉴定问题的批复》，法（研）复（1987）20号，已失效。

〔2〕毛心宇:《人工生殖子女亲子关系的认定规则研究》，南昌大学2008年硕士学位论文。

〔3〕张伟:《人工生育子女法律地位初探——兼议未来克隆人技术引起的法律难题》，载《当代法学》2003年第6期。

〔4〕陈文超:《人工生育子女之亲子关系认定研究》，西南政法大学2012年硕士学位论文。

〔5〕陈苇、高伟:《我国事实婚姻制度之重构——澳大利亚的〈事实伴侣关系法〉的启示》，载《法学杂志》2008年第2期。

〔6〕郭丽红:《论事实婚姻的刑法效力》，中国法学会婚姻法学研究会2010年年会论文（未刊）。

应准予离婚"〔1〕的规定。"涉及继承问题，还须要求该事实婚姻状态一直持续到被继承人死亡之时。"〔2〕因事实婚姻不同于法律婚姻，笔者建议对事实婚姻中配偶的权利予以限制，表现在继承方面则赋予其"在死者的遗产中分出一定的生活费用的权利"，〔3〕该生活费用不得超过配偶的继承份额。"这也可以鼓励事实婚姻双方当事人自愿补办结婚登记。"〔4〕

3. 扶养关系要求的明确化

对于"依靠被继承人扶养的缺乏劳动能力又没有生活来源的人"〔5〕扶养关系的明确，应立足于我国国情并参考社会可接受度，借鉴俄罗斯的立法经验加以明确化、规范化，以便于法律的实行。其一，该扶养必须是长期的、连续不断的。需要形成稳定的扶养关系才有必要赋予其继承权。本文建议将扶养的时间定为不少于一年。同时，该扶养必须持续到被继承人死亡之时。其二，该扶养必须是被扶养人生活的主要来源。这是对扶养程度的要求，该生活来源必须成为被扶养人生活的主要依靠，一旦丧失该生活来源，被扶养人的生活将无以为继。

结　论

本文通过对现行俄罗斯法定继承顺序制度的研究，从血亲继承制度、非血亲继承制度以及继承基础法律关系三方面对其变化和特点进行了评析，并得出以下结论。

第一，可以借助亲等来限制法定继承的范围。由于每个亲等的人数是有限的，通过将继承人限制于一定的亲等内，就可以限制法定继承的范围。并且还可以通过排除亲等之中尊亲属的方法，对继承人的范围予以进一步的限缩，以达到适合本国国情的继承范围。

第二，要始终秉承"尊重被继承人真实意愿"的原则，最大限度地防止遗产过多流向旁系血亲。为此可以通过以下方式进行：一是在法定继承顺序的安

---

〔1〕《婚姻法》第32条。

〔2〕张翠文：《事实婚姻探究》，吉林大学2008年硕士学位论文。

〔3〕夏吟兰、蒋月、薛宁兰：《21世纪婚姻家庭关系新规制——新婚姻法解说与研究》，中国检察出版社2001年版，第187页。

〔4〕陈苇、高伟：《我国事实婚姻制度之重构——澳大利亚的〈事实伴侣关系法〉的启示》，载《法学杂志》2008年第2期。

〔5〕《继承法》第14条。

排上，坚持“卑亲属优于尊亲属”的原则，将亲等数略大的尊亲属列于同亲等的其他亲属之后，并将亲等数过大的尊亲属排除于法定继承之外，防止因尊亲属参与继承而导致遗产过多流向旁系血亲；二是在代位继承的范围内，赋予旁系血亲以代位继承权的同时，将其代位继承的代数限为一代，防止遗产流向过远的旁系血亲，保证遗产在被继承人熟悉的亲属范围内流转；三是“在代位继承的发生原因上，纳入被继承人与继承人同时死亡的情况”,〔1〕这样就将发生被继承人与继承人同时死亡的情况时，因推定长辈先死亡而发生的“转继承”变为直接代位继承，使财产更多地留给被继承人的晚辈直系血亲。

第三，“将继子女、继父母之间继承权的基础定义为姻亲关系，赋予其后顺位继承权”。〔2〕将继父母的继承权与继子女的继承权相对应，共同建立在有效的再婚关系基础上；将继父母对继子女的抚养与日后继子女对继父母的赡养相对应，不以再婚关系存续为条件。以此理顺继子女、继父母继承权的来源，赋予其后顺位继承权。

第四，赋予依靠被继承人扶养的缺乏劳动能力又无生活来源的人以非固定继承顺位。在保证被继承人扶养的人享有一定继承权的同时，也使其他继承人不受过多影响，仍按照本身的顺位参与继承。这样可以很好地平衡“依靠被继承人扶养的人与其他继承人”的利益。

第五，亲子关系认定方面，要坚持保护子女利益的原则，关注人工生育的因素，不可以盲目偏信亲子鉴定的结果。对人工生育要严格把控，仅允许在婚姻存续期间经双方书面同意的夫妻进行人工生育，以保证人工生育子女家庭的完整。通过这种形式生育的子女即婚生子女，父亲对该亲子关系不享有否定权。

以上是从俄罗斯法定顺序的研究中得到的一些启示，希望对我国继承法的修改有所裨益。

参考文献

一、著作类

1. 夏吟兰、蒋月、薛宁兰:《21 世纪婚姻家庭关系新规制——新婚姻法解说与研究》，中国检察出版社 2001 年版。

---

〔1〕 刘耀东:《代位继承的特征及其运行机理》，载《重庆社会科学》2012 年第 2 期。

〔2〕 唐琳:《海峡两岸代位继承制度之比较研究 》，载《漳州师范学院学报（哲学社会科学版）》2013 年第 4 期。

2. 费安玲：《罗马继承法研究》，中国政法大学出版社 2000 年版。

3. 梁慧星：《中国民法典草案建议稿附理由（侵权行为编·继承编）》，法律出版社 2004 年版。

4. 梁慧星：《民法总论》，法律出版社 2011 年版。

5. 史尚宽：《亲属法论》，中国政法大学出版社 2000 年版。

6. 陈苇：《当代中国民众继承习惯调查实证研究》，群众出版社 2008 年版。

7. 陈苇：《家事法研究（2007 年卷）》，群众出版社 2008 年版。

8. 陈苇主编：《婚姻家庭继承法学》，法律出版社 2002 年版。

9. 陈苇主编：《外国继承法比较与中国民法典继承编制定研究》，北京大学出版社 2011 年版。

10. 杨遂全等：《婚姻家庭法新论》，法律出版社 2003 年版。

11. 张玉敏：《继承法律制度研究》，法律出版社 1999 年版。

12. 李双元、温世扬：《比较民法学》，武汉大学出版社 1998 年版。

13. 刘春茂主编：《中国民法学·财产继承》，中国人民公安大学出版社 1990 年版。

14. 《瑞士民法典》，殷生根、王燕译，中国政法大学出版社 1999 年版。

15. ［英］乔治·皮博迪·古奇：《十九世纪的历史学与历史学家》，耿淡如译，商务印书馆 1990 年版。

16. 广西壮族自治区编辑组、《中国少数民族社会历史调查资料丛刊》修订编辑委员会：《广西壮族社会历史调查》（第 1 册），民族出版社 2009 年版。

17. 秋浦：《鄂温克人的原始社会形态》，中华书局 1962 年版。

18. 何勤华、李秀清、陈颐：《新中国民法典草案总览》，法律出版社 2003 年版。

19. 《国学经典：礼记》，李慧玲、吕友仁译，中州古籍出版社 2010 年版。

20. 《法国民法典》，罗结珍译，中国法制出版社 2005 年版。

21. 《最新日本民法》，渠涛编译，法律出版社 2006 年版。

22. 《德国民法典》，陈卫佐译注，法律出版社 2006 年版。

23. В. В. Гущин, В. А. Гуреев, Наследованное право России, Москва, Юрист, 2015.

24. Т. И. Зайцева, Судебная практика по наследственным делам. М. , 2007.

25. С. А. Суханов, Гражданское право. М. , 2009.

26. А. П. Сергеева, Ю. К. Толстого, Гражданское право учебник, Проспект, Москва, 2005.

27. Е. А. Кириллова, Основания наследования в гражданском праве российской федерации// ИНФРА-М. Москва, 2014.

28. Б. С. Антиминов, К. А. Грове, Советское наследственное право. М. , Юр. лит. , 1955.

29. А. А. Бугаевский, Советское наследственное право. М. , Одесса, 1926.

30. А. Л. Маковский, Е. А. Суханова, Комментарий к части третьей Гражданского кодекса Российской Федерации, М. , Юрист, 2003.

31. К. Б. Ярошенко, Волтерс Клувер, Наследственное право // Отв. ред. М. , 2005.

32. М. В. Гордон, Наследование по закону и по завещанию//Юридическая литература,

M. , 1967.

33. Волтерс Клувер, Комментарий к Гражданскому кодексу Российской Федерации, Часть третья (постатейный) // Отв. ред. Л. П. Ануфриева. М. , 2004.

34. М. М. Борисевич, Римское гражданское право. М. , 1995.

35. Т. Т. Зайцева, П. В. Крашенинников Наследовенное право комментарий закондательства и практика его примения, СТАТУС Москва 2009.

36. Ю. Н. Власов, Наследственное право Российской Федерации: Обшие положения, правовые основы, образцы типовых докуменов, М. , 1998.

37. О. Н. Садиков, Г. Е. Авилов, Комментарий к гражданскому кодексу Российской Федерации, ИНФРА-М. Москва, 2006.

38. Р. О. Халфина, Право наследования в СССР. М. , Госюриздат, 1951.

二、论文类

1. 李欣:《中外配偶法定继承权之考察评析》，载《学术界》2011 年第 3 期。

2. 王蜀黔:《〈俄罗斯民法典·继承编〉评介》，载《贵州工业大学学报（社会科学版）》2004 年第 3 期。

3. 王蜀黔:《中俄继承法若干问题比较》，载《时代法学》2004 年第 2 期。

4. 王蜀黔、付海英:《俄罗斯继承法综述》，载《法律适用》2004 年第 6 期。

5. 刘耀东:《代位继承的特征及其运行机理》，载《重庆社会科学》2012 年第 2 期。

6. 王歌雅:《俄罗斯联邦继承法的私权守望与价值追求》，载《俄罗斯中亚东欧研究》2009 年第 5 期。

7. 王歌雅:《审视与借鉴：俄罗斯联邦的继承制度》，载《俄罗斯中亚东欧研究》2010 年第 1 期。

8. 项光勤:《再婚家庭的亲子关系问题初探》，载《学海》2003 年第 6 期。

9. 尚贤:《法定继承人的范围和顺序》，载《郑州航空工业管理学院学报（社会科学版）》2007 年第 6 期。

10. 张玉敏:《代位继承比较研究》，载《中央政法管理干部学院学报》1997 年第 3 期。

11. 张玉敏:《法定继承人范围和顺序的确定》，载《法学》2012 年第 8 期。

12. 李洪祥、徐春佳:《我国未来民法典中亲子关系否认制度的建构》，载《当代法学》2008 年第 5 期。

13. 张伟:《人工生育子女法律地位初探——兼议未来克隆人技术引起的法律难题》，载《当代法学》2003 年第 6 期。

14. 许民慧:《中、日、意三国法定继承制度之比较》，载《湖南商学院学报》2004 年第 3 期。

15. 程亦军:《俄罗斯人口发展与社会问题》，载《俄罗斯中亚东欧市场》2006 年第 2 期。

16. 申建平:《继承法上配偶法定居住权立法研究》，载《求是学刊》2012 年第 4 期。

17. 陈苇、高伟:《我国事实婚姻制度之重构——澳大利亚的〈事实伴侣关系法〉的启示》，载《法学杂志》2008 年第 2 期。

18. 陈苇、王薇：《我国设立非婚同居法的社会基础及制度构想》，载《甘肃社会科学》2008 年第 1 期。

19. 陈苇、杜江涌：《我国法定继承制度的立法构想》，载《现代法学》2002 年第 3 期。

20. 鄢一美：《俄罗斯民法典中继承法律规范的新变化》，载《比较法研究》2004 年第 2 期。

21. 王蓓：《血亲的法定继承顺序研究》，载《东岳论丛》2009 年第 1 期。

22. 王蓓：《配偶的法定继承顺序和应继份制度研究》，载《天府新论》2008 年第 5 期。

23. 王蓓：《法定继承人范围改革研究》，载《西南民族大学学报（人文社科版）》2010 年第 5 期。

24. 魏小军、谈婷：《有关继父母子女关系立法的思考》，载《理论探索》2006 年第 2 期。

25. 杨立新、和丽军：《我国配偶法定继承的零顺序改革》，载《中州学刊》2013 年第 1 期。

26. 江毅：《日本内缘婚制度研究》，载《时代法学》2007 年第 1 期。

27. 石均正：《俄罗斯联邦继承法》，载《福建警察学院学报》2008 年第 2 期。

28. 刘成明：《论代孕母亲所生子女的身份确认》，载《攀登》2007 年第 3 期。

29. 张伟：《人工生育子女法律地位初探——兼议未来克隆人技术引起的法律难题》，载《当代法学》2003 年第 6 期。

30. 陶冶：《浅析法定继承人顺序的确定依据》，载《东方企业文化》2014 年第 7 期。

31. 刘耀宏：《完善我国法定继承制度有关规定的思考》，载《现代经济信息》2009 年第 18 期。

32. 许民慧：《中、日、意三国法定继承制度之比较》，载《湖南商学院学报》2004 年第 3 期。

33. 李慧芳、王欢欢、时阳丽、王珊珊：《关于乡村“失独家庭”的生存状况及相关政策分析》，载《青年时代》2014 年第 21 期。

34. 刘悦：《关于我国法定继承人顺序的思考》，载《天津市政法管理干部学院学报》2001 年第 3 期。

35. 李鸿雁：《浅谈我国法定继承人范围和顺序》，载《辽宁广播电视大学学报》2014 年第 2 期。

36. 童哲：《中西亲等计算方法的比较及我国相关立法建议》，载《公安学刊（浙江公安高等专科学校学报）》2005 年第 1 期。

37. 唐琳：《海峡两岸代位继承制度之比较研究》，载《漳州师范学院学报（哲学社会科学版）》2013 年第 4 期。

38. 唐琳：《我国代位继承规则之修正探究》，载《福建江夏学院学报》2013 年第 5 期。

39. 朱晓喆：《诉讼时效完成后债权效力的体系重构——以最高人民法院〈诉讼时效若干规定〉第 22 条为切入点》，载《中国法学》2010 年第 6 期。

40. 刘野：《略论我国同一顺序法定继承人均等继承的有限原则》，载《法学研究》1986 年第 2 期。

41. 高其才:《中国少数民族习惯法研究》,中国政法大学 2002 年博士学位论文。

42. 张翠文:《事实婚姻探究》,吉林大学 2008 年硕士学位论文。

43. 王浩:《论我国法定继承制度的完善》,华南理工大学 2013 年硕士学位论文。

44. 魏珺:《法定继承人范围和顺序的探究》,南昌大学 2014 年硕士学位论文。

45. 陈程:《中俄继承法律制度比较研究》,新疆大学 2012 年硕士学位论文。

46. 林冬竹:《论我国亲子关系的确立规则》,华东政法大学 2012 年硕士学位论文。

47. 程芳:《论我国法定继承人范围的扩大——以亲等为切入点》,华中科技大学 2012 年硕士学位论文。

48. 赵靖宇:《论我国法定继承人范围规定之完善》,中国政法大学 2011 年硕士学位论文

49. 陈文超:《人工生育子女之亲子关系认定研究》,西南政法大学 2012 年硕士学位论文。

50. 李岩:《论我国法定继承制度的立法完善》,南京理工大学 2006 年硕士学位论文。

51. 郭喜鸽:《对我国遗产酌情分与制度的反思与完善》,中国政法大学 2015 年硕士学位论文。

52. 鲍红香:《父母子女身份确定制度研究》,西南政法大学 2003 年硕士学位论文。

53. 梁洁:《亲子关系确立制度研究》,西南政法大学 2012 年硕士学位论文。

54. 李宁欢:《论事实婚姻的法律调整》,中央民族大学 2011 年硕士学位论文。

55. 毛心宇:《人工生殖子女亲子关系的认定规则研究》,南昌大学 2008 年硕士学位论文。

56. 檀林飞:《遗产酌分制度研究——兼对我国遗产酌分制度发展史之查考》,西南政法大学 2012 年硕士学位论文。

57. 欧阳中梁:《完善我国法定继承人范围立法的思考》,西南政法大学 2013 年硕士学位论文。

58. 魏庆爽:《澳大利亚无遗嘱继承制度研究》,西南政法大学 2008 年硕士学位论文。

59. 方砚:《家庭法中自然血亲拟制化的比较研究》,贵州大学 2009 年硕士学位论文。

60. 安志伟:《我国代位继承制度的实务分析》,黑龙江大学 2013 年硕士学位论文。

61. 焦阳:《论我国法定继承人的顺序》,大连海事大学 2011 年硕士学位论文。

62. 司丹:《亲子制度研究》,黑龙江大学 2013 年博士学位论文。

63. В. Н. Гаврилов, Нетрудоспособные иждивенцы как обязательные наследники // Вестник Саратовской государственной академии права, 2010, No. 3.

64. Вадим Анатольевич Белов, Круг наследников по законустатья, Вестник Московского университета, Право, Год издания, 2002, No. 1.

65. О. Е. Блинков, Права внуков в наследственном праве государств—участников СНГ// Вопросы ювенальной юстиции, 2009, No. 5.

66. М. С. Абраменков, Высшее судебное толкование отечественного наследственного закона: не обошлось без ошибок // Наследственное право, 2013, No. 1.

67. О. Е. Блинков, Российский наследственный закон: новое толкование от Верховного Суда Российской Федерации // Наследственное право, 2012, No. 3.

68. И. В. Журавлев, Наследственные права иждивенцев: современное регулирование//

Наследственное право，2014，No. 2.

69. Е. А. Сухонов，О третьей части Гражданского кодекса РФ// Вестник Высшего Арбитражного Суда РФ，2009，No. 3.

70. В. М. Лебедев，Секретарь Пленума，В. В. Дорошков，Судья Верховного Суда Российской ФедерацииПостановление，No. 9，Пленума верховного суда Российской Федерации от 29. 05. 2012，Председатель Верховного Суда Российской Федерации.

71. С. М. Корнеев，В. И. Серебровский，Очерк Жизни：научной и педагогической деятельности// Под ред. В. И. Серебровский，Тзбранные труды，2008，No. 1.

72. М. С. Абраменков，Доказывание статуса наследника первой очереди Наследственное право，2012，No. 1.

73. Т. П. Солодкова，Защита прав фактических супругов в наследственных правоотношениях// Наследственное право，2009，No. 2.

74. О. Е. Блинков，О расширении круга родственников，призываемых к наследованию по закону// Наследственное право，2011，No. 1.

75. О. Ю. Малкин，Л. А. Смолина，Наследование по закону пережившим супругом // Наследственное право，2014，No. 1.

76. М. С. Абраменков，П. В. Чугунов，Седьмая очередь наследников // Наследственное право，2009，No. 4.

三、其他

1.《我国失独家庭将达千万》，载央视网 http：//news. cctv. cn/ 2013/02/16/ARTI1360970409478883. shtml，最后访问日期：2017 年 3 月 12 日。

2. 李国华：《〈继承法〉修改提上日程》，载《西南商报》2012 年 9 月 5 日。

3. 郭丽红：《论事实婚姻的刑法效力》，中国法学会婚姻法学研究会 2010 年年会论文（未刊）。

国际商事仲裁中第三人之探讨

肖　瑶

摘　要

国际商事仲裁作为一种快捷有效的争端解决机制，在国际商事活动的争议解决中占据越来越重要的地位。如今，随着多方当事人交易成为世界经济领域中的常见形态，商事领域的纠纷愈加复杂，国际商事仲裁第三人概念也因此进入仲裁视野。此外，当代法学理论不断突破传统法学学说，进行理论创新，逐渐改变了人们头脑中关于国际商事仲裁第三人问题的观念。在全球范围内，仲裁实践的迫切需要和理论的变化创新都推动国际商事仲裁第三人制度成为一个研究热点。

一些国家在实践中对该制度做出了规定，但多数国家对此仍采取保守态度。这一颇具争议性的命题，是否具有存在的必要性、合理性及可行性，至今仍是一个存在激烈交锋并具有突出的理论研究价值和直接的实践操作意义的重大课题。国际商事仲裁制度第三人的概念如何界定？国际商事仲裁是否可以引进第三人？这是否背离了仲裁的核心价值？在国际商事仲裁制度下如何规定第三人？国际商事仲裁领域内，很多国家的理论学者和仲裁实务操作者都已经开始研究和探讨这些问题。

任何一项法律制度的存在都以实现其实践功能为目标和导向，仲裁制度同样如此。仲裁实践操作中亟须第三人是本文写作的一个重要原因，本文论述仲裁第三人的根本目的就是服务于仲裁实践。首先，本文拟对国际商事仲裁第三人的概念进行详细分析；其次，本文将对理论界和实践界对国际商事仲裁第三人所持的不同观点进行分析。通过上述两部分的阐述，以期达到明晰仲裁第三人制度的概念以及理论基础的目的，同时说明确立仲裁第三人的必要性与可行性。最后，本文将分为以下几部分对国际商事仲裁中第三人的实践展开论述，第一章主要说明中国仲裁立法和实践在仲裁第三人问题上的突破与困境，第二章将对国际商会（以下简称“ICC”）仲裁院 2012 仲裁规则（以下简称“ICC2012 仲裁规则”）涉及仲裁第三人的条文进行分析，第三章对中国国际经济贸易仲裁委员会（以下简称“CIETAC”）2015 年 1 月 1 日颁布实行的新仲裁规则（以下简称“CIETAC2015 仲裁规则”）的第 14 条、第 18 条进行详细分析。通过这两条规则与 ICC2012 仲裁规则的比较，说明此次 CIETAC 的新仲裁规则并未确立仲裁第三人制度，本次 CIETAC2015 仲裁规则的修订仍然显示出中国对仲裁第三人制度的保守态度，但是其向 ICC2012 仲裁规则又走近了一步，已经展现出开放的态度，这对以后规则的修订会产生重要的影响，同时也会影响中国仲裁法的修订。最后进行总结，并提出对我国仲裁法的修订建议。

关键词：国际商事仲裁　仲裁第三人　中国国际经济贸易仲裁委员会　仲裁规则

引　言

伴随国际经济交往的愈加频繁，国际商事纠纷与日俱增，作为解决商事纠纷工具的国际商事仲裁制度的重要性更加凸显，改善自身投资环境、提高本国国际地位已经成为各国的普遍需求，而提供良好的国际商事仲裁服务作为达到上述目的的一种有效工具为各国所重视。[1] 基于仲裁实践的需要以及各国支持仲裁的趋势，国际商事仲裁领域也在进行制度的创新和完善。“随着国际商事往来的日趋复杂与多样，多方当事人交易、连环合同、权利义务转让、集团公司、

---

〔1〕 刘晓红主编：《国际商事仲裁专题研究》，法律出版社 2009 年版，第 2 页。

代理人与代表人等复杂法律现象在世界经济领域已成为了常见形态"[1]，各方利益错综复杂，只有双方当事人参与的传统国际商事仲裁制度已经不能快捷高效地解决关系错综复杂的商事案件。于是，国际商事仲裁第三人[2]的概念出现在仲裁制度的视野中。国际商事仲裁是否可以引进第三人制度？这是否背离了仲裁的核心价值？这一制度又该如何引进？国际仲裁领域的立法和实践为解决这些问题已经进行了有价值的摸索，这些问题也引起了国内学者的广泛重视。

国内学者对此问题的研究从 1998 年开始，至今已有近四分之一世纪的历史。1998 年《人民司法》刊登了刘传慕先生题为《对仲裁庭追加第三人的法律分析》的文章，这标志着我国仲裁界对仲裁第三人这一理论争鸣的开始。随着仲裁理论与实践的发展变化，仲裁界给予国际商事仲裁第三人制度更多的关注，在我国仲裁法修订前后，此理论研究在学界又掀起了一个高潮，该法修订稿草案对仲裁第三人态度的松动，引起了更多法律人对仲裁第三人问题的关注和研究，尤其是 2008 年石育斌博士出版的《国际商事仲裁第三人制度比较研究》一书，系统详尽地论述了仲裁第三人制度的理论和实践。

随着世界仲裁领域内对国际商事仲裁制度理论研究的创新和突破，一些国家的仲裁立法及仲裁制度的实践都对国际商事仲裁第三人给予一定程度的肯定，国际商事仲裁第三人制度在 2012 年前后再次成为研究的热点，尤以 ICC2012 仲裁规则为标志，其仲裁条文中虽未直接规定仲裁第三人制度，但是通过对作为提请仲裁依据的仲裁协议形式上要求的变化，为仲裁第三人加入原仲裁案件程序提供了现实可能性。我国的仲裁实践对于仲裁第三人制度的设立有过突破性的规定，一些地方仲裁机构的仲裁规则也曾对此有程序上的设计，但是由于我国仲裁立法对仲裁第三人始终持保守态度，仲裁第三人制度的实践面临困境。而面对当今商事交易关系和法律关系日益复杂的局面，仲裁第三人制度的缺失显示出我国国际商事仲裁法律体系的现状与国际商事仲裁实践需要之间的距离，在一定程度上将对涉及第三人利益的仲裁案件处理造成一定的阻碍，这也是这一问题引起更多学者热议的原因。

与我国仲裁界和司法界所持的保守态度不同，在全球视野下，国际商事仲裁第三人问题是一个热点研究论题，加之国际商事仲裁实践的迫切需要，一些国家已对该制度进行了一定的尝试，尽管仍然对此概念在制度设计上进行了严格的限制，但荷兰、英国、比利时等国家的仲裁立法以及国际商会仲裁院、日

---

〔1〕 石育斌：《国际商事仲裁第三人制度比较研究》，上海人民出版社 2008 年版，第 15 页。

〔2〕 国际商事仲裁第三人实际上是仲裁第三人制度的一个类别，但由于两者在理论基础、本质属性以及合理性、必要性等方面是一致的，本文叙述多用"仲裁第三人"代替"国际商事仲裁第三人"。

本商事仲裁协会等的仲裁规则还是对仲裁第三人作了突破性的尝试。但是，目前理论界和实践界都尚未对国际商事仲裁第三人形成统一的制度性规定，而且对于其概念界定、价值目标、法理基础、程序设计等方面也未达成统一。

在近些年国际商事交往深入发展的背景下，扩大传统国际商事仲裁中两方对垒格局的趋势也愈加明显，因此对国际商事仲裁第三人问题进行深入的专题研究，既有突出的理论价值，又有重要的实践意义。本文将以服务仲裁实践为目的展开对仲裁第三人问题的探讨。合并仲裁制度与仲裁第三人制度一样，由于与仲裁制度的契约性存在冲突而一直有争议，但为适应实践中越来越复杂的案件，现在国际仲裁领域已经承认了合并仲裁制度，但现阶段我国仲裁立法并没有关于合并仲裁的规定，而各仲裁机构为适应仲裁实践的需要、与国际仲裁制度接轨，在仲裁规则中已有关于合并仲裁的程序规定。仲裁第三人制度的设立在我国仲裁立法和实践中虽有突破却面临困境，仲裁立法始终对此制度持否定态度。作为国际性仲裁机构，CIETAC 此次仲裁规则的修订参照 ICC2012 仲裁规则，增加了追加当事人的规定，但是由于我国仲裁立法对仲裁协议书面要件和签署要件的严格规定，CIETAC 新仲裁规则的规定并未和 ICC2012 仲裁规则同步，没有为仲裁第三人进入仲裁程序提供任何可能性。

在国际商事仲裁课程中，笔者学习了国际商事仲裁制度的基本理论，阅读了关于合并仲裁以及仲裁协议效力扩张方面的论文后，对仲裁第三人这一问题有了一些理论积累。现在，通过收集、阅读关于国际商事仲裁第三人制度的相关著作、学术论文以及相关国内法、仲裁规则、案例资料，笔者对此制度进行了初步的分析梳理。在 CIETAC 实习期间，笔者阅读了 CIETAC2015 仲裁规则并对我国仲裁法和其他仲裁机构对此制度的规定也进行了一定的了解，基于上述准备工作，笔者通过文献分析的方法，归纳总结国际商事仲裁第三人的研究现状和实践情况，以期对国际商事仲裁第三人的概念进行界定，并得出支持此制度的理论基础；通过对 ICC2012 仲裁规则以及 CIETAC2015 仲裁规则相关条文的规范研究和比较，分析仲裁第三人制度设计的路径以及我国仲裁立法所面临的困境，以期为我国仲裁法的修改及国际商事仲裁的实践提供参考。

第一章 国际商事仲裁第三人概念分析

截至 2015 年 9 月 1 日，我国仲裁法实施已有 20 年时间，但是仲裁作为一种古老的争议解决方式，在西方的古代神话故事中已有体现，古希腊的法律制度已经有关于仲裁内容的记载。现代仲裁制度起源于中世纪的欧洲，国际商事仲裁始于欧洲中世纪行商法院。仲裁制度作为一种民间争议解决方式，尤其在国际商事争议解决中，所具有的高效便捷的特征使得现代国际商事仲裁制度在我国发展的短短几十年中备受青睐，制度模式也日趋成熟。

但是，实践的发展往往对传统理论形成挑战，随着国际商事交往活动的日渐深入，传统国际商事仲裁理论已经不能满足实践需要。传统商事仲裁中只有签订仲裁协议的双方当事人可以参加仲裁程序，而在纠纷日益复杂的情况下，如果仲裁程序仍将与合同有着不可分割之复杂利益关系的第三方当事人拒之门外，则既不利于将问题调查清楚，也可能造成执行中的麻烦，从而无法从根本上解决纠纷。这一问题在涉及复杂交易环节的国际货物买卖合同、航运合同以及建筑工程合同时表现得尤为明显。例如，在建筑工程合同中约定仲裁方式解决纠纷，但是承包合同只有发包人和承包人签字，而分包合同又只有承包人和分包人签字，发包人往往不会签署。如果因建筑工程产生纠纷，三方的权利义务交错，而此时不管哪方诉诸仲裁都不能在一个仲裁程序中将另外两方都纳入，只能作为仲裁第三人另外寻求救济途径。因此需要突破某些传统理论来解决实践中的问题。如果这一突破不背离普遍认可的仲裁制度的本质、价值取向、基本原则，就似乎不会引起太大争议，难题就在于实践问题需要理论突破，而这一理论突破又看似与传统理论的基本原则相悖。国际商事仲裁第三人就是这样一个颇具争议又迫切需要解决的问题。

作为仲裁制度核心灵魂特征的意思自治，受到了仲裁第三人理论的挑战，这也使得仲裁第三人这一理论从出现起就饱受争议。但是2009年国际商会提供的资料报告显示，有1/3以上的国际商事仲裁案件涉及多份合同或两方以上当事人的问题，使得仲裁程序无法避免与原当事人以外的第三方产生利益牵涉。[1] 仲裁协议的当事人之间的争议所涉及的利益已远远超出彼此，这一实践需要迫切要求将此理论纳入仲裁制度体系。然而现今仲裁界对仲裁第三人作为一项制度存在的合理性与必要性仍有激烈交锋，这一课题具有突出的理论研究价值和直接的实践意义。

对仲裁第三人进行理论研究的目的是，确定在仲裁实践中该第三人能否作为当事人参加原案件的庭审以及其在后续程序中所能享有的权利及应履行的义务。为了更好地针对仲裁第三人进行理论研究，必须首先明确仲裁第三人这一概念。仲裁第三人这一理论饱受争议，其概念本身也不例外，无论在理论界还是实践界，仲裁第三人这一概念的内涵和外延至今都未形成统一的结论。现有的各种观点，可归类为以下三种。

---

〔1〕 张抒扬:《论国际商事仲裁条款对第三人的效力》，载《国际市场》2011年第11期，第70页。

一、仲裁协议型仲裁第三人

此类第三人即“仲裁协议的非签约方取得了作为仲裁当事人的主体地位”[1]，此仲裁协议的非签字方应为对仲裁协议具有实体权利义务关系的一方。在传统仲裁理论中，只有签署书面的仲裁协议并受仲裁协议管辖范围内权利义务约束的当事人才具有提起仲裁的主体资格。仲裁协议型仲裁第三人，尤其在当下商事法律关系愈加错综复杂的条件下，作为仲裁协议的非表面签字方大多表现为由于其他原因亦要承担与此协议相关的实体权利义务的一方。仲裁协议型第三人表现为商事交往实践中的客观存在，其设定的目的是允许第三人取得仲裁当事人的资格。

以航运合同为例，海运的特殊性决定了承运人、托运人和提单持有人（或收货人）之间存在错综复杂的权利义务关系，作为航运合同一方的托运人在合同的实际履行过程中并非所托运货物的利益承担者，主要权利义务的承担者实质上是承运人和提单持有人（或收货人），但提单持有人（或收货人）并非航运合同的当事人。随之而来的问题就是，作为航运合同仲裁条款非签字方的提单持有人，与承运人之间的纠纷是否应受航运合同中仲裁条款的约束，运输合同中的仲裁条款是否能够并入提单而适用于提单持有人和承运人之间。这一问题的解决要根据案件的实质要件来进行判断。上述仲裁条款能否并入提单的问题中，仲裁协议的提单持有人就成了此定义下的仲裁第三人。

仲裁作为一种纠纷解决方式，应归属程序法范畴，我们所指的仲裁第三人的定义应当是对仲裁程序开始后才进入原仲裁程序的人的界定，显然仲裁协议型第三人定义方式只从非签字方与仲裁协议所涉及的实体权利义务关系进行界定，未能对仲裁第三人作为一个程序法下的子概念进行说明，存在以实体法的内涵来界定程序法[2]问题的嫌疑。

二、简单模仿型仲裁第三人

第三人概念源于民事诉讼制度，是指一方认为其对他人已提起诉讼的案件标的有独立请求权，或者由于自身与案件判决或裁定存在密切的权利义务关系，而申请或被追加到原诉讼程序中的案外人。[3] 而仲裁第三人也正来源于此，认为“仲裁第三人是指对当事人之间的争议标的有独立的请求权或虽无独立的请求权，但案件的处理结果同他有法律上的利害关系，为保护自己的合法权益而

---

〔1〕 齐树洁、顾佳：《论仲裁程序中的第三人》，载《仲裁研究》2005年第2期，第26页。

〔2〕 实体法是规定公民权利义务的一种法律分类，程序法是为保障实体权利义务而设置的程序性规范的法律。

〔3〕 江伟主编：《民事诉讼法》，高等教育出版社2000年版，第124页。

参加到仲裁程序中的人"[1]。

这种定义方式存在合理的一面：表明允许仲裁第三人参加仲裁的原因，其与诉讼第三人参加诉讼一样要与所涉仲裁案件具有相应的实体权利义务关系，也就是仲裁第三人的权益会受仲裁裁决的直接影响。[2] 但这一定义方式也存在一定的问题：与代表国家强制力的诉讼制度不同，仲裁制度中当事人的意思自治是最突出的特征，它在带给仲裁制度生命力和自主性的同时，也带来了一定程度上的局限性，这也决定了仲裁第三人制度与诉讼第三人制度是不能等同的。因此，此种定义方式如此简单地移植概念是不妥的。仲裁第三人设置的目的是要将仲裁协议的非签约方纳入仲裁程序，这样一来，至少是在表面上，仲裁活动突破了仲裁当事人达成的合意，将仲裁协议的效力扩张到非签约方。因此，仲裁第三人的核心问题包括，这样的突破是否可行？如果可行，非签约方需具备什么样的实体条件才能获得主体地位？而这一问题本质上属于实体法的范畴。如果不先确定主体资格的问题而单从程序法角度来界定仲裁第三人，难免有本末倒置的嫌疑，因此对仲裁第三人进行定义无法绕过对仲裁第三人主体资格的实体法分析。上述简单模仿诉讼第三人定义对仲裁第三人进行定义，实际上是用程序定义的方式来分析包含丰富实体内涵的仲裁协议非签字方，容易造成概念含混不清，不利于实践操作。[3]

三、全面概括型仲裁第三人

全面概括型仲裁第三人是指“仲裁协议的第三人、裁决执行当中的第三人以及仲裁程序进行过程中的第三人"[4]。此种定义是对仲裁第三人外延分三个不同阶段进行的概括而非对其内涵的界定。第一类仲裁协议的第三人是指与仲裁协议有实体权利义务关系的非仲裁协议签字方，这是一种从实体法上对仲裁第三人进行的界定，与仲裁协议型的仲裁第三人定义重合；第二类裁决执行中的第三人则不是严格意义上的第三人，在我国，仲裁裁决是仲裁程序的最终环节，而后续的执行程序已经超越仲裁程序的范围，强制执行权由法院行使；第三类仲裁程序进行过程中的第三人是以程序法的视角定义第三人。虽说仲裁第三人是仲裁法这一程序法的子概念，然而其内涵并不单一，其存在的原因与众多的实体法如合同法、海商法等有密切的联系，因此不能对它做如此简单的

---

〔1〕 刘传慕：《对仲裁庭追加第三人的法律分析》，载《人民司法》1998 年第 9 期，第 27 页。

〔2〕 罗楚湘、宋颖：《商事仲裁第三人制度初探及构想》，载《商事仲裁》2009 年第 00 期，第 52 页。

〔3〕 齐树洁、顾佳：《论仲裁程序中的第三人》，载《仲裁研究》2005 年第 2 期，第 27 页。

〔4〕 林一飞：《论仲裁与第三人》，载《法学评论》2000 年第 1 期，第 91 页。

概括。

这一定义下所包含的三种仲裁第三人有交叉重合的部分。仲裁协议的第三人有可能但不必然成为仲裁程序中的第三人，而作为仲裁第三人则必然是仲裁协议的第三人。因此，这一定义并未准确描述仲裁第三人的概念，而只是一种分类方式，其中既包括实体法上的第三人也包括程序法上的第三人。

四、总结

学界对仲裁第三人的三种概念各有侧重，也均有失偏颇。那么仲裁第三人究竟如何定义呢?

仲裁第三人作为仲裁制度下的一个子概念，其“本质含义即从程序视角对仲裁当事人之外的相关主体进行界定与规范”，并且定义仲裁第三人的目的主要是对仲裁程序中权利义务的分配及其运用进行规范。〔1〕 要准确定义仲裁第三人这一概念，既不能用实体解释程序，也不能用程序论证实体，而应兼顾程序和实体两个方面。

综合以上对仲裁第三人的定义以及对各定义存在的优势和劣势的评析，仲裁第三人是指“非仲裁协议的表面签字者，由于合同或其他财产关系，认为对仲裁标的或对仲裁结果存在独立的请求权，或虽无独立的请求权，但仲裁结果可能与其有法律上的利害关系，在仲裁当事人一方或多方请求下或经过仲裁当事人一方或多方的同意，在仲裁庭组庭之前或组庭之后加入到仲裁程序中的案外人”〔2〕。首先，这一定义解释了仲裁第三人的字面含义，即案涉仲裁协议的非表面签字者；其次，在实体方面，这一定义下的仲裁第三人必须与参加的仲裁案件的标的或结果有实体上的关系，这实质上是对仲裁协议效力扩张的范围作出严格限定，以期对能够参加仲裁程序的第三人的范围进行限制，继而确保第三人的加入不会对仲裁意思自治的基本原则产生根本性突破；最后，对仲裁第三人如何加入原仲裁程序以及参加进来的时间进行了界定，这一限定要求仲裁第三人的出现要以当事人的同意为前提，使这一制度的设立既不违反作为仲裁灵魂性原则的意思自治，保障仲裁第三人的范围始终处在一个合理的可接受的界限内，〔3〕 又能够顺应现今仲裁实践发展的需要和国际仲裁第三人制度发展的趋势。

本文将采用此仲裁第三人的定义展开以下的分析。

---

〔1〕 李智远:《国际商事仲裁第三人介入制度简介》，载《法制与社会》2014 年第 4 期，第 49 页。

〔2〕 石育斌:《国际商事仲裁第三人制度比较研究》，上海人民出版社 2008 年版，第 24 页。

〔3〕 罗楚湘、宋颖:《商事仲裁第三人制度初探及构想》，载《商事仲裁》2009 年第 00 期，第 56 页。

第二章 关于国际商事仲裁第三人两种理论的分析

仲裁协议是双方自愿将可能发生的争议提交仲裁解决而达成的合意，是开启仲裁程序的基础。关于仲裁第三人的所有争论都围绕其是否触犯了有效仲裁协议这一制度基石而展开，违反了仲裁协议也就违背了当事人的意愿。围绕仲裁第三人是否能够成为案涉仲裁协议下的适格当事人，持肯定观点和否定观点的学者们展开了激烈论战。在论战中我们也逐渐发现，关于仲裁第三人的争议本质上源于对仲裁的本质、价值目标的不同认识。对仲裁第三人这一理论持不同观点的学者，在一定程度上也是基于对仲裁理论的不同认识来论证的。下文笔者将首先对两种观点及其理论依据进行简要介绍。

一、否定论

仲裁协议作为当事人意思自治的表现，是仲裁制度的基石，当事人将争议提交仲裁解决、仲裁机构确定对仲裁案件的管辖权以及法院对仲裁裁决承认与强制执行都要依据有效存在的仲裁协议。[1] 仲裁第三人作为非仲裁协议的表面签字者，没有提起仲裁的依据，其参加仲裁程序突破了当事人的意思合意，因此仲裁第三人概念在提出之初就受到传统仲裁理论维护者的强烈反对。

“书面”和“签署”两要件为传统仲裁协议的表现形式，只有具备这两个要素才能体现当事人的合意。[2] 目前，“书面”这一要素已随着依托信息技术而发展创造出来的各种电子媒介和互联网的发展，不断受到挑战也不断被突破。作为对仲裁协议形式做出规定的重要实体规则，1958 年《承认及执行外国仲裁裁决公约》(以下简称《纽约公约》) 规定仲裁协议必须以书面形式体现，[3] 但是近年来随着信息技术的飞速发展，书面形式仲裁协议的规定显然落后于现实情况的发展，尤其是在国际商事仲裁领域，这一规定显然局限了国际商事仲裁的顺利进行。虽然国际仲裁领域对这一规定如何改进并未达成一致，但是很多国家的立法和实践都对此做了改进，如联合国《国际商事仲裁示范法》(以下

---

〔1〕 杜新丽:《国际商事仲裁理论与实践专题研究》，中国政法大学出版社 2009 年版，第 71 页。

〔2〕 杜新丽:《国际商事仲裁理论与实践专题研究》，中国政法大学出版社 2009 年版，第 72 页。

〔3〕 Convention on the Recognition and Enforcement of Foreign Arbitral Awards, Article 2 (2): The term “agreement in writing” shall include an arbitral clause in a contract or an arbitration agreement, signed by the parties or contained in an exchange of letters or telegrams.

简称《示范法》）第7条[1]对仲裁协议的定义及其形式的规定，就相当于对仲裁协议书面形式做了扩张解释，不仅包括当事人签订的仲裁协议或互换函电中载明的仲裁协议或条款，还应包括其他参照文件，或一方提起仲裁而另一方表示反对的情形。虽然《示范法》没有强制效力，但是其对书面形式的规定更适应仲裁实践的发展，因此很多国家在仲裁和司法实践中参照其规定，并根据信息技术的发展、新媒介形式的出现，把仲裁协议的有效形式扩展至数据电文，包括电报、电传、电子邮件、电子数据等形式。

但是要想打破仲裁协议的另一要素——“签署”这一坚冰，仍存在着很多障碍。因“签署”这一要件将仲裁协议的效力范围紧紧限定在签字的当事人中，其效力无法延伸到未签字的第三方。仲裁第三人在仲裁制度中的确立就是对这一要件的突破。其一，没有签署仲裁协议代表第三人并未与案涉仲裁协议的当事人就仲裁事项达成合意，因此，未签署仲裁协议的第三人如果参加到原仲裁程序中，就违反了当事人意思自治这一原则。以当事人的合意授权为基础的仲裁制度是一种民间纠纷解决机制，这是其与以国家强制力为保障的诉讼制度最重要的区别。如果允许未与原仲裁协议的双方当事人合意签署仲裁协议的仲裁第三人进入原仲裁程序，势必使得仲裁程序蒙上诉讼化的阴影。其二，仲裁协议本质上是达成合意的当事人签订的一项契约，以仲裁协议为基础的仲裁制度实际上是一种合同制度，因此仲裁协议也应具有相对性。对仲裁协议的效力的判定也应依据合同效力的相对性原则，仅限于签订仲裁协议的双方当事人。而仲裁第三人既未签订案涉仲裁协议，也非包含仲裁条款的合同的一方当事人，允许其参加原仲裁是对合同相对性原则的违背。

仲裁第三人不仅在违背当事人意思自治和仲裁协议的契约相对性方面遭到质疑，在后续传来的反对声中，学者们还提出仲裁第三人的确立会破坏仲裁制度本身的特征，如仲裁的保密性、程序的快捷性、当事人的确定性等。首先，仲裁的保密性是当事人选择仲裁而非其他途径解决可能发生的纠纷的重要原因之一，尤其是在商事领域，争议的内容和结果关乎商业秘密以及自身的商誉，确立仲裁第三人制度，则可能破坏仲裁程序以及仲裁裁决的保密性；其次，如果允许仲裁第三人参加原仲裁程序，会造成仲裁程序上的不便，势必导致原仲

[1] 《示范法》第7条：①……仲裁协议可以采取合同中的仲裁条款形式或单独的协议形式。②仲裁协议应是书面的。协议如载于当事各方签字的文件中，或载于往来的书信、电传、电报或提供协议记录的其他电讯手段中，或在申诉书和答辩书的交换中当事一方声称有协议而当事他方不否认即书面协议。在合同中提出参照载有仲裁条款的一项文件即构成仲裁协议，如果该合同是书面的而且这种参照足以使该仲裁条款构成该合同的一部分的话。

裁程序已经进行的环节的反复甚至推倒重来，这样就破坏了仲裁程序的连贯性，使仲裁失去其原有的快捷便利的优势。不仅如此，持否定论的学者们还认为参加仲裁程序的当事人应具有确定性，参加仲裁程序的当事人应为仲裁协议所涉及的人，这一确定性从仲裁程序开始到仲裁裁决做出都不应发生任何变化，因此仲裁程序不应追加和变更当事人。与此仲裁协议所涉事项有法律层面利害关系的相关方，不应通过简单的追加或变更当事人的程序来解决，而应通过重新签署仲裁协议提起另外的仲裁程序或直接通过诉讼程序处理。[1] 否定论学者认为，仲裁第三人加入仲裁程序产生的这些负面影响都违背了当事人选择仲裁解决纠纷的初衷，破坏了仲裁的固有属性。

从仲裁实践来看，绝大多数国家及各常设仲裁机构对仲裁第三人制度并未开放。不仅如此，即使在立法层面有了关于仲裁第三人的规定，践行这些规则条文时，由于仲裁第三人的出现使传统仲裁中通常以申请人和被申请人双方为主体的模式发生变化，也就预示着可能会有一些新的仲裁理论及实践上的问题。因此，仲裁理论界对仲裁第三人多持保守态度。

二、肯定论

实践需要催生了仲裁第三人理论的产生，国际贸易日益开放，商业活动的关联性日益凸显，经济交往中第三人的出现愈加频繁。在整体商业环境中，牵涉第三方的合同，包括第三人利益合同、由第三方履行的合同、权利义务概括转移的合同已成为经济活动的常态。在这种大背景下，倘若仲裁的裁决结果直接关涉到未签字第三人的利益，而仲裁制度又没有类似于诉讼第三人制度的程序设计，未签字第三方的利益保障问题定会成为仲裁制度的缺失，也将导致仲裁制度在解决国际商事纠纷时作用受限，地位降低。[2] 因此，仲裁第三人在仲裁制度中的设立具有必要性。

随着经济交往日渐深入以及国际商事活动的纵深和横向发展，对仲裁第三人持肯定观点的学者越来越多，他们通过仲裁协议效力扩张理论、仲裁裁决公正性的追求以及程序设计的创新来论证仲裁第三人的合理性。

即使双方当事人通过签署书面仲裁协议的方式来表现以仲裁来解决争议的合意，也并不排除在合理且必要的情形下，允许将其合意的范围扩大，使与仲裁协议权利义务相关的协议未签字方同样适用仲裁条款。[3] 从合同效力相对性

---

〔1〕 宋连斌、杨玲：《论仲裁第三人》，载《仲裁研究》2005 年第 3 期，第 21 页。

〔2〕 杜新丽：《国际商事仲裁理论与实践专题研究》，中国政法大学出版社 2009 年版，第 73 页。

〔3〕 中国国际商会仲裁研究所编译：《国际商事仲裁文集：中英文对照》，中国对外经济贸易出版社 1998 年版，第 301 页。

的扩张理论看，现今各国的立法中，合同效力逐渐发生嬗变，相对性扩张至第三人。我国民商事实体法律中有大量关于第三人权利义务的规定，仅《合同法》的428个条文中就有29条提及第三人，这些条款对第三人的实体权利义务进行了详细的规定。实体法对第三人的规定催生了程序法上第三人制度的设立，由于程序法是保障当事人实体权利实现、确保当事人义务履行的直接的制度设计，因此程序法上第三人制度的确立对第三人权利的保护比实体法具有更为现实的意义和更直接的效果。〔1〕上述实体法上的权利义务需要通过程序法来实现，而在这种情况下，作为实现实体利益工具的独立的仲裁程序却没有相应的概念是不合理的。并且伴随着仲裁协议相对性效力扩张的浪潮以及支持仲裁潮流的发展，设立仲裁第三人制度顺应仲裁制度发展和完善的趋势。

对于第三人参加原仲裁程序，原双方当事人的意思自治与案涉仲裁协议应为内容与形式的关系，当事人的意思自治需借助仲裁协议的形式来体现，但确定什么样的表示将被视为当事人的意思则是一个法律解释的问题。〔2〕当事人并非一定要签署仲裁协议才能代表其就仲裁事项达成了合意，在现代仲裁法律中，实体已经胜于形式，只要存在可以被视为仲裁协议的某种书面证据，那么记录此协议的形式就是无关紧要的。〔3〕在第三人客观存在的情况下，如果能够推定其隐含地表示了仲裁的意思，那就表示默示仲裁协议的存在。通过仲裁第三人能够高效便捷地解决当事人之间的纠纷，这样做既符合当事人的合理期待，也能适应当前时代的需要，符合支持与鼓励仲裁发展的目的。

从仲裁的目的和价值目标看，当事人意思自治是仲裁的重要价值目标，作为非仲裁协议表面签字方的仲裁第三人的加入与第三人意思自治相矛盾，但是，公平正义地解决纠纷既是仲裁的一个重要价值目标，同时也是当事人进行仲裁的最终目的。而公平正义和当事人的意思自治在遇到仲裁第三人这一客观存在时产生了冲突，应该如何让步而达成和解呢？虽然意思自治原则作为整个仲裁制度的灵魂被普遍认可，但公正的裁决是包括仲裁制度在内的整个司法制度共同的目标追求，持肯定论的学者认为当意思自治与公正裁决不可兼得时，适当限制当事人的意思自由才能得到合理期待的公平正义。〔4〕所以，在不允许仲裁第三人参加原仲裁程序裁决不公正时，“意思自治”这一原则就应退居次要地

---

〔1〕邹渊：《走出设立仲裁第三人制度的禁区——写在〈仲裁法〉颁布十周年之际》，载《贵州民族学院学报（哲学社会科学版）》2005年第5期，第53页。

〔2〕杜新丽：《国际商事仲裁理论与实践专题研究》，中国政法大学出版社2009年版，第78页。

〔3〕杜新丽：《国际商事仲裁理论与实践专题研究》，中国政法大学出版社2009年版，第136页。

〔4〕郭玉洁：《国际商事仲裁第三人制度研究》，中国政法大学2011年硕士学位论文，第7页。

位，[1] 而应将当事人的合法权益、公平正义的裁决放在首位。面对仲裁案件中存在仲裁第三人的情况，如果要求原仲裁程序当事人或仲裁第三人另行诉讼或仲裁只是增加其程序上的成本，会浪费资源、延长程序，还可能造成结果的矛盾；而允许仲裁第三人参加原仲裁程序则意在减少当事人在金钱以及时间上的消耗，促进仲裁程序的高效正确进行，同时避免仲裁时可能出现的几种相互矛盾。

从程序设计方面分析，仲裁作为一种独立解决争议的程序，其程序设计需是系统完整且相互配合的。因此无论法律规定、仲裁规则还是仲裁实践，只要仲裁程序设计中有系统配合的规定来保障当事人的意思自治，那么允许仲裁第三人加入仲裁程序则不会影响当事人的意思自治。进行仲裁第三人进入仲裁程序的方式和时间等程序方面的设计时，为尊重当事人意思自治，当事人和第三人都有对追加第三人申请提出异议的权利，并且在原仲裁程序的当事人都反对第三人加入的情形下，仲裁庭无权决定第三人进入仲裁程序。不仅如此，第三人进入仲裁程序后如何保证其当事人的地位同时避免不必要的程序，保证仲裁程序的高效进行，也是设计仲裁第三人制度时必须要考虑的因素。不仅在仲裁程序中，在仲裁裁决的执行过程中，仲裁程序的原当事人对仲裁第三人的异议权也拥有司法程序上的保障。即使第三人进入原仲裁程序参加庭审，“仲裁制度中的各项监督措施依然能使当事人享有充分的程序保障权，例如仲裁裁决的撤销制度与不予承认与执行仲裁裁决的司法监督等”[2]。

从仲裁的发展趋势来看，在国际商事仲裁的实践中，尤其在国际普遍支持仲裁的形势下，对仲裁协议效力做出认定的总体发展趋势是在不为公共政策禁止的情况下，仲裁协议都应被认定为有效。[3] 因此，仲裁协议逐渐突破传统的理论，并在不断实践的基础上通过理论创新进而得到法理上的依托与支撑。[4] 这不仅能够从实践发展层面得到合理解释，在学理上同样可以得到合理解释，观念的变革是社会发展过程中的重要一环，对于还未发展成熟的仲裁第三人概念，我们应以发展的观点来看待其存在的合理性。

三、总结

仲裁制度是一项兼具契约性和司法性的法律制度，其存在和发展既反映为一种价值目标的选择，也体现其功能需要。仲裁第三人应否在仲裁制度中设立，

---

[1] 萧凯、罗骁：《仲裁第三人的法理基础与规则制定》，载《法学评论》2006 年第 5 期，第 75 页。
[2] 杜新丽：《国际商事仲裁理论与实践专题研究》，中国政法大学出版社 2009 年版，第 86 页。
[3] 赵秀文：《国际商事仲裁法》，中国人民大学出版社 2004 年版，第 498 页。
[4] 杜新丽：《国际商事仲裁理论与实践专题研究》，中国政法大学出版社 2009 年版，第 74 页。

不仅要考量其是否符合现有法律框架下的法理基础，也要考虑仲裁实际对此制度的需求。[1] 从现行法律制度层面讲，虽然在仲裁第三人制度缺失的情况下，第三方仍可通过诉讼制度主张权利，但是这种做法不能完全弥补这项制度缺失带来的影响：首先，其并非解决仲裁实践难题、完善仲裁制度的一种有效做法；其次，另行诉讼如果产生了与仲裁裁决矛盾的判决，将有损当事人的合法权益，违背了公正裁决的价值目标。甚至有学者认为，如果允许仲裁第三人加入仲裁程序以各方当事人的同意为前提，那仲裁第三人的概念就根本没有存在的必要，但是此种观点只关注到新的仲裁案件，而没有从整个仲裁案件的审理出发。上述两种看法都未站在仲裁制度作为一种纠纷解决方式需不断自我完善的高度来看待仲裁第三人制度，如果考虑整个仲裁案件的审理过程以及第三人想要加入原仲裁程序的原因等方面，仲裁第三人的存在仍具有必要性。

在国际范围内支持仲裁的形势下，仲裁理论和实践为适应新形势而完善仲裁制度，笔者认为将仲裁第三人纳入仲裁制度将是其发展的重要一步。每一项制度的确立都经历了否定之否定的过程。不可否认，仲裁第三人制度与当事人意思自治相冲突，而且由于仲裁制度的契约性，仲裁第三人制度确立后，仲裁第三人加入仲裁程序也要以各方当事人的同意为前提，使其适用范围受到很大程度限制。但是，在当事人之间纠纷错综复杂的情况下，如果仍否定与案件有利害关系的第三人参加仲裁程序的权利，仲裁庭在审理过程中或许就难以获得对案件进行裁定的实质性证据，难以将整个案件的法律关系梳理清楚，甚至导致仲裁程序的拖延，所以仲裁第三人制度在实践中仍有实行的必要。现在仲裁第三人制度仍面临合并仲裁制度之前所遇到的困境，但是应该看到，理论界和仲裁界越来越关注这一问题，由于仲裁实践的迫切需要以及制度构建模式的创新，仲裁第三人应该会得到更大程度的认可，并助力仲裁实践的发展。

第三章 国际商事仲裁第三人实践分析
——基于 CIETAC2015 仲裁规则第 14 条、第 18 条的考察

国际商事仲裁主体签订的合同包含复杂、多层的法律关系，而且国际商事仲裁相较于国内仲裁来说，不受国内司法的干预，因此在国际商事仲裁中纳入第三人相较于国内仲裁更具可行性。在实践的不断发展中，学者们进行了深入的理论研究，尤其是在实体法范畴内第三人利益合同、由第三人履行合同、合

---

〔1〕 刘晓红主编：《国际商事仲裁专题研究》，法律出版社 2009 年版，第 280 页。

同权利义务的概括转让、代理关系以及法人的分立与合并等突破合同相对性理论的出现使得仲裁协议效力的相对性得以合理扩张，而公司集团理论、揭开公司面纱理论以及公平合理期待原则等学说，为仲裁第三人理论进入实践范畴提供了理论支持。[1]

第三人不参加仲裁程序，可能导致裁决中应由其承担的义务无法落实，也就无法实现当事人提起仲裁的目标，同样如果仲裁裁决损害第三人的利益，而第三人无法通过直接参与庭审过程维护自己的合法权益，就会导致其自身权利的损害。[2] 为此，尽管仲裁第三人因关涉仲裁制度的意思自治，不能以诉讼第三人制度设计中司法强制性为主，但是一些国家通过对仲裁第三人实体要求的限定以及制度程序上的设计限制性地承认了仲裁第三人制度，例如荷兰《民事诉讼法》[3]、伦敦国际仲裁院 1996 年《仲裁规则》[4] 等仲裁规则和实践中已有的关于仲裁第三人的规定。

一、我国仲裁第三人的实践突破与困境

自 1995 年《中华人民共和国仲裁法》（以下简称《仲裁法》）颁布以来，我国仲裁立法、仲裁机构的设置以及仲裁规则的订立日臻完善，这也使我国的仲裁制度不断迈向成熟。虽然关于仲裁中设置第三人的理论争鸣在国内仲裁界已经持续多年，我国仲裁理论和实践的主流观点仍对仲裁第三人持否定态度。我国《仲裁法》第 4 条[5]规定，没有仲裁协议的，仲裁委员会不受理其仲裁申请；第 21 条[6]规定，当事人申请参加仲裁要满足的条件之一就是有仲裁协议；

---

〔1〕 参见石育斌：《国际商事仲裁第三人制度比较研究》，上海人民出版社 2008 年版。

〔2〕 陈挚：《公司集团理论对构建我国仲裁第三人制度的意义》，载《仲裁研究》2015 年第 2 期，第 17 页。

〔3〕 荷兰《民事诉讼法》第 1405 条：①根据与仲裁程序的结果有利害关系的第三人的书面请求，仲裁庭可以允许该第三人参加或介入仲裁程序，仲裁庭应不迟延地发送给仲裁庭和其他当事人。②声称第三人应予赔偿的一方当事人可以将一份通知送达第三人，并不迟延地发送给仲裁庭和当事人。③如果第三人根据他与仲裁协议的当事人之间的书面协议参加、介入或者联合索赔仅可由仲裁庭在听取意见后许可。④已经准许了参加、介入或联合索赔的请求，第三人即成为仲裁程序中的一方当事人。

〔4〕 伦敦国际仲裁院 1996 年《仲裁规则》第 22 条第 1 款 h：在并仅在一方当事人申请时，仲裁庭可以允许第三人作为一方当事人参与仲裁，但该第三人和该提申请的当事人必须已经书面同意上述事项；其后，仲裁庭可以就因此涉及的所有仲裁当事人作出单一的或分开的终局裁决。

〔5〕《仲裁法》第 4 条：当事人采用仲裁方式解决纠纷，应当双方自愿，达成仲裁协议。没有仲裁协议，一方申请仲裁的，仲裁委员会不予受理。

〔6〕《仲裁法》第 21 条：当事人申请仲裁应当符合下列条件：①有仲裁协议；②有具体的仲裁请求和事实、理由；③属于仲裁委员会的受理范围。

第58条〔1〕第1款规定，没有仲裁协议的，当事人可以向相关有权法院申请撤销仲裁裁决。通过上述法条规定可以看出，我国仲裁程序开始、进行以及执行都严格以书面签署的有效仲裁协议为基础。对上述法律条文进行解读时甚至可以得出这样一种结论，即为了维持仲裁程序的稳定性，我国仲裁制度中最好不要出现仲裁第三人这样的制度。〔2〕这显示出我国仲裁立法对仲裁第三人一贯的审慎和保守态度。

随着国际交往的日渐加深，我国仲裁制度受国外立法和实践的影响不断增多，虽然在仲裁协议的书面、签署以及效力扩张方面，我国仲裁立法一直持非常谨慎的态度，但是在不断出现的仲裁实践要求其立法观念革新的情况下，我国在《仲裁法》上的立法态度也已经有所松动。2004年《最高人民法院关于适用〈中华人民共和国仲裁法〉若干问题的解释（征求意见稿）》第1条中就有关于仲裁协议效力的规定："第三人行使订立仲裁协议的一方在仲裁事项中的权利的，仲裁协议对第三人有效。"虽然这一草稿最终未能问世，但是至少说明我国的仲裁立法界已经注意到仲裁第三人这一问题在实践中的必要性和可行性，并已经开始考虑将其纳入仲裁法律体系之中。

这一用意在《最高人民法院关于适用〈中华人民共和国仲裁法〉若干问题的解释》中可以看出端倪，其第8条〔3〕、第9条〔4〕对关于签订仲裁协议的权利义务在何种情况下能够继受进行列举，这实际上是对合同效力相对性扩张的肯定，是通过实体法上契约的继受推定其接受仲裁管辖，除非明确表示反对或者证明其不知仲裁协议的存在。这实际上是一种默示推定方式，未签署仲裁协议的第三方也能够在规定情况下加入仲裁程序，这是我国司法实践对仲裁协议效力扩张在一定程度上的肯定，也为仲裁第三人加入仲裁程序提供了一种实体法上的路径。

我国各机构为适应新形势的变化也对仲裁规则进行了完善，一些仲裁机构已经对仲裁第三人做出了规定。由于仲裁规则的制定不能违反《仲裁法》，否则

〔1〕《仲裁法》第58条：当事人提出证据证明裁决有下列情形之一的，可以向仲裁委员会所在地的中级人民法院申请撤销裁决：①没有仲裁协议的……

〔2〕李智远：《国际商事仲裁第三人介入制度简介》，载《法制与社会》2014年第4期，第50页。

〔3〕《最高人民法院关于适用〈中华人民共和国仲裁法〉若干问题的解释》第8条：当事人订立仲裁协议后合并、分立的，仲裁协议对其权利义务的继受人有效。当事人订立仲裁协议后死亡的，仲裁协议对承继其仲裁事项中的权利义务的继承人有效。前两款规定情形，当事人订立仲裁协议时另有约定的除外。

〔4〕《最高人民法院关于适用〈中华人民共和国仲裁法〉若干问题的解释》第9条：债权债务全部或者部分转让的，仲裁协议对受让人有效，但当事人另有约定、在受让债权债务转让时受让人明确反对或者不知有单独仲裁协议的除外。

在司法监督过程中会受到仲裁过程中的管辖权异议以及仲裁裁决执行中的撤销仲裁裁决等限制，在适用过程中重庆仲裁委员会的这一规则受到限制，不能实现其制定的初衷，因此，2013 年重庆仲裁委员会颁布施行的新仲裁规则删除了对第三人参加仲裁程序的规定。

我国现阶段的仲裁立法对仲裁第三人持保守态度，各仲裁委员会在仲裁规则上也未能对仲裁第三人进行相关规定。仲裁立法接纳仲裁第三人后，各仲裁机构都会愿意在仲裁规则中设置关于仲裁第三人的规定，这对其扩大仲裁的受案范围、彻底解决案件纠纷、提高仲裁裁决的公信力和可执行力具有重要影响。

二、ICC2012 仲裁规则与 CIETAC2015 仲裁规则关系分析

国际商会是致力于处理国际商事纠纷的机构，其总部设于巴黎，现已有 100 多个国家作为会员，并在 50 多个国家成立理事会或委员会。国际商会仲裁院是国际商会于 1923 年设立的仲裁机构，自创立至今，在处理国际商事案件中发挥着无可比拟的重要作用。[1] CIETAC 是根据原中央人民政府政务院发展国际贸易的决定由中国国际贸易促进委员会（以下简称“贸促会”）设立的。所以 CIETAC 是贸促会的一个下设机构，有着与 ICC 类似的性质。这种类似性使得 CIETAC 无论在机构设置还是在规则制定上，都向作为国际重要仲裁机构的 ICC 学习。

与诉讼相比，仲裁在处理多方当事人和多份合同上的困境是其潜在的劣势。各仲裁机构制定、修改仲裁规则时所遵循的原则既要保持仲裁的品质和特征，又要表达出对效率和费用的关注，尤其是与多方当事人及多份合同有关的议题，在注重当事人意思自治的前提下，要完善程序设计，提高仲裁效率。ICC2012 仲裁规则正是遵循这一思路进行了修改。CIETAC 也随之参考 ICC2012 仲裁规则进行了修订。

国际商会仲裁院的年度公报显示，提交国际商会仲裁院的案件中，涉及两方以上当事人的案件比例分别为：2008 年 29%、2011 年 31%、2013 年 33%。[2] 为适应复杂的实践情况，ICC 对其 1998 年仲裁规则进行了修订。ICC2012 仲裁规则的重要创新就在于扩大仲裁的管辖范围，并设置专门的一章进行规定，包括第 7 条“多方当事人”、第 8 条“多方当事人之间的仲裁请求”、第 9 条“多份合同”及第 10 条“合并仲裁”。不仅如此，其 2012 年仲裁规则还全面而逻辑

---

〔1〕《国际商会仲裁院》，载 http：//www. tradelawchina. com/susong/HTML/1920. html，最后访问日期：2016 年 3 月 15 日。

〔2〕 Herman Verbist, Erik Schäfer, et al. : ICC Arbitration in Practice（Second Edition）, Kluwer Law International, 2015, p. 52.

严密地对其原仲裁规则的其他众多条文进行了修订，包括第 2 条“定义”、第 4 条“申请仲裁”、第 5 条“答辩书和反请求”、第 6 条“仲裁协议的效力”、第 12 条“仲裁庭的组成”。虽然新仲裁规则没有直接采用仲裁第三人这一概念，但是从整个规则体系来看，ICC2012 仲裁规则已经给予了仲裁第三人加入原仲裁程序的机会。

从其条文规定来看，第 7 条追加了当事人是针对原仲裁程序中的双方当事人均为单一主体的情形，第 8 条关于多方当事人的规定是针对原仲裁程序的双方当事人中有一方或双方的人数为多方的情形，而第 9 条多份合同是指存在多份合同或与多份合同相关的情形时，申请人可以一次性地提出仲裁请求，这一规定恰好说明了为何仲裁第三人需要参加原仲裁程序，同时也是面向国际商事活动复杂化这一实际形势而做出的规定。根据第 7 条的规定，被追加当事人只要在规定时间内提交了申请就能成为仲裁程序的一方当事人，但是这并不必然意味着仲裁庭拥有管辖权，这需要秘书长和仲裁院根据第 6 条关于仲裁协议的规定进行审查，如果确定存在相关仲裁协议能够囊括所有当事人，仲裁程序则继续进行，在后续仲裁庭审理过程中将由仲裁庭按照第 6 条第 4 款的规定进行实质审查。[1] 上述三个条文规定的参加仲裁的前提都基于仲裁协议的效力这一核心展开，也就是围绕第 6 条仲裁协议效力的第 4 款而展开。

ICC2012 仲裁规则第 6 条第 4 款[2]规定的“可能”二字，为仲裁第三人进入仲裁程序打开了缺口并提供了可能，因为申请仲裁不再要求一定要呈现书面签署的仲裁协议，如果当事人提供的证明文件足以使仲裁院采信，认为其与原仲裁程序的当事人就仲裁事项达成了合意，则其就有作为第三人进入原仲裁程序的可能。

允许第三人参加原仲裁程序时，对仲裁当事人地位及其程序性权利义务的相关条文也做出了相应调整。主要仲裁规则条文包括：第 2 条“定义”，对仲裁第三人制度的引入做了铺垫，规定当事人不仅包括申请人与被申请人两方，还包括“追加当事人”一方；其给予“追加当事人”在仲裁程序中的独立地位后，从其申请或被申请引入仲裁程序到仲裁程序如何继续进行的一系列环节还需要相关条文的配合。自发起加入仲裁第三人程序时起，申请发起这一程序的当事

---

〔1〕 Jacob Grierson Annet van Hooft：arbitrating under the 2012 ICC Rules, Kluwer Law International, 2012, pp. 300-310.

〔2〕 ICC 2012 Arbitration Rules, Article 6 (4): In all cases referred to the Court under 6 (3), the Court shall decide whether and to what extent the arbitration shall proceed. The arbitration shall proceed if and to the extent that the court is prima facie satisfied that an arbitration agreement under the Rules may exist. 中英文对照详细条文内容参见附录一，下文有关 ICC2012 仲裁规则条文均参见附录一。

人应按照仲裁规则第 4 条规定向秘书处提交仲裁申请书及其他相关材料。此条款除了对仲裁申请书的内容进行了更详细的规定外，还对当事人可以提交的信息进行了明确，规定申请人除提交仲裁申请书外，还可以一并提交“其他相关文件或者信息”。[1] 在第三人参加原仲裁程序之后，必须通过规定各方当事人的权利义务来保障仲裁程序的顺利进行，同时也保障各方的合法权益，因此当第三人加入仲裁程序后，其可按照仲裁规则第 5 条的规定提交答辩书或反请求；相反，如果其反对参加原仲裁程序，可通过第 6 条仲裁协议效力规定的第三人的异议权以及仲裁院的自裁管辖权对其权利进行保障。如果经过上述环节后确认程序得以继续进行，则在秘书处与仲裁院的配合协作下，根据仲裁规则第 12 条有关仲裁庭的组成的规定，指定或根据当事人的选择确定仲裁员并组成仲裁庭，以开始进行有仲裁第三人参加的仲裁程序，经过仲裁庭审理后做出最终裁决。[2]

此仲裁规则的相关条文规定的有效配合，为仲裁第三人制度的设立提供了一条可能的路径。而且，这些条文的规定，并未抛开仲裁协议这一基础而无限地为第三人加入仲裁程序打开方便之门。因为在规则制定之初，仲裁机构就应明确知悉无论仲裁协议效力扩张至非表面签字第三人的趋势以何种形式出现，这种扩张的效力对非表面签字方始终都是有限制的，只有符合特定的前提才得以适用而非普遍规则。除此之外，这种程序的扩张适用始终是本着公平的基本原则行使的。[3]

不管是第 6 条关于“可能”存在的仲裁协议的规定，还是追加当事人需要提交的“相关文件或信息”，都充分考虑了当事人的意思自治。并且，在第三人仲裁程序开启后，仲裁规则赋予了其后续的程序保障，使各方当事人的程序权利得以实现。这种在合理的限度内扩大仲裁协议效力、纳入仲裁第三人以实现仲裁公正高效裁决的方式，也符合其制定规则的初衷。

三、CIETAC2015 仲裁规则第 14 条、第 18 条的分析

前文通过第一部分关于国际商事仲裁第三人的概述介绍了此概念的界定以及以此概念为核心的理论争议。之后在第二部分的第一小节，笔者着重分析了 ICC2012 仲裁规则有关仲裁第三人制度的相关条文，ICC2012 仲裁规则在其自身

---

〔1〕 孙雪:《国际商会 2012 仲裁规则之“仲裁第三人制度”研究》，复旦大学 2012 年硕士学位论文，第 15 页。

〔2〕 孙雪:《国际商会 2012 仲裁规则之“仲裁第三人制度”研究》，复旦大学 2012 年硕士学位论文，第 24 页。

〔3〕 赵健:《长臂的仲裁协议：论仲裁协议对未签字人的效力》，载中国国际私法协会主办：《中国国际私法与比较法年刊》（2000 · 第 3 卷），法律出版社 2000 年版，第 515 页。

的仲裁案件的处理上有着深刻的影响，其在国际商事仲裁范围内也产生了广泛的影响，为国际商事仲裁领域将“仲裁第三人”这一概念引入实践提供了更多的可能性。CIETAC 作为国际商事仲裁机构之一，紧随 ICC 颁布施行了 2012 年仲裁规则，相较于上次修订的 2005 年仲裁规则，主要变化体现在新增加了第 17 条“合并仲裁”的规定。在 2015 年我国《仲裁法》施行 20 周年之际，国内各仲裁委员会纷纷修订仲裁规则，CIETAC 也于 2015 年 1 月 1 日施行了其最新的仲裁规则，该规则的规定与 ICC2012 仲裁规则更为接近。相较于 CIETAC2012 仲裁规则而言，CIETAC2015 仲裁规则的主要变化在于增加了第 14 条“多份合同的仲裁”、第 18 条“追加当事人”的规定。与 ICC2012 规则的修订方式一样，增加关于追加当事人、多份合同的规定的同时，还修订了相关规则第 21 条仲裁文件的份数、第 29 条多方当事人仲裁庭的组成，保证整个仲裁规则规定的协调统一。这两条规定与追加当事人、多份合同互相配合，在现有的仲裁体制内能够达到保障当事人合法权益以及程序公正高效进行的目的。

CIETAC2015 仲裁规则中新增加的第 14 条[1]“多份合同”的规定是 ICC2012 仲裁规则的新增内容，CIETAC 的这一规定与之相比将仲裁受案范围缩小了很多，只有涉案的多份合同同时满足主从合同关系、法律关系性质相同或当事人相同、仲裁协议内容相容或相同三个条件时才符合仲裁申请的要求，多份合同项下的争议能够合并仲裁的范围限制得非常狭小，使得这一规定的实践性较差，不能适应复杂的商业环境的要求并实现其制定此规则的初衷。

在 CIETAC 仲裁规则第 18 条对追加当事人的规定中，被追加当事人应根据“表面上约束被追加当事人的案涉仲裁协议”参加原仲裁程序，这使其本质上区别于仲裁第三人。首先，根据第 5 条仲裁协议、第 12 条申请仲裁及第 18 条追加当事人来分析，能够被追加的当事人与原仲裁程序的当事人必须有书面签署的案涉仲裁协议，此规定严于 ICC2012 仲裁规则中规定的推定仲裁协议存在的表面所见（prima ficia）；其次，被追加当事人签订的仲裁协议必须是原仲裁程序开启所依据的仲裁协议，这是更严苛的规定，这也同样封闭了第三人另行与当事人达成协议而参加原仲裁程序。基于签署案涉仲裁协议这一要件，仲裁第三人作为仲裁协议的非表面签字者显然不能参加原仲裁程序。不仅如此，这一规定与很多的实践情形相冲突，不能很好地解决实践中存在的难题，与制定此条文的初衷不符。例如在一项建筑工程项目中，除发包人之外还可能有若干的承包人和分包人，虽然他们之间相互关联、不可分割，其在各自的合同中规定争议解决方式为仲裁，但这就存在一个问题：施工合同、分包合同的签订主体不

〔1〕 条文内容参见附录二；下文有关 CIETAC2015 仲裁规则的条文均参照附录二。

一样，一个合同不可能涵盖所有的主体。若分包人和承包人因纠纷而提起仲裁，此纠纷与发包人有着密不可分的关系，但此时发包人因其未签署承包人和分包人提交仲裁所依据的同一仲裁协议，不能参加到仲裁程序中，这就既不利于仲裁庭调查案件事实，也不利于维护各方当事人的利益。

CIETAC2015 仲裁规则虽然在当事人的规定上又有了新的突破，但是，CIETAC 此次仲裁规则修订并未触碰其对仲裁第三人的底线，没有将仲裁第三人参加原仲裁程序的可能性纳入仲裁体系中。这囿于仲裁规则不得违反仲裁法的强制性规定，在实践中其要考虑即使放宽对仲裁第三人加入仲裁程序的限制，由于仲裁法的强制性规定，在仲裁程序中当事人进行异议申请或裁决作出后当事人向法院申请撤销仲裁裁决，都会影响 CIETAC 的仲裁效率和仲裁影响力。CIETAC2015 仲裁规则虽未规定仲裁第三人制度，但是其增加的多份合同、追加当事人的规定以及配套的条文规定都为仲裁第三人的纳入预留了足够的空间和程序上的便利。在我国《仲裁法》做出相应的调整后，仲裁规则可以据此进行关于仲裁第三人的制度设计。

四、总结

现有对国际商事仲裁第三人的立法以及仲裁规则的规定，主要有两种途径。

第一种方式是程序性规定，这种规定方式以荷兰、日本、比利时为代表，对于仲裁第三人的制度设置，不明确规定其与仲裁协议和包含仲裁条款的合同应具有的权利义务的联系，而是直接设定第三人加入仲裁应符合的程序要求。[1]

第二种方式是实体性规定，也就是通过考察仲裁第三人与仲裁协议以及包括有仲裁条款的合同之间的权利义务关系来确定仲裁第三人加入仲裁程序所应具备的实体条件。[2]

在我国，只有《仲裁法》给予仲裁第三人充分的肯定，仲裁第三人制度才能够在实践中得以长足地应用和发展。现阶段，我国《最高人民法院关于适用〈中华人民共和国仲裁法〉若干问题的解释》以列举的方式对仲裁协议的效力进行扩张，通过与仲裁协议在实体权利义务上的联系来确定仲裁协议的继受人。在我国对仲裁协议的书面和签署两个要件严格要求的情况下，这种通过实体法扩大仲裁协议适用范围的方式可以作为今后我国《仲裁法》修订借鉴的路径。通过立法层面确定仲裁第三人参加仲裁程序需要具备的实体条件来确立仲裁第三人的法律地位，对仲裁第三人加入仲裁程序的前提条件即各方当事人的同意，

〔1〕 齐树洁、顾佳：《论仲裁程序中的第三人》，载《仲裁研究》2005 年第 2 期，第 29 页。

〔2〕 齐树洁、顾佳：《论仲裁程序中的第三人》，载《仲裁研究》2005 年第 2 期，第 29 页。

应在立法上给予明确说明。对于仲裁第三人加入原仲裁程序的方式、仲裁过程中履行相关权利义务的程序性规定，则给予各仲裁机构相对的自由裁量权，通过制定各自的仲裁规则进行相应的程序设计。这种立法与仲裁规则规定相结合的方式，既能够保证仲裁契约性的特点和当事人的意思自治，又能够保证仲裁机构根据仲裁实践的需要对仲裁第三人制度进行程序上的规定。

结 论

我国《仲裁法》第1条〔1〕即规定了该法的立法目的：既要保证当事人得到公正的裁决，切实保护当事人的合法权益，又要做到仲裁程序高效及时地进行。在现阶段商事纠纷多涉及第三人的情况下，以合理的方式确立仲裁第三人制度既有利于解决现有立法的不足，也有利于有效地解决矛盾，为保障仲裁程序的高效和仲裁裁决的公正提供了有效的途径。为保证仲裁第三人制度确立的目的顺利实现，使其有效地平衡公平与效率，应通过合理的基本原则进行设置。〔2〕

在我国仲裁法中设立第三人概念并不只有理论预设的价值，还有实际操作层面的意义。针对有学者提出的根据大多数国家的实践经验，仲裁制度中没有第三人概念，当事人合法权益仍然可以通过其他的途径，如合并仲裁制度得以保护和实现这一观点，笔者并不认可。首先，国际商事仲裁第三人概念是随着国际商事交往的复杂化、开放化而逐渐发展起来的全新概念，没有被普遍承认并非否定其纳入立法的理由，类似的合并仲裁制度，也是在经历了很长时间的争论和否定后，逐渐被各仲裁机构和各国仲裁法所接受，成为一个被广为承认的制度；其次，仲裁制度中现存的追加当事人、合并仲裁制度与仲裁第三人解决的不是完全相同的问题，依靠这些制度并不能完全解决仲裁第三人缺失所造成的问题；最后，设立国际商事仲裁第三人制度的目的是完善仲裁制度自身，从而使选择仲裁解决争议的当事人的权益能够得到最大化的保障，也促使仲裁制度在解决国际商事争议的过程中发挥更大的作用，而非期待以其他制度如调解等来弥补仲裁的不足。

一项法律制度要想保持持久而旺盛的生命力，需要其在保持自身固有特点

〔1〕《仲裁法》第1条：为保证公平、及时地仲裁经济纠纷，保护当事人的合法权益，保障社会主义市场经济健康发展，制定本法。

〔2〕 肖晗、唐俊、张翔宇：《浅论我国仲裁第三人制度的问题分析与法律探究》，载《湘潮（下半月）》2014年第2期，第47页。

的同时，为适应法律实践需要而与时俱进。仲裁制度作为一项重要的法律制度同样如此。仲裁第三人制度正是仲裁制度适应当前复杂多样的商事交易关系的实践需要而亟待确立的一项制度，因此笔者期待未来修改仲裁法时能够给予仲裁第三人相应的法律地位，各仲裁机构在制定仲裁规则时能够有更多的弹性，将仲裁第三人制度纳入仲裁制度中。从立法层面来讲，我国《合同法》已经肯定了仲裁协议效力相对性的扩张，而对《仲裁法》的司法解释也已经肯定了某些仲裁协议效力扩张至非表面签字的第三人，因此从我国《仲裁法》的修改进路来看，仲裁第三人被承认应该走实体法的路径，对于仲裁第三人程序上的权利义务的规定应由各仲裁机构行使自由裁量权。

参考文献

一、著作类

1. 刘晓红主编:《国际商事仲裁专题研究》，法律出版社 2009 年版。

2. 石育斌:《国际商事仲裁第三人制度比较研究》，上海人民出版社 2008 年版。

3. 江伟主编:《民事诉讼法》，高等教育出版社 2000 年版。

4. 杜新丽:《国际商事仲裁理论与实践专题研究》，中国政法大学出版社 2009 年版。

5. 赵秀文主编:《国际商事仲裁法》，中国人民大学出版社 2014 年版。

二、论文类

1. 张抒扬:《论国际商事仲裁条款对第三人的效力》，载《国际市场》2011 年第 11 期。

2. 齐树洁、顾佳:《论仲裁程序中的第三人》，载《仲裁研究》2005 年第 2 期。

3. 刘传慕:《对仲裁庭追加第三人的法律分析》，载《人民司法》1998 年第 9 期。

4. 罗楚湘、宋颖:《商事仲裁第三人制度初探及构想》，载《商事仲裁》2009 年第 00 期。

5. 林一飞:《论仲裁与第三人》，载《法学评论》2000 年第 1 期。

6. 李智远:《国际商事仲裁第三人介入制度简介》，载《法制与社会》2014 年第 4 期。

7. 宋连斌、杨玲:《论仲裁第三人》，载《仲裁研究》2005 年第 3 期。

8. 邹渊:《走出设立仲裁第三人制度的禁区——写在〈仲裁法〉颁布十周年之际》，载《贵州民族学院学报（哲学社会科学版）》2005 年第 5 期。

9. 萧凯、罗骁:《仲裁第三人的法理基础与规则制定》，载《法学评论》2006 年第 5 期。

10. 陈挚:《公司集团理论对构建我国仲裁第三人制度的意义》，载《仲裁研究》2015 年第 2 期。

11. 肖晗、唐俊、张翔宇:《浅论我国仲裁第三人制度的问题分析与法律探究》，载《湘潮（下半月）》2014 年第 2 期。

12. 罗斐:《浅议国际商事仲裁第三人制度》，载《法制博览》2015 年第 1 期。

13. 中国国际商会仲裁研究所编译:《国际商事仲裁文集：中英文对照》，中国对外经济贸易出版社 1998 年版。

14. 赵健：《长臂的仲裁协议：论仲裁协议对未签字人的效力》，载中国国际私法协会主办：《中国国际私法与比较法年刊》（2000 · 第 3 卷），法律出版社 2000 年版。

15. 郭玉洁：《国际商事仲裁第三人制度研究》，中国政法大学 2011 年硕士学位论文。

16. 孙雪：《国际商会 2012 仲裁规则之“仲裁第三人制度”研究》，复旦大学 2012 年硕士学位论文。

17. Herman Verbist, Erik Schäfer, et al. , ICC Arbitration in Practice (Second Edition), Kluwer Law International, 2015.

18. Jacob Grierson Annet van Hooft, Arbitrating under the 2012 ICC Rules, Kluwer Law International, 2012.

19. Gary B. Born, International Arbitration: Cases and Materials (Second Edition), Kluwer Law International, 2014.

三、网址及其他

1. 《国际商会仲裁院》，载 http: //www. tradelawchina. com/susong/HTML/1920. html.

附录一：ICC2012 仲裁规则相关条文的中英文对照

Article 2 Definitions

第 2 条　定义

In the Rules,

在本仲裁规则中：

(i) “arbitral tribunal” includes one or more arbitrators;

(i) “仲裁庭” 包括一名或数名仲裁员；

(ii) “claimant” includes one or more claimants, “respondent” includes one or more respondents, and “additional party” includes one or moreadditional parties;

(ii) “申请人” 包括一个或数个申请人，“被申请人” 包括一个或数个被申请人，“追加当事人” 包括一个或数个追加当事人；

(iii) “party” or “parties” include claimants, respondents or additional parties;

(iii) “当事人” 或 “各当事人” 包括申请人、被申请人或追加当事人；

(iv) “claim” or “claims” include any claim by any party against any other party;

(iv) “请求” 或 “各项请求” 包括任何当事人向任何其他当事人提出的任何请求；

(v) “award” includes, inter alia, an interim, partial or final award.

(v) “裁决” 包括但不限于临时裁决、部分裁决或终局裁决。

Article 4 Request for Arbitration

第 4 条　申请仲裁

……

3. The Request shall contain the following information:

3. 申请书应包含以下内容:

……

(e) any relevant agreements and, in particular, the arbitration agreement (s);

(e) 列明任何有关协议，特别是仲裁协议;

(f) where claims are made under more than one arbitration agreement, an indication of the arbitration agreement under which each claim made;

(f) 如果仲裁请求是按照多项仲裁协议提出的，应写明每项仲裁请求所依据的仲裁协议;

(g) all relevant particulars and any observations or proposals concerning the number of arbitrators and their choice in accordance with the provisions of Articles 12 and 13, and any nomination of an arbitrator required thereby; and

(g) 对于根据第 12 条和第 13 条确定仲裁员人数及仲裁员选择方式的所有相关说明及任何意见或建议，以及根据上述条款提名的仲裁员人选; 以及

(h) all relevant particulars and any observations or proposals as to the place of the arbitration, the applicable rules of law and the language of the arbitration.

(h) 所有关于仲裁地、适用的法律规则和仲裁语言的相关说明、意见或建议。

The claimant may submit such other documents or information with the Request as it considers appropriate or as may contribute to the efficient resolution of the dispute.

申请人可以在提交申请书时一并提交其认为适宜的或可能有助于有效解决争议的其他文件或信息。

Article 5 Answer to the Request; Counterclaims

第 5 条　答辩书; 反请求

……

1. Within 30 days from the receipt of the Request from the Secretariat, the respondent shall submit an Answer (the "Answer") which shall contain the following information:

1. 被申请人应当在收到秘书处转来的申请书之日起三十日内提交答辩书，其中包括以下内容:

……

The respondent may submit such other documents or information with the counterclaims as it considers appropriate or as may contribute to the efficient resolution of the dispute.

被申请人可以在提交反请求时，一并提交其认为适宜的或可能有助于有效解决争议的其他文件或信息。

Article 6 Effect of the Arbitration Agreement

第 6 条　仲裁协议的效力

1. Where the parties have agreed to submit to arbitration under the Rules, they shall be deemed to have submitted ipso facto to the Rules in effect on the date of commencement of the arbitration proceedings, unless they have agreed to submit to the Rules in effect on the date of their arbitration agreement.

1. 当事人协议按照国际商会仲裁规则提交仲裁的，应视为他们事实上愿意按照仲裁开始之日有效的仲裁规则进行仲裁，除非他们已经约定按照订立仲裁协议之日有效的仲裁规则进行仲裁。

2. By agreeing to arbitration under the Rules, the parties have accepted that the arbitration shall be administered by the Court.

2. 当事人同意按照仲裁规则进行仲裁，即接受由仲裁院对该仲裁实施管理。

3. If any party against which a claim has been made does not submit an answer, or raises one or more pleas concerning the existence, validity or scope of the arbitration agreement or concerning whether all of the claims made in the arbitration may be determined together in a single arbitration, the arbitration shall proceed and any question of jurisdiction or of whether the claims may be determined together in that arbitration shall be decided directly by the arbitral tribunal, unless the Secretary General refers the matter to the Court for its decision pursuant to Article 6 (4).

3. 如果仲裁请求的任何对方当事人未提交答辩书，或对仲裁协议的存在、效力或范围，或对仲裁中提出的全部仲裁请求是否可以在单次仲裁中共同作出裁定，提出一项或多项抗辩，则仲裁程序继续进行；对于任何管辖权问题，或各项请求是否可以在该次仲裁中作出共同裁定的问题，则应由仲裁庭直接决定，除非秘书长按照第 6 条（4）的规定，将有关事项提交仲裁院决定。

4. In all cases referred to the Court under Article 6 (3), the Court shall decide whether and to what extent the arbitration shall proceed. The arbitration shall proceed if and to the extent that the Court is prima facie satisfied that an arbitration agreement under the Rules may exist. In particular: arbitrators and their choice in light of the proposals and in accordance with the provisions of Articles 12 and 13, and any nomination of an arbitrator required thereby; and

4. 对于根据第 6 条（3）提交仲裁院决定的所有案件，仲裁院应就仲裁是否继续进行以及在何种范围内继续进行作出决定。如果仲裁院基于表面所见，认为一个仲裁规则要求的仲裁协议可能存在，则仲裁应继续进行。具体而言，

（i）where there are more than two parties to the arbitration, the arbitration shall proceed between those of the parties, including any additional parties joined pursuant to Article 7, with respect to which the Court is prima facie satisfied that an arbitration agreement under the Rules that binds them all may exist; and

（i）仲裁有两方以上当事人的，如果仲裁院基于表面所见，认为一个仲裁规则要求的仲裁协议可能存在，并且该仲裁协议对某些当事人（包括根据第 7 条参与仲裁的任何追加当事人）具有约束力，则仲裁应在这些当事人之间继续进行；以及

(ii) where claims pursuant to Article 9 are made under more than one arbitration agreement, the arbitration shall proceed as to those claims with respect to which the Court is prima facie satisfied (a) that the arbitration agreements under which those claims are made may be compatible, and (b) that all parties to the arbitration may have agreed that those claims can be determined together in a single arbitration.

(ii) 仲裁请求是按第 9 条根据多项仲裁协议提出的，如果仲裁院基于表面所见，认为(a) 其中某些请求所依据的仲裁协议可以彼此相容，并且 (b) 所有仲裁当事人可能已经约定这些请求可以在单次仲裁中共同作出裁定，则仲裁应针对这些请求继续进行。

The Court's decision pursuant to Article 6 (4) is without prejudice to the admissibility or merits of any party's plea or pleas.

仲裁院根据第 6 条 (4) 作出的决定，不减损任何当事人所提出的一项或多项抗辩的可采信性或实质依据。

5. In all matters decided by the Court under Article 6 (4), any decision as to the jurisdiction of the arbitral tribunal, except as to parties or claims with respect to which the Court decides that the arbitration cannot proceed, shall then be taken by the arbitral tribunal itself.

5. 仲裁院根据第 6 条 (4) 决定的所有事项中，对于仲裁庭管辖权的问题，除仲裁院决定有关当事人或仲裁请求不能进行仲裁外，均应由仲裁庭裁定。

6. Where the parties are notified of the Court's decision pursuant to Article 6 (4) that the arbitration cannot proceed in respect of some or all of them, any party retains the right to ask any court having jurisdiction whether or not, and in respect of which of them, there is a binding arbitration agreement.

6. 当事人获知仲裁院根据第 6 条 (4) 决定部分或全体当事人不能进行仲裁的，任何当事人均有权请求任何具有管辖权的法院裁定是否存在具有约束力的仲裁协议，或裁定哪些当事人之间存在具有约束力的仲裁协议。

7. Where the Court has decided pursuant to Article 6 (4) that the arbitration cannot proceed in respect of any of the claims, such decision shall not prevent a party from reintroducing the same claim at a later date in other proceedings.

7. 仲裁院根据第 6 条 (4) 决定部分仲裁请求不能进行仲裁的，该决定不应妨碍当事人将来在其他程序中重新提出这些请求。

8. If any of the parties refuses or fails to take part in the arbitration or any stage thereof, the arbitration shall proceed notwithstanding such refusal or failure.

8. 如果任何一方当事人拒绝或未能参加仲裁或仲裁程序的任何阶段，仲裁将继续进行，不受影响。

9. Unless otherwise agreed, the arbitral tribunal shall not cease to have jurisdiction by reason of any allegation that the contract is non-existent or null and void, provided that the arbitral tribunal upholds the validity of the arbitration agreement. The arbitral tribunal shall continue to have jurisdiction to determine the parties´ respective rights and to decide their claims and pleas even though the contract

itself may be non-existent or null and void.

9. 除非另有约定，否则，只要仲裁庭认为仲裁协议有效，则仲裁庭不因任何合同不存在或合同无效的主张而停止对案件的管辖权。即使合同可能不存在或者无效，仲裁庭仍继续享有管辖权，以决定当事人各自的权利并对其请求和抗辩作出裁定。

Article 7 Joinder of Additional Parties

第 7 条　追加当事人的加入

1. A party wishing to join an additional party to the arbitration shall submit its request for arbitration against the additional party (the "Request for Joinder") to the Secretariat. The date on which the Request for Joinder is received by the Secretariat shall, for all purposes, be deemed to be the date of the commencement of arbitration against the additional party. Any such joinder shall be subject to the provisions of Articles 6 (3)-6 (7) and 9. No additional party may be joined after the confirmation or appointment of any arbitrator, unless all parties, including the additional party, otherwise agree. The Secretariat may fix a time limit for the submission of a Request for Joinder.

1. 如果任何当事人希望追加仲裁当事人，应向秘书处提交针对该追加当事人的仲裁申请书（"追加仲裁当事人申请"）。秘书处收到追加仲裁当事人申请之日在各种意义上均应视为针对该追加仲裁当事人的仲裁开始之日。追加当事人应遵守第 6 条（3）至（7）和第 9 条。确认或任命任何仲裁员之后，不得再追加仲裁当事人，除非包括追加当事人在内的全体当事人另行同意。提交追加仲裁当事人申请的期限，可由秘书处确定。

2. The Request for Joinder shall contain the following information:

2. 追加仲裁当事人申请应包含以下内容：

(a) the case reference of the existing arbitration;

（a）现有仲裁案的案号；

(b) the name in full, description, address and other contact details of each of the parties, including the additional party; and

（b）包括追加当事人在内的每一方当事人的名称全称、基本情况、地址及其他联系信息；以及

(c) the information specified in Article 4 (3), subparagraphs (c) (d) (e) and (f).

（c）第 4 条（3）（c）（d）（e）和（f）中规定的信息。

The party filing the Request for Joinder may submit therewith such other documents or information as it considers appropriate or as may contribute to the efficient resolution of the dispute.

当事人可以在提交追加当事人申请时，一并提交其认为适宜的或可能有助于有效解决争议的其他文件或信息。

……

(e) any observations or proposals concerning the number of

（e）基于申请人的建议，对于根据第 12 条和第 13 条确定仲裁员人数及仲裁员选择方式的任何意见或建议，以及根据上述条款提名的仲裁员的人选；以及

(f) any observations or proposals as to the place of the arbitration, the applicable rules of law and the language of the arbitration.

(f) 关于仲裁地、适用的法律规则和仲裁语言的任何意见或建议。

The respondent may submit such other documents or information with the Answer as it considers appropriate or as may contribute to the efficient resolution of the dispute.

被申请人可以在提交答辩书时，一并提交其认为适宜的或可能有助于有效解决争议的其他文件或信息。

3. The provisions of Articles 4 (4) and 4 (5) shall apply, mutatis mutandis, to the Request for Joinder.

3. 第4条 (4) 和 (5) 的规定在细节上作必要修正后，适用于追加仲裁当事人申请。

4. The additional party shall submit an Answer in accordance, mutatis mutandis, with the provisions of Articles 5 (1)-5 (4). The additional party may make claims against any other party in accordance with the provisions of Article 8.

4. 追加当事人应在细节上作必要修正后按照第5条 (1) 至 (4) 的规定，提交答辩书。追加当事人可按照第8条的规定，针对任何其他当事人提出仲裁请求。

Article 8 Claims Between Multiple Parties

第8条　多方当事人之间的仲裁请求

1. In an arbitration with multiple parties, claims may be made by any party against any other party, subject to the provisions of Articles 6 (3) - 6 (7) and 9 and provided that no new claims may be made after the Terms of Reference are signed or approved by the Court without the authorization of the arbitral tribunal pursuant to Article 23 (4).

1. 在多方当事人进行的仲裁中，以遵守第6条 (3) 至 (7) 和第9条的规定为前提，任何一方当事人均可针对任何其他当事人提出仲裁请求；但是，审理范围书签署或被仲裁院批准后，未经仲裁庭根据第23条 (4) 授权的，不得提出任何新的仲裁请求。

2. Any party making a claim pursuant to Article 8 (1) shall provide the information specified in Article 4 (3), subparagraphs (c) (d) (e) and (f).

2. 根据第8条 (1) 提出仲裁请求的任何当事人，应提供第4条 (3) (c) (d) (e) 和 (f) 中规定的信息。

3. Before the Secretariat transmits the file to the arbitral tribunal in accordance with Article 16, the following provisions shall apply, mutatis mutandis, to any claim made: Article 4 (4) subparagraph a): Article 4 (5): Article 5 (1) except for subparagraphs (a) (b), (e) and (f); Article 5 (2); Article 5 (3) and Article 5 (4). Thereafter, the arbitral tribunal shall determine the procedure for making a claim.

3. 在秘书处按照第16条将案卷移交给仲裁庭之前，后述条款的规定应在细节上作必要修正，以适用于所提出的任何仲裁请求：第4条 (4) (a)、第4条 (5)、第5条 (1) 除 (a) (b) (e) 和 (f) 以外、第5条 (2)、第5条 (3) 和第5条 (4)。随后则由仲裁庭确定提出仲裁请求的程序。

Article 9 Multiple Contracts

第9条　多份合同

Subject to the provisions of Articles 6（3）-6（7）and 23（4），claims arising out of or in connection with more than one contract may be made in a single arbitration, irrespective of whether such claims are made under one or more than one arbitration agreement under the Rules.

以遵守第6条（3）至（7）和第23条（4）的规定为前提，因多份合同引起的或与多份合同有关的仲裁请求，可以在单次仲裁中提出，无论该请求是依据仲裁规则项下的一份仲裁协议还是多份仲裁协议提出。

Article 10 Consolidation of Arbitrations

第10条　合并仲裁

The Court may, at the request of a party, consolidate two or more arbitrations pending under the Rules into a single arbitration, where;

经一方当事人要求，并符合下列条件之一，仲裁院可将仲裁规则项下未决的两项或多项仲裁案合并为单个仲裁案：

（a）the parties have agreed to consolidation; or

（a）当事人已经同意进行该合并；或

（b）all of the claims in the arbitrations are made under the same arbitration agreement; or

（b）各仲裁案的所有仲裁请求依据同一份仲裁协议提出；或

（c）where the claims in the arbitrations are made under more than one arbitration agreement, the arbitrations are between the same parties, the disputes in the arbitrations arise in connection with the same legal relationship, and the Court finds the arbitration agreements to be compatible.

（c）若各仲裁案的所有仲裁请求是依据多份仲裁协议提出的，各仲裁案当事人相同且各争议所涉及的法律关系相同，且仲裁院认为各仲裁协议彼此相容。

In deciding whether to consolidate, the Court may take into account any circumstances it considers to be relevant, including whether one or more arbitrators have been confirmed or appointed in more than one of the arbitrations and, if so, whether the same or different persons have been confirmed or appointed.

决定是否可以合并仲裁时，仲裁院可考虑其认为相关的各种情况，包括有无一名或多名仲裁员已经在一个以上仲裁案中得到确认或任命，如有，所确认或任命的是相同人员还是不同人员。

When arbitrations are consolidated, they shall be consolidated into the arbitration that commenced first, unless otherwise agreed by all parties.

合并仲裁的，除非全体当事人另行约定，否则，各仲裁案并入最先提起的仲裁案。

Article 12 Constitution of the Arbitral Tribunal

第 12 条　仲裁庭的组成

Number of Arbitrators

仲裁员的人数

1. The disputes shall be decided by a sole arbitrator or by threearbitrators.

1. 争议由一名独任仲裁员或由三名仲裁员裁决。

2. Where the parties have not agreed upon the number of arbitrators, the Court shall appoint a sole arbitrator, save where it appears to the Court that the dispute is such as to warrant the appointment of three arbitrators. In such case, the claimant shall nominate an arbitrator within a period of 15 days from the receipt of the notification of the decision of the Court, and the respondent shall nominate an arbitrator within a period of 15 days from the receipt of the notification of the nomination made by the claimant. If a party fails to nominate an arbitrator, the appointment shall be made by the Court.

2. 当事人没有约定仲裁员人数的，仲裁院应任命一名独任仲裁员，除非仲裁院认为案件争议需要指定三名仲裁员。在后一种情况下，申请人应在收到仲裁院上述决定的通知之日起十五日内提名一名仲裁员，被申请人应在收到申请人提名仲裁员的通知之日起十五日内提名另一名仲裁员。当事人未提名仲裁员的，由仲裁院任命。

……

Three Arbitrators

三人仲裁庭

……

6. Where there are multiple claimants or multiple respondents, and where the dispute is to be referred to three arbitrators, the multiple claimants, jointly, and the multiple respondents, jointly, shall nominate an arbitrator for confirmation pursuant to Article 13.

6. 如果存在多方申请人或多方被申请人，且争议由三人仲裁庭审理，则应由多方申请人共同提名一名仲裁员，由多方被申请人共同提名一名仲裁员，以供按照第 13 条的规定进行确认。

7. Where an additional party has been joined, and where the dispute is to be referred to three arbitrators, the additional party may, jointly with the claimant (s) or with the respondent (s), nominate an arbitrator for confirmation pursuant to Article 13.

7. 如果追加仲裁当事人，且争议由三人仲裁庭审理，追加当事人可与申请人或被申请人一起提名仲裁员，以供按照第 13 条的规定进行确认。

8. In the absence of a joint nomination pursuant to Articles 12 (6) or 12 (7) and where all parties are unable to agree to a method for the constitution of the arbitral tribunal, the Court may appoint each member of the arbitral tribunal and shall designate one of them to act as president. In such case, the Court shall be at liberty to choose any person it regards as suitable to act as arbitrator, applying Article 13 when it considers this appropriate.

8. 如果不能按照第 12 条（6）或（7）共同提名仲裁员，且各当事人之间不能就仲裁庭的组成方式达成一致意见，则由仲裁院任命仲裁庭全部成员并指定其中一人担任首席仲裁员。在这种情况下，仲裁院可以自主选择其认为适当的任何人担任仲裁员，并在其认为适当的时候适用第 13 条的规定。

……

Article 23 Terms of Reference

第 23 条　审理范围书

1. As soon as it has received the file from the Secretariat, the arbitral tribunal shall draw up, on the basis of documents or in the presence of the parties and in the light of their most recent submissions, a document defining its Terms of Reference. This document shall include the following particulars:

1. 收到秘书处转来的案卷后，仲裁庭即应根据书面材料或会同当事人，并按照当事人最近提交的文件，拟定一份文件界定其审理范围。该文件应包括下列内容：

(a) the names in full, description, address and other contact details of each of the parties and of any person (s) representing a party in the arbitration;

(a) 各方当事人及在仲裁中代表当事人的任何人士的名称全称、基本情况、地址和其他联系信息；

(b) the addresses of the parties to which notifications and communications arising in the course of the arbitration may be made;

(b) 在仲裁过程中的通知或通讯可送达的地址；

(c) a summary of the parties' respective claims and of the relief sought by each party, together with the amounts of any quantified claims and, to the extent possible, an estimate of the monetary value of any other claims;

(c) 当事人各自的请求和所请求的救济摘要，连同任何已量化的请求的数额以及对任何其他请求可能得出的金额估值；

(d) unless the arbitral tribunal considers it inappropriate, a list of issues to be determined;

(d) 待决事项清单，但仲裁庭认为不适宜的除外；

(e) the names in full, address and other contact details of each of the arbitrators;

(e) 每一位仲裁员的姓名全名、地址和其他联系信息；

(f) the place of the arbitration; and

(f) 仲裁地；以及

(g) particulars of the applicable procedural rules and, if such is the case, reference to the power conferred upon the arbitral tribunal to act as amiable compositeur or to decide ex aequo et bono.

(g) 可适用的程序规则的详细说明；当事人授权仲裁庭充当友好调解人或以公平合理原则作出裁决的，应予注明。

2. The Terms of Reference shall be signed by the parties and the arbitral tribunal. Within two

months of the date on which the file has been transmitted to it, the arbitral tribunal shall transmit to the Court the Terms of Reference signed by it and by the parties. The Court may extend this time limit pursuant to a reasoned request from the arbitral tribunal or on its own initiative if it decides it is necessary to do so.

2. 审理范围书应当经当事人和仲裁庭签署。仲裁庭应当在收到案卷之日起两个月内向仲裁院提交经当事人和仲裁员签署的审理范围书。仲裁院可依仲裁庭说明理由的请求延长该期限，或在其认为必要时自行决定延长该期限。

3. If any of the parties refuses to take part in the drawing up of the Terms of Reference or to sign the same, they shall be submitted to the Court for approval. When the Terms of Reference have been signed in accordance with Article 23 (2) or approved by the Court, the arbitration shall proceed.

3. 若任何当事人拒绝参与拟定或签署审理范围书，该审理范围书应提交仲裁院批准。审理范围书按第 23 条（2）签署或经仲裁院批准后，仲裁应继续进行。

4. After the Terms of Reference have been signed or approved by the Court, no party shall make new claims or counterclaims which fall outside the limits of the Terms of Reference unless it has been authorized to do so by the arbitral tribunal, which shall consider the nature of such new claims or counterclaims, the stage of the arbitration and other relevant circumstances.

4. 审理范围书签署或经仲裁院批准后，任何当事人均不得提出超出审理范围书的新请求，除非仲裁庭考虑该项新请求的性质、仲裁审理阶段以及其他有关情形后准许当事人提出。

附录二：CIETAC2015 仲裁规则相关条文规定

第 5 条　仲裁协议

（一）仲裁协议指当事人在合同中订明的仲裁条款或以其他方式达成的提交仲裁的书面协议。

（二）仲裁协议应当采取书面形式。书面形式包括合同书、信件、电报、电传、传真、电子数据交换和电子邮件等可以有形地表现所载内容的形式。在仲裁申请书和仲裁答辩书的交换中，一方当事人声称有仲裁协议而另一方当事人不做否认表示的，视为存在书面仲裁协议。

（三）仲裁协议的适用法对仲裁协议的形式及效力另有规定的，从其规定。

（四）合同中的仲裁条款应视为与合同其他条款分离的、独立存在的条款，附属于合同的仲裁协议也应视为与合同其他条款分离的、独立存在的一个部分；合同的变更、解除、终止、转让、失效、无效、未生效、被撤销以及成立与否，均不影响仲裁条款或仲裁协议的效力。

……

第 12 条　申请仲裁

当事人依据本规则申请仲裁时应：

（一）提交由申请人或申请人授权的代理人签名及/或盖章的仲裁申请书。仲裁申请书应写明：

1. 申请人和被申请人的名称和住所，包括邮政编码、电话、传真、电子邮箱或其他电子通讯方式；

2. 申请仲裁所依据的仲裁协议；

3. 案情和争议要点；

4. 申请人的仲裁请求；

5. 仲裁请求所依据的事实和理由。

（二）在提交仲裁申请书时，附具申请人请求所依据的证据材料以及其他证明文件。

（三）按照仲裁委员会制定的仲裁费用表的规定预缴仲裁费。

……

第 14 条　多份合同的仲裁

申请人就多份合同项下的争议可在同一仲裁案件中合并提出仲裁申请，但应同时符合下列条件：

1. 多份合同系主从合同关系；或多份合同所涉当事人相同且法律关系性质相同；

2. 争议源于同一交易或同一系列交易；

3. 多份合同中的仲裁协议内容相同或相容。

……

第 18 条　追加当事人

（一）在仲裁程序中，一方当事人依据表面上约束被追加当事人的案涉仲裁协议可以向仲裁委员会申请追加当事人。在仲裁庭组成后申请追加当事人的，如果仲裁庭认为确有必要，应在征求包括被追加当事人在内的各方当事人的意见后，由仲裁委员会作出决定。

仲裁委员会仲裁院收到追加当事人申请之日视为针对该被追加当事人的仲裁开始之日。

（二）追加当事人申请书应包含现有仲裁案件的案号，涉及被追加当事人在内的所有当事人的名称、住所及通讯方式，追加当事人所依据的仲裁协议、事实和理由，以及仲裁请求。

当事人在提交追加当事人申请书时，应附具其申请所依据的证据材料以及其他证明文件。

（三）任何一方当事人就追加当事人程序提出仲裁协议及/或仲裁案件管辖权异议的，仲裁委员会有权基于仲裁协议及相关证据作出是否具有管辖权的决定。

（四）追加当事人程序开始后，在仲裁庭组成之前，由仲裁委员会仲裁院就仲裁程序的进行作出决定；在仲裁庭组成之后，由仲裁庭就仲裁程序的进行作出决定。

（五）在仲裁庭组成之前追加当事人的，本规则有关当事人选定或委托仲裁委员会主任指定仲裁员的规定适用于被追加当事人。仲裁庭的组成应按照本规则第 29 条的规定进行。

在仲裁庭组成后决定追加当事人的，仲裁庭应就已经进行的包括仲裁庭组成在内的仲裁程序征求被追加当事人的意见。被追加当事人要求选定或委托仲裁委员会主任指定仲裁员的，双方当事人应重新选定或委托仲裁委员会主任指定仲裁员。仲裁庭的组成应按照本规则第 29 条的规定进行。

（六）本规则有关当事人提交答辩及反请求的规定适用于被追加当事人。被追加当事人提交答辩及反请求的期限自收到追加当事人仲裁通知后起算。

（七）案涉仲裁协议表面上不能约束被追加当事人或存在其他任何不宜追加当事人的情形的，仲裁委员会有权决定不予追加。

……

第 19 条　合并仲裁

（一）符合下列条件之一的，经一方当事人请求，仲裁委员会可以决定将根据本规则进行的两个或两个以上的仲裁案件合并为一个仲裁案件，进行审理。

1. 各案仲裁请求依据同一个仲裁协议提出；

2. 各案仲裁请求依据多份仲裁协议提出，该多份仲裁协议内容相同或相容，且各案当事人相同、各争议所涉及的法律关系性质相同；

3. 各案仲裁请求依据多份仲裁协议提出，该多份仲裁协议内容相同或相容，且涉及的多份合同为主从合同关系；

4. 所有案件的当事人均同意合并仲裁。

（二）根据上述第（一）款决定合并仲裁时，仲裁委员会应考虑各方当事人的意见及相关仲裁案件之间的关联性等因素，包括不同案件的仲裁员的选定或指定情况。

（三）除非各方当事人另有约定，合并的仲裁案件应合并至最先开始仲裁程序的仲裁案件。

（四）仲裁案件合并后，在仲裁庭组成之前，由仲裁委员会仲裁院就程序的进行作出决定；仲裁庭组成后，由仲裁庭就程序的进行作出决定。

……

第 21 条　仲裁文件的份数

当事人提交的仲裁申请书、答辩书、反请求书和证据材料以及其他仲裁文件，应一式五份；多方当事人的案件，应增加相应份数；当事人提出财产保全申请或证据保全申请的，应增加相应份数；仲裁庭组成人数为一人的，应相应减少两份。

第 29 条　多方当事人仲裁庭的组成

（一）仲裁案件有两个或两个以上申请人及/或被申请人时，申请人方及/或被申请人方应各自协商，各方共同选定或共同委托仲裁委员会主任指定一名仲裁员。

（二）首席仲裁员或独任仲裁员应按照本规则第 27 条第（二）（三）（四）款规定的程序选定或指定。申请人方及/或被申请人方按照本规则第 27 条第（三）款的规定选定首席仲裁员或独任仲裁员时，应各方共同协商，提交各方共同选定的候选人名单。

（三）如果申请人方及/或被申请人方未能在收到仲裁通知后 15 天内各方共同选定或各方共同委托仲裁委员会主任指定一名仲裁员，则由仲裁委员会主任指定仲裁庭三名仲裁员，并从中确定一人担任首席仲裁员。

论国际商事仲裁临时措施

施　晓

摘　要

在日益复杂的国际商事纠纷中，虽然国际商事仲裁以其便捷、中立、保密的特点及裁决所具有的广泛执行力成为纠纷主体和各国立法普遍认可且欢迎的争议解决方式，但当一方当事人拒不履行义务、将位于境外的争议标的物或关键证据擅自处分甚至损毁等情况发生的时候，仲裁机构也难免对此力不从心。在此情况下，临时措施逐渐发展成为国际商事仲裁中必不可少的制度——其不仅被认为是确保仲裁程序顺利进行的必要手段，更具有避免争议标的物损毁灭失、保障仲裁裁决得以执行的重要功能。基于临时措施在程序和效率层面不可替代的价值，该制度已经在国际仲裁理论与国际仲裁机构的实践中被广泛适用，在国内的仲裁机构中亦获得了普遍认同。

我国的《民事诉讼法》《仲裁法》等法律仅就仲裁保全这种带有临时措施性质的制度进行了规范，且作出仲裁保全并对其予以执行的主体亦限于人民法院，仲裁庭往往被认为无权发布决定，也无法执行。但是，国际商事仲裁案件具有涉外的特质，仲裁保全的执行地不限于我国境内，故仅通过我国人民法院发布、执行仲裁保全不足以实现其保全境外财产、证据或使一方当事人维持现状，从而确保仲裁程序和执行有效进行的功能和目的。随着涉外仲裁案件的逐渐增多，中国国际经济贸易仲裁委员会（以下简称“贸仲”）、上海国际经济贸易仲裁委员会（以下简称“上海贸仲”）、北京仲裁委员会（以下简称“北仲”）等国内仲裁机构参照国际商事仲裁的普遍做法和发展趋势，分别在其最新修订的仲裁规则中增设了赋予仲裁庭临时措施发布权的条文，以期在国际商事仲裁中通过仲裁庭发布临时措施指令，再由执行地国家相关法院对该临时措施加以执行，从而在调和前一种仲裁保全制度缺陷的同时满足当事人的需求并提高仲裁效率。

上述仲裁机构的新仲裁规则从2015年开始陆续实施。临时措施制度在我国初见雏形，无疑促进了我国国际商事仲裁制度的进步，但同时也存在着诸多瑕疵，亟待完善。本文以仲裁机构为视角，并参考《国际商事仲裁示范法》及美国、德国等国家和地区的仲裁立法、规则和实践，通过比较分析等研究方法，对我国仲裁庭在国际商事仲裁程序中作出临时措施的理论和实践展开研究。

本文分为以下章节：第一章为国际商事仲裁临时措施制度的概述，包括对临时措施含义、性质及分类的阐述；第二章为国际商事仲裁中临时措施制度的立法与实践，着眼于分析临时措施的实施主体、仲裁庭发布临时措施的依据和条件，以及临时措施的承认与执行问题；第三章则针对我国仲裁机构于2015年实施的新仲裁规则中关于临时措施的条款进行研究，通过评析各仲裁机构临时措施制度的制定现状以及临时措施规则与其他仲裁规则之间的关系，探讨我国实施临时措施方面存在的问题，并尝试提出解决问题的意见和建议。

关键词：国际商事仲裁　临时措施　仲裁规则　条件与执行

引　言

正如古罗马查士丁尼大帝时期人们就已在《法学总论——法学阶梯》中所表述和认知的那样，“正义是给予每个人他应得的部分的这种坚定而恒久的愿望”[1]，程序的正义性和正当性构成了法律理论与法律实践的基础。在国际商事仲裁这种国际商事纠纷主体和各国法律、社会制度都普遍认可与欢迎的民间

〔1〕［罗马］查士丁尼：《法学总论——法学阶梯》，张企泰译，商务印书馆1997年版，第5页。

争议解决方式之中，国际商事仲裁程序的正当性对仲裁当事人而言，具有举足轻重的作用。如果仲裁程序要件有所缺失，即使实体正义在终局裁决中得以实现，也容易在理论与实践中引发争议，进而影响到相关的权力机关或机构对一系列案件的审理和裁判方式，甚至将影响到终局裁决能否获得有效的承认与执行。

临时措施通常被认为是在国际商事仲裁程序中，有权发布主体（如法院或者仲裁庭）为确保仲裁一方或双方当事人之间与仲裁争议有关的某种事实或者法律状态在其仲裁程序结束前得以维持现状，而依据特定的司法程序或仲裁程序作出的某种裁定、决定或指令等。其表现形式通常为法院或仲裁庭要求或强制仲裁的一方当事人为或不为特定的行为，例如在仲裁期间继续履行争议合同项下的义务、不得擅自处分争议标的物、不得擅自改动关键证据等。通过发布乃至强制执行上述临时措施，可以确保仲裁当事人按照益于仲裁程序顺利进行的方式行为，从而避免一方当事人持续损害另一方当事人权益的情况。此外，临时措施也可以确保仲裁机构继续推进仲裁程序，帮助仲裁庭查清案件事实以及作出公正且可以被有效执行的仲裁判决——这些临时措施的目的和功能使得该制度的设置和实施在国际商事仲裁领域占有至关重要的地位。

长期以来，国际商事仲裁领域不断涌现出涉外争议标的难以保护和维持、当事人恶意提起仲裁申请、涉外财产执行困难等各类问题，同时基于各国法律体制的差异，其对于临时措施的理论与实践也存在诸多区别，主要涉及临时措施的实施主体、依据、条件以及承认与执行等。因此，基于国际商事争端解决对仲裁程序可预见性和效率的要求，联合国国际贸易法委员会（以下简称“UNCITRAL”）建立起相对完善的临时措施规则体系和操作模式，其于2006年修订通过的《国际商事仲裁示范法》(以下简称《示范法》）中，以专门章节的形式对仲裁庭下达临时措施的权力、采取临时措施的条件、临时措施的承认与执行等事宜进行了具体规范,〔1〕并作为在临时措施问题上取得一定共识的代表性条文而成为各国仲裁立法的蓝本和指引,〔2〕其中具有代表性的包括德国、瑞士等。此外，美国、英国等国家或地区也根据其法制特点建立起了具有本国特点的临时措施制度。值得注意的是，虽然上述临时措施规范和体系已经日趋成熟

〔1〕 2006年《示范法》第四A章（Chapter IV A. Interim measures and preliminary orders）。

〔2〕 虽然《示范法》对各国没有约束力，但对各国的商事仲裁立法都起到了参考、指导和示范的作用。据统计，迄今为止，共有72个国家（在102个法域）通过了以《示范法》为基础的相关立法。《状况：〈贸易法委员会国际商事仲裁示范法〉（1985年），附2006年通过的修订》，载联合国国际贸易法委员会网 http://www.uncitral.org/uncitral/zh/uncitral_texts/arbitration/1985Model_arbitration_status.html，最后访问日期：2016年3月12日。

和完善，但在临时措施的发布条件特别是在“损害风险”“紧急性”“胜诉可能”的认定标准方面，仲裁理论界与实践过程中一直存在不同的观点，并各有相应的理论依据和仲裁案例提供支持。此外，临时措施的承认与执行也一直是该制度中最引人注目、最饱含争议的问题之一。

具体到我国,[1] 近期国内仲裁机构已经逐渐意识到，现有的仲裁规则在国际商事仲裁中存在诸多不足，因此，自 2014 年开始大量参考国际社会普遍适用的规定和实践在其仲裁规则中引入了关于临时措施的规则条文。但是，除在国际商事仲裁中缺乏临时措施的实践经验之外，我国临时措施制度中的诸多问题并未随着国内仲裁机构新规则的出台而得到有效解决。仲裁立法本身存在的主要问题包括：其一，我国现行法律制度中缺乏针对仲裁庭临时措施发布权的规定，致使法院与仲裁庭之间的权力分配和协作关系不甚合理；其二，我国法律及仲裁规则中，对于错误临时措施的救济有所缺失，在事前、事中和事后的临时措施实施过程中都存在漏洞；其三，我国在临时措施的执行问题上存在法律缺位的情况，直接导致我国所作临时措施的境外执行、外国所作临时措施在我国的执行都存在无法实现的风险。

本文的研究以仲裁庭为视角展开，以国内仲裁机构最新实施的仲裁规则中增设的临时措施规则为着眼点。通过对临时措施立法、规则等进行比较和解释、对国内外相关仲裁案例进行整理和分析等方法，对临时措施的法理依据、规则设置及实践中可能产生的基本问题展开深入探索和分析。同时，进一步就国内仲裁机构新修订、实施的临时措施规则条文进行对比，并结合我国现行法律中的相关规定，针对我国临时措施制度中现有的问题和可能逐步浮现的新问题展开研究，通过合理性论证对我国临时措施的构建和适用提出自己的意见与建议，以期为其发展与完善提供有价值的参考。

第一章　国际商事仲裁临时措施的概念分析

一、临时措施的含义和性质

国际商事仲裁中的临时措施在不同国家的法律体系中有不同的表达方式，

---

〔1〕 本文中的“我国”均指中国大陆地区，不包括香港特别行政区、澳门特别行政区或者台湾地区。

尤以“Interim Measures”“Provisional Measures”“Conservatory Measures”[1] 较为多见。其中的区别主要在于，“Interim”“Provisional”更强调临时措施的程序性质，即其作为仲裁终局裁决作出之前所适用的程序，具有过渡性、临时性的特征；而“Conservatory”或者“Protective”则更侧重于临时措施的目的性，即维护和保障仲裁程序的进行、仲裁裁决的执行和当事人的特定权益。[2] 与之对应，国内学界通常将该措施表述为临时措施、中间措施、保全措施等，但其所指内容大致相同。本文采用的是国际商事仲裁领域得到广泛认可的《示范法》中表述的“Interim Measures”，即我国理论界较常见的“临时措施”概念。

基于各国法律制度的差异，迄今为止临时措施在国际法和国际商事仲裁领域亦尚无被一致接受的定义。[3] 根据《示范法》可知，临时措施系指“任何以裁决形式或其他形式作出的临时性措施”[4]。一般而言，该定义被理解为在国际商事仲裁过程中，有权主体（如法院和仲裁庭）为保证一方或双方当事人与仲裁争议有关的某种事实或法律状态在其仲裁程序结束前得以维持现状，而依据特定的司法或仲裁程序作出的某种裁定、决定或指令等，[5] 从而实现临时措施以便于仲裁程序的顺利进行、避免重要财产和证据损毁灭失、保障终局裁决得以执行。

在国际商事仲裁的理论和实践中，对临时措施性质及特征的认识是相对趋于一致的，主要表现为以下三点：其一，临时措施是国际商事仲裁中的程序性事项，不应涉及对当事人实体权利义务的处分，仲裁的终局裁决亦不应被仲裁程序中采取的临时措施所影响；其二，临时措施的适用具有阶段性特征，[6] 即作出临时措施的时间应早于终局裁决，且通常仅在国际商事仲裁程序正式开始

---

〔1〕 如2006年《示范法》第17条（“interim measures”）、美国仲裁协会2010年《仲裁规则》第24条（“interim or conservatory measures”）、2012年《国际商会仲裁规则》第28条（“interim or conservatory measures”）、瑞士1987年《联邦国际私法典》第183条（“provisional or conservatory measures”）、2006年《国际投资争端解决中心仲裁规则》第39条（“provisional measures”）等。

〔2〕 Born Gary B., *International Commercial Arbitration* (*Second Edition*), Kluwer Law International, 2014, p. 2427.

〔3〕 Yesilirmak Ali, *Provisional Measures in International Commercial Arbitration*, Kluwer Law International, 2005, p. 4.

〔4〕 如2006年《示范法》第17条第2款规定：“An interim measure is any temporary measure, whether in the form of an award or in another form, by which, at any time prior to the issuance of the award by which the dispute is fi nally decided, the arbitral tribunal orders a party to...”

〔5〕 Born Gary B., *International Commercial Arbitration* (*Second Edition*), Kluwer Law International, 2014, p. 2426.

〔6〕 赵秀文主编：《国际商事仲裁法》（第2版），中国人民大学出版社2014年版，第135页。

之前或者进行过程中予以实施；其三，临时措施的效力具有显著的临时性特征，[1] 即临时措施仅针对与所涉争议相关的证据、财产或者行为等产生暂时的效力，对已发布的临时措施所进行的调整、变更、终止亦应于最终裁决之前作出，不应将其作为终局裁决的组成部分。

此外，临时措施并非独立地存在于国际商事仲裁之中，一国对其他仲裁制度如仲裁保全、紧急仲裁员、中间裁决等概念的界定和实施，均可能对临时措施产生影响。目前，国际上已经就此建立了比较完整的关联体系和规范，但在当前我国临时措施初见雏形的情况下，其构建和适用还有很多值得论证的空间。下文将对这些制度与临时措施的关联情况详加论述。

二、临时措施的分类

在仲裁实践中，临时措施依据不同国家、地区的法律文化和法律制度表现为各种具体措施形式，无法穷尽。2006 年《示范法》依据临时措施所蕴含的功能和具体表现，将其大致分为以下三种类型。

第一种为维持现状类型，通常是指仲裁庭要求当事人在争议案件得以解决前继续履行合同中的某些权利义务。运用这类临时措施的典型案例是海底隧道工程案（Channel Tunnel Group Ltd. v. Balfour Beatty Construction Ltd.）。[2] 此类临时措施多见于建设工程纠纷中，用以避免一方当事人因拒绝履行合同或者采取单方面行动可能造成的严重后果。

第二种为财产保全类型，一些学者称其为“便利仲裁裁决执行的措施”，因其明显强调了采取措施的目的性。也就是说，实施此类措施的根本目的是为了确保仲裁的后续裁决得以有效执行。[3] 此类临时措施在各类仲裁实践中均被广泛地运用，[4] 具体实施方法可以表现为：对当事人的主要财产予以查封、扣押或冻结；限制乃至禁止财产转移；交由指定的第三人保管特定财产、费用担保

---

〔1〕 赵秀文主编：《国际商事仲裁法》，中国人民大学出版社 2014 年版，第 135 页。

〔2〕 Channel Tunnel Group Ltd. v. Balfour Beatty Construction Ltd. [1993] A. C. 334 (HL). 在该案中，双方当事人（即业主与承包商）就英法海底隧道工程中制冷系统的施工支付问题产生了重大分歧，而合同未就此问题做出具体约定。承包商提出如业主拒绝依其要求追加付款则全线停工，此举将对整个工程能否竣工造成重大影响。业主遂向英国法院申请禁令，要求承包商继续履行施工义务，不得停工。虽然最终上诉法院和上议院认为法院不应在此案中作出要求承包方继续履行合同的禁令，但此案无疑体现了维持现状类的临时措施在建设工程仲裁案件中的重要性。

〔3〕 黄云：《论我国国际商事仲裁临时措施的发布》，载《法制与经济》2015 年第 8 期，第 29~30 页。

〔4〕 2006 年《示范法》、英国 1996 年《仲裁法》、2012 年《国际商会仲裁规则》、美国仲裁协会 2010 年《仲裁规则》及我国 1995 年《仲裁法》等仲裁立法和仲裁规则中，都对财产保全类的临时措施进行了具体规定。

等。财产保全类临时措施的显著特点在于，无论发布此类临时措施的主体是仲裁庭还是法院，都只有法院具备强制执行财产保全措施的权力。

第三种为证据保全类型，采取此类临时措施的目的是防止与涉案争议有关的重要证据因客观或人为因素而灭失。这种临时措施类型在涉及国际货物买卖合同的案件中显得尤为重要，因为此类案件的纠纷来源常常是存在损毁灭失可能的标的物。因此，2006 年《示范法》规定仲裁庭有权作出“保全对解决纠纷可能具有相关性和重要性的证据”的临时措施指令。[1] 此外，由于针对特定证据的保全工作可能需要有关一国法院提供许可或其他必要的帮助，《示范法》还规定了仲裁庭或当事人经允许后，可以申请由仲裁国法院提供协助、取得证据。[2]

三、临时措施的发布主体

确定临时措施的发布主体是临时措施程序得以运作的基本前提，这种主体的确定是指作出临时措施裁定、决定或指令等的权力应当归属于何种机关或机构，例如法院或者仲裁庭。根据各国、各地区的仲裁立法与仲裁实践，目前有权发布临时措施的主体大致分为以下三种。

（一）法院

法院被认定为临时措施仅有的发布主体的情况通常被称为法院专属模式，即国家通过立法赋予法院排他地作出临时措施的权力，仲裁庭及其他类似机构无此权力。目前，采用此种模式的国家或地区并不多见，例如中国、阿根廷、意大利、奥地利和加拿大魁北克地区等。[3] 概括而言，采用该模式多是基于以下考虑：其一，临时措施是具有一定强制性的仲裁程序，可能对仲裁当事人的利益产生重大影响，因此其发布主体应具备相应的合法性和权威性，而法院显然符合这一标准；其二，一般而言，仲裁庭不可能具备强制执行的能力，即使其享有临时措施的发布权，在相应措施的执行阶段仍需法院介入，因此由法院负责进行临时措施的发布及执行具备相应的合理合法性；其三，一直以来法院对仲裁机构具有重要的辅助作用，如果由法律授权国家公权力来发布临时措施，一方面可以保障仲裁程序的进行，另一方面也可以对临时措施程序乃至整个仲

---

〔1〕 2006 年《示范法》第 17 条第 2 款第 4 项。

〔2〕 2006 年《示范法》第 27 条规定，仲裁庭或一方当事人在仲裁庭同意之下，可以请求本国内的管辖法院协助取证。法院可以在其权限范围内并按照其关于取证的规则执行上述请求。

〔3〕 如我国 1995 年《仲裁法》第 28 条、第 46 条、第 68 条，阿根廷 1982 年《民商诉讼法典》第 753 条，意大利 1994 年《民事诉讼法典》第 818 条，奥地利 1895 年《民事诉讼法》第 588 条和第 589 条第 1 项，加拿大魁北克 1986 年《民事诉讼法典》第 940 条第 4 项等。

裁程序起到潜在的监督作用;[1] 其四，一些学者认为，如果由仲裁庭审阅初步证据材料并作出倾向一方当事人的临时措施决定，则其在实体问题上就存在先入为主乃至预判的可能性,[2] 不利于保证终局裁决的公正性，基于这种考量，仲裁员可能并不愿意涉入临时措施程序；其五，通常情况下，法院具有以其司法权力配合、辅助仲裁机构推进仲裁程序的习惯。

根据以上理由，法院专属模式确有一定的合理性，但是这种模式在理论上与“明确减少法院对仲裁的干预”的国际通行趋势[3]相斥，且法院在强制执行中的属地性特征[4]也使得法院专属的模式在国际商事仲裁实践中显露出硬伤——国际商事仲裁案件具有跨国、跨地区的特征，因此临时措施的实施、执行过程中所涉及的财产和证据等可能位于仲裁地境外的国家或地区，如果该国或该地法院不认可仲裁地法院下达的临时措施，则临时措施就无法得以有效执行，当事人很可能也难以再向其他仲裁地之外的法院提出临时措施申请。此外，法院专属模式中，由于法院不对仲裁案件进行实体审理，仅根据当事人提交的临时措施申请和有限的材料决定是否采取临时措施，必然导致效率上的拖沓，更存在因不熟悉案情而作出不恰当决定的可能性。

（二）仲裁庭

以仲裁庭作为唯一的临时措施发布主体的情况通常被称为仲裁庭专属模式，这是20世纪中期仲裁独立性理论快速发展、仲裁庭权力不断扩张的产物。[5] 与法院专属模式相对，该模式主张在不违反法律强制性规定的情况下，仲裁协议意指当事人合意将与其争议相关的一切实体和程序问题交由仲裁庭审理，即仲裁协议可以全面排除法院对仲裁争议事项的管辖权，法院由此无权受理仲裁争议主体的临时措施请求。然而，这种模式目前几乎不存在于任何国家的仲裁立法中，仅在1966年《解决国家与他国国民之间投资争议公约》（以下简称《ICSID公约》）、2006年《国际投资争端解决中心仲裁规则》（以下简称《IC-

---

〔1〕 杜新丽：《国际商事仲裁理论与实践专题研究》，中国政法大学出版社2009年版，第150~151页。

〔2〕 Lew J, Mistelis L. and Kroll S., “Comparative International Commercial Arbitration”, *Kluwer Law International*, 2003, pp. 23-62.

〔3〕 杨良宜、莫世杰、杨大明：《仲裁法：从1996年英国仲裁法到国际商务仲裁》，法律出版社2006年版，第183页。

〔4〕 法院就其受理的案件作出裁判属于一国的司法主权行为，原则上应当只在法院地国发生法律效力，其他国家并没有义务承认并执行外国法院的裁判。赵相林主编：《国际私法》，中国政法大学出版社2011年版，第426~427页。

〔5〕 杜新丽：《国际商事仲裁理论与实践专题研究》，中国政法大学出版社2009年版，第152页。

SID 仲裁规则》）[1] 以及早期的少数司法实践[2]中有所体现。

这一模式如此饱受争议的主要原因是过于忽视法院对仲裁应有的辅助作用。首先，无论仲裁协议排除法院管辖权的效力如何，法院都有权对仲裁庭的权力行使予以必要的监督，例如，若临时措施程序中存在有损公共利益的情形，当地法院显然不可能排除其对公共利益加以管辖的权力；其次，在国际商事仲裁中，法院往往是对临时措施予以强制执行的权力机关，可见法院对临时措施的实施具有既定的协助和促进作用，[3] 将法院完全从临时措施的发布阶段排除则不具备足够的合理性；再次，仲裁庭专属模式无法满足案件当事人在申请仲裁前或者仲裁庭组成前对临时措施的需求，站在保护当事人利益的角度，也不应将法院排除在临时措施的发布程序之外；最后，仲裁庭关于临时措施的权力来自于双方当事人合意达成的仲裁协议，但如果涉及仲裁协议以外的第三人，则理论上而言，仲裁庭下达的临时措施不应对该第三人具有约束力，[4] 此时法院应成为保障相关当事人利益的救济渠道。

（三）法院与仲裁庭并行

法院与仲裁庭并行，是指法院与仲裁庭均获得了进行临时措施决定的授权。鉴于法院专属、仲裁庭专属两种模式都存在一定缺陷，越来越多的国家和地区采用并行模式来兼顾当事人意思自治、仲裁程序效率并顺应仲裁制度的发展趋势。在这种并行模式下，各国根据自身的法律环境，逐渐在法院与仲裁庭的临时措施发布权分配方面发展出了不同的运作模式，目前可以大致分为三种情况：法院辅助型、仲裁庭辅助型和当事人自由选择型。[5]

法院辅助型是指将法院定位为临时措施发布过程中的辅助者，即除双方当事人合意、仲裁庭同意或者紧急情况等需要法院提供支持的特定情形下，必须由法院受理当事人的临时措施请求之外，其他情形下仲裁庭均有发布临时措施

[1] 1966 年《ICSID 公约》第 26 条、第 47 条及 2006 年《ICSID 仲裁规则》第 39 条第 6 项。

[2] 例如 1974 年美国第三巡回上诉法院审理的马克里公司案（McCreary Tire & Rubber Co. v. Ceat S. P. A.）、1982 年纽约上诉法院审理的库波案（Cooper. v. Ateliers de la Motobecane S. A.）、1993 年英国海底隧道公司案（Channel Tunnel Group Ltd. v. Balfour Beatty Construction Ltd.）等。

[3] 胡荻：《论国际商事仲裁中仲裁庭的临时保全措施决定权》，载《南昌大学学报（人文社会科学版）》2013 年第 4 期，第 104~105 页。

[4] Redfern Alan and Hunter Martin, *Law and Practice of International Commercial Arbitration*, London: Sweet & Maxwell, 2003, pp. 346-347.

[5] 杜新丽：《国际商事仲裁理论与实践专题研究》，中国政法大学出版社 2009 年版，第 154~156 页。

的权力。[1] 这种类型在合理保障当事人利益的前提下最大限度地限制了法院对仲裁的干涉，因此在国际上获得了一定的支持。英国1996年《仲裁法》第44条将这种法院辅助模式体现得最为明显，[2] 其立法文义认定法院对仲裁起到辅助作用，除法院有必要对仲裁庭进行协助或监督的情形之外，仲裁庭有权在法律允许的范围内放手对其仲裁事务加以管理和决策。

仲裁庭辅助型是与法院辅助型相对应的模式，即除非仲裁当事人之间达成类似于"当事人有权向仲裁庭提出临时措施请求，仲裁庭有权下达相应的临时措施"的明确约定，否则应当由法院发布临时措施。[3] 该模式存在以下两点缺陷：在理论方面，该模式仅在最小限度内保留了当事人"自由选择"的权利，不符合当前尊重意思自治、减少法院干预的仲裁原则和趋势；在实践方面，当事人通常不会在仲裁协议中对临时措施的发布主体详加约定，致使该模式在仲裁实践中往往与法院专属模式无异。因此，这种模式在立法、实践中都比较少见。

当事人自由选择型是指仲裁当事人有权选择向法院或者仲裁庭提出临时措施请求，该法院或仲裁庭则根据相关法律、仲裁规则等作出相应的临时措施决定。该模式的优势在于表现出了对当事人的意思自治权利的高度尊重，在较大程度上阐扬了法院同仲裁庭之间的协作关系，[4] 兼之在操作中灵活方便，因此在2006年《示范法》、德国2013年《民事诉讼法》、美国仲裁协会2010年《仲裁规则》等[5]诸多国家、地区的仲裁立法、规则与实践中都采纳了此种做法。总体而言，这也是经实践证明更为便利且合理的临时措施发布模式。

不断完善仲裁庭在临时措施制度中的角色定位及其操作程序是国际商事仲裁的发展趋势，更是我国临时措施制度改革的重点和难点。鉴于此，本文在下文将以仲裁庭作为临时措施发布主体的情况为视角，集中研究和探讨仲裁庭作出临时措施的依据、条件以及临时措施的承认与执行问题。

---

〔1〕 Wang William, "International Arbitration: The Need for Uniform Interim Measures of Relief", 28 *Brook. J. Int'l L.*, 2003, p. 1085.

〔2〕 英国1996年《仲裁法》第44条规定，"…in matters governed by this Part the court should not intervene except as provided by this Part"，此处采用"should not intervene"而非"shall not intervene"的用法，表示其并未硬性规定法院不得插手仲裁庭的临时措施决定，为法院的辅助和监督职能提供了一定空间。

〔3〕 杜新丽：《国际商事仲裁理论与实践专题研究》，中国政法大学出版社2009年版，第155~156页。

〔4〕 胡荻：《论国际商事仲裁中仲裁庭的临时保全措施决定权》，载《南昌大学学报（人文社会科学版）》2013年第4期，第105~106页。

〔5〕 如2006年《示范法》第9条和第17条第1款、德国2013年《民事诉讼法》第1041条、美国仲裁协会2010年《仲裁规则》第24条。

第二章 国际商事仲裁中临时措施的实践分析

一、仲裁庭作出临时措施的依据

仲裁庭下达临时措施的相应权力渊源是奠定其作出的临时措施是否合法有效、能否得以执行的前提。通说认为，仲裁庭享有临时措施发布权的主要依据包括国际公约、国内立法和仲裁规则。

（一）国际公约

就在国际范围内影响范围较大的国际公约而言，包括1958年《承认及执行外国仲裁裁决公约》（以下简称《纽约公约》）、1961年《欧洲国际商事仲裁公约》、1976年《美洲国家国际商事仲裁公约》在内，大部分国际商事仲裁相关的国际公约都没有针对授权仲裁庭作出临时措施予以明文规定。

然而值得注意的是，随着仲裁理论及实践的逐步发展扩张，在1966年《ICSID公约》中出现了与上述国际公约不同的尝试，规定“除双方当事人另有约定外，仲裁庭如果认为情况需要，可以建议当事人采取任何临时措施，以维护任何一方的权利”[1]。该条文的引申含义表明，《ICSID公约》认可乃至鼓励其仲裁庭（以下简称“ICSID”）主动进行临时措施方面的实践；换言之，该公约条文授予了仲裁庭作出临时措施的决定权。

（二）国内立法

相较于国际公约，国家通过仲裁立法授权仲裁庭发布临时措施决定是更为普遍的做法。但是，各国或各地区为仲裁庭赋权的范围和条件存在区别，大致可分为两种情况。

第一种情况是，国家在制定成文法的过程中引入《示范法》“仲裁庭有权作出临时措施”的相关规定，如德国、瑞士[2]等。根据2006年《示范法》第17条，[3] 仲裁庭在决定临时措施方面具有既定的权力，无须通过当事人之间的仲裁协议明确授予仲裁庭此种权力，但当事人合意约定仲裁庭不得作出临时措施

---

〔1〕《ICSID公约》第47条。

〔2〕德国2013年《民事诉讼法》第1041条第1款、瑞士1987年《联邦国际私法典》第183条第1款。

〔3〕1985年《示范法》第17条与其2006年修订的第17条都规定：“Unless otherwise agreed by the parties, the arbitral tribunal may, at the request of a party, grant interim measures”，即除非当事人另有约定，仲裁庭经一方当事人请求，可以准予采取临时措施。

的情况除外。德国 2013 年《民事诉讼法》、[1] 瑞士《联邦国际私法典》[2] 等诸多国家的立法均参考或采纳了此种规定方式，作出了与上述内容相同或相似的法律条文。

第二种情况则是，各国家、各地区依其法律制度和法律文化，在国内法中就仲裁庭的临时措施决定权作出符合本国特色的规定。例如，美国通过法院判例（而非《联邦仲裁法》）确认，除非当事人之间另有约定，绝大多数的仲裁庭具有临时措施发布权；[3] 而英国 1996 年《仲裁法》则详尽地列举、限定了仲裁庭可以作出的临时措施类型，但在法定的除外情形中允许仲裁当事人通过合意的方式扩大临时措施类型的发布范围。[4]

（三）仲裁规则

随着国际商事争端日趋复杂，基于争议当事人和仲裁机构推动仲裁程序、保证裁决执行的迫切需要，国际上几乎所有具有代表性的仲裁机构都已在其仲裁规则中明确，仲裁庭享有作出临时措施的权力。其中的典型规定是现行 2013 年《联合国国际贸易法委员会仲裁规则》（以下简称《UNCITRAL 仲裁规则》），该规则第 26 条第 1 款就仲裁庭作出临时措施的权力予以明文确认。[5] 此外，国际商会（以下简称“ICC”）、伦敦国际仲裁院、美国仲裁协会等大型国际仲裁机构的现行仲裁规则也作出了类似的规定。[6]

自 2014 年开始，贸仲、上海贸仲、北仲等国内仲裁委员会也开始参考国际

---

〔1〕 德国 2013 年《民事诉讼法》第 1041 条第 1 款规定：“Unless the parties to the dispute have agreed otherwise, the arbitral tribunal may direct, upon a party having filed a corresponding petition, provisional measures or measures serving to provide security as it deems fit...”，即除非争议当事人另有约定，仲裁庭可以直接根据一方当事人的请求发布适当的临时措施。

〔2〕 瑞士 1987 年《联邦国际私法典》第 183 条第 1 款规定：“Unless the parties have agreed otherwise, the arbitral tribunal may enter provisional or protective measures at the request of one party”，即除非当事人另有约定，仲裁庭可以根据一方当事人的请求作出临时措施。

〔3〕 Born Gary B., *International Commercial Arbitration* (*Second Edition*), Kluwer Law International, 2014, pp. 2435-2437.

〔4〕 英国 1996 年《仲裁法》第 38 条规定：“（1）The parties are free to agree on the powers exercisable by the arbitral tribunal for the purposes of and in relation to the proceedings.（2）Unless otherwise agreed by the parties the tribunal has the following powers...”

〔5〕 2013 年《UNCITRAL 仲裁规则》第 26 条第 1 款规定：“The arbitral tribunal may, at the request of a party, grant interim measures”，即“仲裁庭可以依据一方当事人的请求作出临时措施”。

〔6〕 2012 年《ICC 仲裁规则》第 28 条第 1 款：“除非当事人另有约定，案卷移交仲裁庭后，经当事人申请，仲裁庭可以裁令实施其认为适当的临时措施或保全措施。”伦敦国际仲裁院 2014 年《仲裁规则》第 25 条第 1 款：“经任何一方当事人申请，并给予其他当事人合理陈述机会的前提下，仲裁庭有权以适当的方式作出……临时措施。”美国仲裁协会 2010 年《仲裁规则》第 24 条第 1 款：“应任何一方当事人请求，仲裁庭可指令或裁定采取其认为必要的任何临时或保全措施，包括禁令和财产保护或保全措施。”

上具有代表性的临时措施条文，将仲裁庭有权发布临时措施的条文纳入其新修订的仲裁规则中，其规定方式与上述仲裁规则基本一致。[1] 上述机构的仲裁规则也构成了我国仲裁庭进行临时措施决定的仅有依据。

除以上三种情况可以作为仲裁庭发布临时措施的权力渊源外，还有学者认为下达临时措施决定是仲裁庭的固有权力。这种理论以当事人的意思自治原则为基础，认为当事人通过仲裁协议赋予了仲裁庭通过各种必要手段解决其争议的权力，其中也包括发出临时措施的权力。[2] 虽然该观点具有一定合理性，但无法作为切实的仲裁依据适用于仲裁案件。仲裁庭在实践中，还是会通过审视仲裁地国立法和仲裁所适用的仲裁规则这两种渊源来决定其是否有权发布临时措施——当“仲裁庭的固有权力”理论与国内立法或者仲裁规则产生冲突时，基于规避风险的考量，仲裁庭往往不会作出临时措施决定。

二、发布临时措施的条件

临时措施的发布和执行可能对仲裁当事人的利益产生影响，存在被当事人滥用或者仲裁员的自由裁量权运用不当的可能性，因此需要通过法律或者仲裁规则在必要的、可操作的范围内设定临时措施发布条件。各国法制与执行情况不同，对仲裁庭采取临时措施的先决条件亦存在不同的认识，国际社会目前尚未就此达成统一的意见。[3] 总体而言，除仲裁庭具备下达临时措施的管辖权这一必要前提之外，一般以下几种条件会被纳入考虑。

（一）当事人申请

当事人提出申请是临时措施的基本形式要求，这是仲裁的自愿性和自治性[4]所决定的。换言之，鉴于仲裁庭对商事争议案件的管辖权来自于争议双方合意达成的仲裁协议或仲裁条款，若一方当事人未选择提出临时措施请求，则仲裁庭无权自行（依职权）对当事人未提出请求的事项进行审理。多数的仲裁立法和仲裁规则均已明确将当事人提出申请作为发布临时措施的条件之一，如《示范法》、国际商会2012年《仲裁规则》、美国仲裁协会2010年《仲裁规则》以及英国1996年《仲裁法》等均规定，仲裁庭在应一方当事人请求（at the re-

---

〔1〕 如贸仲2015年《仲裁规则》第23条第3款、上海贸仲2015年《仲裁规则》第13条、北仲2015年《仲裁规则》第62条等。

〔2〕 Born Gary B., *International Commercial Arbitration* (*Second Edition*), Kluwer Law International, 2014, pp. 2453-2454.

〔3〕 石现明：《东盟国家国际商事仲裁法律制度研究》，云南大学出版社2013年版，第117页。

〔4〕 赵相林主编：《国际私法》，中国政法大学出版社2011年版，第437~438页。

quest of a party）的前提下才可以启动相应的临时措施程序。[1]

（二）存在损害风险

虽然许多仲裁立法和仲裁规则并未明文规定“存在损害风险”属于仲裁庭发布临时措施的先决条件，但在仲裁实践中，这已经成为相对达成共识的临时措施实施要素。适用这一条件的意义源于临时措施的实施目的，即防止一方当事人为逃避损失而以转移资产、中止履行合同等方式阻碍仲裁程序的顺利进行或造成执行困难，最终造成临时措施申请方的合法权益受到损害的严重后果。值得注意的是，各国的仲裁理论与实践对损害风险严重程度的要求多有不同。

具体而言，第一种观点是，损害风险必须达到相当高的水平，仲裁庭才可以发布临时措施。例如，Tokios Tokele 公司诉乌克兰案（Tokios Tokeles v. Ukraine）[2]、Plama Consortium 公司诉保加利亚案（Plama Consortium Ltd. v. Republic of Bulgaria）[3] 等 ICSID 案例的仲裁裁决书认定，如果现实存在的损害风险尚未达到“不可挽回”（irreparable）的程度，仲裁庭就不应发布临时措施。《示范法》也规定，在临时措施申请中，存在的损害风险应达到无法以金钱补偿的程度。[4] 第二种观点对损害风险的严重性要求则相对较低，认为只要在国际商事争议案件中存在“严重的”（serious or substantial）损害风险就足以作出临时措施，如 ICC 仲裁院的诸多案例中，仲裁庭更多地考虑适用临时措施可能造成的损害与临时措施所能保护的利益之间的平衡，即如果不采取临时措施，是否会对临时措施申请方造成非常严重的后果。[5] 卡朗、拉普兰[6]、加里波

---

〔1〕 2006 年《示范法》第 17 条第 1 款、国际商会 2012 年《仲裁规则》第 28 条第 1 款、美国仲裁协会 2010 年《仲裁规则》第 24 条、英国 1996 年《仲裁法》第 44 条第 3 款中均有条文表述，“...at the request of a party...”，即“应一方当事人请求”，仲裁庭可以作出临时措施。

〔2〕 Tokios Tokeles v. Ukraine, Procedural Order No. 3 in ICSID Case No. ARB/02/18, 18 January 2005.

〔3〕 Plama Consortium Ltd. v. Republic of Bulgaria, Order in ICSID Case No. ARB/03/24, 6 September 2005.

〔4〕 2006 年《示范法》第 17H（1）（a）规定，“Harm not adequately reparable by an award of damages is likely to result if the measure is not ordered, and such harm substantially outweighs the harm that is likely to result to the party against whom the measure is directed if the measure is granted”，即“不下令采取这种措施可能造成损害，这种损害无法通过判给损害赔偿金而充分补偿，而且远远大于准予采取这种措施可能对其所针对的当事人造成的损害”。

〔5〕 Interim Award in ICC Case No. 8786, 11（1）ICC Ct. Bull. 81, 83（2000）; Interlocutory Award in ICC Case No. 10596, XXX Y. B. Comm. Arb. 66（2005）; etc.

〔6〕 Caron D. and Caplan L., *The UNCITRAL Arbitration Rules: A Commentary* (*Second Edition*), Oxford University Press, 2013, p. 552.

恩[1]等多名学者亦支持这种做法，认为在无以穷尽的现实情境中要求仲裁庭针对“不可挽回的损失”作出清晰、准确的界定是不切实际的。

笔者倾向于赞同第二种观点：结合文义和商事争议中可能存在的情况，“不可挽回的损失”可能意味着需要这种损害达到一方当事人破产、严重商业失信、错失重大商机、关键证据灭失或者类似程度，即使《示范法》中“损害无法通过判给损害赔偿金而充分补偿”[2] 的表述从某种程度上量化了所谓“不可挽回”的范围，但在复杂多变的国际商事争议中，仲裁庭往往难以判定损害达到何种程度才应归属于纵然判令支付金钱也于事无补的情况——毕竟理论上而言，近乎所有商事意义上的损失都能以金钱挽回。[3] 如果严格适用这种标准，显然很多的临时措施申请将被驳回，临时措施保障当事人利益的根本目的也难以充分实现。因此，在发布临时措施的条件中采用“严重的损害风险”似乎是一种更恰当也更符合当事人需求的表述。

（三）具有紧急性

临时措施的实施条件中，紧急性（urgency）通常被认为与损害风险有着密切的联系，是指仲裁庭认为案件情形“足够紧急”，以至于如果不即刻采取临时措施，就将导致某种程度的严重损害。多数学者认为，该条件是必要的，[4] 因为即使存在现实的损害风险，但如果一方当事人具有或者本应具有足够的时间去阻止这种损害发生，那么仲裁庭显然不需要发布相应的临时措施。ICC、ICSID 仲裁庭都在其仲裁案例中肯定了紧急性条件在临时措施中的适用：ICC 仲裁庭曾经裁决，“临时措施以具备必要的紧急性为前提，而被申请人并没有证据证明仲裁庭此刻发布临时措施具备与本案情形相适应的迫切必要”；[5] ICSID 在 Biwater Gauff 公司诉坦桑尼亚案中，亦认为“对于紧急性的要求是仲裁庭决定是否作出临时措施的必要条件之一，但对于‘紧急程度’的判断应根据本案具体案情作出……一方当事人可能需要证明，在仲裁裁决作出之前的某一特定时间发布该临时措施确有必要”[6]。但是，1985 年《示范法》并未将“紧急性”列

---

[1] Born Gary B., *International Commercial Arbitration* (*Second Edition*), Kluwer Law International, 2014, pp. 2468-2473.

[2] 2006 年《示范法》第 17H（1）（a）。

[3] Born Gary B., *International Commercial Arbitration* (*Second Edition*), Kluwer Law International, 2014, pp. 2469-2470.

[4] Born Gary B., *International Arbitration*: *Cases and Materials* (*Second Edition*), Kluwer Law International, 2015, pp. 888-889.

[5] ICC Case No. 8786, 11 (1) ICC ICArb. Bull. 81 (2000).

[6] Biwater Gauff (Tanzania) Ltd. v. United Repub. of Tanzania, Procedural Order No. 1 in ICSID Case No. ARB/05/22, 31 March 2006.

入仲裁庭进行临时措施决定时需要考虑的要素，其更是在2006年修订的《示范法》中删除了“仲裁庭认为必要时”的语句〔1〕——考虑到这种“必要”在某种程度上意指不采取紧急措施可能导致严重后果的紧急情形，《示范法》的制定者删除这一条件的引申含义似乎是希望排除紧急性条件，继而扩张仲裁庭的自由裁量权。

正如上文中的损害风险，国际商事仲裁案件中如何对紧急性条件的“紧急”程度予以论证和判定也是饱受争议的问题。部分学者将这种紧急程度置于较高的标准，认为仲裁庭只有在可以确认损害即将发生时，才可以采用临时措施的手段。〔2〕但是，仲裁庭在审理商事争议案件时，往往很难确切掌握发生这种损害的时间节点。因此在仲裁实践中，更为广泛接受的做法是，如果当事人可以证明在终局裁决下达之前，其临时措施申请中描述的损害可能会发生，那么仲裁庭就可以认定本案情节已经满足了作出临时措施所需的紧急性要求。〔3〕

（四）存在胜诉可能

存在“胜诉可能”（probability of success on merits）的临时措施条件是指仲裁庭根据具体案情，可以确信临时措施的申请方有相当的可能胜诉，才可以准予采取临时措施。但是，该条件在理论与实践中都存在极大的争议：从支持者的角度来看，2006年《示范法》第17A（1)(b）条规定，临时措施申请人应承担初步举证的责任，证明自己在案件实体争议问题上有合理的可能胜诉，但是，仲裁庭对这种“胜诉可能”的认定不得影响其此后作出的任何裁定。〔4〕除《示范法》之外，英国特许仲裁员协会在对仲裁员的指引文件中也提到，仲裁庭作出临时措施决定前，应当仔细审阅所有相关的证明材料，并确定临时措施的申

---

〔1〕 1985年《示范法》第17条规定，“unless otherwise agreed by the parties, the arbitral tribunal may, at the request of a party, order any party to take such interim measure of protection as the arbitral tribunal may consider necessary in respect of the subject-matter of the dispute”，而2006年修订的《示范法》第17条第1款在此基础上删除了“必要”（necessary）和“与争议事项相关”（in respect of the subject-matter of the dispute）两个条件。

〔2〕 Caron D., Caplan L. and Pellonpaa M., *The UNCITRAL Arbitration Rules: A Commentary*, *Oxford University Press*, 2006, p. 548.

〔3〕 Born Gary B., *International Commercial Arbitration (Second Edition)*, Kluwer Law International, 2014, p. 2475.

〔4〕 2006年《示范法》第17A（1）（b）规定，当事人应证明“there is a reasonable possibility that the requesting party will succeed on the merits of the claim. The determination on this possibility shall not affect the discretion of the arbitral tribunal in making any subsequent determination”，即“请求方当事人相当有可能胜诉，但对这种可能性的任何判定不得影响仲裁庭此后作出任何裁定的自由裁量权”。

请方当事人有充分可能在最终裁决中获胜。[1] 从否定者的角度，米斯泰利斯、克罗尔[2]和耶希勒尔马克[3]等学者都认为，《示范法》不应将“胜诉可能”作为发布临时措施的条件。他们认为，如果仲裁庭认为只有在临时措施申请人可能胜诉的前提下才可以作出临时措施，那么仲裁庭就不应作出此临时措施，否则势必对案件结果产生预判。换言之，如果仲裁庭在作出临时措施的过程中对相关案情已经有了先入为主的判断，则该临时措施的发布和执行很可能对最终的仲裁裁决产生影响，违反公平公正原则。

笔者斗胆认为，这种“胜诉可能”与“不对终局裁决结果做出预判”之间的冲突在某种程度上体现了临时措施制度自身的局限性。具体表现为，仲裁庭为了确定临时措施申请人可能最终胜诉，就需要在案件全面审理之前对当事人提供的初步证据进行审查和评议，这一过程中可能与“临时措施不得对案件实体审理和裁决产生影响”的仲裁原则相冲突。但是，正如诸多采纳“胜诉可能”作为临时措施发布条件的裁决书所解释的：[4] 如果仲裁庭不充分考虑申请人提交的证明材料，就难以判断该临时措施申请是否符合发布临时措施的所有条件；如果该临时措施的申请方当事人在实体争议中根本没有取得胜诉结果的可能性，那么仲裁庭下达临时措施的行为本身就没有意义。

既然在仲裁实践中，仲裁庭基于防范自身风险的考虑，在临时措施程序中不可避免地涉及对实体材料和胜诉可能的判断，那么上述冲突的解决方法就是通过适当的仲裁程序将这种不利影响降至最低程度。正如仲裁学者加里波恩所分析的那样，[5] 如果双方当事人均有充分、合理的机会向仲裁庭提出其对于临时措施申请的意见，仲裁庭亦将审阅材料的范围限定在初步（而非全部）证据之内，并严格依据这些材料进行临时性的、初步的评判，那么仲裁庭作出的临时措施通常不会对案件实体争议和终局裁决产生预判效果。

在临时措施程序中，除上述因素之外，仲裁庭也可能要求当事人提供某种

---

〔1〕 杨良宜、莫世杰、杨大明：《仲裁法：从 1996 年英国仲裁法到国际商务仲裁》，法律出版社 2006 年版，第 836~837 页。

〔2〕 Lew J. , Mistelis L. and Kroll S. , *Comparative International Commercial Arbitration*, Kluwer Law International, 2003, pp. 23-62.

〔3〕 Yesilirmak Ali, Interim and Conservatory Measures in ICC Arbitral Practice, 11 (1) ICC Ct. Bull, 31, 2000, p. 34.

〔4〕 Born Gary B. , *International Arbitration: Cases and Materials* (*Second Edition*), Kluwer Law International, 2015, p. 889.

〔5〕 Born Gary B. , *International Commercial Arbitration* (*Second Edition*), Kluwer Law International, 2014, pp. 2476-2480.

形式的担保。在多数仲裁规则中，这种担保要求属于仲裁庭的自由裁量范围，[1] 但也有部分仲裁规范将其设定为发布临时措施的必要条件。[2] 提供担保的目的在于降低仲裁庭迟延或错误实施临时措施可能造成的风险，同时防止仲裁滥用临时措施，造成司法资源的浪费。

三、临时措施的执行

临时措施的执行问题与仲裁程序得以顺利进行、终局裁决得以有效执行有着直接的利害关系，在临时措施制度中占有极为重要的地位。从各国及国际上的司法实践来看，虽然当事人通常倾向于自觉服从仲裁庭发布的临时措施决定，[3] 但是拒绝主动执行临时措施的情况仍然大量存在于现实中。实践中，仲裁机构可以通过做出不利推断、收取浪费费用等方式[4]对一方当事人漠视临时措施指令的行为予以惩戒，但是由于仲裁是具有民间性特征的争议解决方式，仲裁委员会在执行方式上通常不具备司法机关的强制力。在绝大多数国家及国际法律规定中，有权对临时措施进行强制执行的主体只限于法院，而仲裁庭所作临时措施的执行困难问题被普遍认为是临时措施实施过程中的最大障碍之一。

（一）仲裁庭所作临时措施在仲裁地国的执行情况

一般情况下，法院执行自己所作临时措施的过程不存在障碍——正如我国《仲裁法》中的仲裁保全制度，[5] 当事人可以通过仲裁庭转递或直接向人民法院请求进行保全，人民法院根据案件具体情形发出保全裁定，并确保其得到执行。然而，就仲裁庭所作的临时措施而言，在一方当事人不按仲裁庭的裁决、决定或者指令履行其临时措施的情况下，另一方向法院提出强制执行请求的渠道就相对复杂。除缺乏相应立法及制度的国家（如我国）之外，较为常见的做法大致可归类为以下两种。

第一，比照仲裁裁决处理。部分国家虽然没有将“法院具有协助执行仲裁庭所作出的临时措施的法定义务”的内容予以明文规定，但是会将其这种临时措施认定为一种仲裁裁决，依据法院协助执行一般仲裁裁决的法条和程序对临时措施进行处理。美国和法国是采用这种做法的国家，此外 1985 年《示范法》

---

〔1〕 如 2006 年《示范法》第 17E、国际商会 2012 年《仲裁规则》第 28 条第 1 款、美国仲裁协会 2010 年《仲裁规则》第 24 条第 2 款、北仲 2015 年《仲裁规则》第 62 条第 1 款等。

〔2〕 杨良宜、杨大明：《禁令》，中国政法大学出版社 2000 年版，第 321~343 页。

〔3〕 周丽霞：《论国际商事仲裁临时措施的域外执行》，载《河北法学》2011 年第 6 期，第 123 页。

〔4〕 杨良宜、莫世杰、杨大明：《仲裁法：从 1996 年英国仲裁法到国际商务仲裁》，法律出版社 2006 年版，第 838~839 页。

〔5〕 我国 1995 年《仲裁法》第 28 条、第 46 条、第 68 条。

的制定者也作如此认定。[1] 但是，在理论界和仲裁实践中，对于临时措施能否归属于仲裁裁决的问题尚存争议。因此，虽然这种做法在域内和域外的临时措施执行中都显得比较灵活，但法院可能考虑到上述仲裁理论层面的障碍，导致这种执行途径充满不确定性。或许也是出于这种考虑，2006 年《示范法》从这种做法调整为下述的第二种做法。

第二，仲裁立法明文规定。受 2006 年《示范法》[2] 影响的德国[3]、瑞士[4]等国家都采用了这种方法，即在法律中明文规定，对于仲裁庭发布的临时措施，在符合法定要求（即不存在不予承认或执行临时措施的理由）的基础上，具有管辖权的法院应当予以协助执行。基于法律规定所具有的规范性和强制性，这种仲裁立法显著提高了仲裁庭作出的临时措施的可执行性，相较于第一种做法显得更为简捷有效。但是，当其涉及外国仲裁庭作出的临时措施在本地的执行时，则因各个国家法制与司法实践的不同而不可避免地存在各种问题。

（二）仲裁庭所作临时措施在非仲裁地国的执行情况

在国际商事活动中，当事人常常选定与合同双方所在地、合同履行地无关的国家或地区作为仲裁地。这就导致作出具体的临时措施决定之后，当事人经常面临着相应措施需要在仲裁地之外的国家或地区加以执行的问题。不同国家和地区的法院在立法与实践上存在差异，其承认并执行仲裁庭临时措施的标准也不尽相同。笔者认为，临时措施的境外执行存在的障碍和争议主要表现为以下两种情形。

第一，从逻辑角度分析，在认可并赋予仲裁庭作出临时措施决定的国家，其法律制度中自然也应蕴含着外国仲裁庭所作的临时措施能够在该国得以承认

---

〔1〕 Art. XIV ¶72, Report of the Working Group on International Contract Practices on the Work of Its Sixth Session, U. N. Doc. A/CN. 9/245, UNCITRAL website, available at https: //documents-dds-ny. un. org/doc/UNDOC/GEN/V83/619/69/PDF/V8361969. pdf? OpenElement, 2016-3-12.

〔2〕 2006 年《示范法》第 17H 第 1 款规定：“An interim measure issued by an arbitral tribunal shall be recognized as binding and, unless otherwise provided by the arbitral tribunal, enforced upon application to the competent court, irrespective of the country in which it was issued, subject to the provisions of article 17 I”，即“仲裁庭作出的临时措施具有约束力，除非仲裁庭另有规定，否则应在符合的前提下，向有管辖权的法院申请并加以执行，无论该措施由哪一国发出”。

〔3〕 德国 2013 年《民事诉讼法》第 1041 条第 2 款规定：“Upon a party having filed a corresponding petition, the court may permit the enforcement of a measure pursuant to subsection (1) ...”，即“经一方当事人申请，法院可以准予执行符合本条第 1 款规定的临时措施”。

〔4〕 瑞士 1987 年《联邦国际私法典》第 183 条第 2 款规定：“If the party concerned does not comply voluntarily, the arbitral tribunal may request the assistance of the judge with jurisdiction who shall apply his own law”，即“如果一方当事人拒绝履行临时措施，仲裁庭可以请求有管辖权的法院根据其法律给予司法协助”。

和执行的意思，否则这种认可和赋权就是没有意义的。但是，如果该国法律并没有针对执行外国仲裁庭的临时措施设立相应的标准和条件，法院可能会认为其没有执行该临时措施的确切法律依据，使得执行力难以保证，正如杨良宜、莫世杰和杨大明提出的，解决这种问题的最有效渠道还是在法院地的本国法中明确规定，本国法院有义务协助当事人执行外国仲裁庭作出的临时措施。[1]

而现实情况显示，仅部分国家和地区的法律进行了如此规定。[2] 其中，较为周全的有香港特别行政区2014年《仲裁条例》[3]，其不仅规定了该地法庭有义务协助强制执行香港特别行政区以外地方仲裁庭所作的临时措施，还列明了准予执行的标准和条件。此外，2006年《示范法》第17H条第1款也载明，仲裁庭发出的临时措施可以“向有管辖权的法院提出申请后加以执行，不论该措施是在哪一国发出的”。因此，除参考并且采纳《示范法》该条款的国家如德国、瑞士等，其他国家仲裁庭下达的临时措施也能够得到法院的强制执行。但是，在不引入或借鉴《示范法》条款且本国法又无类似规定的国家和地区，法院通常认为其并无执行外国仲裁庭临时措施的义务，或者执行此类临时措施缺乏相应的法律依据。

第二，在非仲裁地国执行临时措施的另一个障碍表现为《纽约公约》的适用问题。《纽约公约》被普遍认为系影响力最大、成员国最多的关于国际商事仲裁承认与执行的国际公约，[4] 但该公约并未就临时措施是否应被涵括于公约缔约国仲裁裁决（award）执行的问题作出明确规定。

传统仲裁理论和诸多仲裁判例都拒绝援引《纽约公约》来对外国仲裁庭发布的临时措施予以执行。主要原因在于，其认为公约对可执行的裁决有着拘束力和终局性的要求，而临时措施被认为是临时性的、可以被修改乃至撤销的仲

〔1〕 杨良宜、莫世杰、杨大明：《仲裁法：从1996年英国仲裁法到国际商务仲裁》，法律出版社2006年版，第841页。

〔2〕 周丽霞：《论国际商事仲裁临时措施的域外执行》，载《河北法学》2011年第6期，第123页。

〔3〕 香港特别行政区2014年《仲裁条例》第61条：①仲裁庭就仲裁程序而作出的命令或指示，不论是在香港或香港地区以外地方作出的，均可犹如具有同等效力的原讼法庭命令或指示般，以同样方式强制执行，但只有在原讼法庭许可下，方可如此强制执行；②凡任何一方寻求强制执行在香港以外地方作出的命令或指示，则除非该方能显示，该命令或指示属仲裁庭可就仲裁程序而在香港作出的命令或指示的类型或种类，否则原讼法庭不得批予强制执行该命令或指示的许可；③原讼法庭如根据第1款批予许可，可按有关命令或指示的条款，登录判决；④如原讼法庭决定根据第1款批予许可，或决定拒绝根据第1款批予许可，任何人不得针对该决定提出上诉（由2013年第7号第6条修订）；⑤本条所提述的命令或指示，包括临时措施。

〔4〕 The New York Convention, available at http://www.newyorkconvention.org，最后访问日期：2016年3月12日。

裁庭指令（order），因而《纽约公约》的适用范围并不包括临时措施。[1] 但是，近年来有部分学者提出了截然相反的观点——他们指出，《纽约公约》的条文中并没有对仲裁庭所作裁决的性质予以确切的定义或限制，仅载明该公约适用于“专案选派的仲裁员或者当事人提请仲裁之常设仲裁机关”[2] 作出的裁决，而从立法目的来考虑，公约是为提高仲裁庭就当事人之间争议事项所作决定（resolution）的执行效率而设立的。[3] 此外，大量美国判例中都认定，临时措施并不完全是仲裁的一个“中间过程”，而是在该措施作出时其本身就已经终结了。[4] 换言之，临时措施属于仲裁庭在进行终局裁决之前对双方当事人权利的一种相对独立的确认，这种确权对解决特定的实体问题而言具有终局性。由此，美国判例法间接对于法院依《纽约公约》执行临时措施的做法表达了肯定的意见。基于以上理由，笔者认为将《纽约公约》中仲裁裁决的范围扩张至符合法律规定、程序要求并且有利于争议解决的临时措施在理论上并无不妥。

总体而言，在仲裁地执行当地仲裁庭所作临时措施的情况相对较为稳定和乐观。对于如何处理仲裁地之外临时措施的执行，包括采纳 2006 年《示范法》的国家在内，一部分国家以立法或判例的形式建立了针对外国仲裁庭所做临时措施的执行机制。但是，仲裁庭临时措施的境外执行在一些国家或地区仍然具有不确定性，各国之间也尚未就相互协助执行仲裁庭临时措施达成合理有效的共识或合作。鉴于近期不太可能对《纽约公约》的相关条款进行修订，[5] 采取双边或者多边条约的形式解决临时措施的境外执行问题或许是一种更为可行的尝试。

---

〔1〕 Garnett Richard and Pryles Michael, Recognition and Enforcement of Foreign Awards under the New York Convention in Australia and New Zealand, Journal of International Arbitration, Volume 25 Issue 6, 2008.

〔2〕《纽约公约》第 1 条第 2 款规定：“The term ‘arbitral awards’ shall include not only awards made by arbitrators appointed for each case but also those made by permanent arbitral bodies to which the parties have submitted.”

〔3〕 Graham Luis Enrique, Interim Measures: Ongoing Regulation and Practices (A View from the UNCITRAL Arbitration Regime), 50 Years of the New York Convention: ICCA International Arbitration Conference, ICCA Congress Series, Volume 14, 2009, pp. 565-566.

〔4〕 Born Gary B., *International Commercial Arbitration* (*Second Edition*), Kluwer Law International, 2014, pp. 2511-2513.

〔5〕 杜新丽：《国际商事仲裁理论与实践专题研究》，中国政法大学出版社 2009 年版，第 174 页。

第三章　我国仲裁规则中临时措施的构建分析

一、我国关于国际商事仲裁临时措施的立法与实践

我国现行的法律体系中并未采用“临时措施”一词，但存在仲裁保全的概念——根据通常理解，仲裁保全可以被临时措施所包含，我国的仲裁保全则通常是指由人民法院受理、裁定并加以执行的一种保全措施。但是，我国《民事诉讼法》《仲裁法》并未明确禁止仲裁庭享有发布临时措施的权力，因此国内仲裁庭可以根据其所适用的仲裁规则作出临时措施决定。随着国际商事仲裁案件的不断增多，临时措施由外国仲裁庭向国内发出、保全措施执行地位于境外等情况已经屡见不鲜，仅凭上述保全制度已经渐渐无法满足仲裁当事人的各种临时措施需求。在这种趋势下，贸仲、上海贸仲、北仲在其近期修订的仲裁规则中增设了关于临时措施的条文，目前均已投入实施。然而，我国的临时措施制度在构建和运用方面仍然存在许多问题，亟待完善。

（一）国内立法

在我国，与临时措施相关的规范设置始见于1956年《中国国际贸易促进委员会对外贸易仲裁委员会仲裁程序暂行规则》，其规定贸仲作为有权主体可以依据当事人的请求采取“临时办法”，[1] 即临时性的保全措施，以保护当事人的权利。但是，这种做法被1982年《民事诉讼法（试行）》第194条[2]否定——根据第194条规定，仲裁当事人应当向法院提起仲裁保全措施的申请。此后，仲裁保全的模式在1991年正式的《民事诉讼法》及其后的历次修改过程中一直得以确认和保留。为与国内法保持一致，贸仲于1988年修改仲裁规则，撤销了自己发布临时性保全措施的权力。

在我国的法律制度当中，关于仲裁保全的规范集中体现于《民事诉讼法》和《仲裁法》。2012年《民事诉讼法》规定，人民法院应当作为受理当事人保全申请、采取相关保全措施的权力主体，仲裁庭仅负责转递相关材料。具体而言，2012年《民事诉讼法》第81条、第101条和第272条分别规范了当事人提

---

〔1〕 1956年《中国国际贸易促进委员会对外贸易仲裁委员会仲裁程序暂行规则》第15条规定，“仲裁委员会主席依一方当事人的声请，对同当事人有关的物资、产权等可以规定临时办法，以保全当事人的权利”。

〔2〕 1982年《民事诉讼法（试行）》第194条规定，“中华人民共和国的涉外仲裁机构根据当事人的申请，认为需要采取保全措施的，应当提请被申请人财产所在地或者仲裁机构所在地的中级人民法院裁定”。

起仲裁之前的证据、财产保全以及国际商事仲裁中的保全制度。其中，针对国际商事仲裁中的仲裁保全，法律仅在法院地域和级别管辖方面提出了特殊要求，即“被申请人住所地或者财产所在地的中级人民法院”，而国际商事仲裁适用的保全类型和保全条件仍参照第 81 条[1]与第 101 条[2]的一般性规定。此外，该法并未就维持现状类型的保全措施作出规定。

《仲裁法》针对仲裁保全制度的规定，基本与《民事诉讼法》中表述的一致。值得注意的是，《民事诉讼法》更强调法院应当衡量或确认的保全条件与程序，如“情况紧急，不立即申请保全将会使其合法权益受到难以弥补的损害的”“不提供担保的，裁定驳回申请”“必须在 48 小时内作出裁定”“采取保全措施后 30 日内不依法提起诉讼或者申请仲裁的，人民法院应当解除保全”等[3]；《仲裁法》则强调“可能使裁决不能执行或者难以执行的，可以申请财产保全”[4]。可以看出，《仲裁法》更多的是从仲裁当事人的角度界定财产保全，也更强调财产保全的目的。但在司法实践中，法院针对财产保全实施条件和程序方面的判断仍主要以《民事诉讼法》为依据。

纵观上述现行法律规定，不难看出，我国国内法尚未建立完整意义上的“临时措施”法律制度：在临时措施的权力主体方面，法条规定中缺乏允许仲裁庭作出临时措施的相关规范，与其他国际仲裁机构的仲裁规则有所脱节；在临时措施的实施方面，忽视了维持现状类型的保全措施，也未全面充分地考虑错误措施的救济问题；在临时措施的执行方面，其仅就本国法院执行自身的保全措施进行了规定，缺乏针对国内仲裁机构及境外发出的临时措施应如何在我国加以执行的内容。

（二）国内仲裁机构的仲裁规则

我国现行法律并未禁止仲裁庭享有临时措施的决定权。基于法无禁止即自由的基本法律原则，国内仲裁机构可依其适用的仲裁规则进行临时措施决定。以贸仲、上海贸仲和北仲为例，这三个仲裁机构均在 2014 年修订的仲裁规则中

---

〔1〕 2012 年《民事诉讼法》第 81 条规定：“……因情况紧急，在证据可能灭失或者以后难以取得的情况下，利害关系人可以在提起诉讼或者申请仲裁前向证据所在地、被申请人住所地或者对案件有管辖权的人民法院申请保全证据……”

〔2〕 2012 年《民事诉讼法》第 101 条规定：“利害关系人因情况紧急，不立即申请保全将会使其合法权益受到难以弥补的损害的，可以在提起诉讼或者申请仲裁前向被保全财产所在地、被申请人住所地或者对案件有管辖权的人民法院申请采取保全措施。申请人应当提供担保，不提供担保的，裁定驳回申请。人民法院接受申请后，必须在四十八小时内作出裁定；裁定采取保全措施的，应当立即开始执行。申请人在人民法院采取保全措施后三十日内不依法提起诉讼或者申请仲裁的，人民法院应当解除保全。”

〔3〕 2012 年《民事诉讼法》第 101 条。

〔4〕 1995 年《仲裁法》第 28 条。

引入了仲裁庭有权发布临时措施的规则，并分别于2015年启用新仲裁规则。

总体而言，于2015年实施的《中国国际经济贸易仲裁委员会仲裁规则》（以下简称《贸仲规则》）在临时措施的规范方面略显笼统。2015年《贸仲规则》第23条、第77条提出了“保全”“紧急性临时救济”“临时措施”三种不同的概念，对一般仲裁案件和香港特别行政区仲裁案件中，仲裁庭组成前、组成后可以采取的临时性质措施分别进行了规定。但是，该规则并未就“紧急性临时救济”及“临时措施”的定义、类型和实施条件给出具有指导意义的具体意见。

同样于2015年实施的《中国（上海）自由贸易试验区仲裁规则》（以下简称《自贸区规则》），以大量笔墨对临时措施进行了界定和规范。该规则以专章规定了临时措施，详细确认了临时措施的类型、发布主体、实施程序、变更撤销等事项，将维持现状类型的“行为保全”纳入了临时措施范围，亦针对涉及境外执行的临时措施申请规定了较为灵活的应对措施:〔1〕在不与执行地法律相冲突的前提下，仲裁庭既有权依其规则自行发布临时措施的相关决定，再交由执行地有管辖权的法院予以强制执行，也可以依情况选择适用紧急仲裁员程序，或者将当事人的申请材料转递给具有相应管辖权的法院。一方面，该规则明确了当事人在仲裁程序中享有的自由选择权利；另一方面，其也无形地提高了上海贸仲作为仲裁机构的权威，扩大了仲裁庭权力的范围和界限。

相较之下，2015年4月1日实施的《北京仲裁委员会仲裁规则》（以下简称《北仲规则》）关于临时措施的规范最为简单，仅在第八章“国际商事仲裁的特别规定”中增设了一条临时措施规则，规定仲裁庭有权在涉外案件中作出临时措施的决定〔2〕——具体而言，组庭后由仲裁庭进行临时措施的决策，组庭前则适用《北仲规则》第63条规定的紧急仲裁员制度。根据北仲对该规则的释义,〔3〕在国际商事仲裁程序中，仲裁庭作出的临时措施具有阶段性、临时性特征，因此仲裁庭有权对其进行变更或者撤销。而对于不具有国际因素的仲裁案件，当事人的保全请求仍然应向法院提出。除上述规范之外，北仲并未就临时

---

〔1〕 2015年《自贸区规则》第20条第2款规定：“对于临时措施申请，仲裁委员会将根据临时措施执行地所在国家/地区的有关法律及本规则的规定，转交具有管辖权的法院作出裁定，或提交仲裁庭作出决定，或提交根据本规则第21条规定组成的紧急仲裁庭作出决定。”

〔2〕 2015年《北仲规则》第62条第1款规定：“根据当事人申请，仲裁庭可以依据有关法律决定采取其认为适当的临时措施，采取临时措施的决定可以以仲裁庭决定、中间裁决或者有关法律认可的其他方式作出。如果必要，仲裁庭有权要求申请临时措施的当事人提供适当的担保。”

〔3〕《〈新规则〉释义第62条》，载北京仲裁委员会网 http：//www. bjac. org. cn/news/view? id=2587，最后访问日期：2015年9月19日。

措施的实施条件、执行途径等事宜进行规定。

由此可见，虽然贸仲、上海贸仲和北仲都引入了仲裁庭有权作出临时措施的规则，但其针对临时措施规则的概念界定、详尽程度和体系安排都存在些许区别。正如下文所论述的，我国仲裁机构的这种规范方式可能导致其在作出临时措施的具体实践过程中，或者在与其他仲裁制度相互关联乃至竞合的过程中，显现出适用上的差异和问题。

二、临时措施规则与其他规则之间的关系

临时措施并非独立于或分离于其他仲裁制度而存在。在临时措施的实践中，临时措施可能与仲裁保全、紧急仲裁员、中间裁决等概念的界定与实施密切相关。这些问题均或多或少地在贸仲、上海贸仲、北仲新修订的仲裁规则中有所体现。

（一）临时措施与仲裁保全之间的关系

根据国际上的通行说法，仲裁保全制度（conservatory system）与本文中的临时措施在概念上基本一致，只是前者更倾向于强调“保全”的目的性，即通过采取保全措施来保障仲裁裁决的执行和当事人的利益。[1] 然而在我国，国内法和部分仲裁规则[2]将临时措施与仲裁保全设定为两种不同的概念。理论上，临时措施的适用范围覆盖了仲裁保全，泛指仲裁当事人在仲裁终局之前申请仲裁庭或者法院做出的各种保全形式。而实践中所称的仲裁保全，则是指由人民法院依仲裁当事人申请发出并执行的证据保全、财产保全等具有强制性和临时性的措施。

贸仲、上海贸仲、北仲的现行仲裁规则中，均采取了法院与仲裁庭并行的临时措施发布模式。但不同之处在于，《贸仲规则》及《北仲规则》明确地对仲裁保全与临时措施予以区别化的划分。但根据《北仲规则》第 16 条、第 62 条的规定，仅在具有涉外因素的案件中，可适用临时措施的规则，当事人有权依据其所适用的法律向有管辖权的法院或者仲裁庭申请采取临时措施。而在不具备涉外因素的国内仲裁案中，仅可以采用仲裁保全的方式，即应当通过人民法院发布和执行相应的财产或证据保全。《贸仲规则》第 23 条则规定，“依据中国法律申请保全的”，应当由人民法院排他地适用仲裁保全。在其他情况下，当事人则可以选择向仲裁庭申请临时措施，如果此时尚未组庭，则通过贸仲的紧急

---

〔1〕 Born Gary B., *International Commercial Arbitration* (*Second Edition*), Kluwer Law International, 2014, p. 2427.

〔2〕 国内仲裁立法仅就仲裁保全制度进行了规定，未涉及通常意义上的临时措施制度。但 2015 年《贸仲规则》《北仲规则》等国内仲裁机构的仲裁规则均将临时措施和仲裁保全归为两种不同的概念。

仲裁员程序申请紧急性临时救济措施。相较之下，《自贸区规则》未就国内仲裁案件的仲裁保全进行专门规定，而是默示地将仲裁保全并入了临时措施制度，概括性地规定当事人可以根据个案的具体情形选择向仲裁庭或者法院提交临时措施申请，[1] 前者由仲裁适用仲裁规则处理，后者则由人民法院进行相应的保全裁定。

一般认为，在仲裁实践中，如果仲裁案件不具备任何意义上的国际因素，即当事人合意选择了国内仲裁机构，临时措施的执行地亦在我国境内，那么法院主导的仲裁保全制度即使在程序效率上略显拖沓，其在大部分案件中也可以满足当事人的需要。[2] 但是，当临时措施在我国境内被予以受理和发布，而该临时措施执行地或者执行标的位于我国境外时，那么人民法院作出的临时措施就可能无法在该外国得到承认与执行。但是，部分国家和地区的法院承认外国仲裁庭下达的临时措施，我国仲裁庭的临时措施在此类国家和地区通常可以获得有效的执行。从上述国内仲裁规则的设定方式可以看出，《自贸区规则》在不与国内法条文冲突的前提下，充分参考了国际上主流的临时措施包括仲裁保全的规定方式，授予了仲裁机构较高程度的自治权，也赋予了当事人较大范围的选择度。相较之下，贸仲与北仲则更多考虑到我国现行法律体系中法院专属的仲裁保全模式，严格地将其规则条文与我国现行仲裁法律框架保持一致。

（二）临时措施与紧急仲裁员之间的关系

紧急仲裁员制度与临时措施制度是相互呼应、彼此互补的，其设立目的是解决当事人在仲裁庭正式组庭之前的临时措施需要。在当事人提出仲裁申请前或者仲裁庭正式组庭前，其可以选择向法院提出保全请求，但通常而言仲裁程序被认为比法院具有更强的效率优势，[3] 因而更能够满足此类措施的紧急性需求。鉴于此，以斯德哥尔摩商会仲裁院、ICC为代表的一批具有较大影响力的仲裁机构创设了紧急仲裁员制度，[4] 规定在一方当事人“需要不待组成仲裁庭而

---

〔1〕 2015年《自贸区规则》第18条规定：“当事人可以根据临时措施执行地所在国家/地区的法律向仲裁委员会及/或具有管辖权的法院提出如下一种或数种临时措施的申请……”

〔2〕《〈新规则〉释义第62条》，载北京仲裁委员会网 http://www.bjac.org.cn/news/view?id=2587，最后访问日期：2016年3月12日。

〔3〕 韩斯睿：《国际商事机构仲裁视角下的紧急仲裁员制度》，载《北京仲裁》2014年第4期，第15页。

〔4〕 傅攀峰：《论ICC仲裁规则中的紧急仲裁员制度》，载《北京仲裁》2015年第1期，第48~50页。

采取紧急、临时或保全措施”的情况下，[1] 可以根据紧急仲裁员程序，向仲裁机构秘书处请求采取该措施。

也是基于上述原因的考虑，贸仲、上海贸仲[2]和北仲也纷纷在新修订的仲裁规则中引入了紧急仲裁员制度。总体来说，其关于紧急仲裁员的程序设置大致与国际主流的仲裁规则相一致，但在紧急仲裁员制度的定位和规则体系方面略有不同。

就紧急仲裁员程序的具体内容而言，首先，上述仲裁机构均在仲裁规则中赋予自身仲裁庭组成之前作出临时救济决定的权力；其次，从程序的公正性角度而言，规则要求紧急仲裁员结合当事人的申请材料内容及个案中的紧迫性要求，采取必要、适当、合理的方式作出相关决定；最后，上述仲裁规则均规定，仲裁庭应当确保给予当事人合理的陈述机会，即仲裁庭不得在未通知被申请人的情况下单方决定采取相关紧急救济措施。

就该制度的定位和规则体系而言，上海贸仲的《自贸区规则》和北仲的《北仲规则》某种程度上将紧急仲裁员程序融入了临时措施中。根据其规定，紧急仲裁员制度被视为案件被予以受理之后、仲裁庭组成之前的特定阶段，仲裁机构适用临时措施的一种方式，而紧急仲裁员系针对当事人在该阶段提出的“临时措施申请”作出准予与否的决定。[3] 与上海贸仲、北仲有所区别的是，贸仲针对紧急仲裁员程序的规定相对独立于临时措施，系紧急仲裁员根据《贸仲规则》附件三《中国国际经济贸易仲裁委员会紧急仲裁员程序》及适用的法律或当事人约定，作出“紧急性临时救济措施”或者“紧急性临时救济”的决定。[4] 根据规则文义，这种“紧急性临时救济措施”或者“紧急性临时救济”在概念上应有别于临时措施，但贸仲并未就其适用范围或实施条件予以明确的

---

[1] 国际商会2012年《仲裁规则》第29条第1款规定：“一方当事人需要不待组成仲裁庭而采取紧急临时或保全措施的，可根据附件五中列明的紧急仲裁员规则，请求采取该等措施。不论申请人是否已提交仲裁申请书，只要秘书处在根据第16条将案卷移交仲裁庭之前收到该请求，就应予以受理。”

[2] 2015年《自贸区规则》第20条第2款、第21条中，将紧急仲裁员制度称为“紧急仲裁庭”制度。

[3] 2015年《自贸区规则》第21条第1款、2015年《北仲规则》第63条、《〈新规则〉释义第62条》，载北京市仲裁委员会网 http：//www. bjac. org. cn/news/view？ id=2587，最后访问日期：2016年3月12日。

[4] 2015年《贸仲规则》第23条第2款规定：“根据所适用的法律或当事人的约定，当事人可以依据《中国国际经济贸易仲裁委员会紧急仲裁员程序》（本规则附件三）向仲裁委员会仲裁院申请紧急性临时救济。紧急仲裁员可以决定采取必要或适当的紧急性临时救济措施。紧急仲裁员的决定对双方当事人具有约束力”；第77条第2款规定：“在仲裁庭组成之前，当事人可以按照《中国国际经济贸易仲裁委员会紧急仲裁员程序》（本规则附件三）申请紧急性临时救济。”

认定。有学者推断，《贸仲规则》中此类临时救济措施是指财产保全外的其他救济措施，如行为保全等。[1] 但是，贸仲的紧急仲裁员将如何理解该规则，以及这种制度定位和规则体系的差异是否会在具体的仲裁案件中造成实质影响，还有待于实践检验。

就当下而言，紧急仲裁员制度在实践层面的最大问题与临时措施相同，即在我国缺少法律支持，导致在执行地位于我国境内的仲裁案件中，只能依赖当事人自觉遵循仲裁庭的紧急救济决定。因此，上述仲裁机构引入紧急仲裁员制度的主要目的，还是为了推动其所发布的临时性措施在境外执行地得到承认和执行。

（三）临时措施与中间裁决之间的关系

中间裁决（interim award）又称临时裁决，与临时措施虽然在名称上非常相似，适用时亦存在一定的交叉重叠，但本质上属于两套不同的制度。中间裁决的确切定义在学界尚存争议，其在国际商事仲裁的实践表明，仲裁庭可以就案件的程序问题和部分实体问题，如管辖权争议或者合同效力等，进行中间裁决。这种裁决方式的显著特征在于，即使当事人对中间裁决的内容拒不履行，也不会对仲裁程序的继续推进以及该案终局裁决的下达造成影响或阻碍。[2] 与之相对应的是，临时措施是确保仲裁终局裁决得以有效执行的手段，因此措施本身能否被强制执行在程序上至关重要。但在实践中，并不能否定中间裁决所具有的可执行性，[3] 因此仲裁庭可以采用中间裁决作为发布临时措施的形式。

为保障临时措施可以在不同的法律体系下得到最大限度的认可和执行，发布临时措施决定的形式当然不局限于中间裁决。国际商会2012年《仲裁规则》的条文略显保守，规定仲裁庭应当采用“指令（order）并附理由”或者“裁决（award）”的形式作出临时措施。[4] 2006年《示范法》则扩大了仲裁庭的权力范围，确认临时措施的书面形式可以是“裁决或者其他形式（an award or in another form）”。[5] 《示范法》中不对临时措施发布的形式加以限定的规则方

---

〔1〕 商舒：《国内仲裁机构规则中的临时措施研究》，载《法制与社会》2015年第5期，第108页。

〔2〕 吴岚、王良：《国际商事仲裁中的临时措施与中间裁决》，载《浙江万里学院学报》2004年第3期，第92~93页。

〔3〕 赵秀举：《诉讼视角下的仲裁管辖权限的扩张及问题》，载《当代法学》2015年第6期，第20~21页。

〔4〕 国际商会2012年《仲裁规则》第28条第1款规定：“……这些措施（临时措施或保全措施）应以裁令的形式作出并附具理由，或者在仲裁庭认为适当的时候，采用裁决的形式。”

〔5〕 2006年《示范法》第17条第2款规定：“An interim measure is any temporary measure, whether in the form of an award or in another form, …”

式，目前被各国仲裁规则广泛采用。其中特别值得注意的是，由于存在判例及国家立法确认中间裁决适用于《纽约公约》,[1] 因此各国法院对仲裁庭下达的临时措施进行判定时，中间裁决方式的临时措施所表现的可执行性可能会高于其他的决定、命令或指令等形式。[2]

我国仲裁机构的仲裁规则在临时措施形式方面的表述上，与2006年《示范法》一致。《贸仲规则》的内容中，并未明确涉及仲裁庭作出临时措施应当采取的形式，但要求仲裁庭“采取其认为必要或适当的临时措施”[3] 的规定从文义上可以引申出不限定临时措施形式的含义。而《自贸区规则》《北仲规则》则参考并沿用了《示范法》的做法，前者赋予仲裁机构更高的自由度，规定“紧急仲裁庭或仲裁庭应以执行地国家或地区有关法律规定的形式作出书面决定，并说明理由”[4]，后者则以列举的方式确定适用“仲裁庭决定、中间裁决或者有关法律认可的其他方式”[5] 的临时措施决定。

总体而言，目前贸仲、上海贸仲、北仲新修订的仲裁规则均采取了与现行国内法规定相一致的规定方式，将纯粹国内仲裁案件的保全问题归于人民法院的仲裁保全制度管辖，只是在规则体系的设置上稍有不同。针对紧急仲裁员制度，贸仲创设了“紧急性临时救济”的概念，但其适用方式是否与上海贸仲、北仲的紧急仲裁员规则一致，还有待实践检验。就临时措施的作出形式而言，贸仲、上海贸仲和北仲均参考并采用了2006年《示范法》，对临时措施的形式不强行限制，仲裁庭有权作出中间裁决形式的临时措施。从临时措施与上述仲裁保全及紧急仲裁员制度的关系来看，在我国临时措施的实施过程中存在的主要问题，还是缺乏仲裁立法方面的支持。

三、我国临时措施面临的问题及解决

目前来看，我国临时措施面临的主要问题可以笼统地表述为：一方面，国内仲裁立法中对于临时措施及其执行的相关问题缺乏应有的确认和规范，使我国的临时措施实践落后于国际社会；另一方面，国内仲裁机构修订的新仲裁规

---

〔1〕 例如美国第二巡回法院审理的 Sperry International Trade, Inc. v. Govt. of Israel, 689 F. 2d 301, 306 (2d Cir. 1982)，德国2013年《民事诉讼法》第1041条等。

〔2〕 Born Gary B., *International Commercial Arbitration* (*Second Edition*), Kluwer Law International, 2014, pp. 2505-2506.

〔3〕 2015年《贸仲规则》第23条第3款规定：“经一方当事人请求，仲裁庭依据所适用的法律或当事人的约定可以决定采取其认为必要或适当的临时措施，并有权决定由请求临时措施的一方当事人提供适当的担保。”

〔4〕 2015年《自贸区规则》第22条第1款。

〔5〕 2015年《北仲规则》第62条第1款。

则对部分问题的规定较为笼统和保守，且缺乏实践检验。

（一）人民法院与仲裁庭之间的权力分配

我国学者普遍认为，《民事诉讼法》《仲裁法》在临时措施发布主体等方面的规定有所缺失。[1] 在国际商事仲裁中采用法院专属的仲裁保全制度不仅不利于维护仲裁程序的独立性和保密性，更因法院的保全程序设置缺乏弹性，使仲裁失去了效率上的优势。近年来，随着国内仲裁规则开始将仲裁庭纳入临时措施的发布主体，仲裁规则反映的仲裁庭与法院并行的模式与立法采取的法院排他模式已经出现了矛盾，这种矛盾可能会进一步表现为我国仲裁庭作出的临时措施在国内及外国法院难以顺利获得强制执行。如此一来，我国仲裁机构希望引入临时措施制度，从而解决涉外仲裁案件中保全困难的尝试也就失去了意义。因此，立法者理应参考并借鉴国际上通行的仲裁法律规定，承认并赋予仲裁庭作出临时措施的权力。

至于在这种人民法院与仲裁庭并行的模式中，应当如何对人民法院与仲裁庭的角色进行合理分配，笔者认为采用“当事人自由选择型”模式，即允许当事人根据自己的需要和具体案情等合理选择向人民法院或仲裁庭提交临时措施请求，同时人民法院有权就仲裁庭的临时措施程序进行必要的监督和救济，理由如下：首先，这种做法在合理范围内较大限度地支持了当事人之间的意思自治，体现了仲裁机构及人民法院作为争端解决机构的中立性特点；其次，当事人作出选择时，必然充分考虑自身的利益、措施执行地的法律环境等因素，因此倾向于选择更有助于实现其目的的临时措施发布主体，可以提高临时措施的有效性；最后，在仲裁规则扩大仲裁庭权力和临时措施范围的同时，也带来了权力滥用的可能，因此这时由法院介入，向临时措施被申请人提供救济、监督的途径并赋予法院更改、撤销临时措施的权力是必要的。

（二）对错误临时措施的救济

我国法律体系及相关仲裁规则中，对于错误临时措施的救济制度的规定非常简略，在事前救济、事中救济和事后救济的规定中存在不足。

在事前救济方面，《民事诉讼法》《仲裁法》以及诸多仲裁规则都没有在临

〔1〕 杜新丽：《国际商事仲裁理论与实践专题研究》，中国政法大学出版社 2009 年版，第 182~191 页；商舒：《国内仲裁机构规则中的临时措施研究》，载《法制与社会》2015 年第 5 期，第 109 页；李晶：《国际商事仲裁中临时措施在中国的新发展——以民诉法修改和仲裁规则修订为视角》，载《西北大学学报（哲学社会科学版）》2014 年第 6 期，第 25~26 页；等等。

时措施作出前给予被申请人充分表达意见的机会，[1] 也没有就临时措施的实施条件给出明确的判断标准，仅提出财产保全的申请人必须或者可能需要按照有权主体的要求提供担保。[2] 在这种情况下，有权主体可能仅通过审阅申请人单方提交的、有漏洞的初步材料即决定采用临时措施。当然，一方面，这种规定系出于防止被申请人转移财产、毁灭证据等考量，具备一定的合理性。然而另一方面，完全依靠一方当事人（即申请人）的主观认知而采取具有强制力的临时措施，确有可能导致错误的临时措施决定，进而有损于被申请人的合法权益，而该损害在很多情况下不能以担保财产获得充分补偿。

在事中救济方面，《民事诉讼法》允许被保全的当事人就保全裁定提出复议的申请，[3] 并且财产纠纷中采取的保全措施应当在被保全的当事人提供适当担保后予以解除。[4] 但是，上述规定的内容比较抽象，且没有充分考虑到仲裁程序中证据保全、行为保全的情势可能出现的重大变化。相较之下，《自贸区规则》第23条提供了较为合理的参考，其不仅向被申请人提供了表达异议的机会，还对仲裁庭收到异议后作出答复决定的期限、形式等进行了具体规范。同时，该规则也赋予了仲裁庭根据案件实际情况自行变更、中止或者撤销其临时措施内容的权力。这种详尽的程序规定既有助于被申请人及有权主体及时纠正错误的临时措施决定，也可以降低当事人因不当临时措施造成损失的可能性。

在事后救济方面，2012年《民事诉讼法》第105条和《仲裁法》第28条均规定“申请有错误的，申请人应当赔偿被申请人因保全所遭受的损失”，其与《示范法》第17G条[5]“费用与损害赔偿”的精神趋于一致。只是《示范法》

---

〔1〕 根据我国2012年《民事诉讼法》第103条“人民法院保全财产后，应当立即通知被保全财产的人”可知，被申请人可能系在人民法院执行财产保全措施后，方得知该措施的存在，即对被申请人而言不存在事前救济的渠道。

〔2〕 根据我国2012年《民事诉讼法》第101条规定，申请人向法院提出仲裁前保全申请的，应当提供该担保，否则法院将裁定驳回申请；贸仲、上海贸仲、北仲的仲裁规则中，均规定仲裁庭有权根据临时措施申请中的具体情形，要求当事人提供适当的担保。

〔3〕 我国2012年《民事诉讼法》第108条规定：“当事人对保全或者先予执行的裁定不服的，可以申请复议一次。复议期间不停止裁定的执行。”

〔4〕 我国2012年《民事诉讼法》第104条规定：“财产纠纷案件，被申请人提供担保的，人民法院应当裁定解除保全。”

〔5〕 2006年《示范法》第17G规定，“The party requesting an interim measure or applying for a preliminary order shall be liable for any costs and damages caused by the measure or the order to any party if the arbitral tribunal later determines that, in the circumstances, the measure or the order should not have been granted. The arbitral tribunal may award such costs and damages at any point during the proceedings”，即“临时措施或初步命令的申请方当事人应当对因该措施或命令给相对方当事人造成的任何费用和损害承担赔偿责任，仲裁庭可以在仲裁程序过程中的任何时间对这种费用和损害赔偿金作出裁决”。

的赔偿范围涵盖了相关费用（cost）和损害赔偿（damage），并规定仲裁庭可以在仲裁程序中的任何时间裁定该费用和损害赔偿，因此该条文在文义上显得更加全面和具体。在实践中，另一种国际商事仲裁领域的惯常做法也值得参考和借鉴，即在临时措施实施错误的情况下，以该临时措施申请方当事人所提交的担保财产赔偿其给相对方当事人造成的相应损失。此外，还有学者提出，应当在仲裁法律中制定惩罚性赔偿的规定，[1] 对仲裁当事人恶意或者滥用临时措施的行为加以预防和惩罚。但在实践中，仲裁申请人通过提出临时措施申请，使己方获得程序或者心理上优势的"仲裁战略手段"的情形非常普遍，其"恶意"或者"滥用"的性质应如何界定并如何进一步得到有效证明，仍是值得探讨的问题。

（三）临时措施的执行缺乏法律确位

根据贸仲、上海贸仲和北仲的仲裁规则，在符合规则所设条件的情形下，人民法院、仲裁庭或者紧急仲裁员都可以作为临时措施的发布主体。但是，该临时措施能否得到强制执行，则有赖于执行地国家或地区对其国内法、《纽约公约》或者相应司法协定的适用情况。就我国临时措施的执行情况而言，人民法院作出的保全裁定可能无法在其他国家顺利执行，而外国仲裁庭下达的临时措施在我国或者我国仲裁庭下达的临时措施在外国的强制执行也都不同程度地面临着不小的风险。

首先，国际商事仲裁中，大量存在外国当事人的涉案证据和财产均位于境外的情况，因此需要外国法院配合执行我国发布的临时措施。在此类措施系由人民法院作出的情况下，如果国与国之间不存在相应的双边或多边司法协助、协议，一国并无义务执行他国法院发布的裁决或者决定。然而，截至目前，我国尚未同其他国家订立此类双边或者多边的司法协助约定。正如中国金属产品进出口公司与 Apex Digital 公司案（China National Metal Products Import Export Company v. Apex Digital, Inc.）[2] 中显示的，由人民法院排他地发布和执行涉

---

[1] 刘永明、王显荣:《"经济全球化"下国际商事仲裁领域临时保全措施的发展趋势——兼论我国国际商事仲裁领域临时保全措施的完善》，载《河北法学》2003 年第 2 期，第 119~121 页。

[2] China National Metal Products Import Export Company v. Apex Digital, Inc., 155 F. Supp. 2d 1174 (C. D. Cal. 2001). 本案中，中国金属产品进出口公司与 Apex Digital Inc. 达成仲裁协议。后因产品质量问题，中国金属产品进出口公司依仲裁协议向贸仲提出仲裁请求。由于 Apex Digital Inc. 总部位于美国，且在我国境内没有财产，中国金属产品进出口公司又向美国地方法院提出了财产保全申请，要求该法院查封 Apex Digital Inc. 在美国的财产，以确保仲裁裁决的执行。地方法院依申请查封了 Apex Digital Inc. 的财产后，Apex Digital Inc. 以法院没有相应的管辖权为由，要求驳回起诉。法院支持了 Apex Digital Inc. 的主张，认为双方当事人应当遵从其合意的仲裁规则中对保全措施所作的规定，即使该规定将致使中国金属产品进出口公司无法获得保全救济，其也应当接受选择该仲裁所产生的后果。因此，美国法院无权对仲裁裁决前的保全措施作出裁定。

外仲裁保全措施的法律规定限制了中方当事人在此类案件中获得临时救济的权利。

其次，虽然《示范法》、诸多国际仲裁机构的仲裁规则及我国部分仲裁机构的仲裁规则均赋予了仲裁庭发布临时措施的权利，但其不同于法律，不具备强制执行力。而我国现行的《民事诉讼法》《仲裁法》《涉外民事关系法律适用法》等法律、司法解释和意见等并未对承认、执行仲裁庭的临时措施予以明文规定。针对《纽约公约》在临时措施方面能否适用的问题，虽然国际上存在诸多理论争议和相应的支持判例，但我国的人民法院迄今并未受理过此类案件，也未就此公布具备法律效力或者参考价值的解释。诚如前文所述，根据我国法律和仲裁规则的规定，对于纯粹的国内仲裁案件，仍应适用人民法院的仲裁保全制度，仲裁庭无权发布临时措施。而当外国仲裁庭发布执行地位于我国境内的临时措施，需要请求人民法院协助执行时，人民法院将陷入无法可依、无例可循的困境。由此可知，人民法院就理论而言应当不会承认或执行外国的仲裁庭所下达的临时措施。

最后，从逻辑角度考虑，如果境外临时措施执行地的成文法或者判例支持该国法院承认并执行其他国家仲裁庭的临时措施，则我国仲裁庭所作的临时措施理论上应当可以在该国得到强制执行。[1] 但是，我国法院不予执行他国发布的临时措施的事实仍可能导致我国与外国“互惠关系”的灭失——若外国法院在相关实践中将互惠原则确立为承认、执行他国裁判等法律文书的一项考量标准时，由于我国法院不予执行该国发出的临时措施，该国法院亦可能以此为由，拒绝协助执行我国仲裁庭发出的临时措施。

综上所述，国内仲裁机构引入临时措施制度对我国临时措施的境外执行仍起到了积极的作用。但是，该制度仅仅初具雏形，缺乏国际商事仲裁实践的检验——自 2015 年新的仲裁规则陆续实施以来，仲裁当事人仍然鲜少向国内仲裁机构或仲裁庭提出临时措施申请。其原因可能在于，临时措施在我国还未在法律层面获得支持，其能否在实践中得到落实和执行充满不确定性。鉴于《纽约公约》是否能够在普遍意义上适用于临时措施尚存争议，因此解决上述临时措施执行问题的最有效渠道，还是在立法中对临时措施的发布主体及执行条件加以确定。

在国际商事仲裁领域，出于仲裁机构竞争力的发展需要，仲裁立法有必要

---

〔1〕 参见本文第二章的第三部分，在立法中规定本国法院有义务执行外国仲裁庭临时措施的、将 2006 年《示范法》第 17 条之 9 纳入本国法的、认定《纽约公约》适用于临时措施的国家或地区的，外国仲裁庭的临时措施可以得到执行。

保持其与国际前沿仲裁组织、仲裁机构的同步性，保证其仲裁规则的领先性和国际化。由此，立法机关可以借鉴《示范法》第17H条、第171条的做法，在明文授予仲裁庭临时措施的决定权限的基础上，确认只要不违反法定理由，〔1〕人民法院即应当对外国仲裁庭作出的临时措施予以执行，〔2〕并将人民法院不予执行临时措施的法定理由（如损害我国公共利益、第三人的利益或违反强行性法律法规等）予以明确。这样一来，执行临时措施的基本法律环境就可以逐渐成形。同时，当境外执行地的法律或判例支持执行他国仲裁庭临时措施时，外国法院亦无法以两国之间不存在互惠关系为由，不予承认和执行我国仲裁庭发出的临时措施决定。

结 论

临时措施制度是国际商事仲裁中重要的程序问题，该制度得以正当、有效的实施对于推动仲裁程序、防止标的物灭失、促进仲裁裁决执行等均具有重要意义。国际社会上，《示范法》关于临时措施的专章规定对各国家立法起到了强大的参考作用和示范效果，但是由于各国法律制度和背景的差异，其不同程度地在临时措施的立法与实践方面采取了符合本国实际情况的做法。

与仲裁领域其他较为完善的临时措施体系相比，我国的临时措施尚处于萌芽阶段。虽然我国贸仲、上海贸仲、北仲等仲裁机构的2015年仲裁规则都引入

---

〔1〕 2006年《示范法》第171“拒绝承认或执行的理由”规定：“①只有在下列任何情形下，才能拒绝承认或执行临时措施：（a）应临时措施所针对的当事人的请求，法院确信：（i）这种拒绝因第36（1）（a）（i）（ii）（iii）或（iv）中所述的理由而是正当的；或（ii）未遵守仲裁庭关于与仲裁庭发出的临时措施有关的提供担保的决定的；或（iii）该临时措施已被仲裁庭终结或中止，或被已获此项权限的仲裁发生地国法院或依据本国法律准予采取临时措施的国家的法院所终结或中止的；或（b）法院认定：（i）临时措施不符合法律赋予法院的权力，除非法院决定对临时措施作必要的重新拟订，使之为了执行该临时措施的目的而适应自己的权力和程序，但并不修改临时措施的实质内容的；或（ii）第36①（b）（i）或（ii）条中所述任何理由适用于对临时措施的承认和执行的。② 法院根据本条（1）中所述任何理由作出的任何裁定，效力范围仅限于为了申请承认和执行临时措施。受理承认或执行请求的法院不应在作出这一裁定时对临时措施的实质内容进行审查。”

〔2〕 2006年《示范法》第17H“承认和执行”规定：“①仲裁庭发出的临时措施应当被确认为具有约束力，并且除非仲裁庭另有规定，应当在遵从第171各项规定的前提下，经向有管辖权的法院提出申请后加以执行，不论该措施是在哪一国发出的。②正在寻求或已经获得对某一项临时措施的承认或执行的当事人，应当将该临时措施的任何终结、中止或修改迅速通知法院。③受理承认或执行请求的国家的法院如果认为情况适当，在仲裁庭尚未就担保作出决定的情况下，或者在这种决定对于保护第三人的权利是必要的情况下，可以命令请求方当事人提供适当担保。”

了关于临时措施的规定，在规则层面上基本与《示范法》的精神达到一致，但由于我国《民事诉讼法》《仲裁法》就临时措施制度缺乏立法确位，亦未就仲裁庭作为有权发布主体的权力、为错误临时措施提供救济的渠道和涉外的承认与执行问题进行充分规范，导致上述规则可能在实际仲裁案件中充满不确定性。为进一步完善我国的临时措施制度，应采取的必要举措包括进一步修订相关仲裁立法和司法解释，从立法层面授予仲裁庭相应的临时措施的发布权，并进一步就临时措施的错误救济、法院协助承认与执行的义务等进行明晰且具体的规范。

参考文献

一、著作类

1. ［罗马］查士丁尼：《法学总论——法学阶梯》，张企泰译，商务印书馆 1997 年版。

2. 赵秀文主编：《国际商事仲裁法》（第 2 版），中国人民大学出版社 2014 年版。

3. 杜新丽：《国际商事仲裁理论与实践专题研究》，中国政法大学出版社 2009 年版。

4. 杨良宜、莫世杰、杨大明：《仲裁法：从 1996 年英国仲裁法到国际商务仲裁》，法律出版社 2006 年版。

5. 赵相林主编：《国际私法》（第 2 版），中国政法大学出版社 2011 年版。

6. 石现明：《东盟国家国际商事仲裁法律制度研究》，云南大学出版社 2013 年版。

7. 杨良宜、杨大明：《禁令》，中国政法大学出版社 2000 年版。

8. Born Gary B, *International Commercial Arbitration* (*Second Edition*), Kluwer Law International, 2014.

9. Yesilirmak Ali, *Provisional Measures in International Commercial Arbitration*, Kluwer Law International, 2005.

10. Lew J, Mistelis L and Kroll S, *Comparative International Commercial Arbitration*, Kluwer Law International, 2003.

11. Redfern Alan and Hunter Martin, *Law and Practice of International Commercial Arbitration*, London: Sweet & Maxwell, 2003.

12. Caron D and Caplan L, *The UNCITRAL Arbitration Rules: A Commentary* (Second Edition), Oxford University Press, 2013.

13. Born Gary B, *International Arbitration: Cases and Materials* (Second Edition), Kluwer Law International, 2015.

二、论文类

1. 黄云：《论我国国际商事仲裁临时措施的发布》，载《法制与经济》2015 年第 8 期。

2. 胡荻：《论国际商事仲裁中仲裁庭的临时保全措施决定权》，载《南昌大学学报（人文社会科学版）》2013 年第 4 期。

3. 周丽霞：《论国际商事仲裁临时措施的域外执行》，载《河北法学》2011 年第 6 期。

4. 韩斯睿：《国际商事机构仲裁视角下的紧急仲裁员制度》，载《北京仲裁》2014 年第 4 期。

5. 傅攀峰：《论 ICC 仲裁规则中的紧急仲裁员制度》，载《北京仲裁》2015 年第 1 期。

6. 商舒：《国内仲裁机构规则中的临时措施研究》，载《法制与社会》2015 年第 5 期。

7. 吴岚、王良：《国际商事仲裁中的临时措施与中间裁决》，载《浙江万里学院学报》2004 年第 3 期。

8. 赵秀举：《诉讼视角下的仲裁管辖权限的扩张及问题》，载《当代法学》2015 年第 6 期。

9. 李晶：《国际商事仲裁中临时措施在中国的新发展——以民诉法修改和仲裁规则修订为视角》，载《西北大学学报（哲学社会科学版）》2014 年第 6 期。

10. 刘永明、王显荣：《“经济全球化”下国际商事仲裁领域临时保全措施的发展趋势——兼论我国国际商事仲裁领域临时保全措施的完善》，载《河北法学》2003 年第 2 期。

11. 严红、张洁：《浅析我国国际商事仲裁临时措施的决定权分配》，载《特区经济》2010 年第 10 期。

12. 吕悦、彭剑波：《〈国际商事仲裁示范法〉与中国仲裁法关于临时措施的比较研究》，载《法制与经济（上旬）》2012 年第 12 期。

13. 张虎：《〈自贸区仲裁规则〉下临时措施实践的困境与出路》，载《大连海事大学学报（社会科学版）》2015 年第 6 期。

14. Wang William, “International Arbitration: The Need for Uniform Interim Measures of Relief”, 28 *Brook. J. Int'l L.*, 2003.

15. Garnett Richard and Pryles Michael, “Recognition and Enforcement of Foreign Awards under the New York Convention in Australia and New Zealand”, *Journal of International Arbitration*, Volume 25 Issue 6, 2008.

16. Graham Luis Enrique, Interim Measures: Ongoing Regulation and Practices (A View from the UNCITRAL Arbitration Regime), 50 Years of the New York Convention: ICCA International Arbitration Conference, ICCA Congress Series, Volume 14, 2009.

17. Kennedy-Grant Tomas, “Interim Measures Under the UNCITRAL Model Law on International Commercial Arbitration: The Impact of the 2006 Amendments”, *Asian International Arbitration Journal*, Volume 10, Issue 1, 2014.

18. Bunni Nael G., Interim Measures in International Commercial Arbitration: A Commentary on the Report by Luis Enrique Graham, 50 Years of the New York Convention: ICCA International Arbitration Conference, ICCA Congress Series, Volume 14, 2009.

19. Dunmore Michael, “Interim Measures by Arbitral Tribunals: The Enforceability Conundrum”, *Asian International Arbitration Journal*, Volume 8, Issue 2, 2012.

三、其他

1.《〈新规则〉释义第62条》，载北京仲裁委员会网 http：//www. bjac. org. cn/news/view? id=2587.

2. The New York Convention, available at http：//www. newyorkconvention. org.

3. Report of the Working Group on International Contract Practices on the Work of Its Sixth Session, U. N. Doc. A/CN. 9/245, UNCITRAL website, available at https：//documents-dds-ny. un. org/doc/UNDOC/GEN/V83/619/69/PDF/V8361969. pdf? OpenElement.

4. Channel Tunnel Group Ltd. v. Balfour Beatty Construction Ltd. , A. C. 334（HL）, 1993.

5. Tokios Tokeles v. Ukraine, Procedural Order No. 3 in ICSID Case No. ARB/02/18, 18 January 2005.

6. Plama Consortium Ltd. v. Republic of Bulgaria, Order in ICSID Case No. ARB/03/24, 6 September 2005.

7. Interim Award in ICC Case No. 8786, 11（1）ICC Ct. Bull. 81, 83（2000）.

8. Interlocutory Award in ICC Case No. 10596, XXX Y. B. Comm. Arb. 66（2005）.

9. Biwater Gauff（Tanzania）Ltd. v. United Repub. of Tanzania, Procedural Order No. 1 in ICSID Case No. ARB/05/22, 31 March 2006.

10. China National Metal Products Import Export Company v. Apex Digital, Inc. , 155 F. Supp. 2d 1174（C. D. Cal. 2001）.

我国刑事案件速裁程序实证研究
——以T市A区基层检察机关为例

梁　超

摘　要

自我国劳教制度废除以来，大量劳教案件进入刑事诉讼程序，基层轻微刑事案件数量激增，基层司法机关“案多人少”的矛盾更加突出，鉴于此种情况，全国人大授权最高人民法院、最高人民检察院在全国部分地区开展了刑事案件速裁程序试点工作，最高人民法院、最高人民检察院、公安部、司法部则根据全国人大的授权联合下发了刑事案件速裁程序试点工作办法，刑事案件速裁程序在全国18个省市开始试点工作。18个省市各自根据自身实际制定了实施细则，这些实施细则在运行中使得速裁程序对提高诉讼效率、优化资源配置发挥了明显的作用，但也存在一些问题。

本文从刑事案件速裁程序的理论和价值定位引入，分析了刑事速裁程序的理论基础以及基层司法资源承载压力大、配置不合理的实际需求，讨论了刑事案件速裁程序对于贯彻落实宽严相济的刑事政策、保障被告人人权的现实意义。之后阐释了最高人民法院、最高人民检察院、公安部、司法部的试点工作办法和T市的实施细则对刑事案件速裁程序适用的范围和要求以及适用程序等基本设定，并通过与简易程序和美、德两国案件快速审理程序进行对比，进一步展示了目前我国刑事速裁程序设置的特点。

本文认为刑事案件速裁程序是对传统刑事诉讼程序的重大突破和创新，在理论和实践上都具有重大意义。以T市基层检察机关为例，在刑事案件速裁程序运行的一年时间里，其在减少案件流转时间、提高诉讼效率、优化司法资源配置、缓解基层司法机关办案压力等方面均取得了良好效果。但在运行过程中也暴露出一些问题，例如当事人权利保障不到位、法官自由裁量权扩大、独任审判缺乏监督、庭审程序“走过场”、部分程序设置缺乏可操作性、程序没有得到完整落实等问题，致使刑事速裁程序无法更好地发挥作用。

本文通过对上述问题的讨论并结合存在的问题，借鉴西方先进经验探讨下一步完善刑事案件速裁程序的方向，以期更好地发挥刑事案件速裁程序的作用，为进一步推进刑事案件速裁程序的运行和优化提供参考。

关键词：轻微刑事案件　速裁程序　简易程序

第一章　刑事案件速裁程序的理论与价值定位

一、刑事案件速裁程序的定义与由来

刑事案件速裁程序是指，对某些案件事实清楚、证据确实充分的轻微刑事案件进一步简化刑事诉讼程序，加快案件流转速度，缩短办案期限，以达到提升诉讼效率、节约司法资源的目的，从程序设置上看也可以说是简易程序的再简化。

（一）起源于犯罪嫌疑人认罪案件的分流

刑事案件速裁程序首先强调犯罪嫌疑人认罪案件，所以我们要厘清何为犯罪嫌疑人认罪案件。《刑法》第67条第3款[1]规定了犯罪嫌疑人认罪的情形，这是《刑法修正案（八）》新增的一项规定，虽然犯罪嫌疑人不构成自首，但如实供述、积极认罪的可以减轻处罚，足见我国刑法对犯罪嫌疑人认罪的肯定

〔1〕参见《刑法》第67条第3款：犯罪嫌疑人虽不具有前两款规定的自首情节，但是如实供述自己罪行的，可以从轻处罚；因其如实供述自己的罪行，避免特别严重后果发生的，可以减轻处罚。

和鼓励。至于犯罪嫌疑人认罪发生于哪个刑事诉讼阶段仍在学界有所争议，有学者认为认罪应当发生在法庭审理中，即被告人当庭承认控方指控才算有效。[1] 但在司法实践中，犯罪嫌疑人认罪存在于刑事诉讼的各个阶段，从侦查到审查起诉、一直到庭审阶段，只是各个阶段的认罪产生的效果不太一致。在侦查、审查起诉阶段，犯罪嫌疑人认罪可以使侦查机关、检察机关认为犯罪嫌疑人有良好的态度，从而有利于检察机关移送审查起诉时对犯罪嫌疑人的量刑建议提出从轻或减轻，而在庭审阶段当庭表示认罪则产生实体效果，可在判决时从轻或减轻处罚。当然，判断犯罪嫌疑人认罪不仅是靠犯罪嫌疑人的供述，而是要结合实际案件事实、证据情况进行综合判定。

刑事案件速裁程序的理论基础来源于程序分流理论，从字面意思理解，程序分流意指对情节轻重不同、难易程度不同、认罪态度不同等具有不同特征的案件，予以划界区分并采用不同的方式分别进行处理。[2] 程序分流的目的在于提升诉讼效率，合理配置司法资源。程序分流理论在刑事诉讼领域的适用同样贯穿于刑事诉讼的整个流程，而目前刑事案件速裁程序的适用主要是在审查起诉阶段和审判阶段。检察机关一直探索对审查起诉阶段的程序分流，例如酌定不起诉制度和未成年人附条件不起诉制度，使一部分犯罪情节轻微、可能判处较轻刑罚的犯罪嫌疑人认罪的案件在审查起诉阶段即宣告终结，不再向法院移送，从而在一定程度上减少了法院部门的办案压力。而目前在刑事诉讼程序中，简易程序与普通程序针对不同案件分别适用，现在加入了速裁程序，使案件程序分流更加细化，进一步发挥程序分流的作用。而审判阶段的程序分流主要体现在对庭审流程的区别，普通程序、简易程序、速裁程序根据案件的不同条件分别适用，在庭审流程方面也逐渐简化。

（二）劳教制度废除是程序构建的重要背景

2013 年 12 月 28 日全国人大常委会通过了《关于废止有关劳动教养法律规定的决定》，自 2014 年初，大量的轻微刑事案件进入刑事诉讼程序，给基层司法机关带来了较大的办案压力，案多人少的矛盾更加突出。下文以 T 市 A 区基层司法机关的刑事案件受理数据和人员配置数据为例，可以从一定程度上反映基层司法机关案多人少的困境。

---

〔1〕 马贵翔：《刑事诉讼结构的效率改造》，中国人民公安大学出版社 2004 年版，第 228 页。

〔2〕 吴敦、周召：《轻微刑事案件速裁机制初探——以程序分流与程序构建为主线》，载《法律适用》2014 年第 8 期。

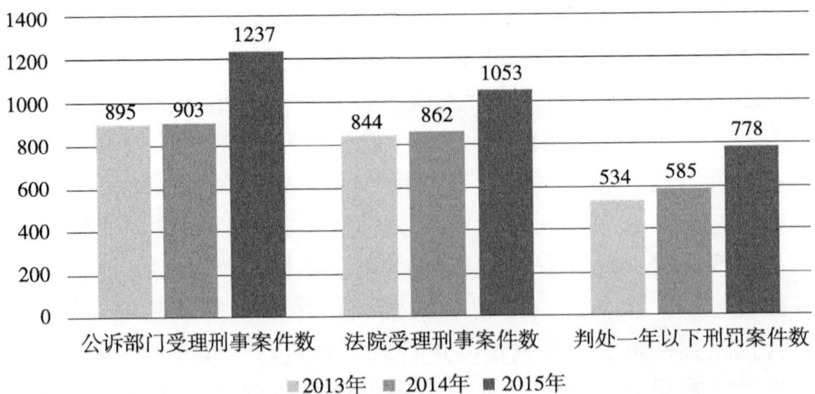

图 1　2013—2015 年 T 市 A 区基层检察机关公诉部门和法院受理刑事案件统计

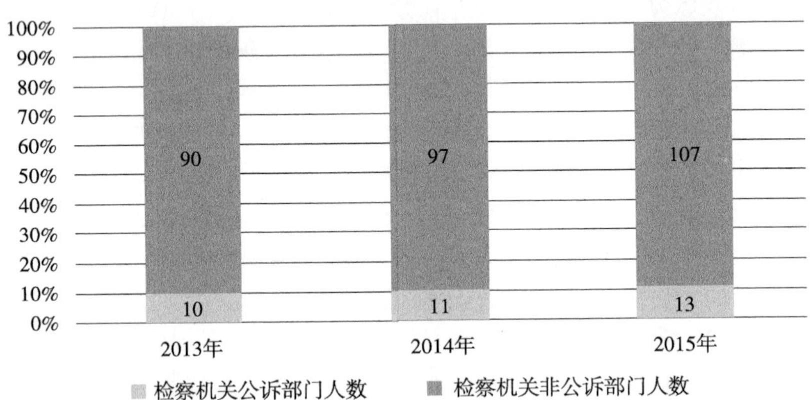

图 2　2013—2015 年 T 市 A 区基层检察机关刑事业务部门人员与单位全部人员比例

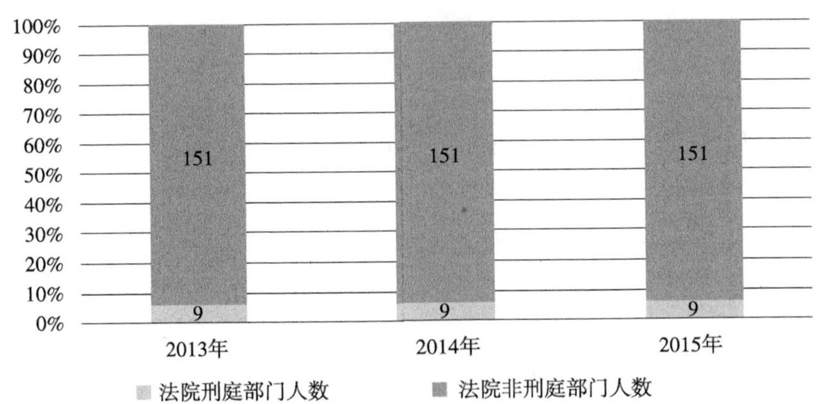

图 3　2013—2015 年 T 市 A 区基层法院刑事业务部门人员与单位全部人员比例

图1反映了2013年至2015年T市A区基层检察机关公诉部门和法院受理的刑事案件数量总体呈上升趋势。检察机关公诉部门2013年受理刑事案件895件，2014年受理刑事案件903件，2015年受理刑事案件1237件。法院2013年受理刑事案件844件，2014年受理刑事案件862件，2015年受理刑事案件1053件。可以看出，试点地区T市A区基层检察机关自劳教制度废除之后案件量在2014年小幅上升，上升了0.8%，而在2015年，受理案件数陡然上升，同比2014年上升了37%。其中判处一年以下刑罚的轻微刑事案件大幅上涨，2013年轻微刑事案件数量为534件，2014年为585件，同比上涨了9.6%，2015年为778件，同比上涨了33%，可见劳教制度废除后，大量轻微刑事案件涌入刑事诉讼程序。

图2、图3反映了2013年至2015年T市A区检察机关、法院刑事业务部门人数与单位总人数的比例。可见该地刑事业务部门人数较少，占单位人数比例较小，当然这与基层的人事制度和人员编制有一定关系。例如A区检察机关2013年公诉部门人数为10人，仅占单位总人数的10%，2014年比例为10.2%，2015年比例增加为10.8%，但这一增长也很有限，相对于案件增长速度来看不成正比。并且刑事业务部门人数变动不大，人员处于低位。

正是基于上述的背景，地方司法资源呈现出饱和状态，极大地影响了司法公正和司法效率，基层检察机关、法院对轻微刑事案件适用更加简化的诉讼程序呼声渐起，刑事案件速裁程序对刑事诉讼程序中的若干环节和步骤进行简化符合当前基层的司法状况，可谓应运而生。

（三）现有程序无法满足需求是动因

从前述图1、图2可以看出基层司法机关受理的轻微刑事案件比重较高，且呈逐年上升的趋势。2013年A区基层法院受理的判处一年以下刑罚的轻微刑事案件占受理刑事案件总数的63.2%，2014年这一比例上升为67.9%，2015年进一步上升为73.9%。可见判处一年以下刑罚的轻微刑事案件占据基层刑事业务办案人大量的时间和精力，造成基层司法机关在冗繁的程序当中耗费大量的时间、物力、人力，而简易程序在实践中并不能有效解决这一问题。“简易程序”在司法实践中并不简易，被告人认罪案件在简易程序中简化的程序并不多，从某种程度来说简易程序并不能解决基层司法机关的困境。例如《刑事诉讼法》中规定简易程序既可组成合议庭也可独任审理，而在司法实践中，承办法官却没有真正实现独任审理，裁决往往是集体内部讨论的结果。这使独任审理在简易程序中形同虚设，并未起到应有的作用。同时简易程序的审限也较长，长达20天，刑罚超过3年的可以延长一个半月。对审理轻微刑事案件而言，这一审限绰绰有余，所以简易程序的审限也不能适应判处一年以下刑罚轻微刑事案件的实际情况。因此简易程序已经无法满足基层司法机关的需求，不利于节约司法成本，优化资源配置，这成为构建刑事速裁程序的动因。

二、刑事案件速裁程序的价值定位

（一）有利于宽严相济刑事政策的落实

罪责刑相适应是刑法的基本原则，重罪重罚，轻罪轻罚，罚当其罪。我国一直强调宽严相济的刑事政策，这也是中共中央在十六届六中全会明确提出的应长期坚持的一项基本刑事政策。宽严相济刑事政策的基本内涵是：该严则严，当宽则宽；严中有宽，宽中有严；宽严有度，宽严审时。[1] 虽然宽严相济刑事政策强调轻轻与重重相结合，但就其根本而言，更应关注的是刑罚的轻缓化。[2] 长期以来我国强调对犯罪分子严厉打击，落实宽严相济刑事政策时往往注重对严的把握而忽视对宽的考量。对于轻微刑事案件的犯罪嫌疑人可以从轻判罚，积极教育、挽救，而不是千篇一律地加以严惩，现在刑事诉讼程序中虽有简易程序，但总体上对轻微刑事案件犯罪嫌疑人的判决还是较重的，而且程序分流也不完全到位，宽严相济刑事政策并没有得到很好的贯彻。一方面，轻微案件的犯罪嫌疑人一般主观恶性较小，社会危害性也较轻，对于这部分认罪且罪轻的犯罪嫌疑人从轻处理符合宽严相济刑事政策的精神；另一方面，宽严相济刑事政策是对司法资源进行合理配置、对刑事案件合理分流的指导，在这个前提下，探索更快捷、更轻缓化处理的刑事程序也是落实宽严相济刑事政策的必然要求。

（二）有利于保障犯罪嫌疑人的人权

“迟到的正义非正义”，这句法谚体现了刑事诉讼程序对效率的追求。劳教制度废除后，轻微刑事案件数量的急剧上升给我国目前刑事诉讼程序的运行带来一系列问题，而刑事案件速裁程序所追求的高效率有利于解决这些问题，这些问题的解决从表面上看是缓解基层司法机关的现实压力，从更深层次看是尊重和保障人权。目前我国轻微刑事案件羁押率较高，轻微刑事案件的犯罪嫌疑人从立案侦查到法院开庭审判前往往需要羁押很长的时间，而且由于基层案件量大、诉讼程序复杂，承办案件的检察官、法官手中积压了大量的案件无法审结，往往通过退查和延期来延长办案时间，造成犯罪嫌疑人羁押的时间有时甚至超过了其应当合理判罚的时间，这就使得法官被迫按照其羁押的时间进行量刑，这一做法严重侵害了被告人的合法权益，不利于被告人人权的保障。而这种做法在基层法院还较为常见。以 T 市 A 区为例，2013 年至 2015 年轻微刑事案件中，犯罪嫌疑人遭羁押的案件分别为 155 件、149 件、121 件，羁押率维持在

---

〔1〕 马克昌：《“宽严相济”刑事政策与刑罚立法的完善》，载《法商研究》2007 年第 1 期。

〔2〕 陈兴良：《宽严相济刑事政策研究》，载《法学杂志》2006 年第 2 期。

27%左右，同时遭羁押的犯罪嫌疑人最后被判处的刑期基本与其被羁押的时间一致，有的是判决宣告后即当庭释放。而刑事案件速裁程序对犯罪嫌疑人羁押后公安移送起诉时间、审查起诉时间、开庭审理时间都有严格的限制，这一做法有效地解决了这一问题，显示出保障人权的重大意义。

第二章　目前刑事案件速裁程序的基本设定

最高人民法院、最高人民检察院、公安部、司法部于2014年8月26日下发了《关于在部分地区开展刑事案件速裁程序试点工作的办法》（以下简称《办法》），其中对刑事案件速裁程序的适用范围与要求以及程序作出了规定，各省市又根据自身工作实际制定了开展刑事速裁程序试点工作的实施细则，对刑事案件速裁程序的适用作出了细化。

一、刑事速裁程序的适用范围与要求

T市公检法司四部门共同制定了相关实施细则，主要是在《办法》的基础上进行细化，在适用要求与范围上与《办法》保持一致，对不适用速裁程序的情形进行了扩大。

（一）适用范围和要求

《办法》与T市实施细则均规定了刑事速裁程序适用于危险驾驶、交通肇事、盗窃、诈骗、抢夺、伤害、寻衅滋事、非法拘禁、毒品犯罪、行贿犯罪、在公共场所实施的扰乱公共秩序犯罪这11种情节较轻，并且可能判处一年以下有期徒刑、拘役、管制的案件，或者依法单处罚金的案件。[1]可见刑事案件速裁程序的适用范围主要集中在基层常见的轻微刑事案件，上述案件入罪门槛低，在基层为常见、多发案件，且大量占用基层司法资源。适用刑事案件速裁程序《办法》和T市细则要满足案件事实清楚、证据充分的要求；犯罪嫌疑人、被告人承认自己所犯罪行，对指控的犯罪事实没有异议；当事人对适用法律没有争议，犯罪嫌疑人、被告人同意人民检察院提出的量刑建议；犯罪嫌疑人、被告人同意适用速裁程序。[2]

---

〔1〕参见《办法》第1条第1款："对危险驾驶、交通肇事、盗窃、诈骗、抢夺、伤害、寻衅滋事、非法拘禁、毒品犯罪、行贿犯罪、在公共场所实施的扰乱公共秩序犯罪情节较轻、依法可能判处一年以下有期徒刑、拘役、管制的案件，或者依法单处罚金的案件，符合下列条件的，可以适用速裁程序……"

〔2〕参见《办法》第1条第1款第1~4项："①案件事实清楚、证据充分的；②犯罪嫌疑人、被告人承认自己所犯罪行，对指控的犯罪事实没有异议的；③当事人对适用法律没有争议，犯罪嫌疑人、被告人同意人民检察院提出的量刑建议的；④犯罪嫌疑人、被告人同意适用速裁程序的。"

相较于简易程序，刑事案件速裁程序的适用范围狭窄。简易程序适用范围为基层人民法院管辖的案件，而速裁程序只针对上文提到的危险驾驶等轻微刑事案件。同时，速裁程序的适用要求在简易程序三点要求的基础上增加了“当事人对适用法律没有争议，犯罪嫌疑人、被告人同意人民检察院提出的量刑建议”〔1〕，这一点体现了速裁程序对当事人合法权益的保护，进一步强调了对犯罪嫌疑人、被告人主观量刑建议的认可。

相较于美国、德国等西方国家，我国的速裁程序适用范围和要求仍相对严苛。美国轻微刑事案件的快速处理程序所适用的案件包括大量类似我国社会治安管理处罚中的行政违法行为。〔2〕其快速处理程序对案件范围没有特殊规定，同时也没有专门针对一年以下有期徒刑的快速处理程序，一年以下有期徒刑的案件由辩诉交易程序和轻罪交易程序交替适用。而我国的速裁程序要求与部分美国辩诉交易的内容相似，例如辩诉交易程序必须要求案件事实基本清楚，同时被告人必须在认罪时与检方达成量刑协议。以德国为代表的大陆法系国家，轻罪为可能判处一年以下的较轻自由刑或者罚金刑的违法行为。〔3〕轻罪可以采取快速审理程序，同时其刑法采取二元结构，在刑事责任体系中除刑罚之外还有保安处分。〔4〕快速审理程序在德国的适用范围也较为宽泛，没有特定罪名的限制，只限定了未成年人犯罪案件不能适用。适用要求案件事实基本清楚、被告人认罪，但不要求被告人对量刑建议进行认可。

（二）排除适用情形

《办法》规定了8种排除适用情形，主要涉及被告人需要特殊保护的、共同犯罪中部分被告人有异议的、被告人可能无罪的、当事人双方未达成和解或者调解协议的、对被告人量刑建议不当的、被告人违反取保候审、监视居住规定

〔1〕参见《办法》第1条第1款第3项：当事人对适用法律没有争议，犯罪嫌疑人、被告人同意人民检察院提出的量刑建议的。

〔2〕李本森：《我国刑事案件速裁程序研究——与美、德刑事案件快速审理程序之比较》，载《环球法律评论》2015年第2期。

〔3〕王立民：《论清末德国法对中国近代法制形成的影响》，载《上海社会科学院学术季刊》1996年第2期。

〔4〕《德国刑事诉讼法典》，宗玉琨译注，知识产权出版社2013年版，第146页。

后果严重的、被告人具有法定从重情节的以及一项兜底条款。[1] T市实施细则在此基础上增加了两项：一是涉恐、涉黑、涉外或者具有社会敏感性的案件不适用；二是有重大社会影响的案件不适用。相较于简易程序的排除适用情形，速裁程序进行了大范围的限定，而T市实施细则还将简易程序中的一项排除适用情形（有重大社会影响）增加进来，可见对速裁程序的适用十分谨慎。而美国和德国仅仅符合范围和要求则基本不存在排除适用情形，除了前述所讲的德国快速审理程序对未成年人犯罪案件排除适用。

可见我国刑事案件速裁程序的适用范围和要求以及排除适用情形都受到严格限制，相较于简易程序和西方国家的快速审理程序更加严苛，这种限制在试点工作中是可以理解的，而且规定中的11种罪名在基层也较为常见，有利于试点工作的进行和降低案件风险，这些条件是否需要改进，还需根据试点工作的推进情况来判断。

二、刑事案件速裁程序的适用程序

（一）启动途径

《办法》规定了三个启动途径：公安机关侦查终结移送审查起诉时，认为案件符合速裁程序使用条件的，可以建议人民检察院按速裁案件办理。辩护人认为案件符合速裁程序适用条件的，经犯罪嫌疑人同意，可以建议人民检察院按速裁案件办理。人民检察院经审查认为案件事实清楚、证据充分的，应当拟定量刑建议并讯问犯罪嫌疑人，犯罪嫌疑人承认自己所犯罪行，对量刑建议及适用速裁程序没有异议并签字具结的，人民检察院可以建议人民法院适用速裁程序审理。[2]《办法》中规定的速裁程序启动主体主要涉及公安机关、辩护人及检察机关。可见在审查起诉阶段，公安机关和辩护人对适用速裁程序具有建议

---

〔1〕 参见《办法》第2条：犯罪嫌疑人、被告人是未成年人，盲、聋、哑人，或者是尚未完全丧失辨认或者控制自己行为能力的精神病人；共同犯罪案件中部分犯罪嫌疑人、被告人对指控事实、罪名、量刑建议有异议；犯罪嫌疑人、被告人认罪但经审查认为可能不构成犯罪，或者辩护人作无罪辩护；被告人对量刑建议没有异议但经审查认为量刑建议不当；犯罪嫌疑人、被告人与被害人或者其法定代理人、近亲属没有就赔偿损失、恢复原状、赔礼道歉等事项达成调解或者和解协议；犯罪嫌疑人、被告人违反取保候审、监视居住规定，严重影响刑事诉讼活动正常进行；犯罪嫌疑人、被告人具有累犯、教唆未成年人犯罪等法定从重情节；其他不宜适用速裁程序的情形。

〔2〕 参见《办法》第5条、第6条：公安机关侦查终结移送审查起诉时，认为案件符合速裁程序使用条件的，可以建议人民检察院按速裁案件办理。辩护人认为案件符合速裁程序适用条件的，经犯罪嫌疑人同意，可以建议人民检察院按速裁案件办理。人民检察院经审查认为案件事实清楚、证据充分的，应当拟定量刑建议并讯问犯罪嫌疑人，了解其对指控的犯罪事实、量刑建议及适用速裁程序的意见，告知有关法律规定。犯罪嫌疑人承认自己所犯罪行，对量刑建议及适用速裁程序没有异议并签字具结的，人民检察院可以建议人民法院适用速裁程序审理。

权，而在审查起诉阶段是否适用速裁程序，决定权在于检察机关。在提起公诉阶段，检察机关对适用速裁程序具有建议权。T 市实施细则对速裁程序在提起公诉阶段和审判阶段的启动途径进行了细化，在提起公诉阶段，法院经审查可以决定是否适用速裁程序，同时法院在开庭前发现检察机关按照简易程序或者普通程序提起公诉的案件符合速裁程序条件的，可以直接决定采取速裁程序审理案件。这些启动方式也是参照简易程序的启动途径来设置的，简易程序的启动途径主要有检察院建议启动和法院主动启动两种，速裁程序明确了公安机关和辨认人的建议权，但最终决定启动的权力仍在检察机关和法院。我国速裁程序的启动方式来源于简易程序，但启动的方式更加丰富，同时在司法实践中，速裁程序、简易程序主要由检察机关建议启动，《办法》中并未强调法院的决定权，但 T 市实施细则里增加了法院的决定权和主动启动权。虽然法院具有决定权，但很大程度上，检察机关对启动速裁程序更具主动性，这一点与德国的快速审理程序的启动方式相似，德国刑事诉讼法规定简易程序需由检察机关主动提起。

（二）庭前准备程序和开庭程序

《办法》规定了速裁程序均需法院开庭审理，T 市实施细则对开庭前的准备程序进行了细化，主要包括以下方面：一是检察机关对起诉书进行简化，但应在起诉书中明确量刑建议，并提供犯罪嫌疑人的具结书等必要材料。二是法院对检察机关、诉讼参与人以及与案件有关的人的各项事宜通知可采取简便方式，例如邮件、传真等，但要求记录在案，同时送达期限也不受诉讼法规定的限制。三是送达起诉书副本时一并送达权利义务告知书，同时在被告人同意的情况下告知其权利义务并可以在开庭审理的当天送达起诉书副本。

开庭程序在《办法》中规定了适用速裁程序审理案件由审判员一人独任审判，T 市实施细则详细规定了开庭的相关程序。规定适用速裁程序审理的案件，应在 7 个工作日内完成。法官可以在庭下核对身份，开庭时法官可简要询问被告人是否行使权利义务中的各项权利，不再一一宣读。公诉人可以对摘要进行宣读，但仅宣读起诉认定事实及定罪量刑意见。法官当庭询问被告人对被指控的犯罪事实、量刑建议及适用速裁程序的意见，听取公诉人、辩护律师的意见。被告人没有意见的，不再进行法庭调查和辩论。最后应当庭宣判，判决宣告前应听取被告人的最后陈述意见。判决的文书使用格式裁判文书，且最好在当日送达，不能当日送达的，应在裁判文书生效后两个工作日内送达。

可见速裁程序对庭前准备程序也进行了极大的简化，节省庭前准备时间，保证尽快开庭审理案件。同时对开庭审理过程也进行了一系列简化，简易程序中的法庭调查和辩论被省去，最大限度地精简开庭流程。我国速裁程序开庭准备和庭审程序的简化与美国、德国等国家存在共同点，但也有一些不同。美国的快速审理程序的主体主要是辩诉交易，在庭前审查时有专门的被告人认罪听证程序，我国目前有庭前会议制度，但《办法》和实施细则均未要求有庭前会议的制度。在美国的辩诉交易中，检察官和被告人可以就量刑和罪名进行协商并达成书面协议，在该协议没有违反法律规定的前提下，法官通常会予以采纳。[1] 而我国的速裁程序中，对于检察官的量刑建议，被告人不能提出异议。在庭审阶段，美国的法官不再对事实和证据进行法庭调查，仅对辩诉交易的书面协议进行形式审查，我国速裁程序则在当庭确认被告人对指控事实和量刑建议无异议后不再进行法庭调查，这一点体现了庭审程序的形式化。而在德国，简易程序的案件审理方式更加接近我国的刑事案件速裁程序。[2] 德国《刑事诉讼法》规定法官可以自由确定证据调查的范围，检察官提起公诉时可以无须移送起诉书，公诉意见可以在开庭时口头提出，这一点比我国速裁程序更加简化。同时德国简易程序的庭审时间不超过 6 周，而我国速裁程序规定庭审时间仅为 7 天，这体现出我国速裁程序对效率的要求更高，比德国庭审程序更加简化。

（三）救济转化程序

《办法》第 14 条规定了法院在审理过程中，发现不符合速裁程序适用条件的，应当转为简易程序与普通程序审理。[3] T 市实施细则进一步列明了出现以下情况应当转为简易程序和普通程序，并且审理期限应重新计算：被告人翻供、不认罪或者不同意量刑建议的；被告人、辩护律师申请调取新的证据的；被告人可能不负刑事责任或者其行为可能不构成犯罪的；辩护律师提出无罪辩护或者对指控的犯罪事实提出实质性异议的；被告人、被害人对适用法律出现争议的；出现新事实、新证据，可能影响定罪量刑的；发现可能遗漏罪行或者遗漏罪犯的；辩护律师确有特殊情况不能在开庭前完成会见、阅卷等工作或者不能按时出庭、影响速裁程序正常进行，被告人又坚持委托该辩护律师的；被告人申请法律援助而又无法及时提供相关证明材料、需要法律援助机构查证，并因此致使案件不能在规定期间审结的。从细则所列的这几项救济程序可以看出，其对被告人给予了较为充分的救济权利，使被告人在庭审时拒绝或者反悔使用速裁程序审理的情况下，可以有多种途径转化为普通程序或者简易程序，在一

---

〔1〕 李本森：《我国刑事案件速裁程序研究——与美、德刑事案件快速审理程序之比较》，载《环球法律评论》2015 年第 2 期。

〔2〕 李本森：《我国刑事案件速裁程序研究——与美、德刑事案件快速审理程序之比较》，载《环球法律评论》2015 年第 2 期。

〔3〕 参见《办法》第 14 条：人民法院在审理过程中，发现不符合速裁程序适用条件的，应当转为简易程序或者普通程序审理。

定程度上保障了被告人的权利。这一点在德国快速审理程序中也有体现，德国《刑事诉讼法》规定在庭审中被告人可以拒绝使用简易程序，转入正式法庭审理程序。

第三章　刑事案件速裁程序实践运行状况及存在的问题

T市自2015年1月1日起在全市公检法部门开展刑事案件速裁程序试点工作，以下主要以A区基层检察机关运行的状况为参考，分析刑事速裁程序实际运行中取得的效果和突显的问题。

一、速裁程序的运行状况

（一）基本运行情况

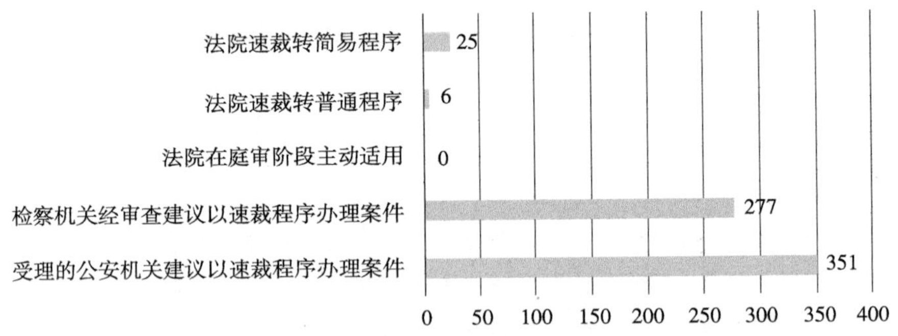

图4　T市A区基层检察机关刑事速裁程序基本运行情况

图4的数据体现了2015年1月至8月间，T市A区基层检察机关共受理公安机关建议检察机关以速裁程序办理的案件351件。经审查，检察机关按速裁程序办理的案件有277件，并向法院建议使用速裁程序审理。经过法庭审查，其中有31件速裁程序案件不符合条件，转为普通程序或者简易程序审理，同时尚未出现法院主动适用速裁程序的情况。其中速裁程序办理案件数占审查起诉案件数（图1数据，1237件）的22.4%，占轻微刑事案件数（图1数据，470件）的58.94%。可见，速裁程序的适用主要由公安机关首先进行建议，再经检察机关审查决定是否以速裁程序办理，之后向法院进行移送，最终由法院决定审判是否适用速裁程序。按速裁程序办理的案件占比相对较低，特别是在轻微刑事案件较多的情况下。

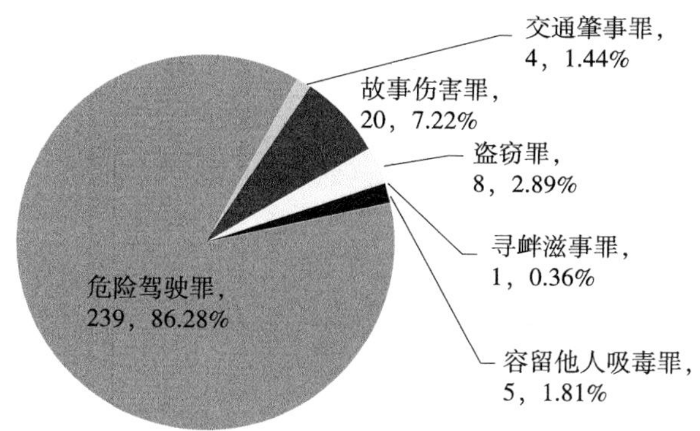

图5　T市A区检察院刑事速裁程序案件涉及的罪名情况

图5数据体现了2015年T市A区基层检察机关适用速裁程序涉及的案件罪名，可见适用速裁程序的罪名相对较为集中，在《办法》规定的11种罪名中涉及了6种，主要是：危险驾驶罪，占刑事速裁程序案件的86.28%，占起诉危险驾驶罪件数（370件）的64.6%；其次是故意伤害罪，占7.22%；而其他4种罪名则相对较少。危险驾驶罪在轻微案件中的所占比例超过一半，在刑事速裁程序中适用得较多。

（二）创新工作举措情况

T市A区基层检察机关在履行T市实施细则的前提下创新了多项工作举措，提高了刑事案件速裁程序的效率，优化了资源配置。

首先，细化操作细则，保障当事人权利。A区根据实际情况，进一步明确了速裁程序适用的范围和程序，对当事人权利保障方面进行了细化和完善。创新了两份速裁法律文书，即针对被告人的速裁程序权利义务告知书以及针对被害人的速裁程序权利告知书，两份文书均详细列明适用速裁程序的相关规定，说明速裁程序的基本内容，并对被害人和犯罪嫌疑人及时送达适用速裁程序权利义务告知书。这有利于案件当事人对速裁程序的了解，使其充分知晓其在速裁程序中的权利义务。

其次，创新办案机制，缩短办案时间。按照T市实施细则可以专人办理、集中开庭的规定，A区公检法三部门联合确立了“集中移送起诉”“集中审查起诉”“集中开庭审理”的“三集中”速裁案件办理机制。同时要求公安机关、检察机关按速裁办理的案件均要移送侦查终结报告、审查报告以及起诉意见书、起诉书的电子文档，尽量减少办案人的工作量，如今2名检察机关、1名法院的速裁程序办案人员办理了超过总案件量20%的案件，极大地缓解了案多人少的压力。T市实施细则中规定对速裁程序被告人提供法律援助以及由被告人居住地司法局对可能判处缓刑或管制的被告人进行调查评估，为减少调查评估对案件流程的影响，实施细则对检察机关委托时间和司法机关评估调查时间进行了严格限制，同时法院对司法机关的调查不再进行审查而是直接适用，如果超过规定时间司法机关未回复的，法院可根据实际案件情况进行判决，不再等候司法机关的评估调查。同时检察机关、法院均成立专门办案组，由专人办理速裁程序案件，并确定专人进行信息统计总结经验，及时改进工作方法。这些做法极大地节约了办案时间，目前 A 区基层检察机关速裁程序平均审查时间为 7.4 天，法院平均 3~5 分钟即可开庭完毕，并当庭宣判。

最后，简化程序流程，合理配置资源。通过尽量缩短案件流转时间，开通速裁程序绿色通道，加盖速裁案件印章，保证在检察机关、法院受理案件时优先受理、优先分配、优先立案。目前，速裁案件移送法院从移送到接收再到立案平均用时两个工作日，案件流转速度较普通案件提高三倍。对于公安机关建议适用速裁程序的案件，经审查无须改变强制措施的，不再重新办理强制措施手续，节省了办案资源，同时通过减少审批环节、限制退回补查次数、由侦查人员直接补证等方式提高诉讼效率。在文书方面，制作速裁程序文书模板，简化讯问笔录、审查报告，采取模板试讯问，主要听取被告人对事实和证据的意见，同时制式化制作起诉书、判决书，根据案件具体情况进行内容修改和补充，减少了编撰法律文书所用的时间。

二、适用速裁程序存在的问题

刑事案件速裁程序于实际运行中在提高效率、优化资源配置的同时，也暴露出一些问题。

（一）被告人的权利保障不足

在实践过程中，虽然有权利义务告知书，但被告人往往还是缺乏对认罪后果及刑事速裁程序的了解，经常出现签订具结书之后又反悔的现象，20 件速裁程序转化为普通程序或简易程序的案件均因被告人当庭反对适用速裁程序而转化（主要情况是部分犯罪嫌疑人为取保候审状态，未意识到接受认罪和速裁程序意味着很快就将宣判服刑）。同时，被告人在不完全了解认罪后果和刑事速裁程序的情况下可能存在被检察官和法官迫使认罪的情况。

（二）扩大了不公开审理范围

《办法》规定了以信息安全为由不公开审理的情况。[1] 在 A 区速裁程序实践中，尚未出现被告人以信息安全为由提出不公开审理的情况，但是此规定严

---

〔1〕 参见《办法》第 12 条：人民法院适用速裁程序审理的案件，被告人以信息安全为由申请不公开审理，人民检察院、辩护人没有异议的，经本院院长批准，可以不公开审理。

重违反了《刑事诉讼法》中“以公开审理为原则、不公开审理为例外”的规定，公开透明代表公正，可见这一规定的初衷是好的，是为了保护当事人的隐私，但对于何为信息安全并没有任何详细的解释，这就可能做出扩大解释或者缩小解释。目前很多案件均有当事人的微信、QQ、短信聊天记录，如果不对信息安全进行界定，那么势必造成法律漏洞，影响司法公正。同时虽然独任审判在赋予法官自主裁量权、缩短审理时间方面有着巨大的优势，但是《办法》和T市实施细则并未考虑对独任审理的监督问题，虽然理论上有检察机关、律师和法院内部的监督，但是这种监督实现的途径却没有明确。

（三）诉前侦查阶段缺乏规范

我们从《办法》和T市实施细则中可以看出，刑事速裁程序的简化主要集中在审查起诉和法庭审理阶段，而对于公安机关认为可以适用速裁程序的案件在移送起诉时如何办理却鲜少提及。《办法》和T市实施细则中只有一条，规定公安机关建议按速裁程序办理的案件，犯罪嫌疑人未被羁押的应在犯罪嫌疑人到案后三十日内侦查终结并移送起诉；公安机关提请逮捕的案件，检察机关作出不批捕或批捕决定的，应在三十日内侦查终结并移送审查起诉。但这一规定基于基层的司法环境较难以实现，公安机关办理的案件量大，很多可以适用速裁的案件并不能在规定时日内完成，致使很多案件应适用速裁程序只因超过规定时间而未采用。公安机关如何对速裁程序案件进行办理缺乏规范，对如何高效率侦查、合理分配资源、减少犯罪嫌疑人审前羁押时间有待进一步探索。

（四）集中审理易沦为形式主义

A区试点工作中速裁程序专人专办、“三集中”办案机制对缓解案多人少的压力、提高案件办理效率有较为明显的作用。但是专人专门、集中审理的方式却容易出现“走过场”的问题。目前，A区速裁程序案件主要由3名办案人办理（检察机关2人、法院1人）。3名办案人长期办理同类案件，案件数量很高，他们之间合作时间又过长，且庭审时间提速过快，在被告人认罪的情况下难免出现审查不严的问题。例如，在某起盗窃案件中，由于被告人认罪，办案人对案卷材料审查出现疏忽，未对鉴定意见仔细核对，导致量刑出现问题。

（五）被害人缺乏实质的救济权

《办法》在适用速裁程序要求中提到当事人需对适用法律没有争议。T市实施细则中规定开庭时应听取被害人及其诉讼代理人的意见，在救济转化程序中提到在庭审时当事人对法律适用出现异议可转化为普通程序或者简易程序。这在一定程度上给予了被害人一定的救济权，同时A区基层检察机关在适用速裁程序前会将被害人权利告知被害人，内容包括适用速裁程序的后果以及T市实施细则中提到的法律适用异议权。但笔者认为，仅有《办法》的要求、T市实施细则这两项规定和权利告知，显然对被害人权利的保障不够。规定听取被害人意见却未明确被害人不同意时适用速裁程序的后果。按照目前的设定，法律适用异议权只是一个概念性的权利，如何在庭审中运用却不详。而且被害人提出法律适用异议是只针对程序问题还是实体问题抑或两者都有？同时，速裁程序对法庭调查和辩论予以简化，如果被害人对检察机关认定的事实有异议，是否可以行使这项权利？可见《办法》和T市实施细则中对被害人的权利救济规定不具可操作性，被害人的意见或者异议都没有最终决定权，缺乏实质救济权。同时被害人在侦查阶段和审查起诉阶段如何使用救济手段亦不明确，虽然对被害人进行告知，但主要还是程序上的操作，缺乏实体救济手段。

（六）涉及的轻罪罪名较为集中

从图4可以看出，目前速裁程序的适用主要集中在少数几个罪名，且主要为危险驾驶罪，众所周知危险驾驶罪是对犯罪嫌疑人采取强制措施且均为取保候审，是无须审前羁押的，而涉及的其他几个罪名中对犯罪嫌疑人采取逮捕强制措施的也屈指可数。刑事速裁程序功能除提高诉讼效率之外，还有一项是减少审前羁押时间，保障被告人人权。试点工作一开始求稳，只涉及少数几个罪名且未针对采取逮捕强制措施的案件，这是稳妥的，但随着试点工作的深入开展，这种做法又相对保守，仅仅强调效率而忽略公平是不可取的，在符合范围和要求的前提下，应当进一步扩大速裁程序的适用规模。

（七）制式化法律文书易落入窠臼

A区基层检察机关、法院在速裁程序中大规模采用制式化文书，有效节省了办案人的时间，提升了诉讼效率，但是这种做法容易形成教条，长此以往，会将严谨、细致的法律工作变成工厂生产产品的流水线，这种趋势是十分可怕的，应竭力避免这种情况的出现，刑事诉讼程序不能变成流水线作业，每起案件千变万化，不能形成一套僵化的文书模板。当然，能够适用速裁程序的案件是存在共性的，不是说制式化的法律文书不能使用，而是要更谨慎、科学地设计文书模板。

第四章　对我国刑事案件速裁程序的完善建议

根据目前《办法》、T市实施细则的规定，以及目前T市A区基层检察机关、法院刑事案件速裁程序的运行状况和存在问题，笔者认为可从以下方面进行改进和完善。

一、对当事人权利保障的建议

（一）完善被告人的权利保障

要进一步完善被告人的权利保障，让被告人充分了解适用速裁程序及认罪的后果，可以参照美国辩诉交易中在速裁程序开庭审理前设置的听证程序，虽然目前在试点工作中检察机关有对被告人明确告知权利义务，但这只是单向性的，并没有给予被告人申辩的权利。诚然设置庭前听证程序会增加法院、检察机关的工作量，影响诉讼效率，但是保障被告人权利的程序不应随意简化，且必须更加完善。有学者认为，对可能判处 6 个月以上有期徒刑的案件可以设置认罪答辩的预审听证程序。[1] 笔者认为，无须硬性要求可能判处 6 个月以上有期徒刑的案件才能设置听证程序，目前基层司法机关轻微刑事案件以可能判处拘役的情况居多，6 个月以上有期徒刑的案件一般会进行羁押且较少适用速裁程序，各地区可根据自身实际工作情况酌情设置。听证程序由主审法官主导，列明权利义务清单，告知被告人权利义务，询问被告人是否自愿认罪，使被告人知晓选择速裁程序及认罪的后果，同时对案件事实和证据进行初步审查，听取司法机关的调查评估意见以及公诉人、辩护律师、被害人的意见，最大限度地确保适用速裁程序的公正性。同时，在听证程序阶段被告人同意适用速裁程序的，庭审时不得再反悔（A 区速裁转普通的案件均为被告人在庭审时反悔，极大地浪费了司法资源）。

（二）完善被害人的救济权利

速裁程序在保障被告人权利的同时不能忽视被害人权利的保障，应在刑事诉讼程序的侦查、审查起诉和开庭审理阶段全面保障被害人的权利。应当在程序设置上明确被害人享有的权利和实质的实现途径，且具备可操作性。在侦查阶段，公安机关建议以速裁程序移送审查起诉时应及时告知被害人，被害人对适用速裁程序或者移送的案件事实明确反对的不应继续适用。在审查起诉阶段，检察机关决定适用速裁程序办理的也应及时告知被害人的权利，同样，被害人对适用速裁程序或者移送的案件事实表示明确反对的不应继续适用。T 市实施细则中规定庭审时被害人可以对法律适用提出异议，因前述审前听证程序的设置，笔者认为在听证程序就已经询问被害人的意见，被害人如对程序和实体问题有异议则应在听证程序时提出，庭审时法官可以不再询问被害人，提高诉讼效率。

---

〔1〕 李本森：《我国刑事案件速裁程序研究——与美、德刑事案件快速审理程序之比较》，载《环球法律评论》2015 年第 2 期。

二、严格限制法官自由裁量的空间

（一）严格适用不公开审理

公民的隐私权需要保护，这是速裁程序规定以信息安全为由可不公开审理的原因。但是对于信息安全必须有相关配套解释予以明确的界定，不能进行任意的扩大解释，否则在司法实践中极易扩大法官的自由裁量权。被告人以信息安全为由申请不公开审理的，可以在听证程序中提出，也可以在庭审程序中提出。在听证程序中提出的，法官应进行初步审查并将被告人的申请告知辩护律师、检察机关、被害人，在相关方没有异议后可以适用不公开审理程序。被告人在庭审阶段提出的，检察机关、辩护人无异议且法官认为理由成立的可以不公开审理，同时要将情况及时告知被害人。如果被害人有异议，法官应对被害人的理由进行审查，如果异议成立，应立即终止不公开审理；如果异议不成立，则驳回被害人的请求。被害人对此还可以向同级检察机关申诉，同级检察机关认为异议成立的可以向法院提出检察建议。

（二）探索对庭审程序的监督

速裁程序采用法官独任审判，法官自由裁量权较大，特别是 A 区基层法院速裁案件均由一名法官办理，在试点工作中一切都处于探索阶段，极可能出现滥用职权、徇私舞弊的廉洁问题，因此应积极探索对独任审判的监督机制，对法官的行为进行规制。笔者认为，在加强法院内部监督的同时应加强检察机关对速裁程序的审判监督，检察机关应定期对起诉的速裁程序案件进行统计和总结，发现问题的应及时核查，而且要畅通申诉渠道，对于速裁案件应将监督方式告知当事人，邀请当事人对办案程序进行监督。其次可以针对速裁程序设立一个独立的审查小组，由法官、检察官、律师等专业法律人士组成审查团队，对独任法官审理的案件进行核查，重点核查程序和实体问题，当然这只是设想，具体实行则需要解决人员构成、组织领导和经费的问题，是一个相对复杂的设计，但是有利于从外部对法官形成压力，且相对独立公正。

三、完善审理方式

（一）设立专门的速裁程序庭

美国大部分轻微刑事案件都通过治安法庭进行审理，在轻微刑事案件中，被告人被抓获 24 小时内需被警察带到治安法庭，治安法官需要在短时间内做出保释或者继续羁押的决定，对于判处一年以下有期徒刑的轻罪案件需要当庭宣判。可见美国治安法庭是极其高效的，当然我国不必完全按照这种模式进行设置，但探索设置专门速裁程序庭是十分必要的。目前实践中专人专办、集中审理的方式都是在向速裁程序庭审理案件的方式靠拢，但专人专办、集中审理只是一种办案方式，要设置速裁程序庭必须解决人员编制配置、审理程序、侦查起诉等配套制度问题，是一个系统工程。笔者认为可以参照美国的方式对部分案件进行探索，将速裁程序庭配置与案件数量相匹配的法官、检察官、援助律师（检察官、律师均在法庭有独立办公室），轻微刑事案件侦查完毕后直接移送速裁程序庭检察官手中，检察官经审查后认为符合速裁程序范围和要求的，迅速拟定起诉书向速裁庭起诉，援助律师可以随时为当事人提供辩护，但是此种设计目前只适合案情简单、事实清楚、证据清晰，并且可能判处拘役、管制或单处罚金的案件，主要为劳教制度废除后增加的案件。例如 A 区存在的大量危险驾驶案件，危险驾驶案件取证时间短，侦查迅速，使用此种方式可以大大加速这类案件的诉讼效率，完全可以在刑事拘留期限内审结，而不必采取取保候审的强制措施，设立速裁程序庭便可以将此类案件迅速从侦查阶段移送审查起诉并进行判决，节省诉讼时间，并在一定程度上保证当事人的合法权益。

（二）应规范集中审理方式

试点采取专门办案小组集中办理速裁案件，这种方式是有益的探索，但也存在前述所说的一些问题。笔者认为，采用这种方式的时候应采取相应措施以避免两三名办案人长期办理全部的速裁程序案件。首先，可以采取办案检察官、法官轮换制，可以季度轮换，速裁程序案件事实清楚、证据较为充分，办案经验丰富的检察官、法官只要熟知速裁程序就完全可以胜任。其次，在季度轮换的前提下应对承办的案件数量进行限制，不能将大部分案件交由一人来处理，可以根据案件总量按季度分配，对于办案量超过季度分配量的应提前进行轮换。最后，大量案件集中审理时应召开庭前会议，组织检察官、法官、辩护人提前对要审理的案件进行沟通交流，不能因为集中审理出现疏漏，影响速裁程序案件的办理质量。

四、其他需要规范的问题

（一）侦查预审阶段的简化

如前述所言，速裁程序的简化主要体现在起诉和审判阶段，侦查阶段涉及较少。笔者认为，速裁程序的简化应当进一步在侦查预审阶段细化。首先，应根据不同的案件、不同的罪名设置不同的预审时间，不应拘泥于实施细则要求的 30 日期限。例如前述提到的危险驾驶类案件，可以要求在刑事拘留 3 日或者 7 日内必须移送审查起诉，减少取保候审、监视居住对这类犯罪的适用。其次，对于已经逮捕犯罪嫌疑人的案件，应保证在 30 日内移送审查起诉。逮捕犯罪嫌疑人的轻微刑事案件可能判处 6 个月至 1 年有期徒刑，而且一般有期徒刑时间较为接近 1 年的案件相对危险驾驶类案件要复杂，要求公安机关对羁押时间减半移送起诉也有一定道理。最后，公安机关怠于对轻微刑事案件移送审查起诉的，检察机关应加强监督，利用检察建议和纠正违法等方式督促公安机关对符合条件的轻微刑事案件及时移送。

（二）科学设计速裁法律文书

制式法律文书可以节省办案时间，提高工作效率，但是必须科学设计速裁程序中的法律文书，速裁程序已经在程序上进行了一系列简化因而不能再对法律文书进行随意的简化，对具结书、起诉书、判决书等法律文书进行制式设计时，应着重对繁文缛节的文字进行省略，对案件事实、重要程序不能随意简略，同时可以对一些不影响案件定性的事实或证据进行简略，例如在起诉书和判决书中应对被告人认可速裁程序与自愿认罪的情况予以写明，而对于多份证据证实一个事实或者证据清晰无瑕疵的情况则只需简要概述列明证据种类即可，不必一一列举。此种设计文书的方式可以极大简化法律文书的冗余并保证案件事实准确，确保速裁程序文书的准确性。

结　论

刑事速裁程序试点工作自2015年在各省市试点以来，还处在逐步摸索的过程中，这项程序的推行简化了办案环节，节省了办案时间，提高了工作效率，特别是对缓解基层司法机关案多人少的压力有着显著成效，在一定程度上解决了劳教制度废除后大量轻微刑事案件涌入基层的困境。但通过文中T市A区基层司法机关刑事速裁程序运行的基本情况，可以看出速裁程序在当事人权利保障、审理方式、法律文书等程序设计和实践方面仍存在一些问题。刑事速裁程序的初衷是提高诉讼效率、简化办案流程，但其在运行过程中难免出现侵犯当事人权利的问题。刑事速裁程序可以简化流程，但不能简化当事人的合法权益。针对出现的问题，应将对当事人权利的保障作为根本出发点，完善当事人合法权益的救济途径，并严格限制法官的自由裁量权，严格限制不公开审理的范围。并将域外经验和我国国情相结合，探索并创新适合我国目前司法环境的速裁案件的审理方式，规范化、科学化运行速裁程序，形成一套完整的程序体系。同时应尽快总结试点工作经验，将刑事案件速裁程序尽快上升到法律层面，做到有法可依，推动这项程序真正发挥应有的功能。

参考文献

一、著作类

1. 马贵翔:《刑事诉讼结构的效率改造》，中国人民公安大学出版社 2004 年版。

2. 宗玉琨译注:《德国刑事诉讼法典》，知识产权出版社 2013 年版。

二、论文类

1. 吴敦、周召:《轻微刑事案件速裁机制初探——以程序分流与程序构建为主线》，载《法律适用》2014 年第 8 期。

2. 马克昌:《“宽严相济”刑事政策与刑罚立法的完善》，载《法商研究》2007 年第 1 期。

3. 陈兴良:《宽严相济刑事政策研究》，载《法学杂志》2006 年第 2 期。

4. 李本森:《我国刑事案件速裁程序研究——与美、德刑事案件快速审理程序之比较》，载《环球法律评论》2015 年第 2 期。

5. 王立民:《论清末德国法对中国近代法制形成的影响》，载《上海社会科学院学术季刊》1996 年第 2 期。

6. 王海:《轻微刑事案件快速办理机制实证研究——以 S 省 3 个基层司法机关为样本》，载《发展研究》2014 年第 10 期。

7. 梅传强:《论“后劳教时代”我国轻罪制度的建构》，载《现代法学》2014 年第 2 期。

8. 王长水、曹晓可:《刑事案件速裁程序之初探》，载《公民与法（法学版）》2014 年第 11 期。

9. 马若怡、梁立宝:《浅析刑事速裁程序的构建基石——人权保障》，载《法制与社会》2014 年第 36 期。

10. 曾鹏飞:《认罪案件的程序分流问题刍议》，载《法制与社会》2015 年第 9 期。

11. 张燕生:《纽约刑事法院治安法庭繁忙的 24 小时》，载《法制日报》2006 年 12 月 10 日。

刑事二审抗诉的影响因素
——基于某市检察机关抗诉实践的分析

于景平

摘　要

抗诉权是我国检察机关的重要职权，在我国检察制度话语中，被视作一种重要的法律监督职权。刑事二审抗诉是检察机关在刑事诉讼活动中行使审判监督职权最重要、最有力的手段。《中华人民共和国刑事诉讼法》（以下简称《刑事诉讼法》）和最高人民检察院的司法解释对刑事二审抗诉的提出标准和诉讼程序作出了严格、明确的规定。但在立法规定的正式程序之外，刑事二审抗诉的实际运行还受到多种因素的影响，制度设计在诉讼实践中出现了一定的偏差甚至异化。本文主要通过实证研究和文献分析的方法，对刑事二审抗诉的实际运行现状进行分析，探讨法定程序之外实际发生作用的多种影响因素，并有针对性地对制度完善提出合理建议。

本文除引言和结论之外分为四部分，各部分主要内容如下：

第一部分，刑事二审抗诉概述。《刑事诉讼法》和最高人民检察院的司法解释对刑事二审抗诉的提出标准和诉讼程序作出了严格、明确的规定；刑事二审抗诉是检察机关在刑事诉讼活动中最重要的审判监督手段，具有重要的制度功能和程序价值；检察机关在刑事诉讼活动中应履行客观公正义务，应当严格依法行使抗诉职权，纠正法院裁判中的错误，维护司法公平正义。

第二部分，刑事二审抗诉的实际运行现状。本文通过对华北地区J省A市全市基层检察机关2012年至2014年办理的抗诉案件数据进行汇总、分析，发现刑事二审抗诉在实际运行中出现了一定的偏差和异化。主要存在的问题包括：各基层检察院抗诉案件数量分布不均；对量刑畸轻抗诉多，对量刑畸重抗诉少；对无罪判决抗诉率高；提出抗诉质量不高，法院采纳抗诉意见率较低。

第三部分，刑事二审抗诉的影响因素分析。该部分是本文的重点，主要分析在立法规定的正式程序之外，刑事二审抗诉实际运行中的多种影响因素。其一，检察业务考评导向。通过对A市检察院对下级检察机关业务考评细则的考察，分析其对二审抗诉的导向性影响。其二，无罪判决压力。法院无罪判决给检察机关带来的压力主要有三方面：业务考评和案件质量评查；错案责任追究；国家赔偿责任。其三，被害方诉求的压力。刑事案件的被害方往往通过申请抗诉或上访、舆论炒作等方式来表达诉求，并向检察机关施加压力，其动因主要是量刑问题和赔偿问题。被害方上访给检察机关造成巨大的维稳压力，且容易引发舆情风险，严重影响检察机关抗诉权的行使。其四，法院与检察院的相互制约。法院与检察院的相互制约源于审判权与公诉权的相互制约，也和法院与检察院的业务考评体系相互冲突有关。检察院审判监督力度的强化，可能破坏与法院的配合，导致部分基层检察院抗诉案件少，抗诉积极性不高。其五，上下级法院之间的案件请示制度。上下级法院之间的案件请示制度在各级法院系统中长期存在，最高人民法院和地方各级人民法院对此出台了相关规范。这一制度在办案实际中被广泛突破乃至滥用，违反了审级独立原则，损害了两审终审制，事实上消解了检察机关的抗诉权。

第四部分，完善刑事二审抗诉制度的建议。针对刑事二审抗诉实际运行中的上述影响因素及其导致的问题，本文尝试提出完善相关制度的合理建议。主要包括：转变刑事司法理念，严守检察官客观义务；改革完善业务考评机制；制定合理的错案认定标准；树立司法权威，正确对待维稳压力；赋予被害方有限的刑事上诉权；扩大刑事附带民事诉讼赔偿范围，完善国家司法救助制度；废除上下级法院之间的案件请示制度，完善案件提级管辖制度。

关键词：刑事二审抗诉　影响因素　检察实践　制度建议

引　言

刑事二审抗诉即提起刑事第二审程序的抗诉，是指人民检察院认为同级人民法院作出的第一审判决或裁定确有错误时，在法定期限内，依照法定职权，通过法定程序，经上一级人民检察院支持，要求上一级人民法院对案件重新审理并改变裁判的诉讼活动。刑事抗诉是我国检察机关一种特殊的诉讼活动，在我国检察制度语境中，也是一种重要的法律监督手段。与刑事再审抗诉相比，刑事二审抗诉在司法实践中更为常见，运用更为普遍，是我国检察机关在刑事诉讼活动中行使审判监督职权最重要、最有力的手段，对于维护国家法律的统一实施，保障刑事司法的公平正义有着非常重要的价值。

良好的制度需要良好的程序保障，“纸面上的法”只有落地变成“实践中的法”才能实现其价值。通过对我国刑事诉讼实践的观察可以发现，刑事二审抗诉作为一种重要的刑事诉讼制度，在实际运行中却暴露出诸多问题。作为一种审判监督制度，刑事二审抗诉的提起必然意味着检察机关和审判机关对同一起案件的裁判出现了意见分歧。检察机关提出抗诉与否，不仅需要考虑到纠正错误的裁判以维护司法公正，还要考虑到法院裁判的稳定性，在一定程度上需要维护法院的审判权威。既要做到有错必纠，又要避免法律监督权的滥用。按照我国《刑事诉讼法》的规定，检察机关提出刑事二审抗诉的条件是“人民法院第一审的判决、裁定确有错误”[1]。《人民检察院刑事诉讼规则（试行）》（以下简称《检察规则》）对此进行了进一步的细化。最高人民检察院于 2001 年 3 月印发了《关于刑事抗诉工作的若干意见》，2014 年 11 月又发布了《关于加强和改进刑事抗诉工作的意见》，对于刑事二审抗诉规定了更加严格、明确的提出标准和诉讼程序，努力在纠正裁判错误和维护裁判稳定两方面价值之间保持平衡。

制度设计者秉持着一贯的价值理性，但“顶层设计”必须转化为“基层实践”才有意义。刑事二审抗诉在实际运行中受到多种因素的影响，这些因素有的来自刑事诉讼程序内部，有的来自正式的刑事诉讼程序之外。刑事诉讼程序内部的影响性因素，主要源于正式立法的不足和冲突。如刑事实体法上量刑空间过大导致抗诉标准难以把握，上级检察机关的抗诉审查影响下级检察机关抗诉的独立性，二审程序设计的缺陷导致抗诉效果有限、对抗诉必要性的理解存在分歧等。这也是此前我国学界和实务界对于刑事二审抗诉研究的重点。随着

〔1〕 2012 年《刑事诉讼法》第 217 条。

2013年新《刑事诉讼法》的实施和一系列新司法解释的颁行，以及量刑规范化等司法改革的逐步推行，这些问题正在得到解决。但在立法规定的正式诉讼程序之外，刑事二审抗诉的实际运行还受到多种因素的影响，制度设计在诉讼实践中出现了一定的偏差甚至异化。事实上，相比正式诉讼程序内部的因素，这些正式诉讼程序之外的因素对于刑事二审抗诉的运行更为重要。对这些正式程序之外的影响因素，必须透过对基层实践的考察才能得以了解并进一步分析，这就是本文所要讨论的主题。

本文的研究范围限定在立法规定的正式诉讼程序之外，通过对抗诉案件数据、业务考评细则、典型案例及相关文献的实际考察、分析，以及对刑事二审抗诉实际运行中的多种影响因素进行系统、深入的检讨，并有针对性地提出合理建议。文章的结构是：《刑事诉讼法》和最高人民检察院的司法解释对刑事二审抗诉规定了严格、明确的提出标准和诉讼程序，制度设计体现了纠正错误裁判、维护司法公正和保证法院裁判稳定性之间的理性平衡；刑事二审抗诉是检察机关在刑事诉讼活动中最重要的审判监督手段，具有重要的制度功能和程序价值；检察机关在刑事诉讼活动中负有客观公正义务，应当严格依法行使抗诉职权，纠正法院裁判错误，维护司法公平正义。本文通过对华北地区J省A市全市基层检察机关2012年至2014年办理的抗诉案件数据进行汇总、分析，发现刑事二审抗诉在实际运行中出现了一定的偏差和异化。文章将重点分析在立法规定的正式程序之外，刑事二审抗诉实际运行中的多种影响因素：通过对业务考评细则的考察，分析其对二审抗诉的导向性影响；从业务考评和案件质量评查、错案责任追究、国家赔偿责任三个方面，分析法院无罪判决给检察机关带来的压力；通过对典型案例和抗诉案件样本的考察，分析被害方诉求对检察机关抗诉权行使的影响；通过对法院和检察院之间相互制约关系的分析，解释部分检察院和法院之间的办案默契；剖析上下级法院之间案件请示制度的弊端，揭示其对正当程序的损害。最后针对刑事二审抗诉实际运行中的上述影响因素及其导致的问题，提出完善制度的合理建议。

“徒法不能以自行”，在立法规定的正式程序之外，同样是对刑事诉讼制度进行分析、研究的绝佳场域。本文对于刑事二审抗诉影响因素的分析或许不够全面、严密，但通过对基层检察实践进行考察，提出程序内外的针对性建议，以跨越“顶层设计”与“基层实践”之间的鸿沟，矫正刑事司法的前进方向，应是一种具有积极意义的尝试。

第一章 刑事二审抗诉概述

一、刑事二审抗诉的立法规定

刑事二审抗诉权可以进一步划分为提出抗诉权、支持抗诉权、撤回抗诉权、指令抗诉权等多项职权，抗诉权的行使主体具有复合性。我国《刑事诉讼法》规定："地方各级人民检察院认为本级人民法院第一审的判决、裁定确有错误的时候，应当向上一级人民法院提出抗诉。"[1] "上级人民检察院如果认为抗诉不当，可以向同级人民法院撤回抗诉，并且通知下级人民检察院。"[2] 《检察规则》进一步规定："上一级人民检察院对下级人民检察院按照第二审程序提出抗诉的案件，认为抗诉正确的，应当支持抗诉；认为抗诉不当的，应当向同级人民法院撤回抗诉，并且通知下级人民检察院。下级人民检察院如果认为上一级人民检察院撤回抗诉不当的，可以提请复议。上一级人民检察院应当复议，并将复议结果通知下级人民检察院。上一级人民检察院在上诉、抗诉期限内，发现下级人民检察院应当提出抗诉而没有提出抗诉的案件，可以指令下级人民检察院依法提出抗诉。"[3]可以发现，我国检察机关的刑事二审抗诉权由上下两级检察院共同行使。刑事二审抗诉的提出抗诉权属于作出一审判决、裁定法院的同级检察院，其上一级检察院则行使支持抗诉权、撤回抗诉权和指令抗诉权。所以，从实质意义上讲，刑事二审抗诉的核心权能归属于上一级检察院。下级检察院只有抗诉的启动权，而无决定权。

刑事二审抗诉的启动权专属于检察机关，检察机关既可以依职权提出二审抗诉，也可以依照被害方的请求提出。《刑事诉讼法》规定："被害人及其法定代理人不服地方各级人民法院第一审的判决的，自收到判决书后 5 日以内，有权请求人民检察院提出抗诉。人民检察院自收到被害人及其法定代理人的请求后 5 日以内，应当作出是否抗诉的决定并且答复请求人。"[4]该条规定的请求抗诉的主体为"被害人及其法定代理人"，但在司法实践中，对于被害人已经死亡的，司法机关往往也会允许被害人的近亲属提出抗诉请求。事实上，在很多情况下，已死亡被害人的近亲属提出的抗诉请求，会给检察机关带来更大压力，

---

〔1〕 2012 年《刑事诉讼法》第 217 条。

〔2〕 2012 年《刑事诉讼法》第 221 条。

〔3〕《检察规则》第 589 条。

〔4〕 2012 年《刑事诉讼法》第 218 条。

下文将对此做进一步论述。

关于刑事二审抗诉的提出条件和标准，除了“人民法院第一审的判决、裁定确有错误”[1] 这一原则性规定外，《检察规则》规定了更加细化的标准：“人民检察院认为同级人民法院第一审判决、裁定有下列情形之一的，应当提出抗诉：①认定事实不清、证据不足的；②有确实、充分证据证明有罪而判无罪，或者无罪判有罪的；③重罪轻判，轻罪重判，适用刑罚明显不当的；④认定罪名不正确，一罪判数罪、数罪判一罪，影响量刑或者造成严重社会影响的；⑤免除刑事处罚或者适用缓刑、禁止令、限制减刑错误的；⑥人民法院在审理过程中严重违反法律规定的诉讼程序的。”[2]分析这一规定可以发现，第1、2项涉及有罪、无罪的判决错误，第3、4、5项则都涉及量刑错误，前五项都属于实体错误，只有最后一项属于程序错误，且必须“严重违反”。《关于加强和改进刑事抗诉工作的意见》对程序错误进行了更详细的规定，要求必须“足以影响公正裁判”，或者“影响案件实质性结论”。[3]这就是上文提到的刑事二审抗诉在制度设计上对于纠正裁判错误和维护裁判稳定两方面价值的平衡。相较于程序正义，我国当前的司法实践和社会观念都更为重视实体正义。并且，对刑事案件的裁判结果来说，真正影响实体正义的主要是有罪无罪和罪轻罪重。一般认为，判决“确有错误”主要包括认定事实错误、适用法律错误、定罪错误、量刑错误和程序违法。根据上述规定，真正能够决定刑事二审抗诉启动的主要就是有罪判无罪、无罪判有罪和量刑错误。[4]

刑事二审抗诉的提出条件和标准的立法设计具有重要意义，是刑事诉讼的制度设计者在保持纠正错误裁判、维护司法公正和保证法院裁判稳定性之间的理性平衡。检察人员只有在抗诉实践中严格遵守这些规定，才能保证刑事二审抗诉制度价值的真正实现。

二、刑事二审抗诉的制度功能

我国检察机关是宪法确立的国家法律监督机关。我国检察制度特别强调检察机关的法律监督职能。在当前的法律实践中，检察机关的法律监督职权主要体现在诉讼监督领域。在刑事诉讼领域，检察机关的法律监督职权包括对侦查

---

〔1〕 2012年《刑事诉讼法》第217条。

〔2〕《检察规则》第584条。

〔3〕 最高人民检察院《关于加强和改进刑事抗诉工作的意见》(高检发诉字〔2014〕29号) 第12条。

〔4〕 最高人民检察院《关于加强和改进刑事抗诉工作的意见》(高检发诉字〔2014〕29号) 第5条，对于人民检察院应当提出抗诉和支持抗诉的定罪错误，规定为“有罪判无罪，无罪判有罪；混淆此罪与彼罪、一罪与数罪的界限，造成罪刑不相适应，或者在司法实践中产生重大不良影响的”。

机关的侦查监督权、对审判机关的审判监督权以及对刑事执行机关的刑事执行监督权。检察机关对法院的审判活动实施法律监督的手段主要有提出抗诉、提出纠正违法意见、发出检察建议、羁押必要性审查、检察长列席审委会等。必须明确的是，检察机关的这些审判监督手段归根结底只是一种意见或建议，从法律角度来说只是一种程序性请求权，并不能对法院的审判活动做出任何实体性干预，必须通过法院自身的动作才能发挥实际作用。纠正违法意见、检察建议、羁押必要性建议采纳与否都要由法院自己决定，检察长列席审委会也只能发表意见，不能参与审委会决定的形成。事实上，在检察机关的内部业务考评中，往往会以法院对检察院提出的意见、建议的采纳情况来考评检察院自身的工作，检察院因此在业务考评中反而受制于法院对其所提意见、建议的态度，这实际上进一步削弱了检察机关审判监督的力度。

相比其他几种审判监督手段，刑事抗诉因其直接针对法院的判决、裁定提出，并且只要上一级检察机关支持，就必然引起上一级法院的重新审判程序，有一定的改变原审裁判结果的可能，所以是检察机关行使审判监督职权最重要、最有力的手段。当然，刑事抗诉也是一种程序性请求权，重新审判的最终结果仍要由审判机关作出，在本质上并不影响法院的审判权行使。与刑事再审抗诉相比，刑事二审抗诉针对法院的一审判决、裁定而提出，在司法实践中运用更为普遍，其审判监督功能应当受到高度重视。

三、检察官的客观义务

检察官的客观义务，是指“检察官为了发现真实情况，实现诉讼目的，不应站在当事人的立场，而应站在客观公正的立场上进行活动”。[1]在《检察规则》中明确规定：“人民检察院提起公诉，应当遵循客观公正原则，对被告人有罪、罪重、罪轻的证据都应当向人民法院提出。”[2]“在法庭审理中，公诉人应当客观、全面、公正地向法庭出示与定罪、量刑有关的证明被告人有罪、罪重或者罪轻的证据。”[3]检察官的客观义务源自检察机关的国家中立性，其决定了检察官的立场、诉求与当事人不同，既要惩罚犯罪、维护秩序，又要保障人权、维护当事人双方的合法权益。“检察官在刑事诉讼法上，与法官同为客观法律准则及实体真实正义的忠实公仆，‘毋纵’之外还要‘毋枉’，‘除暴’之外还要‘安良’。”[4]

---

〔1〕龙宗智：《检察官客观义务论》，法律出版社2014年版，第1页。

〔2〕《检察规则》第61条第3款。

〔3〕《检察规则》第435条第1款。

〔4〕林钰雄：《刑事诉讼法》（上册·总论编），中国人民大学出版社2005年版，第107页。

作为国家的法律监督机关，检察机关负有维护国家法律统一实施、保障刑事司法公平正义的职责。“为了维护法律的正确实施，检察机关应当对所有违反实体法和违反法律程序的审判活动，都给予重视，并通过诉讼监督途径督促审判机关予以纠正。”〔1〕检察官作为法律监督者，在司法实践中必须坚守客观、公正的立场。在刑事二审抗诉中，检察官也必须秉持客观义务，既要作出对被告人不利的抗诉决定，也要作出对被告人有利的抗诉决定；既要严惩犯罪，又要依法维护被告人的合法权益；在决定是否提起抗诉时，既要听取被害人的意见，又要考察案件裁判的实际情况；不能只站在追诉犯罪的立场上，单纯追求有罪判决、重刑处罚，也不能完全站在被害人的立场上，对其抗诉请求一概接受。在前文提到的《检察规则》规定的抗诉标准中，第一项就是“认定事实不清、证据不足的”。根据抗诉标准，检察机关既要对“有罪判无罪”提出抗诉，也要对“无罪判有罪”提出抗诉；既要对“重罪轻判”提出抗诉，也要对“轻罪重判”提出抗诉；既要对“一罪判数罪，影响量刑或者造成严重社会影响”提出抗诉，也要对“数罪判一罪，影响量刑或者造成严重社会影响”提出抗诉；既要对“免除刑事处罚、适用缓刑错误”提出抗诉，也要对“适用禁止令、限制减刑错误”提出抗诉。

检察官负有客观义务，其立场、诉求与案件当事人双方都不相同。被告人、被害人作为案件当事人，各自站在不同的立场；而检察官作为控诉方和法律监督者，应站在指控犯罪并监督刑事诉讼活动，维护国家法律统一、正确实施的立场，超脱于当事人双方之外。立场的不同决定了在刑事诉讼中诉求的不同。被告人一方的诉求是无罪、免刑、轻判、保命，被害人一方的诉求是有罪、重判、死刑、索赔，相比之下检察官的诉求就非常单纯，即依法审判。但在当前司法实践中，一些检察官受传统司法观念的影响，忽视了对客观义务的承担。重打击犯罪、轻保障人权的观念在检察官群体中普遍存在，且影响很大。这些观念在公诉实践中体现为：注重收集定罪的证据，忽视无罪的证据；注重收集加重被告人刑罚的证据，疏于收集减轻被告人刑罚的证据；在证据审查上，不重视对非法证据的排除，对于非法取证态度暧昧；出庭公诉时，倾向于发表从重量刑的意见，不愿发表从轻、减轻量刑的意见。在抗诉方面则体现为：惯于抗重罪轻判，疏于抗轻罪重判；对无罪判决几乎每件必抗，极少见到抗诉要求改判无罪；习惯站在被害人的立场考虑问题，忽视对被告人合法权益的保护。这种错误的司法观念亟须改变。

---

〔1〕 陈瑞华：《刑事诉讼中的问题与主义》，中国人民大学出版社 2013 年版，第 92 页。

第二章　刑事二审抗诉的实际运行状况

为了考察刑事二审抗诉在我国诉讼实践中的实际运行状况，本文对华北地区J省A市检察机关的刑事二审抗诉情况进行汇总、统计和分析，从中发现了一些问题。

A市是J省的省会，下辖8个区、11个县、3个县级市和1个国家级高新技术开发区，总面积1.58万平方公里，全市常住人口一千余万人，经济发展较好，是中国北方重要中心城市之一。[1]

本文以A市下辖23个基层检察院的刑事二审抗诉情况为考察对象。在时间跨度上，以2012年1月至2014年12月提出的抗诉案件为样本。具体数据包括2012年至2014年的基层检察院抗诉案件台账（由A市检察院公诉处内勤制作、登记）、2012年至2014年全部基层检察院收到的无罪判决情况（由A市检察院公诉处内勤从案件报表系统中导出）以及2014年23个基层检察院的刑事二审抗诉书（由各基层检察院报送A市检察院公诉处）。所有案件数据和情况真实、客观。本文通过对样本的汇总、统计、分析，发现A市基层检察机关的刑事二审抗诉办案情况存在以下问题。

一、各基层检察院抗诉案件数量分布不均

根据2012年至2014年的基层检察院抗诉案件台账，本文对三年来23个基层检察院提出抗诉案件数量进行了汇总、统计，发现历年各基层检察院的提出抗诉案件数量差距较大，分布不均（如表1）。

表1　各基层检察院提出抗诉案件数量分布

<table>
<tr><td rowspan="2"></td><td colspan="4">各基层检察院历年提出抗诉案件数</td><td colspan="4">各基层检察院三年提出抗诉案件数</td></tr>
<tr><td>5件以上</td><td>3至4件</td><td>1至2件</td><td>0件</td><td>15件以上</td><td>9至14件</td><td>3至8件</td><td>1至2件</td></tr>
<tr><td>2012年</td><td>4个</td><td>3个</td><td>15个</td><td>1个</td><td colspan="4" rowspan="3"></td></tr>
<tr><td>2013年</td><td>2个</td><td>6个</td><td>15个</td><td>0个</td></tr>
<tr><td>2014年</td><td>5个</td><td>7个</td><td>7个</td><td>4个</td></tr>
<tr><td>总　计</td><td colspan="3"></td><td></td><td>3个</td><td>5个</td><td>12个</td><td>3个</td></tr>
</table>

[1] 参见A市政府官方网站。

从上表可见，大多数基层检察院每年提出的抗诉案件只有一两件，2012 年和 2013 年提出抗诉 1 至 2 件的基层检察院都是 15 个，2014 年降为 7 个，但零抗诉检察院大幅上升至 4 个。2014 年提出抗诉在 5 件以上的，主要是位于城市中心的 4 个区检察院和 1 个县级市检察院，这 5 个基层检察院的辖区经济发达，人口较多，每年受理的刑事案件数量在全市基层检察院中稳居前五，这应该是这 5 个基层检察院抗诉案件数量较多的原因之一。另外，这 5 个基层检察院中有两个“全国模范检察院”、2 个“全国先进基层检察院”和 1 个“全省先进检察院”，人员素质和办案能力较强，应该也是其提出抗诉案件较多的原因。事实上，抗诉案件数量较多也使这 5 家基层检察院在每年的检察业务考评中占据优势，反过来又为其“创优争先”提供了助力。

二、抗诉效果不佳，法院改判率较低

一方面，基层检察院只有刑事二审抗诉的启动权，提出刑事二审抗诉后，必须获得上一级检察院的支持，才能真正启动上一级法院对案件的重新审理。另一方面，检察机关的刑事二审抗诉权是一种特殊的程序性请求权，只有其抗诉理由被上一级法院认可，才能实现通过重新审理改变原审裁判的目的。本文通过对三年的基层检察院抗诉案件台账数据进行汇总、统计发现，虽然 A 市检察院支持抗诉的数量、比率较高，但 A 市法院改判的数量、比率较低，抗诉效果不佳（如表 2）。

表 2　A 市检察院支持抗诉和 A 市法院采纳抗诉意见情况

	提出抗诉	支持抗诉	维持原判	改　判	发回重审	无结果	支持率	改判率
2012 年	56 件	45 件	11 件	10 件	17 件	7 件	80.4%	17.9%
2013 年	51 件	44 件	20 件	12 件	11 件	1 件	86.3%	23.5%
2014 年	62 件	57 件	29 件	7 件	17 件	4 件	91.9%	11.3%
总　计	169 件	146 件	60 件	29 件	45 件	12 件	86.4%	17.2%

需要说明的是，由于内勤在登记台账时存在遗漏，所以上表中的部分案件尚无二审结果。从上表可以看出，三年来 A 市检察院支持抗诉的比率均在 80% 以上，三年总计支持抗诉率为 86.4%，其中 2014 年支持抗诉率最高，达 91.9%；但 A 市法院的抗诉案件改判率长期处于低位，三年总计改判率为 17.2%，其中 2013 年改判率最高，但也只有 23.5%，而 2014 年改判率最低，仅为 11.3%。

三、对重罪轻判抗诉多，对轻罪重判抗诉少

前文已经论述过，由于最高人民检察院司法解释的进一步限制，刑事二审抗诉的提出条件主要可以归结为有罪判无罪、无罪判有罪和量刑错误，一般的定罪错误，如果不影响量刑，则不符合提出抗诉的条件。因此，虽然判决"确有错误"包括认定事实错误、适用法律错误、定罪错误、量刑错误和程序违法等多种错误，但提出抗诉时往往都要考虑是否严重影响量刑，即是否属于量刑畸轻或量刑畸重。本文通过对2014年23个基层检察院的62份刑事二审抗诉书逐一进行审查、分析、汇总，发现所提抗诉案件具有明显的倾向性，对重罪轻判抗诉多，对轻罪重判抗诉少（如表3）。

表3　2014年刑事二审抗诉理由分析之一

全部抗诉案件	重罪轻判	轻罪重判	轻判重判兼有	程序违法且轻判	判决无罪不当
62件	47件	3件	1件	1件	10件

23个基层检察院全年共提出抗诉62件，其中抗诉理由涉及重罪轻判的共47件，加上提出轻判重判兼有的1件和提出程序违法且轻判的1件，抗诉理由涉及重罪轻判的共49件，占全部抗诉案件比率的79%；抗诉理由涉及轻罪重判的共3件，加上提出轻判重判兼有的1件，抗诉理由涉及轻罪重判的共4件，仅占全部抗诉案件的6.5%。

抗诉理由涉及轻罪重判的包括以下案件：闫某某非法制造、买卖爆炸物案，抗诉理由为一罪变数罪，量刑失当；郭某某故意伤害案，抗诉理由为累犯认定错误，量刑失当；李某某拐卖儿童案，抗诉理由为社会危险性较小，建议适用缓刑；赵某甲、赵某乙、张某某抢劫并非法侵入住宅案，法院将抢劫罪名定性为寻衅滋事罪，且没有认定非法侵入住宅罪，检察院抗诉理由一是遗漏罪名，二是未对被告人退赃情节从轻处罚，三是未对赵某甲前科情节从重处罚。

四、对无罪判决抗诉率高

由表3可见，2014年全部62件刑事二审抗诉案中，涉及无罪判决的共10件，抗诉理由均为判决无罪不当，占全部刑事二审抗诉案件比率的16.1%。通过案件报表系统查询，发现2014年各基层检察院收到的无罪判决共11件，几乎全部提出抗诉。通过对案件报表系统导出的2012年至2014年全部基层检察院收到的无罪判决数据的统计发现，三年来各基层检察院共收到无罪判决24件，共提出抗诉23件，提出抗诉比率为95.8%；A市检察院撤回4件，支持19件，支持抗诉比率为82.6%，其中一件A市检察院支持抗诉后二审发回重审，再次被

判决无罪，基层检察院再次提出抗诉，A 市检察院决定撤回。A 市检察院支持抗诉的 19 件无罪案件中，二审改判 1 件、发回重审 8 件、维持原判 10 件，改判率仅为 0.05%，抗诉效果不佳。

第三章　刑事二审抗诉的影响因素分析

一、检察业务考评导向

（一）检察业务考评制度

检察机关的业务考评，学界多称之为绩效考评，是指“检察机关制定工作要求和指标，对下级机关、内设机构及检察官的工作和业绩进行考核评价，以期对被评对象产生激励、引导作用的检察管理制度和方法”。[1]这种业务考评制度最初用作对政府部门的管理。“从根源上讲，这样一套重量化测评的考评制度来自于美国现代政府部门的目标管理理念与绩效考评制度。”[2]其主要模式是将工作中的一些业绩指标进行量化，通过“数目字管理”的方式对下级部门和人员进行精细化管理。随着 2002 年《人民检察院基层建设纲要》的实施，我国检察机关开始将量化考核的业务考评制度引入检察管理领域。此后，检察业务考评制度作为检察机关领导、管理下级检察机关、内设机构及检察官的重要方式，在各地检察机关广泛实施。2010 年 1 月，最高人民检察院《考核评价各省、自治区、直辖市检察业务工作实施意见（试行）》和《考核评价各省、自治区、直辖市检察业务工作项目及计分细则》两个文件印发，最高人民检察院开始对各省级检察院的检察业务工作进行考评。但很快，最高人民检察院就发现了这种业务考评模式的弊端。2011 年，最高人民检察院取消了对省级检察院业务工作的打分排名，代之以通报主要业务数据。[3] 2014 年 2 月，最高人民检察院发文进一步调整检察业务考评模式，同时要求“地方各级检察机关可以参考附件的通报项目，根据本地情况适当增减后确定考评内容和考评方式”。[4]虽然检察业务考评模式经历了数次调整，但这种量化考核、“数目字管理”的考评制度仍然对各地检察机关的工作发挥指挥棒的作用。

我国上下级检察机关之间是领导与被领导的关系。《中华人民共和国宪法》

---

〔1〕 龙宗智：《检察官客观义务论》，法律出版社 2014 年版，第 406 页。

〔2〕 郭松：《组织理性、程序理性与刑事司法绩效考评制度》，载《政法论坛》2013 年第 4 期。

〔3〕 曹建明：《最高人民检察院工作报告——2015 年 3 月 12 日在第十二届全国人民代表大会第三次会议上》，载《检察日报》2015 年 3 月 21 日，第 1 版。

〔4〕 最高人民检察院《关于进一步改进检察业务考评工作的意见》（高检发〔2014〕7 号）第 3 条。

（以下简称《宪法》）明确规定："最高人民检察院领导地方各级人民检察院和专门人民检察院的工作，上级人民检察院领导下级人民检察院的工作。"[1]上级检察机关要实现对下级检察机关的有效领导，需要一定的方式、方法和工具，业务考评制度就提供了这样一种工具。检察机关将业务考评制度引入检察管理领域，所实现的价值目标主要有以下几个方面：其一，实现上级检察机关对下级检察机关检察业务上的领导和指导。通过设置各种考评项目和考评指标，使下级检察机关的工作能够遵循上级检察机关的指引，保证了检察权的统一有效实施。其二，实现上级检察机关对下级检察机关、检察长对检察官的有效管理和控制。其三，使检察机关内部的奖励、惩戒实现了一定的量化标准。

（二）对A市检察院业务考评办法的考察

为有效开展对所辖基层检察院检察工作的业务考评，A市检察院几乎每年都会发布一系列文件，详细规定检察业务考评的具体办法和实施细则。首先以2013年度《公诉工作考核办法》（以下简称《办法》）为研究对象，考察A市检察院公诉部门对下级检察院公诉部门的业务考评办法。该办法规定公诉工作最高评价分为120分，具体考核项目为五个部分（如表4）。

表4　A市检察院2013年度公诉工作考核项目

审查起诉工作（30分）	1. 人均受理审查起诉、审查不起诉数（5分）；2. 撤回起诉率（10分）；3. 判决无罪比例（10分）；4. 量刑建议采纳意见数（5分）
诉讼监督工作（45分）	1. 抗诉工作（30分）；2. 追诉漏罪漏犯数（5分）；3. 监督纠正违法情形数（5分）；4. 移送职务犯罪线索数（5分）
出庭工作（10分）	1. 人均出席简易程序法庭数（6分）；2. 检察长、分管检察长出庭数（4分）
其他业务事项（10分）	1. 刑事和解程序（3分）；2. 证人、鉴定人出庭（4分）；3. 诉讼参与人的权利保障（3分）
综合工作（25分）	1. 检察统计报表填报（4分）；2. 备案审查（2分）；3. 交办督办案件、事项（5分）；4. 案件评优、业务竞赛（10分）；5. 观摩庭（2分）；6. 同步录音录像、电子笔录、多媒体示证、捕诉衔接（2分）

可以发现，前两项考核项目即审查起诉工作和诉讼监督工作占了75分的分

[1] 2004年《宪法》第132条第2款。

值，后三项考核项目合计占了45分的分值。而诉讼监督工作一项就占了45分的分值，其中抗诉工作一个子项就占了30分，公诉业务考评中抗诉工作的权重很高。

抗诉工作考评项又细分为三个小项，即“刑事抗诉率”“撤回抗诉率”“法院采纳意见数”。刑事抗诉率是指提出刑事抗诉案件的比率，该《办法》规定：“刑事抗诉率不低于5‰。刑事抗诉率低于5‰，每减少0.5‰减1分；刑事抗诉率高于5‰，每增加0.5‰加2分。”撤回抗诉率是指撤回抗诉案件数与提出抗诉案件数的比率，该办法规定：“撤回抗诉率超过20%，每增加1%减1分。”法院采纳意见数是指提出抗诉后法院改判和发回重审的案件数，该办法规定：“采纳意见数与参考数相比，每多1件加1分，每少1件减1分。”

在实践中，只要被考核的基层检察院当年度没有无罪判决案件和撤回起诉案件，除了诉讼监督工作项目外，大多数的业务数据各基层检察院之间基本拉不开分数差距，或者很难通过人为努力提高分数。而在诉讼监督工作的四个子项中，抗诉工作因为是直接针对法院的裁判提出的，其前提条件是要发现法院的裁判确有错误，还要取得上级检察院的认可和上级法院的采纳，其难度高于另外两个子项，故而成为公诉业务考评项目的重中之重。

2014年开始，依照最高人民检察院和J省检察院的文件，A市检察院对检察业务考评模式进行了较大幅度的调整。下面将对A市检察院2015年度的《公诉工作考核评价计分细则》进行考察。该细则将考评项目分为三部分，分别是“核心业务数据”“落实上级院工作部署”“对案件质量定性评价”。其中“核心业务数据”最高评价分为85分，具体包含四个子项（如表5）。

表5 A市检察院2015年度公诉工作考核评价核心业务数据

审查起诉工作（15分）	人均受理审查起诉、审查不起诉数（15分）
出庭工作（15分）	人均出席法庭数（15分）
侦查活动监督工作（20分）	追诉漏罪漏犯（10分） 监督纠正侦查活动中违法情形（10分）
审判活动监督工作（35分）	法院采纳抗诉意见数（20分） 监督纠正审判活动中违法情形（10分） 列席审判委员会（5分）

可以看出，抗诉工作在公诉业务考评中所占的分值和权重均有降低，但相

对于其他考核项目，抗诉工作所占分值仍属最高，可见抗诉工作仍然是公诉业务考评项目的重点所在。另外，抗诉工作考评项目只包含“法院采纳抗诉意见数”一个小项，对于提出抗诉率和撤回抗诉率则不再作为考核项目。考评办法作此调整的目的应当是遏制部分基层检察院盲目抗诉的倾向，进而提高抗诉案件质量。但过于强调“法院采纳抗诉意见数”，可能降低基层检察院提出抗诉的意愿，致使部分本应通过抗诉程序纠正的错误判决未能得到纠正。从表 1 可以看出，2014 年零抗诉的基层检察院数量大幅上升至 4 个，或许就是受到考评办法调整的负面影响。

（三）业务考评对刑事二审抗诉的导向性影响

通过上面对 A 市检察院公诉业务考评办法的考察，可以得出结论：刑事抗诉工作在公诉业务考评中项目多、分值大、有一定难度，对于在考评中拉开分数、争取名次起着关键作用。这体现出上级检察机关意图通过考评导向鼓励、引导下级检察机关提高抗诉力度和抗诉质量，进而达到提高审判监督水平的目的。但实践中，为争取刑事抗诉率的分数，部分基层检察院出现了盲目抗诉、抗诉质量不高的问题，对于某些不符合抗诉标准、缺乏抗诉必要性的案件，为了提高考评成绩而提出抗诉，损害了抗诉这一重要法律监督职权的严肃性。在考评办法进行调整并且重点考评法院采纳抗诉意见数而不再考评提出抗诉率和撤回抗诉率后，个别基层检察院却出现不敢抗诉、不愿抗诉的情况。考评办法和考核指标本来是为促进司法公正、提高办案水平而设立的，但在发挥其正面导向作用的同时，还需避免其对检察工作的负面影响。如果因为业务考评而随意启动抗诉程序，或者对错误的判决不敢提出抗诉，必将严重背离检察机关的客观公正原则，损害法院判决的稳定性，伤害司法权威。这种错误做法也是导致刑事二审抗诉效果不佳的原因之一。

二、无罪判决压力

在上文中，通过对 2012 年至 2014 年全市基层检察院收到的无罪判决数据进行统计，发现三年来各基层检察院共收到无罪判决 24 件，共提出抗诉 23 件，提出抗诉比率为 95.8%，几乎是“无罪必抗”。之所以出现这种极端的局面，是因为无罪判决在检察机关的内外部评价体系中占据非常重要的位置。无罪判决给检察机关造成的压力主要体现在以下方面。

（一）业务考评和案件质量评查

我国法院的无罪判决比例很低。根据最高人民法院工作人员对 2014 年全国法院审理刑事案件情况的分析，2014 年全国法院判决生效的案件中，被宣告无罪的有778人，仅占0.07%。[1]大多数基层检察院一年甚至数年都不会出现一件无罪判决案件。这就意味着，一旦某个检察院出现了无罪判决案件，也会对考评分数、排名产生很大影响。

通过表4对A市检察院2013年度公诉工作考核项目的分析，可以发现判决无罪比例在公诉业务考评中占据不小的分值。此外，无罪判决比例在反贪污贿赂、反渎职侵权和侦查监督等部门的业务考评体系中也都占据重要地位。法院一旦做出一个无罪判决，检察院多个业务部门的考评成绩都会受到严重影响。

在A市检察院《办法》中，无罪判决数据进一步解释为："是指生效的无罪判决，检察机关按照审判监督程序提出抗诉的除外。"这就意味着，法院作出无罪判决后，如果检察机关提出抗诉，包括二审抗诉和再审抗诉，就不会影响考核成绩。对收到无罪判决的检察院来说，"无罪必抗"就成了当然的选择。在这种情形下，遵循客观公正原则，接受依法应当作出的无罪判决，反而会使检察机关自身利益受到损害。

无罪判决率的考评指标长期以来备受争议，普遍认为单纯以法院判决无罪来认定检察院起诉有误并不妥当。[2]最高人民检察院2014年2月印发的《关于进一步改进检察业务考评工作的意见》中，将无罪判决比例从公诉业务核心数据中去除，同时将法院判决无罪案件作为案件质量评查的重点，并将评查情况纳入考评工作。根据最高人民检察院的文件精神，J省检察院和A市检察院2014年度对下级检察院的考评细则中，都已经将无罪判决比例从考评核心业务的数据中去除，同时在考评细则的第二部分"对案件质量定性评价考核计分细则"中，将"提起公诉后被法院判决无罪的案件"列为案件质量评查重点案件。省、市检察院定期对下级检察院案件办理质量进行评查检查，每发现一件错案减5分。这一转变，是从过去简单通过数字指标评判无罪案件的办理，变为以案件质量评查"定性"的方法来评判无罪案件的办理，在一定意义上是一种进步。但作为检察官，一旦所承办案件被认定为"错案"，不仅在业务考评中要受到影响，提拔任用会受到阻碍，声誉也会受到损害，还要受到进一步的责任追究。

（二）错案责任追究

检察机关提起公诉后被法院判决无罪的案件，经过案件质量评查被认为确

---

〔1〕 袁春湘：《依法惩治刑事犯罪 守护国家法治生态》，载《人民法院报》2015年5月7日，第5版。

〔2〕 参见王新环：《定罪率与绩效考核》，载《人民检察》2003年第9期；陈学权：《刑事错案的三重标准》，载《法学杂志》2005年第4期；张保生、张晃榕：《检察业务考评与错案责任追究机制的完善》，载《中国刑事法杂志》2014年第4期。

属错案的，承办案件的检察官就会受到相应的责任追究。实践中，业务考评的不利结果主要影响检察院的整体利益及院领导和相关业务部门负责人的政绩评价，而错案责任追究则直接影响案件承办检察官个人的切身利益。

检察机关错案责任追究的主要依据是《检察人员执法过错责任追究条例》。该条例将错案的主观过错限定为“故意违反法律和有关规定，或者工作严重不负责任”。〔1〕若从无罪判决案件办理来看，什么样的行为属于“工作严重不负责任”，上述条例没有进一步明确。“实践中只看结果不管原因的‘客观归罪’的做法居多。只要出现了无罪判决或撤销案件，有关人员就可能承担事实上的不利后果。”〔2〕这种“客观归罪”的做法忽视了人类认识的有限性，违背了诉讼认识规律。在某些情况下，“虽然诉讼视野中的证据确实让裁判者合理地相信被告人有罪，但该认识却与案件实际情况不符。……尽管高度的谨慎措施一般能够消除推理错误，我们却无法彻底根除事实错误”。〔3〕从这种意义上说，诉讼中的错案是无法杜绝的。因此，案件承办人只要严格依法办案，尽到了合理的注意义务，就不应对不能归责于他的错案承担责任。最高人民检察院 2015 年 9 月发布的《关于完善人民检察院司法责任制的若干意见》，将需承担司法责任的主观过错限定为故意或重大过失，〔4〕是对“客观归罪”的错案责任追究模式的纠正。

一旦所办案件被认定为“错案”，承办检察官就可能受到多种不利影响。《检察人员执法过错责任追究条例》规定了多种责任追究方式：轻者批评教育，包括“责令检查、诫勉谈话、通报批评、到上级人民检察院检讨责任”；严重的要受到组织处理，包括“暂停执行职务、调离执法岗位、延期晋级晋职、责令辞职、免职、调离检察机关、辞退”；更严重的要受到纪律处分甚至刑事处理，“执法过错构成违纪的，应当依照检察纪律的规定给予纪律处分；构成犯罪的，应当依法追究刑事责任”。〔5〕

从以上规定可知，检察机关起诉的案件，一旦被法院判决无罪，并被认定为错案的话，相关办案人员包括承担审核责任的领导，都要承担相应的责任，

〔1〕 最高人民检察院《检察人员执法过错责任追究条例》第 2 条。

〔2〕 李建明：《刑事错案的深层次原因——以检察环节为中心的分析》，载《中国法学》2007 年第 3 期。

〔3〕 吴宏耀：《诉讼认识论纲——以司法裁判中的事实认定为中心》，北京大学出版社 2008 年版，第 225 页。

〔4〕 最高人民检察院《关于完善人民检察院司法责任制的若干意见》（高检发〔2015〕10 号）第 33 条规定：“司法办案工作中虽有错案发生，但检察人员履行职责中尽到必要注意义务，没有故意或重大过失的，不承担司法责任。”

〔5〕 最高人民检察院《检察人员执法过错责任追究条例》第 4 条。

最严重的甚至要被追究刑事责任。近年来，一系列冤错案件引起社会舆论的极大反响，也给检察机关造成了很大压力。十八届四中全会通过的决定中更进一步强调，要实行办案质量终身负责制和错案责任倒查问责制，[1] 对于错案责任的追究将更加严厉。

（三）国家赔偿责任

国家赔偿包括行政赔偿和刑事赔偿。“刑事赔偿，是指行使侦查、检察、审判、监狱管理职权的机关及其工作人员在行使职权时，侵犯个人、法人和其他组织合法权益并造成损害，国家为此承担责任而加以赔偿的行为。”[2]与错案责任追究应当采取过错责任原则不同，刑事国家赔偿区分不同情形，分别采取了过错责任和无过错责任两种归责原则。对于违法拘留、刑讯逼供、殴打虐待、违法使用武器和警械造成伤亡等情形，办案人员故意违法的主观过错是办案机关承担国家赔偿责任的必要条件。而对于“无罪错捕”和“无罪错判”的案件，只要公民被错误羁押，无论办案人员是否具有故意或过失，办案机关均应承担国家赔偿责任。《中华人民共和国国家赔偿法》（以下简称《国家赔偿法》）规定：“对公民采取逮捕措施后决定撤销案件、不起诉或者判决宣告无罪的，作出逮捕决定的机关为赔偿义务机关。”[3]也就是说，检察机关批准或决定逮捕的被告人，一旦被法院判决无罪，作出逮捕决定的检察机关要承担国家赔偿责任。对于某些财政困难地区的检察院来说，这样一笔支出也是不小的负担。

三、被害方诉求的压力

（一）对一起典型案例的分析

首先介绍A市检察院办理的一起刑事二审抗诉典型案例。

2011年1月11日21时许，被告人卜某某与朋友到某歌厅唱歌。在歌厅门口，被害人陈某某将卜某某误认作自己的一个朋友，遂拍了一下卜某某头部，双方为此发生争执并厮打，卜某某被摔倒在地，陈某某骑在卜某某身上对其进行殴打，卜某某用随身携带的刀将陈某某的左大腿及左臀部扎伤，陈某某经抢救无效死亡。经鉴定，陈某某系被人以单面刃锐器致左大腿股动脉、股静脉断裂，股深动脉断裂后大失血休克死亡。2011年1月29日，卜某某到公安机关投案。

A市检察院以卜某某构成故意伤害罪向A市中级人民法院提起公诉。陈某

---

[1] 《中共中央关于全面推进依法治国若干重大问题的决定》，载《人民日报》2014年10月29日，第1版。

[2] 陈光中主编：《刑事诉讼法》，北京大学出版社、高等教育出版社2013年版，第489页。

[3] 《国家赔偿法》第21条第3款。

某的近亲属提出附带民事诉讼，要求卜某某赔偿医疗费、交通费、误工费、丧葬费、死亡赔偿金、被扶养人生活费等经济损失共计 95 万余元。一审法院以故意伤害罪判处卜某某无期徒刑，剥夺政治权利终身，附带民事诉讼判赔 15 万余元。

一审宣判后，被害人陈某某的父母找到检察院请求抗诉，并提交了书面刑事抗诉申请书。理由主要是：①一审判决罪名认定错误，卜某某应以故意杀人罪定罪；②卜某某不是自动投案，并列举了案卷材料中关于卜某某投案经过的一些细节矛盾；③被告人认罪态度不好，被告人及其家属没有悔意，未看望过被害人家属，而且没有赔偿诚意；④量刑过轻，应对被告人判处死刑。

承办人对法院判决和抗诉申请书审查后认为，故意伤害罪的定性没有问题；虽有细节矛盾，但可以认定卜某某投案的基本事实；虽然卜某某及其家属没有赔偿被害人家属，但一审判决被告人无期徒刑亦在法定范围之内，很难说属于量刑畸轻。

陈某某父母先后多次到 A 市检察院。陈父 62 岁，陈母 58 岁，二人均称身体有病，来访时随身带着药瓶，讲到激动处就突然犯病倒地不起，情绪非常激动，坚决要求抗诉，并要求判处被告人死刑。办案人和部门领导多次接访后，将情况向上级汇报。最终决定以被告人未赔偿被害人家属损失、悔罪表现不好、量刑畸轻为由提出抗诉。

本案结局：J 省检察院审查后认为抗诉不当，决定撤回抗诉。理由是：①被告人构成自首；②被告人家属与被害人家属就民事赔偿达成协议，被告人家属将双方协议约定的 28 万元赔偿款交到法院，证明被告人有赔偿意愿，一审判决无期徒刑，量刑在法定幅度内，并无不当。J 省检察院撤回抗诉后，被害人家属未再到访 A 市检察院。

这起案件是典型的因被害方施加的压力而提出抗诉的例子。分析被害人父母所提的刑事抗诉申请书，无论是对罪名的异议，还是对自首情节的质疑，最终指向的都是最后一条申请抗诉理由：加重量刑，判处被告人死刑。在 J 省检察院抗诉审查期间，被告人家属与被害人家属就民事赔偿达成协议，J 省检察院撤回抗诉后，被害人家属未再到访 A 市检察院，由此可以梳理出被害方请求抗诉的两大诉求：重判和索赔。

（二）对被害方诉求的数据分析

通过对 2014 年 A 市 23 个基层检察院的 62 份刑事二审抗诉书逐一进行审查、分析，对抗诉书载明被害方提出抗诉请求的案件进行汇总，并对其请求抗诉的理由进行梳理，可以印证被害方请求抗诉的两大诉求：重判和索赔。考虑到部分案件中被害方可能没有正式提出抗诉请求，但存在上访隐患；部分案件被害方提出了抗诉请求，但抗诉书中并未载明；同时，为了分析基层检察院提出抗诉时对被害方利益诉求的考量，对抗诉书中检察机关提出的抗诉理由也进行了相应分析（如表6）。

表6 2014年刑事二审抗诉理由分析之二

全部二审抗诉案件	被害方提出抗诉请求	重罪轻判	无罪判决不当	未赔偿未和解	已赔偿未和解
62件	11件	10件	1件	7件	1件
	其他对被害方利益的考量	重罪轻判	无罪判决不当	未退赔或未和解	其他上访压力
	10件	9件	1件	8件	3件

可以看出，被害方的抗诉请求一般集中在两个方面：一是量刑问题，被害方基于其受到被告人犯罪行为侵害的立场，往往会产生通过司法审判复仇的愿望，[1]唯恐司法机关放纵被告人，一般都会提出对被告人加重量刑的诉求。对A市检察院办理的命案进行考察时发现，基于“杀人偿命”的朴素思想，对于法院判处被告人无期或死缓的，被害方往往会要求改判死刑立即执行。我国民众有着较为普遍的重刑主义倾向，这在引起舆论普遍关注的药家鑫故意杀人案、李昌奎故意杀人案等事件中都有体现。即使被害方对罪名提出异议，往往也与可能判处的刑罚有关。二是赔偿问题，如果被告人及其家属对被害方一直没有赔偿或赔偿不能让被害方满意，被害方一般都会要求抗诉，加重被告人的刑罚，以此向被告人一方施加压力。如果双方达成和解协议，被害方收到较为满意的赔偿款，一般就不会再坚持要求重判被告人。事实上，请求检察机关抗诉已成为被害方向被告方施加压力、获取利益最大化的手段。

必须指出的是，本文无意指责被害方为了获取赔偿而请求抗诉的做法。被害人及其家属因受到犯罪的侵害而蒙受损失，理应获得一定赔偿。特别是在被害人因犯罪侵害而死亡的案件中，被害人家属受到精神和物质两方面的巨大损失，其心理创伤是金钱赔偿所难以弥补的，其尽可能地争取更多赔偿亦无可厚非。并且，如果被害方寄希望于刑事附带民事诉讼，则会面临赔偿范围窄、数额少、执行难等一系列问题，其需求难以满足。因此，司法实践中被害方往往

〔1〕 参见李奋飞：《刑事被害人的权利保护——以复仇愿望的实现为中心》，载《政法论坛》2013年第5期。

只能以与被告方谈判、和解的方式来获取赔偿。当被告方提出的赔偿数额不能满足其要求时，通过请求检察机关抗诉，要求对被告人判处重刑甚至死刑以向其施加压力，就成为必然的选择。这种压力施加给被告方的同时，也施加给了检察机关。实践中，检察机关如果拒绝了被害方的抗诉请求，被害方往往会采取到上级部门上访或通过媒体舆论炒作等更为激烈的方式，给检察机关造成巨大的信访维稳压力。

（三）被害方上访压力的产生路径

信访维稳压力大，已成为近些年基层部门的普遍共识。上文案例中，被害人父母到检察机关请求抗诉只是最普通的案例，方式也较为温和，尚在司法程序认可的范围之内。近年来，随着网络媒体的兴起和舆论关注度的提高，网络炒作或寻求媒体关注成为很多上访者的现实选择，如此，被害方的上访压力更有可能演化为影响更大的舆情风险。

《检察人员执法过错责任追究条例》中甚至明确规定，“检察人员在执法办案活动中不履行、不正确履行或放弃履行职责，造成……矛盾激化，引起涉检信访人多次上访、越级上访的”，应当追究执法过错责任。〔1〕《关于完善人民检察院司法责任制的若干意见》已将这一项从应当承担司法责任的情形中去除。〔2〕从某种意义上说，被害方上访比法院无罪判决给检察机关带来的压力更大。

四、法院与检察院的相互制约

（一）法院与检察院的制约关系

根据我国宪法的规定，人民法院、人民检察院和公安机关办理刑事案件时的关系，是“分工负责，互相配合，互相制约”的。〔3〕虽然检察机关是宪法确立的国家法律监督机关，在刑事诉讼中行使对侦查机关和审判机关的法律监督职权，但在实践中，法院同样可以对检察院产生制约作用。法院与检察院互为制约者和被制约者。一方面，检察院通过行使起诉权和法律监督权制约法院的诉讼活动。基于“控审分离、不告不理”的刑事诉讼原则，只有在检察院提起公诉后，法院才能启动对案件的审理；法院的审理范围要受到检察院起诉范围的制约，对于检察院未指控的被告人和犯罪事实，法院不能径行审判；对于法院审判活动中的违法情形，检察院有权提出纠正意见；检察院认为法院的判决、

〔1〕 最高人民检察院《检察人员执法过错责任追究条例》第8条。

〔2〕 最高人民检察院《关于完善人民检察院司法责任制的若干意见》（高检发〔2015〕10号）第35条。

〔3〕《宪法》第140条。

裁定确有错误时，有权提出抗诉，启动第二审程序对案件进行重新审判。另一方面，法院通过行使审判权制约检察院的诉讼活动。检察院作为公诉机关，其对犯罪的指控必须通过法院的裁判才能认定。如果依法应当认定被告人无罪，或认为证据不足，不能认定被告人有罪的，法院可以通过无罪判决对检察院的指控作出否定性评价；如果认为检察院起诉的罪名不能成立，被告人应当构成其他犯罪的，法院可以改变案件定性。“检、法关系本质上应当是一种制约关系而非配合关系。”〔1〕 这种相互制约的关系从表面看是审判权和公诉权的制约，但在实践中还与法院和检察院的内部业务考评存在现实的关联。

（二）业务考评体系的冲突与影响

前文已经论述过，对检察院的业务考评体系来说，法院作出无罪判决是负面性评价，而提出抗诉后上级法院改判或发回重审是正面评价。检察院要想在业务考评中取得好的分数和排名，需要尽量提升抗诉率和法院采纳抗诉意见数，并避免出现无罪判决。提出抗诉案件越多，并且上级法院改判或发回重审的越多，检察院的业务考评成绩就越出色；一旦出现无罪判决，特别是生效的无罪判决，检察院想在业务考评中争先创优就基本无望。

这种业务考评体系与法院系统的业务考评体系恰恰是冲突的。“在法院绩效考评体系中，改判发回重审为权数较大的负向评价指标，直接影响和决定着考评结果。”〔2〕法院要想在业务考评中提升绩效，一方面要尽量避免检察院提出抗诉，另一方面要尽可能地降低二审法院的改判和发回重审比率。检察院提出抗诉的案件越多，改判和发回重审比率上升的可能性就越大，法院的审判绩效就越堪忧。改判和发回重审比率不仅在很大程度上影响着法院的业务考评排名，也影响法官个人的考评。“绩效考核的结果又轻则影响法官的年终奖金、评优创先等问题，重则影响法官的声誉、形象以及今后的升迁问题，甚至在极端的情况下，考核结论可能决定着一个法官是否适合担任审判人员的问题。”〔3〕

法院与检察院这种相互制约的关系，使双方利益在现实中出现了关联。检察院通过抗诉行使审判监督职权的同时，必然会考虑到可能对法院和承办法官造成的影响，也不能不顾忌对方可能的反应。需要指出的是，虽然我国刑事案件的无罪判决率很低，但并不当然意味着检察院的起诉质量足够高。在当前的司法实践中，不少本应判决无罪的案件可能通过“疑罪从轻”、“疑罪从挂”、定

---

〔1〕 樊崇义主编：《刑事诉讼法学》，法律出版社 2013 年版，第 92 页。

〔2〕 江厚良：《绩效考评与刑事程序失灵：从现状到解决——以审判、检察业务绩效考评为中心的讨论》，载万鄂湘主编：《建设公平正义社会与刑事法律适用问题研究——全国法院第 24 届学术讨论会获奖论文集》（上册），人民法院出版社 2012 年版，第 300 页。

〔3〕 陈瑞华：《刑事诉讼的中国模式》，法律出版社 2010 年版，第 312 页。

罪免刑或撤回起诉等方式处理。[1]这使得检察院非常注重与法院的协调与配合。检察院审判监督力度的强化，可能破坏与法院的“互相配合”。这甚至导致部分基层检察院和法院在工作中达成一种默契：检察院不提出抗诉或少提出抗诉，法院也不对检察院起诉的案件作出无罪判决。这也导致部分基层检察院抗诉案件少，抗诉积极性不高，怠于履行法律监督职责等情况的出现。

五、上下级法院间的案件请示制度

（一）制度规范及实际办案中的滥用

上下级法院间的案件请示制度，是指下级法院就其审理的案件向上级法院请示，在得到上级法院的答复后再作出裁判的制度。我国并没有专门针对案件请示制度的立法，但这一制度在各级法院系统中长期存在，并获得了最高人民法院的认可和规范。1958 年，最高人民法院《关于改进请示解答工作的函》首次对上下级法院间的案件请示进行规范。1986 年，最高人民法院下发《关于报送请示案件应注意的问题的通知》，对高级人民法院报送最高人民法院内部请示的刑事案件范围进行了规范，要求“必须事实清楚，证据确凿”，请示的问题可以是案件的定罪、量刑问题。[2] 1995 年，最高人民法院下发《关于报送刑事请示案件的范围和应注意事项的通知》，对高级人民法院向最高人民法院报送请示案件的范围作了进一步限制。根据上述规定，各高级人民法院报送最高人民法院内部请示的刑事案件主要限于数种重大、疑难、复杂案件，且需事实清楚、证据确凿，主要解决的是法律适用问题。[3]

地方各级法院也就案件请示制度出台了各种规范，案件请示的范围与最高人民法院的规定基本一致。“一是只能就法律适用问题请示，而不能就事实问题请示；二是请示时必须已经做到事实清楚。报送请示案件的事实、证据问题由请示的法院负责。答复的法院对事实不负责任。事实不清、证据不足的案件不得报送请示。”[4]但在实践中，下级法院往往突破请示范围的规定，对一些事实和证据存在疑问、定罪量刑把握不准的案件，也向上级法院请示。形式上，除通过正式的报送请示程序请示，还有口头请示、电话请示、汇报请示等多种形式，这也在实践中产生了很多问题。

---

〔1〕 参见樊崇义、夏红：《无罪推定与刑事判决》，载《杭州师范学院学报（社会科学版）》2007 年第 5 期。

〔2〕 最高人民法院《关于报送请示案件应注意的问题的通知》[法（刑一）函〔1986〕20 号]。

〔3〕 最高人民法院《关于报送刑事请示案件的范围和应注意事项的通知》（法〔1995〕151 号）。

〔4〕 蒋惠岭：《论案件请示之诉讼化改造》，载《法律适用》2007 年第 8 期。

（二）下级法院向上请示的主要动因分析

首先，对于案情重大、疑难、复杂的案件或者审判中出现的新类型案件，下级法院在法律适用以及事实、证据的认定上把握不准，从而向上级法院请示。上级法院依照法律对所辖范围内的下级法院审判业务工作有监督指导的职权。[1] 对于新类型案件、定性上存在疑问的案件由上级法院答复、指导，可以统一解决法律适用问题，避免“同案不同判”。对于事实、证据的认定存在疑问的案件，虽然一般不属于案件请示的范围，但很多法院为避免办错案，也会向上级法院请示，而上级法院有时也会对此类案件予以答复、指导。

其次，对于社会影响大、舆论关注度高或当事人上访压力大的案件，下级法院为确保案件办理不出纰漏、不影响社会稳定，而向上级法院请示。一般来说，上级法院在法律适用和司法政策的把握上水平更高，在上访问题方面承受的压力也比基层法院要小。

再次，对于某些利害关系复杂、矛盾突出的案件，下级法院向上级法院请示。上级法院行政级别和政治地位更高，可以更好地平衡各种矛盾，排除非法干预，对下级法院依法办案给予有力的支持。

最后，对法院业务考评制度的影响。前文已经论述，案件改判和发回重审率是法院业务考评的一项重要内容，在业务考评体系中占有很高的权重，直接影响法院和法官个人的绩效考评。下级法院对把握不准的案件在判决前向上级法院先行请示，并遵照上级法院的指示作出判决，可以避免案件进入二审程序后被改判或发回重审。

（三）案件请示制度对正当程序的损害

1. 违反了审级独立原则

根据我国《宪法》和《人民法院组织法》的规定，上级法院对下级法院只存在审判工作上的监督关系，而非行政管理上的领导关系。根据《刑事诉讼法》的规定，上级法院对下级法院刑事审判工作的监督只能通过第二审程序、审判监督程序、死刑复核程序等法定诉讼程序进行。除此之外，上级法院无权干涉或影响下级法院对个案的审判工作，下级法院也不能像行政机关一样事先请示再行审判。“但在司法实践中由于疑案报请制度或者案件请示制度的存在，这种诉讼体制内的监督关系已经被异化为一种带有行政化的法律关系。”[2]

---

〔1〕 最高人民法院《关于规范上下级人民法院审判业务关系的若干意见》（法发〔2010〕61号）第1条。

〔2〕 王超：《刑事上诉制度的功能与构造》，中国人民公安大学出版社2008年版，第253~254页。

2. 事实上侵害了检察机关的抗诉权

检察机关的二审抗诉权是一种程序性请求权，可以直接启动第二审程序，但案件仍然要由上一级法院审判，才能作出实体性处理。上级法院对下级法院请示作出的处理意见，下级法院一般都会接受和遵从。下级法院作出一审判决后，即使检察院提出抗诉，案件进入二审程序，二审法院也不会轻易否定自己之前给出的意见，而往往会维持原判。“这种发生在上下级法院之间的内部沟通做法，直接架空了上诉和抗诉制度，导致两审终审制名存实亡，上下级法院之间也难以保持最起码的内部独立。”[1]两审终审制变成了事实上的一审终审制，侵害了检察机关的抗诉权，使检察机关的抗诉权失去了应有的监督效果。

3. 案件请示制度有悖于司法的亲历性

所谓司法亲历性，是指“司法人员应当亲身经历案件审理的全过程，直接接触和审查各种证据，特别是直接听取诉讼双方的主张、理由、依据和质辩，直接听取其他诉讼参与人的言词陈述，并对案件作出裁判，以实现司法公正。”[2]司法亲历性要求在刑事审判中坚持直接言词原则，排斥间接书面的审理方式。

审判者只有亲历审判全过程，才能正确地作出判决。在上下级法院的内部请示活动中，上级法院的法官虽然不是该案的审判人员，事实上却行使着审判权。上级法院在不经开庭审理、未亲历审判全过程的情况下，仅仅通过调阅案卷、接受下级法院的书面甚至口头汇报的方式而作出处理意见，其办案质量必然无法保证。特别是对于事实和证据存在疑问的案件，这种办案方式更不可取。当检察院提出抗诉、案件进入二审程序时，二审法官因为之前先入为主的印象，往往会陷入思维定式，难以发现案件存在的问题，更不会轻易否定自己之前作出的判断。

第四章　完善刑事二审抗诉制度的建议

一、转变刑事司法理念，严守检察官客观义务

在当前司法实践中，一些检察官还保持重打击犯罪、轻保障人权的传统司法理念，而忽视了对客观义务的承担。检察官必须要转变刑事司法理念，在办案中，既要注重收集定罪的证据，又要注重收集无罪的证据；既要注重收集加

〔1〕 陈瑞华：《刑事诉讼的中国模式》，法律出版社 2010 年版，第 313 页。

〔2〕 朱孝清：《司法的亲历性》，载《中外法学》2015 年第 4 期。

重被告人刑罚的证据，又要注重收集减轻被告人刑罚的证据；在证据审查方面，必须重视对非法证据的排除，对非法取证要态度坚决；出庭公诉时，不仅要发表从重量刑的意见，也要依法发表从轻、减轻量刑的意见。在抗诉工作中，只要法院判决确有错误，具有抗诉必要性，不论判决是否对被告人有利，均应提出抗诉；而如果法院判决没有错误，无论是依法应当作出的无罪判决，还是被害人提出抗诉请求要求加重刑罚，都不应再启动抗诉程序。

二、改革完善业务考评机制

对于检察院和法院的业务考评制度，学界多持反对的观点，甚至主张直接废除业务考评制度。〔1〕有的学者则主张废除法院的业务考评制度，改进检察院的业务考评制度。〔2〕本文认为，检察院和法院的业务考评制度实践中确有其合理性与必要性。基于上级检察院和法院领导、管理下级检察院、法院以及业务部门和检察官、法官的现实需要，业务考评制度目前还缺乏其他替代品。事实上，其他国家和地区的检察院、法院也存在类似的考评制度。〔3〕因此，更为现实的选择是在保留业务考评制度的基础上，改革完善业务考评机制。

具体而言，其一，应当注重司法规律，避免以简单的办案结果和数字来评价复杂的检察业务和审判业务，在定量考评的同时注重定性考评。其二，在考评结果的运用上要有所限制，不应将考评结果直接与检察官、法官的奖励或惩戒相关联，避免因为考评而导致司法办案缺乏客观理性。考评结果应主要用以把握检察工作和审判工作的状况，发现并改进不足。其三，要进一步改进考评项目和考评指标，使业务考评能够对检察工作和审判工作发挥正面的引导功能。

三、制定合理的错案认定标准

当前司法实践中，对于“错案”的认定标准尚未摆脱“客观归罪”的判定模式。只要法院判决无罪，并且排除法律和司法解释变更的原因，一般就会认为属于起诉错误，定性为“错案”。这种认定标准不符合司法规律。对于案件的事实认定和证据采信，不同的司法人员有着不同的认识是正常的，甚至对于法律的理解也可以存在分歧。在我国司法机关的现实中，法官的办案水平并不必然高于检察官，上级法院法官的水平也并不必然高于下级法院法官。这种简单地以法院的判断认定检察院的错误，以上级法院的判断认定下级法院的错误的

〔1〕 余国利、金涛：《部门博弈与司法公正——以检察机关绩效考核为中心》，载《西南政法大学学报》2010年第3期。

〔2〕 黄维智：《业务考评制度与刑事法治》，载《社会科学研究》2006年第2期。

〔3〕 参见龙宗智：《审判管理：功效、局限及界限把握》，载《法学研究》2011年第4期；王欣、黄永茂：《国外检察官考核考评制度之比较及启示》，载《江苏大学学报（社会科学版）》2013年第2期。

做法，不符合诉讼认识规律。对于错案的认定，应当限定在办案人员的故意为之和重大过失上，对于一般的认识分歧和办案瑕疵则不应评价为错案。

四、树立司法权威，正确对待维稳压力

司法机关越是不坚持司法的独立性而屈从于当事人的上访压力，在舆情压力面前让步，就越是缺乏权威。这种情况一旦有之则必须改变，社会和舆论应当尊重司法的权威。另外，还要改革信访制度，避免因信访、维稳而影响司法公正。

五、赋予被害方有限的刑事案件上诉权

我国现行法律没有赋予被害方对于刑事部分的上诉权，被害方只有在作为附带民事诉讼原告人时，才可以针对法院裁判中的附带民事诉讼部分提出上诉。对于应否赋予被害人一方刑事上诉权，理论上存在很大争议。考虑到我国法律承认被害人作为诉讼当事人一方的地位，本文赞同应该赋予被害方刑事上诉权的观点，[1] 但这种上诉权应当是有限度的。本文参考被害人提起刑事自诉的相关规定，建议作如下规定。

被害人及其法定代理人或近亲属不服地方各级人民法院一审判决的，自收到判决书后五日以内，有权请求人民检察院提出抗诉。人民检察院自收到被害人及其法定代理人或近亲属的请求后五日以内，应当作出是否抗诉的决定并且答复请求人。人民检察院决定不提出抗诉的，被害人及其法定代理人或近亲属有权在五日以内，向上一级人民法院提出上诉。人民法院收到被害人及其法定代理人或近亲属的上诉状后，认为上诉理由不成立的，可以不予受理或驳回上诉。被害人及其法定代理人或近亲属不向人民检察院提出抗诉请求而直接提出上诉的，人民法院不予受理。

如此规定，既赋予了被害方一定的上诉权，使其在检察院决定不抗诉后还有救济途径，也避免了被害方上诉与检察院抗诉的矛盾。上级法院对被害方的上诉有权决定不予受理或驳回上诉，也避免了被害方上诉权的滥用和上诉案件的大量增加。对被害方来说，检察机关抗诉不再是最后的救济手段，其向检察机关施加的上访压力会相应减小，检察机关也能够以更为客观公正的立场审查法院裁判，行使抗诉权。

六、扩大刑事附带民事诉讼赔偿范围，完善国家司法救助制度

未能获取足够的赔偿是刑事案件被害人一方坚持抗诉要求以及不断上访、

---

〔1〕 参见姜福先、张明磊：《论刑事公诉案件被害人的上诉权》，载《中国刑事法杂志》2005 年第 2 期；苗梅华：《论我国刑事诉讼被害人权利保护之现状及其完善》，载《黑龙江社会科学》2008 年第 3 期；万鄂湘、胡云红：《论刑事被害人诉讼权利和救济制度的完善》，载《人民司法》2012 年第 13 期。

“上网”的动因之一。依照我国现行法律的规定，刑事案件被害人因犯罪侵害所造成的损失，只能由被告人一方赔偿。具体途径在诉讼程序之内是通过刑事附带民事诉讼，诉讼程序之外是通过当事人双方的谈判、和解。然而，我国现行法律规定的刑事附带民事诉讼范围窄、赔偿少、执行难，被害方往往难以获取足够的赔偿；而当事人双方的谈判、和解又存在某些负面效果，有损社会公平。

具体的解决办法是：一方面，要扩大刑事附带民事诉讼的赔偿范围，将精神损害赔偿和死亡赔偿金纳入，并提高赔偿标准；另一方面要完善国家司法救助制度，扩大救助范围，对暴力犯罪的被害人及其近亲属进行国家救助。“从当今各国的刑事立法与司法实践来看，对于暴力犯罪被害人进行国家救助成为一种趋势。”〔1〕国家应当承担起对被害人的救助责任。我国的国家司法救助制度尚在起步阶段，对于被害人及其近亲属的救助存在很多限制。根据中央政法委等六部门的相关意见，被害人及其近亲属只有在案件无法侦破，或者加害人死亡或没有赔偿能力，或者受到犯罪侵害危及生命，亟须救治，且造成生活困难的情况下，才能提出国家司法救助申请。〔2〕本文认为，有必要扩大国家司法救助的范围，使暴力犯罪的被害人及其近亲属能够更顺畅地获得国家救助。如此必将有利于树立司法权威，维护社会公正，并提升公民对国家的信赖度。

七、废除上下级法院间的案件请示制度，完善案件提级管辖制度

多年来，法律实务界和学术界关于废除上下级法院间案件内部请示制度的呼声不断。〔3〕这一制度弊病太多，应当予以废除。下级法院应当依法独立行使审判职权，上级法院通过二审程序或审判监督程序对下级法院进行监督。对于适用法律方面的疑难问题，可以层报至最高人民法院，通过发布司法解释来解决。对于办案实践中出现的普遍性问题，上级法院可以对下级法院进行类案指导，但下级法院不能就具体个案向上级法院请示，上级法院也不能对下级法院具体个案的办理进行指示。

最高人民法院也已经认识到案件请示制度的弊端。2010年12月，最高人民法院发布《关于规范上下级人民法院审判业务关系的若干意见》，“试图以疑难和新类型案件的送审和提审制度代替上下级的内部请示制度，用以维护审级独立和救济审制度。但该文件没有明文禁止下级请示上级的做法，导致案件内部请示状况没有明显改变。”〔4〕

---

〔1〕 孙万怀：《死刑案件可以并需要和解吗？》，载《中国法学》2010年第1期。

〔2〕 中共中央政法委员会、财政部、最高人民法院、最高人民检察院、公安部、司法部《关于建立完善国家司法救助制度的意见（试行）》（中政委〔2014〕3号）。

〔3〕 参见陈光中主编：《刑事诉讼法》，北京大学出版社、高等教育出版社2013年版，第98页。

〔4〕 陈光中、龙宗智：《关于深化司法改革若干问题的思考》，载《中国法学》2013年第4期。

根据《刑事诉讼法》的规定："上级人民法院在必要的时候，可以审判下级人民法院管辖的第一审刑事案件；下级人民法院认为案情重大、复杂需要由上级人民法院审判的第一审刑事案件，可以请求移送上一级人民法院审判。"[1]这为建立重大案件的提级管辖制度提供了法律依据。最高人民法院在《人民法院第二个五年改革纲要（2004—2008）》和《关于全面深化人民法院改革的意见——人民法院第四个五年改革纲要（2014—2018）》中，都提出应完善提级管辖制度。以重大、疑难、复杂案件移送上级法院管辖制度，来代替上下级法院案件请示制度，可以妥善解决案件请示制度的一系列弊端，是以正当程序替代实际办案中的非正式程序。刑事诉讼法早已明确规定了这一制度，需要进一步明确具体的操作办法。

结 论

刑事二审抗诉是刑事诉讼的一项重要制度，是检察机关最重要的审判监督职权，具有重要的制度价值。然而，立法上的正式程序却在实践中受到多种程序外因素的影响，导致刑事二审抗诉在司法实践中出现偏差和异化，正式程序出现"失灵"的情况。本文通过对J省A市全市检察机关2012—2014年办理的抗诉案件数据进行汇总，分析了刑事二审抗诉在实际运行中的状况，对在立法规定的正式程序之外实际影响刑事二审抗诉运行的多种因素进行了探讨。

本文提出的影响刑事二审抗诉的五种因素中，业务考评制度的导向性影响反复出现。简单的数字考核、结果考核与司法规律之间存在天然的背离，考评结果排名与办案人员的实际利益相关联，可能导致办案人员背离司法客观中立，而转为以考评为导向。对于这种业务考评制度，我们必须加以改革、完善。在刑事二审抗诉职权的运用方面，有必要以检察官的客观义务来矫正业务考评导向给办案人员带来的负面影响，并可由此抵制无罪判决、被害方上访、舆情风险所带来的压力。检察官只要依法办案，没有故意或重大过失，就不应评价其"办错案"。要想让检察官严守客观公正原则，需去除内外部评价体系加于其身的各种压力，使其不因严守客观公正原则、严格遵循正当程序而利益受损。同时，为使刑事二审抗诉机制得以有效运行，亦需要进一步完善配套的法律制度。

正式程序的制度设计不能脱离司法实际，程序之外的多种因素深刻地影响着程序的运行。对此必须妥当地进行分析、研究，并积极完善程序的内外部机

---

[1] 2012年《刑事诉讼法》第23条。

制，使正当程序真正体现正当价值。

参考文献

一、著作类

1. 龙宗智:《检察官客观义务论》，法律出版社 2014 年版。

2. 林钰雄:《刑事诉讼法（上册·总论编）》，中国人民大学出版社 2005 年版。

3. 陈瑞华:《刑事诉讼中的问题与主义》，中国人民大学出版社 2013 年版。

4. 吴宏耀:《诉讼认识论纲——以司法裁判中的事实认定为中心》，北京大学出版社 2008 年版。

5. 陈光中主编:《刑事诉讼法》，北京大学出版社、高等教育出版社 2013 年版。

6. 樊崇义主编:《刑事诉讼法学》，法律出版社 2013 年版。

7. 陈瑞华:《刑事诉讼的中国模式》，法律出版社 2010 年版。

8. 王超:《刑事上诉制度的功能与构造》，中国人民公安大学出版社 2008 年版。

二、论文类

1. 郭松:《组织理性、程序理性与刑事司法绩效考评制度》，载《政法论坛》2013 年第 4 期。

2. 王新环:《定罪率与绩效考核》，载《人民检察》2003 年第 9 期。

3. 陈学权:《刑事错案的三重标准》，载《法学杂志》2005 年第 4 期。

4. 张保生、张晃榕:《检察业务考评与错案责任追究机制的完善》，载《中国刑事法杂志》2014 年第 4 期。

5. 李建明:《刑事错案的深层次原因——以检察环节为中心的分析》，载《中国法学》2007 年第 3 期。

6. 李奋飞:《刑事被害人的权利保护——以复仇愿望的实现为中心》，载《政法论坛》2013 年第 5 期。

7. 孙笑侠:《司法的政治力学——民众、媒体、为政者、当事人与司法官的关系分析》，载《中国法学》2011 年第 2 期。

8. 樊崇义、夏红:《无罪推定与刑事判决》，载《杭州师范学院学报（社会科学版）》2007 年第 5 期。

9. 蒋惠岭:《论案件请示之诉讼化改造》，载《法律适用》2007 年第 8 期。

10. 龙宗智、袁坚:《深化改革背景下对司法行政化的遏制》，载《法学研究》2014 年第 1 期。

11. 朱孝清:《司法的亲历性》，载《中外法学》2015 年第 4 期。

12. 余国利，金涛:《部门博弈与司法公正——以检察机关绩效考核为中心》，载《西南政法大学学报》2010 年第 3 期。

13. 黄维智:《业务考评制度与刑事法治》，载《社会科学研究》2006 年第 2 期。

14. 龙宗智：《审判管理：功效、局限及界限把握》，载《法学研究》2011 年第 4 期。

15. 王欣、黄永茂：《国外检察官考核考评制度之比较及启示》，载《江苏大学学报（社会科学版）》2013 年第 2 期。

16. 姜福先、张明磊：《论刑事公诉案件被害人的上诉权》，载《中国刑事法杂志》2005 年第 2 期。

17. 苗梅华：《论我国刑事诉讼被害人权利保护之现状及其完善》，载《黑龙江社会科学》2008 年第 3 期。

18. 万鄂湘、胡云红：《论刑事被害人诉讼权利和救济制度的完善》，载《人民司法》2012 年第 13 期。

19. 孙万怀：《死刑案件可以并需要和解吗?》，载《中国法学》2010 年第 1 期。

20. 陈光中、龙宗智：《关于深化司法改革若干问题的思考》，载《中国法学》2013 年第 4 期。

21. 江厚良：《绩效考评与刑事程序失灵：从现状到解决——以审判、检察业务绩效考评为中心的讨论》，载万鄂湘主编：《建设公平正义社会与刑事法律适用问题研究——全国法院第 24 届学术讨论会获奖论文集》（上册），人民法院出版社 2012 年版，第 300 页。

三、报纸类

1. 曹建明：《最高人民检察院工作报告——2015 年 3 月 12 日在第十二届全国人民代表大会第三次会议上》，载《检察日报》2015 年 3 月 21 日。

2. 袁春湘：《依法惩治刑事犯罪 守护国家法治生态》，载《人民法院报》2015 年 5 月 7 日。

3. 《中共中央关于全面推进依法治国若干重大问题的决定》，载《人民日报》2014 年 10 月 29 日。

4. 徐日丹：《通过专项检查活动促进公正廉洁执法——全国检察机关刑事审判法律监督专项检查活动取得显著成效》，载《检察日报》2010 年 2 月 2 日。

5. 陈仓：《上诉不如上访，上访不如上网?》，载《南方日报》2010 年 7 月 28 日。

2017 年

优秀学位论文

论涉外定牌加工（OEM）中商标侵权的认定

王延宇

摘　要

涉外定牌加工，是指由境外的委托人提供商标，境内的企业根据合同约定对产品进行加工并贴上委托人提供的商标，然后由境外委托人不经国内市场直接销往国外的经营活动。由于商标权具有地域性，一个商标在某国注册，并不影响其在他国获得注册。境外委托人提供的商标，由其在境外注册，但当我国境内存在相同或相近似的商标被其他人注册且加工方按照委托人的要求将其提供的商标用于同一种或类似商品时，是否构成商标侵权的问题，长久以来存在较大争议。本文即以此为论题并由此展开，通过商标侵权认定的一般理论和相关法律规定论述涉外定牌加工行为是否构成商标侵权。文章的正文分为四部分。

第一部分对涉外定牌加工行为的含义进行界定。对涉外定牌加工的概念分歧进行一定的梳理，并选定一种特定类型的涉外定牌加工行为作为本文的研究对象。在此基础上，认定涉外定牌加工行为的法律性质。

第二部分是对商标侵权法律规定及司法实务现状的梳

理，通过对认定商标侵权“一法一规一解释”的梳理为认定商标侵权寻找法律依据，并从现有司法案例入手，分析裁判结果呈现的规律性，并归纳出司法案例争议的焦点。根据司法案例的归纳，本文选定《商标法》第57条前两项规定的商标侵权作为本文研究的侵权类型。

第三部分是本文理论部分的论述，在内容上涉及商标法保护的对象、商标使用概念的界定、认定商标侵权的混淆理论。通过对以上内容的论述，本文试图找到认定此种类型的行为是否构成侵权在理论上的支撑点。

第四部分是对涉外定牌加工行为不构成侵害商标权的具体分析。分析的方法包括论证涉外定牌加工行为不是商标法意义上的商标使用，涉外定牌加工行为不会造成混淆可能性的发生，涉外定牌加工行为已经超越了国内商标保护的地域性范围，同时还论述了加工方未尽到注意义务时不应作为涉外定牌加工构成商标侵权的理由。

关键词：涉外定牌加工　商标侵权　商标使用　混淆可能性

引　言

定牌加工，又称OEM（Original Equipment Manufacturer），是加工制造企业按照委托方的要求，在其加工制造的产品贴上委托方要求的商标，[1] 并将所有产品交付委托方以赚取加工费用的贸易模式。本文中，涉外定牌加工特指委托方在国外、加工制造方在国内的情形。涉外定牌加工在各国贸易中普遍存在，但该行为是否会涉及商标侵权，在各国长期以来都有较大的争议。

由于商标权保护的地域性，倘若外国委托方拥有的商标只在其本国或商品销售国注册，而在我国境内存在与其商标相同或近似的商标权人，国内定牌加工企业生产的产品仅用于出口而不在国内市场销售，这种情况下是否构成商标侵权便值得关注。关于此问题，我国现行的商标法律法规包括《中华人民共和国商标法》（以下简称《商标法》）、《中华人民共和国商标法实施条例》（以下简称《商标法实施条例》）都没有给出明确规定，最高人民法院分别于2002年、2009年发布《关于审理商标民事纠纷案件适用法律若干问题的解释》（以下简称《商标纠纷司法解释》）、《关于当前经济形势下知识产权审判服务大局若干问题的意见》（以下简称《知识产权审判服务大局的意见》），也未对此作相

[1] 为论述之需要，除另有明确说明外，本文中“商标”一词不包括驰名商标，仅指普通商标。

应解释，因而产生法律上的空缺。

关于此类行为是否构成侵权，学术界和司法实务界也颇有争议。有的学者依据现行商标法律法规，严格按照认定商标侵权的法律规定认为此类行为在完全符合法律规定、会对国内商标权人造成损害时，应当被认定为商标侵权行为。持有构成侵权观点的学者，往往会从现行法律未对“双相同”条件下商标侵权作出需要造成混淆前提的规定去考虑。还有学者认为，国外商标权人的权利范围仅限于其注册的国家，其将加工行为委托给我国企业超越了其权利的范围，是对权利的滥用，因此应当视为构成侵权。与之相反，又有学者坚定地认为此类行为不能认定为侵权。理由在于，尽管现行商标法律法规未在法律条文中明确“混淆的可能性”在认定商标侵权时的作用及地位，但是从商标法的立法价值出发，结合商标所具有的功能，为了更好地保护商标权人的商标权，应当坚持混淆的发生是认定商标侵权的前提条件。只有在可能导致混淆的发生的情形下，才能认定行为的侵权属性。同时，还有学者从商标使用的角度去论证是否侵权，认为“商标使用”在商标法上具有特定的法律含义，而加工方在加工制造产品过程中贴附商标的行为仅仅是为了完成加工任务的行为，不能被认定为商标法上的商标使用，没有商标使用行为就不能认定构成侵权。总之，正是因为现有法律规定的不明确性，使得学界对此争论不休。

司法实务界此类纠纷也屡屡发生。笔者在中国裁判文书网及北大法宝数据库中对相关案例进行检索，将检索条件限定为：案件类型为“民事案件”，检索范围限定为“全文检索”，检索关键词为“定牌加工”“涉外”，文书类型为“判决书”，检索案由限定为“民事案由—知识产权与竞争纠纷—商标权属、侵权纠纷—侵害商标权纠纷”，去掉重复及不符合规定的判决后，最终有 81 份判决书符合要求，以这 81 份判决书为研究样本，通过分析不同法院对涉外定牌加工行为是否构成商标侵权的观点，对不同观点进行分类，归纳此类案件的争议焦点。笔者发现，不同法院对此类侵害商标权纠纷的判决存在较大的分歧。在有些案例中，法院基于商标的地域性保护原则，直接认定加工方行为构成侵权；在有些案例中，法院考虑“商标使用”的因素，通过对法律规定进行解释认定加工企业是否侵权，但判决结果也不尽相同。考虑到我国对外贸易的发展以及国内加工制造企业的经济利益，应尽快落实涉外定牌加工的法律制度建设。与此同时，学界也应对此问题加以研究探讨，从商标侵权理论、商标价值等方面进一步研究对商标权的保护。

本文在写作研究方法及论证思路上存在创新之处。笔者采用实证分析的方法，从案例分析出发而不仅仅局限于个案研究，对检索到的大量案例进行特征分析；通过总结归纳判决结果研究争议焦点，而又不仅仅局限于判决结果的侵权与不侵权，从而进一步分析认定侵权或不侵权背后的裁判理由。通过图表将判决结果形象地展现出来，抓住此类案件的争议焦点，以商标侵权理论为基础深入分析每一个争议焦点，试图找寻解决此类案件的办法。在论证逻辑上，首先选定本文的研究对象及研究范围，结合司法案例和法学理论的争议焦点，有序、全面地论证行为侵权的可能性，并一一予以确认和排除。

此类问题能否得到妥善解决，将直接影响我国对外贸易的进展，对我国很多企业的生产经营都有重大影响。基于此，涉外定牌加工商标侵权问题成为一个值得研究的课题。本文从涉外定牌加工行为的定性分析出发，以商标侵权相关理论为支撑，结合相关实务案例，明确涉外定牌加工商标权纠纷的争议焦点，试图找出此类侵权的认定标准，并提出解决该问题的对策与建议。

第一章　涉外定牌加工行为含义的界定

国外企业出于其国内生产成本的考虑，将产品委托给低成本国家的企业生产加工以获取更大的利润。涉外定牌加工就是上述生产经营模式之一，在这种模式中，会涉及加工方贴附国外委托企业提供的商标的环节，这一环节会有侵害国内商标权人商标权的可能。如何认定此种行为是否构成商标侵权，首先需要明晰此种行为的法律概念及法律属性，并选定本文研究的对象。

一、涉外定牌加工行为的概念梳理

定牌加工，在我国也被称作贴牌加工或贴牌生产，实质上是一家企业为其他企业生产加工产品的一种经营模式。在英语系国家被称作 OEM。有学者认为，定牌加工就是加工方根据委托方提出的要求对产品加工制造的经营模式，加工的内容包括将委托方指定的商标贴附在生产的产品之上，完成加工任务后将加工的所有产品都交还给委托方，委托方根据双方签订的合同向加工方支付费用。[1] 还有学者认为，定牌加工是指承揽人按照定做人的要求，将授权使用的商标贴附于其生产加工的产品上并将产品交付定做人，其实质是对承揽合同的履行。[2] 笔者认为，定牌加工是加工贸易的一种类型，是指一个企业迫于成本、公司经营战略等因素的考虑，将产品的加工生产过程委托给另一家企业，完成生产加工任务后再将产品交还给委托加工方，并由其负责产品销售的经营

〔1〕 浙江省高级人民法院课题组：《贴牌生产中商标侵权问题研究》，载《法律适用》2008 年第 4 期，第 65~70 页。

〔2〕 葛正英：《涉外贴牌加工企业的困境与出路》，载《中华商标》2015 年第 7 期，第 62~65 页。

模式。在这种生产经营模式中会存在两方主体，其中一方主体为加工方，另一方主体为定做方。

根据合同双方是否存在外国主体，可以将定牌加工分为国内定牌加工和涉外定牌加工。[1] 前者是指定牌加工的主体双方都是我国境内的企业，整个生产加工的过程只发生在国内两个企业之间。后者是指合同双方中的一方为国外企业，另一方为我国境内企业。在我国引起争议较多的情形是，国外企业作为定做方，而我国企业作为加工方。[2] 涉外定牌加工根据其委托人在国外是否享有商标权分为两种不同的类型：第一种情形下，委托人在国外享有商标权；第二种情形下，委托人在国外不享有商标权或者其权利具有瑕疵。

二、本文研究涉外定牌加工行为的类型选择

司法实务中最具争议的是情形一所指代的涉外定牌加工模式，也是本文所要研究的涉外定牌加工的类型，即针对同一种或类似商品的某一商标，委托人只在其本国或商品销售国享有商标权，而在我国也有依法注册的相同或近似商标的商标权人，国内加工方根据国外委托人的要求加工产品并将指定的商标贴附于产品之上，完成加工任务后产品全部由国外主体在其商标注册国销售，加工方依据合同约定获得一定的报酬。[3] 笔者认为，此种类型的涉外定牌加工行为应当符合以下特征：首先，国外委托人在其本国或商品销售国享有合法商标权。商标权的合法来源既包括国外委托人本身是注册商标的商标权人也包括其被授权使用该商标。其次，此商标在我国境内存在另一个合法的商标权利人，该主体在我国享有合法的商标权。再次，涉案商标应当与我国境内的商标相同或相近似，且涉案商品应当与我国核定使用商品类别属于同一或相类似的种类。最后，涉案的商品应当按照要求全部交予委托方并销往国外市场。[4] 以上四点是本文讨论的涉外定牌加工行为的类型特点。商标权的地域性使得商标可以在国内外分别属于不同主体，国外商标权人委托加工方在我国加工生产并贴附涉案商标，此行为发生地不在国外商标权人的权利范围内，恰恰落入我国商标权人的权利范围，由此引起了商标权的纠纷。本文以此类行为作为研究对象。

---

[1] 郑霄含：《定牌加工中的商标问题研究》，中国政法大学2011年硕士学位论文。

[2] 李亚莉、戴国琛：《中国涉外定牌加工的商标侵权认定》，载中华全国专利代理人协会编：《全面提升服务能力，建设知识产权强国——2015年中华全国专利代理人协会年会第六届知识产权论坛优秀论文集》（未刊），知识产权出版社2015年版，第173~186页。

[3] 本文仅对类型的定牌加工商标纠纷进行探讨，如无特殊说明，下文所指的涉外定牌加工行为均仅指此类型的定牌加工行为。

[4] 现实案例中出现的加工方生产的商品没有全部销往国外构成商标侵权的情形，不属于本文讨论的范畴。

三、涉外定牌加工行为的性质认定

明晰了本文所要研究的涉外定牌加工行为的概念后，接下来有必要对此行为的性质进行认定，不同的性质可能会在认定此种行为是否构成侵权时产生较大的差异。

关于涉外定牌加工行为的法律性质，学术界存在一定的争议。有一种观点认为，涉外定牌加工行为实质上是涉及贴附商标的加工承揽关系。[1] 根据《中华人民共和国合同法》（以下简称《合同法》）第251条[2]的规定，一般认为，承揽合同是一种以完成特定任务为标的的合同类型，合同一方主体根据另一方主体提出的要求，为其提供特定的加工定作服务，工作完成后向另一方交付工作的成果，同时获得相应的劳动报酬。[3] 还有学者将涉外定牌加工认定为一种买卖合同关系。[4] 根据《合同法》第130条[5]的规定，一般认为，买卖合同是以所有权转移为目的的合同，合同的一方主体将标的物的所有权转移给另一方主体，同时接受标的物的另一方主体向转让的一方主体支付购买标的物的对价。[6] 有学者认为，在涉外定牌加工经营模式中，国内加工企业完成合同约定的生产任务后，国外的委托企业会以某一价格购买该批产品，同时国内加工企业将所加工的产品交付国外委托企业，实现产品所有权的转移，因此加工企业与委托企业之间应当构成买卖合同关系。[7] 在此过程中，买卖双方具有密切的合作关系，即卖方的产品由买方委托加工。[8]

笔者认为，涉外定牌加工整个过程的行为模式符合我国《合同法》对承揽合同的规定，即定牌加工是一种有偿、双务的行为，国内加工方以其自己的人力、设备等资源独立完成合同约定的特定工作，其行为本质属于完成一定工作任务的行为。国外委托方就是承揽关系中的定作人，加工方就是承揽关系中的

---

〔1〕 钱江：《涉外贴牌生产（OEM）与商标权侵权》，载《浙江工业大学学报（社会科学版）》2008年第4期，第474~480页。

〔2〕《合同法》第251条规定："承揽合同是承揽人按照定作人的要求完成工作，交付工作成果，定作人给付报酬的合同。承揽包括加工、定作、修理、复制、测试、检验等工作。"

〔3〕 江平主编：《民法学》，中国政法大学出版社2011年版，第643页。

〔4〕 卓小苏：《涉外服装贴牌加工的商标侵权分析》，载《纺织导报》2011年第11期，第12~16页。

〔5〕《合同法》第130条规定："买卖合同是出卖人转移标的物的所有权于买受人，买受人支付价款的合同。"

〔6〕 江平主编：《民法学》，中国政法大学出版社2011年版，第623页。

〔7〕 陈心渠：《上海自贸区涉外贴牌加工商标侵权问题研究》，华南理工大学2015年硕士学位论文。

〔8〕 虽然文中多处使用"国外委托加工方""委托"等字样，但双方的法律关系并不是委托合同关系，而应当是承揽合同的关系。

承揽人，承揽人完成定作人交付的特定生产加工任务后将工作成果交付定作人，双方当事人之间构成法律上的承揽合同关系。在买卖合同中，标的物在买卖合同生效前，其所有权应完全归属于卖方，而在涉外定牌加工当中，委托人向定作人支付的价款是生产加工产品的劳务价款，并非产品价值的对价。在涉外定牌加工的过程中，加工方仅仅按照定作方的要求对产品进行加工，以完成一定的任务为目的，在此期间加工方不得随意对所加工的产品进行处置，不享有所加工产品的完整所有权，从此种意义上讲，将涉外定牌加工与买卖合同并不相符。

四、小结

本章作为文章的第一章节，内容上主要对涉外定牌加工行为的概念进行了界定，在此基础上，笔者选取司法实践中发生纠纷较多的、特定的一种涉外定牌加工类型作为本文研究的行为对象。在对其概念进行界定的基础上，又着重论述了涉外定牌加工行为的法律性质，不同性质的法律行为在下文认定是否可能构成侵害商标权时会有所区别。论述方法上，通过梳理国内学者的观点与相关法律的规定，并结合涉外定牌加工行为的行为特征，笔者认为涉外定牌加工行为在形式和实质上都符合承揽合同的特征，应当被认定为具有承揽合同的性质。

第二章　涉外定牌加工商标侵权法律规范及司法实务现状

商标侵权是商标法领域重要的问题之一，我国现有法律规范对此也进行了系统性的规定。而针对涉外定牌加工行为能否被认定为商标侵权，需要对现有法律规范进行一定的梳理，找到认定构成或不构成商标侵权的法律依据。近年来，涉外定牌加工侵害商标权纠纷案日益频发，对于此类案件，法院虽然有相对明显的不同判决，即认定构成侵权与认定不构成侵权两种观点，但是此类案件的争议焦点相对集中，法院判决的思路也越来越归于统一。本部分整理归纳司法案例的争议焦点，为后文论证找到合理的逻辑思路。根据司法案例的归纳及文章论述的需要，本章最后限定了所要研究的特定类型的商标侵权。

一、商标侵权法律规范梳理

我国现行法律规范中对商标侵权的规定主要体现为“一法一规一解释”。“一法”是指《商标法》，“一规”是指《商标法实施条例》，“一解释”是指《商标纠纷司法解释》。

我国现行《商标法》第 57 条[1]对各类商标侵权行为作了列举性规定，其中，第 1 项规定的是假冒注册商标的行为，即“双相同”情形下的商标侵权。第 2 项规定的是仿冒注册商标的行为，即“非双相同”情形下的商标侵权。第 3 项规定的是销售侵权商品的行为，销售侵权发生于商品流通领域。第 4 项规定的是商标标识侵权行为。注册商标的伪造或擅自制造以及销售的行为，也被该法所禁止。从理论上说，《商标法》所要保护的并不仅仅是商标标识本身，还包括商标标识背后的商誉。[2] 伪造、擅自制造以及销售以上标识也会对商标的商誉造成一定的损害。第 5 项规定的是反向假冒商标侵权类型。第 6 项规定的是帮助侵权的行为，属于商标间接侵权行为，此类行为是 2013 年《商标法》新增的类型。第 7 项是商标侵权的兜底行为，以应对商标侵权新情况的发生。

《商标法实施条例》第 75 条[3]对该法关于帮助侵权类型的细化，明确了帮助侵权的几种具体情形。第 76 条[4]明确了在相同或相类似的商品上将相同或相似的标识用作商品的名称或者装潢的行为属于仿冒侵权行为。

《商标纠纷司法解释》第 1 条[5]规定了三种类型的商标侵权行为，一是影

---

〔1〕《商标法》第 57 条规定：“有下列行为之一的，均属侵犯注册商标专用权：①未经商标注册人的许可，在同一种商品上使用与其注册商标相同的商标的；②未经商标注册人的许可，在同一种商品上使用与其注册商标近似的商标，或者在类似商品上使用与其注册商标相同或者近似的商标，容易导致混淆的；③销售侵犯注册商标专用权的商品的；④伪造、擅自制造他人注册商标标识或者销售伪造、擅自制造的注册商标标识的；⑤未经商标注册人同意，更换其注册商标并将该更换商标的商品又投入市场的；⑥故意为侵犯他人商标专用权行为提供便利条件，帮助他人实施侵犯商标专用权行为的；⑦给他人的注册商标专用权造成其他损害的。”

〔2〕杨叶璇：《商标权客体是商标所承载的商誉——兼谈对未注册驰名商标的保护》，载《中华商标》2007 年第 2 期，第 7~11 页。

〔3〕《商标法实施条例》第 75 条规定：“为侵犯他人商标专用权提供仓储、运输、邮寄、印制、隐匿、经营场所、网络商品交易平台等，属于商标法第 57 条第 6 项规定的提供便利条件。”

〔4〕《商标法实施条例》第 76 条规定：“在同一种商品或者类似商品上，将与他人注册商标相同或者近似的标志作为商品名称或者商品装潢使用，误导公众的，属于商标法第 57 条第 2 项规定的侵犯注册商标专用权的行为。”

〔5〕《最高人民法院关于审理商标民事纠纷案件适用法律若干问题的解释》第 1 条规定：“下列行为属于商标法第 52 条第 5 项规定的给他人注册商标专用权造成其他损害的行为：①将与他人注册商标相同或者相近似的文字作为企业的字号在相同或者类似商品上突出使用，容易使相关公众产生误认的；②复制、摹仿、翻译他人注册的驰名商标或其主要部分在不相同或者不相类似商品上作为商标使用，误导公众，致使该驰名商标注册人的利益可能受到损害的；③将与他人注册商标相同或者相近似的文字注册为域名，并且通过该域名进行相关商品交易的电子商务，容易使相关公众产生误认的。”

射商标侵权行为。[1] 值得注意的是，这种作为企业字号的使用必须是突出的使用，如果不是，则根据《商标法》第 58 条[2]规定，应当依照反不正当竞争法处理。[3] 二是对驰名商标的保护。三是互联网领域的域名侵权行为。

除了上述“一法一规一解释”对商标侵权的认定有规定外，最高人民法院在 2009 年发布的《知识产权审判服务大局的意见》[4] 中强调，审理涉外定牌加工商标纠纷案件时，如果已被认定属于侵权的，对责任大小进行确认时需要将加工方是否尽到必要注意义务作为考量因素。

商标权区别于同属知识产权的著作权与专利权。著作权与专利权遵循受控行为理论，即在著作权与专利权的侵权立法例中，专有权利与直接侵权具有一一对应的关系，即享有专有权利的人有权阻止他人未经许可实施受专有权控制的行为。也正是基于这种关系，多数国家在著作权与专利权领域的立法并不一一列举直接侵权行为，而采用概括式的立法方式。相比之下，商标法领域的立法则多采取列举式的立法方式规定商标侵权行为，[5] 诸如我国 2001 年《商标法》第 52 条及 2013 年《商标法》第 57 条的规定。又如英国 1994 年《商标法》第 10 条[6]规定的商标侵权，①在贸易过程中如果使用……⑥本条前述条款均不禁止……或有害于商标的独特性质或声誉。又如欧洲共同体理事会《欧洲共同体理事会协调成员国商标立法 1988 年 12 月 21 日第一号指令》(以下简称《欧

---

〔1〕 钱翠华:《影射商标侵权行为的法律冲突与协调》，载《法学杂志》1997 年第 2 期，第 28 页。

〔2〕《商标法》第 58 条规定:“将他人注册商标、未注册的驰名商标作为企业名称中的字号使用，误导公众，构成不正当竞争行为的，依照《中华人民共和国反不正当竞争法》处理。”

〔3〕 王迁:《知识产权法教程》，中国人民大学出版社 2016 年版，第 510 页。

〔4〕 最高人民法院《知识产权审判服务大局的意见》第 18 条规定:“……妥善处理当前外贸‘贴牌加工’中多发的商标侵权纠纷，对于构成商标侵权的情形，应当结合加工方是否尽到必要的审查注意义务，合理确定侵权责任的承担。”

〔5〕 王迁:《知识产权法教程》，中国人民大学出版社 2016 年版，第 498~499 页。

〔6〕 法律原文如下：10. (1) A person infringes a registered trade mark if he uses in the course of trade a sign which is identical with the trade mark in relation to goods or services which are identical with those for which it is registered. (2) A person infringes a registered trade mark if he uses in the course of trade a sign where because… (6) Nothing in the preceding provisions of this section shall be construed as preventing the use of a registered trade mark by any person for the purpose of identifying goods or services as those of the proprietor or a licensee. But any such use otherwise than in accordance with honest practices in industrial or commercial matters shall be treated as infringing the registered trade mark if the use without due cause takes unfair advantage of, or is detrimental to, the distinctive character or repute of the trade mark.

共体商标一号指令》）第 5 条第 1 项[1]规定，商标所有人有权禁止他人未经同意在商业中使用：“（a）在相同商品或……（b）在类似商品或……”

二、司法案例归纳及分析

（一）案例统计情况

涉外定牌加工侵害商标权问题由来已久，由此引发的纠纷案件也频繁发生。但是由于法律上并未针对此类问题作出明确的规定，再加上国内外经济形势的不断变化，政策导向也在不断调整，因而不同时期的判决结果有所变化，不同地区法院之间的判决结果也有所不同。针对本文论题，笔者对中国裁判文书网（截至 2017 年 3 月 7 日）的相关案例进行了检索和梳理，检索条件限定为：案件类型为“民事案件”，检索范围限定为“全文检索”，检索关键词为“定牌加工”“涉外”，文书类型为“判决书”，检索案由限定为“民事案由—知识产权与竞争纠纷—商标权属、侵权纠纷—侵害商标权纠纷”，检索结果共 53 个。以同样的检索条件，将案由限定为“民事案由—知识产权与竞争纠纷—商标权属、侵权纠纷—确认不侵害商标权纠纷”得到的检索结果为 4 个。通过检索北大法宝司法案例数据库（截至 2017 年 3 月 7 日），将检索范围限定为“全文检索”，检索匹配方式为“精确”，检索关键词为“定牌加工”“涉外”，文书类型为“判决书”，案由限定为“侵害商标权纠纷”，检索结果共 84 个，其中典型案例 4 个、经典案例 8 个、法宝推荐案例 75 个。以同样的检索条件，将案由限定为“确认不侵害商标权纠纷”，得到的检索结果为 7 个。

通过对两个数据库检索结果的梳理，去掉重复及不符合涉外定牌加工侵害商标权类型的案例，符合要求的案例共 81 个，限于笔者检索技能及数据库收录案例的不完整性，实务中发生的案例数量应远大于 81。案例的具体信息详见文末附录：2005—2016 年涉外定牌加工侵害商标权纠纷法院判决统计情况。

在已统计的 81 个案例中，有 23 个案例作出侵权的判决，58 个案例作出不侵权的判决；2013 年《商标法》实施前作出的判决有 42 个，其中有 9 个作出侵权判决，有 33 个作出不侵权判决。实施后作出的判决有 39 个，其中有 14 个作出侵权判决，有 25 个作出不侵权判决。

---

[1] 《欧共体商标一号指令》第 5 条第 1 款规定：“商标赋予的权利：1. 注册商标赋予其所有人以独占权。所有人有权禁止任何第三人未经其同意，在商业中：（a）在与其注册的商品或服务相同的商品或服务上，使用与其商标相同的标记；（b）由于一标记与其商标相同或相似且商标和标记所覆盖的商品或服务相同或相似，如果在公众意识中存在包括同在先商标产生联想的可能在内的混淆的可能时，使用该标记。”黄晖译，载《中华商标》1999 年第 1 期，第 55~57 页。

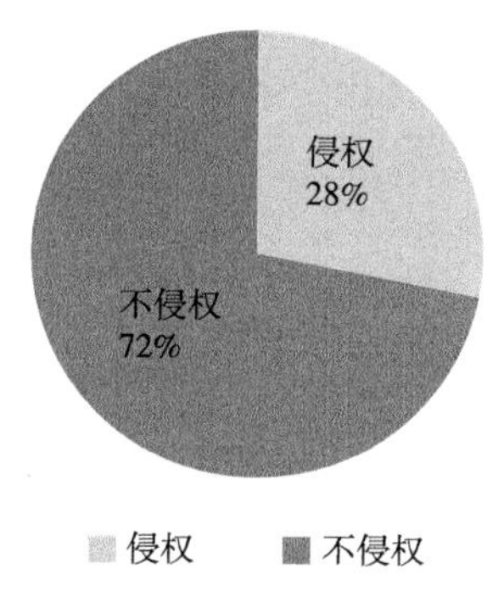

图 1　侵权与不侵权判决的比重

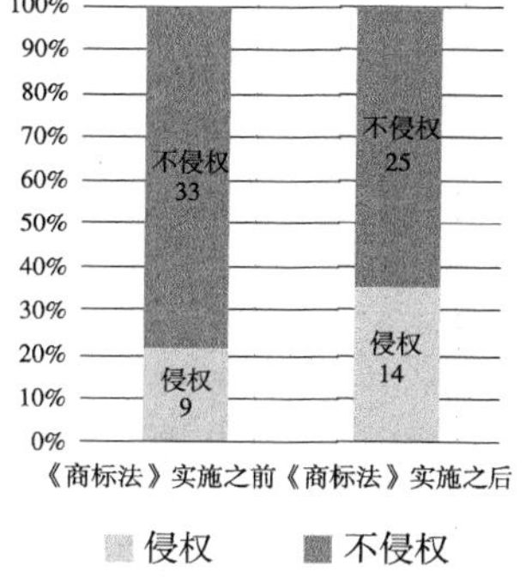

图 2　《商标法》实施前后法院判决情况

其中，在作出侵权判决的案例中，有 2 个案例法院以商标权的地域性为由认定涉外定牌加工行为构成侵害国内商标权，有 4 个案例在判决中指出加工方在涉外定牌加工中未尽到合理审查义务，有 17 个案例[1]法院认为现有法律并未对“相关公众”作地域上的限制，涉外定牌加工行为足以使相关公众产生混淆。在作出不构成侵权的案例中，有 21 个案例法院认为加工方对产品加工并贴附商标的行为有合法的授权，不具有使用的目的，不能被认定为商标法上的商标使用；有 24 个案例法院认为定牌加工的所有产品会销往国外，而国内的消费者没有可能在国内买到涉案产品，因而不会造成国内消费者对商品来源产生误认，不符合侵害商标权的必备条件；有 6 个案例法院认为被诉的行为不会对国内商标权利人造成实质损害；其余 7 个案例法院认为被控侵权商品与涉案商标核定使用商品功能用途并不类似，或被控侵权标识与国内公司商标不构成近似，相应的销售市场和消费群体也存在不同，不属于类似商品。

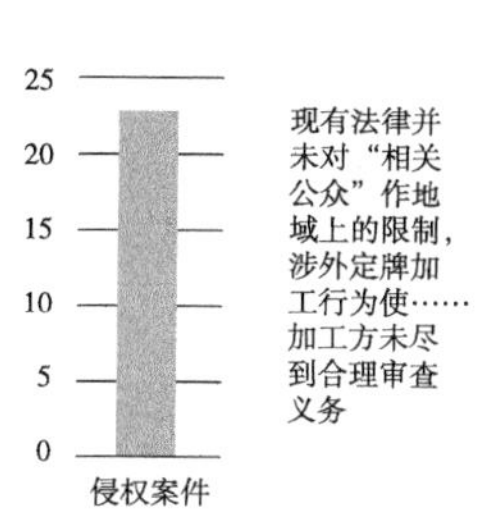

图 3　侵权案件判决的理由

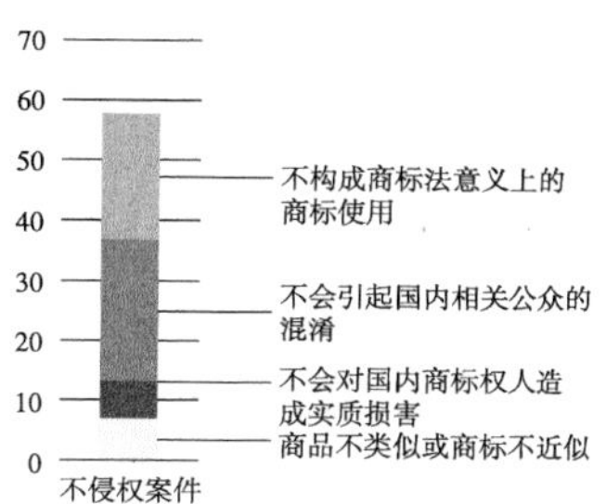

图 4　不侵权案件判决的理由

〔1〕 笔者将 9 个法院以“加工方的行为符合《商标法》第 57 条（修改前第 52 条）关于商标侵权的规定”的案例合并到“现有法律未对相关公众作地域限制并造成混淆”的情形中。因为这两种类型的判决理由实质上都是再强调涉外定牌加工行为能够造成混淆的发生。

（二）司法案例分析

由于2013年《商标法》对商标使用及商标侵权等条款进行了较大的修改，对认定商标侵权产生了较大的影响，因而这部分的论述以新《商标法》的实施为时间界限，对其颁布前后的案例进行分析。

1. 新《商标法》实施前的案例分析

该法实施前，各级法院在判决中往往借助商标侵权混淆理论，强调涉外定牌加工的产品不会在国内市场上市销售，消费者没有机会在国内买到该类产品，不可能引起混淆的发生，判决不构成侵权。北京市高级人民法院于2004年2月发布的《关于审理商标民事纠纷案件若干问题的解答》（以下简称2004年《北京市商标纠纷问题的解答》）[1]中，认为经过涉外定牌加工的产品不经国内市场直接出口不会造成消费者混淆，结合保护商标功能实现的考虑，不应认定构成侵权。2007年，福建省高级人民法院在“BOSS”上诉案[2]中认为，由于贴有涉案商标的服装只在国外市场流通，我国的消费者没有机会在国内直接买到贴有涉案商标“NEW BOSS COLLECTION”的服装，不可能对国内消费者造成混淆，缺少认定商标侵权的实质要件，因此，案件中定牌加工行为不构成侵权。同时，法院还指出根据一般侵权理论，损害事实的发生是侵权的必要条件，本案中被上诉人生产的服装不在国内流通，不会对上诉人和商标权人带来任何实质损害，因此被上诉人涉外定牌加工行为并未侵权。又如2009年上海“JOLIDA”上诉案[3]中，法院同样认为被上诉人接受国外委托人加工生产并贴附商标的产品全部出口至国外，消费者在我国境内不可能因为发生误认而买到该类产品，国内商标权人商标在我国境内仍然能够与其商品产生一一对应的关系，没有因此产生消费者的混淆。

与认定不构成侵害商标权的观点相反，在2005年“RBI”侵害商标权纠纷案[4]中，法院基于商标保护的地域性原则认定被告侵权，理由是被告虽然与国外定作方签订合同之前已经注意到了定作方在美国拥有商标专有权的事实，但考虑到被告定牌加工行为和交付定作产品的行为均发生在我国境内，因此应遵守我国商标法的约束。

北京市高级人民法院于2006年3月发布《关于审理商标民事纠纷案件若干

---

〔1〕2004年《北京市商标纠纷问题的解答》第13条规定：“……造成相关公众的混淆、误认是构成侵犯注册商标专用权的前提。贴牌加工是基于有权使用商标的人的明确委托，并且受委托贴牌加工的商品不在我国境内销售，不可能造成相关公众的混淆、误认，不应当认定构成侵权。”

〔2〕参见福建省高级人民法院（2007）闽民终字第459号判决书。

〔3〕参见上海市高级人民法院（2009）沪高民三（知）终字第65号判决书。

〔4〕参见浙江省宁波市中级人民法院（2005）甬民二初字第232号判决书。

问题的解答》（以下简称2006年《北京市商标纠纷问题的解答》）[1] 删除了2004年《北京市商标纠纷问题的解答》第13条的规定，强调定牌加工方的审查义务，未尽到审查国外委托人是否在我国享有商标权义务的，应与该委托人共同承担侵权责任。2009年4月，最高人民法院在《知识产权审判服务大局的意见》[2] 中规定，法院审理涉外定牌加工的纠纷案件，如果已经被认定为商标侵权，确定侵权责任承担时必须考虑加工方是否尽到了合理注意义务。例如：在某经贸发展有限公司与某进出口有限公司等侵害商标权纠纷案[3]中，法院认为被告A公司未尽到必要的审查义务，在未经国外商标权人合法授权的情形下仍然从事出口代理活动，构成侵害国内商标权人商标专用权，应与被告B公司承担连带责任。

可见，在2013年《商标法》修订之前的涉外定牌加工商标侵权司法实务中，存在认定构成侵权与不构成侵权截然对立的两种观点。构成侵权的案例中，法院多从被告方的行为符合现有法律关于认定商标侵权的规定出发，同时认为被告没有在涉外定牌加工过程中尽到合理的审查义务，因而认定其行为构成商标法规定的商标侵权。判决不构成侵权的案例中，法院从被诉行为是否破坏国内注册商标的识别功能出发，从而不能认定侵害商标权。值得注意的是，在“JOLIDA”案[4]中，法院认为没有破坏商标的识别作用的行为难以被认定成商标侵权行为，在加工生产的过程中，形式上由加工方将涉案商标贴附于特定的商品上，但其实加工方是在获得境外定作方的合法授权后，按照合同的约定进行加工及贴附行为，涉案商标的实际使用人应当是境外定作方。此案的判决涉及了加工方的行为可否被认定为使用商标的论述。

2. 新《商标法》实施后的案例分析

经过2013年8月修订的《商标法》于2014年5月1日正式实施，新《商

---

[1] 2006年《北京市商标纠纷问题的解答》第21条规定：“承揽加工带有他人注册商标的商品是否构成商标侵权？承揽加工带有他人注册商标的商品的，承揽人应当对定作人是否享有注册商标专用权进行审查。未尽到注意义务加工侵犯注册商标专用权的商品的，承揽人与定作人构成共同侵权，应当与定作人共同承担损害赔偿等责任。承揽人不知道是侵犯注册商标专用权的商品，并能够提供定作人及其商标权利证明的，不承担损害赔偿责任。”

[2] 最高人民法院《知识产权审判服务大局的意见》第18条规定：“……妥善处理当前外贸‘贴牌加工’中多发的商标侵权纠纷，对于构成商标侵权的情形，应当结合加工方是否尽到必要的审查注意义务，合理确定侵权责任的承担。”

[3] 参见上海市浦东新区人民法院（2011）浦民三（知）初字第634号判决书。

[4] 参见上海市高级人民法院（2009）沪高民三（知）终字第65号判决书。

标法》增加了有关“商标使用”的规定，[1] 除此之外，新《商标法》也对商标侵权行为进行了更为细致的规定。这在一定程度上弥补了我国商标法在涉外定牌加工商标侵权问题上的空白。

在2015年“ZAMP”侵害商标权纠纷案[2]中，法院认为，现有法律法规及司法解释尚无有关涉外定牌加工行为是否构成商标侵权的规定，司法判决中不宜将此行为一概认定为侵权或者不侵权，应根据具体案件并结合商标侵权理论加以判断。法院认为，商标的基本功能是帮助消费者识别商品的提供者，侵害商标权就是妨害商标识别功能的实现，使消费者购买商品时对商品的提供者产生误认而做出错误的选择。商标的识别功能在商标的使用行为中得以实现，加工方在产品上贴附商标的行为是得到国外委托人授权的，而国外委托人在国外享有商标的使用权，加工方不享有对加工产品的使用权及销售权，仅仅是完成合同中约定的加工任务。涉案产品贴附的商标在我国境内无法发挥识别商品提供者的作用，国内消费者在选购商品时不会因为误认而发生误选，对国内的商标权人在国内市场的经营亦不会带来实质性的损害，因而不宜认定为商标侵权。又如，2015年最高人民法院对“pretul”涉外定牌加工商标侵权案[3]作出再审判决，认定加工方的行为不构成侵权，将2013年《商标法》关于“商标使用”的规定落实到司法实务中。法院认为，在涉外定牌加工过程中，加工企业在委托加工产品上贴附的标志，不能起到识别该商品来源的功能，该标志作为产品的一部分不具有商标的属性。加工企业依据外国定作方的授权，在中国境内将商标贴附于指定商品上的行为仅仅是物理上的贴附行为，为国外定作方在其享有商标权的国家使用该商标提供了帮助，该行为不属于商标法意义上的商标使用。在2015年“东风”商标案[4]中，法院认为加工方明知上海柴油公司的“东风”商标为驰名商标，仍接受国外委托方的委托，在加工生产的产品上使用与“东风”商标相同的商标，没有尽到必要的注意义务，实质性地损害了上海柴油公司的利益，此行为构成商标侵权。在2016年澳柯玛公司与博鸿公司之间侵害商标权纠纷案[5]中，深圳市中级人民法院认为，被诉加工行为形式上虽由加工方实施，实质上却是加工方获得国外商标权人的授权而完成一定的加工任

〔1〕 2013年《商标法》第48条：“本法所称商标的使用，是指将商标用于商品、商品包装或者容器以及商品交易文书上，或者将商标用于广告宣传、展览以及其他商业活动中，用于识别商品来源的行为。”

〔2〕 参见天津市滨海新区人民法院（2015）滨民初字第0614号判决书。

〔3〕 参见最高人民法院（2014）民提字第38号判决书。

〔4〕 参见江苏省高级人民法院（2015）苏知民终字第00036号判决书。

〔5〕 参见深圳市中级人民法院（2016）粤03民终7603号判决书。

务。贴附涉案商标的行为没有造成对国内注册商标识别功能的破坏，该行为不能被认定为商标使用行为，同时，法院还认为加工方尽到了必要的审查义务，因而不能被认定为商标侵权。在 2016 年“DMACKGRIPPA”侵害商标权纠纷案[1]中，法院认为由于商标保护地域性的特点，标有涉案标识的商品没有出现在国内市场，在中国境内无法实现识别商品提供者的功能，故此行为不应被认定为我国《商标法》上的商标使用行为，不能被认定为侵犯商标权人的商标权。

与新《商标法》实施前法院的判决思路不同，在新《商标法》实施后法院认定涉外定牌加工是否构成商标侵权，更倾向于依据涉外定牌加工是否属于商标使用及是否造成混淆，在个案具体分析的基础上判决结果也更多见于认定不构成商标侵权。

综合以上分析，可见这类案件的争议焦点：其一，关于“商标使用”的认定以及“商标使用”在认定商标侵权中的作用；其二，是否将混淆理论作为认定商标侵权的构成要件，在 2013 年《商标法》修订以前的司法判决中，混淆可能性是法院判决理由的重要来源；其三，仅依据商标权“地域性原则”判定涉外定牌加工构成商标侵权是否理由充足；其四，加工方在涉外定牌加工过程中是否尽到必要审查义务能否作为认定是否侵权的理由。

三、本文研究商标侵权的类型选择

在我国商标法律规定中，存在几种不同类型的商标侵权行为，“包括使用侵权、销售侵权、标识侵权、反向假冒、帮助侵权”。[2] 其中《商标法》第 57 条第 1、2 项规定的是商标使用侵权类型，第 3 项规定的是销售侵权类型，第 4 项规定的是标识侵权类型，第 5 项规定的是反向假冒侵权，第 6 项规定的是帮助侵权类型。通过上一节对司法案例的归纳分析可知，实务中存在的侵权类型多为商标使用侵权，又由于使用侵权与其他类型的商标侵权在构成要件上有较大的差异，应分别讨论，限于篇幅，本文将商标侵权的研究范围限定为使用侵权，即本文所要研究的是涉外定牌加工是否构成商标使用侵权。[3]

四、小结

本章首先对涉及认定商标侵权的法律规范即“一法一规一解释”进行了梳理，同时还涉及国外法律对商标侵权的立法例。其次，对本文所统计的案例进行归纳总结，并以新《商标法》的实施为时间界限对我国司法案例进行了梳理。从案例的判决结果可以看出，在新《商标法》的实施前，判决结果处于不断变

---

〔1〕 参见山东省高级人民法院（2016）鲁民终 1280 号判决书。

〔2〕 申璞：《涉外贴牌加工商标侵权问题研究》，中国政法大学 2016 年硕士学位论文。

〔3〕 如无特殊说明，本文所提商标侵权仅指《商标法》第 57 条第 1、2 项所规定的使用侵权类型。

化之中，根据法院判决时的裁判理由可大致分为三个阶段，再加上新《商标法》实施后的法院判决，此类商标纠纷案件共经历了四个阶段。每个阶段法院的判决都具有很强的倾向性，具体情形见表1。最后，结合商标法关于商标侵权的规定以及实务中经常出现的商标侵权纠纷的类型，笔者将商标使用侵权作为文章所要研究的商标侵权的类型。

表1　涉外定牌加工侵害商标权纠纷案的四个阶段

阶　段	时　间	判决依据	判决结果倾向性
第一阶段	北京市高级人民法院发布的2006年《北京市商标纠纷问题的解答》前（此阶段北京市高级人民法院于2004年发布《北京市商标纠纷问题的解答》）	法院在实务判决中往往借助商标侵权混淆理论，强调涉外定牌加工的产品不在国内流通，不可能对相关公众造成混淆。	不侵权
第二阶段	2006年3月至2009年4月最高人民法院发布《知识产权审判服务大局的意见》	1. 强调加工方的审查义务，未尽到审查国外定作人是否在国内享有商标专有权义务的，则应和定作人共同承担侵权责任。 2. 但此后由于类似纠纷越来越多，判决被告侵权使定牌加工企业的利益损失过大，有违司法公平，我国大量地方法院开始考虑利益平衡，逐渐重新认定不侵权。	侵权、不侵权
第三阶段	2009年4月至2014年5月新《商标法》实施前	1. 在“双相同”的情形下，除非构成正当使用，否则在认定构成侵权时不需要考虑混淆因素。 2. 法院强调要妥善处理当前涉外定牌加工侵害商标权纠纷案，在构成侵权的情况下，确认责任承担时要考虑加工方的审查义务。	侵权

续表

阶　段	时　间	判决依据	判决结果倾向性
第四阶段	新《商标法》实施后	法院强调加工方涉外定牌加工行为不属于商标法意义上的商标使用，不会使相关公众在购买商品时产生混淆。	不侵权

从上述表格的归纳可以看出，法院在第一阶段判决时的依据主要是此种类型的行为不可能导致混淆结果的发生，因此，法院更倾向于认定该行为不构成侵权；第二阶段又可分为两个小阶段，在前一阶段，也就是北京市高级人民法院发布2006年《北京市商标纠纷问题的解答》伊始，许多法院更加倾向于在判决中强调加工方的审查义务，认定侵权的判决逐渐占主流，在后一小阶段，随着此类纠纷案件的数量逐渐增多，法院开始重新审视各方利益的平衡，法院判决又开始向认定不构成侵权一方倾斜；第三阶段，随着《知识产权审判服务大局的意见》的出台，法院又认定此类行为构成侵权；第四阶段，新《商标法》实施，明确了关于商标使用的规定，为法院认定此类行为不侵权提供了新的法律依据。

第三章　涉外定牌加工商标侵权理论基础检视

认定某一行为是否构成商标侵权的逻辑思路，应当是探讨此种行为是否符合《商标法》中构成侵害商标权的要件。符合构成要件的行为应当被认定为商标侵权；反之，则不能。从理论上讲，商标侵权的构成要件是各种类型商标侵权行为所具有的共同特征，也是对商标侵权理论的直接体现，而商标侵权理论则是整个商标法律制度最为核心的内容。本章拟通过对商标法保护的对象、商标使用概念以及混淆理论的论述，为认定涉外定牌加工是否构成侵害商标权提供理论上的支持。

一、商标法保护的对象

认定涉外定牌加工行为是否构成侵害商标权，除了本文第一章对此类行为的概念及性质的分析外，在此基础上还应明确《商标法》保护的对象及认定商标侵权的具体规定。进一步来说，首先需要明确《商标法》保护商标权的价值观，即商标法保护的对象；然后再探讨《商标法》的方法论，即认定商标侵权的具体方式。

《商标法》保护的对象，是标志本身还是使用注册商标的商品，抑或二者之和？我们可以从商标的功能中找寻答案。有学者认为，商标的功能是使消费者通过商标将相同类型或者相似的商品区别开来，使生产者与其生产的产品相互关联，有助于提升生产者的责任意识，也有利于消费者对所选购商品质量的监督。[1] 还有学者认为，商标具有标明商品的提供者、保证商品的质量、促进广告宣传商品的功能，可以指导消费者选购商品。[2] 有学者对商标的功能做了更深入的分析，将商标的功能区分为基本功能和延伸功能，前者包括识别功能、品质保障功能；后者是在前者的基础上形成的，包括企业形象宣传功能、企业无形资产功能。[3] 通过梳理上述学者的论断可以得出，商标的基本功能应当是帮助消费者区分商品或服务提供者，即商标的识别功能；再者就是可以保证使用相同商标的商品具有相同质量，即质量保证功能；其他功能都是在此基础上衍生的。

分析商标的功能可以得出，商标不仅具有识别商品提供者的功能，还有保证质量一致性的功能。我国《商标法》的立法目的包含了保护商标专用权、保证商品和服务质量、维护商标信誉的内容。[4] 根据《商标法》的立法目的可知，我国《商标法》不但保护注册商标本身亦保护商标下的商品，但《商标法》的最终目的并不仅仅是保护注册商标或商品，而是通过保护商标及商品来保护商标与商品的关联性，保护商标背后所承载的商家的商誉，从而保障商标基本功能的实现。归根结底，商标所反映的是商品与提供者之间的关联，这种关系是通过商标的使用而逐渐在商标与商品之间形成并加深的，使相关公众将所使用的商标与商品联系在一起。[5] 商标与商品的关联性是商标侵权理论的核心，也是商标法保护商标权的主要依据。有学者认为，商标的价值在于商品的生产者为了让自己的商品看起来与众不同，便于消费者产生印象，以便与其他的商品相区别。[6]

---

〔1〕 黄勤南主编：《新编知识产权法教程》，中国政法大学出版社 1995 年版，第 50 页。

〔2〕 吴汉东、刘剑文主编：《知识产权法学》，北京大学出版社 2002 年版，第 232 页。

〔3〕 郭庆存主编：《知识产权法》，上海人民出版社 2002 年版，第 449 页。

〔4〕《商标法》第 1 条规定："为了加强商标管理，保护商标专用权，促使生产、经营者保证商品和服务质量，维护商标信誉，以保障消费者和生产、经营者的利益，促进社会主义市场经济的发展，特制定本法。"

〔5〕 杨叶璇：《商标权客体是商标所承载的商誉——兼谈对未注册驰名商标的保护》，载《中华商标》2007 年第 2 期，第 7~11 页。

〔6〕 王迁：《知识产权法教程》，中国人民大学出版社 2016 年版，第 391~393 页。

综上，通过分析商标的功能可以得出，《商标法》不是单纯地保护商标和商品，而是通过对商标及商品的保护来加强商标与商品之间的对应关系，保障商标能够实现其存在的价值，进而维护商标背后的信誉。商标功能及价值的实现则有赖于商标使用，“商标使用”将在下文详细论述。

二、“商标使用”概念的界定

商标侵权行为，是指未经商标权人许可或者违反法律规定从事的使商标权人的商标专用权受到损害的违法行为。[1]《商标法》通过保护商标权以保障商标基本功能的实现，而商标基本功能的实现是在商标使用过程中完成的。商标权属于专有权利，具有排他性，不同主体对商标的使用效果不同，商标权利人通过使用商标实现其价值，而商标权利人以外的主体即非商标权利人，如未得到商标权人允许使用商标则构成对商标权的侵害。由此可知，行为人的行为若要构成商标侵权，首先必须满足此种行为是商标使用的行为，商标使用在商标法上具有重要的意义。

（一）“商标使用”的法律含义

商标使用，从字面含义可以理解为对商标的使用，而作为法律概念，可以将其理解为《商标法》意义上的使用商标的行为。2002 年《商标法实施条例》第 3 条[2]规定，将商标用于商业活动的行为属于商标使用，法条中并未要求商标使用需要有区分商品的不同提供者的目的。根据字面意思，未经权利人允许而在产品上贴附权利人商标的行为，也应当属于商标法中的商标使用，同时应注意的是此种使用商标的行为应限于商业活动。但有学者认为，界定商标使用的法律含义应当从法律规范的目的出发，因此，商标使用应当满足商标功能的实现，商标的基本功能是区分商品和服务的来源，只有商品或服务处于流通领域时才能发挥商标的识别功能。[3] 类似涉外定牌加工这类行为，考虑到商标保护的地域性原则，定牌加工的产品不进入国内市场，在国内根本就不存在区分商品来源的可能，故不属于商标使用。[4] 持有此种观点的学者认为，商标法意义上的商标使用是指以标识商品或服务来源为目的的使用，因而只有起到识别

---

〔1〕 冯晓青、杨利华主编：《知识产权法学》，中国大百科全书出版社 2005 年版，第 446 页。

〔2〕 2002 年《商标法实施条例》第 3 条规定：“商标法和本条例所称商标的使用，包括将商标用于商品、商品包装或者容器以及商品交易文书上，或者将商标用于广告宣传、展览以及其他商业活动中。”

〔3〕 张玉敏：《涉外“定牌加工”商标侵权纠纷的法律适用》，载《知识产权》2008 年第 4 期，第 70-74 页。

〔4〕 刘贵增：《涉外定牌加工商标使用与侵权的思考》，载《中华商标》2012 年第 10 期，第 21~24 页。

功能时才能被认定为是商标使用。[1] 2013 年《商标法》第 48 条[2]的规定即体现了商标使用的功能：一方面，对商标使用做出了清晰的界定，即识别商品或服务来源；另一方面，将商标使用的范围限定在商业活动中。[3] 值得注意的是，《商标法》第 48 条规定的“商业活动”不能仅仅指商品或服务已经进入市场的完成时态，如果仅仅指完成时态，则暂时放在库存中的假冒商标的商品就不能被认定为侵权商品，这显然是不符合立法本意的。因此，“商业活动”应当既包括已经进入市场流通并开始发挥识别作用的情况，又包括准备进入市场流通或计划进入市场流通发挥来源识别作用的情况。[4] 但无论商品已经进入流通领域还是计划进入流通领域，对商标的使用最终都发生在流通领域，而非流通之前的生产阶段，即商标的识别功能的实现是发生在商品的流通领域。商标权的地域性特征要求商品流通也应符合地域性的要求。

从《商标法》第 48 条对“商标使用”的定义可以看出，商标使用包含两方面内容：首先是商标使用在行为表现方面的内涵，即发生在商业活动中；其次是商标使用在功能特征方面的内涵，即起到识别商品来源的作用。[5] 两方面的内涵是相互联系的，即行为发生在商业活动中的目的是为了识别商品的来源，而识别商品来源功能的实现需要发生在商业活动中。

（二）“商标使用”行为的认定

“商标使用”作为商标法领域的核心概念，并未在现行《商标法》作系统的规定，只是零散地规定在不同条文之中，并且概念本身具有不同的内涵。关于商标使用的几个近似概念，分别是“商标的使用”[6]“商标法意义上的使用”[7]“商标性使用”[8]“注册商标专用权意义上的使用”[9]“商标的真实性使

---

〔1〕 王国浩、毛立国：《定牌加工商标侵权问题的梳理与探讨（上）》，载《中国知识产权报》2016 年 2 月刊，第 1~5 页。

〔2〕《商标法》第 48 条规定：“本法所称商标的使用，是指将商标用于商品、商品包装或者容器以及商品交易文书上，或者将商标用于广告宣传、展览以及其他商业活动中，用于识别商品来源的行为。”

〔3〕 顿明月、李明明：《涉外定牌加工中的商标侵权问题》，载《制冷与空调》2014 年第 7 期，第 89~92 页。

〔4〕 王国浩、毛立国：《定牌加工商标侵权问题的梳理与探讨（上）》，载《中国知识产权报》2016 年 2 月刊，第 1~5 页。

〔5〕 王莲峰：《论商标的使用及其认定——基于〈商标法〉第三次修改》，载《公民与法（法学）》2011 年第 3 期，第 5 页。

〔6〕 参见《商标法》第 48 条。

〔7〕 参见最高人民法院（2014）民提字第 38 号判决书。

〔8〕 参见江苏省高级人民法院（2011）苏知行终字第 4 号判决书。

〔9〕 参见北京市高级人民法院（2016）京行终 2844 号判决书。

用"[1] 等。《商标法》48条采用了"商标的使用"的表述，通过对比各个概念的含义，"商标的使用""商标使用""商标性使用""商标法意义上的使用"属同一含义。[2]

根据不同的标准，商标使用行为可被划分为不同的类型。依据使用行为是否符合法律规定，可以分为合法的商标使用和违法的商标使用；合法的商标使用又可以依据使用的目的不同划分为创设权利的使用与维持权利的使用。前者是指商标使用能够起到创设商标权的功能，如《商标法》第13条第2款[3]、第32条[4]、第59条第3款[5]规定的情形；后者如《商标法》第49条第2款[6]规定的情形，即商标权"撤三"制度。[7] 在不同国家的立法例中，商标权可由注册取得，也可由商标的使用取得。在我国，《商标法》规定相关主体通过商标注册程序取得商标权。[8] 创设权利的商标使用是商标法在商标注册制度之外为商标使用人提供特殊的保护。[9] 维持权利的商标使用是使用已注册的商标，此种使用更多的是考察商标注册人是否有使用商标的真实意图。

构成侵权的情形中存在着另一种类型的商标使用行为，属于对商标的违法使用，使用的主体是商标权利人以外的第三人，而且这种类型的商标使用与创设权利的商标使用、维持权利的商标使用在认定上有区别。有学者认为，构成

---

〔1〕 参见最高人民法院（2010）知行字第55号裁定书。

〔2〕 如无特殊说明，文中的"商标的使用"同"商标使用""商标性使用""商标法意义上的使用"具有同一内涵。

〔3〕《商标法》第13条第2款规定："就相同或者类似商品申请注册的商标是复制、摹仿或者翻译他人未在中国注册的驰名商标，容易导致混淆的，不予注册并禁止使用。"

〔4〕《商标法》第32条规定："申请商标注册不得损害他人现有的在先权利，也不得以不正当手段抢先注册他人已经使用并有一定影响的商标。"

〔5〕《商标法》第59条第3款规定："商标注册人申请商标注册前，他人已经在同一种商品或者类似商品上先于商标注册人使用与注册商标相同或者近似并有一定影响的商标的，注册商标专用权人无权禁止该使用人在原使用范围内继续使用该商标，但可以要求其附加适当区别标识。"

〔6〕《商标法》第49条第2款规定："注册商标成为其核定使用的商品的通用名称或者没有正当理由连续三年不使用的，任何单位或者个人可以向商标局申请撤销该注册商标。商标局应当自收到申请之日起九个月内做出决定。有特殊情况需要延长的，经国务院工商行政管理部门批准，可以延长三个月。"

〔7〕 曹佳音：《我国商标法中"商标使用"概念辨析——以贴牌加工为线索》，载《北方法学》2016年第2期，第27~39页。

〔8〕《商标法》第4条规定："自然人、法人或者其他组织在生产经营活动中，对其商品或者服务需要取得商标专用权的，应当向商标局申请商标注册。本法有关商品商标的规定，适用于服务商标。"

〔9〕《商标法》第15条规定："未经授权，代理人或者代表人以自己的名义将被代理人或者被代表人的商标进行注册，被代理人或者被代表人提出异议的，不予注册并禁止使用。就同一种商品或者类似商品申请注册的商标与他人在先使用的未注册商标相同或者近似，申请人与该他人具有前款规定以外的合同、业务往来关系或者其他关系而明知该他人商标存在，该他人提出异议的，不予注册。"

商标侵权的商标使用，更强调因使用带来的不利后果，是商标权利人以外的主体使用商标的行为。[1] 与之相对应，创设权利的商标使用与维持权利的商标使用都是对商标正面、积极的使用行为，主体是商标权利人，既关注商标使用的结果，也重视商标使用的状态。根据《商标法》关于侵害商标权的规定，构成商标侵权的行为除了需要符合上文论述的商标使用的一般要件，即用于商业活动中和起到识别商品来源的作用外，还应满足以下条件："将相同或近似商标用于同种或类似商品上。"[2] 商标侵权是对商标权人商标专用权的侵害。值得注意的是，《商标法》上的商标专用权既包括商标专有使用权，也包括商标禁用权、商标许可权、商标转让权等。《商标法》第 56 条是对商标专有使用权的规定，要求权利人只能将其注册的商标使用在申请注册商标时国家工商部门核定使用的商品上，所能够使用的商标也限定在申请商标注册时国家工商部门核准过的商品上。[3] 商标禁用权是指商标权人有权禁止他人一定行为的权利。[4]《商标法》第 57 条第 1、2 项规定，商标权人有权禁止他人假冒注册商标和仿冒注册商标的行为。侵害商标权即对商标专用权的侵害，因此侵害商标权的行也会侵害商标专有使用权能和商标禁用权能。而商标侵权又是一种违法的商标使用行为，因此商标侵权中的"商标使用"应限定在"双相同"和"非双相同"的情形下。

值得注意的是，《商标法》第 43 条[5]规定的是商标许可使用的内容，许可使用的情形是指，注册商标权利人为了更加充分地发挥商标的价值与他人签订商标许可使用合同，授权其他主体使用自己注册的商标，同时，被授权使用商标的主体需要向商标注册人给付一定的使用对价。根据合同约定的赋予被许可人使用商标权利的大小，可以将许可使用分为商标独占许可、商标排他许可及商标普通许可。[6] 根据该条法律的规定，商标许可使用需要满足以下特征：首

---

[1] 张今、郭斯伦：《电子商务中的商标使用及侵权责任研究》，知识产权出版社 2013 年版，第 24 页。

[2] 《商标法》第 57 条第 1、2 项规定的侵权类型。

[3] 《商标法》第 56 条规定："注册商标的专用权，以核准注册的商标和核定使用的商品为限。"

[4] 曹佳音：《我国商标法中"商标使用"概念辨析——以贴牌加工为线索》，载《北方法学》2016 年第 2 期，第 27~39 页。

[5] 《商标法》第 43 条规定："商标注册人可以通过签订商标使用许可合同，许可他人使用其注册商标。许可人应当监督被许可人使用其注册商标的商品质量。被许可人应当保证使用该注册商标的商品质量。经许可使用他人注册商标的，必须在使用该注册商标的商品上标明被许可人的名称和商品产地。许可他人使用其注册商标的，许可人应当将其商标使用许可报商标局备案，由商标局公告。商标使用许可未经备案不得对抗善意第三人。"

[6] 冯晓青主编：《知识产权法》，中国政法大学出版社 2015 年版，第 311 页。

先，商标许可人有义务监督被许可人使用该商标的商品的质量，这种义务是法律规定的。其次，被许可使用人在使用商标的过程中需要在相应商品上注明其自身的相关信息。再次，商标许可人将商标许可给其他主体使用需要履行备案登记手续，要求向商标局备案商标的实际使用情况。最后，通常情况下商标许可使用都是有偿的，被许可使用人需要在获得许可的同时向许可使用人支付使用费，即使用商标的对价。[1] 在涉外定牌加工中，国外商标权人授权国内加工企业在加工过程中使用其已在国外注册的商标的行为是否应当被认定为《商标法》第43条规定的商标许可使用行为呢？笔者认为，从形式上，国外商标权人授权国内加工企业的行为符合本条规定的商标许可使用，但实际上此行为并不能被认定为商标许可使用行为。首先，尽管在涉外定牌加工中定作方享有监督加工方所要加工产品质量的义务，但是这种义务并非法律强制要求的，而是定作方出于产品能够顺利销售的目的才去审查的。在商标许可使用中，许可人的监督义务是法律出于保护消费者的目的所强制加给许可人的，是为了保证使用同一商标的不同厂家生产的商品具有相同的质量。其次，许可人将其注册的商标许可使用给他人后，被许可使用人对使用该商标的商品具有完全的所有权，可以在商品的各个环节任意处置该商品；而在涉外定牌加工中，加工方仅仅是对商品进行生产并贴附商标，完成加工任务后需将商品交还于定作方，由定作方最终负责商品的销售，此过程不涉及商品的流通环节，仅仅是生产环节的一部分。最后，涉外定牌加工中，国外商标权人授权国内企业在加工生产中使用商标也无须履行备案程序，加工生产仅仅是双方合意的结果。综上可知，涉外定牌加工中的授权使用商标的行为不符合《商标法》第43条关于商标许可使用的规定，不能被认定为商标许可使用行为。

本文研究的是构成商标侵权的商标使用情形。在此情形下，为了将自己的商品与商标权人的商标建立起特定的联系，使消费者对商品的提供者发生误认，非商标权利人在“双相同”或“非双相同”的情形下使用商标，从而使已合法注册的商标无法发挥识别功能。法院审理侵害商标权纠纷案时需要独立地考察“商标使用”与“混淆的可能性”两个因素，但是二者之间存在一定的联系，即非商标权人未经商标权人的许可而使用商标，会造成选购此类商品的消费者对商品的来源产生误认。商标使用行为关注的是非商标权人是否将商标权人的商标用作识别商品来源的用途，而混淆关注的是商标使用对消费者造成的后果。只有通过商标使用才可能导致混淆的发生，但是非商标权人未经商标权人许可的商标使用却不一定会导致混淆的发生。因此，研究涉外定牌加工是否侵害商

---

〔1〕 冯晓青主编:《知识产权法》，中国政法大学出版社2015年版，第312页。

标权，需要首先考察行为是否属于商标使用行为，再去考察混淆的可能性。

三、认定商标侵权的混淆理论

商标的基本功能是区分不同经营者提供的商品或服务。当消费者对标有该商标的商品与其他主体提供的商品发生误认而作出错误选择时，就发生了混淆，防止混淆的发生是保护商标的出发点。防止发生混淆体现在商标权存在的全过程中：首先，在商标权取得的过程中，与已注册商标相同或近似的标志，再次提出申请注册的不得予以核准；其次，在对商标使用的保护上，强调商标使用的专有性，非商标权人未经许可不得将相同或近似的商标使用在同一种或类似商品上；最后，在转让已注册商标的过程中，如果转让后可能造成混淆的，商标局亦不得予以核准。[1] 换言之，无论是在商标注册过程中、商标使用过程中还是商标转让过程中，"可能导致混淆"都是划定商标权合理范围的依据，保护商标的核心就是为了避免混淆的发生。

（一）混淆的分类及混淆的可能性在法律中的规定

根据混淆发生的状态，可以分为实际混淆和可能混淆。前者是指混淆的结果已经发生，消费者因为对商品的提供者已经发生误认而选择了侵权商品；后者是指混淆还未发生，只是存在可能性，非商标权人对商标的使用有可能会导致消费者对商品的提供者发生误认从而错选商品。相比实际混淆，可能混淆更倾向于对商标权人的保护，考虑到知识产权侵权形态和结果的隐蔽性，绝大多数国家和地区的商标法都将可能混淆作为认定"仿冒注册商标"商标侵权的前提。[2] 例如，美国《兰哈姆法》第 32 条第 1 项 a[3] 规定，未获得注册人同意，在商业活动中使用商标，可能引起消费者混淆、误认的，被认定为商标侵权；[4]《欧共体商标一号指令》第 5 条[5]规定，商标权人有权禁止他人在类似商品上使用相同或相近似的商标并且可能会引起混淆的行为；《与贸易有关的知

---

〔1〕《商标法》第 42 条第 3 款规定："对容易导致混淆或者有其他不良影响的转让，商标局不予核准，书面通知申请人并说明理由。"

〔2〕王迁：《知识产权法教程》，中国人民大学出版社 2016 年版，第 499 页。

〔3〕《兰哈姆法》第 32 条第 1 项 a 法律原文如下：（1）Any person who shall, without the consent of the registrant—（a）use in commerce any reproduction, counterfeit, copy, or colorable imitation of a registered mark in connection with the sale, offering for sale, distribution, or advertising of any goods or services on or in connection with which such use is likely to cause confusion, or to cause mistake, or to deceive.

〔4〕王迁：《知识产权法教程》，中国人民大学出版社 2016 年版，第 500 页。

〔5〕《欧共体商标一号指令》第 5 条第 1 款规定："商标赋予的权利：1. 注册商标赋予其所有人以独占权。所有人有权禁止任何第三人未经其同意，在商业中：（b）由于一标记与其商标相同或相似且商标和标记所覆盖的商品或服务相同或相似，如果在公众意识中存在包括同在先商标产生联想的可能在内的混淆的可能时，使用该标记。"黄晖译，载《中华商标》1999 年第 1 期，第 55~57 页。

识产权协定》（以下简称“TRIPS 协议”）第 16 条第 1 款[1]规定，将与已经注册商标相同或近似的商标用在与被核定使用的商品相同或类似的商品上的贸易活动中，致使混淆可能发生的，才能够被认定为构成侵权。

我国商标立法关于商标侵权的规定也在不断变化之中。一直以来，我国的商标立法均未曾明确“混淆的可能性”在认定侵害商标权时的作用，尽管一些关于涉及侵害商标权纠纷的规范性文件中偶有提及混淆可能性的规定，如国家工商总局 1999 年《关于商标行政执法中若干问题的意见》（已失效）[2] 以及最高人民法院 2002 年《商标纠纷司法解释》[3] 规定，在认定近似商标和类似商品时，提出要以是否可能使得消费者产生混淆为标准。2009 年最高人民法院在《知识产权审判服务大局的意见》[4] 中规定，为了更好地发挥商标的市场价值，必须以市场混淆为指针，合理确定商标专用权的权利范围。2013 年修订的《商标法》第 57 条将原 2001 年《商标法》第 52 条第 1 项[5]规定的情形进行了拆分细化。值得注意的是，2013 年《商标法》关于混淆的可能性只规定第 57 条第 2 项，即“仿冒注册商标”情形，而对于“假冒注册商标”的情形并未要求混淆的可能性。《商标法》关于这一点的规定与《欧共体商标一号指令》、TRIPS 协议的标准一致。美国《兰哈姆法》对于在同一种商品上使用相同商标的情形

[1] TRIPS 协议第 16 条第 1 款法律原文如下：The owner of a registered trademark shall have the exclusive right to prevent all third parties not having the owner's consent from using in the course of trade identical or similar signs for goods or services which are identical or similar to those in respect of which the trademark is registered where such use would result in a likelihood of confusion. In case of the use of an identical sign for identical goods or services, a likelihood of confusion shall be presumed.

[2] 《国家工商行政管理局关于商标行政执法中若干问题的意见》第 5 条第 2 款规定：“近似商标是指两商标相比较，文字的字形、读音、含义，或者图形的构图及颜色，或者文字与图形的整体结构相似，易使消费者对商品或者服务的来源产生混淆。”

[3] 《最高人民法院关于审理商标民事纠纷案件适用法律若干问题的解释》第 11 条规定：“商标法第 52 条第 1 项规定的类似商品，是指在功能、用途、生产部门、销售渠道、消费对象等方面相同，或者相关公众一般认为其存在特定联系、容易造成混淆的商品。类似服务，是指在服务的目的、内容、方式、对象等方面相同，或者相关公众一般认为存在特定联系、容易造成混淆的服务。商品与服务类似，是指商品和服务之间存在特定联系，容易使相关公众混淆。”

[4] 最高人民法院《知识产权审判服务大局的意见》第 6 条规定：“……既以核定使用的商品和核准使用的商标为基础，加强商标专用权核心领域的保护，又以市场混淆为指针，合理划定商标权的排斥范围，确保经营者之间在商标的使用上保持清晰的边界，使自主品牌的创立和发展具有足够的法律空间……”

[5] 2001 年《商标法》第 52 条第 1 项规定：“未经商标注册人的许可，在同一种商品或者类似商品上使用与其注册商标相同或者近似的商标的。”

坚持将“可能导致混淆”作为认定侵害商标权的前提条件。[1]

（二）混淆的可能性应作为认定商标侵权的前提

关于发生混淆主体的范围，尽管《商标法》对此未做限制性要求，但是根据商标的功能，笔者认为发生混淆的主体的范围应当满足商标权的地域性限制，应当与商标识别功能相关联，如果消费者没有可能接触到贴有此商标的商品，自然不会对此种商品的来源产生混淆，因此，混淆的主体应限制在能够接触或购买该商品的相关消费者。如《商标法》第13条[2]关于驰名商标的规定时，便引入了“相关公众”的概念。

关于是否应当将混淆可能性作为判定“双相同”情形下商标侵权的必要条件，学者之间有不同观点。有观点认为，我国现行法律条文中并未规定“双相同”情形下只有引起消费者混淆时才能够认定商标侵权，因而不能将“发生混淆”作为认定此种情形下侵权的前提。[3] 另有学者认为《商标法》没有要求“双相同”情形下存在混淆，是因为立法者推定此种情形会导致消费者混淆。[4] 就如同TRIPS协议中规定在“双相同”情形下适用推定混淆原则，是法律对商标权人的一种倾斜保护，尽管没有要求混淆发生，并非不要求混淆发生就认定商标侵权，只是在“双相同”情形下直接推定发生混淆。[5] 当然，这种推定不意味着实际上混淆的发生，如果行为人能够证明没有发生混淆的可能性，此行为就不能被认定为侵权，这一观点在最高人民法院办公厅于2010年7月答复海关总署的复函中得到印证。[6]

识别功能是商标最基本的功能，商标的存在可以帮助人们仅仅依靠商标就

---

〔1〕《兰哈姆法》第1141条第1项a原文如下：（1）Any person who shall, without the consent of the registrant— (a) use in commerce any reproduction, counterfeit, copy, or colorable imitation of a registered mark in connection with the sale, offering for sale, distribution, or advertising of any goods or services on or in connection with which such use is likely to cause confusion, or to cause mistake, or to deceive.

〔2〕《商标法》第13条第1款规定：“为相关公众所熟知的商标，持有人认为其权利受到侵害时，可以依照本法规定请求驰名商标保护。”

〔3〕最高人民法院《知识产权审判服务大局的意见》第6条规定：“完善商标司法政策……未经商标注册人许可，在同一种商品上使用与其注册商标相同的商标的，除构成正当合理使用的情形外，认定侵权行为时不需要考虑混淆因素……”

〔4〕王迁：《知识产权法教程》，中国人民大学出版社2016年版，第500页。

〔5〕王迁：《论商标间接侵权》，载中国社会科学院知识产权中心、中国知识产权培训中心主编：《专利法、商标法修改专题研究》，知识产权出版社2009年版，第319页。

〔6〕最高人民法院办公厅《关于对〈“贴牌加工”出口产品是否构成侵权问题〉的复函》（法办〔2010〕350号）：“涉外定牌产品中产品所贴商标只在我国境外具有商品来源的识别意义，并不在国内市场发挥识别商品来源的功能，我国的相关公众在国内不可能接触到涉案产品，不会造成国内相关公众的混淆误认……此种情形不属于商标法第52条规定的侵犯注册商标专用权的行为。”

能在不同品质的同种商品中选择符合自己要求的商品。因此，识别功能的实现是商标存在的最大价值，保证商标可用于识别商品的来源，就是保护商标权人的商标。笔者认为，混淆情形的发生本质上就是对商标识别功能的破坏，就是对权利人的商标权的侵害，判定“双相同”情形下是否构成侵权时也应引入“混淆可能性原则”，应当将行为可能使消费者选购商品时发生混淆作为认定商标侵权的实质要件。

四、小结

本章节是对商标侵权理论的论述。作为提供理论支撑的章节，笔者试图通过结合法律规定与学术观点的分析方法剖析法条中的深层次内涵。首先关于商标法保护对象的论述，《商标法》保护的对象不仅仅是商标和商品本身，更应当包含商标背后所承载的信誉。关于使用行为的分析，笔者认为，可以从分析商标侵权行为的性质出发，商标侵权行为是非商标权人在未取得商标权人同意的情况下使用商标而损害商标权人的行为，商标侵权行为本质上是不合法的商标使用行为。因此，对商标使用的正确理解在认定加工方的加工行为是否侵害商标权时起到了关键作用。本章最后从法律规定及学说理论等方面介绍了认定侵害商标权的混淆理论。尽管“容易导致混淆”并未被法律作为“双相同”情形下认定商标侵权的前提，但其作为认定商标侵权的基础，对保证商标基本功能的实现具有至关重要的作用，根据商标法保护商标权的立法原意及其他国家和地区的立法规定，笔者认为即使在“双相同”情形下，“混淆的可能性”也应作为侵害商标权认定的前提，这符合对商标价值保护的基本要求。

第四章　涉外定牌加工不构成商标侵权的具体分析

对某一行为是否构成侵害商标权的判断应当是具体的，不应是原则性的。因此，在综合前三章的基础上，本章拟通过第二章总结归纳出的涉及涉外定牌加工商标侵权纠纷案例的争议焦点，并结合认定商标侵权的理论具体分析此类行为是否应被认定为侵害商标权。

一、涉外定牌加工行为不属于商标法意义上的商标使用

在我国商标法律法规中，规定商标权人需要通过完成注册程序获得商标权，但商标权的价值是通过对商标的使用得以实现的。商标使用作为《商标法》上的特定法律概念，具有特殊的含义。商标使用是为了实现商标功能的使用，既具有创设、维持商标权的积极功能，也具有通过赋予商标权人禁止第三人使用商标的权利的途径实现商标权的消极功能。

在涉外定牌加工中，存在这样的争议焦点：国内加工企业将国外定作方指定的商标贴附于加工产品之上的行为能否被认定为商标法意义上的商标使用？正如本文第三章所论述的，构成商标侵权的商标使用必须符合一定的条件：首先，使用行为的领域限定在商业活动中；其次，使用行为在功能效果上需要起到识别商品来源的作用；最后，使用行为在形式上需要用于同一种或类似的商品上。针对涉外定牌加工行为，首先，加工过程中贴附商标的行为发生在生产过程中，并不涉及商品的流通领域，不属于商业活动的阶段。其次，商标法上所指的商标应具有识别功能。如将涉外定牌加工行为认定为买卖合同，则加工方完成加工后出售产品的过程便出现在商业活动中，产品处于流通状态；将产品出卖给国外商标权人之前享有对产品的完整所有权，得到国外商标权人授权后，加工方贴附商标的目的便是为了将其生产的产品与其他产品区分开来，这一行为应当属于商标使用。但结合本文第一章对涉外定牌加工行为的定性，定牌加工行为符合承揽合同的属性，本质上属于以完成一定工作任务为目的的行为。[1] 在加工承揽合同中，定作方授权加工方在加工过程中将商标贴附于商品之上是为了完成定作方给定的任务，而非使所贴附的标志实现识别商品来源的功能。

通过以上两个方面的探讨，已经明确在涉外定牌加工中：一方面，贴附商标的过程并不属于商业活动，仅仅是生产的阶段。另一方面，加工中所要贴附的标志并不是真正意义上的商标，因为其不具有商标的属性，贴附商标的行为不能发挥识别商品提供者的作用，所以不能将此行为认定为商标法意义上的商标使用。同时，在加工生产的过程中存在定作方与加工方之间的商标许可使用关系，但根据第三章关于商标使用部分的分析，此种许可使用关系仅仅是一种临时性的使用，不能被认定为法律意义上的商标使用。因此，在涉外定牌加工过程中加工方的加工行为不能被认定成侵害商标权。

二、涉外定牌加工行为不会造成相关公众混淆

商标在商业活动中的价值体现在，消费者能够通过商标实现区分商品和服务的提供方。商标法的核心是为了保护商标专用权，实现商标的价值，维护商标背后的信誉，同时还要保护消费者的利益。前文已经强调，经涉外定牌加工完成的产品全部由定作人在其商标注册国销售，我国境内的消费者无法在国内购买这些产品，不会存在导致国内消费者混淆的情况发生。退一步讲，假设加工方故意或者过失使得这批产品中的部分流入国内市场，使得消费者有机会购

---

〔1〕 黄晖、冯超：《定牌加工商标侵权问题辨析》，载《电子知识产权》2013 年第 6 期，第 42～51 页。

买到这些产品，这当然侵害商标专用权，不过这和本文讨论的问题关联性不大。因为涉外定牌加工中，国外定作人和国内加工方签署的合同约定加工产品全部销往国外，国内加工方未按约定应承担违约责任，不属于涉外定牌加工的问题，而是合同违约问题。

虽然我国立法上并没有明确将“混淆可能性”作为“双相同”情形下商标侵权认定的必要条件，但正如前文的论述，将“容易导致混淆”作为认定商标侵权行为的必要条件，符合商标法保护商标识别功能的价值理念，有利于实现商标区分商品来源、保证贴有相同商标的商品具有相同质量的功能。因此，假如在客观上消费者没有对商品的来源产生混淆，那么当然不会存在侵权行为。〔1〕在涉外定牌加工中，国外企业出于成本和利润的考虑，委托我国境内的加工方进行定牌加工生产，双方在签订的合同中规定加工产品在完成加工生产后全部由国外的定作方销售到商标的注册国，我国境内市场不属于加工产品的目标销售市场，我国的消费者自始至终也不会在我国境内市场买到该定牌加工的产品，自然不也会产生对商品提供者的混淆情形。在此情形下，国内拥有相同商标的权利人的商品自始至终都不会受到影响，因而此类行为不能被认定成商标侵权。

三、涉外定牌加工行为超越了国内商标权的地域性保护范围

前文对“商标使用”及“混淆的可能性”的论述是正面地分析加工方行为是否构成商标侵权，换一种角度，也可以从商标权人权利覆盖范围去分析是否构成侵权。

一般认为，知识产权具有三大特征，包括专有性、时间性和地域性。〔2〕有学者认为，知识产权作为一种专有权，在空间上的效力是有限的，即受到地域性的限制，原则上权利的范围只限于本国国内。〔3〕正是由于商标权具有地域性的特征，所以存在这样的可能：针对某一标志，不同的国家或地区存在不同的商标权人，这些商标权人取得商标权的途径都是合法且正当的，都应受到本国或本地区法律的保护。本文所要研究的涉外定牌加工的类型恰恰是在我国及国外有不同的商标权利人，如果将加工方的行为认定为侵害商标权，就意味着承认国内商标权人有权禁止加工方的加工行为。尽管国外商标权人的商标权利无法覆盖到我国境内，但并不意味着国内商标权人当然地能够禁止其权利覆盖范

〔1〕张玉敏：《涉外“定牌加工”商标侵权纠纷的法律适用》，载《知识产权》2008 年第 4 期，第 70~74 页。

〔2〕冯晓青主编：《知识产权法》，中国政法大学出版社 2015 年版，第 11~12 页。

〔3〕吴汉东：《知识产权基本问题研究》，中国人民大学出版社 2009 年版，第 67 页。

围内的一切行为。国内商标权人是否有权禁止加工方的行为，一方面要探明商标权人的权利覆盖范围，另一方面也要考虑加工方加工行为本身的性质。在涉外定牌加工中，加工方的加工行为是得到国外商标权人合法授权后实施的，行为具有合法来源，自始至终都未曾给国内商标权人造成损害，其本质上是一种“无害行为”；而国外商标权人的授权行为并没有超出其权利的限制范围，同样属于一种“无害行为”。商标权作为民法上财产权的一种，商标侵权的行为也应符合认定侵害财产权的一般要件，在行为结果上没有损害的发生就不会被认定为构成侵权。[1] 国内商标权人商标权的地域性限制使得涉外定牌加工行为本身并未对国内商标权人的利益造成损害，不能被认定为侵害商标权。如果商标法赋予了国内商标权人禁止此种合法且无害行为的权利，显然有违商标法对商标权保护的初衷。

四、加工方未尽到注意义务不是涉外定牌加工构成商标侵权的条件

关于加工方审查义务，北京市高级人民法院在 2006 年《北京市商标纠纷问题的解答》[2] 中规定，定牌加工方未尽到审查义务的，则应和国外定作方共同承担侵害商标权的责任。最高人民法院在 2009 年《知识产权审判服务大局的意见》[3] 中强调，如果涉外定牌加工被认定为侵害商标权，确定责任大小的承担时，需要考虑加工方是否尽到合理的注意义务。但值得注意的是，2006 年《北京市商标纠纷问题的解答》中尽管规定了加工方未尽到审查义务构成共同侵权，但也应以定作方的行为被认定为侵害国内商标权人的商标权为前提，如果定作方的行为不能被认定为构成侵权，那么加工方即使没有履行审查义务也不能被认定为侵权。同样，《知识产权审判服务大局的意见》中规定的情形也只是在侵权已经成立的情形下，确定责任承担时应考虑的因素。此外，随着商标法的实施，混淆的可能性被作为认定构成商标侵权的必要条件，不能仅仅依靠加工方未尽到注意义务便认定其行为构成侵权。如果将涉外定牌加工构成侵权认定为《商标法》第 57 条第 6 项规定的帮助侵权的情形，是否就能够认定为侵权呢？笔者认

---

〔1〕 程啸：《侵权责任法》，法律出版社 2015 年版，第 208 页。

〔2〕 北京市高级人民法院 2006 年《北京市商标纠纷问题的解答》第 21 条：“承揽加工带有他人注册商标的商品是否构成商标侵权？承揽加工带有他人注册商标的商品的，承揽人应当对定作人是否享有注册商标专用权进行审查。未尽到注意义务加工侵犯注册商标专用权的商品的，承揽人与定作人构成共同侵权，应当与定作人共同承担损害赔偿等责任。承揽人不知道是侵犯注册商标专用权的商品，并能够提供定作人及其商标权利证明的，不承担损害赔偿责任。”

〔3〕 2009 年《知识产权审判服务大局的意见》第 18 条规定：“……妥善处理当前外贸‘贴牌加工’中多发的商标侵权纠纷，对于构成商标侵权的情形，应当结合加工方是否尽到必要的审查注意义务，合理确定侵权责任的承担。”

为，该项规定的帮助侵权是一种间接侵权，需要以侵权行为的存在为基础，正如前文所述，对于国内普通商标的商标权人，涉外定牌加工行为不会对其造成任何侵害，此过程中也未曾有混淆现象的发生，不能被认定为侵害商标权。因此，即使是考虑到帮助侵权的情形，加工方的行为也不能被认定为侵权行为。

在商标法实施后的司法案例判决方面，2016年“东风”侵害商标权纠纷案〔1〕再次重点关注了加工方的“必要审查义务”。但是“东风”案本身存在特殊情况，即“东风”商标被认定为驰名商标。我国商标法对普通商标的保护适用的是混淆理论，而对驰名商标给予额外的保护，适用反淡化理论，而二者保护的理论基础并不相同，所以此案的判决对讨论加工行为是否构成侵害普通商标权并无参照价值。〔2〕在于逊刚与浙江容大商贸有限公司侵害商标权纠纷再审案〔3〕中，法院认为加工方未尽到审查义务构成商标侵权，但本案中贴有原告商标的商品已在国外销售，国外的消费者已对此商标的商品有所熟悉，定牌加工的产品与国内商标注册人的商品出现在同一市场，导致混淆的发生，所以定牌加工行为被认定成侵权，加工方在此基础上才被认定为侵权，此案件与本文讨论的情形也迥然不同。

在本文讨论的涉外定牌加工情形中，国外定作方在产品最终销售国注册了相应的商标，国内加工方在加工的产品上贴附的标志实际上是国外定作方对商标的合法享有，只不过由于商标保护的地域性规定，该标志恰好和我国境内已注册的商标构成冲突。如果承认国内加工方使用的涉案标志的合法性来源于定作方与加工方签订的合同，那么国内定作方便有了审查定作方在国外是否拥有注册商标专有权的义务。但这种义务仅仅是基于双方合同而产生的，不能将此是否履行作为认定加工行为是否被认定构成侵权的条件，认定构成商标侵权仍应以混淆要件为前提。

结　论

随着世界经济一体化的发展，产业分工日益明确，涉外定牌加工作为最具全球化特征的贸易模式，将越来越受到各国知识产权制度的接纳。现阶段，加工制造业仍是我国经济发展的重要动力，涉外定牌加工涉及的商标侵权问题在

〔1〕参见江苏省高级人民法院（2015）苏知民终字第00036号判决书。
〔2〕参见江苏省高级人民法院（2015）苏知民终字第00036号判决书。
〔3〕参见浙江省高级人民法院（2016）浙民再121号判决书。

我国尤为重要。

本文通过对近十年涉外定牌加工案例的梳理和分析，结合商标侵权理论及法律规定提出自己的观点，即涉外定牌加工行为不构成对国内商标权的侵犯。考虑到商标法的立法目的是为了最大限度地促使经营者保证商品和服务的质量，以及帮助消费者更好地甄别商品和服务来源，涉外定牌加工侵权问题的解决必须以上述目的为出发点。经2013年修订的《商标法》明确了"商标使用"的含义，一定程度上吸纳了"混淆可能性"，为解决涉外定牌加工侵权问题提供了法律基础。以此为基础，笔者认为：首先，商标使用是商标侵权行为的应有之义；其次，混淆理论是保护商标权的理论支撑，应以混淆的可能性作为认定各类商标侵权的必要条件；再次，商标权的地域性是认定加工行为不构成侵害国内商标权应考虑的重要因素；最后，加工方是否尽到合理义务不是认定其行为是否侵权的条件。通过以上分析得出本文结论：由于商标权的地域性，涉外定牌加工行为没有落入国内商标权人商标权的保护范围，加工方贴附标志的行为不属于商标法意义上的商标使用，在不可能引起国内相关消费者对商品的来源发生混淆的情况下，不能认定此行为构成商标侵权。

然而，文章中还存在一些有待继续研究的问题。首先，关于本文所限定的涉外定牌加工行为的类型是否足够准确，如果国外委托人不享有商标权或者商品未全部销往国外的情形，是否仍能按照本文的逻辑去认定商标侵权。其次，本文将商标侵权的类型限定为"使用侵权"，涉外定牌加工是否符合《商标法》中其他形式的侵权行为仍有待进一步研究。

参考文献

一、著作与教材类

1. 王迁：《知识产权法教程》，中国人民大学出版社2016年版。
2. 黄晖：《商标法》，法律出版社2016年版。
3. 程啸：《侵权责任法》，法律出版社2015年版。
4. 张今、郭斯伦：《电子商务中的商标使用及侵权责任研究》，知识产权出版社2013年版。
5. 王莲峰：《商标法学》，北京大学出版社2014年版。
6. 孔祥俊：《商标法适用的基本问题》，中国法制出版社2012年版。
7. 来小鹏：《知识产权法》，中国政法大学出版社2011年版。
8. 江平主编：《民法学》，中国政法大学出版社2011年版。
9. 孔祥俊：《商标与不正当竞争法：原理和判例》，法律出版社2009年版。

10. 吴汉东：《知识产权基本问题研究》，中国人民大学出版社 2009 年版。

11. 郑成思：《知识产权论》，法律出版社 2003 年版。

12. 王利明：《侵权行为法归责原则研究》，中国政法大学出版社 2003 年版。

二、编著类

1. 冯晓青：《知识产权法》，中国政法大学出版社 2015 年版。

2. 中国社会科学院知识产权中心、中国知识产权培训中心编著：《专利法、商标法修改专题研究》，知识产权出版社 2009 年版。

3. 张玉敏主编：《知识产权法学》，中国检察出版社 2002 年版。

4. 吴汉东、刘剑文主编：《知识产权法学》，北京大学出版社 2002 年版。

5. 郭庆存主编：《知识产权法》，上海人民出版社 2002 年版。

6. 中国社会科学院主编：《法律辞典》，法律出版社 2002 年版。

7. 刘春田主编：《知识产权法》，中国人民大学出版社 2000 年版。

8. 吴汉东主编：《知识产权法》，中国政法大学出版社 1999 年版。

9. 黄勤南主编：《新编知识产权法教程》，中国政法大学出版社 1995 年版。

三、论文类

1. 王国浩、毛立国：《定牌加工商标侵权问题的梳理与探讨》（上），载《中国知识产权报》2016 年第 12 期。

2. 胡钰寒：《涉外定牌加工不构成商标侵权》，载《法制与社会》2016 年第 3 期。

3. 王莲峰：《海关应慎重认定涉外定牌加工货物的商标侵权——基于对近年“中国海关知识产权保护状况”分析》，载《知识产权》2015 年第 1 期。

4. 王磊：《新商标法视角下的涉外贴牌加工侵权问题分析》，载《中华商标》2015 年第 2 期。

5. 张德芬：《商标侵权中“使用”的含义》，载《知识产权》2014 年第 9 期。

6. 顿明月、李明明：《涉外定牌加工中的商标侵权问题》，载《制冷与空调》2014 年第 7 期。

7. 王莲峰：《论商标的使用及其界定——基于〈商标法〉第三次修改》，载《公民与法（法学）》2011 年第 3 期。

8. 卓小苏：《涉外服装贴牌加工的商标侵权分析》，载《纺织导报》2011 年第 11 期。

9. 李承亮：《侵权责任的违法性要件及其类型化》，载《清华法学》2010 年第 5 期。

10. 王迁：《论商标间接侵权》，载中国社会科学院知识产权中心、中国知识产权培训中心编著：《专利法、商标法修改专题研究》，知识产权出版社 2009 年版。

11. 浙江省高级人民法院课题组：《贴牌生产中商标问题研究》，载《法律适用》2008 年第 4 期。

12. 张玉敏：《涉外“定牌加工”商标侵权纠纷的法律适用》，载《知识产权》2008 年第 4 期。

13. 张今、陆锡然：《认定商标侵权的标准是“混淆”还是“商标近似”》，载《中华商标》2008 年第 8 期。

14. 钱江：《涉外贴牌生产（OEM）与商标权侵权》，载《浙江工业大学学报（社会科学版）》2008 年第 4 期。

15. 李琛:《商标权救济与符号圈地》，载《河南社会科学》2006 年第 1 期。

16. 吕日东:《知识产权侵权行为构成与认定》，载《山东省青年管理干部学院学报》2005 年第 5 期。

17. 张玉敏:《侵害知识产权民事责任归责原则研究》，载《法学论坛》2003 年第 3 期。

18. 沈木珠、孙岚:《WTO 知识产权协议侵权归责原则》，载《现代法学》2001 年第 3 期。

19. 吴汉东:《试论知识产权的“物上请求权”与侵权赔偿请求权》，载《法商研究（中南政法学院学报）》2001 年第 5 期。

20. 吴汉东:《知识产权保护论》，载《法学研究》2000 年第 1 期。

21. 蒋志培:《网络联线服务者著作权法律责任》，载《中国法律》2000 年第 1 期。

22. 郑成思:《侵害知识产权的无过错责任》，载《中国法学》1998 年第 1 期。

23. 刘春田:《商标与商标权评析》，载《知识产权》1998 年第 1 期。

24. 钱翠华:《影射商标侵权行为的法律冲突与协调》，载《法学杂志》1997 年第 2 期。

25. 申璞:《涉外贴牌加工商标侵权问题研究》，中国政法大学 2016 年硕士学位论文。

四、法律及其他规范性文件类

1.《中华人民共和国商标法》（2013 年修正）

2.《中华人民共和国商标法》（2001 年修正）

3.《中华人民共和国商标法实施条例》（2014 年修订）

4.《中华人民共和国商标法实施条例》（2002 年实施）

5.《最高人民法院关于审理商标民事纠纷案件适用法律若干问题的解释》（2002 年实施）

6.《最高人民法院印发〈关于当前经济形势下知识产权审判服务大局若干问题的意见〉的通知》（2009 年实施）

7. Trade-Related Aspects of Intellectual Property Rights（1994 年签订）

8. The Lanham（Trademark）Act（1946 年通过）

9. Unofficial Consolidated Version Trade Mark Act 1994 as amended（1994 年修订）

10. First Council Directive 89/104/EEC of 21 December 1988 to approximate the laws of the Member States relating to trade marks（1988 年签订）

五、网络文献类

1. http：//www. saic. gov. cn/jgzf/bhzcsbzyq/201512/t20151215_164895. html.

2. 海关总署《2014 年中国海关知识产权保护状况》，载 http：//www. customs. gov. cn/publish/portal0/tab2559/info739906. htm.

3. http：//hetong. 110. com/hetong_2022. html.

附录：2005—2016 年涉外定牌加工侵害商标权纠纷法院判决统计情况

判决结果	裁判要旨	数量/个	时间	法院及案件字号	案件
侵权	商标权地域性保护	2	2005 年 10 月 13 日	浙江省宁波市中级人民法院（2005）甬民二初字第 232 号	宁波保税区瑞宝国际贸易有限公司诉慈溪市永胜轴承有限公司商标侵权纠纷案
			2015 年 2 月 10 日	浙江省宁波市中级人民法院（2014）浙甬知终字第 104 号	江西贝特国际贸易有限公司与 Calvin Klein Trademark Trust 侵害商标权纠纷上诉案
	加工方在涉外定牌加工中未尽到合理审查义务	4	2012 年 5 月 21 日	上海市浦东新区人民法院（2011）浦民三（知）初字第 634 号	某某经贸发展有限公司诉某某进出口有限公司等侵害商标权纠纷案
			2014 年 4 月 22 日	上海市徐汇区人民法院（2013）徐民三（知）初字第 215 号	波罗/劳伦有限公司与玛伟贸易（上海）有限公司侵害商标权纠纷案
			2015 年 12 月 18 日	江苏省高级人民法院（2015）苏知民终字第 00036 号	上海柴油机股份有限公司与江苏常佳金峰动力机械有限公司商标侵权纠纷上诉案
			2016 年 12 月 5 日	浙江省高级人民法院（2016）浙民再 121 号	浙江容大商贸有限公司诉于逊刚侵害商标纠纷再审案

续表

判决结果	裁判要旨	数量/个	时　间	法院及案件字号	案　件
侵权	《商标纠纷司法解释》第9条第2款并未对“相关公众”作地域限制，加工方的涉外定牌加工行为足以使相关公众将被控侵权产品与原告的产品相混淆	8	2014年6月27日	江苏省高级人民法院（2014）苏知民终字第0104号	苏州市童心贝食品有限公司与不凡帝范梅勒有限公司侵害商标权纠纷上诉案
			2014年7月11日	浙江省台州市中级人民法院（2013）浙台知民终字第2号	浙江万通管业有限公司与浙江中亿管业有限公司侵害商标权纠纷上诉案
			2014年7月21日	浙江省宁波市北仑区人民法院（2014）甬仑知初字第39号	HUGO BOSS TRADE MARK MANAGEMENT GMBH&CO 与浙江美之源化妆品有限公司侵害商标权纠纷案
			2014年11月4日	浙江省宁波市中级人民法院（2014）浙甬知终字第60号	顾问（香港）有限公司［consultant（hk）limited］与深圳市凯思尔商贸有限公司侵害商标权纠纷上诉案
			2014年11月4日	浙江省宁波市中级人民法院（2014）浙甬知终字第61号	顾问（香港）有限公司［consultant（hk）limited］与余姚市华昌电器制造有限公司侵害商标权纠纷上诉案
			2014年11月18日	浙江省宁波市北仑区人民法院（2014）甬仑知初字第119号	Calvin Klein Trademark Trust（中文译名：卡尔文·克雷恩商标托管）与江西贝特国际贸易有限公司侵犯商标权纠纷案

续表

判决结果	裁判要旨	数量/个	时　间	法院及案件字号	案　件
侵权			2015年1月12日	浙江省宁波市北仑区人民法院（2014）甬仑知初字第102号	张家港天韵贸易有限公司诉宁波林佳塑业有限公司侵害商标权纠纷案
			2015年12月22日	浙江省宁波市北仑区人民法院（2014）甬仑知初字第103号	张家港天韵贸易有限公司诉永康市克罗德工贸有限公司侵害商标权纠纷案
	加工方的行为符合《商标法》57条（修改前第52条）关于商标侵权的规定	9	2009年11月13日	广东省广州市天河区人民法院（2009）天法知民初字第270号	诺基亚公司诉广州弘嘉贸易发展有限公司侵犯商标专用权纠纷案
			2012年6月28日	福建省高级人民法院（2012）闽民终字第500号	李丽莎与厦门市华美嘉进出口有限公司侵害商标专用权纠纷上诉案
			2013年2月19日	浙江省高级人民法院（2012）浙知终字第285号	莱斯防盗产品国际有限公司（FOCKERSECURITYPRODUCTSINTERNATIONALLIMITED）与浦江亚环锁业有限公司侵犯商标权纠纷上诉案
			2013年5月24日	浙江省宁波市北仑区人民法院（2013）甬仑知初字第9号	某某工业集团有限公司诉浙江某某实业有限公司侵害商标权纠纷案
			2013年9月23日	浙江省宁波市北仑区人民法院（2012）甬仑知初字第18号	国民普赖斯托工业公司诉宁波比依电器有限公司侵害商标权纠纷案

续表

判决结果	裁判要旨	数量/个	时 间	法院及案件字号	案 件
			2013 年 10 月 30 日	浙江省宁波市北仑区人民法院（2013）甬仑知初字第 58 号	泰格××集团有限公司诉温岭市××进出口有限公司侵害商标权纠纷案
			2014 年 6 月 12 日	广东省广州市越秀区人民法院（2014）穗越法知民初字第 41 号	广州市晶皇玻璃有限公司诉广州君彤玻璃有限公司侵害商标权纠纷案
			2014 年 8 月 27 日	浙江省金华市中级人民法院（2014）浙金知民初字第 47 号	中山市宝玑电器有限公司诉金华睐尔康电器有限公司侵害商标权纠纷案
			2014 年 11 月 4 日	浙江省宁波市中级人民法院（2014）浙甬知终字第 62 号	顾问（香港）有限公司［consultant（hk）limited］与宁波万通电子有限公司侵害商标权纠纷上诉案
不侵权	加工产品并贴附商标的行为是依据委托人的授权，不构成商标法意义上的商标使用	21	2012 年 6 月 27 日	山东省高级人民法院（2012）鲁民三终字第 81 号	鳄鱼恤有限公司与青岛瑞田服饰有限公司侵害商标专用权纠纷上诉案
			2012 年 11 月 22 日	上海市第一中级人民法院（2012）沪一中民五（知）终字第 110 号	福建永某电机（集团）有限公司与重庆神某进出口贸易有限公司侵害商标权纠纷案
			2013 年 8 月 27 日	广东省东莞市中级人民法院（2013）东中法民三终字第 133 号	恩平市奥达电子科技有限公司与东莞华生精密制品有限公司侵害商标权纠纷上诉案

续表

判决结果	裁判要旨	数量（个）	时　间	法院及案件字号	案　件
			2013年9月30日	广东省高级人民法院（2013）粤高法民三终字第148号	长林五金制品（珠海）有限公司与江美峰侵害商标专用权纠纷上诉案
			2013年11月25日	上海市第一中级人民法院（2013）沪一中民五（知）终字第209号	某新环球有限公司与上海浦东某有限公司等侵害商标权纠纷上诉案
			2014年2月13日	广东省深圳市中级人民法院（2014）深中法知民终字第28号	汕头市澄海区超越电池有限公司与深圳理士电池技术有限公司侵害商标权纠纷上诉案
			2014年6月25日	上海市浦东新区人民法院（2014）浦民三（知）初字第92号	上海柴油机股份有限公司诉江苏洋马柴油机有限公司侵害商标权纠纷案
			2014年7月2日	上海市浦东新区人民法院（2014）浦民三（知）初字第373号	玉环县嘉跃汽车零部件制造有限公司诉重庆红宇摩擦制品有限公司侵害商标权纠纷案
			2014年9月17日	上海市浦东新区人民法院（2014）浦民三（知）初字第94号	扬州金福工贸有限公司诉宝洁（加拿大）商业服务公司（PROCTEP & GAMBLEBUSINESSS ERVICESCANADACOMPANY）确认不侵害商标权纠纷案

续表

判决结果	裁判要旨	数量/个	时　间	法院及案件字号	案　件
			2014 年 9 月 23 日	上海市浦东新区人民法院（2014）浦民三（知）初字第 711 号	聚典实业有限公司诉海盐钟海电线电缆有限公司侵害商标权纠纷案
			2014 年 12 月 1 日	上海市浦东新区人民法院（2014）浦民三（知）初字第 729 号	宋红星诉中国江苏国际经济技术合作集团有限公司侵害商标权纠纷案
			2014 年 12 月 11 日	上海市第一中级人民法院（2014）沪一中民五（知）终字第 138 号	上海柴油机股份有限公司诉江苏洋马发动机有限公司侵害商标权纠纷上诉案
			2015 年 1 月 21 日	上海市浦东新区人民法院（2014）浦民三（知）初字第 737 号	江苏通力达贸易有限公司诉南通吉祥实业有限公司侵害商标权纠纷案
			2015 年 5 月 25 日	上海市第一中级人民法院（2015）沪一中民五（知）终字第 28 号	宋红星诉中国江苏国际经济技术合作集团有限公司侵害商标权纠纷上诉案
			2015 年 7 月 15 日	上海知识产权法院（2015）沪知民终字第 57 号	江苏通力达贸易有限公司与南通吉祥实业有限公司侵害商标权纠纷上诉案
			2015 年 8 月 25 日	上海市浦东新区人民法院（2014）浦民三（知）初字第 659 号	上海厚睦莱电器科技有限公司诉上海姿莹化妆品销售有限公司确认不侵害商标权纠纷案

续表

判决结果	裁判要旨	数量/个	时间	法院及案件字号	案件
			2015年9月25日	上海市第一中级人民法院（2014）沪一中民五（知）终字第242号	扬州金福工贸有限公司与宝洁（加拿大）商业服务公司确认不侵害商标权纠纷上诉案
			2015年11月26日	最高人民法院（2014）民提字第38号	浦江亚环锁业有限公司与莱斯防盗产品国际有限公司侵害商标权纠纷再审案
			2016年4月19日	上海知识产权法院（2016）沪73民终47号	丁思泉与上海创侨实业股份有限公司、上海吉欣针织制衣有限公司侵害商标权纠纷上诉案
			2016年9月8日	广东省深圳市中级人民法院（2016）粤03民终7603号	澳柯玛股份有限公司与佛山市博鸿经贸有限公司侵害商标权纠纷上诉案
			2016年12月27日	山东省高级人民法院（2016）鲁民终1280号	迪马克轮胎（青岛）有限公司与山东永泰集团有限公司、青岛盾轮国际贸易有限公司侵害商标权纠纷上诉案

续表

判决结果	裁判要旨	数量/个	时间	法院及案件字号	案件
不侵权	定牌加工产品全部用于出口，不在国内销售，该行为不会引起国内相关公众混淆，不符合商标侵权的实质要件，即“混淆可能性”	24	2009年4月24日	上海市第一中级人民法院（2008）沪一中民五（知）初字第317号	上海申达音响电子有限公司诉玖丽得电子（上海）有限公司侵犯商标专用权纠纷案
			2009年11月2日	上海市高级人民法院（2009）沪高民三（知）终字第65号	上海申达音响电子有限公司与玖丽得电子（上海）有限公司侵犯商标专用权纠纷上诉案
			2011年3月28日	上海市浦东新区人民法院（2010）浦民三（知）初字第146号	无锡某某国际贸易有限公司诉某某有限公司确认不侵犯注册商标专用权纠纷案
			2011年7月15日	上海市第一中级人民法院（2011）沪一中民五（知）终字第130号	（香港）鳄鱼恤有限公司与无锡艾弗国际贸易有限公司侵犯商标权纠纷上诉案
			2011年11月16日	上海市浦东新区人民法院（2011）浦民三（知）初字第401号	厦门某某贸易有限公司诉西安某某轴承技术有限公司侵害商标权纠纷案
			2011年12月16日	广东省高级人民法院（2011）粤高法民三终字第467号	鳄鱼恤有限公司诉台山利富服装有限公司侵害商标权纠纷上诉案
			2012年5月21日	上海市浦东新区人民法院（2011）浦民三（知）初字第635号	某某经贸发展有限公司诉江苏某国际集团贸易实业有限公司等侵害商标权纠纷案

续表

判决结果	裁判要旨	数量/个	时间	法院及案件字号	案件
			2012年5月21日	上海市浦东新区人民法院（2011）浦民三（知）初字第636号	某某经贸发展有限公司诉某某进出口有限公司等侵害商标权纠纷案
			2012年6月11日	江苏省扬州市中级人民法院（2012）扬知民初字第0039号	鳄鱼恤有限公司与扬州永新制衣有限公司侵犯商标权纠纷案
			2012年7月24日	山东省烟台市中级人民法院（2012）烟民三初字第168号	鳄鱼恤有限公司诉烟台侑美服装有限公司侵犯注册商标专用权纠纷案
			2012年8月23日	上海市第一中级人民法院（2012）沪一中民五（知）终字第200号	福州维某经贸发展有限公司与江苏汇某国际集团麦蕾贸易实业有限公司等侵害商标权纠纷案
			2012年8月23日	上海市第一中级人民法院（2012）沪一中民五（知）终字第201号	福州维某经贸发展有限公司与杭州日某进出口有限公司等侵害商标权纠纷案
			2013年7月22日	福建省高级人民法院（2013）闽民终字第669号	泉州捷足轻工有限公司、厦门建发轻工有限公司与鳄鱼恤有限公司侵害商标权纠纷上诉案
			2013年8月13日	上海市浦东新区人民法院（2013）浦民三（知）初字第174号	××实业（上海）有限公司诉义乌市××有限公司等侵害商标权纠纷案

续表

判决结果	裁判要旨	数量/个	时间	法院及案件字号	案件
			2013年8月22日	上海市浦东新区人民法院（2013）浦民三（知）初字第162号	汇新环球有限公司（WORKSENSEGLOBA-LLIMITED）诉上海浦东进出口有限公司、上海索纳贸易有限公司侵害商标权纠纷案
			2013年8月22日	上海市浦东新区人民法院（2013）浦民三（知）初字第163号	汇新环球有限公司（WORKSENSEGLOBA-LLIMITED）诉苏州顺戎服装有限公司侵害商标权纠纷案
			2013年9月24日	江苏省高级人民法院（2012）苏知民终字第0297号	喻德新与江苏佳弘国际贸易有限公司、淮安佳弘五金刷业有限公司沭阳中远进出口有限公司、沭阳县奋进制刷厂侵害商标专用权纠纷上诉案
			2013年11月6日	广东省深圳市南山区人民法院（2013）深南法知民初字第675号	汕头市澄海区超越电池有限公司诉被告深圳市理士电池技术有限公司侵害商标权纠纷案
			2014年3月19日	广东省佛山市中级人民法院（2014）佛中法知民终字第46号	佛山市南海朗能电器有限公司与广东井本电气实业有限公司侵害商标权纠纷上诉案

续表

判决结果	裁判要旨	数量/个	时　间	法院及案件字号	案　件
			2014 年 6 月 10 日	福建省福州市中级人民法院（2014）榕民终字第 1322 号	福州亚玛机电有限公司与福州市金莱恩电机有限公司、福州领富进出口有限公司侵害商标权纠纷上诉案
			2015 年 2 月 28 日	广东省东莞市中级人民法院（2015）东中法知民终字第 15 号	上海力玛赫机电制造有限公司与东莞市绿雅家用电器有限公司确认不侵害商标权纠纷上诉案
			2015 年 4 月 1 日	天津市第二中级人民法院（2015）二中民三知终字第 2 号	河北强久自行车配件集团有限公司与邯郸印象车业有限公司侵害商标权纠纷案
			2015 年 6 月 26 日	广东省深圳市南山区人民法院（2014）深南法知民初字第 1715 号	宋红星与江西嘉鑫纺织品有限公司侵害商标权纠纷案
			2016 年 9 月 14 日	广东省中山市中级人民法院（2015）中中法知民终字第 176 号	戈尔美特用具有限公司（GOURMETAPPLIANCE-SLIMITED）等诉温州市土产畜产品对外贸易有限公司沃夫尔冈·帕克侵害商标权纠纷上诉案

续表

判决结果	裁判要旨	数量/个	时间	法院及案件字号	案件
不侵权	涉外定牌加工行为不会对国内商标权利人造成实质损害	6	2012年6月5日	福建省高级人民法院（2012）闽民终字第378号	年年红国际食品有限公司诉德国舒乐达公司、厦门国贸实业有限公司侵害商标权纠纷上诉案
			2013年11月6日	广东省深圳市南山区人民法院（2013）深南法知民初字第675号	汕头市澄海区超越电池有限公司诉深圳市理士电池技术有限公司侵权纠纷案
			2013年11月25日	上海市第一中级人民法院（2013）沪一中民五（知）终字第208号	某新环球有限公司与苏州某顺戎服装有限公司侵害商标权纠纷上诉案
			2015年6月3日	天津市滨海新区人民法院（2015）滨民初字第0614号	岑杰强诉北京罗帝亚体育用品有限公司侵害商标权纠纷案
			2015年10月26日	福建省福州市中级人民法院（2015）榕民初字第1285号	福州万德电气有限公司与福州康特捷机电有限公司侵害商标权纠纷案
			2016年2月2日	广东省深圳市盐田区人民法院（2015）深盐法知民初字第40号	东莞市横沥荣利辉鞋厂与厦门吉达丽鞋业有限公司确认不侵害商标权纠纷案

续表

判决结果	裁判要旨	数量/个	时间	法院及案件字号	案件
不侵权	被控侵权商品与涉案商标核定使用商品功能用途并不类似，或被控侵权标识与顾问公司商标构成近似，相应的销售渠道和消费对象也存在不同，不属于类似商品	7	2014年3月24日	浙江省宁波市北仑区人民法院（2013）甬仑知初字第64号	顾问（香港）有限公司诉深圳市凯思尔商贸有限公司侵害商标权纠纷案
			2014年3月25日	浙江省宁波市北仑区人民法院（2013）甬仑知初字第63号	顾问（香港）有限公司诉余姚市华昌电器制造有限公司侵害商标权纠纷案
			2014年3月26日	浙江省宁波市北仑区人民法院（2013）甬仑知初字第65号	顾问（香港）有限公司诉宁波万通电子有限公司侵害商标权纠纷案
			2014年3月27日	浙江省宁波市北仑区人民法院（2013）甬仑知初字第62号	顾问（香港）有限公司诉陕西斯克赛德贸易有限责任公司侵害商标权纠纷案
			2014年3月29日	浙江省宁波市北仑区人民法院（2013）甬仑知初字第66号	顾问（香港）有限公司诉余姚市威尼电器有限公司侵害商标权纠纷案
			2014年10月16日	浙江省宁波市中级人民法院（2014）浙甬知终字第59号	顾问（香港）有限公司与余姚市威尼电器有限公司侵害商标权纠纷上诉案
			2014年10月16日	浙江省宁波市中级人民法院（2014）浙甬知终字第63号	顾问（香港）有限公司与陕西斯克赛德贸易有限责任公司侵害商标权纠纷上诉案

论俄罗斯民法以遗嘱处分遗产的类型

张建财

摘　要

正值我国民事立法修订之际，作为新世纪以来颁行的《俄罗斯联邦民法典》（以下简称《俄联邦民法典》）可谓我国制定民法典参考、反思的重要素材。由于中俄两国法律有极深的渊源，同时两国均面临着各自法律现代化的挑战，作为民法典重要组成部分的遗嘱制度是私法发展的重大体现。如何构建完善的遗嘱制度以及尊重立遗嘱人处分其财产的自由，对私法自治原则的落实是至关重要的。鉴于目前俄罗斯已先于我国完成民法法典化进程，特别是在新的继承法规范中突出了立遗嘱人在遗嘱中意思表示的关键性作用。例如：法典直接将遗嘱继承置于法定继承之前，并在"遗嘱继承"一章中增加、补充并细化了大量新的可操作的法律规范。〔1〕因此，本文认为俄罗斯新民法典中有关遗嘱制度的成果，特别是以遗嘱处分遗产类型的内容，对我国民法典制定极具借鉴价值。出于继承法是最具本土特

〔1〕 鄢一美：《俄罗斯当代民法研究》，中国政法大学出版社 2006 年版，第 417 页。

色的法律，因此，我们借鉴他国法律时必须谨思慎用。具体到遗嘱制度，除了意思自治原则是该制度的核心精神和发展趋势外，还应着重研究中俄两国民法有关该制度的差异及国情特点。就本文来讲，笔者除了研究俄罗斯民法中的遗嘱制度外，还对研究内容进行了分析和反思，并着重探讨中俄两国有关通过遗嘱处分遗产类型的兼容性，并在研究的基础上提出自己的见解和立法建议。

本文的基本结构是围绕“俄罗斯民法以遗嘱处分遗产的类型”展开的。虽然《俄联邦民法典》第62章概括式地规定了遗嘱继承，即把所有以遗嘱处分遗产的类型置于该章之下，但事实上遗嘱继承是以遗嘱处分遗产所有类型中最基本、最典型、适用最广的一种，而根据俄罗斯新民法典之规定，遗赠以及遗嘱委托与遗嘱继承具有本质的区别，即它们之间不仅规范的法律内容不同，而且产生的法律效果也极具差异，只不过都是通过立遗嘱的方式来处理遗产。总之，本文以俄罗斯新民法典中遗嘱处分遗产的类型作为研究重点，分析以遗嘱方式处分遗产的各种不同类型，以此探究它们之间的共同特点和不同之处，以兹我国立法反思、借鉴。在此基础上，本文共分四章，各章基本内容如下。

第一章着重介绍了俄罗斯民法以遗嘱处分遗产类型的基本概况。本章开篇介绍了俄罗斯民法以遗嘱处分遗产类型的基本内容（遗嘱继承、遗赠、遗嘱委托），并简略论述了这三种类型的内涵以及它们的研究价值。随后本章以现行俄罗斯民法典为依据，对俄罗斯民法中以遗嘱处分遗产的三种类型进行了法条梳理。另外，为了对俄罗斯遗嘱处分遗产类型不仅知其然而且知其所以然，本章研究了其历史发展沿革。

第二章具体研究了俄罗斯现行民法典以遗嘱处分遗产类型的特点以及它们之间的关系。其一，总结了俄罗斯遗嘱继承作为遗嘱处分遗产基本类型的特点，其特点主要体现在对遗嘱当事人的要求、对遗嘱形式的规范、对遗嘱自由的限制、对遗嘱秘密的保护等方面。其二，探讨了俄罗斯遗赠作为免除受遗赠人义务之遗产处分类型的独特之处，即“无偿给予”的本质内涵、多样化的遗赠标的、明确清晰的效力鉴定和较为完善的执行模式。其三，突出了俄罗斯遗嘱委托的独特价值，即旨在实现公益目的的事务性处理。其四，细致分析了俄罗斯现行民法典以遗嘱处分遗产三种类型之间的差异，主要体现在立法宗旨、遗嘱标的、法律效果、适用执行、受益对象等方面。

第三章结合我国遗嘱处分遗产中存在的问题，突出分析了俄罗斯民法以遗嘱处分遗产之类型化研究的价值。在三者共同特点方面，探究了遗嘱当事人范围扩大化、遗嘱形式多样化、完善遗嘱自由限制规则、遗嘱秘密保护规则的必要性；在三者的差异性方面，不仅分析总结了区分遗嘱继承与遗赠的法理基础和可行性，而且提出遗嘱委托独立于遗赠是大势所趋、社会现代化发展的必然结果。

第四章在总结俄罗斯遗嘱处分遗产类型成果并分析我国相关制度中存在的问题以及参考了德、法、日、英、美等国家的相关制度的基础上，提出对我国遗赠产生债之效力的明确定性以及适当引入遗嘱委托等制度的立法构想。

关键词：俄罗斯　遗嘱类型　遗嘱委托　遗赠

引　言

一、选题背景和意义

众所周知，我国现行法律中有关遗嘱处分遗产的规定主要集中在实施于1985年的《继承法》和《继承法最高法意见》[1]两部法律文件，虽然这两部法律总体上为我国改革开放起到了保驾护航的作用，但由于整体经济社会发生了质的变化，多元化价值得到极大发展，和谐成为社会价值的风向标。这一变化促使我国公民在物质和精神方面都有了一定的独立性需求，而遗产作为私人财产的延续，对其处理成为《继承法》体现权利本位的必然要求，而遗嘱自由作为私法自由原则在继承法中的具体体现理应是我国即将出台的民法典加强和完善的关键所在，但鉴于我国未来民法典的基本精神定位于权利本位兼社会公益，[2]因此，在加强遗嘱自由的同时，对其构建合理的限制规则也是我国民法典的题中之义。

恰好在上述两方面，俄罗斯新民法典可以为我国立法提供有力借鉴。原因如下：其一，我国《继承法》与《俄联邦民法典》都是参考1964年《苏俄民法典》制定而成的，二者有极深的法律渊源，这十分有利于法律价值和模式的兼容。其二，《俄联邦民法典》中以遗嘱处分遗产的类型对我国有较强的借鉴价值。主要表现在俄罗斯民法对遗赠产生债的法律效力更为明确，而我国民法对遗赠产生之法律效果的定性在法律规范中面临自相矛盾的困境，[3]而且学界也并未形成统一的认知。另外，遗嘱委托也是俄罗斯民法中的一大特色，该制度具有以公益为目的的事务性处理的功能，该功能与我国具有浓重乡土伦理气息

---

[1]《中华人民共和国继承法》，以下简称《继承法》；《最高人民法院关于贯彻执行〈中华人民共和国继承法〉若干问题的意见》，以下简称《继承法最高法意见》。

[2] 梁慧星：《民法总论》（第4版），法律出版社2011年版，第44页。

[3]《中华人民共和国物权法》（以下简称《物权法》）第29条；《继承法最高法意见》第53条。

的社会十分契合，我国民法典可考虑吸纳该功能以建立具有特色的遗嘱委托制度（包含适合我国的遗嘱信托的内容）。其三，俄罗斯民法中对遗嘱自由处分遗产的限制性规则较我国的必留份制度的适用范围更为宽泛，是社会本位进一步发展的表现，与我国的社情民风较为适应，可与特留份制度兼容适用。[1] 因此，本文研究俄罗斯民法以遗嘱处分遗产的类型对我国未来民法典中遗嘱处分遗产相关制度的构建大有裨益。

二、研究对象

目前我国立法者正在讨论和制定民法典的各部分内容，结合目前我国继承法以遗嘱处分遗产的类型中存在一些亟待理清和解决的问题，本文选取了以遗嘱处分遗产的类型为突破口，以此对俄罗斯民法中的遗嘱继承、遗赠、遗嘱委托进行详细介绍，并在此基础上与我国《继承法》中以遗嘱处分遗产的类型进行比较、分析，从而为我国未来民法典继承编制定较为完善的遗嘱处分制度提供借鉴性思考。

尽管论文题目所涉内容确定为“以遗嘱处分遗产的类型”，但由于该论题涉及的三种类型均通过遗嘱的方式进行，因此，本文除了对俄罗斯民法以遗嘱处分遗产的不同类型进行分别论述外，尚需对它们的共同特点（遗嘱形式、遗嘱保密、遗嘱限制等规则）进行介绍和分析。总之，本文是以遗嘱处分遗产的方式为前提的类型化研究，不限于对各个类型的探讨和分析。

三、研究现状

明确了本文研究对象后，笔者做了大量的文献资料的查寻工作，因为论文内容的深度和充实度基本取决于文献资料的丰富程度，特别是在比较法研究中，文献资料对论文的质量更是起着决定性作用。[2] 就本文而言，涉及俄罗斯民法以遗嘱处分遗产类型的著作和文章，中文资料主要有：鄢一美《俄罗斯新民法典·继承权》（译）、《俄罗斯民法当代研究》、《俄罗斯民法典中继承法律规范的新变化》、《寻找现代〈民法典〉：中国与俄罗斯不同的立法进程》；[3] 石正均《俄罗斯联邦继承法》（译）；[4] 王歌雅《审视与借鉴：俄罗斯联邦的继承制度》；陈程《中俄继承法律制度比较研究》；王蜀黔《俄罗斯民法典中的特留份制度——兼对中国继承法修订的建议》；王志华、李国强教授译作《俄罗斯联邦

---

[1] 陈程：《俄罗斯继承法中特留份制度对中国继承法修订的建议》，载《决策与信息》（下旬刊），2011年第7期。

[2] 梁慧星：《法学学位论文写作方法》，法律出版社2012年版，第13~16页。

[3] 鄢一美：《寻找现代〈民法典〉：中国与俄罗斯不同的立法进程》，载《求是学刊》2010年第2期。

[4] 《俄罗斯联邦继承法》，石正均译，载《福建警察学院学报》2008年第2期。

民法》（第 2 册）。[1] 在上述译著、论文中，均是将遗嘱继承作为以遗嘱处分遗产的代表进行论述，且大都是对其法律地位变化等整体方面的分析和评价，而专门对以遗产处分遗嘱类型的论述基本空白。俄罗斯方面，对遗嘱继承、遗赠、遗嘱委托以及它们之间关系的研究成果却相对充分。著作主要有：Ю. Ф. Беспалов、А. Ю. Касаткина、З. В. Каменева 于 2015 年合著的《有关遗嘱在法律适用中的问题》；Е. А. Суханов 为莫斯科国立大学撰写的《民法教科书》；А. П. Сергеева、Ю. К. Толстого 合著的《民法》；Т. И. Зайцева、П. В. Крашенинников 合著的《继承编：立法解释与司法适用》；Е. Ю. Петрова 的《继承法中的问题：以俄罗斯、德国、法国为例》等。上述著作均对《俄联邦民法典》中有关遗嘱处分遗产的三种类型进行了逐条解释说明。另外，还有专门论文讨论遗嘱处分遗产类型项下具体问题的论述和分析：Ю. В. Васильева 的《遗嘱的特点》一文专门总结了俄罗斯遗嘱的独特之处；В. В. Лысак 的《遗赠义务执行制度》对俄罗斯遗赠的核心概念、标的内容、法律效果进行了系统的探讨。总之，虽然我国学界对俄罗斯继承法中的遗嘱继承介绍研究不少，但尚未对俄罗斯以遗嘱处分类型进行专门而系统的分析和探讨，而俄罗斯不论其官方还是法学界，均对遗嘱继承、遗赠、遗嘱委托有较为细致而体系化的研究。

另外，为了理清和解决我国遗嘱处分遗产中存在的疑难问题，笔者还研读了我国民法近年来取得的大量研究成果，其中包括：梁慧星负责的《中国民法典草案建议稿附理由》；陈苇主编的《外国继承法比较与中国民法典继承编制定研究》；刘耀东《继承法修改中的疑难问题研究》；郭明瑞、房绍、关涛合著的《继承法研究》；徐卫《遗嘱信托制度构建研究》；李岩《遗嘱制度论》等。[2] 通过研读上述资料，笔者发现如下问题：一是我国遗赠产生的法律效果在立法层面相冲突并在学理层面争论不断；二是我国遗嘱附义务规则仅从法律后果的角度规定：义务人不履行义务可导致其丧失本可以取得的遗产权利以及遗嘱义务人的变更，而对遗嘱附义务规则的内容本身却无可操作性规定；[3] 三是我国遗嘱处分遗产之类型的共性中存在遗嘱形式瑕疵、遗嘱自由限制欠妥、遗嘱秘密保护规则空白等问题。

综上所述，只有针对我国遗嘱处分遗产中存在的问题，才能在俄罗斯以遗嘱处分遗产之类型化研究中有的放矢，从而为我国以遗嘱处分遗产之方式的类

---

〔1〕［俄］Е. А. 苏哈诺夫：《俄罗斯联邦民法》（第 2 册），王志华、李国强译，中国政法大学出版社 2011 年版。

〔2〕徐卫：《遗嘱信托制度构建研究》，法律出版社 2014 年版，第 87 页。

〔3〕《继承法最高法意见》第 43 条。

型化研究起到积极的推动作用。

四、研究思路

本文采取以问题为导向的行文思路。首先，笔者研读我国《继承法》中有关遗赠产生的法律效果时，发现我国立法和学界对该问题的认定存在混乱。于是，在理清该问题的内心使命下，对俄罗斯民法中的遗赠制度进行了研究。其次，在这之后才发现欲彻底理清该问题，须对遗赠制度追本溯源，从而得出其概念的核心、处分的内容，进而鉴定其产生的法律效果。在这一过程中，笔者发现，俄罗斯遗赠发端于遗嘱继承，延伸出遗嘱委托，因此本文认为将三者进行类型化的比较和分析对我国遗嘱继承和遗赠及遗嘱委托间关系的处理以及进一步推动遗嘱自由的发展甚为必要。

五、创新之处

第一，论题新颖。不管是俄罗斯还是我国，均未以“以遗嘱处分遗产的类型”为论题进行学术研究，这可能是各国习惯于分别研究具体的遗嘱继承、遗赠，而未从它们之间的关系予以考虑。事实上，以遗嘱处分遗产的方式早应类型化发展，因此笔者在以往热衷于研究一种遗嘱处分遗产类型的基础上，努力将它们几类作为一个整体，进行整体研究，分别讨论。

第二，内容结构新颖。由于“以遗嘱处分遗产的类型”基于以遗嘱这一形式处分遗产的不同方式，所以这些类型在形式上是一致的，但它们产生的法律效果却有所不同。因此，本文对以遗嘱处分遗产不同类型重点论述的同时，还介绍和分析了三种类型所共有的遗嘱形式以及限制遗嘱自由处分遗产的规则。但在具体结构安排上，笔者采取了个别研究、整体比较的结构方式，这样不仅可以防止结构的混乱，还能对比较分析起到直观的帮助作用。

第三，以问题为导向的行文方式新颖。针对我国立法和学界对遗赠所产生法律效果鉴定不清的问题，笔者通过中俄两国民法对遗赠产生法律效果之定性的比较，提出我国未来民法典应将遗赠产生的效力明确为债的法律关系；针对我国遗嘱保密规则缺乏等问题，笔者通过中俄两国民法中遗嘱形式以及遗嘱自由限制规则的比较，提出完善我国遗嘱法定形式、确立中国特色特留份规则和遗嘱保密规则的立法构想。

总之，笔者希望通过自身学科背景和努力对我国民法典继承编中以遗嘱处分遗产类型的体系化探索提供些许参考资料。必须特别说明的是，本文观点的基本法律依据是《俄联邦民法典》(中译版)。〔1〕

---

〔1〕《俄罗斯新民法典·继承权》，鄢一美译，载《清华法学》2003 年第 2 期；《俄罗斯联邦民法典》，黄道秀译，北京大学出版社 2007 年版。

第一章 俄罗斯民法以遗嘱处分遗产类型的概述

一、俄罗斯民法以遗嘱处分遗产的类型

（一）俄罗斯民法以遗嘱处分遗产类型的含义

由于遗嘱处分遗产的类型属于遗嘱人通过立遗嘱的方式处分其遗产的类型化研究，因此，俄罗斯和世界其他国家一样，均没有明确规定该类型的概念，但对其认知并非无迹可寻。因为通过研究《俄联邦民法典》发现：遗嘱继承、遗赠、遗嘱委托是俄罗斯新民法典中以遗嘱处分遗产的三种法定类型。而我国《继承法》第三章也明确规定了遗嘱继承和遗赠是我国以遗嘱处分遗产的两种法定类型，而且有的学者也明确提出了“遗嘱的类型”包括遗嘱继承和遗赠两大类型。〔1〕 另外，大陆法系中的德国、法国等国对此类型也进行了规定。〔2〕 总之，以遗嘱处分遗产类型的概念虽未被各国法律释明，但对其类型内容的研究早已进行。

其中，俄罗斯新民法典除了明确规定遗嘱继承、遗赠、遗嘱委托是其以遗嘱处分遗产的三种类型外，还释明了该三种类型的内涵。一方面，由于俄罗斯民法以遗嘱处分遗产类型的核心概念是遗嘱处分，所以欲整体把握以遗嘱处分遗产之类型，必须对“遗嘱处分”概念进行鉴定。对此，《俄联邦民法典》规定：“死亡时可以只通过立遗嘱的方式对遗产进行处分”〔3〕 以及“遗嘱可以由订立时具有完全民事行为能力的公民订立”〔4〕，概言之，俄罗斯民法中的遗嘱处分是指立遗嘱人通过遗嘱的方式依法处分遗产的单方法律行为。〔5〕 对此概念须从如下方面理解：其一，实施遗嘱处分的主体为立遗嘱人，其须具备完全行为能力；其二，遗嘱处分须按照法定形式、程序进行；其三，立遗嘱人处分遗产，须以遵守遗嘱自由限制性规则为前提。〔6〕

---

〔1〕 江平主编：《民法学》（第2版），中国政法大学出版社2011年版，第749页。

〔2〕 《德国民法典》第五编第三章“遗嘱”规定了指定继承、遗赠以及负担；《法国民法典》第三卷第二编第五章“遗嘱处分”规定了指定继承人（也称概括受遗赠人，与我国的遗嘱继承人相同）和特定受遗赠人。

〔3〕 《俄联邦民法典》第1118条第1款。

〔4〕 《俄联邦民法典》第1118条第2款。

〔5〕 А. П. Сергеева，Ю. К. Толстого. /Дела о наследовании：некоторые спорные вопросы правоприменения. -2-е изд.，перераб. и доп. - Москва：Проспект，2015. -51с.

〔6〕 《俄联邦民法典》第1118条。

另一方面，俄罗斯民法以遗嘱处分遗产三种具体类型的内涵不尽相同。其一，遗嘱继承是指立遗嘱人在遗嘱中指定由法定继承人之内或之外的人概括承受其遗产的一种继承方式。[1] 其二，对于遗赠，《俄联邦民法典》规定："立遗嘱人有权要求一个或几个遗嘱继承人或法定继承人用遗产为一人或几人（受遗赠人）的利益履行财产性质的义务，受遗赠人取得请求履行此项义务的权利（遗赠）。"[2] 简言之，遗赠是指立遗嘱人有权在遗嘱中指定继承人无偿给予受遗赠人一定财产性权益的法律行为。[3] 与遗嘱继承不同的是，遗赠赋予遗嘱受益人无偿取得遗产权利而不承担相应的义务，即受遗赠人享有向继承人请求给付遗产的权利。其三，针对遗嘱委托，《俄联邦民法典》规定："立遗嘱人可以在遗嘱中委托一个或几个遗嘱继承人或法定继承人实施旨在实现公益目的的财产性质或非财产性质的行为，如果遗嘱中已经为执行这一委托预留了部分遗产，则也可以要求遗嘱执行人履行这一义务。"[4] "立遗嘱人还有权责成一个或几个继承人饲养属于立遗嘱人的家养动物及对之进行必要的监管或照料。"[5] 换言之，俄罗斯民法遗嘱委托是指立遗嘱人有权在遗嘱中指定继承人实行旨在实现公益目的的财产性或非财产性行为的一种遗嘱处分类型。[6] 与遗嘱继承和遗赠不同的是，遗嘱委托中的继承人实行的财产性或非财产性行为的受益对象不限于人，而且只能为了公益目的而履行该行为。

总之，遗嘱继承是以遗嘱处分遗产类型中最原始、最基本的一种，遗赠是剥离了遗嘱受益人承担遗产义务功能的另一重要类型，而遗嘱委托是在遗嘱公益化、事务化方面的一种有益补充类型。

本文之所以研究俄罗斯以遗嘱处分遗产的类型，旨在将以遗嘱处分遗产的各种类型之间的关系明确化，从而把握它们之间的共性和差异，在不违背社会公序良俗的前提下，为立遗嘱人自由处分遗产提供更多路径，进而促进私法自治精神在我国未来民法典继承编中真正落地生根。

（二）俄罗斯民法以遗嘱处分遗产类型的法律规定

众所周知，俄罗斯民法共经历三次法典化，作为最新法典化成果的《俄联邦民法典》可谓俄罗斯民法的集大成者。因此，首先以此为依据来讨论"俄罗

---

[1] 陈苇主编：《外国继承法比较与中国民法典继承编指定研究》，北京大学出版社 2011 年版，第 342 页。

[2] 《俄联邦民法典》第 1137 条第 1 款。

[3] 《俄联邦民法典》第 1137 条。

[4] 《俄联邦民法典》第 1139 条第 1 款第 1 项。

[5] 《俄联邦民法典》第 1139 条第 1 款第 2 项。

[6] 《俄联邦民法典》第 1139 条。

斯民法以遗嘱处分遗产的类型”显得尤为必要。

《俄联邦民法典》第三部分继承编第62章共以23个法律条文对遗嘱继承、遗赠、遗嘱委托进行了规范。[1] 其中，针对遗赠，第1137条和第1138条专门规定了遗赠的法律性质、实现方式、标的内容、受遗赠人的范围、产生的法律效果、执行方式；针对遗嘱委托，第1139条集中规定遗嘱委托以公益为目的的立法价值、非财产性质的遗嘱标的等与遗赠的不同之处。至于遗嘱继承，由于其是遗赠以及遗嘱委托的兜底性的以遗嘱处分遗产之类型，所以其适用的法条是除了仅适用于遗赠和遗嘱委托特殊规定外的第1118条至第1136条。具体而言，第1118条至第1121条规定了遗嘱是单方法律行为的法律性质[2]、遗嘱自由的内容[3]、遗嘱受益人的范围[4]；第1123条规定了遗嘱秘密受法律保护的规则[5]；第1124条至第1129条规定了遗嘱程序的一般规则[6]、具体的遗嘱形式（包括公证遗嘱[7]、密封遗嘱[8]、类公证遗嘱[9]、对在银行中货币资金权利处分的遗嘱[10]、紧急情况下的遗嘱[11]）；第1132条至第1136条规定了遗嘱执行的有关内容。[12] 需要说明的是，由于遗赠和遗嘱委托均采用了以遗嘱处分遗产的方式，所以，该二者除了独立适用自身相关的法律规范外，还必须遵守新法典第62章其他有关遗嘱的一般规定，例如：遗嘱的形式和程序。另外，有关限制遗嘱自由的规定虽然没有集中规定到本章节，但从限制遗嘱自由的立法目的来看，只有把该部分内容与本章内容一并介绍，方可从正反两方面对遗嘱得以深入理解。

二、俄罗斯民法以遗嘱处分遗产类型的历史沿革

“罗马不是一日建成的。”《俄联邦民法典》之所以能对遗嘱继承有如此详实的规定，与俄罗斯继承法的发展历程密切相关。众所周知，俄罗斯是一个极度

---

〔1〕 См.：Зайцева Т. И.，Крашенинников П. В./Наследственное право. Комментарий законодательства и практика его применения. 6-е изд.，перераб. и доп. -М.：Статут，2009. -46с.

〔2〕《俄联邦民法典》第1118条。

〔3〕《俄联邦民法典》第1119、1120条。

〔4〕《俄联邦民法典》第1121条。

〔5〕《俄联邦民法典》第1123条。

〔6〕《俄联邦民法典》第1124条。

〔7〕《俄联邦民法典》第1125条。

〔8〕《俄联邦民法典》第1126条。

〔9〕《俄联邦民法典》第1127条。

〔10〕《俄联邦民法典》第1128条。

〔11〕《俄联邦民法典》第1129条。

〔12〕《俄联邦民法典》第1132~1136条。

追求法律法典化的国家，从彼得一世设立法典编纂局至十月革命前完成的《俄罗斯帝国民法典草案》这两百余年间，俄罗斯帝国一直探索其民法法典化梦想，尽管这一梦想因十月革命而终止，但也为1922年和1964年《苏俄民法典》提供了可资参考的立法素材。[1] 另外，由于十月革命后俄罗斯建立了社会主义国家，客观上对民法产生了私法公法化的重大影响，因此本章以十月革命为节点，对俄罗斯遗嘱继承的发展沿革一探究竟。

（一）十月革命前的遗嘱继承制

在《罗斯法典》时代，[2] 遗嘱继承已经是古代俄罗斯的一种继承方式了，而且该时期遗嘱人的意志占有绝对地位，但遗嘱继承人只能是家庭成员，如果被继承人没有家庭成员，其财产只能归属罗斯王公。[3] 事实上，该时期一开始遗嘱继承和法定继承在内容上并无本质的区别，即“遗嘱只是立遗嘱人在法定的继承人之间分配财产的一种命令”。[4] 但随着东正教的引入，社会关系中出现了与亲生关系相似的宗教上的父亲，这样，立遗嘱人分配给自己子女财产的同时，还给予教会一部分财产。[5] 另外，该时期遗嘱的形式以口头遗嘱为通行习惯，但订立口头遗嘱并非个人意志，而是整个家庭的集体意志。

俄罗斯帝国时期，其民事立法同样承认遗嘱继承[6]和法定继承[7]是取得财产所有权的重要方式。[8] 此时的遗嘱具有如下特点：其一，只有年满20周岁的公民方可订立遗嘱。其二，遗嘱人的受益人不同，则订立和宣读遗嘱的地点也会有所差异。[9] 例如：为农奴立的遗嘱应当在法院、政府大楼、议会用质地良好的纸质书写，而家人则用一般的纸质在家书写即可。其三，精神病人、智障人员和自杀者所订立的遗嘱无效。

---

〔1〕 张建文：《俄罗斯民法典编纂史研究》，中国政法大学出版社2012年版，第132~137页。

〔2〕《罗斯法典》产生于11世纪至13世纪，是由《雅罗斯拉夫法典》《雅罗斯拉维奇法典》《摩诺马赫法规》组成的一部法律汇编。

〔3〕 王钺：《〈罗斯法典〉译注》，兰州大学出版社1987年版，第24页。

〔4〕 王钺：《〈罗斯法典〉译注》，兰州大学出版社1987年版，第15页。

〔5〕 王海军：《〈罗斯法典〉研究》，北京大学出版社2014年版，第4页。

〔6〕《俄罗斯帝国民事法律汇编》第1010~1103条。

〔7〕《俄罗斯帝国民事法律汇编》第1104~1221条。

〔8〕 См.：СК-Семейный кодекс РФ от 29 декабря 1995 г. с последними изменениями, внесенными Федеральным законом от 28 декабря 2004 г. № 185-ФЗ [СЗ РФ, 1996, №1, ст. 16; 2005, № 1 (ч. Ⅰ), ст. 11].

〔9〕 См.：Зайцева Т. И., Крашенинников П. В./Наследственное право. Комментарий законодательства и практика его применения. 6-е изд., перераб. и доп. -М.: Статут, 2009. -16с.

（二）苏联时期遗嘱处分遗产类型的形成

“十月革命”废除了以生产资料私有制为基础的沙俄民法，创造了原则上与之根本不同的社会主义民法，[1] 从此，极具公法色彩的苏俄民法持续了整个苏联时期，继承法方面亦概莫能外。具体而言，财产所有人去世后，不论是他的动产还是不动产均自动成为苏俄联邦社会主义共和国的财产；只有当存在无劳动能力的尊亲属、卑亲属、双血亲和单血亲的兄弟姐妹、配偶时，才可以取得部分财产，而遗嘱继承被认为是资本主义的体现而被禁止。[2]

随着新经济政策的过渡，苏联领导人认识到，私权得到一定程度的保护对国民经济的发展必不可少。因此，苏俄中央执行委员会于 1922 年颁布了《关于俄联邦苏维埃共和国依法保护公民私人财产的决定》。[3] 该决定不仅使继承法得以恢复，并且遗嘱继承方式也得以恢复，并最终在 1922 年《苏俄民法典》中得以确定，但仅能通过遗嘱的方式处分不超过 10 000 卢布价值的遗产；如果遗产价值超过 10 000 卢布，则超过部分归当地机关所有，[4] 而且不论法定继承人还是遗嘱继承人，其主体范围也仅限于直系近亲属（包括配偶、子女、孙子、曾孙子）和无劳动能力的受扶养人。[5] 该时期的遗嘱被承认是财产所有人给予一人或几人遗产的处分方式，该遗嘱须由公证机关颁发书面证明文件，并以该证明文件为准；若立遗嘱人不识字，则可由第三人代签字。

卫国战争的爆发对苏俄整个国家和每个公民的生活产生了巨大影响，残酷而复杂的战争环境不可能给战争服务人员提供正常公证遗嘱程序的机会，从而导致继承问题的大量出现。针对此情况，苏联战时中央人民委员会于 1942 年 9 月 15 日通过了《关于战时战争服务人员的遗嘱公证程序》，该规定极大地适应了现实生活，丰富了遗嘱的程序和形式。[6] 例如：为了解决战时军队中无公证机关的困境，允许军队的指挥官作为遗嘱的证明人。1964 年《苏俄民法典》与 1922 年《苏俄民法典》相比，进一步扩大了继承的财产范围，但是苏联立法仍禁止公民取得非劳动收入，并规定土地只能由国家所有，甚至公民个人的住房

---

〔1〕 李秀清、陈颐主编：《苏俄新法典》，上海人民出版社 2013 年版，第 6 页。

〔2〕 陈莹璐：《俄罗斯法定继承顺序的变化及其启示性研究》，中国政法大学 2016 年硕士学位论文，第 13 页。

〔3〕 Зайцева Т. И. , Крашенинников П. В. Наследственное право. Комментарий законодательства и практика его применения. 6-е изд. , перераб. и доп. -М. : Статут, 2009. -17с.

〔4〕 1922 年《苏俄民法典》第 416 条。

〔5〕 1922 年《苏俄民法典》第 418 条。

〔6〕 Зайцева Т. И. , Крашенинников П. В. Наследственное право. Комментарий законодательства и практика его применения. 6-е изд. , перераб. и доп. -М. : Статут, 2009. -22с.

继承也受到严格的限制。[1] 但同时，1964年《苏俄民法典》赋予遗嘱继承优先于法定继承的法律效力，如果遗嘱人剥夺了所有继承人的继承权，则遗产转归国家所有。[2] 另外，1964年《苏俄民法典》明确规定了遗赠制度和参照遗赠制度执行的遗嘱委托采取公益行动的法律规范。[3]

（三）当代俄罗斯民法以遗嘱处分遗产类型的发展

苏联解体之前，有关继承的立法由苏联和各加盟共和国联合制定，1961年继承法部分被列入民事基本法。苏联解体后的第二年，俄罗斯重新开始制定继承方面的法律，1991年的民事基本立法纲对苏联时期的继承法进行了彻底的革新，构建并完善遗嘱处分遗产的三种类型就是改革的主要表现之一。[4] 苏联解体后，俄罗斯重新制定继承方面的法律，1993年的《俄罗斯联邦宪法》在继承方面进行了规定，即“保障公民继承的权利”。[5] 俄罗斯能从宪法的高度保障公民的继承权利，与苏联解体后私权的快速发展密不可分。

综上所述，从新经济政策开始，在社会主义公有制的背景下，苏俄的继承权重新得以发展，并在《俄联邦民法典》中最终形成较为完善的继承体系，遗嘱继承、遗赠、遗嘱委托三种以遗嘱处分遗产类型基本形成。[6]

第二章　俄罗斯民法以遗嘱处分遗产类型的特点

俄罗斯的遗嘱和世界其他国家一样，均是公民取得财产所有权的方式之一，[7] 该定性不仅体现了遗嘱自由的极大发展，更承载着人类物质和精神财富的有效传承。俄罗斯现行民法典与1964年《苏俄民法典》或我国《继承法》相比，具有下列属性：其一，遗嘱继承作为遗嘱处分遗产最基本的类型，其主要特点有：遗嘱当事人范围扩大化、遗嘱形式多样化、遗嘱自由限制规则、遗嘱

---

〔1〕 1977年《苏联宪法》第13条、1978年《苏联宪法》第13条、1964年《苏俄民法典》第111条。

〔2〕 1964年《苏俄民法典》第527条第2、3款。

〔3〕 中国社会科学院法学研究所民法研究室译：《苏俄民法典》第538条、第539条，中国社会科学出版社1980年版，第254页。

〔4〕 中国社会科学院法学研究所民法研究室译：《苏俄民法典》第538条、第539条，中国社会科学出版社1980年版，第78~82页。

〔5〕《俄罗斯联邦宪法》第35条第4款。

〔6〕 1964年《苏俄民法典》以遗嘱处分遗产类型具体内容的介绍，会在后文与俄罗斯新民法典对比进行。

〔7〕《俄联邦民法典》第218条第2款第2项。

保密规则；[1] 其二，遗赠的独特之处体现在其产生债之效力等方面；其三，明确规定遗嘱委托为一种旨在实现公益目的的以遗嘱处分遗产的类型；其四，三种类型的差异主要体现在立法宗旨、遗嘱标的、法律效果等方面。总之，遗赠是为了实现无偿给予遗产的一种遗嘱处分方式，其实现须以继承的实现为前提。而遗嘱委托是一种公益化、事务化的遗赠，二者除了立法价值和遗嘱标的性质不同外，别无二致。遗嘱继承则是前面二者之外以遗嘱处分遗产的兜底性类型。[2]

一、俄罗斯遗嘱继承是以遗嘱处分遗产的基本类型

由于遗赠及遗嘱委托与遗嘱继承一样，均是以遗嘱的方式处分遗产，所以遗嘱继承作为遗赠和遗嘱委托之外以遗嘱处分遗产的兜底性类型，其主要特点也是另外两种类型的共同点。具体而言，俄罗斯民法对遗嘱当事人的要求、对遗嘱形式的规范、遗嘱自由限制规则（应继份规则[3]、保留胎儿份额规则[4]、禁止共同遗嘱规则[5]）、遗嘱保密规则等方面较我国立法先进，因此本章选取这几方面探讨俄罗斯遗嘱继承的特点。

（一）对遗嘱当事人的要求

第一，认定立遗嘱人具备完全民事行为能力的特殊规则，即俄罗斯民法对立遗嘱人的遗嘱能力做出了鉴定，即立遗嘱人订立遗嘱时必须具有完全行为能力。[6] 该规定看似与我国民法对适格立遗嘱人的要求别无二致，但深究一番，却也有不同。这主要体现在两国对完全民事行为能力的认定不同，即俄罗斯民法中未满 18 岁的公民自结婚之日起具有完全民事行为能力，[7] 而且根据地方自治机关的决议，结婚年龄可以降至 16 岁之前。[8] 至于 16 岁前结婚的程序和条件等问题由俄联邦各主体共和国的法律调整，而且该行为能力不会因在 18 岁

---

[1] 由于遗嘱继承是遗赠及遗嘱委托之外兜底性的以遗嘱处分遗产的类型，因此其主要特征也适用于后两种遗嘱处分遗产的类型。如此，这部分内容也可称为“俄罗斯民法以遗嘱处分遗产类型的共同特点”。

[2] См.：Е. А. Суханова, Гражданское право, Том Ⅱ, 3-е издание, WoltersKluwe, 2005, Под ред. -714с.

[3] 《俄联邦民法典》第 1148、1149 条。

[4] 《俄联邦民法典》第 1166 条。

[5] 《俄联邦民法典》第 1118 条第 4 款。

[6] 《俄联邦民法典》第 1118 条第 2 款。

[7] 《俄联邦民法典》第 21 条第 2 款第 1 项。

[8] См.：СК-Семейный кодекс РФ от 29 декабря 1995 г. с последними изменениями, внесенными Федеральным законом от 28 декабря 2004 г. № 185-ФЗ (СЗ РФ, 1996, №1, ст. 16; 2005, № 1 (ч. Ⅰ), ст. 17.

前离婚而丧失。另外，如果是法院确认该婚姻无效，则自该判决生效之日起，未成年一方将丧失完全行为能力，但并不因此否定其在结婚之日至判决婚姻无效之日实施的民事行为的效力。也就是说，该判决并不溯及既往，该未成年人自结婚之日到判决婚姻无效之日期间具有完全民事行为能力。

第二，遗嘱受益人范围扩大。当遗嘱委托存在受益人时，俄罗斯民法以遗嘱处分遗产三种类型中的受益对象均可以是公民、法人以及俄罗斯联邦、俄罗斯联邦各主体、地方自治组织甚至国际组织和外国国家中的任何人。[1] 另外，为了保障立遗嘱人自由处分其遗产，俄罗斯民法规定了替补遗嘱受益人规则（包括指定再继承人制度、替补遗赠及替补遗嘱委托受益人）。从其发展沿革来看，该制度并不是全新的举措，因为1964年《苏俄民法典》规定了在继承人先于立遗嘱人死亡、继承人不接受遗产的情况下，立遗嘱人有权指定再继承人，并在指定再继承人时，只能由立遗嘱人通过专门的遗嘱方式进行。[2] 但是《俄联邦民法典》的规定与1964年《苏俄民法典》的有关规定相比，指定再继承人不仅可以是遗嘱继承人，还可以是受遗赠人、遗嘱委托中的受益人。而且《俄联邦民法典》增加了：当立遗嘱人指定的遗嘱继承人或法定继承人出现与立遗嘱人同时死亡、继承开始后接受遗产前死亡、放弃继承、丧失继承权利或作为无权继承人被排除继承的情况时，立遗嘱人可以指定再继承人的情况。[3] 但增加的这几种情况也是穷尽的，不允许由立遗嘱人自行设定再继承人的事由，而是允许立遗嘱人在遗嘱中选择本条款规定的一种或几种具体情形下指定再继承人。总之，遗嘱受益人范围的扩大是对以遗嘱处分遗产类型的强化和补充。

（二）对遗嘱形式的严格规范

立遗嘱人要想通过遗嘱来处分其财产的行为有效，须按照法定的具体形式来表达自己的意志。《俄联邦民法典》以五个条文规定了公证遗嘱、类公证遗嘱、密封遗嘱、处分银行资金权利的遗嘱、紧急情况下的遗嘱五种具体的法定遗嘱形式。[4]

第一，公证遗嘱。俄罗斯的公证遗嘱是指经公证人员有效公证后的遗嘱，[5] 须具备如下条件方能有效：其一，经过公证的遗嘱应当由立遗嘱人亲自书写或由公证员记录其遗言，当然无论是立遗嘱人亲自书写，还是由公证员记

〔1〕《俄联邦民法典》第1116条。

〔2〕1964年《苏俄民法典》第536条。

〔3〕《俄联邦民法典》第1121条第2款。

〔4〕《俄联邦民法典》第1125~1129条。

〔5〕См.: Кириллова Е. А./Основания наследования в гражданском праве Российской Федерации: Монография. - М.: ИНФРА-М, 2014. -19с.

录其遗言，均可以借助技术手段（包括但不限于电子计算机、打字机）。[1] 但在由公证员记录立遗嘱人口授遗言的情况下，在进行公证遗嘱前，须由立遗嘱人在公证员在场时通读遗嘱全文。如果立遗嘱人不能亲自阅读遗嘱，则应由公证员向立遗嘱人通读全文，关于公证员向其诵读的事项，应当在遗嘱上进行相应的背书，并说明立遗嘱人不能亲自阅读遗嘱的原因。其二，应由立遗嘱人亲笔签名。[2] 如果是由其他人代替立遗嘱人签字，则须满足以下四个条件：①立遗嘱人身体存在缺陷、重病或者不识字导致其不能亲自在遗嘱上签字；②立遗嘱人向其他人请求代替在遗嘱上签字；③须在公证员在场的情况下进行代签；④遗嘱上应注明立遗嘱人不能亲自签字的原因，并根据立遗嘱人的请求，在遗嘱上签字的公民其身份证件的内容应在遗嘱上注明其姓、名、父称及住所地。[3] 同时，俄罗斯新民法典对代替立遗嘱人在遗嘱上签字的人的范围做了强制性规定，[4] 但由于该范围同上述见证人的范围一致，在此不再赘述。其三，进行公证遗嘱时，公证员须向立遗嘱人解释说明《俄联邦民法典》第 1149 条规定的应继份规则，并对解释说明的情况进行相应背书。

第二，类公证遗嘱的遗嘱。类公证遗嘱是指未经过公证程序而是经过法律规定的其他方式所证明且具有公证遗嘱法律效力的遗嘱。[5] 应当指出的是，此类遗嘱只有立遗嘱人订立遗嘱时处于非正常的生活环境且不可能以普通的公证程序订立遗嘱的情况时才可以进行。[6] 那么，类公证遗嘱具体有哪些类型呢？根据俄罗斯现行民法典，法定遗嘱类型有：①在医院（包括军医院、其他住院医疗机构）接受治疗的公民所订立的且经过这些医院机室主任医生、副主任医生或值班医生证明的遗嘱；[7] ②居住在养老院或残疾人福利院的公民所订立的且经过这些机构的院长或主任医生证明的遗嘱；[8] ③在悬挂有俄罗斯联邦国旗的船舶上行使的公民所订立的且经过该船舶船长证明的遗嘱；[9] ④在进行勘察（包括北极考察或其他类似的考察）的公民所订立的且经过该考察队队长证明的遗嘱；[10] ⑤军人及其家属（包括在没有公证员的军队驻地的军队文职人员及其

---

〔1〕《俄联邦民法典》第 1125 条。

〔2〕《俄联邦民法典》第 1125 条第 3 款第 2 项。

〔3〕《俄联邦民法典》第 1125 条第 3 款第 2 项。

〔4〕《俄联邦民法典》第 1124 条第 2 款。

〔5〕《俄联邦民法典》第 1127 条。

〔6〕《俄罗斯联邦公证法》第 37、38 条。

〔7〕《俄联邦民法典》第 1127 条第 1 款第 1 项。

〔8〕《俄联邦民法典》第 1127 条第 1 款第 2 项。

〔9〕《俄联邦民法典》第 1127 条第 1 款第 3 项。

〔10〕《俄联邦民法典》第 1127 条第 1 款第 4 项。

家属）所订立的且经过该军队指战员证明的遗嘱；⑥在剥夺自由场所服刑的公民所订立的且经过该剥夺自由场所负责人证明的遗嘱。[1]

对此须做出说明的是，属于剥夺自由的改造机关有：劳动改造场所、强制教育场所、监狱、改造机关的医疗机构等。[2] 其中，由于侦察隔离比较特殊，所以本文在此作出特殊解释：侦察隔离只有在已判决公民订立遗嘱时，侦查机关的负责人才可作为该遗嘱的证明人。[3] 订立类似遗嘱的规定在《俄联邦民法典》之前就有，与1964年《苏俄民法典》第541条之规定相比，现行规定修正了有权证明该类似遗嘱证明人的封闭范围。

俄罗斯现行民法典虽然极大拓宽了可订立类公证遗嘱的适用范围，但同时也严格了订立该遗嘱的程序。其一，类公证遗嘱须在该遗嘱的证明人和见证人在场的情况下，由该遗嘱的立遗嘱人和见证人在该遗嘱上亲笔签字。[4] 其二，类公证遗嘱经过《俄联邦民法典》第1127条规定的证明人证明后，一旦具备公证条件，该遗嘱证明人应当将该遗嘱移送立遗嘱人居住地的公证员或者通过司法行政机关移送给相应的公证员。[5] 其三，本形式中的遗嘱证明人并不是该类遗嘱的排他性证明人。如果在出现可订立本遗嘱形式的情形下，立遗嘱人希望由公证员证明其遗嘱且有可能实现该立遗嘱人意愿时，则有义务证明该遗嘱的人应当采取一切措施邀请公证员到立遗嘱人处进行遗嘱公证。[6]

第三，俄罗斯民法中的密封遗嘱是一种独立的形式，其主要特征是：公证员无法知晓其中的内容，而且也不能通过公证来证明它的内容。[7] 在此情况下，通过公证所证明的不是遗嘱内容本身，而是订立遗嘱和移送给公证员的事实行为。该遗嘱类型的产生是遗嘱自由进一步发展的体现，但是由于对该遗嘱中的立遗嘱人的最后意思表示的内容无法监督，因此，法律要求设立该遗嘱必须遵守更为严格的订立程序就具有了格外重大的意义。具体表现如下：

一是该遗嘱不仅要求立遗嘱人亲笔签名，还须立遗嘱人亲笔书写该遗嘱的

---

〔1〕《俄联邦民法典》第1127条第1款。

〔2〕《俄罗斯联邦刑事执行法典》第74条。

〔3〕 См.：Кириллова Е. А. Основания наследования в гражданском праве Российской Федерации: Монография. - М.：ИНФРА-М, 2014 . -110с.

〔4〕《俄联邦民法典》第1127条第1款。

〔5〕《俄联邦民法典》第1127条第3款。

〔6〕《俄联邦民法典》第1127条第4款。

〔7〕 См.：Комментарий к части третьей Гражданского кодекса Российской Федерации（Второе издание），Институт законодателества и спранительного правоведения при правительстве Р. Ф. 2006, - 76с.

内容，出现遗嘱争议时，就可以为笔迹鉴定或其他鉴定提供必要的物质材料。[1] 对此，有观点认为，本遗嘱形式与《俄联邦民法典》第1125条第1款之公证遗嘱在订立遗嘱时可以使用打印机、计算机等现代技术手段的规定相冲突，[2] 但本文认为，第1125条第1款之规定是一般规则，而本规则是特殊规定，应根据特殊规则优先一般规则的法理来处理即可。

二是在本遗嘱形式中首次规定，宣读密封遗嘱是必经程序，即公证员收到立秘密遗嘱人的死亡证明后，须在15日内当着至少两名见证人和自愿在场的法定继承人及其他利害关系人的面开启装有密封遗嘱的信封，并宣读之，而且公证员对此过程须做全程笔录，还要求公证员和见证人均在该笔录上签字。[3] 对此，须说明两点：其一，该过程中的见证人不仅受《俄联邦民法典》第1124条第2款的限制，还不得是法定继承人等利害关系人。其二，该过程中的见证人若不在全程笔录上签字，仅影响该遗嘱的执行，而不影响该密封遗嘱本身的效力。

三是由于密封遗嘱特性，密封遗嘱的原件只能由公证处保管，继承人只可能获得密封遗嘱的复印件，以防止有关该密封遗嘱发生纠纷时，无原始材料可作为证据。另外，谈及密封遗嘱的效力，尽管其是一种特殊的遗嘱，但是可以根据一般的程序撤销或改变它，但不少俄罗斯法学家提议，密封遗嘱只能通过新的密封遗嘱撤销或改变。[4]

四是银行资金权利的遗嘱处分书作为一种处分遗产的特殊形式，其独特之处有：其一，该遗嘱处分书是以普通书面形式订立且通过资金所在银行机构的工作人员证明的遗嘱。从这个意义上讲，它类似于类公证遗嘱，但是有关处分银行资金的遗嘱的订立程序由俄联邦民法典授权俄罗斯联邦政府来规定。另外，《俄联邦民法典》第1128条比之前1964年《苏俄民法典》第561条创新之处在于后者遗嘱处分的客体仅包含银行储存资金，而前者遗嘱处分的客体扩展到任何票据，如企业家私人的支票等。其二，立遗嘱人在订立该遗嘱处分书时，应

---

[1] См.: ГУев. А. Н. постатейный комментарий к части третьей Граждансткого кодекса Российской Федерации. М.: ИНФРА-М, 2002, с-53.

[2] См.: Комментарий к части третьей Гражданского кодекса Российской Федерации (Второе издание), Институт законодателества и спранительного правоведения при правительстве Р. Ф. 2006, -54с.

[3] 《俄联邦民法典》第1126条第4款。

[4] См.: Комментарий к части третьей Гражданского кодекса Российской Федерации (Второе издание), Институт законодателества и спранительного правоведения при правительстве Р. Ф. 2006, -58с.

当亲笔签字且注明订立该遗嘱处分书的时间、地点及该立遗嘱人的居住地、姓、名、父称，甚至继承人是公民的，还应注明该公民的姓、名、父称，如果继承人是法人的，应注明该法人的全称和住所地。[1] 其三，在立遗嘱人本人了解了与订立遗嘱处分书相关法条的内容后，[2] 银行机构的工作人员方可进行证明该遗嘱处分书。其四，遗嘱处分书是由经过银行工作人员证明和银行盖章的两份遗嘱，一份由立遗嘱人保存，另一份在银行专门装订遗嘱处分书的档案中登记后，由银行保存。其五，对银行资金权利的遗嘱处分书的废止或变更，立遗嘱人不仅可以通过向订立该银行资金权利的遗嘱处分书的银行请求废止或变更，还可以通过一般的程序来废止或变更该遗嘱处分书，即通过订立公证遗嘱来处分所有的财产或已在该遗嘱处分书处分过的全部或部分银行资金来废止或变更该遗嘱处分书的相应内容。但银行资金权利的遗嘱处分书只能变更或废止之前相应的银行资金权利的遗嘱处分书，而不能对经过其他遗嘱方式处分的财产进行处分。[3]

五是俄罗斯民法中紧急情况下的遗嘱是指立遗嘱人处于法律规定的紧急情况下且不可能通过《俄联邦民法典》第 1124 条至第 1128 条规定的其他遗嘱形式订立遗嘱时，立遗嘱人可以通过简单书面形式对自己的财产作最后的意思表示。[4]

对此概念，首先，必须解释何为紧急情况。紧急情况是指欲立遗嘱的人明显处于生命危险且没有机会通过《俄联邦民法典》第 1124 条至第 1128 条规定的其他遗嘱形式订立遗嘱的状态。须进一步指出的是，生命危险的出现除了自身原因外，还可能是自然灾害、意外事故、武装侵略等造成的。[5] 其次，该遗嘱须像密封遗嘱一般，由立遗嘱人亲笔书写、签名且经两名见证人见证，至于该两名见证人则可以不知道遗嘱的内容，但必须在该遗嘱上签字。在实践中有这样一种困境，即见证了订立紧急情况下的遗嘱的一个或两个见证人在法院审理该遗嘱案前已死亡，在此情况下导致法院无法有效地核实见证的事实。再次，

---

〔1〕 См.: Комментарий к части третьей Гражданского кодекса Российской Федерации (Второе издание), Институт законодателества и спранительного правоведения при правительстве Р. Ф. 2006, -59-61с.

〔2〕《俄联邦民法典》第 1128 条之对银行资金权利的处分书、第 1130 条之遗嘱的变更和废止、第 1149 条之应继份规则、第 1150 条之配偶的继承权、第 1152 条之接受遗产的规则。

〔3〕《俄联邦民法典》第 1130 条第 6 款。

〔4〕《俄联邦民法典》第 1129 条。

〔5〕《俄联邦民法典》第 1129 条第 1 款。

订立紧急情况下的遗嘱的有效期限为该紧急情况消失之日起一个月。[1] 如果在该期限内立遗嘱人未按照《俄联邦民法典》第 1124 条至第 1128 条的规定另行订立遗嘱，则该紧急情况下订立的遗嘱将失去法律效力。而且，该期限不会因立遗嘱人有正当理由未订立新的遗嘱而被法院中止、中断。也就是说，从紧急情况消失之日起至立遗嘱人有机会按照正常程序订立遗嘱时止，该期限适用民法的一般规则来计算。最后，在紧急情况下订立的遗嘱，只有法院根据利害关系人在接受遗产的期限届满前提出的请求，证实了该遗嘱是在紧急情况下订立这一事实后，方可被执行。由于该法对利害关系人并未作出明确鉴定，因此，该利害关系人既可以是与该遗嘱有物质利害关系的公民，也可以是法人。

综上所述，与我国法定遗嘱形式相比，俄罗斯新民法典法定遗嘱形式更为丰富，订立遗嘱的手段更符合社会现实，其中的法定遗嘱形式普遍受制于书面形式和公证员或其他证明人证明的强制要求，没有像我国民法中自书遗嘱、口头遗嘱等较为灵活的遗嘱形式。[2] 因此，在遗嘱形式的总体要求方面，俄罗斯没有我国自由、灵活；而在具体遗嘱形式中，则比我国更加细致，更具有可操作性。

（三）遗嘱自由限制规则

第一，应继份规则。俄罗斯民法应继份规则虽被规定在法定继承一章中，但从其精神内涵来看，不难发现其主要是为了限制遗嘱自由从而实现遗产救助抚养功能而存在的，俄罗斯新民法典明确规定了遗嘱自由受应继份规则的限制。[3] 该规则的适用是以存在以遗嘱处分遗产的方式为前提的，若无遗嘱，该规则就无任何意义。因此，从实质上看，该规则是为限制遗嘱自由而生的，将其置于遗嘱继承这一章更符合法理逻辑。但有了遗嘱处分财产，并不意味着必然适用应继份规则，应继份规则的适用须满足“应继份继承人被遗嘱处分遗产剥夺或变相剥夺其获得应继份遗产的权利”条件。[4]

另外，应继份规则的适用对象仅限于以下两种当中至少具有一种情形的继承人：①未成年子女或无劳动能力的子女、配偶、父母；②根据《俄联邦民法典》第 1148 条第 1 款和第 2 款应参加继承的无劳动能力的受供养人。[5] 从上述适用对象的条件不难得出，第一种接受应继份遗产权利的继承人是法定继承中

---

〔1〕《俄联邦民法典》第 1129 条第 2 款。

〔2〕《俄联邦民法典》第 1124 条。

〔3〕《俄联邦民法典》第 1119 条第 1 款第 2 项。

〔4〕 См.: Кириллова Е. А. Основания наследования в гражданском праве Российской Федерации: Монография. – М.: ИНФРА–М, 2014. –43с.

〔5〕《俄联邦民法典》第 1149 条第 1 款。

无劳动能力的第一顺序继承人和未成年的子女。值得一提的是，在18岁之前结婚的子女也享有应继份遗产的权利，不论该子女是否为被继承人所抚养。[1] 俄罗斯民法规定受被继承人供养且无劳动能力的继承人须同时满足以下条件：①法定继承人在继承开始时无劳动能力；②该法定继承人不属于参加继承的顺序；③须在被继承人死亡前受被继承人供养一年以上。[2] 要求同时满足上述三个条件的硬性规定，在法理上与代位继承人成为应继份继承人产生了冲突。例如：在被继承人死亡前由被继承人抚养了一年以上无劳动能力的孙子女可以根据代位继承规则在其父亲死亡后进行代位继承，成为第一顺序继承人，[3] 但根据上述条件，其不满足第二个条件，这导致该孙子女在遗嘱处分了所有遗产给其他人的情况下无法成为应继份继承人。可见，第二种应继份继承人的确定条件无意中与应继份规则保障立遗嘱人近亲属等生存利益的精神相背离。

对于上述问题，如果否定前者的回答，那么就与立法规定应继份规则的追求目的相矛盾，而要真正回答上述问题，关键在于应继份遗产的确定。为解决该问题，有必要对俄联邦民法典中应继份继承人的条件作出修改。

应继份规则中的另一重要问题是，如何确定应继份继承人具体的应继份。对此，俄罗斯新民法典规定，继承至少每一位法定继承人应继份额的1/2。[4] 事实上，类似的规定在1964年《苏俄民法典》中就出现过，只不过当时规定的份额是不得少于法定继承人应继份额的2/3。[5] 由于应继份规则具有限制遗嘱自由原则绝对化及保障与立遗嘱人有密切关系的人（如近亲属）的基本生活的社会保障功能，因此，在确定具体的应继份时，也应本着该使命进行。

具体而言，不论是通过遗嘱处分的遗产还是法定继承的遗产，所有的遗产都应当确定应继份的标的，但确定具体的应继遗产份额时，需要根据不同的情况来确定适用遗产的顺序。即取得遗产中应继份的权利优先由未立遗嘱的遗产部分来实现，未立遗嘱的遗产部分无法实现应继份权利时，才可用已立遗嘱的

---

[1] См.: Комментарий к части третьей Гражданского кодекса Российской Федерации / Под ред. А. Л. Маковского и Е. А. Суханова. М., 2002, с. 183. Автор комментария к ст. 1148 ГК – А. Л. Маковский.

[2] 《俄联邦民法典》第1148条第1款。

[3] См.: Кириллова Е. А./Основания наследования в гражданском праве Российской Федерации: Монография. – М.: ИНФРА-М, 2014. -87с.

[4] 《俄联邦民法典》第1149条第1款。

[5] См.: постановление Пленума Верховного Суда РФ от 22 апреля 1992 г. №8, О применении судами Российской федерации постановлений Пленума Верховного Суда СССР, (в редакции постановления от 21 декабря 1993 г. № 11) // Сборник постановлений Пленума Верховного Суда Российской Федерации, 1961-1996, М., 1997. С. 8.

财产满足该权利。[1] 该规则必然导致其他法定继承人继承遗产的份额降低，甚至可能直接导致其他法定继承人继承遗产的权利无法实现。[2] 例如：立遗嘱人将遗产价值110万卢布的房屋以遗嘱的方式分给其外甥女，而其未经遗嘱处分的遗产是10万卢布的存款，现被继承人的法定继承人有其配偶、两个子女，其中一个未成年子女有取得应继份遗产的权利。那么根据上述规则，该未成年孩子的遗产应继份为至少所有遗产的1/6，即至少20万卢布，应优先由未经遗嘱处分的遗产10万卢布来实现，这样，上述该配偶和另一成年子女相当于没有取得任何遗产，而剩余未实现的至少10万卢布应继份才由经遗嘱处分的价值为110万卢布的房屋实现。倘若上述案例中已用遗嘱处分的遗产是价值120万卢布的房屋、未经遗嘱处分的遗产是60万卢布的存款，则相应地上述未成年子女的遗产应继份至少为30万卢布，而未经遗嘱处分的遗产剩下的30万卢布则由上述被继承人的配偶和另一成年子女按法定继承各自获得15万卢布。

如果无论根据什么规则，转移给应继份继承人的遗产都不少于应继份，那么就可以完全根据《俄联邦民法典》第1149条第2款和第3款执行遗嘱了，在此情况下，取得应继份遗产权利的实现不会总是导致遗嘱全部或部分无效。

应继份的适用也受到继承权人身属性的限制。其一，有权接受应继份的部分遗产的继承人，不得按照转继承的规则将其接受应继份的权利转移给他的继承人。[3] 其二，由于应继份的权利具有专属保障应继份继承人基本生活需求的性质，因此不允许为了其他继承人的利益而放弃该权利。[4] 其三，应继份遗产继承人同样适用无权继承人的规则，即应继份规则的适用以该继承人有继承权为前提，否则此继承人无法获得应继份遗产。[5] 其四，有关应继份规则的《俄联邦民法典》第1149条第4款本身也是对该规则适用的限制。[6] 该条款规定了减少应继份以及判决不给付应继份的可能性，但是该可能性只有在经过司法程序且遵守本规范解释的条件下才可能变成现实。

综上所述，应继份规则生来就是为了防止遗嘱自由原则绝对化及立遗嘱人近亲属基本生活保障的落空，因此，俄罗斯民法中以遗嘱处分遗产的类型都理应受到应继份规则的规制，即不论遗嘱继承还是遗赠抑或遗嘱委托，处分遗产时，都不得对抗应继份规则。

---

〔1〕《俄联邦民法典》第1149条第2款。
〔2〕《俄联邦民法典》第1149条第2款。
〔3〕《俄联邦民法典》第1156条第3款。
〔4〕《俄联邦民法典》第1158条第1款。
〔5〕《俄联邦民法典》第1117条第4款。
〔6〕《俄联邦民法典》第1149条第4款。

第二，遗产分割时，应当给可能成为继承人的胎儿预留遗产份额，即按照遗嘱进行遗产分割时，不得损害可能成为继承人的胎儿的利益，即在胎儿出生前，其他继承人不得分割该胎儿可能继承的遗产。[1] 上述规则说明，虽然俄罗斯民法中胎儿出生前不得分割遗产的规定不妨碍立遗嘱人自由订立遗嘱，但从法律效果来讲，该规则实质上改变了遗嘱的处分效力。

第三，遗嘱只能是一个人的遗嘱处分，不允许由二人或二人以上订立同一份遗嘱。[2] 据此，即使是该二人或二人以上在生前共有某一财产，但他们处分其死后财产时，必须是各自处分各自的财产。这样的规则甚至适用于共有人一致同意把他们的共有财产通过遗嘱处分给一人或彼此的情形，若违反此规定，将直接导致该遗嘱无效。

《俄联邦民法典》之所以禁止共同遗嘱，是基于尊重遗嘱自由及与共同遗嘱在实践操作中的不少问题密切相关的。的确，共同订立遗嘱在一定程度上限制了各立遗嘱人单独表达处分自己财产的意志，而且在订立共同遗嘱后，对该遗嘱的废止或变更必然要求共同立遗嘱人才可进行，如果此时的共同立遗嘱人不能达成一致，则将无法废止或变更该共同遗嘱，也就限制了遗嘱自由原则的发挥。[3] 对此，本文认为，民法作为私法，应当尽可能地尊重和维护公民通过遗嘱处分财产的自由。如果共同遗嘱中的立遗嘱人选择了捆绑遗嘱的方式来处分其财产，则应当尊重他们的选择，至于此遗嘱类型导致的实践操作的困境，则应通过其他方式解决。

（四）遗嘱保密规则

俄罗斯新民法典规定，辅助立遗嘱人订立遗嘱的公证员或其他证明人、见证人等相关人员有义务对其所知悉的遗嘱内容、遗嘱订立、遗嘱变更或废止等信息保密，若上述人员侵犯了立遗嘱人的遗嘱秘密，则立遗嘱人有权要求侵害人赔偿精神损失，还可通过《俄联邦民法典》规定的其他救济方式维护其遗嘱秘密的权利。[4]

二、遗赠是免除受遗赠人遗产义务的遗嘱处分类型

俄罗斯民法中的遗赠虽然也采用了遗嘱的方式处分遗产，但其是不同于遗嘱继承的另一种以遗嘱处分遗产的重要类型。俄罗斯新民法典对其规定的主要内容有：遗赠的内涵、遗赠标的扩大化、遗赠产生债之效力、遗赠执行的有限

---

〔1〕《俄联邦民法典》第1166条。

〔2〕《俄联邦民法典》第1118条。

〔3〕См.：Е. А. Суханова, Гражданское право, Том Ⅱ, 3-е издание, Wolte rsKluwe, Под ред. 49-с.

〔4〕《俄联邦民法典》第1123条、第12条。

性和优先性。[1]

（一）遗赠“无偿给予”的内涵

众所周知，俄罗斯法律继受于罗马法，而罗马法中的遗赠仅是一种单纯的财产转移，而遗产继承则取决于继承人资格的取得，[2] 因此罗马法中的遗赠并不能产生继承法的特有结果。[3] 到了 12 世纪，随着教会法的兴盛，为鼓励个人将遗产捐赠给教会，教会法许可个人以遗赠的方式捐赠遗产，从此遗赠就成为一种以遗嘱处分遗产的独立方式。近代以来，大陆法系国家把遗赠分为概括遗赠和特定遗赠。[4] 前者是指以全部或部分遗产为遗赠标的，且受遗赠人还须承担类似继承人的义务；后者是指以某项特定财产为遗赠标的，但该受遗赠人不承担继承人的义务，其地位通常相当于遗产的债权人，享有向遗赠义务人请求交付遗赠物的权利，[5] 而俄罗斯民法中的遗赠制度继受于《德国民法典》，正是由特定遗赠发展而来。[6]

俄罗斯新民法典为了响应遗嘱自由原则以及“立遗嘱人有权在遗嘱中处分其财产，包括新民法典关于遗嘱的规则所规定的其他处分”之规定[7]，在第 1137 条中规定了遗赠这一以遗嘱处分遗产的类型。遗赠是指立遗嘱人有权责成一个或者数个遗嘱继承人或法定继承人以遗产为一个或者数个受遗赠人承担履行某种财产性质的义务，该受遗赠人具有请求履行该义务的权利。[8] 从该定义中不难发现，俄罗斯民法除了将遗赠定性为产生债之法律关系外，还具有如下特点：①遗赠的标的仅限于继承人按照遗嘱无偿给予受遗赠人财产性质的权益；[9] ②履行遗赠的义务人只能是立遗嘱人遗嘱中指定的继承人（包括法定继

[1] 《俄联邦民法典》第 1135 条第 4 款、第 1137 条、第 1138 条、第 1140 条、第 1160 条。

[2] 李宏：《遗嘱继承的法理研究》，中国法制出版社 2010 年版，第 34 页。

[3] [意] 彼得罗·彭梵得：《罗马法教科书》，黄风译，中国政法大学出版社 1992 年版，第 497 页。

[4] 陈苇主编：《外国继承法比较与中国民法典继承编指定研究》，北京大学出版社 2011 年版，第 428 页。

[5] 陈苇主编：《外国继承法比较与中国民法典继承编指定研究》，北京大学出版社 2011 年版，第 429 页。

[6] См.：Комментарий к части третьей Гражданского кодекса Российской Федерации（Второе издание），Институт законодателества и спранительного правоведения при правительстве Р. Ф. 2006，-56с.

[7] 《俄联邦民法典》第 1119 条第 1 款。

[8] 《俄联邦民法典》第 1137 条第 1 款。

[9] См.：Комментарий к части третьей Гражданского кодекса Российской Федерации（Второе издание），Институт законодателества и спранительного правоведения при правительстве Р. Ф. 2006，-59с.

承人和遗嘱继承人);[1] ③受遗赠人范围仅限于人，而不包括动物。总之，俄罗斯民法遗赠的核心价值就是“无偿给予”。

（二）遗赠标的的多样化

遗赠标的内容在俄罗斯新民法典中进行了规定，大致分为三类：①对所有权的遗赠；②对用益物权（包括但不限于住宅的占有、使用）的遗赠;[2] ③对财产性质行为的遗赠（包括但不限于为受遗赠人提供一定的服务或给付行为）。但本法典并未对遗赠标的的内容作出穷尽性规定，因此，即使在本法典没有列明的遗赠内容中，立遗嘱人仍有权要求继承人永久地或按期向受遗赠人履行义务。特别是，本法典规定了可以将遗产中住房的全部或一部分的使用权提供给受遗赠人。[3] 事实上，这样的内容在1964年《苏俄民法典》中的第538条进行了规定，而新法的新颖之处在于其不限于对房屋的终身使用权，还可以是对房屋一定时间的使用权。

另外，受遗赠人对遗产的使用权不会因继承人向他人转移该遗产的所有权而受到影响。[4] 同样，该类似的规定在1964年《苏俄民法典》中的第538条就存在了，但其仅限于房屋，而新法是针对任何财产而言的，这样就较大地丰富了立遗嘱人处分财产的范围。但须强调的是，上述遗产均须独立于继承人的日常生活用品且不得影响其日常生活之需求，因为立遗嘱人也无权处分这些财产。

（三）遗赠产生债之法律效力

遗赠是立遗嘱人责成继承人向受遗赠人无偿给予一定财产权益的单方法律行为，其产生债的法律效果始于遗嘱，终于债之关系的形成。[5] 但这是一种特殊的债，在该债之法律关系中，立遗嘱人仅是处分债之标的（遗产权利）的当事人，而不是债权债务关系本身的当事人。[6] 总之，俄罗斯民法遗赠产生的法律效力一般是债之关系，即赋予了受遗赠人向继承人请求履行遗赠标的之债权，但不能直接从遗嘱人死亡时取得所受赠遗产的物权等权益。

---

〔1〕 См.: Комментарий к части третьей Гражданского кодекса Российской Федерации (Второе издание), Институт законодателества и спранительного правоведения при правительстве Р. Ф. 2006, -59с.

〔2〕《俄联邦民法典》第1137条第2款第1项。

〔3〕《俄联邦民法典》第1137条第2款第2项。

〔4〕《俄联邦民法典》第1137条第2款第3项。

〔5〕《俄联邦民法典》第1137条第3款。

〔6〕 См.: Кириллова Е. А./Основания наследования в гражданском праве Российской Федерации: Монография. -М.: ИНФРА-М, 2014, -15с.

至于遗赠产生债之法律关系的特点，可归纳为以下三点：其一，受遗赠的权利不可转移给第三人，因为该权利与受遗赠人的人身本身有着密切的联系，这不同于纯粹的财产契约关系；其二，受遗赠人行使自己的请求权是有期限的，即自继承开始之日起连续3年为止，而且该期限不能中止、中断、恢复。这不同于一般债中2年的诉讼时效；其三，立遗嘱人在法律规定的情况下，可以指定另一受遗赠人享有受遗赠的权利。〔1〕

（四）遗赠执行的有限性和优先性

虽然俄联邦民法典把遗赠产生的法律效力定性为债的法律关系，但其与普通债的执行相比存在如下限制：其一，继承人执行遗赠时，不仅以其实际所取得的遗产价值为限，而且还以应受遗赠财产扣除受遗赠人欠立遗嘱人债务的遗产为限；如果在遗赠中遗赠人没有特别说明，则由履行遗赠义务的几个继承人按各自继承遗产的份额决定各自所承担的义务。〔2〕例如：遗赠人责成其配偶和两个子女向受遗赠人支付30 000卢布，同时在遗嘱中指定由其配偶继承其一半的财产、子女继承另一半财产的情况下，则应由该配偶向受遗赠人支付5000卢布、子女分别向受遗赠人支付2500卢布；其二，遗赠受领人接受遗产权利的有限性。〔3〕即除了给原受遗赠人指定另一受遗赠人外，承担遗赠债务的继承人在受遗赠人先于或同时与遗赠人死亡、拒绝受领、自继承开始后3年内未受领以及被剥夺受领权利的情况下，可以免除履行遗赠的义务。

那么，同时存在被继承人生前之债权人、受遗赠人、继承人的情况下，他们三者对遗产取得的先后顺序是怎样的？其一，由于俄罗斯民法把遗赠产生的法律效力定性为债之效力，那么在同一遗产上既有受遗赠人又有遗嘱继承人的情况下，根据遗赠“无偿给予”的特性，应当由受遗赠人优先取得该遗产。其二，根据俄罗斯民法对遗赠的定性，遗赠仅产生的是受遗赠人获得向继承人请求给付遗产的债权，按照先债优于后债的原理，受遗赠的权利不得与立遗嘱人生前之债权对抗。其三，俄罗斯民法中清偿立遗嘱人债务的义务人正是法定继承人和遗嘱继承人，〔4〕因此，立遗嘱人生前债务的债权人在程序上应当向继承人、遗嘱执行人请求清偿债务，而与受遗赠人一般无直接的法律关系。但遗赠具有取得遗产的优先效力并不是绝对的。遗赠的执行受应继份规则〔5〕、遗产应当优先偿付因被继承人死亡或因遗产的保护和管理而发生的费用（包括但不限

〔1〕《俄联邦民法典》第1137条第4款。

〔2〕《俄联邦民法典》第1138条第2款。

〔3〕《俄联邦民法典》第1138条第3款。

〔4〕《俄联邦民法典》第1175条。

〔5〕《俄联邦民法典》第1149条。

于丧葬费、遗产保护管理费、遗产执行费）等规则[1]的限制。

三、遗嘱委托是旨在实现公益目的的遗嘱处分类型

俄罗斯民法中的遗嘱委托虽然由遗赠制度发展而来，但现行民法典将其规定为不完全等同于遗赠的另一种以遗嘱处分遗产的类型则基于其独立价值。俄罗斯新民法典对其主要内容进行了规定：遗嘱委托的内涵、遗嘱委托标的的范围、遗嘱委托的立法价值。[2]

（一）遗嘱委托的概念及特点

俄罗斯民法中的遗嘱委托是指立遗嘱人以订立遗嘱的方式委托一个或者多个继承人实施旨在实现某种公益目的的财产性质或非财产性质的行为。[3] 由于遗嘱委托脱胎于遗赠，所以在法律属性方面，其更接近于遗赠。同样，遗嘱委托也只能以订立遗嘱的方式进行，而且此时的遗嘱同遗赠一样，内容均可以全部是遗嘱委托的内容。另外，当遗嘱委托的客体是财产性质的行为时，其直接适用遗赠执行的有关规定。[4] 但二者仍有如下不同：

其一，遗嘱委托着重于继承人履行财产或非财产性质的义务。例如，遗嘱人有权责成继承人履行喂养、照顾、监管属于遗嘱人家畜的非财产性义务，而遗赠仅限于履行财产性质的义务；[5] 其二，实施遗嘱委托的现实意义旨在公益目的的实现；[6] 其三，遗嘱委托的义务不仅可以委托全部或部分的继承人来执行，而且还可以由继承人之外的遗嘱执行人执行，但只有在遗嘱中专门用部分遗产给执行遗嘱委托预留必要费用的情况下，继承人之外的遗嘱委托执行人才可以作为义务人；[7] 其四，遗嘱受益对象不同。遗嘱委托可以指定义务人饲养、监管及照料属于立遗嘱人的家养动物，而遗赠的受益对象不能是物（动物不是物，但也参照物的法律地位）。

从上述特征可以看出，遗嘱委托制度与遗赠制度最大的不同在于遗嘱委托的标的可以是以公益为目的实施非财产性质的行为。这意味着：其一，在遗嘱委托中，执行非财产性质的行为不适用以继承人获取的遗产价值为限的规则，但是除了执行遗嘱委托的行为与取得的遗产有密切联系外。其二，请求执行遗

---

〔1〕《俄联邦民法典》第1174条。

〔2〕《俄联邦民法典》第1117条、第1135条第4款、第1139条、第1138条、第1140条、第1160条。

〔3〕《俄联邦民法典》第1139条第1款。

〔4〕《俄联邦民法典》第1139条第2款。

〔5〕《俄联邦民法典》第1139条第1款第2项。

〔6〕《俄联邦民法典》第1139条第1款第2项。

〔7〕《俄联邦民法典》第1139条第1款第1项。

嘱委托中非财产性质行为的请求权是不受时效限制的。[1] 其三，执行遗嘱委托的请求权不具有人身性质，因为该请求权可以由利害关系人（包括承担公益职责的机构）享有。[2]

总之，遗嘱委托作为一种以公益为目的的遗嘱处分遗产类型，符合当今民法趋向社会公益的发展潮流。

（二）遗嘱委托的发展趋势

俄罗斯民法遗嘱委托肇端于罗马法遗嘱信托，随着俄罗斯经济全球化和市场化的发展，在继承法中有关以遗嘱进行事务性处理多样化的同时，旨在遗产增值的管理也会增多，因此，虽然俄罗斯民法中目前没有遗嘱信托制度，但俄罗斯公民对遗嘱信托的需求必然会体现在遗嘱委托的发展变化中。可以说，具有债权效力的遗嘱委托一定会在未来吸收倾向于产生物权效力的遗嘱信托中对财产专业化处理的有关内容。

需要补充说明的是，遗赠或遗嘱委托中的义务执行人在意外情况下，可发生转移，即如果出现本应履行遗赠义务或遗嘱委托的继承人先于或同时与立遗嘱人死亡、不接受遗产、放弃继承、丧失继承的权利或作为无权继承人被排除继承的情况，立遗嘱人未指定再继承人从而导致该继承人遗产份额转移给其他继承人时，一般接受该遗产份额的继承人应当履行遗赠义务或遗嘱委托。[3] 但是，若遗嘱中明确指定仅限由特定的人履行遗赠义务或遗嘱委托时，在该特定的继承人未能按照遗嘱接受遗产的情况下，该遗赠或遗嘱委托的效力就不能及于其他接受该遗产份额的继承人。

四、俄罗斯民法以遗嘱处分遗产类型的差异

虽然遗嘱继承、遗赠、遗嘱委托均是通过遗嘱的方式处分遗产，遗嘱继承重在遗产权利义务的继承，遗赠则侧重于遗产权利的无偿给予，而遗嘱委托旨在将遗产权益公益化，因此它们在以下方面是有所不同的。

（一）立法宗旨不同

从本文第一章“俄罗斯民法以遗嘱处分遗产类型的历史沿革”中的有关内容可知，遗嘱继承意在遗产权利义务的整体转移，遗赠的核心价值在于无偿给予他人遗产中积极的财产权益，而遗嘱委托产生的初衷在于弥补旨在实现公益

---

〔1〕 См.：Комментарий к части третьей Гражданского кодекса Российской Федерации（Второе издание），Институт законодателества и спранительного правоведения при правительстве Р. Ф. 2006，–43с.

〔2〕《俄联邦民法典》第1139条第3款。

〔3〕《俄联邦民法典》第1140条。

目的的事务性处理。因此，遗嘱继承的功能主要是对死者遗产的概括继承，是人类延续财产的一种普遍方式；遗赠则更侧重于将遗产权利进行无偿处分，从而排除继承的实现；而遗嘱委托在遗赠的立法价值上更进一步，直接以遗产处理公益化为目的。

（二）遗嘱标的不同

第一，遗嘱标的的内容不尽相同。遗嘱继承人不仅享有依据遗嘱继承遗产的权利，同时还须履行遗产中的义务（包括但不限于清偿遗嘱人的生前债务、履行遗赠和遗嘱委托等义务）。受遗赠人和遗嘱委托受益对象可以仅享有获得遗产的权利，无须履行任何义务。[1]

第二，遗嘱标的的性质不尽相同。遗嘱继承和遗赠的标的均是财产性质的利益，不可能是非财产性质的利益，并且该财产利益的内容只能是个人财产的给予，而不包括尚未给付立遗嘱人的工资、奖学金、社保金、生命健康损害金等必要生活费用以及适用《俄罗斯联邦国家奖励法》的国家奖励。遗嘱委托的标的除了财产性质的行为，还包括非财产性质的事务性处理。[2]

（三）产生的法律效果不同

由于俄罗斯继承法采取的是直接继承原则，遗嘱继承是将死者的遗产依照权利和义务概括转移的方式整体转移给遗嘱继承人，因此，其产生的法律效力应当是物权等效力。俄罗斯的遗赠制度与罗马法一脉相承，属于“间接遗赠”，即在继承人与受遗赠人之间产生债权债务关系，受遗赠人获得针对继承人的债权，而继承人须向受遗赠人履行遗嘱中指定的义务。[3]

至于遗嘱委托，由于其受益对象不一定是有独立人格的自然人、法人或其他组织，因此，可能不会产生物权或债权的效力。例如：当遗嘱受益对象是立遗嘱人的宠物时，法律仅赋予利害关系人、遗嘱执行人或其他继承人向法院请求依照司法程序执行遗嘱委托的权利。[4] 当然，如果遗嘱受益对象与受遗赠人范围一致时，其产生的法律效果也应当是债之效力。

（四）执行遗嘱方式不同

其一，遗嘱继承中的遗嘱执行义务人既可以是未被遗嘱人指定为遗嘱执行人的继承人，也可以是被遗嘱人指定为遗嘱执行人的继承人之内或之外的

---

〔1〕 См.: Кириллова Е. А. Основания наследования в гражданском праве Российской Федерации: Монография. - М.: ИНФРА-М, 2014, -79с.

〔2〕《俄联邦民法典》第 1183 条、第 1185 条第 1 款。

〔3〕［英］巴里·尼古拉斯：《罗马法概论》，黄风译，法律出版社 2004 年版，第 283 页。

〔4〕《俄联邦民法典》第 1139 条第 3 款。

人。[1] 其中，此类型中的遗嘱执行人应当按照遗嘱执行遗嘱委托或请求继承人履行遗赠或者遗嘱委托，并以其继承的遗产价值为限。[2] 其二，遗赠和遗嘱委托中的遗嘱执行义务人限定在遗嘱继承人和法定继承人范围之内。[3] 在这两类中，不论遗嘱继承人还是法定继承人，均须在接受遗产后，向受遗赠人或遗嘱委托受益人积极履行遗嘱中指定的义务。

总之，遗嘱继承人在有遗嘱执行人的情况下，只需该遗嘱执行人按照遗嘱向其转移财产，或者在无遗嘱执行人时自行执行遗嘱取得遗产。[4] 遗赠或遗嘱委托是负有履行遗嘱义务的继承人在取得遗产的基础上，由其实施遗赠义务或遗嘱委托中的事务。

（五）遗嘱受益对象范围不尽相同

当遗嘱委托存在受益人时，俄罗斯民法以遗嘱处分遗产三种类型的受益对象可以是《俄联邦民法典》第 1116 条中的任何人。其中需要说明的是，俄罗斯联邦能够以法定继承方式获得的遗产只能是无主财产，也就是说，俄罗斯联邦实际上充当了一个兜底的继承人角色，遗赠中不可能把它当作一个法定继承人。因此，只有在遗赠中列明把遗产转移给俄罗斯联邦的，才有可能成为遗赠的受益人。

当遗嘱委托不存在受益人时，它们三者的遗嘱受益对象就不尽相同。此情形分为两种：①遗嘱委托受益对象为宠物或大自然等；②无遗嘱委托受益对象。因此，俄罗斯民法以遗嘱处分遗产三种类型的受益对象不尽相同。

综上所述，俄罗斯民法以遗嘱处分遗产三种类型在立法宗旨、遗嘱标的、产生的法律效力、执行模式、遗嘱受益对象等方面均有所不同。

第三章　俄罗斯遗嘱处分遗产类型特点之评析

一、俄罗斯遗嘱处分遗产类型之共性的意义

（一）遗嘱当事人扩大化的必要性

第一，俄罗斯新民法典赋予已婚未成年人立遗嘱能力的意义。虽然俄罗斯

---

〔1〕《俄联邦民法典》第 1133 条、第 1134 条。

〔2〕《俄联邦民法典》第 1135 条第 2 款第 4 项。

〔3〕《俄联邦民法典》第 1137 条第 1 款、第 1139 条第 1 款。

〔4〕 См.：Кириллова Е. А. Основания наследования в гражданском праве Российской Федерации：Монография. - М.：ИНФРА-М，2014，-99с.

与瑞士、意大利、英国、美国、澳大利亚、中国一样，均要求遗嘱人立遗嘱时须具有完全民事行为能力，即遗嘱人立遗嘱时须是年满18周岁且精神正常的自然人,〔1〕但其独特之处在于俄罗斯民法中具有完全民事行为能力的公民除了囊括年满18周岁且精神正常的公民外，还包括未满18岁但已结婚的公民,〔2〕而且根据俄罗斯联邦法律规定，地方自治机关的决议可以将结婚年龄降低到16岁之前。〔3〕俄联邦法律之所以如此规定，是与俄罗斯婚姻状况、人口较少等国情密不可分的。众所周知，苏联在卫国战争中丧失了大量的男性公民，加之，苏联解体后全面西化的社会风气滋生出俄罗斯大量丁克一族。为此，俄罗斯通过降低公民法定结婚年龄，并赋予结婚公民完全民事行为能力，以鼓励公民生育。总之，俄罗斯新民法典赋予已婚未成年人立遗嘱能力是俄罗斯特有国情的反映。

第二，遗嘱受益人范围扩大化的必要性。当遗嘱委托存在受益人时，俄罗斯民法以遗嘱处分遗产三种类型中的受益人的范围与法国、德国、瑞士、意大利等国一样,〔4〕不仅包括法定继承人，还包括法定继承人之外的人，这与我国和日本的立法不同。〔5〕那么，俄罗斯民法为何要将遗嘱受益人的范围扩大到法定继承人之外的人？这与俄罗斯民法区分遗嘱继承与遗赠（包括遗嘱委托)〔6〕的标的及其产生不同的法律效果有极大的关系。因为在俄罗斯遗赠中，遗嘱继承人和法定继承人一样承担着向受遗赠人履行财产权益的义务，如果遗嘱人欲通过遗嘱的方式向法定继承人以外的人概括地处分自己的财产，而立法仅限于遗嘱继承人为法定继承人之内的人时，将导致遗嘱的不自由。〔7〕也许有人认为，遗嘱人可以通过遗赠的方式向法定继承人以外的人处分自己的财产，但事实上，遗赠只能给予受遗赠人权利，因此，当遗嘱人欲赋予法定继承人之外的人和法定继承人同样的地位时，将法定继承人之外的人纳入遗嘱继承人范围就

---

〔1〕陈苇主编:《外国继承法比较与中国民法典继承编指定研究》，北京大学出版社2011年版，第324页。

〔2〕《俄联邦民法典》第21条第2款第1项。

〔3〕См.：Институт законодательства и сравнительного правоведения при Правительстве Российской Федерации：КОММЕНТАРИЙ К ГРАЖДАНСКОМУ КОДЕКСУ РОССИЙСКОЙ ФЕДЕРАЦИИ，части третьей（постатейный)，(Издание второе)，Издательский Дом，ИНФРА-М，2006，- 51с.

〔4〕Основы наследственного права России，Германии，Франции / Под общ. ред. Е.Ю. Петрова. - М.：Статут，2015，-51с.

〔5〕日本、中国的遗嘱继承人均必须是法定继承人，参见《日本民法典》第902条以及我国《继承法》第12条第2款。

〔6〕由于遗嘱委托与遗赠的法律性质及产生的法律效果相同，因此本部分的遗赠包括遗嘱委托可便于比较分析。

〔7〕Основы наследственного права России，Германии，Франции / Под общ. ред. Е.Ю. Петрова，- М.：Статут，2015，-68с.

显得十分必要。

与俄罗斯民法以遗嘱处分遗产三种类型之受益人范围不同的是，我国遗嘱继承人与受遗赠人范围截然不同。对比二者，我们发现俄罗斯民法以遗嘱处分遗产三种类型之受益人范围更加宽泛，这非常有利于立遗嘱人更加自由地寻找自己中意的财产接受对象。总之，俄罗斯新民法典在遗嘱适用对象方面更加尊重立遗嘱人的意志，也更能体现遗嘱自由原则的精神。

（二）遗嘱形式多样化符合世界潮流

俄罗斯现行民法典规定了公证遗嘱、类公证遗嘱、密封遗嘱、处分银行资金权利的遗嘱、紧急情况下的遗嘱五种具体的法定遗嘱形式，以下就我国遗嘱形式中存在的问题进行比较、评析。[1]

第一，俄罗斯公证遗嘱更为规范、合理。具体表现如下：其一，俄罗斯公证遗嘱允许立遗嘱人选择见证人在场与否的权利，一旦其选择了见证人在场这一条件，则须像其他见证人规则一样，签字、背书其身份信息。[2] 而我国在公证遗嘱时无须见证人在场，究其原因，这与我国公证机构的性质不无关系，因为我国的公证机构属于国家机关，具有极强的公信力，即使无见证人见证，也可获得社会的公认，但随着我国公证制度的改革，公证机构逐步由国家机构转变为社会中立机构，必然需要遗嘱见证人对公证人监督以保证该种遗嘱的公信力。其二，俄罗斯民法中明确规定了，书写或记录公证遗嘱时可使用现代技术手段（包括但不限于计算机、打字机等），[3] 但在我国现行法律中，现代技术手段基本不被允许在公证遗嘱中使用。有的学者认为，使用技术手段订立的遗嘱（包括但不限于打印遗嘱）无法通过笔迹鉴定等手段来证实该遗嘱是立遗嘱人的意思表示，承认此类遗嘱的法律效力有可能难以保证遗嘱不被篡改。[4] 的确，使用技术手段订立的遗嘱不像自书遗嘱那样可以直接通过笔迹鉴定来确定遗嘱的真实性，但公证遗嘱的本质在于公证的效力，遗嘱书写的状态在进行公证时，就已经可以得到审查，因此，允许在公证遗嘱中使用现代技术手段不会出现歪曲立遗嘱人意志的现象。其三，由于俄罗斯民法中的遗嘱形式均要求经过公证员公证或其他证明人证明，因此，它们之间并不存在效力的优先问题。我国公证遗嘱具有优先效力的地位，即公证遗嘱在我国法定的五种遗嘱形式中占有特殊的地位，其在五种遗嘱形式中具有优先的法律效力，即在公证遗嘱存

[1] 《俄联邦民法典》第1125~1129条。

[2] 《俄联邦民法典》第1125条第4款。

[3] 《俄联邦民法典》第1125条第1款。

[4] 吴庆宝：《民事裁判标准规范》，人民法院出版社2008年版，第222页。

在的情况下，其他四种遗嘱不得对抗其法律效力。[1]

纵观世界各国法律，像我国《继承法》赋予公证遗嘱最高法律效力的规定十分罕见，在司法实践中，明知公证遗嘱不是立遗嘱人的最后意志，但法院基于该规则，不得不承认该公证遗嘱的法律效力从而排除立遗嘱人以其他遗嘱形式处分遗产的意思表示。

另外，本文认为，我国民法中的代书遗嘱实无独立成为法定遗嘱形式的必要，因为对代书遗嘱效力的认定在司法实践中面临着较多的困境，例如：见证人去世或丧失行为能力时，若无相反证据，则该遗嘱有效。[2] 这就意味着，只要在一份遗嘱中有立遗嘱人的签字，在提不出相反证据的情况下，就认定其为有效遗嘱，这是存在极大的法律风险的，如空白签字等。而且代书的方式在公证遗嘱中实施可以受到公证员的监督和审查，从而避免伪造遗嘱等法律风险。因此，应当在我国民法中取消代书遗嘱的遗嘱形式，转而在公证遗嘱中规定，代书可以为订立遗嘱的手段且须受到公证员的监督。

第二，密封遗嘱作为一种新型的遗嘱形式，是遗嘱自由发展的重大体现。[3] 俄罗斯民法中的密封遗嘱是独立于公证遗嘱的一种法定遗嘱方式，其与公证遗嘱除了公证员不知晓遗嘱秘密外，二者还在见证人是否必须在场、书写遗嘱是否须亲笔书写、公证员告知义务等方面存在明显不同，但在其他方面都按照公证遗嘱实施。目前我国公证遗嘱进行遗嘱公证时，公证员采取实质审查的方式，导致遗嘱无秘密可言，这可能会妨碍遗嘱人处分遗产的自由。因此，有必要参考俄罗斯民法，设立密封遗嘱，结合我国遗嘱形式传统，可以将密封遗嘱置于公证遗嘱之下，作为一种特殊的公证遗嘱。

第三，鼓励公民以公证遗嘱的方式处分遗产是防止出现遗产继承纠纷的绝佳途径，但不应将公证遗嘱绝对化，而是要根据便民原则，在特殊情况下，适当放松公证遗嘱的程序条件，并承认这些遗嘱形式具有公证遗嘱的效力。[4] 俄罗斯民法中恰恰在这方面有了较为完善的规定，并将这些遗嘱形式类型化。具体言之，俄罗斯民法类公证遗嘱类型有：①在医院治疗时订立的遗嘱；②住养老院、福利院时订立的遗嘱；③正在船舶航行时订立的遗嘱；④正在北极考察时订立的遗嘱；⑤在没有公证员的部队时订立的遗嘱；⑥在剥夺自由场所订立

---

〔1〕 我国《继承法》第20条、我国《继承法最高法意见》第42条。

〔2〕 我国《继承法最高法意见》第40条。

〔3〕 См.：Зайцева Т.И.，Крашенинников П.В. Наследственное право. Комментарий законодательства и практика его применения. 6-е изд.，перераб. и доп. -М.：Статут，2009，-596с.

〔4〕 См.：Е. А. Суханова，Гражданское право，Том Ⅱ，3-е издание，Wolte rsKluwe，Под ред. 49-с.

的遗嘱；⑦处分银行资金的遗嘱。但该种遗嘱的生效则须具备一定的条件，即除了一般的要求外，还须有特定的遗嘱证明人证明和见证人在场作为必要条件。因此，我国可以效仿俄罗斯类公证遗嘱的规定，在未来的民法典中规定几种类公证遗嘱，在本文看来，俄罗斯民法中规定的这几种类型完全可以引用过来，因为在我国这几种情况也较为常见，而且还可以根据具体的国情特征再增加几类，例如：在偏远城市且交通不便的农村可以设立该遗嘱类型，也可以在世界各国维和的人民解放军部队中设立等。

总之，我国遗嘱形式不仅要增加新的内容，而且还要从其内部进行完善。因为不论立遗嘱人采取了何种以遗嘱处分遗产的类型，都需要通过遗嘱形式来表达其意志。

众所周知，我国采取的遗嘱形式是严格的法定形式，即仅限于公证、自书、代书、录音、口头五种法定遗嘱形式，〔1〕与俄罗斯的法定遗嘱形式相比，我国司法实践中出现了如下两方面的困惑。

第一，新型遗嘱形式是否生效。在俄罗斯民法中，订立公证遗嘱时使用现代技术手段是被允许的，〔2〕而我国《继承法》由于实施较早且未做修改，以致不能有效反映我国社会在立遗嘱方面的发展和变化，特别是无法反映互联网时代下的遗嘱形式特征。

目前我国学界类型化了的新型遗嘱有：打印遗嘱、复写遗嘱、录像遗嘱、电子数据遗嘱（包括但不限存储于微博、电子邮件以及存储于个人电脑中的遗嘱等）。〔3〕对于打印遗嘱，学界和司法界的观点也不尽统一，例如：有的学者认为其为自书遗嘱，〔4〕这也得到司法判例的证实；〔5〕还有的学者认为，如果立遗嘱人在打印遗嘱中并未亲笔签名，而是盖章或按手印且有两个以上见证人的，则应视该打印遗嘱为代书遗嘱。〔6〕不论何种观点，在我国司法实践中主流是偏向于承认可证明该新型遗嘱为立遗嘱人真实意思表示的遗嘱，这也符合“法律是社会的镜子”的论断，即法律应该调整已经发生了变化并在很大程度上

---

〔1〕我国《继承法》第 17 条、第 20 条。

〔2〕《俄联邦民法典》第 1125 条第 1 款。

〔3〕刘耀东：《继承法修改中的疑难问题研究》，法律出版社 2014 年版，第 159~170 页。

〔4〕陈苇主编：《外国继承法比较与中国民法典继承编制定研究》，北京大学出版社 2011 年版，第 351 页。

〔5〕“邱锡琴诉邱锡刚遗嘱继承案”，江苏省无锡市中级人民法院（2010）锡民终第 0472 号民事判决书。

〔6〕郭明瑞：《论遗嘱形式瑕疵对遗嘱效力的影响——兼论遗嘱形式的立法完善》，载《求是学刊》2013 年第 2 期。

继续变化着的生活关系。[1] 因此，我们应当向俄罗斯立法学习，书写公证遗嘱、口头遗嘱时，可允许其使用技术手段。

第二，俄罗斯民法规定，只要法院确认遗嘱瑕疵不影响对立遗嘱人真实意思表示的理解，就不能以此瑕疵来认定该遗嘱无效。[2] 我国民法中五种法定的遗嘱形式本身出现瑕疵时，该如何认定其效力？传统民法认为，遗嘱是一种经由理智形成的意愿表达，遗嘱形式强制的使命就在于保证遗嘱内容的真实性以及提醒立遗嘱人谨慎行事，并确保其作出的决定是严肃认真的。[3] 但随着遗嘱自由理念在人们心中的深入，遗嘱形式要件开始松动，例如：1969 年美国出台的《统一遗嘱检验法》、1975 年澳大利亚出台的《遗嘱法》修正案，以及《德国民法典》都承认了在可证明遗嘱是遗嘱人真实意思表示的情况下不会因遗嘱形式的瑕疵而导致该遗嘱无效。[4] 可见，我国民法中的五种遗嘱形式也不应是绝对的。

（三）遗嘱自由限制规则相对全面

通过介绍俄罗斯民法中应继份、胎儿预留份、禁止共同遗嘱等规则对以遗嘱处分遗产类型的限制作用，并与我国民法对以遗嘱处分遗产类型的限制性规定相比较，笔者发现如下特征：一是俄罗斯民法应继份规则适用对象范围更广、程序更为严谨、条件较为严格，即俄罗斯的应继份规则是根据婚姻、血缘及抚养关系而确定的，并且要求请求权人为未成年子女，无劳动能力的成年子女、配偶和父母以及依靠被继承人扶养的人；[5] 二是俄罗斯民法明确禁止共同遗嘱。另外，俄罗斯应继份规则和大陆法系国家一样，更侧重于保护一定范围内近亲属固有的继承权；而英美法系国家的遗属抚养制度更着重对与被继承人关系密切的家庭成员或受被继承人抚养者的生活保障，体现着以遗产实现家庭抚养职能和保障弱者利益的精神。[6]

众所周知，新中国成立以来我国的法律基本继受于苏联法律，1985 年实施的《继承法》也莫能例外，但随着苏联的解体，俄罗斯新民法典对遗嘱自由限制的应继份规则等模式有了一定的发展。与此同时，各国对遗嘱自由限制的规则也相继出台，最为典型的就是现在学界热烈讨论的特留份规则。对此，须把

---

[1] [德] 伯恩·魏德士：《法理学》，丁小春、吴越译，法律出版社 2003 年版，第 21 页。

[2] 《俄联邦民法典》第 1131 条第 3 款。

[3] [德] 迪特尔·梅迪库斯：《德国民法总论》，邵建东译，法律出版社 2000 年版，第 461 页。

[4] 《德国民法典》第 2247 条第 3 款。

[5] 《俄联邦民法典》第 1149 条第 1 款。

[6] 陈苇主编：《外国继承法比较与中国民法典继承编制定研究》，北京大学出版社 2011 年版，第 328~329 页。

我国的必留份规则与俄罗斯新的限制模式及大陆法系的特留份规则进行对比评析，以了解我国必留份规则的优势和不足。

我国的必留份制度是指遗嘱应当对其生效时缺乏劳动能力且没有生活来源的继承人保留必要的遗产份额，即使该遗产不足以清偿债务也应当保留适当份额。该定义对必留份的适用对象作出了鉴定，即在遗嘱生效时既无劳动能力也无生活来源的继承人。[1] 俄罗斯民法中的应继份是指无论遗嘱如何订立，被继承人的未成年子女或无劳动能力的子女、配偶、父母以及根据《俄联邦民法典》第1148条第1款和第2款应参加继承的无劳动能力的受供养人应当继承至少每一法定继承人应继份的1/2。[2] 从俄罗斯民法对应继份的定义来看，其适用对象的范围包括需抚养的法定第一顺序继承人和受供养的其他顺序继承人。

从上述三种制度的概念中发现，三种制度本质上都是法定继承权对遗嘱自由处分遗产权的制约和矫正。然而它们三者之间也有不同之处，我国的必留份制度和俄罗斯的应继份制度不仅要求获得应继份遗产权利的人具有继承权，还要求获得应继份遗产权利的人须是依靠立遗嘱人的财产方能满足其基本生活的人，而特留份规则只要求有权获得一定遗产份额权利的人是与被继承人在家庭伦理方面有密切关系的近亲属即可。可见，后者可以兼容前者，即适用特留份规则的继承人范围能够包括适用应继份规则的人。

不可否认的是，应继份制度中侧重养老育幼的供养功能也是社会本位的内在要求，所以应将该功能内化于特留份制度之中。即如果规定一般有权取得特留份遗产的继承人的特留份额是按照法定继承每位法定继承人应继份额的1/2，则无劳动能力或无生活来源的继承人应当继承的特留份额至少是按照法定继承每位法定继承人应继份额的2/3或全部，并且在遗产不足以清偿债务的情况下，也应为此种特留份继承人保留适当的遗产份额。[3] 而且在遗产分割时，可以分配给继承人以外的依靠被继承人扶养的缺乏劳动能力又无生活来源的人适当的遗产，这样也可以把遗产承担社会及家庭抚养功能完全发挥出来。[4]

一旦确定了我国未来民法对遗嘱自由处分遗产的限制模式是内化有供养功能的特留份制度，则特留份继承人范围的确定就成了重中之重，综合世界各国（包括俄罗斯）之规定及我国国情，把此范围限定在我国的法定第一继承人、代位继承人以及依靠立遗嘱人供养的无劳动能力或无生活来源的其他顺序继承人

---

〔1〕 我国《继承法》第19条、我国《继承法最高法意见》第37条、第61条。

〔2〕《俄联邦民法典》第1149条。

〔3〕 根据我国《继承法》第14条、第19条之规定提出的立法建议，本文称之为“中国特色特留份制度”。

〔4〕 我国《继承法》第14条。

之中是比较适合的。[1] 但需指出的是，我国代位继承的性质是代位权说，[2] 在此情况下，若继承人丧失继承权，则代位继承人的继承权也将不复存在，而特留份的适用以享有继承权为前提，所以这可能导致代位继承人不能成为特留份继承人。[3] 对此困境，我国法学界和司法界已形成共识，即代位继承是基于固有权而发生的，因此，对代位继承定性为固有权的背景下，代位继承人作为特留份继承人是毫无问题的。

鉴于特留份制度[4]是从法律后果的角度构建起来的制度，因此，针对立遗嘱人违反特留份制度的法律后果，以致其所立遗嘱全部或部分无效最为有效，而不可能对该立遗嘱人本身赋予法律责任，因为其已去世。但若是其他人对特留份继承人的权益造成损害，特别是因此造成双无特留份继承人生活困难时，就有了规定法律后果的必要。对此，本文参考我国现有立法，提出如下意见：继承人、受遗赠人、立遗嘱人生前债权人、遗嘱执行人或遗产管理人侵害了缺乏劳动能力又无生活来源继承人继承遗产利益的，应视其过错程度，[5] 向该双无继承人支付 1~3 倍的损害赔偿金。

另外，我国应向俄罗斯一样，继续保留胎儿预留份规则，[6] 并将胎儿纳入特留份制度中立遗嘱人的子女、代位继承人的范围，这样就可以解决出生后是活体的胎儿无法代位继承的难题了。

（四）遗嘱秘密保护的必要性

正所谓无救济则无权利。俄罗斯立法者为了保障立遗嘱人对其财产处分的自由，规定了保守遗嘱秘密及其救济的规则。根据该规则，立遗嘱人有权向侵犯了其遗嘱秘密的公证员等相关人员请求精神损害赔偿。[7]

与此形成鲜明对比的是，我国民法中对遗嘱秘密的保护只字未提，究其原因，这与我国公民选择以遗嘱处分遗产类型中的遗嘱继承为主要财产传承方式的现状不无关系。因为我国遗嘱继承人的范围仅限于法定继承人，立遗嘱人在该范围内处分遗产更符合社会伦理的要求，[8] 获得社会认可相对容易，即使其

---

[1] См.：Кириллова Е. А. Основания наследования в гражданском праве Российской Федерации：Монография. – М.：ИНФРА-М，2014，-265с.

[2] 我国《继承法最高法意见》第 28 条。

[3] 刘耀东：《继承法修改中的疑难问题研究》，法律出版社 2014 年版，第 133 页。

[4] 此后的特留份制度特指“中国特色特留份制度”。

[5] 参见我国《继承法最高法意见》第 14 条。

[6] 我国《继承法》第 28 条、我国《继承法最高法意见》第 45 条。

[7] 《俄联邦民法典》第 1123 条。

[8] 我国《继承法》第 16 条第 2 款。

订立的遗嘱内容被公之于世，也会面临较小的社会压力和家庭压力，但若把财产处分给近亲属以外的人，可能就会面临压力，对此，我们可以从“泸州遗产争夺案”中体会一二。随着以遗嘱继承之外的遗嘱类型处分遗产情况的增多，上述矛盾也必然增多。那么我们应如何在尊重遗嘱自由的同时，减少与社会伦理的冲突呢？除了上文提到的特留份制度及必留份制度外，对遗嘱秘密的保护也不失为一种措施，而且随着遗嘱自由在人们理念中的深化，该措施将变得越来越有价值。

二、俄罗斯区分遗嘱继承与遗赠的价值

从第一章可知，俄罗斯以遗嘱处分遗产的类型源于罗马法。其中，罗马法中的遗赠是指遗赠人对继承人之外的第三人给予财产，而使继承人承担执行义务的行为。[1] 俄罗斯遗赠的发展与此相似，即为了维护东正教的利益，教会法要求人们“如若临终前留下遗嘱，在将财产留给死者孩子的同时，还须留给他自己一部分以超度其灵魂”。[2] 如此，遗赠成为俄罗斯遗产转移的一种独特方式。因此，从遗嘱继承和遗赠的发展轨迹来看，它们从诞生之日起，就被赋予了不同的使命。

（一）区分遗嘱继承与遗赠符合法理

俄罗斯民法区分遗嘱继承和遗赠的分水岭在于遗嘱标的中的权利义务是否一并转移给遗嘱受益人，即遗嘱继承人须概括承受遗嘱人指定的权利和义务，而受遗赠人仅享有遗嘱人给予的权利。[3] 要证明其区分的合理性，重要的是，须将遗嘱继承和遗赠的内涵做一番鉴定和分析。遗嘱继承始于古罗马时期的《十二铜表法》，该时期遗嘱继承的主要作用在于维持人格继承、祭祀继承，而不是单纯的遗产分配。[4] 时至今日的遗嘱继承，俨然已成为遗嘱人以遗嘱的方式处分其财产的重要继承方式，俄罗斯民法中的遗嘱继承亦具有此共性。因此，俄罗斯遗嘱继承应当自被继承人死亡之日起继受的权利和义务整体转移给遗嘱继承人，[5] 即该遗嘱继承人获得指定遗产的所有权、用益物权等财产权益，并履行遗嘱人生前债务、遗赠、遗嘱委托等财产性或非财产性的义务。而俄罗斯民法中的遗赠发端于罗马法，其起初的使命就是以遗嘱的方式无偿给予一人或

---

〔1〕 周枏：《罗马法原论》，商务印书馆 1994 年版，第 546 页。

〔2〕 王钺：《〈罗斯法典〉译注》，兰州大学出版社 1987 年版，第 121 页。

〔3〕 См.：Кириллова Е. А. Основания наследования в гражданском праве Российской Федерации: Монография. - М.：ИНФРА-М，2014，-142с.

〔4〕 郭明瑞、房绍坤、关涛：《继承法研究》，中国人民大学出版社 2003 年版，第 110 页。

〔5〕 См.：Зайцева Т. И.，Крашенинников П. В./Наследственное право. Комментарий законодательства и практика его применения. 6-е изд.，перераб. и доп. -М.：Статут，2009，-224с.

数人（包括教会、国家、其他组织）财产权益，其概念的核心就是“无偿给予”。因此，只有将遗赠定性为立遗嘱人以遗嘱的方式无偿给予他人财产权益，区分遗嘱继承和遗赠才符合法理。

（二）区分遗嘱继承与遗赠的可行性

正如上文所言，遗嘱继承和遗赠不仅遗嘱标的不同，而且产生的法律效果差异巨大，前者产生的法律效果是遗产权利和义务的概括转移，后者产生的是债权债务关系。为何二者产生的法律效果如此巨大呢？在有如此差异的情况下，它们是如何兼容并行的呢？

针对第一个问题，还得从二者的本质区别说起。正由于遗赠是无偿给予他人财产权益的遗嘱处分行为。一方面，它具有遗嘱的一般特征；另一方面，它具有无偿给予他人财产权益的特性，而“无偿给予”仅能产生债权请求权，无法像继承一样直接产生获得被继承人遗产之物权等权益。〔1〕总之，俄罗斯民法中的遗嘱继承和遗赠之所以产生不同的法律效果，与俄罗斯继承法的传统以及对遗赠概念的透彻理解密不可分。

对于第二个问题，须从俄罗斯民法执行二者的具体规则及其所产生的法律责任入手。

第一，二者的执行者不尽相同。遗嘱继承在没有专门遗嘱执行人的情况下，才由继承人来执行，而遗赠只能由继承人来执行。〔2〕在此须稍做说明的是，此处的遗嘱执行人既可以是由遗嘱指定的继承人，也可以是继承人之外的人。〔3〕继承人一旦被指定为遗嘱执行人，其自继承开始时首先须以遗嘱执行人的身份履行执行义务，其次才有可能以继承人的身份获得遗产的权利和义务。〔4〕例如，有一份遗嘱如下：遗嘱人在遗嘱中指定继承人大儿子甲、小儿子乙继承其全部财产（包括但不限位于莫斯科郊外的一处住宅），同时指定其战友丙享有终身居住其住宅的权利，并指定大儿子甲为遗嘱执行人。在上述遗嘱中，自立遗嘱人死亡之日起，甲首先作为遗嘱执行人应当对遗产进行保护、管理、处理，即应将遗嘱人留给继承人的遗产转移给该继承人，请求继承人向受遗赠人履行遗赠义务。〔5〕其次，甲才能以遗嘱继承人的身份与乙共同向受遗赠人丙履行允许丙在该住宅居住的义务。

---

〔1〕《俄联邦民法典》第 1152 条第 4 款。

〔2〕《俄联邦民法典》第 1133 条、第 1138 条。

〔3〕《俄联邦民法典》第 1134 条第 1 款第 1 项。

〔4〕См.：Зайцева Т. И.，Крашенинников П. В./Наследственное право. Комментарий законодательства и практика его применения. 6-е изд.，перераб. и доп. -М.：Статут，2009，-252с.

〔5〕《俄联邦民法典》第 1135 条第 2 款。

第二，二者产生的法律责任不同。遗嘱继承作为一种重要的继承方式，其继承人在获得遗产的同时，须在取得遗产的范围内承担清偿遗产债务等义务。[1] 具体包括：①补偿因被继承人死亡时所支付的费用以及补偿保护和管理遗产支出的费用；[2] ②清偿被继承人的个人债务，并且接受遗产的继承人须对该债务承担连带责任；[3] ③遵守应继份规则和胎儿预留份规则；④执行遗赠和遗嘱委托的义务。遗赠对受遗赠人来说，作为一种纯粹的获益行为，虽然间接地承受了遗嘱继承人须履行的前三种义务，但其毕竟优先于继承人（包括遗嘱继承人）获得遗嘱人的财产。因此，遗赠的执行并不与遗嘱继承的执行相冲突，相反，前者以后者为前提。

综上所述，俄罗斯民法区分遗嘱继承与遗赠，不仅符合俄罗斯遗产转移的传统，而且在执行过程中，二者层层递进，法律关系明确，有助于遗嘱人自由处分其财产意志的实现。

三、对俄罗斯遗嘱委托独立于遗赠的思考

（一）遗嘱委托符合现代化趋势

俄罗斯民法中的遗嘱委托作为一种新型的遗嘱处分遗产类型，并非一蹴而就。在苏联时期，遗嘱人就可以要求继承人执行某些旨在实现某种公益目的的行动。[4]《苏俄民法典》之所以突出公益目的的遗嘱处分遗产的方式，是与苏联社会主义公有制的经济制度以及社会主义公益至上的社会风气息息相关的。俄罗斯现行民法典在此基础之上，增加了“遗嘱人有权要求继承人承担喂养、监管、保护其家畜的责任”[5] 以及“为保证公益目的实现，允许利害关系人同遗嘱执行人、继承人一样，均有权请求法院依照司法程序执行遗嘱委托”[6]。与此不同的是，遗嘱继承、遗赠均旨在实现财产性质的私权转移，并不符合现代社会越来越崇尚公益、热爱自然的发展趋势。而遗嘱委托恰恰填补了这一立法空白。

（二）遗嘱委托独立于遗赠的价值

众所周知，不论是俄罗斯民法中的遗嘱委托，还是其他国家的遗嘱信托，均与遗赠有密切的关联。例如：当遗嘱委托的客体是财产性质的行为时，可适

---

〔1〕 См.：Е. А. Суханова，Гражданское право，Том Ⅱ，3-е издание，Wolte rsKluwe，Под ред. 49-с.

〔2〕《俄联邦民法典》第 1174 条。

〔3〕《俄联邦民法典》第 1175 条第 1 款。

〔4〕《苏俄民法典》第 539 条。

〔5〕《俄联邦民法典》第 1139 条第 1 款第 2 项。

〔6〕《俄联邦民法典》第 1139 条第 3 款。

用《俄联邦民法典》第1138条有关遗赠执行的规则。[1] 但它们均是现实社会情况下产生的规避传统继承法律的制度（包括关于遗赠的限制）。[2] 例如：英国的遗嘱信托制度就是为了规避长子继承制、男子继承制以及缴纳继承税。[3] 俄罗斯民法中的遗嘱委托虽未像英国遗嘱信托制度那般庞大而完善，但二者精神实质是相通的，即它们都不是遗嘱人直接将财产给予受益人，而是通过受托人之间接完成使受益人获益的愿望。[4] 俄罗斯遗嘱委托更进一步将遗嘱委托的受益对象扩大到动物，这很好地解决了立遗嘱人不能通过继承或遗赠照顾自己宠物的愿望。[5]

另外，俄罗斯遗嘱委托的使命定位于实现公益目的，这是世界上独树一帜的，也是民法从权利本位向社会本位转化的体现。这一特色将对世界各国遗产公益化的发展起到示范作用。当然，该制度未能囊括以私权为目的的遗嘱处分，实属遗憾。总之，俄罗斯遗嘱委托制度弥补了遗嘱继承、遗赠无法处理旨在公益性事务的立法空白。

第四章　俄罗斯民法以遗嘱处分遗产类型对我国立法的启示

一、我国立法中遗嘱处分遗产类型的不足

由于该继承法制定并实施于20世纪80年代，与现在相比，我国国情、社情、民情发生了翻天覆地的变化，其有关遗嘱处分遗产类型的某些制度和规则相对滞后，特别是与现行俄罗斯民法相比存在如下问题。

（一）对遗赠产生的法律效力定性不明确

针对我国遗赠所产生何种法律效力，我国大部分继承法学家认为，遗赠在受遗赠开始时仅产生债权效力。[6] 也有不少学者对遗赠具有债之法律效力存有争议。有的学者认为，遗赠产生的是物权效力，其依据是：如果受遗赠人在法律规定的期限内取得遗产，则取得遗产所有权的效力溯及受遗赠开始时，这样

---

〔1〕《俄联邦民法典》第1139条第2款。

〔2〕李岩：《遗嘱制度论》，法律出版社2013年版，第304页。

〔3〕张建军：《信托法基础理论研究》，中国财政经济出版社2009年版，第7页。

〔4〕余辉：《英国信托法：起源、发展及其影响》，清华大学出版社2007年版，第13页。

〔5〕根据美国宠物产品协会统计，截至2012年，有68%的美国家庭拥有宠物，通过遗嘱信托的方式给自己宠物留有遗产的占9%。

〔6〕房绍坤、范李瑛、张洪波：《婚姻家庭与继承法》，中国人民大学出版社2007年版，第235页；杨立新、朱呈义：《继承法专论》，高等教育出版社2006年版，第200页。

该受遗赠人在受遗赠开始时即享有其取得遗产的物权。[1] 也有学者认为，继承权和受遗赠权在我国民法中是独立于物权和债权之外的一种与人身有密切联系的特殊财产权，其具有独立的法律效力。[2] 于 2007 年实施的《物权法》第 29 条之规定，[3] 不仅给遗赠所产生之法律效力的定性带来了新的疑问，而且对我国物权变动模式造成了混乱，即法律行为引起物权变动须经公示（不动产登记、动产交付），但遗赠作为单方法律行为，却与继承等事实行为一样产生无须公示即发生物权变动的法律效果。[4]

那么，为何我国遗赠产生债之效力会出现争议呢？这与我国对遗赠概念的理解密不可分。我国立法[5]以及不少学者在定义遗赠时，都用到"赠与"一词，[6] 但事实上"赠与"作为一个法律专业名词，具有双方法律行为的性质，其与单方法律行为的遗赠不可兼容。因此，应将"赠与"改为"无偿给予"，防止产生不必要的误解。更为重要的是，不少学者受"死因处分"是遗赠的上位概念之误导，认为遗赠属于处分行为，可直接产生物权效力。但事实上，此处的"死因处分"仅仅是指遗嘱生效须以被继承人死亡为条件，并不是处分行为，不能产生物权变动之效力。[7]

另外，由于我国《继承法》规定："执行遗赠不得妨碍清偿遗赠人依法应当缴纳的税款和债务。"[8] 因此，有学者认为，遗赠标的不仅包括财产权利，还包括履行债务等义务。[9] 事实上，该法条并非对遗赠标的的定性，而是在我国缺乏相应遗产管理人、遗嘱执行人的情况下，为了保护被继承人生前债权人的利益以及保障国家税费，明确这些债权优先于受遗赠人取得该遗产。因此，我国遗赠应当是指遗嘱人以立遗嘱的方式将其遗产无偿给予法定继承人之外的人。[10]

---

[1] 王丽萍：《婚姻家庭继承法学》，北京大学出版社 2004 年版，第 451 页。

[2] 郭明瑞、房绍坤、关涛：《继承法研究》，中国人民大学出版社 2003 年版，第 144 页。

[3] 《物权法》第 29 条规定："因继承或者受遗赠取得物权的，自继承或者受遗赠开始时发生效力。"

[4] 江平主编：《民法学》（第 2 版），中国政法大学出版社 2011 年版，第 752 页。

[5] 我国《继承法》第 16 条第 3 款。

[6] 刘春茂主编：《中国民法学·财产继承》，人民法院出版社 2008 年版，第 362 页；郭明瑞、房绍坤：《继承法》，法律出版社 2004 年版，第 172 页。

[7] 刘春茂主编：《中国民法学·财产继承》，人民法院出版社 2008 年版，第 362 页；郭明瑞、房绍坤：《继承法》，法律出版社 2004 年版，第 748 页。

[8] 我国《继承法》第 34 条。

[9] 刘春茂主编：《中国民法学·财产继承》，人民法院出版社 2008 年版，第 357 页。

[10] 江平主编：《民法学》（第 2 版），中国政法大学出版社 2011 年版，第 749 页。

总之，我国遗赠产生效力之混乱状态，与对遗赠概念、内容的不同理解息息相关。

（二）遗嘱处分遗产类型单一

根据我国现行立法，遗嘱处分遗产类型包括遗嘱继承和遗赠两种。〔1〕与俄罗斯相比，我国缺少遗嘱委托这一现代化遗嘱处分遗产方式，仅规定了可附义务的遗嘱继承和遗赠规则，〔2〕但由于该规则比较宽泛，所以不容易操作。因此，可以参照俄罗斯的遗嘱委托制度和当今世界发达国家盛行的遗嘱信托制度，确立我国特色的遗嘱处分制度。〔3〕

二、对我国民法以遗嘱处分遗产类型的立法建议

与世界主要国家一样，俄罗斯的立法者同样赋予了遗嘱特殊使命，因为它是立遗嘱人唯一可以处分自己死后财产的法定方式。关于遗嘱的性质，俄罗斯民法和我国民法一样，都认定其为单方法律行为和死因行为。基于这一定性，中俄两国以遗嘱处分遗产的类型大体一致，即中俄两国都有遗嘱继承、遗赠两大类以遗嘱处分遗产的类型，但《俄联邦民法典》对遗赠产生法律效力的定性与我国差异较大，而且中俄两国以遗嘱处分遗产的类型也有个别不同，即俄罗斯有遗嘱委托制度。因此，本章集中讨论的是：俄罗斯遗赠和遗嘱委托制度对我国民法以遗嘱处分遗产之类型合理化、多样化发展的积极意义。

（一）对遗赠产生债之效力的明确定性

欲对遗赠产生债之效力得出清晰鉴定，首先须结合俄罗斯有关遗赠产生法律效力的定性，对我国遗赠的概念和内容进行说明和鉴定。事实上，虽然中俄两国民法对遗嘱继承和遗赠区分的标准有所差异，即俄罗斯民法仅以遗嘱处分的内容是否包含清偿债务为区分标准，若遗嘱处分的内容仅是取得遗产权利的内容，则为遗赠，若遗嘱处分的内容不仅含有权利的内容，还包含清偿债务的内容，则为遗嘱继承。我国继承法以接受遗产之人是否为法定继承人及遗嘱处分的内容是否包含履行义务来区分二者，若遗嘱中接受遗产之人是法定继承人且遗嘱处分的内容既包括取得遗产的权利还包括履行义务，则为遗嘱继承，若遗嘱中接受遗产之人是法定继承人之外的人且遗嘱内容只包含了获得遗产的权利，则为遗赠，即有关学者提出的“区分遗产承受人”模式：受遗赠人只能是法定继承人以外的人，且不对遗产义务承担履行责任。〔4〕

---

〔1〕 我国《继承法》第三章以“遗嘱继承和遗赠”为标题。

〔2〕 我国《继承法》第21条。

〔3〕 借鉴于《德国民法典》第五编“继承法”、第三章“遗嘱”、第五节“负担”（第2192~2196条）。

〔4〕 房绍坤：《遗赠能够引起物权变动吗?》，载《当代法学》2012年第6期。

从上述比较中不难发现，中俄两国继承法对遗赠和遗嘱继承的区别标准在本质上并无不同，仅在适用对象上略有差异，即俄罗斯民法中的受遗赠人可以是任何人，而我国继承法中的受遗赠人只能是法定继承人以外的人、集体或国家。〔1〕

其次，从本文第二章对俄罗斯民法中遗赠制度的介绍，不难得出俄罗斯民法将遗赠产生的效力定性为债之效力。该定性直接导致了其产生的法律效力与遗嘱继承有本质的区别，而我国法律规定，受遗赠和继承一样，均自受遗赠或继承开始时取得遗产的物权。〔2〕可见我国《物权法》第29条赋予了遗赠与遗嘱继承产生相同的法律效力，即都是物权效力。〔3〕这说明了我国现行物权法赋予遗赠产生物权效力与俄罗斯民法中的遗赠制度产生债权效力存在根本区别。那么，对于遗赠产生的法律效力的性质到底是维持我国现行物权法的定性不变，还是向俄罗斯民法借鉴明确其为债的法律关系更为合适呢？

针对遗赠产生物权效力的观点，本文认为，该观点可能导致如下几个问题：其一，一旦受遗赠人在遗赠人死后即享有遗产的物权，那么还由受遗赠人承担清偿遗赠人生前债务的义务必然会违反遗赠处分的内容仅限于取得遗产权利的规则，而该规则已然是我国继承法中区分遗嘱继承与遗赠的根本依据。〔4〕所以在不可能改变该规则的情况下，与其相冲突的“遗赠产生物权效力”的观点是站不住脚的。〔5〕其二，虽然受遗赠人不直接承担清偿遗赠人生前债务的义务，但为了维护债权人的合法权益，遗赠的执行不得对抗依法应当清偿的债务，即对遗赠人生前债务的清偿应优先于受遗赠人取得该遗产。〔6〕如果遗赠产生的是物权效力，则“遗赠中遗赠物的取得不得对抗遗赠人生前债务的清偿”的基本法理与“物权优先债权”的基本法理相冲突。〔7〕其三，由于我国尚未构建完善的遗产管理人或遗嘱执行人制度，导致遗产已被分割而遗嘱人生前债务未被清偿的现象时有发生，这不利于保护债权人的合法债权和社会公平正义的实现。也许有人会说，遗产已被分割而未清偿债务时，受遗赠人有义务在取得遗产范围内按比例清偿该债务。〔8〕但该规则仅是对上述现象的一种补救。事实上，由

---

〔1〕《俄联邦民法典》第1137条第1款；我国《继承法》第16条第3款。

〔2〕我国《物权法》第29条。

〔3〕刘耀东：《继承法修改中的疑难问题研究》，法律出版社2014年版，第146页。

〔4〕梁慧星：《中国民法典草案建议稿附理由·继承编》，法律出版社2013年版，第167页。

〔5〕刘耀东：《继承法修改中的疑难问题研究》，法律出版社2014年版，第127页。

〔6〕我国《继承法》第34条。

〔7〕刘耀东：《继承法修改中的疑难问题研究》，法律出版社2014年版，第128页。

〔8〕我国《继承法最高法意见》第62条。

于我国受遗赠人限于法定继承人以外的人以及遗嘱的隐秘性，债权人在遗产分割后向受遗赠人主张返还遗产可谓困难重重。[1]

至于后一种观点，因其依据是遗赠作为遗嘱继承的特殊形式，是遗嘱继承的从属部分，[2] 而从我国继承法将遗嘱继承和遗赠并列规定为以遗嘱处分遗产的两大类型来看，[3] 它们二者并不具有包含关系，即受遗赠权并不属于继承权，而是一种获取遗产的独立方式。因此，该观点也无法解决遗赠产生何种效力的问题。

结合遗赠的核心概念（无偿给予）、标的内容，我国继承法中的遗赠产生的法律效力应当是债之效力。因为将其定性为债的法律关系，不仅有助于我国对遗赠“无偿给予”核心概念的把握以及“区分遗产承受人”模式的确立，而且有利于理顺我国“债务清偿优先于遗赠执行”模式。更重要的是，如此定性非常有助于债权人顺利实现其债权。总之，我国《物权法》第29条将遗赠产生的法律效力定性为物权效力与我国继承法的基本精神和民法的基本原理相矛盾，因此，本文建议正在制定的民法典删除该规范，并参照《俄联邦民法典》中有关遗赠产生债之效力的规定，明确规定遗赠适用债权债务的有关规定，但法律有特别规定或从中得出不同结论的除外。[4]

最后，在明确遗赠产生的是债权效力的基础上，还须构建与此相关的配套制度。

第一，遗赠义务人的构建。既然我们将由遗赠产生的法律效力定性为债权效力，那么构建与受遗赠人相对应的遗赠义务人就是题中之义了。对此，可以参考俄罗斯民法中有关履行遗赠义务之人的规定，即遗赠义务人范围可以是立遗嘱人指定的继承人或有专门预留遗产费用的继承人之外的遗赠执行人。[5]

第二，应当在我国未来民法典中限制获得遗赠的权利任意转移。由于遗赠是与人身有关的特殊的遗嘱处分行为，受遗赠人获得遗赠物的权利仅来源于遗赠人的意志，[6] 如允许其任意转移该权利，将与遗赠人的意志相违背，因此，

---

[1] 刘耀东：《继承法修改中的疑难问题研究》，法律出版社2014年版，第137页。

[2] 刘春茂主编：《中国民法学·财产继承》，人民法院出版社2008年版，第378页。

[3] 参见我国《继承法》第三章标题。

[4] 张平华、刘耀东：《继承法原理》，中国法制出版社2009年版，第346页。

[5] 《俄联邦民法典》第1137条第3款。

[6] См.: Комментарий к части третьей Гражданского кодекса Российской Федерации（Второе издание），Институт законодателества и спранительного правоведения при правительстве Р. Ф. 2006，－78с.

我国民法可以参考俄联邦民法典禁止任意转移获得遗赠权利的相关规定，〔1〕明确禁止遗赠适用代位遗赠等方式转移获得遗产权利。

（二）构建有我国特色的遗嘱负担制度

遗嘱委托作为一种以遗嘱处分遗产的重要类型，对我国遗嘱处分遗产制度来说是一种全新的方式，但类似于遗嘱委托制度的遗嘱信托制度在我国学界却并不陌生，因为学者们在认识到我国立法对此的空白后，大量研究了遗嘱信托制度。因此，本文认为，有必要对二者进行比较和分析，以兹我国立法的引入。

之所以把遗嘱委托和遗嘱信托作比较，关键在于它们都是通过遗嘱处分遗产的重要类型，但二者又有明显的区别〔2〕：其一，功能不同。遗嘱信托是一种旨在实现财产增值的遗产管理制度，它属于持续性法律关系，对受益人而言，是一种具有物权属性或倾向的特殊权利；而遗嘱委托在履行义务方面类似于遗赠，其不必然以实现财产增值为目的，通常是一次性法律关系，对遗嘱委托受益人而言，是一种债权。其二，执行遗嘱的义务人不同。遗嘱信托中的受托人可以是任何人，一般是专业的理财机构，而遗嘱委托中的义务人仅限于继承人或有专门遗产保障的遗嘱执行人。其三，遗嘱标的内容不同。遗嘱信托的标的是为了受益人而对遗产进行管理，而遗嘱委托除了实施财产行为外，还可以实施非财产性质的行为。其四，目的不同。遗嘱委托以实现公益为目的，而遗嘱信托并不限于此。从上述比较中发现，遗嘱委托中委托的事项范围更广，不仅可以是财产性事项，还可以是非财产性事项，更有助于实现立遗嘱人的意志。但如果立遗嘱人旨在实现其遗产的增值，则选择遗嘱信托更为有效。因此，我国未来民法中应当构建将二者融为一体的遗嘱负担制度，即遗嘱人有权责成继承人履行旨在实现公益或私权的财产或非财产性质的行为，以备立遗嘱人根据自己的意志适用相应的遗嘱处分类型。

另外，虽然俄罗斯民法替补受益人规则（包括指定再继承人、替补受遗赠人及替补遗嘱委托受益人）不是以遗嘱处分遗产的新类型，但该规则本身却酝酿着一种新的以遗嘱处分遗产的方式。其实质在于防止遗嘱因客观事由而无法生效，以此规则来延续立遗嘱人的意志。该制度并不是俄罗斯民法中的独创，其与大陆法系中的替补继承制度只是称谓的不同而已，虽然我国现行民法并未明确规定该制度，但目前我国学界和司法界一致认为，该制度的引入既不会与继承理论相冲突，也不会在司法实践中造成困境，因此，引入该制度可谓百利而无一害。

---

〔1〕《俄联邦民法典》第1138条第3款。

〔2〕徐卫：《遗嘱信托制度构建研究》，法律出版社2014年版，第7、8页。

结 论

通过研究俄罗斯民法以遗嘱处分遗产三种类型的特点以及它们之间的关系，本文得出如下结论：

第一，俄罗斯遗嘱继承作为遗嘱处分遗产最基本的类型，与我国立法相比，其对遗嘱当事人的要求、对遗嘱形式的严格规范、对遗嘱自由的限制、对遗嘱秘密的保护较为全面，较好地适应了当今社会现代化、民法越来越重视意思自治兼顾社会公益的发展趋势。具体而言，遗嘱当事人方面不仅允许已婚未成年俄罗斯公民订立遗嘱，而且将遗嘱处分遗产三种类型的遗嘱受益人范围扩大到法定继承之外的人；法定的遗嘱形式方面，除了规定公证遗嘱与其他遗嘱具有同等的法律效力外，还突出密封遗嘱、类公证遗嘱的实用性；遗嘱自由限制规则方面，规定应继份继承人只需“单无”即可，并增加受被继承人扶养之人为继承人的规则；遗嘱保密方面，赋予了立遗嘱人请求精神损害赔偿等权利。

第二，俄罗斯民法以遗嘱处分遗产三种类型较我国立法在类型多样性方面更为合理。其主要体现在：其一，俄罗斯民法明确将遗赠产生的法律效力定性为债之效力，这不仅有助于人们对遗赠的本质（无偿给予他人遗产）的理解，而且有利于我国未来民法对遗赠产生债之法律效力的明确定性。其二，俄罗斯民法明确将遗嘱委托的功能定位于公益性的非财产性的遗产处理。总之，在俄罗斯民法以遗嘱处分遗产类型中，遗赠是旨在实现私权的纯粹遗产权益的转移，遗嘱委托是旨在实现公益目的的事务性处理，而遗嘱继承是遗赠和遗嘱委托之外的以遗嘱处分遗产的兜底性方式，是人类以遗嘱处分遗产最常用、最原始、最基本的类型。

第三，俄罗斯民法中遗嘱处分遗产类型的规范性、多样性，充分体现了俄罗斯民法对立遗嘱人自由处分遗产之意志的尊重，同时也彰显了俄罗斯民法对社会公益的兼顾。

第四，鉴于俄罗斯民法以遗嘱处分遗产之类型的意义，并结合我国现代化发展过程中以遗嘱处分遗产存在的问题，笔者建议：我国未来民法应积极吸收俄罗斯遗嘱处分遗产类型的有益制度。其一，扩大遗嘱受益人范围，完善法定遗嘱形式（包括但不限于公证遗嘱、密封遗嘱、类公证遗嘱），构建具有我国特色的特留份制度，增加遗嘱保密规则。其二，明确规定遗赠产生债之效力的法律效果，并辅以执行遗赠义务的相关制度。其三，借鉴俄罗斯遗嘱委托旨在实现公益为目的的非财产性的事务性处理功能，确立具有我国特色的遗嘱处分制度。

参考文献

一、著作类

1. 梁慧星:《民法总论》（第 4 版），法律出版社 2011 年版。

2. 梁慧星:《法学学位论文写作方法》，法律出版社 2012 年版。

3. 江平主编:《民法学》（第 2 版），中国政法大学出版社 2011 年版。

4. 李宏:《遗嘱继承的法理研究》，中国法制出版社 2010 年版。

5. 杨立新、朱呈义:《继承法专论》，高等教育出版社 2006 年版。

6. 房绍坤、范李瑛、张洪波:《婚姻家庭与继承法》，中国人民大学出版社 2007 年版。

7. 陈苇主编:《外国继承法比较与中国民法典继承编制定研究》，北京大学出版社 2011 年版。

8. ［俄］E. A. 苏哈诺夫:《俄罗斯民法》，王志华、李国强译，中国政法大学出版社 2011 年版。

9. 郭明瑞、房绍坤、关涛:《继承法研究》，中国人民大学出版社 2003 年版。

10. 张平华、刘耀东:《继承法原理》，中国法制出版社 2009 年版。

11. 李岩:《遗嘱制度论》，法律出版社 2013 年版。

12. ［德］伯恩・魏德士:《法理学》，丁小春、吴越译，法律出版社 2003 年版。

13. ［德］迪特尔・梅迪库斯:《德国民法总论》，邵建东译，法律出版社 2000 年版。

14. 徐卫:《遗嘱信托制度构建研究》，法律出版社 2014 年版。

15. 刘耀东:《继承法修改中的疑难问题研究》，法律出版社 2014 年版。

16. 刘春茂主编:《中国民法学・财产继承》，人民法院出版社 2008 年版。

17. 鄢一美:《俄罗斯当代民法研究》，中国政法大学出版社 2006 年版。

18. 张建文:《俄罗斯民法典编纂史研究》，中国政法大学出版社 2012 年版。

19. 王海军:《〈罗斯法典〉研究》，上海人民出版社 2014 年版。

20. 李秀清、陈颐主编:《苏俄新法典》，上海人民出版社 2014 年版。

21. ［意］彼得罗・彭梵得:《罗马法教科书》，黄风译，中国政法大学出版社 1992 年版。

22. ［英］巴里・尼古拉斯:《罗马法概论》，黄风译，法律出版社 2004 年版。

23. 吴庆宝:《民事裁判标准规范》，人民法院出版社 2008 年版。

24. 周枏:《罗马法原论》，商务印书馆 1994 年版。

25. 张建军:《信托法基础理论研究》，中国财政经济出版社 2009 年版。

26. 王丽萍:《婚姻家庭继承法学》，北京大学出版社 2003 年版。

27. 郭明瑞、房绍坤:《继承法》，法律出版社 2004 年版。

28. 梁慧星:《中国民法典草案建议稿附理由・继承编》，法律出版社 2013 年版。

29. 余辉:《英国信托法：起源、发展及其影响》，清华大学出版社 2007 年版。

30. См. : Комментарий к части третьей Гражданского кодекса Российской Федерации

(Второе издание), 2006, Институт законодателества и спранительного правоведения при правительстве Р. Ф.

31. См.: Комментарий к части третьей Гражданского кодекса Российской Федерации / Под ред. А. Л. Маковского и Е. А. Суханова. М., 2002, Автор комментария к ст. 1128ГК – А. Л. Маковский.

32. См.: Комментарий к части третьей Гражданского кодекса Российской Федерации / Под ред. А. Л. Маковского и Е. А. Суханова. М., 2002, с. 183. Автор комментария к ст. 1148 ГК–А. Л. Маковский.

33. См.: постановление Пленума Верховного Суда РФ от 22 апреля 1992 г. №8 О применении судами Российской федерации постановлений Пленума Верховного Суда СССР (в редакции постановления от 21 декабря 1993 г. № 11) // Сборник постановлений Пленума Верховного Суда Российской Федерации. 1961–1996. М., 1997.

34. См.: А. П. Сергеев. Право интеллектуальной собственности в Российской Федерации. Учебник. М., 2001.

35. См.: ГУев. А. Н. постатейный комментарий к части третьей Граждансткого кодекса Российской Федерации. М.: ИНФРА–М, 2002.

36. См.: СК–Семейный кодекс РФ от 29 декабря 1995 г. с последними изменениями, внесенными Федеральным законом от 28 декабря 2004 г. № 185–ФЗ [СЗ РФ, 1996, №1, ст. 16; 2005, № 1 (ч. Ⅰ), ст. 11]

37. См.: Гражданское право: учеб.: в 3 т. Т. 3. – 4–е изд., перераб. и доп. / под ред. А. П. Сергеева, Ю. К. Толстого. – М.: TKISBN 5–482–00028–1.

38. м.: Зайцева Т. И., Крашенинников П. В. Наследственное право. Комментарий законодательства и практика его применения. 6 – е изд., перераб. и доп. – М.: Статут, 2009. –557с.

39. Кириллова Е. А. Основания наследования в гражданском праве Российской Федерации: Монография.–М.: ИНФРА–М, 2014 .–132с. – (Научнная мысль).

40. См.: Е. Ю. Петрова. Основы наследственного права России, Германии, Франции / Под общ. ред. –М.: Статут, 2015.

41. См.: Дела о наследовании: некоторые спорные вопросы правоприменения.–2–е изд., перераб. и доп. – Москва: Проспект, 2015.

42. См.: Подред. Е. А. Суханова, ГражданскоеправоТом Ⅱ, 3–еиздание, WoltersKluwer

二、论文类

1. 房绍坤:《遗赠能够引起物权变动吗?》,载《当代法学》2012 年第 6 期。

2. 庄加园:《试论遗赠的债物两分效力》,载《法学家》2015 年第 5 期。

3. 宋刚:《关于遗嘱信托的几点思考——以继承法修改为背景》,载《北京师范大学学报(社会科学版)》2013 年第 3 期。

4. 房绍坤:《遗嘱形式完善三题》,载《苏州大学学报(法学版)》2014 年第 4 期。

5. 杨立新：《自书遗嘱的形式要件与法律效力对一起违反形式要件要求错误认定自书遗嘱效力的典型案件的分析》，载《法治研究》2014 年第 10 期。

6. 郭明瑞：《论遗嘱形式瑕疵对遗嘱效力的影响——兼论遗嘱形式的立法完善》，载《求是学刊》2013 年第 2 期。

7. 王蜀黔：《俄罗斯民法典中的特留份制度——兼对中国继承法修订的建议》，载《湖北社会科学》2007 年第 12 期。

8. 蒋月：《论遗嘱自由之限制：立法干预的正当性及其路径》，载《现代法学》2012 年第 5 期。

9. 夏吟兰：《特留份制度之伦理价值分析》，载《现代法学》2012 年第 5 期。

10. 鄢一美：《俄罗斯民法典中继承法律规范的新变化》，载《比较法研究》2004 年第 2 期。

11. 陈程：《俄罗斯继承法中特留份制度对中国继承法修订的建议》，载《决策与信息》（下旬刊）2011 年第 7 期。

12. 鄢一美：《寻找现代〈民法典〉：中国与俄罗斯不同的立法进程》，载《求是学刊》2010 年第 2 期。

13. 陈程：《中俄继承法律制度比较研究》，新疆大学 2012 年硕士学位论文。

14. 陈莹璐：《俄罗斯法定继承顺序的变化及其启示性研究》，中国政法大学 2016 年硕士学位论文。

三、其他类

1. ЮРИСДИЧЕСКИЕ АСПЕКТЫ ЗКРЫТОГО ЗАВЕЩАНИЯ，nasledstvo03. r，http：//nasledstvo03. ru/zaveshhanie/zaveshhanie-zakrytoe. html.

行政行为违法性继承的研究

宋丽红

摘　要

行政行为违法性继承的概念产生于现代行政，用于解释和应对多个行政机关、多个行政行为、多个行政阶段的复杂行政活动中的行为间效力关系的问题。其基本的问题结构是：在后阶段行政行为的撤销诉讼中，当事人以前阶段行为存在违法性瑕疵为由诉请撤销后阶段的行政行为。

法院对行政行为违法性继承的态度不一，或承认或否认，且以否认的情况居多。在现代行政的背景下，包含多个阶段和行为的行政过程日益常态化并成为司法审查的重点与难点，但对于其中易成为矛盾争议焦点的行为间效力关系审查标准的不一致，严重损害了司法权威性。司法实践中，问题的出现反映出我国在行政行为违法性继承理论研究方面的不成熟，承认还是否定先后行为间的违法性继承关系，基础问题在于违法性继承理论在我国是否存在应用的空间。

行政行为违法性继承的概念产生并完善于日本行政法。日本行政法关于行政违法性继承的判定标准、制度定位、制度价值等内容以及在特定的司法实践领域的适用规范，已较为系统和完善。我国学者在对日本违法性继承理论较为系统研究的基础上，结合我国的制度背景、法治实践对该理论的应用进行了探讨。域内域外的理论观点和成果认知的梳理，为本文研究内容的确定和探讨方向提供了视角和思路。

违法性继承在我国的应用涉及理论和实践两方面。一方面是违法性继承应用的理论分析，主要包括违法性继承理论可能存在的价值冲突、制度冲突和是否存在可替代理论的问题。违法性继承应用中，先后行为间存在行政目的和法律效果的一致，并在利益保护上包含“相对人视角”，其存在是以实现法律安定性价值为目的的行政法基本理论的例外。在现有行政法理论和制度的背景下，行政行为违法性继承得以适用主要基于行为间特殊的逻辑关系和公民利益保护的价值取向，其在行政过程论和行政救济论中具有重要地位。

另一方面，根据司法实践情况的实证分析，对审判情况和审判模式进行考察分析。主要方法和思路是以法院判决案例为样本，分析法院不同的判决模式及其背后的逻辑思路：法院在否定违法性继承时一般以不符合“受案范围”、不符合“司法审判范围”等为由，而承认违法性继承的法院存在不同的审查进路，如先后行为“共同要件论”、先后行为目的统一等。承认或否定违法性继承的两种判决思路具有不同的司法效果、司法发展方向和司法价值。前者优于后者的比较结果体现和证明了行政行为违法性继承理论的存在意义，结合复杂行政活动涉众广、矛盾突出、利益关系大的特点，违法性继承的理论意义更加明显。

肯定违法性继承在我国存在应用空间，并不是说其在我国的应用是毫无障碍、可直接推广的，我国仍需要进行一些制度上的变革。

关键词：行政行为　违法性继承　房屋征收行为

引言：司法实践中的困惑

“行政行为违法性继承”本身是一个复杂的概念，其概念成立和理论系统的构建涉及行政法上难解的、尚未形成权威共识的内容，如行政行为、行政行为效力、违法性等，这为该问题的研究带来一定的难度，但并不能说行政行为违法性继承是不可讨论的。相反，该概念首先产生于司法实践，在司法实践运用过程中出现了不同的甚至相互冲突的审判个案，“展现了在共识尚未形成前的知识竞争”。[1] 司法实践混乱的产生首先表现为，司法审判中审判思维单一化。传统司法审查理论往往是相对于单一行政行为而言的，但在数行为相结合构成同一行政过程成为常态的情况下，法院仍是习惯于单一行政行为的审判思路和审判方式，[2] 对多阶段行政行为的审查并未形成成熟的审查模式。在立法层面，我国还未出台针对数行为相结合构成同一行政过程的统一的司法审判规范，指导性案例的积累较少、发挥作用有限，同时理论界的研究也未形成通说以应用于司法实践。在司法审判实践中，由于审判方式的不同导致裁判尺度不统一，这严重损害了司法的权威性，也不利于相对人利益的保护。

本文基于上述背景和视角，探讨违法性继承在我国的应用性问题。

第一，概念名称的选取。违法性继承存在于数行为共同组成一个行政过程的情形下，而关于“数行为”的界定名称是多样的，包括“多阶段行政行为”“继发型行政行为”“复合型行政行为”“关联行政行为”等，含有违法性的先行行为也被称作“前置行为”“前阶段行为”“被继承行政行为”等。上述概念的界定与存在形态有多种不同的观点，由于这一概念本身非我国法制之中的用语，与其从概念本身出发，不如采取事务性的思维取向，[3] 分析在具体案件中先后行政行为之间的关系、违法性继承如何得到承认，如房屋征收中的“征收决定”与“征收补偿决定”等。当然，事务性思维取向的采取并不能完全忽视或背弃基本的概念内涵。“关联行为的关联性包括主观上、客观上和诉讼制度上的关联。”[4] 为行文的方便，文章在论述过程中将“数行为”概念名称定为“关联行为”，先后行为定为“先行行为”和“后续行为”。

第二，选题意义。基于现代行政的社会背景，行政活动的完成和行政目标的实现，需要多个机关参与、多种行政手段相结合。在此行政过程中，先行行为出现效力瑕疵是否会影响后续行为的效力成为行政诉讼当事人和司法审判机关关注的问题。由于行政行为违法性继承的问题成为诉讼双方当事人的争议焦点，审判机关须对此作出相应判决，但审判尺度的不统一严重损害了司法的权威性。“行政行为违法性继承”理论在我国是否存在可应用性，能否形成应用的

---

〔1〕 成协中：《行政行为违法性继承的中国图景》，载《中国法学》2016 年第 3 期。

〔2〕 参见曲枫：《论复合行为之存在形态与司法审查》，载应松年、马怀德主编：《当代中国行政法的源流——王名扬教授九十华诞贺寿文集》，中国法制出版社 2006 年版，第 502 页。

〔3〕 参见钱梦教：《多阶段行政程序中的法律适用问题研究》，浙江工商大学 2012 年硕士学位论文。

〔4〕 主观上的关联是指数机关共同参与行政过程，客观上的关联是指数行为存在手段与目的关系，行政目标具有一致性，诉讼角度上的关联是指先行行为可诉而不能诉的情形下认可先后行为间的关联性。蔡震荣：《多阶段行政处分与行政救济》，载台湾行政法学会主编：《行政法争议问题研究》（上），五南图书出版有限公司 2000 年版，第 501~503 页。

规范，成为应对司法实践需求的基础性问题。我国关于该问题的研究尚未形成系统化、成熟的理论，未形成权威的共识。因此，“行政行为违法性继承”在理论和研究上存在缺失，法律运行过程中该问题的现实存在以及司法审判实务的需要均说明了本文选题的重要意义。

第三，研究思路。本文总体研究方法是以案例分析为核心的实证分析与文献理论研究相结合。理论方面研究主要是借鉴学者的相关研究，包括日本行政法学学说和我国学者理论研究的总结。由于我国并没有“行政行为违法性”的成文法表述，在案例检索和选录时，以此为关键词进行检索是没有结果的。笔者确定了两种检索的思路：一是限定违法性继承出现的领域。涉及违法性继承的案件领域包括建设项目的行政许可、城乡规划及房屋、土地征收等。通过限定领域缩小检索范围，将形成违法性继承关系的“先后行为”定为检索关键词，检索出相关案例。二是违法性继承涉及多个行政行为，关于“数行为”有多种定义名称且在我国司法实践领域也有所运用，因此，笔者以“数行为”多个概念名称为关键词进行案例检索。在案例选取的时间上，主要为2010年以后的案例，以总结分析最新的司法实践情况。通过上述两方面内容的相互结合，从理论分析的结果与实证分析的成果两方面论证违法性继承可应用性的问题。同时，两方面结果也能相互说明和印证。

第四，研究目的。本文的研究主题为“行政行为违法性继承”。“行政行为违法性继承”概念为舶来品，该问题在德国行政法上有出现，但日本行政法进行了系统地研究和概念定义，“外国法的学说和制度构成了中国行政法学重要的智识渊源”。〔1〕但我国在受案范围的规定、行政行为公定力的理解等方面与德日存在明显的不同，本文在借鉴德日相关学说的基础上，研究行政行为违法性继承概念在我国界定的特殊性，以及与我国法律制度规定、法治理念、司法需求相结合以推广应用的可能性。

第一章　问题展开：现实背景与研究现状

行政行为违法性继承理论是行政法学理论研究的前沿问题。本文对该问题的讨论，从其现实背景和研究现状的分析开始，通过对典型案例的剖析、问题现实背景的概括及中外研究的梳理，对违法性继承理论进行更直观、全面地阐述。

---

〔1〕何海波：《中国行政法学的外国法渊源》，载《比较法研究》2007年第6期。

一、典型案例中违法性继承的剖析

行政违法性继承首先出现于司法实践中，其问题构造及逻辑思路在个案中得到展现。“沈希贤案”作为涉及违法性继承的典型案例在我国热议。日本违法性继承的应用规范就是通过判例积累起来的，“东京建筑安全条例案”是其中典型代表。

（一）“沈希贤案”：前提—基础关系思路

“沈希贤案”于2004年登载在《最高人民法院公报》。[1] 该案涉及“行政行为违法性继承”的基本特征，并作为违法性继承的典型案例在中国学者当中得到热议。本案原告沈希贤等182人不服北京市规划委员会向第三人颁发《建设工程规划许可证》，许可第三人建设二级动物实验室的行为。其主要的诉讼理由是该二级动物实验室为污染环境的项目，依据《中华人民共和国环境保护法》（以下简称《环境保护法》）的管理规定，[2] 包含环境影响和项目产生污染的环境影响报告书必须经审批，才能据此批准建设项目设计任务书，而该案争议项目在可行性研究阶段并未进行环境影响评价，[3] 所以工程规划许可的行为应予以撤销。

该案争议行为可分为两部分：一是涉案项目立项阶段，市规划部门进行可行性研究并核定立项；二是涉案项目申请许可阶段，市规划部门核发了建设工程规划许可证。本案原告认为，市规划部门在涉案项目立项阶段未按照《环境保护法》的规定进行环境影响评估，因此以可行性研究结论为前提依据的规划许可行为应被撤销。被告认为，依据《中华人民共和国城乡规划法》（以下简称《城乡规划法》）的规定，[4] 核发许可证时只需审查建设单位是否取得计划部门的批准文件，环保部门的意见非规划部门作出审批时的前置条件。北京市西城区人民法院一审依据《环境保护法》的规定，认为建设污染性的项目须对建

---

〔1〕 沈希贤案，载《最高人民法院公报》2004年第3期。

〔2〕 1989年《环境保护法》第13条规定：建设污染环境的项目，必须遵守国家有关建设项目环境保护管理的规定。建设项目的环境影响报告书，必须对建设项目产生的污染和环境作出评价，规定防止措施，经项目主管部门预审并依照规定的程序报环境保护行政部门批准。环境影响报告书经批准后，计划部门方可批准建设项目设计任务书。1989年《环境保护法》已于2014年4月24日修订，因该案发生于修法之前，所以仍适用修订前的法律。

〔3〕 在该案中，原告的诉讼理由还包括涉案建筑项目不符合《卫生系统实验动物管理暂行条例》第5条第5项“20米的卫生隔离区”的规定，因与本案讨论内容不相关，所以不展开讨论。

〔4〕 1989年《城市规划法》第32条规定：在城市规划区内新建、扩建和改建建筑物、构筑物、道路、管线和其他工程设施，必须持有关批准文件向城市规划行政主管部门提出申请，由城市规划行政主管部门根据城市规划提出的规划设计要求，核发建设工程规划许可证件……该1989年《城市规划法》已失效，因该案发生于废止之前，所以仍适用废止前的法律。

设项目产生的污染和对环境的影响作出评价。在环境影响报告书经有关部门批准后，建设项目后续许可才能进行审核批准。本案中被告在作出规划许可时，应当对项目的环境影响报告书进行审查。阶段一的行为因缺乏环境影响评估而具有效力上的瑕疵，阶段二建设工程规划许可证颁发以阶段一的行为为前提，因此也具有违法性，即阶段一行为的违法性在阶段二中被继承。

（二）“东京建筑安全条例案”：目的—效果一致性思路

“东京建筑安全条例案”〔1〕由日本最高法院审判并作出判决，该判决肯定了行政行为违法性的继承。该案争议是涉案建筑物对外连接道路是否符合法律规定。《东京都建筑安全条例》规定，建筑面积超过一千平方米的建设用地必须根据建筑面积确定是否接续道路以及道路的长度。〔2〕但知事〔3〕依据相关利害关系人的申请，根据建筑物的周边土地状况，可以进行“安全确认”〔4〕而不适用上述规定。在本案中，案外人申请对在建建筑物进行“安全认定”，并以此为前提获得建筑主管部门作出的“建筑确认”。〔5〕周边居民以建筑主管部门为被告，以“安全认定”违法为由要求撤销“建筑确认”。一审法院未支持原告诉求，二审法院判决“安全认定”违法并予以撤销。被告上诉，日本最高法院肯定了二审法院的判决，并给出两点理由：一是“建筑确认”与“安全认定”虽是不同机关依据各自权限作出的，但为了安全保障这一统一目的，两者相互结合实现共同的法律效果；二是“安全认定”未向申请人以外的人通知，对于“安全认定”合理与否，未给予争议者充分的程序保障。

上述两个案例将行政行为违法性继承的基本问题结构进行了呈现。中国的“沈希贤案”中，法院基于相关法律规定的解释，认为先行行为所缺失的行为部分为被诉行政行为的合法性的构成要件之一，因此，两者之间存在违法性的继承。日本“东京建筑安全条例案”中，日本最高法院从“安全确认”和“建筑确认”两个行为具有一致的目的和共同效果的特殊关联性出发，基于各行为的行政救济是否有充分保障的考量，承认了先后行为之间违法性的继承。从上述

〔1〕［日］田村泰俊：《东京都建筑安全条例的“认定”：行政行为违法性继承——最高裁判所平成21年12月17日判决的分析》，载《法学研究》第90号（2011年1月）。

〔2〕《东京都建筑安全条例》第4条第1款：建筑面积超过一千平方米的建筑用地必须根据其建筑面积接续所定长度以上的道路。

〔3〕知事，即日本地方都、道、府、县一级行政区的行政长官。

〔4〕依据日本《东京都建筑安全条例》的规定，“安全确认”是对建筑物周边道路有无安全障碍的判断，是知事依申请作出的建筑物不负接道义务的特例。

〔5〕依据日本《东京都建筑安全条例》的规定，“建筑确认”是建筑主管部门对建筑物周边是否符合接道要件的判断。

两案例可以看出，先行行为违法性被后续行为继承的路径是有所不同的。

二、违法性继承理论出现的背景

行政行为违法性继承理论出现在现代行政过程中，其突出的背景为理论上多阶段行政活动的出现及行政实践过程中行政分工的复杂化。同时，随着法治的不断发展，公民的权利意识在不断加强，公民对自身权利的积极维护也是违法性继承理论发展的重要推动力。

（一）理论上多阶段行政活动的出现

在过去的社会环境中，行政机关往往作出一个行政行为即能实现行政目的，所以传统的行政法理论以行政行为为中心发展起来，其注重行政行为的效力问题，倾向于保障行政行为的执行。[1] 单一的行政行为是静态的、固化的，其不同于现代行政中出现的具有动态性、连续性的多阶段行政行为，所以以单一行政行为为中心的制度设计难以关注和解决先后行为在相互相接、合作的行政过程中出现的问题。与行政机关的行政执行相适应，我国行政司法审查也是围绕着“具体行政行为”展开的。司法审查重点关注行政行为的合法性：行为作出时依据的有效性，主体资格、程序的合法性。关联行为之间存在的特殊关联性在司法审查中往往被忽视。基于这种特殊关联性产生的问题在司法救济中得不到相应的解决，由此产生了一系列的问题。比如，城市化进程中因房屋征收引发的诉讼，整个房屋征收过程中涉及城乡规划、土地征收、征收补偿、土地出让、项目立项等行政行为，需要多机关的参与，包含多个阶段。房屋征收与当事人的利益关联密切，而目前此类诉讼多呈现“连环诉讼”[2] 的特点，造成司法资源的浪费，继发的群体性行为影响社会稳定，进而影响了城市化的进程。行政过程中各种关联因素的考量引发对行政过程论的关注，[3] 违法性继承理论作为对关联行政行为中先后行为间关系的回应而被提出和运用。

（二）实践中行政分工复杂化的趋势

行政分工日益细化是现代行政的特点之一，与行政机关面对的社会管理事务专业化、精细化和复杂化的趋势相顺应。精细化的分工适应市场经济下社会需求对行政管理的职能需要，但同时提高行政效率和规范化管理的要求需行政机关之间有效地合作和衔接。“一个窗口对外、一站式服务”的服务形式、行政

---

〔1〕 参见刘伟：《前阶段行政行为效力的司法审查》，南京工业大学 2014 年硕士学位论文。

〔2〕 杨晓玲：《城市拆迁引发“连环诉讼”之对策研究——以拆迁纠纷为样本的实证分析》，载《北京政法职业学院学报》2011 年第 3 期。

〔3〕 违法性继承在行政过程论中有重要的位置，有学者尝试用违法性继承理论来完善我国的行政过程理论。参见李成玲：《行政行为违法性继承理论在我国的适用与重构》，山东大学 2013 年硕士学位论文。

协助制度的完善讨论、政府购买服务、与社会组织进行合作等，都是行政分工复杂化趋势下政府机关的改革应对举措。

我国行政机关本身存在着规模大、层级复杂的特点，虽然多次的机构改革调整对行政机关的管理权限、部门组织进行了调整，但目前仍是改革的重要对象。综合分析我国的历次行政机构改革，其改革的侧重点在横向的部门设置，对于纵向的部门层级分工设置少有触及。[1] 我国行政组织法在推进行政组织横向、纵向分工以及与社会分权之间的规定，还需要进一步细化。

行政过程的完成、行政目的的实现需要多个机关以不同方式和不同程度参与以及多个行政行为的相互连接和合作，而结合我国的行政事务管理实践现状来看，行政机关之间合作及衔接的相关规范并不完善。在实际运作中，存在众多权力运作不规范、相对人利益难以保障等问题，这使得行政分工的复杂化程度进一步提高。

（三）现实中公民权利意识的增强

当后续行为不存在固有瑕疵，但整个行政过程的行政结果侵犯了行政相对人或利害关系人的合法权益时，为维护自身的权益，当事人一方提出前阶段行为中存在违法性瑕疵并以此为由要求撤销后续行为。日本违法性基本理论在案例中积累形成，也反映出公民权利增强对该理论形成和发展的推动作用。

我国法治的推进、市场经济制度的完善，为公民权利意识的培养和发展提供了良好的社会环境。在整个社会发展过程中，公民在自身权利维护方面的表现有非常鲜明的变化。例如公民维权水平不断提高，特别是法律手段的运用水平不断提高。笔者在案例检索过程中发现，涉及违法性继承的案件多存在于专业性较强的行政领域，如“城市规划”领域。笔者以“城市规划”“行政规划”为关键词进行检索，检索出相关案例 921 篇，且从时间分布上看，呈连年递增的状态。

涉及行政违法性继承的行政过程，一般周期比较长，环节比较复杂，包含的行政行为并非都具有明显的法律外部效果。作为在上述行政过程中利益息息相关的相对一方，公民权利意识的增强和维权水平的提高使得公民可以成为一种重要的监督力量。

三、违法性继承理论的研究现状

国外较为成熟的理论研究为我国理论完善及实践应用提供了有益的借鉴，但我国的法治环境、法律制度等与域外有一定区别，不可一概而论。同时，我

---

〔1〕 参见曹桂全：《多级政府分工模式与我国行政管理体制改革》，载《理论与现代化》2013 年第 3 期。

国学者及司法实务界人士对违法性继承理论的研究现状，也是进一步研究该问题的基础。

（一）域外研究

德国行政法中的“违法性继承”问题：在多阶段行政行为[1]的情形下，若存在制定法的明确规定，后行为的有效作出必须以先行为的有效存在为前提，则各独立行政行为共同构成的“多阶链条”中存在行为合法性和有效性的传递，即如果先行为有违法性瑕疵，这种违法性必然会由后阶段行为所继承。[2]

“违法性继承”的概念在日本行政法中首先出现，并有较为系统的理论研究。该理论在日本的建立，并不是由法律直接规定，而是通过判例和学说不断积累从而形成应用规范。二战前，日本实行列举制的行政诉讼的受案范围制度，即只有法律明确规定的事项才得以提起行政诉讼，这样的制度规定显然不利于国民利益的保护。日本行政法鼻祖美浓部达吉认为，当数行为共同构成一个完整的行政程序并旨在产生特定法律效果时，先行为的违法性可在后续行为的行政争讼中进行主张。该种观点认为，法律目的的同一性使先行行为的效力构成了行政行为公定力的例外。二战后，日本行政诉讼制度发生重大的变革，受案范围上由列举制变为概括制。田中二郎继承了美浓部达吉关于违法性继承的学说，认为原则上应遵从行政行为公定力理论，违法性继承不应得到承认，但在数行为结合旨在产生同一法律效果时，应承认违法性的继承。该“原则—例外”学说，从数行政行为的目的和效果角度出发，形成延续至今的通说。

“原则—例外”学说是从实体上进行的判断，日本现代行政法开始从程序法方面进行判别，并形成了丰富的学说。主要观点包括：一是从权利保障角度来讲，当对先行行为进行争讼的手段保障不充分时，则在后行为的诉讼中审查先行行为的违法性是有必要的。即当事人在先行行为阶段，私人权利保障的程度是是否承认违法性继承的重要因素。二是从宏观行政程序的有序性来讲，若在后续行为的行政争讼中审查先行行为会造成整个行政程序的明显混乱，且先后行为在程序或内容上有明显区别的情况下，应否定违法性继承，反之则应承认违法性继承。三是在起诉期间内行使诉权是必要的存在，但在例外情况下，严格遵守起诉期间的限制会导致非常不合理的后果，也应给“行政行为的违法性继承”留有存在的空间。

---

〔1〕 在德国行政法中，所谓“多阶段行政行为”是指行政行为的完成必须事先经过其他机关或与做出机关有隶属关系的上级机关参与意见、表示同意或者审查核准，其他参与机关的“意见”“建议”只是内部程序，对当事人产生约束效果或具有独立法律效果的是最后的“作出行为”。

〔2〕 参见赵宏：《法治国下的目的性创设——德国行政行为理论与制度实践研究》，法律出版社 2012 年版，第 411~412 页。

（二）国内研究

我国行政法学理论尚未触及“行政行为违法性继承”问题，成文法没有对该问题作出规定，相关的理论研究较少。但在法律实际运行过程中，已不可避免地涉及这一问题，审查方式的不同导致裁判尺度的不统一，严重损害了司法公信力。基于行政实践的需要，关联行为的审查问题已经得到关注，违法性继承理论作为一种解决思路得到进一步的讨论和研究。有不少审判实务界人士提出这一问题，并从审判模式的角度进行了探讨。例如海南省高级人民法院的李贝法官提出继发型行政行为“以行政行为公定力理论为原则，行政行为违法性继承选择适用”的司法审查进路；〔1〕广东省中级人民法院的窦家应法官认为，关联行政行为和本行政行为的司法审查应分别采取“分别立案、合并审查”的方式予以处理；〔2〕福建省福清市人民法院行政庭审判员林莉提出应从司法实用主义的视角出发，建立有限合并审查的制度。〔3〕

学者从理论上对违法性继承的问题进行了探讨。首先，我国学者对日本的违法性继承制度进行了梳理，从日本行政法传统的公定力理论下的“原则—例外”学说，到最新发展的平衡权利保护复合学说〔4〕和以程序法视角突破公定力的学说。〔5〕对于违法性继承的基本问题结构，即在后行为的行政诉讼中审查先行为的合法性，并以先行为的效力瑕疵撤销后行为，学者们已基本达成共识。但关于该问题下的具体讨论对象则存在分歧，首先包括先行行为的可诉性，有学者认为违法的先行行为原则上应是可诉的行为，且无法争讼，否则是“受案范围宽窄的一般行政救济问题”，而不具有“行政法上的独特意义”；〔6〕有学者认为违法性继承的问题所含主题和情形过于复杂，将先行行为进行限定不利于问题的探讨，先行行为是否可诉、是否属于受案范围应在所不究；有学者通过对城乡规划诉讼的实证研究分析得出，排除在外的行政计划在实际案件的审理中通过不同的方式进行了合法性的审查。〔7〕

其次，在应用违法性继承理论的障碍问题上，行政行为违法性继承是对行

---

〔1〕李贝：《论续发型行政行为的司法审查路径》，载《特区法坛》2015年第5期。

〔2〕窦家应：《房屋征收中关联行政行为的司法审查》，载《法律适用》2011年第8期。

〔3〕林莉：《前置行政行为审查模式探究》，载《福建法学》2008年第3期。

〔4〕该学说的主要主张者为远藤博，其认为前阶段争讼手段充分与否，是判断违法性继承能否成立的关键。

〔5〕该学说的主要主张者为山本隆司，其认为违法性继承得以成立的两个因素为：一是纠正前阶段行为违法性不会给整个行政过程带来混乱；二是前阶段行为的诉讼保障程度与后阶段行为相当。

〔6〕王贵松：《论行政行为的违法性继承》，载《中国法学》2015年第3期。

〔7〕参见郑春燕：《论城乡规划的司法审查路径——以涉及城乡规划案件的司法裁判文书为例》，载《中外法学》2013年第4期。

政行为公定力理论的完全突破还是例外适用？日本学者藤田宇靖认为，行政行为的推定有效并没有实体法上的依据，其公定力只是实体法赋予特定机关依特定程序排除其法律效果，[1] "行政行为有无效果与合法与否成为不同的问题"。我国有学者认为，在我国，行政行为也只能由法院和行政复议机关撤销，符合藤田宇靖对公定力的认定。[2] 而有学者指出，我国对公定力的适用还限于"合法有效推定"的意义上，认为违法性继承同公定力是完全独立、不相关联的两个概念是不妥当的。[3]

再次，对于违法性继承的判断标准、制度定位等也是学者关于该问题的热议之处。关于判断标准的讨论，目前学者较多的研究集中在对日本学说的梳理和细化上，如实体法上"目的—效果"判断标准和程序上的救济权利保障等。我国有学者将各类行为类型化，继而作出违法性继承是否成立的判断。关于违法性继承的制度定位讨论较少，现有的观点包括将其定位为行政救济法以及不限于行政救济法的领域，从而广泛地关联于行政立法、行政组织法等的观点。

最后，关于如何将违法性继承理论与我国司法实践相结合，理论界也存在不同的探讨实践路径。有学者提出"法院的判决通过个案裁判中的论证理论"，判例不断地积累形成"行政行为违法性继承"的规范。[4] 有学者则认为，通过相关行政制度和程序的改造，使"违法性继承"制度在我国法律中有立足的基础。

从上述研究现状的总结中可看出，我国的违法性继承理论还处于理论认识和探讨应用的阶段，本文是对违法性继承的基础性问题的研究，主要是对其在我国的发展空间的探讨。

第二章　理论分析：潜在的矛盾及其解决

违法性继承理论得以在我国应用并发展，首先应建立在我国法治基础之上，应与我国的法律制度、法律价值和理论基础相适应。同时，厘清其中存在的矛盾和障碍并找出解决之道，是违法性继承理论在我国应用的关键。

---

〔1〕 未经撤销程序，就不能提起行政行为的效力之争，这被称为撤销诉讼的排他性管辖，与"实体法的公定力"相对，是行政行为的新公定力理论"程序法上的公定力"。

〔2〕 参见王贵松：《论行政行为的违法性继承》，载《中国法学》2015 年第 3 期。

〔3〕 参见成协中：《行政行为违法性继承的中国图景》，载《中国法学》2016 年第 3 期。

〔4〕 参见朱芒：《"行政行为违法性继承"的表现及其范围——从个案判决与成文法规范关系角度的探讨》，载《中国法学》2010 年第 3 期。

一、价值冲突存在的讨论

违法性继承理论的应用涉及我国主流的行政行为公定力理论、行政组织法中行政机关权限分配及司法权与行政权的关系等问题。如果存在价值上的冲突，违法性继承在我国的应用则难以确立和推进。当然，公定力理论本身在我国也存在争议和质疑，行政机关权限分工也处于不断改革和调整的过程中，但目前的主流认识和较长时期存在的制度状态，仍是违法性继承理论在我国应用中必须考虑的问题。

（一）与行政行为的公定力理论的不匹配

日本传统的公定力理论认为，行政行为一经作出即合法有效，其合法有效性来源于行政权的优越性，被称为“实体法上的公定力”。后行政行为公定力与撤销诉讼制度结合在一起，即未经撤销诉讼的程序，行政行为效力就不能被争议，公定力成为撤销制度等行政行为相关制度的一种反射效果，被称为“程序法上的公定力”。[1] 在日本传统的公定力理论下，公定力是截断行政行为违法性继承的主要理论根据，违法性继承得以承认和应用是因行为间“目的—效果”的一致性而为平衡私人利益保护的例外。结合我国关于行政行为公定力的理论学说，王贵松教授认为，在我国，公定力是行政行为未经特定机关以特定撤销程序撤销前的法律效果，“行政行为的违法性继承不是公定力的界限或例外，而是理论上完全独立的现象”[2]，即我国的公定力理论是在程序法意义上成立的，但这种观点未得到理论界的支持。成协中教授认为，我国的行政法理论并不能与日本法上的“撤销制度的排他性”完全对等，我国是在“合法有效推定”的意义层面上应用公定力这一概念，是否要完全放弃这一概念还需进一步探讨。[3] 朱芒教授也认为“公定力概念及其制度本身并没有被否定，原则上先行行为本身不受法院审查”。[4]

在我国的司法判决中，对先行行为作出不予审查的认定大多是以行政行为公定力为根据。但这忽视了先后行为基于同一行政目的、共同构成一个行政过程，具有法律效果和行政目的上的一致性。法院对先行行为进行司法审查，但不需要作出撤销先行行为或确认先行行为违法的判决。虽然因先行行为效力瑕疵而撤销后续行为会间接地否定先行行为的法律效果，但对先行行为效力审查

---

〔1〕 参见王天华：《行政行为公定力概念的源流——兼议我国公定力理论的发展进路》，载《当代法学》2010 年第 3 期。

〔2〕 王贵松：《论行政行为的违法性继承》，载《中国法学》2015 年第 3 期。

〔3〕 参见成协中：《行政行为违法性继承的中国图景》，载《中国法学》2016 年第 3 期。

〔4〕 朱芒：《“行政行为违法性继承”的表现及其范围——从个案判决与成文法规范关系的角度》，载《中国法学》2010 年第 3 期。

的结果集中在法院判决的“判决理由”部分，通常不具有司法既判力，[1] 即不会侵害先行行为的公定力。此外，考虑多阶段行为之间的逻辑关系，先后行为之间在前提—结果、手段—目的等关联性上可以将其视为一个整体统一的行政行为来看待，在这种视角下，行政行为的公定力就扩大至数行为构成的大的行政行为。[2]

（二）突破行政机关之间的权限分配

在行政司法实践中，有的法院认为让后续机关审查前机关作出的行政行为，会加重后机关的责任，有失公允。同时，承认违法性继承会给行政机关之间的权属造成冲突。因此，法院往往会以“不属于该行政机关的职责”为由拒绝对先行行为进行审查。

首先，关于行政机关之间的权限分工问题。在违法性继承理论中，后续行为有从先行行为处继承来的违法性瑕疵，若后续机关有对先行行为作出机关的审查权限和职责而未对其进行审查，则后续机关有失职行为，其作出行政行为的效力瑕疵来源于自身未尽到审查的责任和义务。有学者指出在“违法性继承”中，先后行为的关系是“相互区别又相互连续”[3] 的，其“相互区别”体现在先后行为分别由不同的机关作出，且后续行为的作出机关对先行行为的作出机关不具有审查权限。若后续机关对先行行为作出机关不存在审查的权限，私人利益保护价值则应被重视，“法院在审查和救济时，也只有审查所有造成侵害的行为，亦即将连环侵害行为作为一个行为，才能给私人以充分的救济”。[4] 当然在这种情形下，私人利益保护的需要是价值选择的一种，被诉行政机关对先行行为进行实质性审查，也会加重其工作的负担。“对于某一个具体案件的解决，往往是各种利益和价值平衡综合的结果，这一点也决定了我们在通常情形下，都没有绝对正确的选择，而只有比较适宜的选择。”[5]

其次，法院承认违法性继承是否会带来行政机关之间的权属冲突的问题。通过法院判决承认违法性继承理论的过程分析，这种权属冲突是不存在的。法院判决撤销或确认违法的是后续行政行为，不直接对先行行为效力作出判决，先行行为在对后续行为效力判决的判决理由中出现。法院承认先后行为违法性继承的关系，后续机关将法院对先行行为违法性瑕疵的认定转达给先行行为的

---

〔1〕 参见成协中：《行政行为违法性继承的中国图景》，载《中国法学》2016 年第 3 期。

〔2〕 参见常会：《具体行政行为效力的司法认定——以某房地产有限公司诉某市城乡规划局行政规划核实案为例》，西南科技大学 2016 年硕士学位论文。

〔3〕 王天华：《行政诉讼的构造：日本行政诉讼法研究》，法律出版社 2010 年版，第 92 页。

〔4〕 王贵松：《论行政行为的违法性继承》，载《中国法学》2015 年第 3 期。

〔5〕 何海波：《行政行为对民事审判的拘束力》，载《中国法学》2008 年第 2 期。

作出机关，先行行为的作出机关会基于对法院审判权的尊重而作出相应的处理。或基于公正审判程序原则的要求，法院可以考虑将先行行为的机关列为诉讼的第三人，后续行为若被确认违法或撤销，判决的结果会间接地影响先行行为的法律效果，可以认定其与被诉行政行为有法律上的利害关系。

（三）存在不当侵入行政权的嫌疑

行政权与司法权关系是法学研究中的重要命题，行政诉讼判决是行政权影响司法权最直接的形式。两者之间关系问题的存在，根本原因在于两者目标定位的不同。行政权是一种管理权，其以实现更好的社会服务管理为目标，效率、效益、多数人的公平是其注重的价值。司法权是一种监督权，其通过个案审判中个案的公平保障和救济以实现更大意义上的社会公平。随着社会不断的发展和理论实践的探索，两者关系愈来愈趋向于一种动态的平衡，司法权在司法能动主义与司法克制主义之间变动，以适应行政权的发展。[1]

法院启动对先行行为审查并承认先后行为间违法性继承关系存在时，启动审查条件的限定和标准就是保障司法权与行政权动态平衡，从而有效避免司法权对行政权的干涉。有学者提出“主客观标准”，即主观上先后行为以发生同一个法律效果为目的，客观上，先后行为符合“行政活动的阶段性”。[2] 笔者同意上述“同一法律目的”“同一法律效果”的判断标准。但在阶段性的认定上，结合我国的行政法律实践，应以先行行为作为后续行为的构成要件，或在先行行为存在违法性的部分为后续行为构成要件时，启动对先行行为的审查。法律法规一般会对这种情形作出规定，如“沈希贤案”适用的法律。但同时应注意的是，单一的立法规定难以明确先后行为之间的关联性关系，还须综合运用目的性解释、系统性解释等，[3] 并注意行政相对人或利害关系人在各行政阶段中利益保护的考量。

启动审查先行行为的条件明确，才能保证司法权没有越过行政权直接介入社会行政事务的管理，而是在司法权领域即法律适用和法律判断上发挥其对行政权的监督功能，在行政权错误履职时作出中立的判决。行政权在管理社会事务上专业性、高效性同样为司法权所尊重。

二、制度冲突存在的可能

学者及法院审判中，否定违法性继承多是基于我国目前的起诉期限制度、

---

〔1〕 参见王明远：《论我国环境公益诉讼的发展方向：基于行政权与司法权关系理论的分析》，载《中国法学》2016 年第 1 期。

〔2〕 参见孔令滔：《论行政诉讼中前置行政行为的审查模式——以日本行政过程论为方法论的视角》，载《公法研究》2011 年第 2 期。

〔3〕 参见李成玲：《行政行为违法性继承理论在我国的适用与重构》，山东大学 2013 年硕士学位论文。

受案范围及诉讼标的规定，认为违法性继承理论与上述制度存在冲突。通过分析可知，这种可能性存在，但不能完全因此否定该理论。同时，基于我国行政救济现状，[1] 私人利益保障的价值应该被重视。

（一）超过起诉期限

为实现行政行为效果的安定性，行政行为经过了诉讼时效即具有“不可争力”。《中华人民共和国行政诉讼法》（以下简称《行政诉讼法》）第 45、46 条的规定，一般情形下公民直接向法院提起诉讼的期限为自知道或者应当知道作出具体行政行为之日起 6 个月内，不服行政复议提起诉讼的可以自收到复议决定书 15 日内提起诉讼。“不可争力”又称形式确定力，是针对行政相对人而言的，在超过起诉或复议期限时不能再要求行政机关改变行政行为。但超过诉讼期限的行政行为，并不代表其在实质上是合法有效的，诉讼时效制度从本质上而言是一个立法政策的问题。行政行为因复议期限、起诉期限届满而获得的形式确定力，并非完全不能改变。

在数行为共同构成统一行政过程的情况下，数行为之间关系较为复杂且有多机关参与，对利害关系人而言，明确分辨其行为性质是有难度的，在很多情况下，当事人并不能知晓行政行为起诉期限已经开始，往往在最后行政行为结果已经出现的情况下才知道先行行为有违法的情况。日本行政法学家足利教授也提出了“知识之中的普通一般市民”的概念，正是对上述一般民众在权利保护现状的概括。法的安定性与私人权利保护之间需要有价值的平衡。

保护公民、法人和其他组织的合法权益是我国《行政诉讼法》重要的立法目的之一。[2] 当先行行为超过诉讼期间时，当事人将先行行为的违法性瑕疵作为后续行为应予以撤销的诉由时，依据司法自主性并基于先后行为间的逻辑关系，法院应该具有对先行行为的审查权限。

（二）突破受案范围

根据我国《行政诉讼法》第 12、13 条的规定，我国行政诉讼实行受案范围“列举制”，国家行为、内部行为、由行政机关最终裁决的行为、制定规范性文件的行为不属于受案范围，所以当先行行为不属于诉讼法规定的受案范围时，违法性继承可能不能得以应用。

日、德行政法的受案范围采用概括制，具有处分性的先行行为的司法救济

---

[1] 目前我国解决行政争议的主要法律救济途径是行政复议和行政诉讼，但两者在实践中解决争议效果不佳，对抗性强，并存在争议解决的固有缺陷等。参见解志勇：《行政检察——解决行政争议的第三条道路》，载《中国法学》2015 年第 1 期。

[2] 《行政诉讼法》第 1 条：为保证人民法院公正、及时审理行政案件，解决行政争议，保护公民、法人和其他组织的合法权益，监督行政机关依法行使职权，根据宪法，制定本法。

途径是较为完善的，但基于关联行为之间特殊的逻辑关系，其仍例外承认违法性继承理论的应用。相比较而言，我国有大量未列入诉讼范围内的行政行为，即使在先行行为属于受案范围的情况下，法院仍有可能认定其“不属于本案的审理范围”而拒绝审查。但有学者的实证研究证明，在司法实践中不属于受案范围的“行政计划”，或通过“行政行为的违法性继承”或通过“间接附带审查”，得到了法院的司法审查。〔1〕这是当先行行为属于抽象行为时，司法实践过程中审查状况的一个反映。

列举制的受案范围因不能提供充分的权利救济而为人诟病，受案范围的问题也成为我国《行政诉讼法》的“症结和改革的中心任务”。〔2〕行政行为违法性继承理论的应用可能带来的受案范围问题的突破，应予以肯定。同时，行政诉讼受案范围扩大的制度改革，也是行政行为违法性继承理论与该制度冲突的解决之道。

（三）超越诉讼标的

行政行为违法性的主张或诉请是原告提起诉讼的标的，是法院审判权所要回应的事项。诉讼标的的概念不同于诉讼客体，〔3〕根据我国《行政诉讼法》第2条，〔4〕诉讼客体为行政行为，而诉讼标的为行为的违法性主张。先行行为与后续行为是互相区别的，在以后续行为为诉讼客体的撤销诉讼中，后续行为本身可能并不存在固有瑕疵，允许原告追究先行行为的违法性，可能会造成撤销诉讼中诉讼标的范围的突破。

在违法性继承可应用的行政过程中，先后行为相互关联且行政目的或法律效果保留在最后的行为。以“行政相对人视点”来看，先后行为几乎是“浑然一体”的，而从对相对人权益影响来看，是难以区分的。先行行为对原告利益影响并不是“直接、迫切和重大的”〔5〕，相对而言，作为结果行为的后续行为则对原告产生“直接、迫切和重大的”利益影响。

从行政过程和各行政阶段来看，后续行为本身可能不具有违法性瑕疵，但基于先后行为间的逻辑关联，后续行为从先行行为继承了违法性，成为影响其

---

〔1〕参见郑春燕：《论城乡规划的司法审查路径——以涉及城乡规划案件的司法裁判文书为例》，载《中外法学》2013年第4期。

〔2〕莫于川等：《我国〈行政诉讼法〉的修改路向、修改要点和修改方案——关于修改〈行政诉讼法〉的中国人民大学专家建议稿》，载《河南财经政法大学学报》2012年第3期。

〔3〕参见章剑生：《现代行政法总论》，法律出版社2014年版，第392页。

〔4〕《行政诉讼法》第2条：公民、法人或其他组织认为行政机关和行政机关工作人员的行政行为侵犯其合法权益，有权依照本法向人民法院提起诉讼。

〔5〕李年清：《论行政行为违法性连带的司法审查》，载《学理论》2013年第23期。

自身法律效力的违法性瑕疵。虽然法院审查先行行为的违法性，但该违法性已被后续行为所继承，所以法院审判权回应对象与司法审查对象具有内在的一致性。而且，从我国目前行政判例来看，除先后行为存在逻辑关联外，承认违法性继承的先后行为间关系基本都有相应的实体法的规定。比如在“沈希贤案”中，先后行为间关系在《环境保护法》和《城乡规划法》中都有相关的规定。同时，还存在程序法上权利保障程度的判断标准。所以，法院以此认定两者存在违法性继承关系并对先行行为的合法性进行审查，并不是没有道理的。

三、替代理论存在的否定

行政行为违法性继承理论与程序性违法存在一定的相似性，特别是先行行为的违法性瑕疵为程序性违法时。部分法院判决相关案件时，也会出现以程序性违法替代违法性继承问题的情况。但两者在制度内涵、应用条件等方面存在明显区别，这种替代关系是不存在的。

（一）与程序性违法的近似

我国有不少关于“程序性违法”的研究和论述，在法院判决中“程序性违法”成为当事人提起诉讼的理由和法院作出判决的依据。然而由于“程序性违法”的复杂性，学界尚未形成权威的共识。为正确认识“程序性违法”，首先需明确“行政程序”的含义，目前关于“行政程序”通说的认定主要包括以下两方面：其一，行政程序是行政机关作出行政行为必须遵循预设的行为过程，需要采取预定的行为形式。〔1〕其为包含步骤、方式、时空等要素的一个连续的过程，“本质为行政行为时间和空间表现形式的有机结合”。〔2〕其二，行政程序本为一个中性概念，但其为行政机关自我规制的内容、司法机关进行审查的对象和立法机关制定的内容，所以其必然包含相应的价值判断。〔3〕在无法律具体规定行政程序的情况下，行政权的行使遵循最低限度的“正当程序”的标准。

因此，“程序性违法”可以从上述两方面来认定：一是不遵守法定程序，表现为方式违法、步骤违法、方法违法、时限违法和顺序违法；二是不能保证最低限度的程序正义。具体违反的行政程序的制度可能包括：回避制度、信息公开制度、听证制度、说明理由制度、送达制度等。

程序性违法与违法性继承理论的相似性在于其外在表现——都表现为步骤、时限和顺序上的违法性，这也反映出程序正义价值的缺失。

---

〔1〕 参见章剑生：《现代行政法总论》，法律出版社2014年版，第161页。

〔2〕 姜明安：《行政法与行政诉讼法》，北京大学出版社2011年版，第333页。

〔3〕 江必新：《行政程序正当性的司法审查》，载《中国社会科学》2012年第7期。

（二）与程序性违法的区别

虽然先后行为间违法性的继承与行政行为程序违法有相似的表现形式，但后者并不能包含前者，不能统一作为行政程序违法而论。学理与司法实践中，有观点将两者混为一谈的，认为违法性继承理论不存在。产生这种观点的主要原因是对关联行为认识不足。在违法性继承理论应用情况下，先后行为构成一个行政过程，但其各自区别，对相对人的利益产生影响。程序性的行为是阶段性、预备性的，具有补充性和辅助性，不确定行政相对人实体性权利义务的关系。[1] 另一个原因在于，忽视先后行为间特殊的关联性。先后行为之间存在“目的—效果”的一致性，而不单是行为先后顺序的问题。如在“沈希贤案”中，若法院审查的只是行政机关颁发规划许可证（被诉行政行为）与环境影响报告书出具行为（先行行为缺失的内容），而无视规划许可证颁发行为与核定项目设计书行为间的继承关系，则该案就是普通的程序性违法案件。[2]

两者的不同主要体现在以下方面：其一，后果不同。程序性违法可能导致行政行为被确认无效、认定违法或被撤销，而违法性继承的后果只有两种，即先行行为违法性继承被承认或否定。其二，违法原因认定的对象不同。程序性违法是在一个独立的行为中，违反了法定程序或正当程序要求，从而使该行为产生程序违法的法律后果。违法性继承则是存在于一个行政过程中，将先行行为的违法性继承到后续行为中，从而导致后续行为产生违法性的后果。其三，违法的原因不同。程序性违法是先行行为违反法律、法规和规章规定的程序性规定，而违法性继承中，先行行为违反的可能是程序性规定，也可能是实体性规定。因此两者可能形式上存在相似性，但在证明思路上是明显不同的。程序性违法不能包含违法性继承。

第三章 实证分析：审判情况考察和模式分析

对行政行为违法性继承在我国司法实践中应用情况的实证分析，展现了该

---

〔1〕 程序性行为一般不具有可诉性，主流观点认为其不具有最终性，起诉时机不成熟。但其可具有事实上的最终性，并影响相对人的合法权益。《关于审理行政许可案件若干问题的规定》第3条：公民、法人或者其他组织仅就行政许可过程中的告知补正申请材料、听证等通知行为提起行政诉讼的，人民法院不予受理，但导致许可程序对上述主体事实上终止的除外。参见赵大光、杨临萍、王振宇：《最高人民法院〈关于审理行政许可案件若干问题的规定〉之解读》，载《法律适用》2010年第4期。

〔2〕 参见赵大光、杨临萍、王振宇：《最高人民法院〈关于审理行政许可案件若干问题的规定〉之解读》，载《法律适用》2010年第4期。

理论在我国的应用现状及其中存在的问题。同时，个案中的判决思路为分析和认识违法性继承提供了研究分析途径。

一、审判情况考察

对违法性继承的审判实践情况的实证考察，可得出涉及理论案件的分布领域、司法审查态度及相关立法情况，上述分析结果是确认违法性继承理论在我国应用性及进一步推广应用的基础。

（一）案件分布领域及裁判结果

目前对行政行为违法性继承的实证研究主要集中在以下领域：多阶段行政许可中先行许可与后续的关联行为、〔1〕城乡规划与后续土地征收审批、房屋征收与拆迁补偿等。上述领域内的典型案例和已有的学术成果为本文进行实证分析提供了基础和视角。同时，依据笔者所确定的案件选取思路，即以“先后行为”及“先行行为”的多个名称定义为关键词进行检索，通过选取案件的数量、类型和内容进行分析，得出涉及“行政行为违法性继承”案件的基本情况。由于缺少权威的社会实证调查数据支持，案件基本情况的分析结果在多阶段行政许可及土地征收管理行为领域仅具有一定的参考价值。

第一，涉及“违法性继承”的案件数量占行政案件数量的比重大。据北京市海淀区人民法院杨晓玲法官统计，截至2011年，海淀区人民法院审理的5000件行政案件中，因城市规划、拆迁审批安置等引发的行政案件约占1/4，法院接到信访投诉此类案件的约占1/5。〔2〕违法性继承案件涉及的行政过程较为复杂，且具有“过程性”的特点，当事人对其中某一阶段行为可能并不知晓，即使存在利益受损的情形，可能在最后阶段行为发生时才知道。对结果行为提起的诉讼，就多涉及行政行为违法性继承。

第二，涉及“违法性继承”的案件多存在“连环诉讼”情形。由于关联行为涉及多个行政主体，包含多种行政行为和多个行政阶段，所以诉求在一次诉讼中得不到支持时，行政相对人就会更换被告、诉由而不断进行“试错”。〔3〕社会矛盾久拖不决、案件积压，呈现“连环诉讼”的现象是违法性继承涉及案件的一大特点。比如，张云鹏诉长沙市天心区人民政府行政征收案〔4〕中，一审

〔1〕参见肖泽晟：《多阶段行政许可中的违法性继承——以一起不予工商登记案为例》，载《国家行政学院学报》2010年第3期。

〔2〕杨晓玲：《城市拆迁引发的“连环诉讼”之对策研究——以拆迁纠纷为样本的实证分析》，载《北京政法职业学院学报》2011年第3期。

〔3〕参见郑春燕：《论城乡规划的司法审查路径——以涉及城乡规划案件的司法裁判文书为例》，载《中外法学》2013年第4期。

〔4〕《张云鹏诉长沙市天心区人民政府行政征收二审判决书》（2014）湘高法行终字第73号。

原告认为被告征收补偿决定作出程序不合法且缺少必要审批文件，征收决定适用法律错误、征收项目不属于公共利益，二审中上诉人（原审原告）变更诉由认为征收立项违法、房屋评估违法、政府征收过程中暴力执法等。

第三，涉及“违法性继承”案件的审判思路不统一。有的法院基于先后行为间的特殊关系对先行行为进行审查，并承认违法性继承关系存在；但也有法院否定先后行为违法性继承关系的存在。即使在同类案件中，这种差异性也明显存在，并且从两者数量上看，后者明显大于前者。[1] 同时，即使法院承认先后行为之间的违法性继承关系，但审判思路、对先行行为的审查强度也存在不同。因此，涉及违法性继承案件的司法审查标准是不统一的，损害了司法的权威性。审查标准的不统一将在下文案例样本分析中详述。

第四，涉及“违法性继承”案件的原告一方涉众多。笔者进行相关案例检索的过程中发现，普遍存在不同的原告就同一被告、相同的诉求和诉讼理由提起诉讼的情况，涉众广、矛盾集中是这类型案件的重要特点。比如上文提到的沈希贤案，原告人数就有 182 人，同样作为违法性继承典型案件的念泗三村诉扬州市规划局案[2]原告人数有 35 人。这与涉及违法性继承案件出现的领域相关，其关乎城市化进程和社会稳定，具有重要的社会意义。

第五，涉及“违法性继承”案件不断增多的趋势明显。行政行为相互关联甚至结合成为复杂的关系才能完成一项活动的情况，在现代行政中出现得越来越多，这种关系突出表现在大型公共基础设施等项目建设过程中、城乡规划与后续的各类行政审批规划许可中，以及土地、房屋征收与补偿决定领域，随着社会事务的复杂化、行政机关的多元化和分工细化，多阶段行政行为在行政事务管理和相应的司法审查中也会变得普遍。

（二）样本分析体现的不同判决思路

数行政行为相结合而构成一个完整的行政过程的关联行为进入司法审查领域时，对先后行为的关系审查必然涉及如下方面的问题：①法院是否会在后续行为的撤销之诉中审查先行行为的合法性；②若审查先行行为的合法性，将如何审查，审查的强度如何；③若先行行为经审查违法，法院如何处理；④若不审查先行行为的合法性，其依据为何。笔者通过分析两则房屋征收的典型案例，可以看出法院在该问题审查上的基本立场和思路，也体现出不同法院对待同类别的案件存在较大的差异。

---

[1] 该数量对比结果的得出，主要是依据笔者在案例搜集、选取过程中的难度来确定的。

[2] 念泗三村案中争议的行为是涉案区域的“控制性详细规划”的违法性是否影响后续规划许可证的核发。该案判决参见《最高人民法院公报》2004 年第 11 期。

1. 肯定“违法性继承”的案例

“杨夫安诉宿州市埇桥区人民政府征收补偿决定案”（以下简称“杨夫安案”）[1] 二审中，上诉人杨夫安不服埇桥区人民政府作出的《房屋征收补偿决定》，上诉理由之一是作为该《房屋征收补偿决定》基础性行政行为的《房屋征收决定》不符合《国有土地上房屋征收与补偿条例》第8条第5项[2]的“旧城区改建”要求，以及埇桥区所谓“旧城改造”项目不符合宿州市国民经济和社会发展年度计划。同时，上诉人杨夫安要求法院对《房屋征收决定》一并进行审查。安徽省高级人民法院首先确定本案的审查对象为埇桥区人民政府《房屋征收补偿决定》的合法性。虽然上诉人未对《房屋征收决定》提起行政诉讼，但《房屋征收决定》系《房屋征收补偿决定》的基础性行政行为。《房屋征收决定》的合法性可能影响《房屋征收补偿决定》的合法性。故本案亦应对《房屋征收决定》的合法性作形式审查。经审查，安徽省高级人民法院认为《房屋征收决定》合法。

对《房屋征收决定》的合法性审查中，安徽省高级人民法院审查了涉案区域土地纳入征收范围是否符合“公共利益”，是否符合当地土地利用的总体规划、国民经济发展规划纲要和城市总体规划。同时，安徽省高级人民法院还依据《国有土地上房屋征收与补偿条例》的规定对《房屋征收决定》的作出程序及其合法性进行了审查。虽然安徽省高级人民法院在判决中称对《房屋征收决定》进行“形式审查”，但其审查了《房屋征收决定》的内容、作出机关、作出程序，实际上是进行了“实质审查”。

从安徽高级人民法院的判决思路看，其依据《国有土地上房屋征收与补偿条例》的规定，认为《房屋征收决定》是《房屋征收补偿决定》的基础性具体行政行为。《房屋征收决定》是《房屋征收补偿决定》的前提，两个先后行为都包含实现城市规划计划、维护公共利益的法律目的。虽然《房屋征收决定》是一个独立的具体行政行为，具有对外法律效果，但安徽省高级人民法院并没有作“另案起诉”处理，而是依据先后行为的逻辑关系对先行行为的合法性进行了实质审查，有效节约了司法成本，实现了息诉止纷的目的。

---

〔1〕《杨夫安诉宿州市埇桥区人民政府征收补偿决定二审行政判决书》(2013) 皖行终字第00073号。

〔2〕《国有土地上房屋征收与补偿条例》第8条：为了保障国家安全、促进国民经济和社会发展等公共利益的需要，有下列情形之一，确需征收房屋的，由市、县级人民政府作出房屋征收决定：……由政府依照城乡规划法有关规定组织实施的对危房集中、基础设施落后等地段进行旧城区改建的需要。

2. 否定“违法性继承”的案例

在“袁忠良其诉杭州市国土资源局拆迁行政裁决案“（以下简称“袁忠良案”）[1] 中，原告诉请撤销杭州市国土资源局作出的关于原告袁忠良与负责涉案区域拆迁指挥部的拆迁安置纠纷的拆迁裁决。原审法院经审查认定确定拆迁赔偿金额时，房地产评估报告未给予当事人5日的异议期，[2] 国土资源局依据评估报告作出裁决，实际上剥夺了原告重新提出异议和申请重新评估的权利，因此存在程序性违法。鉴于裁决实体处理并无不妥且涉及公共利益，对原告要求撤销该行政行为的请求不予支持。原告不服提起上诉，上诉理由之一为拆迁的行政许可行为违法，包括《房屋拆迁许可证》的作出没有听取当事人的意见、确定的拆迁范围不明确，并以此诉请撤销杭州市国土资源局作出的拆迁纠纷裁决。二审法院认为“与被诉拆迁裁决相关的行政许可行为现行有效，亦不存在重大明显违法导致行为无效的情况”，驳回上诉，维持一审判决。

一审法院认定被诉行政行为存在程序性违法，即其纠纷裁决依据的房屋评估报告没有按规定给与公告异议期。国土资源局作出拆迁纠纷裁决时，应该对房屋评估报告公示审核却未审核，一审法院认为被诉行政行为存在程序性违法，二审法院认为被诉行政行为认定事实依据的证据不足。原告上诉提出拆迁许可行为违法，与此相关联作出的拆迁裁决行为也具有违法性，应被撤销。二审法院认为行政裁决的先行行为，即规划行政许可的行为，是现行有效存在的。该行政许可本身不存在“重大明显违法”的情形。行政行为效力未经有权机关依据合法的程序予以撤销，所以合法有效，在撤销拆迁裁决的诉讼中不应对其效力进行审查。法院未对房屋拆迁许可的行为进行审查，依据先行行为的公定力，中断了效力瑕疵在先行行为与后续行为之间的继承。在本案中，上诉人的诉求未得到支持，其依据法院作出的判决，可能的选择就是对行政许可的行政行为另行提起诉讼。

在上述两个案例中，法院都对被诉行政行为的先行行为进行了审查，但审查的强度则完全不同。杨夫安案中，法院对先行行为进行了实质审查，认为先行行为合法；袁忠良案中，法院对先行行为进行了形式审查，认为其不存在明显无效的情形即合法有效。

---

[1] 《袁忠良其诉杭州市国土资源局拆迁行政裁决案浙江省杭州市中级人民法院行政裁定书》(2015) 浙杭行申字第77号。

[2] 依据《杭州市区征收（用）集体所有土地房屋拆迁服务工作管理办法》[杭土资（2007）9号] 第20条的规定，房屋拆迁中，评估机构作出《房屋拆迁价格评估告示》后，公告异议期为5天。

（三）司法实践主要涉及的法律规范

我国对“行政行为违法性继承”并无成文法上的明确表述，缺少对关联行为审查的规定和某些散见于特定领域对先后行为基础关系的规定，即缺少“违法性继承”理论适用的法律依据。

行政许可行为通常是构成一个行政过程的组成行为。最高人民法院《关于审理行政许可案件若干问题的规定》第 7 条规定了人民法院对作为被诉行政许可行为基础[1]的行政决定或文书不予认可的情形。这是关联行为审查思路第一次在行政诉讼制度中得到体现，具体的情形包括：明显缺乏事实根据、明显缺乏法律依据、超越职权等其他重大明显违法情形。此条确立了“重大明显违法”的审查标准，但“重大”“明显”等标准难以量化，仍需在个案当中把握，概念上的不确定导致理论在实践应用中出现偏差，在缺少相关配套措施的情况下，可能导致关联行为的审查流于形式。

特定事项中关于先后行为具体关系的规定较为零散，但涉及行政行为违法性继承的领域较为集中，笔者以国有土地的划拨转让和出让转让以及房屋征收与补偿为例[2]，做简单的说明。

国有土地确定出让以及作出房屋征收决定的前提基础是存在生效、完善的城乡规划。以内容为标准进行划分，规划包括总体规划、控制性详细规划以及必要时对总体规划的局部调整规划、专项规划。城乡规划的制定过程涉及多个级别的规划部门、政府审批、核准、备案部门，以及委托规划、审议公告、审批核准、备案等多个行政阶段。城乡规划的专业性强、各环节阶段衔接复杂、周期长，所以公民参与度较低。城乡规划及其后续关联行为与公民的利益息息相关，因此，虽然在规划制定过程中，因各种因素的影响，公民参与度较低，但在后续关联行为中，城市规划的违法性却引起了公民的关注。

根据《城乡规划法》，国有土地以划拨方式转让而进行工程建设的过程其前后各阶段如下：①建设部门向城乡规划主管部门申请核发选址意见书（第 36 条）；②建设项目经有关部门批准、审核、备案（第 37 条第 1 款）；③建设单位向规划部门提出建设用地规划许可申请，规划部门核发建设用地规划许可证（第 37 条第 1 款）；④建设部门向土地主管部门申请用地，土地主管部门划拨土

---

〔1〕 立法者将被诉行政行为的基础行为定义为“关联行政行为”，比如饭店的营业许可就需要以卫生许可和消防许可等行政行为为基础。参见赵大光、杨临萍、王振宇：《最高人民法院〈关于审理行政许可案件若干问题的规定〉之解读》，载《法律适用》2010 年第 4 期。

〔2〕 房屋征收包括两种类型：一是国有土地上房屋征收，主要规制法规为《国有土地上房屋征收与补偿条例》；二是集体土地房屋征收，主要规制法规为《土地管理法》。本文具体讨论的为前者——国有土地房屋征收。

地（第37条第2款）。

根据《城乡规划法》，国有土地依出让方式转让而进行工程建设的过程其前后各阶段如下：①出让地块规划条件的确认（第38条第1款）；②建设单位与土地管理部门签订国有土地使用权出让合同（第38条第2款）；③建设项目的核准、审批、备案（第38条第2款）；④建设单位持建设项目的核准、审批和备案文件及国有土地使用权出让合同申请、领取建设用地规划许可证（第38条第2款）；⑤建设单位持使用土地有关证明、建设工程设计方案等材料申请办理工程规划许可证（第40条）。

国有土地的转让过程所包含的阶段性行政行为如上文所列，其违法性继承易发生在前提规划行为与后续许可、审核行为以及进入转让程序后的多阶段许可之间。如建设用地规划许可证的核发，其先行行为包括建设项目立项审批和国有土地使用权出让合同的审批。

根据《国有土地上房屋征收与补偿条例》的规定，房屋征收的过程前后各阶段如下：①征收决定作出前进行社会稳定性评估（第12条第1款）；②对征收房屋进行评估（第19、20条）；③房屋征收部门拟定征收补偿方案，报地方人民政府进行评估并公示（第10条）；④作出征收决定并公告（第13条）；⑤双方达成补偿协议或行政机关作出征收补偿决定（第26条第1款）。在房屋征收类案件中，房屋征收决定与征收补偿决定易产生争议冲突。征收补偿决定是由作出征收决定的机关作出的，因负责房屋征收的主管部门与被征收人在限定的时间内无法达成征收补偿决定。征收补偿决定作出的依据为征收补偿方案，而征收补偿方案是征收决定的附属部分，〔1〕因此房屋征收决定是房屋征收补偿决定的基础行为，征收决定的违法性瑕疵会被后续的征收补偿决定继承。

关于先后行为间关系的规定，常见表述是“提交……材料”进行申请〔2〕或“完成……后（如审核、备案等）”，〔3〕而更多的先后行为的逻辑关系并未有明确的表述，在行政阶段和司法审查阶段的法律适用上可能存在一定的困难。通过立法进行完善的成本是较大的，且存在滞后性。在日本行政法上，违法性继

〔1〕《国有土地上房屋征收与补偿条例》第13条第1款：市、县级人民政府作出房屋征收决定后应当及时公告。公告应当载明征收补偿方案和行政复议、行政诉讼权利等事项。

〔2〕如《国有土地上房屋征收与补偿条例》第38条第2款：以出让方式取得国有土地使用权的建设项目，在签订国有土地使用权出让合同后，建设单位应当持建设项目的批准、核准、备案文件和国有土地使用权出让合同，向城市、县人民政府城乡规划主管部门领取建设用地规划许可证。

〔3〕如《国有土地上房屋征收与补偿条例》第37条第2款：建设单位在取得建设用地规划许可证后，方可向县级以上地方人民政府土地主管部门申请用地，经县级以上人民政府审批后，由土地主管部门划拨土地。

承通过判例和学说的不断积累，形成了应用规定，比如现在形成基准的“判例包括农地征收规划与征收处分、项目认定与征收裁决、除却通知”等，否认存在判例包括“农地征收处分与出售处分、行政处分与强制执行”。[1] 这对于行政行为违法性继承在我国的应用具有借鉴意义。

二、审查模式分析

通过分析相关案例判决，梳理其判决理由，笔者在此部分展示法院于同类或不同类案件中针对违法性继承理论采取的不同审判模式，并进一步分析其不同审判模式背后的理论逻辑。

（一）不予审查

在后续行为的行政诉讼中，原告的诉讼理由是先行行为存在效力性瑕疵，但法院只以被诉的行政行为作为审查对象，其他关联行为的合法性就通过另案起诉或其他途径来解决。法院拒绝审查先行行为合法性的理由一般为“先行行为不属于本案的审查范围”或“先行行为不属于受案范围”。

法院对先行行为不予审查，认为先行行为与后续行为是两个独立的行为，可以将先行行为作为一般的基础事实进行列明，但对先行行为合法性进行审查就超越了审查的权限。在这种审查思路中，法院将先行行为作为基础事实列明时已经在实质上承认先行行为的合法有效，但原告认为先行行为存在违法性，所以法院这种处理模式难以达到息讼的目的，行政争议并没有得到实质性的解决。[2] 在对先行行为不予审查的模式中，还有一种思路就是将前后两个行为割裂成两个独立的行为，法院认为先行行为的合法性对后续行为的合法性有关键的影响，所以中止本案的审理，提示当事人应先对先行行为提起诉讼。虽然先后行为的关联性可能通过“另案”审理得到肯定，但不符合违法性继承的问题构造。

（二）证据审查

在对先行行为合法性进行证据审查的模式下，先行行为被认定成被诉行政行为认定事实的证据依据，具有证据的功能和作用，可以依据证据证明的一般规则，即证据的真实性、合法性和关联性审查先行行为是否具有证明力。“构成要件不同于作为证据的行政决定”，[3] 法院把先行行为作为证据和构成要件进行合法性审查后，可能会得出完全不同的结论。该模式典型的案例如“夏善荣

---

〔1〕 有关日本形成判例基准的总结，参见朱芒：《“行政行为违法性继承”的表现及其范围——从个案判决与成文法规范关系角度的探讨》，载《中国法学》2010 年第 3 期。

〔2〕 江必新：《论行政争议的实质性解决》，载《人民司法》2012 年第 19 期。

〔3〕 章剑生：《现代行政法总论》，法律出版社 2013 年版，第 168 页。

诉徐州市建设局行政证明纠纷案”,[1] 本案中，原告诉请法院撤销徐州市建设局颁发的《住宅竣工验收合格证书》。再审中，原告举证建设公司伪造了规划许可证，江苏省高级人民法院认为“徐州市建设局在颁发《住宅竣工验收合格证书》前，必须保证该证书所依据的每个事实都真实，以免因此破坏政府机关的公信力。……对综合验收小组提交的住宅小区竣工综合验收报告负有审查职责”。再审法院即从证据真实性角度出发，认为规划许可的行为存在虚假情况，规划许可作为验收报告所附验收材料之一，其真实性影响验收报告的合理性，以验收报告为依据作出的颁发验收合格证书的行为也就带有效力瑕疵。

先行行为由行政机关作出，其本身为整个行政过程中的一环，所以从先行行为的产生和作用来看，其不同于行政诉讼中一般的证据，但在证据审查模式中这种特殊性没有得到进一步的说明。[2] 诚然，在证据审查模式中，先行行为与后续行为之间的关联性得到关注，证据证明力的证明过程对行政行为的公定力也予以一定程度的尊重，但以证据证明制度承载诉讼救济的功能，难度是较大的。

（三）形式审查

对先行行为的合法性进行形式性的审查，体现出司法权对行政权的“克制与审慎的态度”。[3] 在这种审查思路下，或因先行行为不适用于司法审查，或法院为保持司法权对行政权审慎介入的司法态度等原因，法院对先行行为的司法审查限于先行行为是否现行有效存在的，是否存在重大明显无效的情形。典型案例如上文提及的“袁忠良案”，二审法院对原告提出的拆迁许可行为违法的诉讼理由，认为拆迁许可行为现行有效，不存在“重大明显无效”的情形。

在形式审查模式中，法院承认先后行为之间的关联性，但是对先后行为采取不同强度的审查。“袁忠良案”中，法院对拆迁许可行为的审查强度代表了部分法院对此类问题的通常做法。若当事人对许可行为的合法性存在异议，法院会提示当事人另行起诉，这种做法往往会增加当事人的诉讼成本，不利于当事人权利的保护。法院认可先后行为之间的关联性还体现在，法院承认先行行为的有效性是后续行为合法有效的要件之一，若先行行为无效，后续行为的合法性也会受到影响。这与最高人民法院《关于审理行政许可案件若干问题的规定》

---

〔1〕 夏善荣诉徐州市建设局行政证明纠纷案，载《最高人民法院公报》2006 年第 9 期。

〔2〕 先行行为的特殊性体现在，其不仅具有一般证据的证明效力，还同时具有确认一定法律关系的行政功能。参见王文娟：《行政诉讼中关联行为的司法审查进路研究》，中国政法大学 2015 年硕士学位论文。

〔3〕 郑烁：《论美国的“穷尽行政救济原则”》，载《行政法学研究》2012 年第 3 期。

第7条的思路相一致，但我国并没有建立起“行政行为无效制度”，行政行为不具备合法要件的，构成行政行为的违法或瑕疵。按照瑕疵的程度，可以分为明显轻微的瑕疵、一般瑕疵和重大明显的瑕疵。[1] 行政行为具有明显轻微的瑕疵的，可以通过补正而使其合法有效。若先行行为的效力瑕疵是明显轻微的，后续行为继承的效力瑕疵也是明显轻微的，则当事人没有起诉的必要。具备严重性和明显性的瑕疵会直接导致行政行为的无效。先行行为的无效意味着后续行为缺少前提条件，“先行行为无效意味着后续行为本身违法，这个违法并不是从先行行为那里继承过来的”。[2] 所以在违法性继承理论的讨论中，先行行为效力瑕疵只有一般瑕疵的情况，其可导致行政行为的撤销或被确认违法。

后续行为效力瑕疵同上述先行行为效力分析情况一致。排除具有重大明显瑕疵导致行为无效的情况，后续行为本身具有明显轻微的瑕疵或一般瑕疵并不影响其从先行行为继承可撤销的效力瑕疵。但为便于违法性继承的研究，更清晰地显示违法性继承的基本特征，本文的讨论将后续行为限定在不具备固有瑕疵的情形下，其作为诉讼客体被撤销，是由于继承了先行行为的效力瑕疵。

（四）实质审查

在后续行为的撤销诉讼中对先行行为的合法性进行实质性审查的案例相对较少，且先行行为得到实质性审查的司法审查进路也有所不同。上文提到的“沈希贤案”，即对先行行为进行实质性审查的一则典型案例。在“沈希贤案”中，法院对项目规划行为（先行行为）的内容和程序的合法性进行了审查，因在项目规划中缺少项目环境评价，认定先行行为违法，而后续的颁发建设施工许可证的行为继承了前一阶段行为的违法性。朱芒教授指出，“沈希贤案”的逻辑思路为“共同要件”的构建，依据《环境保护法》第13条“环境影响报告书经批准后，计划部门方可批准建设项目设计计划任务书”的规定和1989年《城乡规划法》第32条对“有关批准文件”范围的解释，认定项目环境评价不仅是项目规划行为（先行行为）需要具备的文件材料，也是建设工程许可行为（后续行为）所需要审查的文件。另一则典型案例“孔庆丰诉泗水县人民政府房屋征收决定案”（以下简称“孔庆丰案”）[3] 中，原告诉请撤销泗水县人民政府作出的房屋征收的决定，理由为起诉行为的先行行为房屋征收补偿方案存在程序和内容上的违法。法院认为，对该案的审理需要对房屋征收补偿方案的作出

---

〔1〕 参见姜明安：《行政法与行政诉讼法》，北京大学出版社2011年版，第203页。

〔2〕 参见［日］小早川光郎：《行政法讲义》，弘文堂（2007年8月15日），第185页。

〔3〕 孔庆丰诉泗水县人民政府房屋征收决定案，载山东省高级人民法院：《案例参阅与指导》2016年第2期。

程序和实质内容一并审查。如果征收补偿方案有违公平原则，则应撤销房屋征收的决定。在本案中，法院对先行行为合法性的审查基于对私人利益保护的考虑，其判决的意义是在房屋征收补偿方案与房屋征收决定的关系领域积累判决思路，有利于通过判例形成“违法性继承”应用的规范。

在实质性审查模式中，对先行行为合法性审查强度等同于争讼行为审查的强度，其认为先行行为与后续行为的行为效力上存在“关联性”，后续行为继承先行行为的违法性从而产生了效力瑕疵。对先行行为合法性的实质性审查的审判思路，是“受案范围”“起诉期间”“行为公定力”等立法政策和行政理论的例外适用，其规范形成的可能性和必要性还需进一步探讨。

当原告以先行行为的违法性为由要求撤销后续行为时，法院将符合先后行为关系的先行行为纳入审查领域，对原告的诉求有了直接的回应，缓解了因拒绝审查而造成的冲突。当事人利益在整个行政过程的各个环节并没有得到同等程度的保障，可能在最后的行为阶段其不利的后果才会为当事人所知，而现有的司法救济体系关注的也是作为结果的最终行政行为。在司法审查中承认先后行为的违法性继承关系，以行政过程的视角来审查整个过程，有利于保障相对人的合法权益。对行政机关而言，也有利于促进其在阶段性行政活动中规范化、合法化相互间的合作关系，使主体、程序、依据等要素在各阶段符合法律规定的要求，保证整个行政过程的公开与透明。同时，对司法机关而言，简化程序、高效地解决矛盾能够节省司法资源。

结论：接纳并积极运用行政行为违法性继承理论

违法性继承理论的基本概念和理论形成及司法实践应用在我国还未达到成熟和自觉的程度。在探索适用阶段，成熟理论的借鉴与我国法治实践相结合，同时，不同个案判决思路的呈现为违法性继承理论在我国的应用提供了一条研究分析的路径。

先后行为在法律效果和行政目标上的一致性，是违法性继承得以应用的逻辑关系基础。先后行为对行政相对人的权益产生影响，区别在于其对相对人权益的影响是否为“直接明显、重大和急切的”，相应的法律规定对于当事人在先后行为阶段权利救济的保障程度存在不同。这构成了违法性应用的基本判断基准，即实体上“目标—效果”的一致性，以及程序上权利救济保障的必要性。同时，法律、法规的明示或默示规定，也是违法性继承适用的重要条件。

违法性继承理论在我国的应用需要与我国的司法制度、法学理论及价值相适应。明确违法性继承应有的条件和标准是调整并实现适应性的关键，同时，在法院判决中，先行行为违法性的判断只作为判决理由出现，法院并不直接对先行行为作确认违法或撤销判决。起诉期限制度在本质上是一种立法政策，其仍需要平衡其他价值。违法性继承理论可能为我国受案范围问题的解决带来突破，应予以肯定。同时，该理论同程序性违法只在表现形式上有一定相似性，不能被其替代。

目前法院存在“不予审查”“证据审查”“实质审查”“形式审查”四种审理模式，其背后不同的逻辑思路使得只有在“实质审查”模式下对违法性继承是承认的。相关案件审理现状反映出违法性继承理论在应用过程中出现的系列问题，突出的是审判标准不统一、同案不同判。

通过对违法性继承的理论分析和实证分析，可知违法性继承在我国有可应用发展的空间。但成熟、合理地适用规则，不能单单依靠法院判决的积累，制度上的变革也应同步展开，限于篇幅和所讨论议题，该部分议题本文并未完全展开。

参考文献

一、著作类：

1. 赵宏：《法治国下的目的性创设——德国行政行为理论与制度实践研究》，法律出版社2012年版。

2. 王天华：《行政诉讼的构造：日本行政诉讼法研究》，法律出版社2010年版。

3. 姜明安：《行政法与行政诉讼法》，北京大学出版社2011年版。

4. 章剑生：《现代行政法总论》，法律出版社2014年版。

5. ［日］小早川光郎：《行政法讲义》，弘文堂（2007年8月15日）。

二、论文类：

1. 成协中：《行政行为违法性继承的中国图景》，载《中国法学》2016年第3期。

2. 朱芒：《“行政行为违法性继承”的表现及其范围——从个案判决与成文法规范关系角度的探讨》，载《中国法学》2010年第3期。

3. 解志勇：《行政检察——解决行政争议的第三条道路》，载《中国法学》2015年第1期。

4. 王贵松：《论行政行为的违法性继承》，载《中国法学》2015年第3期。

5. 王天华：《行政行为公定力概念的源流——兼议我国公定力理论的发展进路》，载《当代法学》2010年第3期。

6. 何海波：《中国行政法学的外国法渊源》，载《比较法研究》2007年第6期。

7. 何海波：《行政行为对民事审判的拘束力》，载《中国法学》2008 年第 2 期。

8. 莫于川等：《我国〈行政诉讼法〉的修改路向、修改要点和修改方案——关于修改〈行政诉讼法〉的中国人民大学专家建议稿》，载《河南财经政法大学学报》2012 年第 3 期。

9. 郑春燕：《论城乡规划的司法审查路径——以涉及城乡规划案件的司法裁判文书为例》，载《中外法学》2013 年第 4 期。

10. 杨晓玲：《城市拆迁引发“连环诉讼”之对策研究——以拆迁纠纷为样本的实证分析》，载《北京政法职业学院学报》2011 年第 3 期。

11. 江必新：《行政程序正当性的司法审查》，载《中国社会科学》2012 年第 7 期。

12. 杨建顺：《司法裁判、裁执分离与征收补偿——〈国有土地上房屋征收与补偿条例〉的权力博弈论》，载《法律适用》2011 年第 6 期。

13. 肖泽晟：《多阶段行政许可中的违法性继承——以一起不予工商登记案为例》，载《国家行政学院学报》2010 年第 3 期。

14. 江必新：《论行政争议的实质性解决》，载《人民司法》2012 年第 19 期。

15. 林莉：《前置行政行为审查模式探究》，载《福建法学》2008 年第 3 期。

16. 赵锋：《继发型行政行为的司法审查规则——兼论行政行为的违法性继承》，载《人民司法》2014 年第 11 期。

17. 王明远：《论我国环境公益诉讼的发展方向：基于行政权与司法权关系理论的分析》，载《中国法学》2016 年第 1 期。

18. 李年清：《论行政行为违法性连带的司法审查》，载《学理论》2013 年第 23 期。

19. 赵大光、杨临萍、王振宇：《最高人民法院〈关于审理行政许可案件若干问题的规定〉之解读》，载《法律适用》2010 年第 4 期。

20. 孔令滔：《论行政诉讼中前置行政行为的审查模式——以日本行政过程论为方法论的视角》，载《公法研究》2011 年第 2 期。

21. 郑烁：《论美国的“穷尽行政救济原则”》，载《行政法学研究》2012 年第 3 期。

22. 李贝：《论续发型行政行为的司法审查路径》，载《特区法坛》2015 年第 5 期。

23. 窦家应：《房屋征收中关联行政行为的司法审查》，载《法律适用》2011 年第 8 期。

24. 曹桂全：《多级政府分工模式与我国行政管理体制改革》，载《理论与现代化》2013 年第 3 期。

25. 田村泰俊：《东京都建筑安全条例的“认定”：行政行为违法性继承——最高裁判所平成 21 年 12 月 17 日判决的分析》，载《法学研究》第 90 号（2011 年 1 月）。

26. 曲枫：《论复合行为之存在形态与司法审查》，载应松年、马怀德主编：《当代中国行政法的源流——王名扬教授九十华诞贺寿文集》，中国法制出版社 2006 年版。

27. 蔡震荣：《多阶段行政处分与行政救济》，载台湾行政法学会主编：《行政法争议问题研究》（上），五南图书出版有限公司 2000 年版。

28. 钱梦教：《多阶段行政程序中的法律适用问题研究》，浙江工商大学 2012 年硕士学位论文。

29. 王文娟：《行政诉讼中关联行为的司法审查进路研究》，中国政法大学 2015 年硕士学位论文。

30. 李成玲:《行政行为违法性继承理论在我国的适用与重构》，山东大学 2013 年硕士学位论文。

31. 常会:《具体行政行为效力的认定——以某房地产有限公司诉某市城乡规划局行政规划核实案为例》，西南科技大学 2013 年硕士学位论文。

32. 刘伟:《前阶段行政行为效力的司法审查》，南京工业大学 2014 年硕士学位论文。

三、其他

1.《沈希贤等 182 人诉北京市规划委员会颁发建设工程规划许可证纠纷案》，载《最高人民法院公报》2004 年第 3 期。

2.《杨夫安诉宿州市埇桥区人民政府征收补偿决定二审行政判决书》(2013) 皖行终字第 00073 号。

3.《袁忠良与杭州市国土资源局拆迁行政裁决案浙江省杭州市中级人民法院行政裁定书》(2015) 浙杭行申字第 77 号。

4.《孔庆丰诉泗水县人民政府房屋征收决定案》，载山东省高级人民法院:《案例参阅与指导》2016 年第 2 期。

5.《夏善荣诉徐州市建设局行政证明纠纷案》，载《最高人民法院公报》2006 年第 9 期。

6.《张云鹏诉长沙市天心区人民政府行政征收二审判决书》(2014) 湘高法行终字第 73 号。

7.《念泗三村 28 幢楼居民 35 人诉扬州市规划局行政许可行为侵权案》，载《最高人民法院公报》2004 年第 11 期。

庭审实质化背景下证据相互印证规则研究

谢思宜

摘　要

证据相互印证规则要求法官在审查证据与认定事实时，要注重证据与证据之间的相互关系，避免孤证定案，这在一定程度上有利于防止法官的主观擅断，保障形成合理心证，减少冤假错案的发生。但该规则具有一定的局限性，作为一种普遍适用的法律规则，它可能导致司法证明的僵化，也可能导致法官为实现形式印证，按自身需求挑选、拼接证据，使判决结果走向事实真相的反面。在庭审实质化这一刑事审判方式的重大变革中，我们应当重新审视该规则在法官认定事实中发挥的作用与其存在的局限性，因此，有必要在庭审实质化的背景下对印证规则作深入的研究。本文即以此为讨论问题的视角，在了解印证规则基本概念的基础上，以前人的研究成果为基点，以法律规定为依据，分析其存在的问题，并提出相关的完善建议，发挥法庭审理的实质作用，帮助法官准确认定事实，具有一定的研究意义。

本文在结构层面分为四个部分。

本文的第一部分对我国印证规则的现状进行论述，从印证的概念入手，指出我国刑事诉讼证明方式的特殊要求，印证规则的广泛适用具有刑事理论和司法实践上的意义。对现有法律法规进行梳理，从各类证据的重点审查内容、证据采信条件、案件事实认定的要求三方面论述印证规则的具体内容。我国如此重视印证有历史与司法制度背景上的原因，论文从对客观真实的追求，司法不独立，书面、间接的审理方式三方面进行分析，作为印证规则深入研究的前提基础。

本文的第二部分论述了印证规则在庭审实质化改革背景下的价值意义。为最大限度地实现实体正义并推动程序正义，对案件事实的认定应当发生在公正的庭审中。证据相互印证作为证据规则，在庭审实质化中发挥着引导法官发现案件事实的作用，不仅具有促进实体公正的工具价值，还体现了程序理性等内在价值。

本文的第三部分分析了印证规则在庭审实质化背景下的局限性：一是印证规则过于强调证据之间的相互支持，容易导致法官由印证反推出单个证据真实的结论，将印证建立在虚假的证据上；二是该规则对法官采信庭审证言规定了前置条件，在一定程度上不利于证人出庭和庭审实质化的贯彻；三是法官认定事实的依据大多为控方提供的有罪证据，法官直接排除有利于被告人的证据，忽视对证据之间矛盾的分析，容易作出有罪判决，不利于被告人的人权保护。

本文的第四部分则针对第三部分印证规则的局限性提出完善建议：一是强调法官首先对单个证据进行独立审查，通过观察证人的作证表现并结合相关补助证据谨慎地判断证据的真实性；二是保障司法亲历性，使法官能够直接接触和审查证据，以此作出合理判断；三是明确区分庭前与庭审证言的证明力，确立庭审证言证明力从优、限制庭前证言证明力的原则；四是保障被告人、辩护人参与并监督证据形成过程，保证证据信息的全面性，在此基础上，法官应当重视被告人的辩解及出示的证据，对孤证作出判断取舍，分析其是否足以带来合理怀疑，以一种发现、分析、排除疑点的思维方式，对证据矛盾疑点进行精细化分析。

关键词：证据相互印证规则　庭审实质化　证据审查　事实认定

引　言

在我国刑事司法证明过程中，法官十分注重依靠证据之间的相互印证来决定是否采信某一证据以及判定被告人是否实施了被指控的罪行。印证的证明方法从全面、综合、联系的视角对证据进行审查判断，作为一种较为实用、操作性较强的证明方法，在刑事审判活动中被世界各国灵活运用。我国司法实践中对该证明方法严重依赖，有学者将我国证明模式概括为“印证证明模式”。[1]这种证明方法与模式在我国特殊的司法制度背景下产生、发展，并且在刑事诉讼证明中发挥着极为重要的作用，不得不说这与我国追求客观真实、实事求是的唯物主义认识论、法官不能独立行使审判权、审判分离、司法行政化的体制、线性诉讼结构、书面间接的审理方式等环境因素息息相关，是我国长期刑事司法实践形成的传统，受到实务界的广泛运用与推崇，认为印证方法符合司法理性主义精神，对限制法官的自由裁量权和减少刑事错案的发生有着一定的积极意义。但是，印证证明方法在发挥自身作用的同时，对刑事证明活动造成了一定的负面影响，学者开始对这种证明方法提出质疑，[2] 认为印证证明模式设置了很高的证明标准，在信息有限以及日益强调人权保护和限制国家权力的司法环境中，裁判者很难达到这一要求，即使心中对某个证据的证明力或者全案事实已形成确信，仍不敢作出相应的判决，忽视了法官主体的主观能动性，使其难以有效地行使司法裁判权；同时，印证证明模式本身的表述带有模糊性，虚高的证明标准也会导致裁判者根据自身的需求任意解释运用证据，容易出现司法擅断。

随着 2010 年《关于办理死刑案件审查判断证据若干问题的规定》（以下简称《办理死刑案件证据规定》）和 2012 年《最高人民法院关于适用〈中华人民共和国刑事诉讼法〉的解释》（以下简称《最高法解释》）的出台，旨在规范证据审查判断、案件事实认定的有关规则相继确立，其中证据相互印证由实务中通行的司法经验上升到具有普遍意义的法律规则层面。印证规则适用的对象主要是被告人供述和辩解、证人证言、被害人陈述等易受主客观因素影响的言词证据，解决庭前笔录与庭审言词出现反复或者矛盾、言词证据提供者较为特殊时其证据的采信问题。同时，该规则作为认定案件事实的要求，尤其是认定那些只有间接证据、没有直接证据存在的案件，关系到证明标准的实现问题。

相关学术研究详细论述了证据相互印证的概念、特点、成因、价值、局限性、司法适用建议等内容，在对该规则批判反思的跟进性研究中，学者们基于

---

〔1〕 龙宗智：《印证与自由心证——我国刑事诉讼证明模式》，载《法学研究》2004 年第 2 期，第 109 页。

〔2〕 龙宗智：《印证与自由心证——我国刑事诉讼证明模式》，载《法学研究》2004 年第 2 期，第 114 页。

不同的视角进行了更为系统、具体的探讨，例如：基于比较法的视野，从自由证明模式〔1〕与法定证明模式〔2〕、整体主义证明模式与原子主义证明模式〔3〕的角度出发，界定我国刑事证明模式的性质，分析印证证明规则的合理性与局限性并提出完善建议；又如：结合司法实践从证明过程的角度出发，将印证证明予以类型化，分为以直接证据为核心的验证模式和完全使用间接证据的体系模式，〔4〕运用案例分析法将这两种模式进行比较，为冤假错案的产生原因提供解释理论；再如：从相互印证规则发挥证明作用的程序机制及规则本身的内部结构〔5〕出发，分析印证规则不能实现其良善的初衷以及未能防止错案发生的具体原因。

针对学者们对证据相互印证规则的批判总结，有些人提出了调整刑事证明方法以及完善刑事司法程序的对策，包括但不限于在坚持印证证明的基础上，学习借鉴西方国家的证明方法，在证据相互印证中加入自由心证的元素，〔6〕避免司法证明的形式化与机械化；通过区分具体的印证情形，提出应当合理把握证据印证的限度，〔7〕不要过度追求客观形式上的相互印证；加强对证据相互印证规则的程序保障，规范证据的收集、运用、认定，使得印证规则的适用建立在控辩双方充分参与、积极对抗的正当程序基础上，〔8〕以解决虚假印证、形式印证等问题。

在刑事诉讼过程中，如何证明案件事实以及通过审判权的行使认定被告人是否有罪，是一个极为重要的问题。十八届四中全会决定提出推进以审判为中心的诉讼制度改革，〔9〕确立审判阶段在刑事诉讼中的中心地位，而法官形成心

---

〔1〕 龙宗智：《印证与自由心证——我国刑事诉讼证明模式》，载《法学研究》2004年第2期，第108~109页。

〔2〕 陈瑞华：《论证据相互印证规则》，载《法商研究》2012年第1期，第112~113页。

〔3〕 陈如超、孙秀伟：《论中国刑事法官的证据评价模式》，载《湖南社会科学》2012年第1期，第84~86页。

〔4〕 褚福民：《刑事证明的两种模式》，载《政法论坛》2015年第2期，第94页。

〔5〕 左卫民：《"印证"证明模式反思与重塑：基于中国刑事错案的反思》，载《中国法学》2016年第1期，第166、169~170页。

〔6〕 龙宗智：《印证与自由心证——我国刑事诉讼证明模式》，载《法学研究》2004年第2期，第114~115页。

〔7〕 李建明：《刑事证据相互印证的合理性与合理限度》，载《法学研究》2005年第6期，第28~30页。

〔8〕 林劲松：《刑事审判书面印证的负效应》，载《浙江大学学报（人文社会科学版）》2009年第6期，第14~17页。

〔9〕《中共中央关于全面推进依法治国若干重大问题的决定》，载 http：//cpc.people.com.cn/n/2014/1029/c64387-25927606.html，最后访问日期：2017年3月8日。

证、作出判决的主要空间在法庭，故推动庭审实质化是此次司法制度改革的应有之义。庭审实质化要求改变原本书面、间接的审理方式，遵循证据裁判、直接言词等基本原则，所有的证据都需要经过法庭举证、质证及认证的法定程序，才能作为定案依据。为保证所作判决的公正性，法官需要准确地认定案件事实，正确地适用相关法律，而在法庭审理中最为重要的就是运用证据来查明事实，庭审实质化强调裁判的亲历性与证人出庭作证，面对进入法庭的大量证据，法官需要形成自己的内心判断，此时证据相互印证作为一项法定规则与整个诉讼程序机制有着密切的联系，能为法官心证提供一个可参考的视角。庭审实质化与证据相互印证规则相互关联，庭审实质化为印证规则的适用提供程序载体，虽然在一定程度上会增加法官认定案件事实的难度，但是有利于规则功能的有效发挥，帮助法官在公正的程序中发现案件事实的真相，而印证规则在该背景下作为法官采信证据、认定事实的方法，运用得当，可以切实保证法官的事实认定形成于法庭，强化庭审作用，增强判决的准确性与可信性，但是这种证明规则存在一定的局限性，不当地适用反而可能导致庭审形式化，掩盖证据的瑕疵和矛盾，造成刑事错案。

本文采用文献研究法，根据论文的研究方向与内容，通过图书馆、论文期刊网等校园资料搜索平台查找与之相关的文献资料，通过对文献资料的阅读，了解证据相互印证规则的研究现状，全面掌握其概念、价值定位以及司法实践中存在的基本问题等内容。

本文立足于我国现行刑事诉讼司法环境，通过对证据相互印证规则理论与实践的研究，对其问题进行梳理并进行深入的探讨，同时结合我国司法改革的趋势，为该规则的完善提供新的思考路径，有一定的创新之处。本文的论证立足于“以审判为中心”“庭审实质化”的新一轮司法体制改革的大背景，重新审视证据相互印证规则的功能定位和局限性，并以此为基础，丰富并完善印证规则以及其他相关规则程序，以期能最大限度地保证法官能在法庭上形成合理心证，作出相应判决，最终实现实体公正，同时给予被告人应有的尊重、保障被告人的合法权益，实现程序正义。

第一章　证据相互印证规则现状

一、我国的证据相互印证规则

所谓“印证”，是指两个以上的证据在所包含的事实信息方面发生了完全重合或者部分交叉，使得一个证据的真实性得到了其他证据的验证。[1] 法官认定某个事实需要两个及两个以上证据加以支持，通过一系列的调查活动发掘证据之间的相互关系，排除矛盾疑点，强化法官作出判断的内心确信，如果一个证据的真实性得到了其他证据的有效验证，可以为法官采信，那么它们所共同包含的案件事实信息也得到了证实。

在我国的刑事诉讼证明中，法官通过逻辑推理将存在着某种关联的证据串联起来，这些指向相同的证据即能完成对某一事实的证明，印证关注证据之间的相互关系，不仅能够帮助法官判断证据的真实性，对其证明力作出相应评价，还能引导法官不断接近事实真相，在此基础上对被告人定罪量刑，因此受到实务界的广泛运用与青睐。早在 1991 年，学者陈一云在《证据学》[2] 中指出，判断某一证据是否真实可信，审查证据的证明力，可以将其与其他证据相结合予以考虑，因为在犯罪事实发生后，它并非一个孤立的存在，所留痕迹与待证案件事实、各证据所指向的内容之间必然存在一定的联系。学者陈卫东、谢佑平在之后出版的《证据法学》中也提到，“任何一个证据都无法借助自身来证明其真实、可靠性，只有与其他证据结合起来，加以综合分析、判断，才能确认其真伪”，[3] 在印证的视野下法官能更好地把控全局，综合全案作出判决，准确判断被告人是否实施了被指控的犯罪行为。这些刑事证据理论都体现了判断证据真实性、认定案件事实需要满足证据相互印证的要求，也是长期司法实践的经验总结。

关于证据相互印证，《中华人民共和国刑事诉讼法》（以下简称《刑事诉讼法》）并没有对此作出具体明确的规定，这与司法实践中广泛运用印证方法审查证据、认定案件事实的现实情况形成鲜明对比。为规范证据的收集、运用和审查，减少严重刑事错案的发生，2010 年《办理死刑案件证据规定》出台，在各类证据的重点审查内容、证据采信规则、案件事实认定的要求三个方面写入证据相互印证规则，2012 年颁布的《最高法解释》也作出了相关规定，这在一定程度上体现了司法的进步，证据相互印证也由实务中较为通行的司法经验上升到具有普遍效力的法律规则层面。

二、证据相互印证规则的具体内容

（一）各类证据的重点审查内容

在刑事诉讼过程中，控辩双方各自收集证据以证明自己所主张的事实，法

---

〔1〕 陈瑞华：《论证据相互印证规则》，载《法商研究》2012 年第 1 期，第 113 页。

〔2〕 陈一云主编：《证据学》，中国人民大学出版社 1991 年版，第 236 页。

〔3〕 陈卫东、谢佑平主编：《证据法学》，复旦大学出版社 2005 年版，第 391 页。

官需要对控辩双方提供的以及自行调查取得的证据进行分析取舍，判断证据是否与案件事实存在客观联系，是否真实可信、符合法律相关规定，并在此基础上综合全案对案件事实作出认定。

《办理死刑案件证据规定》中确立了一些旨在保证证据真实性的证据规则，其中包括证据相互印证规则，要求证人证言之间、被害人陈述之间、被告人的供述和辩解之间以及它们与其他证据之间能够形成印证关系，排除存在的矛盾和疑点，[1] 对于鉴定意见、勘验、检查笔录、视听资料、电子证据等证据，也应综合其他证据对其进行认定。[2] 法官审查上述各类证据的真实性时，应当注意该份证据与其他证据之间的相互关系，用联系、综合的眼光分析判断证据之间能否相互验证或者一证据能否对另一证据形成相应佐证，以此来确定该证据是否真实可靠。

（二）证据采信规则

被告人供述和辩解、证人证言、被害人陈述都属于言词证据，通过人的陈述将自身感知、记忆的案件相关事实表达出来，该类证据所包含的事实信息较为丰富，但是容易受到客观环境、感知与表达能力、利害关系等因素的影响，从而出现虚假证据或者发生反复。为此，《办理死刑案件证据规定》确立了法官优先采信、慎重采信的证据相互印证规则。

第一，有关证人证言的优先采信规则。《办理死刑案件证据规定》第 15 条第 2 款规定了庭前证言与庭审证言存在矛盾时的采信规则。当证人出庭作证，其在法庭上所作陈述与庭前记录于案卷笔录的证言发生矛盾时，法官分析裁量，如果能够满足两个条件，就应优先采信庭审证言：一是证人能在法庭上对其翻证行为作出合理解释；二是要有其他证据能够印证庭审证言的真实性。[3] 《最高法解释》进一步补充，若证人"不能作出合理解释，而其庭前证言有相关证据印证的，可以采信其庭前证言"[4]。《办理死刑案件证据规定》第 15 条第 3 款针对的是未出庭作证的证人在庭前阶段所作的书面证言出现矛盾时的采信规则。[5] 一般来说，同一人所作的两份矛盾的证言，只有两种判断结论：一是证

---

〔1〕《办理死刑案件证据规定》第 11 条第 5 款、第 17 条、第 18 条第 1 款第 7 项规定。

〔2〕《办理死刑案件证据规定》第 23 条第 9 款、第 25 条第 4 款、第 27 条第 3 款、第 29 条第 3 款规定。

〔3〕《办理死刑案件证据规定》第 15 条第 2 款规定："证人在法庭上的证言与其庭前证言相互矛盾，如果证人当庭能够对其翻证作出合理解释，并有相关证据印证的，应当采信庭审证言。"

〔4〕《最高法解释》第 78 条第 2 款规定。

〔5〕《办理死刑案件证据规定》第 15 条第 3 款："……未出庭作证证人的书面证言出现矛盾，不能排除矛盾且无证据印证的，不能作为定案的根据。"

言一真一假；二是两者都为假。从条款规定来看，面对两份相互矛盾的书面证言，法官无法通过直接接触证人作出认定，需要综合考虑全案证据，如果仍不能排除这种矛盾且没有其他证据印证支持的，这两份证据的真实性就无法确认，因此都不能采信。

第二，有关被告人供述和辩解的优先采信规则。《办理死刑案件证据规定》第22条第2款规定了被告人在庭审中突然翻供的情形下相关的证据采信规则。[1] 基于对有罪判决的恐惧及趋利避害的心理，被告人有可能当庭翻供，此时应当要求被告人说明翻供的理由，综合审查分析全案证据，由此判断被告人的辩解是否可信。如果被告人不能对其翻供行为作出令人信服的解释，或者其辩解内容与全案证据所指向的事实相互矛盾，而庭前口供笔录所证明的内容能够得到其他证据的支持，则法官可以基于自由裁量作出对庭前供述的认定。《办理死刑案件证据规定》第22条第3款针对的是被告人庭前就存在供述辩解反复且在庭审中又供认或者继续否认被指控罪行的情形。[2] 被告人庭前翻供、庭中供认，可能是基于其真诚悔过，真实性与自愿性较强，但仍需要法官将庭中供述与其他证据综合考虑，只有相互印证，才可以采信。对于被告人供述和辩解一直不稳定、庭中仍继续否认公诉机关的指控的，此时法官应当谨慎，考虑其中是否存在其他的可能性，足以切断被告人与所指控犯罪事实的联系，只要没有其他证据能够支持被告人的庭前供述，法官就不应采信。

第三，有关特殊言词证据的慎重采信规则。《办理死刑案件证据规定》第37条针对的是生理、精神上有缺陷的人所提供的言词证据以及与被告人存在利害关系的人所提供的有利于或不利于被告人的证人证言。[3] 由于该类证据的提供主体本身存在一定的特殊性，可能会影响证据的真实性，因此规定提出在对这些证据进行审查判断时，应当慎重考虑，既不能一味地摒弃，也不能草率地采信，法官应将这些证据与案件其他证据综合评价，能形成相互印证状态的可以

---

〔1〕《办理死刑案件证据规定》第22条第2款："被告人庭前供述一致，庭审中翻供，但被告人不能合理说明翻供理由或者其辩解与全案证据相矛盾，而庭前供述与其他证据能够相互印证的，可以采信被告人庭前供述。"

〔2〕《办理死刑案件证据规定》第22条第3款："被告人庭前供述和辩解出现反复，但庭审中供认的，且庭审中的供述与其他证据能够印证的，可以采信庭审中的供述；被告人庭前供述和辩解出现反复，庭审中不供认，且无其他证据与庭前供述印证的，不能采信庭前供述。"

〔3〕《办理死刑案件证据规定》第37条："对于有下列情形的证据应当慎重使用，有其他证据印证的，可以采信：①生理上、精神上有缺陷的被害人、证人和被告人，在对案件事实的认知和表达上存在一定困难，但尚未丧失正确认知、正确表达能力而作的陈述、证言和供述；②与被告人有亲属关系或者其他密切关系的证人所作的对该被告人有利的证言，或者与被告人有利害冲突的证人所作的对该被告人不利的证言。"

采信。

（三）案件事实认定的要求

法官在审查判断相关证据的证明力后，需要将全案证据综合起来进行分析裁量，对于是否发生了犯罪事实、是否由被告人实施了被指控的犯罪行为等案件事实予以认定，最终作出有罪或者无罪判决。《办理死刑案件证据规定》明确规定了“证据确实、充分”的要求，其中也包含“证据与证据之间、证据与案件事实之间不存在矛盾或者矛盾得以合理排除”〔1〕的要求。具体来说，证据确实需要通过寻找证据之间的联系，实现证据相互印证，以确认证据的真实性；证据充分，则对证据的数量提出了要求，证明同一案件事实的证据有两个或多个，使法官综合全案证据足以认定整个案件事实，故证据相互证印规则是认定被告人犯罪事实、判断是否达到证据确实充分标准的必要条件。

在有直接证据存在的案件中，该证据既可能是被告人的供述，也可能是证人证言、被害人陈述等其他证据，该直接证据可以证明主要案件事实，是整个证明活动的核心。实现证据之间相互印证，意味着需要有其他的直接证据或者间接证据来相互验证或予以佐证，确认了该份直接证据的真实性，那么其所包含的主要案件事实也得到了证明。

在只有间接证据存在的情形下，《办理死刑案件证据规定》与《最高法解释》将间接证据之间“相互印证，不存在无法排除的矛盾和无法解释的疑问”〔2〕作为认定被告人有罪的条件之一。间接证据仅包含部分案件事实，不能直接将被告人与犯罪事实联系起来，需要结合其他证据予以考虑，在确保已经查证属实的间接证据之间能够相互印证的基础上，通过逻辑推理形成较为完整的证据链条或体系，排除其他合理的可能性，得出唯一性结论。

此外，《办理死刑案件证据规定》第 34 条、《最高法解释》第 106 条还提到了较为特殊的有关依据被告人供述定罪的要求，也是关于口供补强规则的规定。口供补强规则是对口供的证明力进行限制，禁止以被告人的口供作为定罪的唯一根据而要求必须有其他证据予以补强的证据规则。〔3〕由于被告人可能亲身经历或者直接实施了犯罪，其供述所包含的事实信息非常丰富，对于建立被告人与犯罪事实之间的联系，最终认定案件事实具有极强的证明作用。为防止对口供的严重依赖，保证口供的自愿性与真实性，保障被告人的合法权益，减少冤

---

〔1〕《办理死刑案件证据规定》第 5 条第 2 款第 3 项的规定。

〔2〕《办理死刑案件证据规定》第 33 条第 1 款第 2 项，以及《最高法解释》第 105 条第 2 项的规定。

〔3〕张军主编：《刑事证据规则理解与适用》，法律出版社 2010 年版，第 258 页。

假错案的发生，需要在一定程度上限制口供对于事实认定完全的、独立的证明作用。对于只有被告人供述其实施了犯罪行为，其他证据只能证明犯罪事实的发生，而无法与被告人建立关联的，一般不能认定有罪。[1] 但是如果侦查人员“根据被告人的供述、指认提取到了隐蔽性很强的物证、书证”，由于该类证据具有较强的指向性，可以印证被告人供述的真实性，同时，若还能与其他证明犯罪事实发生的证据相互印证，并能保证取证手段的合法性，那么口供的证明力得到补强，就可以依此定罪。[2] 由此可以看出，口供补强规则在一定程度上是一种特殊的证据相互印证规则。

三、证据相互印证规则的产生背景

（一）追求客观真实

刑事诉讼活动解决的是被追诉者的刑事责任问题，同时使国家刑罚权得以实现。刑罚手段具有严厉性，对于严重侵犯国家、社会、他人法益的行为人，将采取剥夺其财产、自由、生命的惩罚措施，因此，刑事司法证明应当以客观真实为目标，尽可能地通过调查、收集、整合、分析与定罪量刑相关的证据来查明案件事实真相，避免冤假错案的发生。

深受唯物论以及认识乐观主义的影响，我国刑事司法制度历经改革，仍然没有放弃对客观真实的追求，具体表现为对案件事实的认定应建立在已经查证属实的证据的基础上，即强调通过客观真实的证据实现对案件真相的发现，而且还对认定被告人有罪设定了较高的证明标准，也有人称之为铁案标准，即“事实清楚，证据确实、充分”。在哲学认识论中，“事实清楚”相当于“实事求是”或者“发现了事实真相”；“证据确实、充分”也就等于“证据在质与量上都满足了揭示案件事实真相的要求”。[3]《刑事诉讼法》《办理死刑案件证据规定》《最高法解释》等法律规定也对该证明标准作出了详细的解释，除引入“排除合理怀疑”这一法官主观判断要素外，证明标准的实现主要还是强调了证据真实可靠、相互印证等外在客观要素的要求，体现了我国刑事司法证明对实事求是的坚持以及对客观真实的追求。

证明方法是手段，证明标准的实现是目的，证明方法为证明标准的实现而服务，证明标准的客观化要求司法证明的方法与过程也应具有客观性，以达到客观真实。证据相互印证规则不仅要求证据与证据之间应当相互支持以检验其

---

〔1〕 张军主编:《刑事证据规则理解与适用》，法律出版社 2010 年版，第 257 页。

〔2〕《办理死刑案件证据规定》第 34 条，以及《最高法解释》第 106 条的规定。

〔3〕 陈瑞华:《刑事诉讼中的证明标准》，载《苏州大学学报（哲学社会科学版）》2013 年第 3 期，第 86 页。

真实性，还对证据的数量有所要求，能够满足证明标准中对证据质与量的要求，便于为法官所感知和把握，并在一定程度上限制法官主观因素的过多介入，防止司法擅断。

（二）司法不独立

我国《刑事诉讼法》规定，认定案件事实、作出司法判决的唯一有权主体是法院，[1] 而法官通过庭审诉讼活动根据自己的理性、经验、良心形成内心确信，并依据相关法律作出裁判。为确保其司法裁判的公正性、判决结果的准确性与可接受性，应当保证审判机关的独立地位，同时为法官形成心证构建一个能够屏蔽非正常因素干扰的空间，确保其审判权的独立行使。

司法独立包括作为审判机关的法院相对于系统外部的独立，也包括审理具体案件的承办法官个体上的独立。我国《刑事诉讼法》确立了人民法院独立行使审判权，[2] 但未明确法官的独立地位。在法院内部，对于提交审判委员会讨论的案件，其所作出的决定合议庭应当执行，承办案件的法官将案件及其处理结果呈报庭长、院长审批，遇到疑难复杂案件，需要由庭长、院长主持讨论才能作出相应判决，这些办案制度在很大程度上影响了法官对案件事实的独立认定。

法官需要一些外在的、便于检验的客观标准来说服干预者，而干预者因为无法通过直接接触诉讼参与人与各类证据形成心证，也需要通过其他方式确定证据是否真实可靠、被告人是否构成犯罪，而证据相互印证规则恰好符合这一要求。

（三）书面、间接的审理方式

直接言词原则，是指法官必须在法庭上亲自听取被告人、证人以及其他诉讼参与人的陈述，案件事实和证据必须以口头方式向法庭提出，调查须以控辩双方口头辩论、质证的方式进行。[3] 在我国刑事审判中，法官采用的是书面、间接的审理方式。

首先，由侦控机关制作的案卷笔录在审判活动中具有重要地位，控辩双方举证质证、法官认证围绕案卷笔录展开。我国刑事诉讼坚持公检法三机关分工负责、相互配合与制约。[4] 在传统的重视打击犯罪的司法价值观念以及公检法内部考评机制、错案责任追究制度等多种因素的影响下，三机关多数情况下显

---

〔1〕《刑事诉讼法》第 12 条的规定。

〔2〕《刑事诉讼法》第 5 条的规定。

〔3〕沈德咏、宋随军主编：《刑事证据制度与理论——刑事证据原理》（上），人民法院出版社 2006 年版，第 317 页。

〔4〕《刑事诉讼法》第 7 条的规定。

得配合有余而制约不足，案件处理方式主要体现为案卷笔录中形成的证据体系在三者之间进行传递：侦查机关形成案卷，检察机关审查案卷，审判机关以案卷笔录为重要依据作出判决。案卷笔录未经过资格审查直接进入法庭，具有天然的证据能力，出于对侦控机关权威性的信赖以及对证据体系完整闭合的重视，当庭上证人证言、被告人供述和辩解与案卷笔录记载的内容产生矛盾时，法官往往优先采信案卷笔录，认为案卷笔录具有较高的证明力，使得整个庭审活动成为如何能使其他证据与案卷保持一致的证明活动，公诉人只需通过对案卷的选择性宣读，法官经形式审查即予以采信，直接将其作为认定事实的依据。

其次，证人、鉴定人、侦查人员不出庭是普遍现象，其证言一般通过宣读案卷笔录中的证言、鉴定意见、说明材料等书面证据完成对待证事实的证明。我国没有建立完全意义上的传闻证据规则，虽然在《关于办理刑事案件严格排除非法证据若干问题的规定》《办理死刑案件证据规定》中有关于法院通知侦查人员作为证明侦查行为合法性以及证明被告人自首、立功等量刑事实是否成立的证人出庭作证的规定，《刑事诉讼法》中也规定了证人、鉴定人、人民警察作为目击证人出庭作证的法定情形、鉴定人拒不出庭的法律后果以及强制出庭的适用与例外，但是法律法规并不禁止侦查人员通过出具书面的说明材料进行作证，而针对证人不出庭的情形，法律也只是规定了予以训诫或处十日以下拘留，但其证言仍然可以通过当庭宣读笔录的方式在法庭上展示，这变相肯定了庭外证言的证据资格，只有在穷尽各种方法仍无法确认书面证言真实性的情况下，法官才不得将其作为定案依据。除了没有相应的传闻证据规则对证人出庭制度的实施予以保障外，对于证人出庭作证的个人信息保密、人身安全保护、经济补助等配套措施的规定与实施也并不完善，再加上我国有关“和”文化以及“厌讼”的传统思想，要让证人出庭作证更是难上加难。证人不出庭，便无法听取证人的口头陈述，控辩双方与法官也无法对证人进行有效的询问，整个证据审查过程更是流于形式。

我国的刑事审判中，法官只能依靠案卷笔录来认定事实，不能与证据进行直接接触，也不能聆听证人的当庭陈述。证人不出庭，法官便无法观察其作出陈述、回应询问时的神态表情、肢体动作，不能基于言词形式的证据来判断它的真实性，而案卷笔录仅仅是相关言词证据的转述与实物证据的固定，所包含的信息量较少，为保证裁判的公正性与准确性，法官会对证明同一案件事实的证据数量有所要求，证据之间形成相互印证的状态，以证明其真实性，增强说服力。

第二章　庭审实质化背景下证据相互印证规则的价值

一、证据相互印证规则的工具价值

在“客观真实”“查明真相”司法理念、现行司法体制机制、案件审理方式的影响下，我国刑事司法呈现出侦查结论代替审判结果、同一审级诉讼流程中审判“离心化”和实际上的“侦查中心主义”〔1〕样态，应然的诉讼等腰三角结构变成了侦检审合一的线性结构，不利于实体公正和程序公正的实现。

十八届四中全会决定推进以审判为中心的刑事诉讼制度改革，〔2〕审判作为整个诉讼程序中确保案件处理质量和司法公正的重要环节，强调审判特别是庭审作用的充分发挥对我国司法制度改革具有重大的现实意义。从宏观层面上看，以审判为中心涉及侦查机关、检察机关与审判机关之间的结构关系，在侦查、审查起诉、审判阶段应以审判为中心，侦查、审查起诉服务于审判活动，被告人的定罪量刑应在审判阶段予以解决，在刑事判决的形成过程中法院应起主导作用，享有最终的决定权；从微观层面上看，审判之所以能够作为各个诉讼阶段的中心，司法裁判之所以具有最终性，是因为法院主持的庭审活动具备程序正义的最完整形态，法院对案件的认识和处理建立在庭审中控辩双方对证据、法律意见的充分讨论和辩驳之上。〔3〕法院对事实的认定与对法律的适用应发生在公正的庭审当中，故庭审实质化是此次刑事诉讼制度改革的重要内容。

在刑事审判程序中，书面、间接的审理方式是造成庭审形式化的重要因素，证人不出庭作证，法官依靠案卷笔录断案，法庭审理没有贯彻直接言词原则，使得开庭之前、庭审之外的信息对判决产生实质性影响。因此，要实现庭审实质化，首先要针对我国刑事诉讼的弊端采取建立传闻证据规则、完善证人出庭作证制度等一系列措施，这对法官查清案情、认定事实和被告人的人权保障有着重要意义。建立传闻证据规则，同时综合考虑我国现行司法体制和诉讼制度，将传闻证据规则的适用范围进行一定的限制，如某一证人就案件事实所作的陈述原则上应以言词的方式在法庭上提出，因出现法定事由允许以书面证言的形式提交法庭，并经过充分质辩才能作为定案依据；在一定程度上对案卷笔录书

---

〔1〕 魏晓娜：《以审判为中心的刑事诉讼制度改革》，载《法学研究》2015年第4期，第86~87页。

〔2〕《中共中央关于全面推进依法治国若干重大问题的决定》，载 http://cpc.people.com.cn/n/2014/1029/c64387-25927606.html，最后访问日期：2017年3月8日。

〔3〕 魏晓娜：《以审判为中心的刑事诉讼制度改革》，载《法学研究》2015年第4期，第94页。

面证言的影响力予以削弱，合理阻断法官对案卷笔录的依赖，使得案卷笔录在法庭上作用的发挥被限定在合理范围内，同时也能使控方积极推动证人出庭作证，接受法官与控辩双方的质询，保证法官全面、直接地接触案件证据，避免冤假错案的发生。完善证人出庭作证制度，主要是指在现行《刑事诉讼法》的基础上适度放宽要求证人出庭的条件，降低证人出庭的难度，此外法官还应依法运用强制的方法督促证人出庭。同时还应通过司法解释细化证人保护制度与证人补偿制度，由公安机关统一负责、人民法院积极配合，真正落实对证人的保护措施，针对证人因履行作证义务而遭受经济损失这一情况也应予以补偿，以此提高证人出庭作证的积极性，进一步落实庭审实质化。

法官作出判决需要以事实为依据，以法律为准绳，判决形成过程涉及确认案件事实与适用法律对案件作出实体处理两个方面。其中，最关键的部分是法官对事实的认定。认定事实要求法官亲自接触证据并进行审查判断，而在庭审实质化改革的背景下，大量丰富的证据信息进入法庭，控辩双方的质证辩论得以有效展开，事实越辩越明，法庭成为法官形成合理心证的最佳场所。关于法律适用等问题，也是以法官对事实已经作出内心确认为前提进行的。对此，学术界与实务界提出要对公诉审查程序、庭前准备程序、人民陪审员制度、证据裁判原则、直接言词原则、证据规则等进行改革与完善,〔1〕为法官在法庭上认定案件事实提供相关规则制度的保障。其中，刑事证据规则作为刑事诉讼法的重要组成部分，推动着诉讼活动的顺利进行，实现庭审实质化应当发挥刑事证据规则在法庭调查中对于发现事实的引导作用，证据相互印证规则在其中具有一定的价值。

证据相互印证规则有助于刑事诉讼实现裁判结果的公正。为准确地认定案件事实，必须通过法官与控辩双方共同参与的法庭活动来完成，控辩双方通过举证质证和辩论，推动案件事实的发现，而法官通过对证据的审查判断并综合全案形成对案件的主观认识。证据相互印证作为一种审查证据证明力、认定案件事实的方法，虽然不能绝对保证证据的真实性、认定事实的准确性，但它在长期的司法实践中经过不断地实践、修正并成为具有普遍适用性的规则，相较于仅凭某一孤证就作出判决更具可信性和说服力，是一种符合人类逻辑思维基本特征的证明方法。它要求法官遵循唯物辩证法，从事物的联系中认识事物的规律与本质，用联系的观点去观察和分析，具有帮助法官合理排除矛盾、正确判断证据真实性的功能。同时，在对证据予以采信的基础上，印证意味着同一

〔1〕卫跃宁、宋振策：《论庭审实质化》，载《国家检察官学院学报》2015年第6期，第129~136页。

案件事实有更多的证据支持，而证据数量关系到证据的充分程度，证据相互印证规则有利于法官对证据的充分性形成判断，从而提高认定事实的准确性，减少冤假错案的发生，并为法官正确适用法律构建事实基础提供一定的保障，从而促进实体公正之实现。

二、证据相互印证规则的内在价值

在我国现行的刑事诉讼程序中，被告人、辩护人的合法权利并没有得到全面的保障，在法庭审理中他们无法充分地阐述事实、发表意见，根本无法成为两造诉讼中的一方，而这两位弱者要面对的却是强大的控方阵营，〔1〕法庭审理极易沦为法官对控方案卷笔录的形式审查活动。

第六次全国刑事审判工作会议提到证据调查、罪刑辩论、法官裁判皆应发生于法庭之中，〔2〕依据其内在精神，我们能够推出庭审实质化的改革方向，这对法院如何在审判活动中对被告人定罪量刑以及如何处理相关的程序事项提出了要求。法庭是人民法院行使审判权对案件事实作出认定、当事人行使诉讼权利维护自身合法权益的重要场所，在这一空间内控辩审三方积极有效地进行诉讼活动，向整个社会传输公平正义。为避免庭审走过场，作为事实裁判者与法律适用者的法官，应当通过亲历控辩双方在庭审中充分的诉讼对抗，公正地处理有关案件实体和程序问题的争议，真正做到两造具备、居中裁判，使整个诉讼活动呈现出一种流畅、透明、公正的样态，公众能够依据一定的规则标准对其进行检验评价。

如同人们依据一定的客观规律形成对某一事物的认识并得出某种结论，刑事诉讼中法官对证据的采信、案件事实的认定也有其特定的规则，审判活动在诉讼规则的作用下得以规范展开，而违反相应的诉讼规则不仅不利于法官作出准确的实体判决，更重要的是，此时无论这个判决正确与否，都必然是不正义的。〔3〕证据相互印证规则不仅能够帮助法官发现事实真相进而准确适用法律，其本身还体现了规则的内在价值，即不依赖于实体结果的程序本身的公正性。〔4〕证据相互印证规则作为一项程序性方法和规则，要求法官面对法庭中出

---

〔1〕 元轶：《辩护制度基本问题的反思——以苏俄、中国、俄联邦的相关刑事法修改为视角》，载《政法论坛》2012年第6期，第47页。

〔2〕 2013年10月，第六次全国刑事审判工作会议文件提出："审判案件以庭审为中心，事实证据调查在法庭，定罪量刑辩论在法庭，裁判结果形成于法庭，全面落实直接言词原则，严格执行非法证据排除制度。"

〔3〕 元轶、黄伟凌：《论民意审判与辩护权缺失——从六组案例谈起》，载《法治研究》2010年第12期，第101页。

〔4〕 李建明：《刑事证据相互印证的合理性与合理限度》，载《法学研究》2005年第6期，第24页。

示的证据应依照法律规定从证据本身出发，通过考察证据之间的关系形成内心确信，防止法官裁量上的恣意和武断，对可能遭受不利裁判影响的被告人而言，也是其人格尊严得到充分尊重的一种表现。证据相互印证规则要求法官在案件审理过程中始终抱有审慎的心态，充分重视证据之间的可印证性，面对无法获得其他证据支持的孤证，法官应当慎重考虑，不得草率地加以采信，将其作为定案依据，这无疑体现了程序理性的要求。[1] 该规则本身所具有的独立的内在的善的品质，使法官在法庭审理中依此认定的事实，不仅能够得到公众的普遍尊重与认可，使其更加相信法官所作出判决的准确性，即使并不认同判决结果，或者判决结果的准确性并未真正实现，公众也会因为对审查判断证据、认定案件事实整个过程本身所体现的程序理性表示肯定，从而对判决结果予以尊重。

第三章　证据相互印证规则的局限性

法官在审查证据时，出于对其真实性的怀疑，会以证据相互印证规则对其进行检验，相互支持的证据所指向的案件事实具有同一性，对复数性的证据予以采信相较于孤证认定更具可靠性，便于法官把握，也更容易被社会公众接受和认可。但法官在法庭上对证据进行调查，对庭前与庭审言词证据反复、证据与证据之间发生矛盾等情况，依据现有的印证规则形成内心判断具有一定的局限性，可能导致司法证明的僵化，也可能导致法官采信证据、作出实体判决的主观随意。

一、忽视对单个证据真实性的独立审查

《办理死刑案件证据规定》《最高法解释》对法官评价单个证据证明力提出了证据之间应当能够相互印证的要求，并对出现反复矛盾以及提供主体较为特殊的言词证据的采信问题作出了较为具体的规定。印证原本作为一种较为通用的证明方法，在司法实践中不断完善，最后被纳入我国法律规范，成为法官在审查评价证据、作出最终裁判时应当予以遵守的规则。但是印证本身并不能保证单个证据的真实可信，该规则的适用是有局限性的，对证据真实性的判断并不取决于所含内容相同的证据数量的多少，因为经验法则也存在例外，特殊情况下，事实真相可能会与一般人的理性常识背道而驰。证据即便得到其他证据形式上的印证支持，其真实性也未必能够得到保障，该证据所指向的事实也并不一定为真，当两个证据皆为虚假时，法官对事实的认定就会走向真实的反面。

---

〔1〕 李建明：《刑事证据相互印证的合理性与合理限度》，载《法学研究》2005年第6期，第24页。

而对于没有其他证据予以支持的孤证，其所包含的案件信息也不一定为假，只是由于不能满足证据多数性的要求，孤证在证据相互印证规则中没有评价的意义，法官没有自由评判的能力，即使内心确信该证据为真实，也不敢轻易将其作为定案依据。此外，对于那些相互矛盾的证据，若各自都有其他证据予以支持，法官此时依靠表面上的相互印证就无法对事实作出准确认定，可能会形成错误的心证。

从逻辑顺序上说，对证据进行分析评价，应先对单个证据进行独立的审查，在此基础上再要求全案证据能够相互印证，形成较为完整的证据体系。对单个证据的独立审查是指通过接触某一证据在事实判断者心中留下的印象与影响，或者通过补助证据来查明单个证据是否属实。[1] 印证规则强调通过寻找证据之间的共同点来审查证据，导致证据转化为定案依据的条件由“查证属实”异化成简单粗暴的“相互印证”。以证人证言为例，印证规则作为审查证据的关键，会导致侦查机关制作案卷笔录只纳入能够相互支持的证据，检察机关审查起诉、法庭举证时一般倾向于将能够证明同一案件事实的若干证据一并出示，被告人、辩护人只能通过指出不能相互印证的部分提出质疑，而法官采信证据一般也是依据印证规则综合认证，而非通过要求证人出庭、观察其言行举止并考察其本身可信性等方式进行单个认证。整个证明过程忽视了印证规则适用的前提，倒置异化为寻找、验证能够相互支持的其他证据，从而得出单个证据真实可靠的错误结论，使其直接进入法庭审理，运用于事实认定，很可能导致法官认识上的偏颇，将印证建立在本身并不真实的证据基础之上，最终导致对整个案件事实认定的错误。

二、对庭审证言的有条件采信

正如前文所言，我国虽强调证据需经法庭举证质证并查实以后方可作为定案依据，但未建立传闻证据规则，因此证人不出庭时其言词仍然能以案件笔录中的书面形式进入法庭，法律并没有对其证据资格作出限制。法官为了判断控辩双方证据的真实性，需要大量的证人证言进入法庭，在直接言词中获取全面的信息，以此准确地认定案件事实，同时保障被告人的对质权。庭审实质化强调裁判亲历性与证人出庭作证，证人、鉴定人、侦查人员出庭作证、接受质询，使得证据调查得以有效展开，为法官在法庭上形成合理心证提供一定的保障。此时法庭中就会出现庭前书面证言与庭审证言并存的情形，一旦出庭的证人作出与之前不同的证言，就可能会导致先前构建好的印证证据体系的崩溃，加大认定事实的难度。同时，法官也能通过发现证据之间的矛盾点，在对控方提供

---

〔1〕 谢小剑：《我国刑事诉讼相互印证的证明模式》，载《现代法学》2004 年第 6 期，第 72 页。

的证据抱有合理怀疑的前提下谨慎审查证据，通过不断地发现疑点、分析疑点、解决疑点，慢慢接近案件事实真相。

《办理死刑案件证据规定》《最高法解释》均对如何处理庭前书面证言与法庭证言作出规定，当证人能够合理说明翻证原因，同时又有证据支持翻证言词的，法官应优先采信该份法庭证言，这在一定程度上体现了庭审实质化的精神，有利于调动证人出庭作证的积极性。但是法律规定并未对庭前书面证言与庭审证言证明力作出明确区分，当两者出现反复，优先采信庭审证言必须要满足两个前置条件，只要证人不能说服法官使其相信翻证的合理性，而先前所作书面证言得到印证的，法官仍可以转而认定庭前证言的真实性，推动证人出庭作证的意义将化为虚无，由此可见法官对证人证言真实性的审查并没有建立在对其出庭表现形成的主观判断上，而是在于其他证据的印证与否，印证规则的适用将导致庭审证言不具有独立的证明价值。优先采信规则旨在保障证据的真实可靠，而没有真正发挥其对于保障被告人对质权等程序意义上的价值。

对庭审证言的有条件采信加重了证人翻证的负担，不仅要作出解释说服法官，还要提供证据支持自己的言词陈述，出于惩罚犯罪的刑事目的，侦控机关制作的案卷笔录包含大量的有罪证据，而辩护一方的证据收集能力有限，当证人的庭上陈述与证言笔录内容不一致从而对控方不利时，庭审证言面对的是庞大的已经形成了印证状态的有罪证据体系，无法得到其他证据印证的证言不具有证明力，证人在法庭上所陈述的内容发生变动，反而容易招致怀疑与排斥，导致法官轻易地采信庭前书面证言，错误地认定事实。此外，当庭前与庭审证人证言都有证据印证这一更为复杂的情况发生时，印证规则也没有作出相应的原则指导和具体规定。

三、忽视证据矛盾分析

印证作为证据确实、充分的一项必要条件，关系到最终能否达到案件证明标准的要求，该规则适用于法官评价、采信证据以作出最终认定的情况，着眼于证明犯罪事实，这一对法官审理案件、形成内心判断的要求，影响着审前阶段侦控机关收集固定证据的高度偏向性。“权力行使总是会趋向于实用、有效、方便和节约成本的方向，最后自然会滑向不顾及最基本的个人权利保障和司法正义准则”[1]，强调证据与证据相互印证，侦查机关注重犯罪嫌疑人有罪证据的收集，对于其作出的辩解、对其有利的证人证言及其他实物证据，侦查机关可能会进行人为裁剪和取舍，回避证据的矛盾，根据印证规则不断修饰案卷笔

〔1〕 元轶：《刑事辩护权的中国解构——以苏俄相关立法修改为参照》，载《山西大学学报（哲学社会科学版）》2014年第3期，第101页。

录，因此侦查机关制作的案卷笔录记载的都是不利于犯罪嫌疑人的书面证据，而检察机关审查起诉时，大多只是对已形成相互印证的有罪证据体系的案卷笔录进行形式审查，难以发现矛盾与疑点，追诉犯罪的刑事目的使其缺乏主动补充无罪、罪轻证据的积极性。故在法庭上法官所能接触到的主要还是偏向控方的有罪证据体系，在此情形下，法官认定事实的依据是控方单方提供的证据，整个庭审过程集中于如何“印证”有罪证据之间的“互证”与自我强化，[1] 证据没有完整地呈现在法官面前，认定案件事实朝有利于控方的方向形成，法庭审理成了对审前阶段工作结果的确认。

有罪证据的印证关系早已形成并提交法庭，导致法官对被告人的当庭翻供一般不予采信。法官应当优先采信被告人当庭还是庭前供述，需要审查该份供述能否得到其他证据的支持，在法庭充斥着大量有罪证据的背景下，印证规则对那些有利于被告人的证据采取了视而不见的态度，而对有罪证据则明显夸大其作用，[2] 容易虚化庭审作用，使法官对案件事实更加倾向于有罪认定，被告人的人权保障不足。辩护律师收集证据的能力有限，很难收集到较为充分的有利于犯罪嫌疑人、被告人的证据；即使收集到了，证据的来源、获取方式、呈现形式也会受到质疑。在控辩双方力量明显不均衡的情况下，法庭上出示的无罪证据处于一种尴尬的境地，虽然被提出，但是又没有相应的能力与控方有罪证据进行有效抗衡，被告人辩护权利受到限制和剥夺，法官也无法运用印证规则对单个无罪证据进行审查并予以采纳。

法官在证明活动中应当做到在对单个证据独立审查认定的基础上，实现证据之间的相互印证，从而明确整个案件事实。为保证证据体系的完整性，法官更应关注那些无法得到印证的矛盾或疑点证据。现行刑事司法实践过于关注印证体现出来的相互支持性，缺少对证据印证结论的批判性反思，在印证规则的指导下，法官盲目取巧，忽视甚至排斥证据之间的矛盾，难以对有罪证据体系外的孤证作出相应认定，双方激烈的言词对抗和证人所作口头陈述不再成为形成心证的主要依据，对那些辩方提出疑点的控方书面证据放弃核实和质疑，对一些存在进一步调查、盘问必要的翻供直接予以否定，[3] 在裁判说理中也避重就轻，聚焦于有罪证据相互印证的释明上。由于对印证规则的形式追求，即使在证据种类多、数量多的案件中，认定事实的过程也会成为法官主观挑选、拼

---

[1] 左卫民：《“印证”证明模式反思与重塑：基于中国刑事错案的反思》，载《中国法学》2016年第1期，第168页。

[2] 陈瑞华：《论证据相互印证规则》，载《法商研究》2012年第1期，第120页。

[3] 元轶：《法官心证与精神病鉴定及强制医疗关系论》，载《政法论坛》2016年第6期，第105页。

接证据的过程，只要没有极端的情况和确实相反的证据出现，要推翻有罪证据体系、保障被告人合法权益极其困难。

第四章 证据相互印证及相关规则制度的完善

一、首先对单个证据真实性进行独立审查

证据相互印证规则注重证据之间的联系，容易导致法官分析评价证据时直接略过对单个证据独立审查这一步骤，然而撇开能否与其他证据形成印证，每个证据本身具有独立的证明价值，也有可以独立采信的理由，一味追求印证容易导致法官在虚假证据的基础上形成表面真实的错误心证，因此在适用印证规则之前，应当首先对单个证据进行独立的分析判断。

庭审实质化背景下，法庭审理贯彻直接言词原则，要求证人、鉴定人、侦查人员出庭作证，打破原来书面、间接的审理方式，法官直接接触与感知案件相关人员庭上陈述并进行审查判断，在一定程度上能够保证单个证据被纳入印证体系进行评价、据以作出综合裁量之前尽可能真实可靠。以证人证言为例，法官在法庭上必须观察证人陈述证言、回答法官及控辩双方询问过程中的表现，从其言词谈吐、神态表情、举止动作中，发现证言的细节信息和变化原因，挖掘背后可能隐藏的矛盾之处，通过有效的独立审查判断言词证据的真实性。

在现行庭审活动中，即使证人出庭作证，法庭质询的重点仍然是证言内容与其他证据的相互印证性，忽略了对证人本身可信度的审查。法官在审查证据真实性时，也应注意补助证据的运用。补助证据是相对于实质证据而言的，实质证据是证明主要事实及其间接事实的证据，补助证据是证明补助事实（有关实质证据的可信性的事实）的证据。[1] 仍以证人证言为例，其真实性受证人感知能力、记忆能力、表达能力、品格等因素的影响，心理精神方面的专家对证人作证状态作出的评估报告、证人的视力或听觉诊断书、诚实信用品格、与被告人之间的利害关系等补助证据能够对实质证据证明力产生影响，面对控辩双方对证人可信度提出的证明性或攻击性询问，以及提交的相应补助证据，法官可以将其纳入审查视野，判断证人本身的可信性，从而推出证言内容是否真实，在一定条件下法官有理由采信相关的证人证言。

对于书证、物证以及被告人供述、证人证言等形成于案卷笔录中的证据真

---

〔1〕［日］田口守一：《刑事诉讼法》，张凌、于秀峰译，中国政法大学出版社 2010 年版，第 268 页。

实性审查，也同样需要法官切断对证据之间印证联系的依赖，在对检察机关提交的证据保持合理怀疑的前提下，依据法官的逻辑思维、审判经验，对证据的形式和内容进行实质审查。法官应关注证据来源的真实性、证据收集、固定和保管链条的完整性，观察与案件相关的书证物证所具有的典型特征，核查相应的勘验检查、搜查扣押笔录，保证证据载体方面的真实可靠；同时提高阅卷过程中发现单个证据内容上疑点的能力和敏感度，如在被告人口供笔录中，多份有罪供述内容高度一致，则有讯问人员在记录时“复制粘贴”之嫌，或是仅在第一次讯问笔录中提及的无罪、罪轻辩解，在之后的口供中均未提及或记载过于简单，或者是随着时间的推移被告人口供对于犯罪事实的供述越来越详细，包含了一些先前未提到的隐蔽性情节和关键性信息，又或者是与口供相对应的录音录像不清晰、部分缺失。对于此类存在疑点的证据，即使其能与其他证据相互印证，法官也应保持警惕，在庭审阶段将该单个证据作为法庭举证、质证的重点对象，在对单个证据作出独立审查的基础上解决其真实性问题，再综合其他证据进行分析推理，提高认定事实的准确性。

二、保障司法的亲历性

就事实认定而言，审判最重要的特性是亲历性，即事实判定者直接接触和审查证据，直接听取控辩意见及其依据并作出判断。[1] 只有裁判者置于法庭之中，亲身经历案件审理和裁判的全过程，诉讼双方才能通过提出各自的主张和依据以及激烈的对抗和交锋，对裁判者施加影响，裁判者才能直接面对各类言词陈述和实物证据，判断其中的是非曲直，形成合理心证，为作出准确的实体判决提供坚实保障。直接言词原则与传闻证据规则也体现了司法亲历性的要求，对被告人来说，其质证权等合法权利得到保护，使得其在诉讼程序中充分参与并得到应有的尊重和公正的对待。同时，公众也得以从裁判者在法庭上相应的态度和行为判断案件裁判的公正合理性，正义便能够以看得见的方式实现。

保障司法的亲历性，在一定程度上能够缓解前文所提证据相互印证规则造成的负面效应，为法官提供一个能够亲身感知证据和事实的场所，使法官能够有效地对证据进行分析取舍，进而认定整个案件事实。法官置身于法庭集中审理案件，以言词对言词的方式，近距离观察作出陈述之人的言行神态，判断其中的真伪，获取相关的事实信息，发挥庭审实质性审查证据的作用。法官在法庭中形成的对案件较为清晰、完整、直观的印象，在一定程度上能够减轻印证规则所带来的负面导向，法官面对那些无法得到印证的证据，无论是与案卷笔

〔1〕 龙宗智：《论建立以一审庭审为中心的事实认定机制》，载《中国法学》2010 年第 2 期，第 145 页。

录矛盾的庭审言词还是辩方提出的与控方相左的证据，都能够认识到孤证存在的合理性和重要性，在法庭上通过使用大量的调查手段，根据自己的经验理性、逻辑推理打开孤证，排除孤证带来的合理怀疑。

保障司法的亲历性，法官的身心都应在法庭当中进行案件的审理和裁判。要求身体在法庭上，是指作出判决的人应当是经历整个庭审过程、亲自审理案件的人。法官对整个案件事实的认定建立在直接审查相关证据、充分听取控辩双方以及证人言词的基础上，对单个证据进行独立审查，比较分析证据之间的相似和相异之处，综合全案形成合理心证，在此过程中积累构筑起来的证明推理需要由案件审理的连续性和亲历性来保证。审判委员会成员未曾经历法庭审理过程，在没有听取控辩双方质辩的情形下作出实体处理，将心证建立在听取案件汇报和阅读案卷笔录上，不符合事实认定的相关规律，应在保留审判委员会讨论决定案件职能的前提下，限制其讨论案件的范围，规范其认定案件事实的方式和程序，逐渐将审委会的职能重点转向法律适用问题的指导上。同时，对于承办法官向庭长院长呈报案件，由庭长院长决定案件结果的做法，也应划清审判与审判管理的权力界限，防止庭长院长对案件有过多的实体干预，为真正落实审理者裁判、裁判者负责奠定基础。

要求内心在法庭上，是指法官的注意力应当集中于法庭审理和裁判，对案件的调查判断活动应在法庭上进行。2012 年《刑事诉讼法》重新确立全案移送制度，法官在庭前能接触到全案的证据材料，容易将大部分时间和精力花在对案卷笔录的阅读研究上，法庭审理形式化，裁判说理以案卷笔录为主要依据。实现司法亲历性，保证法庭中人证、物证的有效出示，突显其重要地位，淡化案卷笔录的影响力，是改变上述现象并使法官真正做到身心统一的有力保障。承认案卷笔录对于庭前的审查准备工作以及案件事实的认定具有重要意义的同时，应当认识到其局限性：案卷笔录是以文字形式对相关言词、实物内容进行固定记录，在这一过程中作出陈述的语言色彩和表情神态的鲜活性会逐步丧失，制作主体的单一性和过程的秘密性也会导致法官无法全面掌握案件事实，因此在法庭审理中案卷笔录应当作为司法亲历和直接言词的例外情况发挥其在审判活动中认定事实的辅助性作用。法官从书面、间接审查向亲历性审查转变，不仅要审查案卷笔录，还要对庭上接触的全部证据进行分析取舍，无论是庭前所知还是当庭出示的证据，都需要贯彻亲历性、直接言词的原则，法官需要充分考虑证人、鉴定人出庭作证所作陈述，被告人的翻供和辩解，及其带来的证据体系的变化。

除了强调法官身心的亲历性，还应保证证人、鉴定人到庭接受询问，使法官与证人、鉴定人面对面地进行言词交流，突破相互印证的案卷笔录，审查判断孤证的真实性，合理排除证据之间的矛盾。当证人出庭存在客观上难以克服的重大困难或风险时，对于侦控机关在追诉阶段单方收集、未经被告人质证的证言笔录，法律通过规定少数的例外情况，允许以宣读案卷笔录的方式在法庭上出示，作为最后的手段发挥其证明案件事实的作用。如此，法官才能将其通过庭审获得的直接言词作为认定事实的主要依据，即使通过庭前阅卷已经形成了相应的预断，也能通过法庭上对疑点证据进一步的调查询问，不断地对先前形成的预断进行补充修正，回归案件真相。

三、确立庭审证言证明力从优原则

证据相互印证规则对庭前书面证言与庭审证言如何取舍有所要求，这直接影响到庭审实质化的实现与证人出庭制度功能的发挥。为了弱化案卷笔录的天然优势，革除书面、间接审理的弊端，真正实现“认定事实在法庭”，应当在印证规则中确立庭审证言证明力从优、限制庭前书面证言证明力的原则。

印证规则对法官采信证据、认定事实具有一定的局限性，也会影响证人出庭的积极性，应当对庭审与庭前证言的证明力进行合理区分，缓解印证规则适用所带来的形式僵化。在证人出庭作证的情况下，法官能够察言观色，充分感知评判证据，这有利于法庭审理的公正进行，控辩双方能够有效展开质询，法官应当重视证人当庭陈述，优先听取并进行审查，一般情形下应认定证人的庭审言词较之庭前书面证言具有更高的证明力。当庭前与庭审证言出现矛盾反复时，不能简单地以庭上陈述与案卷笔录相互矛盾为由否定前者的证明力，即使证人当庭陈述没有其他证据予以支持，法官仍应针对其翻证的理由以及当庭陈述的具体内容对证人进行询问，若法官认为翻证理由及翻证事实合情合理，又能通过证人作证表现等其他事实形成内心确信，或者能通过后续进一步的调查取证使法官对庭前书面证言真实性产生合理怀疑的，应当认定其当庭陈述具有可信性，对庭审证言的证明力予以确认。除非证人对翻证不能作出合理解释，且发现证人有作伪证的明显迹象，[1] 法官才能转而考虑庭前书面证言的真实性。而庭前证言又多为侦控机关单方收集的有罪证据，法官审查证据真实性时应限制其证明力，对其进行谨慎、独立的判断。

确立庭审证言证明力从优、限制庭前证言证明力的原则，重视庭审证言，能够推动证人出庭作证制度的实施，使得对案件事实的认定能在控辩审三方充分的质询中完成，将庭审活动从机械地以案卷笔录推翻法庭中不相一致的言词陈述转向能动地对案件事实进行重新构建与实质认定。

---

〔1〕 龙宗智：《庭审实质化的路径和方法》，载《法学研究》2015 年第 5 期，第 144 页。

四、重视证据矛盾的精细化分析

整个刑事司法证明过程，包含了法官对单个证据的独立审查，在保证证据真实合法的基础上，综合全案证据分析判断其证明力，实现证据之间的相互支持，最终认定案件事实，作出实体判决。其中，《刑事诉讼法》将排除合理怀疑作为达到案件证明标准的必要条件，与证据确实充分标准主客观相结合，在法官自由裁量与依法受到规制的前提下，保证裁判结果的准确性和被告人合法权益的实现。

排除合理怀疑是英美法中刑事诉讼的证明标准，合理怀疑一般是指在全面比较和考虑了所有证据之后，事实判定者仍不能说自己对指控事实的真实性和确信的确定性有了一个可容忍的定罪。[1] 由此可以看出，排除合理怀疑体现为对于待证案件事实的消极排除，从证伪的角度发现事实真相，强调在认定事实过程中关注证据体系的薄弱环节，找出有罪证据体系中证据之间的矛盾疑点，或者是出示无罪证据论证犯罪事实发生、被告人实施犯罪行为这一结论存在其他的可能性，从而瓦解有罪证据体系。合理怀疑是一种排除了想象、臆测等非理性因素，基于法官内在的经验、理性、良知、逻辑，通过合法公正的程序对所提案件事实是否存在其他合理解释的主观判断。

反观现行事实认定机制，排除合理怀疑的适用往往没有基于正当程序来展开，诉讼过程缺少控辩双方的共同参与，尤其是被告人一方难以进行有效辩护，法官认定事实的基础一般建立在侦控机关提供的有罪证据体系上，面对强大的公权力机关行使追诉职能，被告人、辩护人很难与之形成有效对抗，法官对案件作出判断的偏向性较为明显。但是，不管是出于对实体结果公正的保障，还是为程序正义的实现，法官在法庭上对证据加以分析、对案件事实作出认定，都应建立在控辩双方各自构建起的、相互对抗的且经过充分论证的双轨制证据体系之上。[2] 能否充分发挥证据相互印证规则的功能，关键在于有罪无罪、罪轻罪重的证据是否都能得到充分的收集和展示，这样才能推动法官对证据体系进行全面精细的分析，从而准确地判断案件事实。

因此，在证据收集阶段，应当提高被告人、辩护人的参与程度，赋予其积极有效的调查取证权，保证其能够实质性地参与、监督案卷笔录的形成，保证纳入法官视野的证据信息的全面性。同时，裁判形成取决于控辩双方的举证、

---

〔1〕［美］罗纳德·J. 艾伦、理查德·B. 库恩斯、埃莉诺·斯威夫特：《证据法：文本、问题和案例》，张保生、王进喜、赵滢译，高等教育出版社2006年版，第818页。

〔2〕左卫民：《“印证”证明模式反思与重塑：基于中国刑事错案的反思》，载《中国法学》2016年第1期，第173页。

质证和辩论情况，在法庭审理中应当以证人、鉴定人出庭为保障，建立起完备的举证和质证规则、异议规则、诱导性规则，保证被告人一方的辩护权利有效行使，打破控方对证据的垄断与有罪证据体系强势压倒辩方的局面，使辩方获得更大的辩护空间，实现控辩双方的有效对抗。如此一来，法官势必对举证、质证活动全神贯注，认定事实真正形成于法庭之中。此外，对于被告人的辩解理由和辩护人的辩护意见，法官应当高度重视、谨慎审查，不能仅以有无印证就加以认定或排除，被告人的辩解和辩护人的意见为法官认定案件事实提供了一种反向思维方式，即使法官已经形成发关于被告人实施了犯罪行为的预判，控方有罪证据也需要经过辩方的质证，排除了合理怀疑之后才能成为定案依据。保障证据的全面性，有助于法官在控辩双方充分的诉讼对抗中实现兼听则明，有利于发现事实真相、解决证据疑点。

在保证证据全面性的基础上，法官审理案件发现疑点矛盾的方式有很多，孤证就是合理怀疑的产生途径之一。孤证，是指针对某一案件事实只有一个证据，但没有相反的证据，或者是就同一事实的两个证据存在矛盾，即“一对一”。[1]

证据相互印证这一法定化规则的普遍适用，导致法官在认定案件事实时过度依赖、盲从、懈怠，将目光聚焦于对既有有罪证据体系的证成与阐明，对游离于体系外的证据直接予以排除，不注重对证据之间的矛盾与疑点进行分析，被告人入罪容易出罪难。为避免法官的有罪推定，保障被告人的合法权益，应当注意到印证规则的运用并不能保证结论的唯一排他性，对整个案件的判断分析极有可能建立在虚假的证据上。其实印证作为事实认定的必要非充分条件，法官更应注意它在发现揭示矛盾疑点上的作用，这为法官提供了一种主观的、逆向的思维模式，有利于防止冤假错案的发生。

面对无法得到印证或者存在矛盾但可能为真实的证据，法官必须高度重视，不仅需要前面所提的通过证人出庭接受质询、运用补助证据独立审查单个证据、保障司法的亲历性等方式打开孤证，确认孤证的真实性，还需分析孤证在有罪证明逻辑链条中的作用，法官通过全面接触证据形成一个对案件事实的初步认定。从这一认定出发，自上而下寻找相应的要件事实以建立起被告人与犯罪事实的联系，并从提交的证据中提取相应的事实予以支撑整个案件事实的架构，法官此时应考虑对孤证的认定是否会导致某一作为定罪前提的证据被推翻，是否会对“被告人实施了犯罪行为”这一指控产生巨大冲击。若孤证的证明内容

---

〔1〕 田晓康：《对刑事诉讼“孤证不能定案”的若干反思》，载《法制与社会》2011年第12期，第75页。

能够对事实认定产生实质影响，则需要法官审视孤证所带来怀疑的合理性，论证既有事实认定能在多大程度上抵御孤证所带来的这种怀疑。

除了运用印证的方法发现矛盾，通过进一步的法庭调查询问查明孤证的真实性、可靠性和合理性，法官还可以运用溯因推理的方法，从孤证出发寻找孤证存在的可能原因，在保证这种原因与孤证之间因果联系可靠性的基础上，得出案件是否存在其他合理解释的结论。此外，法官还可以运用情理检验法来检验证据推理的过程和结果是否违背常识，[1] 帮助判断孤证的可靠性，以确定其对案件事实的认定是否构成一种合理怀疑。同时，由于对孤证以及案件事实的认定仍是法官根据自身逻辑思维和经验理性所作出的判断，除了需要控辩双方有效展开对抗、遵守相应的刑事诉讼规则的正当程序予以保障其心证的合理性外，还需要法官履行说理义务，对孤证的审查判断、证据之间矛盾的分析、合理怀疑的排除过程进行详细阐述，通过判决书将判决理由予以公开，以便诉讼参与人及社会公众依法进行监督。

以浙江张氏叔侄案为例，证据相互印证规则可能带来的负面影响就在此案中凸显出来，法官片面地追求证据之间的一致性，选择性地接受了能够支持作出有罪判决的证据，排斥了一些相反的证据。其中，有利于张氏叔侄的关键性证据——从被害人指甲中提取的一名男性的DNA，经鉴定不属于张氏叔侄二人，这份DNA鉴定意见作为游离于有罪证据体系以外的孤证，无法得到其他证据的支持，而认定两被告人有罪的证据之间已形成相互印证的状态，该鉴定意见在二审中被法官认定为与案件并无关联后被排除，导致定案的全部证据都是不利于两位被告人。法官简单地将无罪证据剔除出去，对它与有罪证据之间的实质性矛盾没有予以重视，没有进行详尽的分析说理，断章取义地选取了被告人有罪的证据，掩盖了实际存在的合理怀疑，以至于作出错误的事实认定。强调孤证的重要性，挖掘其存在的合理性，要求法官关注对事实的证伪与疑点排除，法官审查证据时应高度重视指出控方证据体系缺陷的辩方证据和意见，充分揭示案件事实存在的矛盾与可疑之处，然后运用单证独立审查等方式判断该证据是否真实可靠，并结合法官的经验、理性、良知判断如果存在矛盾，则该矛盾是根本性的还是非根本性的，案例中DNA鉴定意见为法官认定事实提出了另一种可能，对于鉴定意见并未指向张氏叔侄二人这一异常现象，其合理的解释就是当犯罪行为由其他人而非张氏叔侄实施时，DNA不匹配才是合乎情理的。由此法官能够得出与控方所指控的犯罪事实截然相反的其他可能性，并且足以形

[1] 封利强：《我国刑事证据推理模式的转型：从日常思维到精密论证》，载《中国法学》2016年第6期，第174页。

成一种合理怀疑，在此基础上进一步收集运用相关证据来确认能否排除这一矛盾，最终确定被告人是否有罪。此外，针对判决结论，法官还可以从常识、情理方面提出质疑，关于案件事实发生发展的逻辑推理，两位被告人受熟人之托捎带被害人进入杭州，在之前的四个小时没有作案，而在其借出手机让被害人与亲友取得联系后才实施强奸杀人行为，是否有违常理。这些都可以从侧面来强化孤证所提出的疑点矛盾的证明力，帮助法官能够穷尽一切合理的可能性，进而作出准确的判断。

通过对孤证的重要性及其真实性的判断，以及分析证据矛盾的强调，整个案件事实的认定过程可以实现证实与证伪的双向互动，法官形成心证与判决说理从粗放走向精细化分析，防止法官简单粗暴地排除矛盾，忽视疑点分析，提高判决的准确性与说服力。关于孤证采信以及排除合理怀疑的具体适用，必须强调的是，合理怀疑的提出应当建立在法官全面掌握有罪无罪、罪轻罪重证据的基础上，通过无法得到印证或存在矛盾疑点的证据与其他证据的比对，遵循相应的经验逻辑法则，综合分析推理，判断该怀疑是否合理，是否足以影响被告人的定罪量刑。关于孤证所包含的疑点矛盾如何在最终认定案件事实中发挥作用，仅仅对合理怀疑进行界定和说明也是不够的，还需要法官司法实践经验的不断积累，以案例指导的方式对合理怀疑加以细化解释，提高其可操作性，发挥其在刑事司法证明活动中的指导作用，使得法官能够通过对疑点矛盾证据的论证分析，有效地针对“犯罪事实是否发生”与“谁实施了犯罪行为”提出质疑，降低刑事误判的风险。

结 论

案件事实的认定是对过去发生的犯罪事实的追溯和还原，受到各种主客观因素的限制，法官不可能完整地还原案件事实真相的各个细节，只能在经过法庭举证质证并查证属实的证据基础上，依据自己的经验、理性与良知形成合理的心证，作出相应判决。法官形成判决的整个过程需要有相关的证据制度予以保障和规范。尽管证据相互印证规则存在多方面的问题，但我们仍不能忽视印证规则的积极意义。在推动庭审实质化的进程中，法官在法庭上能够直接听取案件相关人员的口头陈述，大量鲜活的证据呈现在法官面前，证据相互印证规则为法官采信何种证据、认定被告人有罪无罪提供了一种参考方式，是符合现行刑事司法制度改革要求的。故应当在现行印证规则的基础上加以改进，综合考虑该规则的修改对贯彻庭审实质化可能产生的影响，把握关于限制法官自由裁量空间的合理限度，关注被告人的人权保障、人格尊重的同时，充分发挥其对认定事实的引导作用。同时，不断推进司法制度改革，提倡人权保障与惩罚犯罪并重的司法理念，打破权力垄断的诉讼体系，建立多方有效参与对抗的诉讼程序，弥补证据相互印证规则存在的缺陷。

证据相互印证规则的适用有一定的制度背景支撑，而刑事司法制度改革尚在进行中，完善的外部司法环境尚未形成，单纯地将印证规则剔除并不现实，也不能很好地解决其带来的问题。当我国真正实现以审判为中心的诉讼结构，建立起以庭审为中心的事实认定机制，相关刑事证据制度越发完备，刑事司法环境越发完善时，证据相互印证规则就会逐渐失去其存在的价值，慢慢退回到经验法则的层面，法官能够真正发挥其主观能动性，证据相互印证作为审查证据证明力、认定案件事实的一种方法，为法官的自由心证提供支持与保障。

参考文献

一、著作类

1. 陈一云主编:《证据学》，中国人民大学出版社 1991 年版。

2. 陈卫东、谢佑平主编:《证据法学》，复旦大学出版社 2005 年版。

3. 张军主编:《刑事证据规则理解与适用》，法律出版社 2010 年版。

4. 沈德咏、宋随军主编:《刑事证据制度与理论——刑事证据原理》（上），人民法院出版社 2006 年版。

5. ［日］田口守一:《刑事诉讼法》，张凌、于秀峰译，中国政法大学出版社 2010 年版。

6. ［美］罗纳德·J. 艾伦、理查德·B. 库恩斯、埃莉诺·斯威夫特:《证据法：文本、问题和案例》，张保生、王进喜、赵滢译，高等教育出版社 2006 年版。

7. 卞建林、谭世贵主编:《证据法学》（第 3 版），中国政法大学出版社 2014 年版。

8. 陈瑞华:《刑事诉讼的前沿问题》（第 4 版），中国人民大学出版社 2013 年版。

9. 陈瑞华:《刑事证据法学》，北京大学出版社 2014 年版。

10. 陈一云、王新清主编:《证据学》（第 6 版），中国人民大学出版社 2015 年版。

二、论文类

1. 龙宗智:《印证与自由心证——我国刑事诉讼证明模式》，载《法学研究》2004 年第 2 期。

2. 牛克乾:《证据相互印证规则与死刑案件事实的细节认定》，载《人民司法》2010 年第 14 期。

3. 陈瑞华:《论证据相互印证规则》，载《法商研究》2012 年第 1 期。

4. 陈如超、孙秀伟:《论中国刑事法官的证据评价模式》，载《湖南社会科学》2012 年第 1 期。

5. 褚福民：《刑事证明的两种模式》，载《政法论坛》2015 年第 2 期。

6. 左卫民：《“印证”证明模式反思与重塑：基于中国刑事错案的反思》，载《中国法学》2016 年第 1 期。

7. 李建明：《刑事证据相互印证的合理性与合理限度》，载《法学研究》2005 年第 6 期。

8. 林劲松：《刑事审判书面印证的负效应》，载《浙江大学学报（人文社会科学版）》2009 年第 6 期。

9. 陈瑞华：《刑事诉讼中的证明标准》，载《苏州大学学报（哲学社会科学版）》2013 年第 3 期。

10. 元轶：《对微时代及其与我国司法审判之关系的新思考》，载《网络法律评论》2013 年第 1 期。

11. 魏晓娜：《以审判为中心的刑事诉讼制度改革》，载《法学研究》2015 年第 4 期。

12. 卫跃宁、宋振策：《论庭审实质化》，载《国家检察官学院学报》2015 年第 6 期。

13. 元轶：《辩护制度基本问题的反思——以苏俄、中国、俄联邦的相关刑事法修改为视角》，载《政法论坛》2012 年第 6 期。

14. 元轶、黄伟凌：《论民意审判与辩护权缺失——从六组案例谈起》，载《法治研究》2010 年第 12 期。

15. 谢小剑：《我国刑事诉讼相互印证的证明模式》，载《现代法学》2004 年第 6 期。

16 元轶：《刑事辩护权的中国解构——以苏俄相关立法修改为参照》，载《山西大学学报（哲学社会科学版）》2014 年第 3 期。

17. 元轶：《法官心证与精神病鉴定及强制医疗关系论》，载《政法论坛》2016 年第 6 期。

18. 龙宗智：《论建立以一审庭审为中心的事实认定机制》，载《中国法学》2010 年第 2 期。

19. 龙宗智：《庭审实质化的路径和方法》，载《法学研究》2015 年第 5 期。

20. 田晓康：《对刑事诉讼“孤证不能定案”的若干反思》，载《法制与社会》2011 年第 12 期。

21. 封利强：《我国刑事证据推理模式的转型：从日常思维到精密论证》，载《中国法学》2016 年第 6 期。

22. 陈光中、魏晓娜：《论我国司法体制的现代化改革》，载《中国法学》2015 年第 1 期。

23. 卞建林、谢澍：《“以审判为中心”视野下的诉讼关系》，载《国家检察官学院学报》2016 年第 1 期。

24. 顾永忠：《以审判为中心背景下的刑事辩护突出问题研究》，载《中国法学》2016 年第 2 期。

25. 樊崇义：《解读“以审判为中心”的诉讼制度改革》，载《中国司法》2015 年第 2 期。

26. 汪海燕：《论刑事庭审实质化》，载《中国社会科学》2015 年第 2 期。

27. 吴宏耀：《大力推进以审判为中心的刑事诉讼制度改革》，载《人民法院报》2016 年 10 月 11 日。

28. 赵珊珊：《刑事证人出庭作证制度虚化防范》，载《中国政法大学学报》2015 年第

2 期。

29. 龙宗智：《中国法语境中的“排除合理怀疑”》，载《中外法学》2012 年第 6 期。

30. 李训虎：《证明力规则检讨》，载《法学研究》2010 年第 2 期。

31. 周洪波：《中国刑事印证理论批判》，载《法学研究》2015 年第 6 期。

32. 周洪波：《实质证据与辅助证据》，载《法学研究》2011 年第 3 期。

33. 谢澍：《犯罪论体系与刑事司法证明模式之形塑——海峡两岸刑事法之对话》，载《证据科学》2015 年第 5 期。

34. 谢澍：《刑事司法证明模式：样态、逻辑与转型》，载《中国刑事法杂志》2013 年第 11 期。

35. 陆而启：《智识互转：印证规范解析》，载《证据科学》2011 年第 4 期。

36. 朱德宏：《刑事证据相互印证的实践形态解析》，载《国家检察官学院学报》2008 年第 2 期。

37. 朱锡平：《融合心证：对证据印证证明模式的反思》，载《法律适用》2015 年第 2 期。

38. 张少林、卜文：《刑事印证之研究》，载《中国刑事法杂志》2010 年第 2 期。

39. 郭文利：《刑事司法印证式采纳言词笔录实践之反思》，载《证据科学》2015 年第 6 期。

40. 蔡元培：《论印证与心证之融合——印证模式的漏洞及其弥补》，载《法律科学（西北政法大学学报）》2016 年第 3 期。

41. 郭文利：《刑事司法印证式采纳言词笔录实践之反思》，载《证据科学》2015 年第 6 期。

42. 朱孝清：《司法的亲历性》，载《中外法学》2015 年第 4 期。

43. 孙远：《全案移送背景下控方卷宗笔录在审判阶段的使用》，载《法学研究》2016 年第 6 期。

44. 宋全进：《相互印证证明模式与检察机关司法证明模式》，河北大学 2013 年硕士学位论文。

45. 王林：《刑事诉讼证明模式及其本土研究》，山东大学 2011 年硕士学位论文。

46. 靳琳：《间接证据及其证明作用探讨》，中国政法大学 2011 年硕士学位论文。

47. 林海伟：《刑事证据印证方法的定位、困境与化解》，华中师范大学 2015 年硕士学位论文。

48. 陈真楠：《刑事诉讼中的辅助证据研究》，西南政法大学 2015 年硕士学位论文。

49. 孙雪梅：《论我国补强证据规则的异化》，中国政法大学 2010 年硕士学位论文。

三、其他

1. 《中共中央关于全面推进依法治国若干重大问题的决定》，载 http：//cpc. people. com. cn/n/2014/1029/c64387-25927606. html.

国际商事仲裁裁决承认与执行中的公共政策研究

刘军业

摘　要

国际商事仲裁作为当今被普遍适用的争议解决方式，以其自主性、灵活性和高效性受到越来越多人的青睐。国际商事仲裁制度价值的实现最终仍依赖于其裁决能够被全面有效地承认与执行。然而，国际商事仲裁的跨国性特征，使其承认与执行受到多方面的阻碍，其中最为重要的就是被请求执行国的公共政策审查。虽然各国普遍将公共政策作为拒绝承认与执行国际商事仲裁裁决的抗辩理由，但由于公共政策概念的模糊性，《纽约公约》和各国国内法都未就其具体内涵作出明确规定，这就为各国运用公共政策对仲裁裁决进行司法审查时的滥用提供了客观条件。尽管目前各国普遍对公共政策的适用持较为谨慎的态度，“滥用”的趋势尚未出现，但是笔者认为，结合《纽约公约》的规定以及各国立法和司法实践，探寻各国适用公共政策拒绝承认与执行国际仲裁裁决的趋势，同时初步归纳出公共政策适用的具体情形，对我国的立法和司法实践是有很大借鉴意义的。基于此，本文将分为三部分进行研究。

第一部分为概述，主要采取理论分析的方法，对国际商事仲裁裁决承认与执行中涉及的相关概念和基本理论进行解释和论述，如公共政策基本概念、典型特征和制度价值等；第二部分对世界主要国家在拒绝承认与执行国际仲裁裁决时适用公共政策的立法和司法实践情况进行总结、对比和分析，并得出国际上适用公共政策对国际仲裁裁决进行司法审查的规律和趋势；第三部分则主要立足于我国的情况，分析我国公共政策制度的立法和司法现状以及存在的问题，并提出一些完善的建议。

关键词：国际商事仲裁　承认与执行　公共政策

引　言

国际商事仲裁以其高效性、灵活性和自主性等优点受到越来越多的欢迎。[1] 仲裁的当事各方寻求国际商事仲裁的主要目的在于解决其商事争端，而仲裁裁决能够在法院地国被完整地承认和执行则是相关争端得以解决的最终落脚点。[2] 从这个角度来讲，国际商事仲裁的价值实现以及世界经济的繁荣发展有赖于仲裁裁决能够得到被请求地法院的承认和执行。然而，为保障被请求法院地国基本的国家利益以及道德法律观念不被侵犯，外国仲裁裁决又势必处于被请求执行国法院的司法审查之中。《纽约公约》将公共政策纳入拒绝承认和执行国际商事仲裁裁决的抗辩理由当中，使以公共政策为由拒绝承认与执行国际商事仲裁裁决在国际范围内具备了合法化依据。[3] 截至 2015 年底，《纽约公约》的缔约国数量已经达到 156 个，涵盖了世界上 3/4 的国家，[4] 使得《纽约公约》成为各国拒绝承认与执行国际仲裁裁决的基本法律范本。

公共政策作为一项在国际私法领域被普遍认可并被广泛运用于各国涉外民

〔1〕 马晓红：《论国际商事仲裁中的公共政策保留》，载《科学之友》（B 版）2009 年第 8 期，第 119 页。

〔2〕 E. Chukwuemeke Okeke, "Judical Review of Foreign Arbitral Awards: Bane, Boon or Boondoggle", *New York International Law Review*, 1997, Rev. 29, p. 41.

〔3〕 Inae Yang, "A Comparative Review on Substantive Public Policy in International Commercial Arbitration", *Dispute Resolution Journal*, 2015, p. 49, 43.

〔4〕 "纽约公约缔约国达 156 个"，转引自 "一裁网" 国际仲裁版面 http: //www. cnarb. com/Item/7534. aspx，最后访问日期：2017 年 1 月 10 日。

商事司法实践的法律制度，其基本出发点在于保护一国的根本社会制度和政治经济利益。公共政策是各国设置于本国与他国之间的司法屏障，该司法屏障使得本国根本社会利益的价值观念避免在同他国的冲突中受到侵损，此即公共政策的基本制度价值所在。事实上，对公共政策的适用还体现在外国法适用的排除和国家间司法协助等方面，但国家间的司法协助属于国际公法规范的范畴，本文主要就其在国际仲裁裁决承认与执行方面的作用进行探讨，以公共政策在国际商事仲裁裁决承认与执行的司法审查为视点，探究各国的立法和司法实践。

虽然各国立法普遍采纳公共政策作为保护本国根本社会利益的制度，但是公共政策概念的模糊性和不确定性导致各国立法大多仅对其进行了抽象模糊的原则性描述，而未对其具体的内涵和外延、适用标准和操作方式进行进一步的明确解释。[1] 另外，目前诸如《纽约公约》等有关国际商事仲裁裁决承认与执行的国际公约，亦仅仅将公共政策原则性地规定为拒绝承认与执行国际仲裁的理由，将“何谓公共政策”的问题交给各国法院基于内国法进行自由裁量，未就其适用范围作出细致规定。[2] 可以说，《纽约公约》虽然为国际仲裁的承认与执行提供了大致的范本和宏观指导，但就具体的细节操作来看，各国依然是在各自的法律框架下“各行其是”。尽管在经济全球化的趋势之中，各国对公共政策的理解和适用正在逐渐朝同一方向发展，但公共政策植根于各国的经济文化背景之中，这种文化背景的差异是长期性的，因此各国历史文化背景的差异导致的其对公共政策理解的差异长期存在。

尽管当前国际社会在立法和司法实践中普遍推崇“支持仲裁”和谨慎适用公共政策的态度，但不可否认的是，公共政策的内涵与适用标准的模糊性和不确定性使得在国际商事仲裁裁决的承认与执行中，以下两种极端状态具备了客观条件：一方面，一些国家可能以“公共政策”之名行“地方保护”之实，将本国利益置于绝对首要地位，使公共政策陷入滥用的境地；另一方面，有些国家可能过分担心公共政策被滥用，从而使本国的司法公信力在国际社会中受损，进而陷入将其闲置不用的另一个极端。这样一来，公共政策就容易演变为纯理论层面的制度而无现实意义可言。如何在避免公共政策被滥用的前提下，尽可能地发挥其正面的制度价值，在对公共政策的现实适用中平衡好这两方面的关系，是未来各国适用公共政策以拒绝承认与执行仲裁裁决时需要达到的目的。

---

〔1〕 张萍：《公共政策与国际商事仲裁裁决的承认和执行》，载《河南省政法管理干部学院学报》2007年第3期，第150页。

〔2〕 齐伟华：《国际商事仲裁裁决承认与执行中的公共政策问题》，载《法制博览》2012年第8期，第172页。

此目的的实现，需要大量的相关研究提供指引和资料，相关方面的研究可以使各国的立法和司法实践在未来的发展中更加有的放矢，朝着更好的方向发展。

上述情况使得对仲裁裁决承认与执行中的公共政策进行深入研究具备了充足的现实意义和实质价值。本文将如何尽可能实现国际商事仲裁的自主性价值与被请求承认与执行地国的公共政策司法审查之间的平衡作为立足点，对国际社会以公共政策为理由拒绝承认和执行国际商事仲裁裁决的立法和司法实践进行比对、总结和剖析，并结合中国目前的相关情况，对完善我国在国际商事仲裁裁决承认与执行中的公共政策适用提出一些建议，以期为我国的司法实践提供些许借鉴价值。

本研究主要采取了案例和实证研究的方法：其一，选取了国际以及我国国内以公共政策为由拒绝承认与执行国际仲裁裁决的典型案例，对各国以公共政策为由拒绝承认与执行仲裁裁决的立法和司法情况进行了对比和归纳，以探究其共同趋势和各自特点；其二，将公共政策在国际上拒绝承认与执行仲裁裁决的具体适用情形进行分析对比，以此来初步归纳公共政策适用的趋势。由于研究水平的欠缺以及相关资料的可及性限制，笔者未能对目前国际上与公共政策的司法审查相关的所有案例进行探讨，对相关方面的探讨亦不尽全面，但笔者相信，本研究仍有一定的现实价值。就本研究而言，国际案例选择能够代表该类问题的典型案例，我国的案例则选择最高人民法院近二十年处理的涉及公共政策的相关案件。

第一章　公共政策与国际商事仲裁概述

作为一项在国际社会中被普遍采纳的法律制度，公共政策在维护一国基本的社会观念和根本利益方面发挥着举足轻重的作用。事实上，公共政策是一个极为复杂且宽广的概念，其可能被运用于不同的学科，并被赋予不同的内涵和意义。正是由于公共政策的复杂性和广泛性，在法学领域，目前各国国内立法以及国际性的条约和公约尚未对公共政策的具体内涵作出一个较为明确的界定。当然，公共政策制度可能在公法和私法领域均被援引和提及，但本文主要在国际私法的范畴内对其进行研究。

本章将以概述的方式，对国际商事仲裁裁决的承认与执行中公共政策制度所涉及的基本概念和理论框架作出基本的阐述。

一、公共政策的一般理论

（一）公共政策的基本含义及相关表述

公共政策，事实上是英美法系国家通常使用的概念。[1] 例如：美国1971年《第二次冲突法重述》第6条以及1979年《美国合同法重述》中均将相关概念表述为公共政策。一般来说，大多数国际公约与英美法系国家的表述一致，亦采用公共政策的表述，[2] 例如：1958年的《纽约公约》；大陆法系国家对相关概念的表述则显得更加繁复，[3] 例如：奥地利《联邦国际私法法规》将相关概念表述为"法律的基本原则"，[4] 希腊《民法典》将相关概念表述为"善良风俗"和"公共秩序"。[5] 当然，"公共政策"的表述在大陆法系国家也有出现。

与国际上通用的表述方式不同，我国国内立法体系中很少看到诸如"公共政策"或"公共秩序"等字眼，而通常将相关概念表述为"社会公共利益"。[6] 例如《中华人民共和国宪法》（以下简称《宪法》）第10条、《中华人民共和国民法通则》（以下简称《民法通则》）第58条，以及《中华人民共和国仲裁法》（以下简称《仲裁法》）第58条的相关规定。[7]

一般认为，尽管各国法律对公共政策的表述方式各不相同，但其本质上都承载着一国最根本的社会利益、道德观念和基本法律原则，其所发挥的作用和功能也都在于保护本国的基本价值观念不受外国法律或外国裁判侵损。[8] 然而，笔者认为从字面含义来理解的话，以上各种表述所承载的基本内涵与范畴还是有较大差别的。比如：公共政策与公共秩序，前者的落脚点在于"政策"，而后者的落脚点在于"秩序"，一般而言，后者涵盖的范畴要远大于前者；再比如，公共政策与社会公共利益，后者的措辞在司法实践中很容易使法院对公共政策的解读发生偏差，在相关涉外案件的处理当中，过分侧重本国利益的维护

---

〔1〕 陈芳芳：《国际商事仲裁裁决的承认与执行中的公共政策》，复旦大学2010年硕士学位论文，第1页。

〔2〕 高晓力：《论国际私法上公共政策之运用》，对外经济贸易大学2005年博士学位论文，第8页。

〔3〕 高晓力：《论国际私法上公共政策之运用》，对外经济贸易大学2005年博士学位论文，第8页。

〔4〕 参见奥地利《联邦国际私法法规》第6条。

〔5〕 参见希腊《民法典》第33条。

〔6〕 杜新丽：《论外国仲裁裁决在我国的承认与执行——兼论〈纽约公约〉在中国的适用》，载《比较法研究》2005年第4期，第107页。

〔7〕 参见《宪法》第10条、《民法通则》第58条，以及《仲裁法》第58条。

〔8〕 黄进：《国际私法上的公共秩序问题》，载《武汉大学学报（社会科学版）》1991年第6期，第95页。

而使本国在国际社会中的司法形象受损。[1]

一般而言，内国法对本国公共政策的理解与界定是与该国多方面社会因素息息相关的。可以说，公共政策是一国将其社会文化中各方面的根本价值和观念综合考量后提升为国家意志的最终成果。公共政策旨在维护本国社会最根本的价值观念和社会利益，从而避免在全球经济一体化的时代浪潮中，本国的基本社会价值和道德观念在与他国社会价值的冲突中受损。也正是不同国家的社会经济文化与历史背景之间的差异，导致当前各国对公共政策的理解和认识各不相同，使得目前在国际社会并没有形成对公共政策的统一认识。

由于公共政策本身的抽象性和模糊性，很难对其作出一个较为明确而全面的定义。一方面，从地域层面来讲，由于社会文化的差异，不同国家和地区对公共政策有着不同的理解；另一方面，从时间层面来讲，公共政策是一个一直处于变化中的概念，一国的公共政策在不同的时间节点可能涵盖截然不同的内涵。因此，想要找到一个在全球范围内恒久普适且明确详尽的概念似乎是不可能的。在 Richardson v. Mellish（1824）案中，英国主审法官 Borrough 将公共政策比喻为一匹“脱缰的野马”，一旦让其驰骋，就可能涉及社会文化的方方面面，甚至完全脱离法律所及的范围。[2]

也正是基于以上原因，目前国际私法界对于公共政策的定义主要以抽象概括和原则性描述为主。在此，笔者选取几个较有代表性的释义加以陈述：美国法官 Joseph Smith 在 Parsons & Whittemore 案中认为，在国际商事仲裁裁决的承认与执行中，一国的公共政策应当涵盖该国最基本的道德和正义观念，能够反映该国基本的经济、法律、道德、政治、宗教以及基本社会准则；[3] 而我国法学家韩德培先生在其《国际私法新论》一书中阐明，公共政策是指一国法院依照其冲突法规范本应适用外国法时，其使用会与法院地国根本利益相悖而予以排除的制度。[4] 事实上，两位法学家对公共政策的描述在本质上一致，只不过在表述的方向和侧重点上有所差异：Joseph Smith 法官是站在国际商事仲裁裁决的承认与执行的角度来分析的，而韩德培先生是从国际私法中法律适用的角度来进行分析的。二者看似不同，实则殊途同归。

---

〔1〕 杜新丽：《论外国仲裁裁决在我国的承认与执行——兼论〈纽约公约〉在中国的适用》，载《比较法研究》2005 年第 4 期，第 107 页。

〔2〕 Richardson v. Mellish，（1824）2，bing 229，p. 252.

〔3〕 Lew，Application Law in International Commercial Arbitration（Oceana，1978），p. 532.

〔4〕 韩德培主编：《国际私法新论》，武汉大学出版社 1997 年版，第 207 页。

（二）公共政策的制度价值及基本特征

一般而言，国家间司法协助中的公共政策属于国际公法的调整范畴，本文不再详细探究。实质上，在国际私法领域，一国的公共政策制度为外国法律机制在本国生效提供了一种司法审查的标准，不管是外国法律还是外国判决和裁决，都需要通过本国公共政策的审查才可以在本国生效。概言之，公共政策是一国有意设置于本国与别国之间的司法屏障，这层屏障旨在防范别国司法制度对本国社会根本利益和基本观念的侵损。

公共政策较之其他法律概念，有其显著的特点。

1. 公共政策具有广泛性

包括《纽约公约》在内的国际公约均未对公共政策的内涵和外延作出明确解释，而是将其交由各国内国法进行自由裁量。[1] 正如前文所述，一国对本国公共政策的界定往往是对本国的政治、经济、文化和宗教等各个方面的内容的投射。每个国家都有一套自己特有的政治经济文化体系，这就可能导致每个国家拥有一套完全区别于别国的公共政策体系。从理论上讲，一国法院几乎可以将所有事项都列入公共政策的范畴之中，包括程序性事项和实体性事项，亦包括法律性事项和道德观念性事项。

2. 公共政策具有动态性[2]

事实上，哪些事项应涵盖于一国公共政策体系是不断变化的。一国的政治经济文化和社会道德观念处于不断的发展变化当中，由此衍生的公共政策体系也就自然处于不断地更新变化之中。以我国为例，1997 年最高人民法院以美国乐队在我国演奏未经文化部审批的重金属音乐侵犯了我国的风俗为由，拒绝承认并执行了相关仲裁裁决，而如今此类事项已然与中国的公共政策体系无涉。

3. 公共政策具有模糊性和不确定性

笔者认为，公共政策的动态性和不确定性其实是一把双刃剑，在具体的适用过程中有利亦有弊，需要辩证地对其进行把握。

一方面，公共政策的制度价值在于通过法院的司法审查使本国的社会根本利益和价值观念免受侵害，该制度价值的实现有赖于其上述属性。《纽约公约》第 5 条第 1 款以穷尽性列举的方式规定了各缔约国可以拒绝承认与执行国际商事仲裁裁决的 5 种情形，第 2 款第 2 项则兜底性地将公共政策规定为拒绝承认和执

---

〔1〕 齐伟华：《国际商事仲裁裁决承认与执行中的公共政策问题》，载《法制博览》2012 年第 8 期，第 172 页。

〔2〕 陈慧琳：《公共政策与国际商事仲裁裁决的承认和执行》，载《黑龙江省政法管理干部学院学报》2010 年第 12 期，第 120 页。

行仲裁裁决的合法性依据。[1] 这样一来，倘若出现第5条第1款以外的侵害一国根本社会利益的仲裁裁决，被申请国法院就可以灵活地将其归入本国公共政策予以拒绝。[2] 一旦将公共政策限定在确定的范围内，使其失去现有的弹性，被申请国法院就失去了自由裁量的空间，那么公共政策的制度价值也会随之大打折扣。这在排除外国法适用的情形中亦如此。

另一方面，如上所述，公共政策是一国设置于本国与他国之间的司法屏障，该屏障的限度完全是由一国公共政策体系所包含的内涵决定的。公共政策的模糊性和不确定性使得一国法院滥用公共政策具备了客观可能性。尽管目前的国际趋势是对公共政策持谨慎适用的态度，但一国在适用公共政策时总是倾向于把本国利益作为首要考量因素，这也是公共政策制度的设计本意，这就使得一国法院滥用公共政策的情形具备了主观可能性。

因此，各国在司法实践中，应当明确公共政策的两面性特性，适当处理相关涉外法律关系。

（三）公共政策的国际发展趋势

一是适用的主要方向发生了转变。[3] 随着国际商事交往活动的日益频繁，公共政策在商事领域的运用近年来急剧增加。以往在婚姻、家庭等传统民事领域的适用重心正在逐渐向商事领域转移，尤其是在国际商事仲裁的承认与执行方面的运用。这是世界经济一体化与国际商事仲裁裁决迅速发展的必然结果。

二是长期存在。公共政策制度的存在是以各国政治经济文化和基本社会观念的差异为前提的。在世界经济一体化和法律趋同化的趋势中，公共政策发挥作用的客观空间可能会被压缩，但可以确定的是，由于短期内各国政治文化之间的差异不会完全消弭，因此在未来的国际交往中，公共政策制度也将长期存在并持续发挥作用。

三是谨慎适用。此点将在后文详述。

二、国际商事仲裁裁决承认与执行中的公共政策概述

（一）国际商事仲裁及其裁决的承认与执行

作为各国在国际商事交往中越来越频繁使用的争议解决方式，国际商事仲

---

〔1〕 参见《纽约公约》第5条。

〔2〕 马德才、杜焕芳：《〈纽约公约〉中的公共政策三题》，载《河北法学》2009年第7期，第13页。

〔3〕 高晓力：《论国际私法上公共政策之运用》，对外经济贸易大学2005年博士学位论文，第18页。

裁以其高效、灵活等优点备受青睐，仲裁已经成为国际商事争议解决的首选方式。[1] 国际商事仲裁是当事各方自愿将其面临的争议交由第三方进行裁决，并承认相关裁决的效力，愿意执行和遵守相关裁决的合意。事实上，国际商事仲裁的实现以两方面的协议为前提条件：协议之一达成于争议各当事人之间，即各方愿意将争议交由仲裁机构进行仲裁，并遵守相关仲裁裁决，即一般意义上的仲裁协议；协议之二达成于争议各方与仲裁庭之间，即仲裁庭以各方均认可的实体法和程序法规则公正处理相关争议，而争议各方承诺遵守和执行仲裁庭作出的裁决。[2]

对于后者之间的关系能否界定为真正意义上的协议，各国的处理方式不尽相同。英国和法国等国家均承认仲裁庭与当事人之间协议关系的存在，并且明确规定协议各方必须遵守一般性的合同义务，而我国则不然。[3] 究其原因，笔者认为我国合同法中规定的协议一般仅适用于平等的民商事主体，而在整个仲裁过程当中，仲裁庭与当事人之间是一种裁判者与被裁判者的不对等关系，这与我国一般意义上的协议关系不尽相同。有学者认为，承认仲裁庭与各方当事人之间的协议关系对于相关争议的适当解决以及国际商事仲裁领域的健康发展大有裨益。[4] 一方面，即使仲裁协议中没有明确规定仲裁庭应当承担的义务，作为协议一方的仲裁庭也必然受一般的诚实信用原则的约束，这可以有效促使其公正处理相关争议；另一方面，作为协议一方的争议当事人也受协议义务的约束，这能促使其妥善履行裁决。英国法院在 Agromet Motoimport Ltd v. Maulden Engineering Co（Beds）Ltd 案[5]中就已确定，承认并履行仲裁裁决应是当事人在仲裁协议中的默认条款，应当予以遵守。

事实上，一旦仲裁裁决不能被全面有效地执行，那么胜诉一方通过仲裁裁决获得的权利将变为无任何实质意义的“裸权”。[6] 从各国的司法实践来看，一般而言，受仲裁协议的约束以及国际交易习惯的影响，国际商事仲裁裁决都

---

〔1〕 Georgioos Petrochilos, *Procedural Law in International Arbitration*, New York: Oxford University Press, 2004, p. 1.

〔2〕 张贝：《论国际商事仲裁裁决承认与执行中的公共政策问题》，载《北京仲裁》2004 年第 2 期，第 67 页。

〔3〕 张贝：《论国际商事仲裁裁决承认与执行中的公共政策问题》，载《北京仲裁》2004 年第 2 期，第 67 页。

〔4〕 张贝：《论国际商事仲裁裁决承认与执行中的公共政策问题》，载《北京仲裁》2004 年第 2 期，第 67 页。

〔5〕 2 All E. R. 436（1985）.

〔6〕 谢宝朝：《论违反法院地国公共政策的外国仲裁裁决的分割承认与执行研究》，载《仲裁研究》2010 年第 3 期，第 77 页。

能被当事人自觉执行，而无须借助公权力。但是如果当事人不愿自觉履行裁决，又当如何呢？世界各国的立法普遍都未赋予仲裁庭强制执行的权利，而且一般仲裁庭的组建都具有临时性，裁决作出之后可能就不复存在了。[1] 此外，很多时候，仲裁裁决的作出地、被请求法院所在地以及争议各方当事人的国籍地分属不同的国家，那么相关裁决能否为被申请国有效执行就可能受到多方面因素的影响，其中最重要的影响因素就是公共政策的司法审查。正如英国律师艾伦·雷德芬所言："世界上最负责的仲裁员也无法保证，其裁决无论在哪个国家都可以被执行。"[2]

（二）裁决承认与执行中公共政策的基本理论

目前，随着国际商事交往日益频繁，以及各国对国际商事仲裁的重视程度逐步提高，公共政策在国际私法上的适用重心正逐渐从法律适用领域向国际商事仲裁方向倾斜，尤其是裁决的承认与执行。

1958 年的《纽约公约》在全球范围内明确了公共政策在国际仲裁裁决司法审查中的功能：其中第 5 条第 1 款穷尽性地列举了"当事人无行为能力"和"违反正当程序"等 5 项抗辩理由之后，又在第 2 款中将"公共政策"规定为合法抗辩事由。[3] 这样一来，公共政策就作为兜底性抗辩事由被确定：发生前述各项无法涵盖的情形时，缔约国法院就可以充分利用公共政策的"弹性"特征，将相关情形纳入本国公共政策体系，以自由裁量的方式来阻却相关裁决的执行。当然，此时缔约国法院应当充分意识到公共政策的两面性，避免滥用。

笔者认为，对下列理论有必要进行进一步探讨。

第一，一项国际商事仲裁裁决往往会跨越多个国家，那么仲裁裁决的公共政策审查应当以何国的公共政策体系作为标准？

很多学者认为应当全方位考虑各国的公共政策体系，或者以法院地国的公共政策为主，同时兼顾其他国家。[4] 例如：在 Soleimany v. Soleimany 案[5]的处理当中，英国法官就认为，外国仲裁裁决不仅要符合英国本国的公共政策，还需要遵守英国"友好国家"的公共政策。对此，笔者认为不妥，理由如下。

---

〔1〕 陈芳芳：《国际商事仲裁裁决的承认与执行中的公共政策》，复旦大学 2010 年硕士学位论文，第 20 页。

〔2〕 ［英］艾伦·雷德芬等：《国际商事仲裁法律与实践》（第 4 版），林一飞、宋连斌译，北京大学出版社 2005 年版，第 464 页。

〔3〕 参见《纽约公约》第 5 条第 1 款和第 2 款。

〔4〕 熊守毅：《论国际商事仲裁裁决承认与执行中的公共政策》，广西大学 2014 年硕士学位论文，第 7 页。

〔5〕 ［1999］Q. B. 785.

首先，从《纽约公约》第5条第2款的规定来看，该条款设定的主体为“被请求地之主管部门”。按照《维也纳条约法公约》平意解释的规则〔1〕来理解，《纽约公约》中所述的“公共政策”应该是法院地国的公共政策，而非其他国家。

其次，从公共政策制度的设计初衷来看，其旨在防止一国最根本的利益和社会观念受损。当一项域外裁决被请求在一国承认与执行时，其只可能损害法院地国的根本利益，而与裁决作出地国和当事人国籍国的利益均无太大关联。从这个角度来讲，对法院地国以外的其他国家的公共政策予以考虑实属多余。同时，要求被请求国法院综合审查多国的公共政策也与国际上普遍认可的“支持仲裁”的趋势相违背。

最后，从现实的角度考虑，正如前文所述，公共政策概念的不确定性使得对一国的公共政策准确适用尚非易事。如果要求仲裁庭在作出仲裁裁决的同时考虑多个国家的公共政策，将会使问题变得更加复杂，缺乏可操作性。

第二，在仲裁裁决的承认与执行中，公共政策审查范围是否应当包含实体问题的审查？

《纽约公约》第5条第2款规定了“不可仲裁性”与“公共政策”两项抗辩理由，并且赋予法院主动审查的权力。〔2〕值得注意的是，由于《纽约公约》第5条中规定的各项抗辩理由之间存在着紧密的联系，因此上述区别也并非绝对，对此，下文将详细论述。〔3〕

尽管《纽约公约》等国际立法并未对相关问题作出明确解释，但是各国与公共政策相关的立法和司法实践表明，公共政策应当包含程序性和实体性两方面内容。例如：荷兰立法就将“公平正义原则”等实体性原则纳入本国公共政策体系；〔4〕2002年，国际法协会作出的最终报告也将公共政策进行了实体性和程序性的划分，前者例如“诚实信用原则”与“禁止权利滥用原则”，后者则主要包括“仲裁员必须公正”等原则。〔5〕尽管该报告无拘束力效力，但对各国的相关司法实践具有重大影响。在2006年深圳宝升发展有限公司一案中，我国最高人民法院认为公共政策具有“维护仲裁程序公平”与“维护国家根本法律秩

---

〔1〕参见《维也纳条约法公约》第31条。

〔2〕杜新丽：《国际商事仲裁理论与实践专题研究》，中国政法大学出版社2009年版，第329页。

〔3〕于喜富：《国际商事仲裁的司法监督与协助——兼论中国的立法与司法实践》，知识产权出版社2006年版，第441页。

〔4〕陈治东、沈伟：《国际商事仲裁裁决承认与执行的国际化趋势》，载《中国法学》1998年第2期，第119页。

〔5〕参见国际法协会2002年《最终报告》第28、29条。

序”两方面功能。[1] 由此可见，在我国的司法实践中，公共政策司法审查也包括程序和实体两个维度。

另外，《纽约公约》赋予各缔约国主动审查公共政策的权力，实质上就是希望最大限度地保护缔约国的公共政策。程序性公共政策和实体性公共政策是相辅相成的，[2] 如果将审查范围只限定在一个层次，则无法充分保护各国的根本利益。

第三，鉴于公共政策的流动性，如果一项仲裁裁决从在一国作出到在另一国申请承认与执行经历的时间跨度较大，则应当以何时的公共政策作为审查标准？

鉴于公共政策的流动性特征，裁决作出时与裁决被申请承认与执行时，被请求国对公共政策的理解和规定可能发生变化。[3] 在此情形中，应当适用申请承认与执行时的公共政策，而绝非裁决作出时的公共政策。因为，目前各国适用公共政策拒绝承认与执行仲裁裁决时倾向于适用客观标准。根据该标准，只有一项裁决的承认与执行会对法院地国的根本利益造成实质性的不良结果，才可以被拒绝。因此只有以申请承认与执行时的公共政策为标准进行审查，才符合客观标准的要求。

第四，在《纽约公约》项下，缔约国以公共政策拒绝承认与执行国际仲裁裁决，是一项权利，还是一项义务？亦即倘若一项国际裁决确实违背本国公共政策的话，该国对于承认与执行是否有自主选择权？

对此问题，笔者认为答案是肯定的。

首先，从《纽约公约》第5条第2款的表述来分析，其使用的措辞为“可以”，[4] 那么就说明该公约的相关条款是赋权性质的，其立法本意在于给予缔约国是否在符合条件的情况下对相关裁决予以拒绝的自主决定权。

其次，将《纽约公约》第5条理解为“赋权”性质更加符合常理。因为公共政策制度的价值基础就在于其灵活性和自由裁量性，如果一旦符合条件则一国就必须予以拒绝，那么这将违背公共政策的制度本意，不利于保护一国的根本利益。笔者认为，《纽约公约》的“赋权”性质实质上是给予缔约国在“公共

---

〔1〕 万鄂湘主编：《涉外商事海事审判指导》（第12辑），人民法院出版社2006年版，第47页。

〔2〕 陈治东、沈伟：《国际商事仲裁裁决承认与执行的国际趋势》，载《中国法学》1998年第2期，第119页。

〔3〕 杨弘磊：《中国内地司法实践视角下的〈纽约公约〉问题研究》，法律出版社2006年版，第355页。

〔4〕《纽约公约》第5条英文版使用的措辞为“may”。

政策被违反所造成的损失"[1] 与"承认并执行裁决所带来的收获"之间作出自主选择的机会。公共政策原本就是一国主权范围的制度，那么这种自主选择权利自然也应当是一国主权的应有之义。

第二章 公共政策在国际商事仲裁裁决承认与执行中的适用

公共政策在各国被广泛作为拒绝承认与执行仲裁裁决的抗辩事由，并且各国在裁决承认与执行过程中对公共政策的适用逐步呈现出一定的趋势和立场。

本章将从各国的立法与司法实践出发，探讨目前各国适用公共政策进行抗辩呈现出的趋势，并结合各国的立法和司法判例，对拒绝承认与执行仲裁裁决时的具体适用情形进行初步归纳。

一、概况

公共政策制度内容的模糊性与其特有的利己性，使得一国在对其进行适用时具备了滥用的主客观条件。从理论上讲，一国法院可以将任何事项认定为本国的公共政策而使国际仲裁裁决在本国无从执行，而《纽约公约》第 5 条则为此提供了合法性依据。很多学者担心，公共政策将阻却公约"便利仲裁裁决执行"的本意，[2] 严重折损公约的效力。但是从目前情况来看，现实状况比预想中的要好很多。

法学家范・登・伯格的相关统计表明，在其考察涵盖的 140 多起援引公共政策抗辩的案件当中，仅有 5 起被法院以违反本国公共政策为由拒绝承认与执行。[3] 我国亦如此：据统计，在 1992—2012 年间由最高人民法院处理的 19 起与公共政策相关的国际仲裁裁决的司法审查案件中，仅 2 起被认定违反我国公共政策。[4]

事实上，在经济全球化和文化多元化的时代大背景下，各国对公共政策谨慎使用的态度与国际上普遍支持仲裁的趋势相统一。公共政策制度的本土性和

---

〔1〕 当然，这种因违反公共政策导致的损失不得违反国际强行法。

〔2〕 谢宝朝：《论违反法院地国公共政策的外国仲裁裁决的分割承认与执行研究》，载《仲裁研究》2010 年第 3 辑，第 78 页。

〔3〕 顾微微等：《公共政策在国际商事仲裁裁决拒绝承认和执行中的适用——浅论〈纽约公约〉第 5 条第 2 款第 2 项的公共政策抗辩制度》，载《南通工学院学报（社会科学版）》2004 年第 4 期，第 11 页。

〔4〕 何其生：《国际商事仲裁司法审查中的公共政策》，载《中国社会科学》2014 年第 7 期，第 146 页。

利己性特征使其极易落入狭隘的民族主义的窠臼之中，从而扭曲其在国际司法体系中的制度本意，影响国家间的正常交往。〔1〕因此，处理涉外民商事关系时，适度地狭义解释公共政策的内涵是十分必要的。

二、裁决承认与执行中公共政策适用的国际趋势

（一）区分国际公共政策与国内公共政策

国内公共政策是就一国国内的民商事关系而言的，具体内容可能涵盖本国民商法中的法律原则和法律规范，〔2〕而国际公共政策是一国立法机构通过一定的标准，从国内公共政策中提取出的其认为最能代表本国根本社会利益和价值观念的部分，二者均属于内国法范畴。此标准具体如何识别，则是由本国结合自身情况决定的，属于一国主权范围内的事项。〔3〕国际公共政策主要用于一国涉外法律关系的处理，例如外国法适用的排除以及国际仲裁裁决的承认与执行等领域。在司法实践中，各国对国际公共政策具体范畴的规定差别较大，例如，欺诈、贪贿以及仲裁裁决程序不公属于澳大利亚的国际公共政策范畴，〔4〕而欺诈、一般正义观念则是英国国内法范畴中的国际公共政策。〔5〕

目前，越来越多的国家承认，《纽约公约》项下的“公共政策”应以国际公共政策的角度来理解和适用。〔6〕国际商事仲裁领域的著名学者范·登·伯格也持此观点。〔7〕在一些国家，“国际公共政策”的措辞已被使用于国内立法中；有些国家虽未在立法中明确使用相关措辞，但也已将国际公共政策适用于司法实践。法国《民事诉讼法典》第1502条明确将可据以拒绝承认与执行国际仲裁

---

〔1〕高晓力：《论国际私法上公共政策的运用》，对外经济贸易大学2005年博士学位论文，第19页。

〔2〕顾微微等：《公共政策在国际商事仲裁裁决拒绝承认和执行中的适用——浅论〈纽约公约〉第5条第2款第2项的公共政策抗辩制度》，载《南通工学院学报（社会科学版）》2004年第4期，第10页。

〔3〕陈治东、沈伟：《国际商事仲裁裁决承认与执行的国际化趋势》，载《中国法学》1998年第2期，第117页。

〔4〕杜新丽：《论外国仲裁裁决在我国的承认与执行——兼论〈纽约公约〉在中国的适用》，载《比较法研究》2005年第4期，第106页。

〔5〕陈治东、沈伟：《国际商事仲裁裁决承认与执行的国际化趋势》，载《中国法学》1998年第2期，第119页。

〔6〕Yearbook Commercial ArbitrationVol. XVI（1991）p. 472.

〔7〕Van den Berg, The New York Arbitration Convention of 1958－toward a uniform judical interetation（1981）, pp. 360－361.

裁决的事由限定在国际公共政策的范畴内。[1] 在 Scherk v. Albert Culverco 案[2]中，美国法院将证券争议的可仲裁性区分为国内和国际双重标准。美国国内证券争议是不可仲裁的，但由于该案的国际性，法官认为可以进行仲裁。由此可以看出，美国法院区分国际和国内公共政策的立场。在 Parsons & Whittemore v. Societe Generle 案[3]中，美国法官阐述了“避免将公共政策作为保护本国利益的手段”。

有学者认为，一套统一的国内与国际公共政策的区分标准应当在国际立法层面被建立起来。事实上，对国内公共政策与国际公共政策的区分原则体现了一国的社会文化背景和价值取向，而根据一国的具体情况灵活确定区分标准也正是国际公共政策的“弹性”价值所在，是一国对仲裁裁决司法审查的自由裁量权的来源，倘若将这一区分标准固化，公共政策的制度价值就无从谈起了。

笔者认为，在国际立法层面强行统一国内公共政策与国际公共政策的划分标准在当下并不具备可行性条件。应当通过建议与指导等较为温和的方式，结合各国的实际情况，梳理一套区分标准体系。这一体系虽然无法立竿见影地使各国承认与执行裁决时的公共政策制度归于统一，但可以引导各国在其立法和司法实践中趋同化理解公共政策。

（二）适用客观标准

被请求国法院对一项国际仲裁裁决进行公共政策的司法审查时，可能需要分两个层次进行：其一，该仲裁裁决本身，包括裁决作出的程序以及适用的法律等各个方面，是否与本国公共政策相违背；其二，如果该裁决被本国承认与执行，客观上是否会对本国的根本利益和社会观念造成不良影响。这就涉及公共政策的审查标准问题：如果一国在完成第一个层次的审查之后，即作出是否予以承认与执行的决定，就是主观性标准。公共政策审查的主观标准只关注仲裁裁决本身的“邪恶性”，而并不关注裁决承认与执行之后的实质性后果；如果在完成第一层次的审查之后继而进行第二层次的审查，只有一项国际裁决在本国承认与执行之后会对本国的公共政策造成不良后果，才会予以拒绝承认与执行，这就是客观标准。客观标准关注的是裁决执行后的实际后果，而裁决本身的性质则同执行与否无太大关联。事实上，后者的优点是显而易见的：对一项裁决进行审查时，客观性标准具有更高的稳定性和可预测性，而主观标准则较

[1] 参见法国《民事诉讼法典》第 1502 条，英文版表述为：“Where the recognition or enforcement is contrary to international public policy”。

[2] 417 U. S. 506.

[3] 508 F. 2d. 969.

为随意和模糊。[1]

毫无疑问，与“主观性审查标准”相比，“客观性审查标准”的审查门槛更低，更有利于一项仲裁裁决的执行。目前，由于国际社会较为普遍的“支持仲裁”和“倾向于执行”的趋势，亦由于后者特有的优点，越来越多的国家摒弃了以往通用的前者，转而采纳后者。例如：在 Inter Maritime Management v. Russin Vecchi 案[2]中，瑞士法院就采取了客观审查标准。法院认为，一项仲裁裁决只有在“不可容忍地”违反瑞士的“根本法律原则”时方可以公共政策为由拒绝承认与执行，而单纯的“外国法律”与“瑞士强制性法律规则”相悖，并不违反瑞士的公共政策。

（三）公共政策内容具体化

尽管公共政策是一个较为模糊和富有弹性的概念，无法在立法当中详尽地涵盖所有情形，将一些在本国范围内已被普遍认可的概念纳入一国现有的公共政策体系中也并非不可行。目前，一些国家与公共政策相关的立法越来越明确具体。[3] 例如：澳大利亚内国法将欺骗、贪贿以及仲裁程序不公规定为本国公共政策的重要内容；[4] 德国法院在“海兹诉亚考伯”案中确定，一项国际仲裁裁决只有在“严重影响德国公共和生活经济基础”的情况下，[5] 才能达到违反德国公共政策的程度。

国际组织亦有使公共政策内容规范化和具体化的尝试。例如，国际法协会国际商事仲裁委员会在 2002 年最终报告中将一国公共政策分为三个方面，即法律基本原则、公共政策规则和所负担的国际义务，并且将仲裁裁决未附理由、正当通知、欺诈以及一国强行法等程序性和实体性事项纳入公共政策体系。[6]

---

〔1〕 顾微微等：《公共政策在国际商事仲裁裁决拒绝承认和执行中的适用——浅论〈纽约公约〉第5条第2款第2项的公共政策抗辩制度》，载《南通工学院学报（社会科学版）》2004 年第 4 期，第 10 页。

〔2〕 ICCA，（XXII） Yearbook of Commercial Arbitration （1997），pp. 789-799，Switzerland no. 28.

〔3〕 杜新丽：《论外国仲裁裁决在我国的承认与执行——兼论〈纽约公约〉在中国的适用》，载《比较法研究》2005 年第 4 期，第 106 页。

〔4〕 顾微微等：《公共政策在国际商事仲裁裁决拒绝承认和执行中的适用——浅论〈纽约公约〉第5条第2款第2项的公共政策抗辩制度》，载《南通工学院学报（社会科学版）》2004 年第 4 期，第 10 页。

〔5〕 顾微微等：《公共政策在国际商事仲裁裁决拒绝承认和执行中的适用——浅论〈纽约公约〉第5条第2款第2项的公共政策抗辩制度》，载《南通工学院学报（社会科学版）》2004 年第 4 期，第 10 页。

〔6〕 参见国际法协会 2002 年《最终报告》第 1（d）32 条。

（四）剩余条款特性

正如前文所述，《纽约公约》第5条分为两款，其中第1款的五项事由均为被动审查的程序性事项，而第2款规定的“不可仲裁性”与“公共政策”则为法院可以主动审查的事项。[1] 事实上，由于公共政策的弹性特征，第1款规定的诸如“仲裁程序不当”“仲裁庭组成不合法”，以及“仲裁员不公正”等事项，完全可以无任何理论障碍地被归入该国的公共政策体系，只是在国际上普遍认可的对公共政策进行狭义解释的趋势中，对于一些不太严重的程序性违法的事项，一国往往倾向于将其排除在公共政策体系之外。同时，由于公共政策本身就比较模糊和难以界定，如果将所有可能的事项都归入其中，则会使问题变得更加复杂。

这样一来，在国际商事仲裁裁决的承认与执行中，部分国家逐渐形成这样一种习惯：尽量优先援引《纽约公约》第5条第1款来拒绝承认与执行；而第2款中的“公共政策”条款，则被当作剩余条款，发挥兜底性作用。第1款中规定的事项其实与公共政策之间并没有明显的界限，只有存在严重的程序性违法事项时，才会适用公共政策，将相关情形纳入第2项规定的公共政策范畴。

我国司法实践便符合这一趋势：在2010年的江苏中天案中，最高人民法院明确表明，如果一个国际仲裁裁决的承认与执行的案件存在其他拒绝的理由，则不再考虑公共政策的问题。在2003年百事投资公司案中，案件涉及仲裁员受贿影响仲裁结果的不公正情形，本可以以违反公共政策为由拒绝，而最高人民法院最终却以仲裁协议和仲裁程序不合法为由拒绝。[2] 国际上也有相关判例：在Seller（Russian Federation）v. Buyer（Germany）案中，德国巴伐利亚州法院未援引程序性公共政策，而是援引《纽约公约》第5条第1款第2项拒绝了相关仲裁裁决的承认与执行。[3]

（五）狭义解释公共政策

世界各国对国际仲裁裁决承认与执行中的公共政策，都普遍呈现出“严格解释”和“谨慎使用”的立场。[4]

例如，美国法院将《纽约公约》第5条作为对国际裁决进行拒绝的独一的

---

〔1〕 参见《纽约公约》第5条。

〔2〕 参见最高人民法院（2007）民四他字第41号复函。

〔3〕 Case Law on UNCITRAL Texts Case 402：Bayerisches ObserstesLand esgericht，27 Y. B. Com. Arb. 445（2002）and 263（2002）.

〔4〕 廖亦君：《论公共政策在承认与执行国际商事仲裁裁决中的适用》，载《今日南国（理论创新版）》2010年第3期，第179页。

法律依据。[1] Painewebber v. Agron 案已经明确：裁决承认与执行中的公共政策制度仅包含已被相关法律和司法判例确认的主流公共政策，而且该公共政策必须具备一定的明确性和具体性，不能仅出于法官对公共政策的一般性印象。[2] 在 National Oil Corp v. Libyan Sun Oil Co 案[3]中，美国法院将外交政策与公共政策进行了明确的区分，认为外交政策不能构成公共政策的内容。瑞士法院在 Inter Maritime Management v. Russin Vecchi 案[4]中，阐述了在国际仲裁裁决的审查中对公共政策进行“狭义解释”的原则，并且表明只有对本国根本利益的损害达到“不可容忍”的程度时才能拒绝承认与执行。

（六）小结

其实从《日内瓦公约》到《纽约公约》规定的变化，就可以看出国际立法逐渐呈现出的“倾向于执行”和“支持仲裁”的态度。具体而言：其一，《纽约公约》第5条第2款仅保留了《日内瓦公约》中的“公共政策”事项，而摒弃了“法律原则”的内容，使拒绝承认与执行的理由得以缩减；[5] 其二，《纽约公约》对《日内瓦公约》的“双重许可制度”予以废黜，只需仲裁裁决在裁决作出国具有“拘束力”即可承认与执行，而不要求申请人承担仲裁“终局性”的举证责任。[6]

目前各国在适用公共政策拒绝承认与执行裁决时的各种趋势，事实上也均体现出对上述态度的支持，其本质意图和最终效果均在于使公共政策在本国得以严格适用。

三、裁决承认与执行中适用公共政策的具体情形

大部分国家的法律和司法判例都只是对公共政策进行了原则性的描述，而未对其具体内涵作出界定。鉴于公共政策概念的流动性，想要对其所有可能的情况进行归纳似乎是无法实现的。但是由于全球经济一体化、各国法律理念的趋同以及国际组织的努力，各国在国际仲裁裁决承认与执行中对于公共政策的

---

〔1〕 Ramona Martinez, “Recognicition and Enforcement of Internation Alarbitration Awards under the United Nations Convention of 1958”, *International Lawyer*, 1990, p. 50.

〔2〕 张贝：《论国际商事仲裁裁决承认与执行中的公共政策》，载《北京仲裁》2004年第2期，第66页。

〔3〕 733 F. Supp. 800 (D. Del. 1990).

〔4〕 ICCA, (XXII) Yearbook of Commercial Arbitration (1997), pp. 789-799, Switzerland no. 28.

〔5〕 杜新丽：《论外国仲裁裁决在我国的承认与执行——兼论〈纽约公约〉在中国的适用》，载《比较法研究》2005年第4期，第104~105页。

〔6〕 于喜富：《国际商事仲裁的司法监督与协助——兼论中国的立法与司法实践》，知识产权出版社2006年版，第442页。

理解和适用逐渐出现了一定的统一趋势。[1]

在本节中，笔者尝试对世界各国在裁决承认与执行中适用公共政策的具体情形进行初步总结。需要说明的是，下述各种事项可能在全球范围内并不具有普适性，或者在实践中很少被适用而只具有理论价值。

（一）不可仲裁事项

公共政策与不可仲裁性内在的紧密联系，使得各国的司法实践当中很难严格区分“不可仲裁”与“公共政策”之间的区别。[2] 从国际立法情况来看，二者起初属于同一范畴，随后经历了由“合”到“分”的过程，现在《纽约公约》将其列为两项独立的拒绝承认与执行国际裁决的事由。[3]

一项争议是否可以通过仲裁来解决通常是由一国的内国法明文规定的，从某种程度来讲，对可仲裁性的规定与一国公共政策有着极为紧密的联系，一国立法者往往通过对公共政策的考量来决定一项争议是否具有可仲裁性。[4] 因此，各国对公共政策理解的差异也就导致其对可仲裁性有着不同的规定。我国《仲裁法》第 2 条将可仲裁范围限定于“平等主体”之间的经济利益争议，而第 3 条则用否定列举的方式规定“婚姻、收养、监护、扶养、继承纠纷”等传统事项不可通过仲裁解决。[5] 从法条可以得知，我国立法将可仲裁的范围局限于平等法律主体之间的经济纠纷，而人身性质的纠纷和带有行政性质的纠纷是不可仲裁的。德国《民事诉讼法典》第 1030 条则将一项争议是否属于“经济利益性争议”以及是否可以通过“和解”解决两项标准，来判断能否通过仲裁解决。[6] 奥地利对本国可仲裁事项的规定与德国类似，也是将仲裁限定于可和解的争议范围之内。[7] 可见，各国立法对于可仲裁性的规定具有很大的差别。

目前，可仲裁范围在一些国家正在逐步扩大。例如：美国法院于 1953 年在 Wilko v. Swan 案中确立的“证券争议不可仲裁”的原则，在近几年的司法判例

---

〔1〕 张雅梅、白映福：《国际商事仲裁裁决承认与执行的统一化趋向》，载《甘肃政法学院学报》1994 年第 2 期，第 51~52 页。

〔2〕 张小雪：《国际商事仲裁中可仲裁性与公共政策的关系》，载《北京仲裁》2014 年第 1 期，第 130~132 页。

〔3〕 参见《纽约公约》第 5 条第 2 款。

〔4〕 张贝：《论国际商事仲裁裁决承认与执行中的公共政策问题》，载《北京仲裁》2004 年第 2 期，第 64 页。

〔5〕 参见我国《仲裁法》第 2、3 条。

〔6〕 参见德国《民事诉讼法典》第 10 编第 1030 条。

〔7〕 参见奥地利《民事诉讼法》第 577 条。

中被逐渐打破;[1] 再如:反托拉斯争议作为一项长期以来被各国普遍承认的不得通过仲裁解决的领域,目前美国、德国、法国和意大利等国也逐渐开始认可其可仲裁性。[2]

笔者认为,将"可仲裁性"与"公共政策"分离有其正面作用:其一,一般各国法律对可仲裁性的规定是较为明确和细致的,这就使可仲裁性问题具有更强的可操作性,如果将二者合而为一,则此优点将不复存在;其二,一些国家的内国法并不认为可仲裁性问题能够纳入本国的公共政策体系,而更倾向于通过国内强制法的形式来规范可仲裁性问题;其三,将"可仲裁性"独立列为一项更能体现公共政策的"剩余条款"的价值。事实上,除了"可仲裁性"与"公共政策"之间千丝万缕的联系之外,二者的差异也十分明显:在整个仲裁过程中,前者主要是在裁决作出前阻却仲裁的合法性,而后者主要是在裁决作出后使其无法被承认与执行。[3] 应当说,二者的主要作用是有差异的,但在裁决的承认与执行的环节,二者又存在重叠。

(二)强制性法律规则

通常,一国的强制性法律规则存在于不同的部门和领域,在我国就有民商事领域强制法和行政法领域的强制法。法国法学家 Pierre Mayer 认为,在国际私法的语境下,强制性规则具有在国际关系中直接适用的特征,而不考虑支配该关系的法律。[4] 一般而言,一国法律体系中的强制性规则都较为庞杂繁多,在目前"支持仲裁"的趋势下,各国普遍认为,强制法规则在国际仲裁裁决的司法审查中的运用应当与国内民商事案件的处理有所区别,但具体如何区别则各国规定有所不同,甚至一些国家尚未建立起确切的区分标准。通常,如果某条强制性规则所规定的内容涉及一国最根本的社会利益和价值观念,那么就可以将其纳入本国的公共政策体系。

在此,结合《纽约公约》第 5 条的规定以及各国国内法的具体情况,笔者认为,一国的强制性规定可划分为三类。

第一类,相关强制性规则只能约束国内民商事法律关系,对国际商事仲裁

---

〔1〕 张小雪:《国际商事仲裁中可仲裁性与公共政策的关系》,载《北京仲裁》2014 年第 1 辑,第 132 页。

〔2〕 杜新丽:《论外国仲裁裁决在我国的承认与执行——兼论〈纽约公法〉在中国的适用》,载《比较法研究》2005 年第 4 期,第 109 页。

〔3〕 张贝:《论国际商事仲裁裁决承认与执行中的公共政策问题》,载《北京仲裁》2004 年第 2 期,第 64 页。

〔4〕 Peter Mokife. Hong-lin Yu, "The Impact of National Law Elements on International Commercial Arbitration", *Int. A. L. R* 2001, 4 (1), p. 19.

的司法审查无拘束力。例如：在 M/S Bremen v. Zapata Offshor Co. 案中，美国法院就认为在国际商事仲裁中，美国的某些国内强制性规则的效力不应强于国际贸易的规则。[1] 该类强制性规则不符合《纽约公约》第 5 条第 1 款的情形，其重要程度亦未达到国际公共政策的要求，因此只能在国内适用。在 2005 年审理的三井物产案中，我国最高人民法院也持类似观点。[2]

第二类，虽不属于一国公共政策，但可列为《纽约公约》第 5 条第 1 款中规定的事项，并以此来抗辩国际仲裁裁决的承认与执行。例如：在 Iran Aircraft-Indus v. AvcoCorp 案[3]中，仲裁庭未给予一方当事人充分发表意见的机会，导致对美国强行法规则的违反，美国法院即援引《纽约公约》第 5 条第 1 款第 2 项拒绝承认并执行了相关裁决。

第三类，相关强制性规定的内容涉及一国最根本的利益和社会观念，因此将其纳入本国的公共政策体系，作为拒绝承认与执行的理由。例如：在 FirmP（USA）v. Firm F（FRG）案[4]中，仲裁庭未将一方当事人提交的证据告知另一方，使其对相关情况一无所知而无法发表申述意见，德国法院即将该严重违反本国强制性程序规则的情况纳入公共政策体系，并以此拒绝了相关裁决。

（三）违反正当程序

从《纽约公约》第 5 条第 1 款第 2 项的表述和措辞来看，该条款的最终落脚点在于一方当事人“未能申辩”，因为“未被给予适当通知”导致的结果也是当事人未能适当申辩。[5] 正如前文所述，很多国家都普遍认为公共政策可以分为实体性和程序性两类，那么此时需要厘清的一个问题就是，《纽约公约》第 5 条第 1 款中的“正当程序”条款与第 2 款中的“公共政策”条款在具体适用中区别何在。

事实上，无论是援引“公共政策”条款还是“正当程序”条款进行抗辩，其最终的结果都是一项国际仲裁裁决的承认与执行被阻却，从这个意义来讲，将二者进行区分似乎没有实质性意义。其实并非如此，原因在于：一方面，“正当程序”条款抗辩的提出者和举证者只能是一方当事人，而被请求地法院不能主动进行审查，亦不能进行举证，而公共政策审查则不然；另一方面，在国际

---

〔1〕 Supra note 6, pp. 462-463.

〔2〕 万鄂湘主编：《涉外商事海事审判指导》（第 11 辑），人民法院出版社 2006 年版，第 109~112 页。

〔3〕 980F. 2d 141, 146（2dCir. 1992）.

〔4〕 2Y. B. Com. Arb. 241（1977）.

〔5〕《纽约公约》中文版第 5 条第 1 款第 2 项表述为：受裁决援用之一造未接获关于指派仲裁员或仲裁程序之适当通知，或因他故，致未能申辩者。

上普遍认可的谨慎适用公共政策的趋势之中，尽量厘清正当程序与程序性公共政策之间的关系，有助于正当程序条款更好地发挥其制度价值，防止公共政策被滥用。

虽然公共政策涉及的内容极为广泛，但其适用的门槛却极高;[1] 而对正当程序条款的适用则并无此要求，其关注的重点是当事人在仲裁程序中是否获得了适当的陈述和申辩的机会。这样一来，二者的适用标准就显而易见了：只有违反“正当程序”条款的程度达到了对一国公共政策的侵损，二者的适用才会发生重叠。[2] 目前可以预见的是，在公共政策的适用空间被各国极尽压缩的趋势之中，二者重叠的可能性越来越小。

以下发生在德国的两个案例可以适当地阐明二者之间的关系：在 Fotochrome Inc v. Copal Co 案[3]中，德国法院认为破产法院的中止令并不会完全剥夺 Fotochrome 一方陈述申辩的机会，因此，相关仲裁裁决并不违反德国的公共政策；而在 FirmP（USA）v. Firm F（FRG）案[4]中，仲裁庭未将一方当事人提交的证据告知另一方，使其对相关情况一无所知而无法发表申述意见，德国法院认为该种情况违反了德国的公共政策，并以此拒绝承认和执行了相关裁决。两项仲裁裁决的基本情况类似，区别就在于对“正当程序”条款的违反程度不同。

（四）显然漠视法律

“显然漠视法律”这一概念，是由美国法院于 1953 年在 Wilko v. Swan 案中创立的。[5] 迄今为止，“显然漠视法律”的概念已经在美国的司法判例中被多次提及，但尚未有国际仲裁裁决因该理由被拒绝承认与执行，而且对此制度目前尚存在许多争议。因此，从一定意义上说，该制度还仅是存在于理论层面的概念。[6]

“显然漠视法律”的具体含义是指，在仲裁裁决的作出过程中，仲裁员充分理解并明确意识到应当适用的法律而对其刻意忽视，并排除适用的情况。[7]

---

〔1〕 詹慧娟:《〈纽约公约〉第 5 条中公共政策条款与正当程序条款的适用》，载《北京仲裁》2009 年第 2 期，第 30 页。

〔2〕 詹慧娟:《〈纽约公约〉第 5 条中公共政策条款与正当程序条款的适用》，载《北京仲裁》2009 年第 2 期，第 30 页。

〔3〕 517F . 2d 512 (2d Cir. 1975).

〔4〕 2Y. B. Com. Arb. 241 (1977).

〔5〕 346 U. S. at 427.

〔6〕 郭玉军:《美国国际商事仲裁中的显然漠视法律》，载《法学评论》2001 年第 2 期，第 153~154 页。

〔7〕 郭玉军:《美国国际商事仲裁中的显然漠视法律》，载《法学评论》2001 年第 2 期，153 页。

1986 年的 Merrill Lynch，Pierce，Fenner & Smith v. Bobker 案〔1〕以及《美国联邦仲裁法》（FAA）的相关规定，进一步明确了“显然漠视法律”的认定标准，将其认定标准分为两个方面。

首先，从主观方面来看，仲裁员必须正确理解了应当适用的法律，并且故意对相关法律排除适用。一般来说，如果存在下列两种情形之一，则可认定仲裁员具有排除的主观故意：其一，争议当事人已经查明了应当适用的法律，并且将其提供给仲裁庭，而仲裁庭未予适用；其二，作为具备一般理性的人，仲裁员可以明确识别出法律适用的错误，则可推知仲裁员有主观故意。〔2〕

其次，从客观方面来看，明确存在应当适用于相关仲裁案件的法律，并且因该法律未被适用而导致了错误的裁决结果，即要求因仲裁员对相关法律的“漠视”而对裁决结果造成客观影响。〔3〕

需要进一步厘清两个问题：

第一，“显然漠视法律”作为一个拒绝承认与执行仲裁裁决的事由，其关注重点是仲裁员“故意漠视”行为本身的“邪恶性”，还是漠视使相关法律得不到适用所导致的不良后果？如果适用前者，则无须区分被漠视的法律性质，只要符合该制度的识别条件，即可以此为由拒绝承认与执行；如果适用后者，则需要区分被漠视法律的性质，只有用以抗辩仲裁裁决承认与执行的强制性法规被漠视才能发生阻却承认与执行的后果。

第二，“显然漠视法律”能否成为审查仲裁裁决的单独事由？“显然漠视法律”显然未被囊括于《纽约公约》第 5 条第 1 款穷尽性列举的 5 项抗辩事由。〔4〕因此，对公约的缔约国来说，将“显然漠视法律”单独规定为本国拒绝承认与执行国际仲裁裁决的独立事由显然是不恰当的。因此，在《纽约公约》项下，一国只能将“显然漠视法律”的情况纳入本国公共政策的体系，才能以此拒绝承认与执行。此时需要注意，由于各国对公共政策进行狭义解释的趋势，只有极为严重的漠视法律的情形才能被视为对本国公共政策的违反。

有学者认为，“显然漠视法律”的情形可以由《纽约公约》第 5 条第 1 款第

---

〔1〕 808 F. 2d at 930.

〔2〕 康耿：《美国商事仲裁中显然漠视法律原则的新发展——以 Hall Street 案为中心》，载《比较研究》2012 年第 4 期，第 94 页。

〔3〕 康耿：《美国商事仲裁中显然漠视法律原则的新发展——以 Hall Street 案为中心》，载《比较研究》2012 年第 4 期，第 94 页。

〔4〕 郭玉军：《美国国际商事仲裁中的显然漠视法律》，载《法学评论》2001 年第 2 期，第 155 页。

2 项，即“正当程序”条款来约束。[1] 对此，笔者认为并不恰当：尽管仲裁员“显然漠视法律”的行为在一定程度上确实违反了仲裁的正当程序规则，[2] 但正如上文所述，《纽约公约》第 5 条第 1 款第 2 项的核心在于争议当事人是否获得了适当的陈述申辩权，[3] 而“显然漠视法律”与此无法契合。

（五）仲裁裁决未附理由

一项仲裁裁决或者法院判决必须附具理由，是很多国家根深蒂固的法律理念，德国、荷兰和西班牙等国的国内法均有此规定，[4] 而英国等国则对此没有要求。事实上，仲裁作为一种当事人协调一致的争议解决方式，只要最终的仲裁结果能够被各方当事人接受，是否附具裁决理由对他们来说就是无关紧要的；[5] 但是如果一项裁决结果未附具理由，一国法院对其进行司法审查便无法得知仲裁庭得出裁决的推理思路，这会使司法审查难以进行。[6]

目前，随着各国对仲裁逐渐持包容的态度，一些国家对于仲裁裁决必须赋予理由的要求逐渐开始松动。例如德国等国家对国内仲裁裁决和国际仲裁裁决区别对待，只有国内仲裁裁决未附理由时才会被拒绝承认与执行，而对于未附理由的国际仲裁裁决一般会予以承认和执行。[7] 这也是目前世界各国处理类似问题时的趋势。

（六）小结

事实上，各国的司法实践出现的情形可能远比本节归纳的要繁复，这是由公共政策概念的广泛性和模糊性导致的。其实，以上各事项与公共政策之间以及有些事项之间，是没有明确界限的。可以说，国际仲裁裁决承认与执行的抗辩理由是一个庞大体系，而该体系中的许多事项是紧密联系甚至可以相互流通

---

〔1〕 康耿：《美国商事仲裁中显然漠视法律原则的新发展——以 Hall Street 案为中心》，载《比较研究》2012 年第 4 期，第 112 页。

〔2〕 康耿：《美国商事仲裁中显然漠视法律原则的新发展——以 Hall Street 案为中心》，载《比较研究》2012 年第 4 期，第 113 页。

〔3〕 May Lu，“The New York Convention on the Recognition and Enforcement of Foreign Arbitral Awards: Analysis of the Seven Defenses to Appose Enforcement in the United States and England”，*Arizona Journal of International & Comparative Law*，2006，p. 56.

〔4〕 张贝：《论国际商事仲裁裁决承认与执行中的公共政策问题》，载《北京仲裁》2004 年第 2 期，第 64 页。

〔5〕 马晓红：《论国际商事仲裁中的公共政策保留》，载《科学之友》（B 版）2009 年第 8 期，第 119 页。

〔6〕 张贝：《论国际商事仲裁裁决承认与执行中的公共政策问题》，载《北京仲裁》2004 年第 2 期，第 64 页。

〔7〕 张贝：《论国际商事仲裁裁决承认与执行中的公共政策问题》，载《北京仲裁》2004 年第 2 期，第 64 页。

的。例如：在一些国家的内国法体系中，违反正当程序本身也是对本国强制性规则的违反；强制性规则规范的事项可能就是不具有可仲裁性的；无论是违反强制性规则，还是违反正当程序，在极为严重的情况下，都可以视为对一国公共政策的违反。公共政策是这一体系中的兜底性条款，上述任何事项都可以在某些情况下纳入公共政策的范畴之中。

公共政策的“动态性”特征使我们永远无法穷尽地描述其可能的情形，因为随着时代的发展和社会观念的转变，现在被普遍认可的一些事项未来可能会被排除于公共政策体系之外，而一些新的理念和事项可能会被注入公共政策体系。就目前的情况来看，由于世界各国政治经济文化理念的差异，在国际仲裁裁决承认与执行中构建一套全球范围内统一的公共政策体系似乎是无法实现的。但可以预见的趋势是，在经济全球化以及国际社会的共同努力中，各国对公共政策的理解会变得越来越统一。

第三章　中国国际商事仲裁裁决承认与执行中公共政策的适用

作为《纽约公约》的缔约国，我国对国际仲裁裁决进行公共政策审查的主要法律框架就是《纽约公约》。[1] 除此之外，双边条约与互惠原则也是拒绝承认与执行的途径，[2] 但其适用范围和重要程度远不及《纽约公约》。整体来看，我国在司法实践中对公共政策的适用也较为谨慎，这一点是与国际趋势保持一致的，但在具体的适用中还存在诸多问题。

本章以中国公共政策制度的立法与司法实践为研究对象，并结合国际情况，对完善我国裁决承认与执行中的公共政策制度提出一些建议。

一、我国以公共政策拒绝承认与执行国际裁决的现状

（一）法律依据

《纽约公约》为我国的国际仲裁裁决审查提供了法律框架，而我国相关的国内立法则为执行《纽约公约》提供了更加细化的规则和法律基础。[3]

---

〔1〕 杜新丽：《论外国仲裁裁决在我国的承认与执行——兼论〈纽约公约〉在中国的适用》，载《比较法研究》2005 年第 4 期，第 98 页。

〔2〕 杜新丽：《论外国仲裁裁决在我国的承认与执行——兼论〈纽约公约〉在中国的适用》，载《比较法研究》2005 年第 4 期，第 98 页。

〔3〕 陈芳芳：《国际商事仲裁裁决的承认与执行中的公共政策》，复旦大学 2010 年硕士学位论文，第 26 页。

1. 国内法依据

我国国内法通常采用“社会公共利益”的措辞，一般认为，该表述与国际上的“公共政策”属于同一范畴。《中华人民共和国民事诉讼法》（以下简称《民事诉讼法》）第283条规定了处理外国仲裁裁决的两种基本方式，即依互惠原则或依公约条约进行。[1] 就目前情况来看，这里所指的公约主要是《纽约公约》。[2]《民事诉讼法》第274条的规范对象主要是我国仲裁机构作出的涉外仲裁裁决。事实上，该条是对《纽约公约》在我国国内的转化适用。该条款亦采取《纽约公约》的立法模式，将“社会公共利益”规定为兜底标准。由此可以得出，我国对涉外仲裁裁决和外国仲裁裁决的司法审查体系大致相同，只是第274条未明确提出不可仲裁的情况。[3] 2015年《最高人民法院关于适用〈中华人民共和国民事诉讼法〉的解释》则对《民事诉讼法》第274条的具体适用进行了细化，例如：第540条规定，向人民法院提出的承认与执行申请必须是“书面申请”；第548条规定，人民法院对外国仲裁裁决审查时，应当组成合议庭等。[4]

当然，我国国内相关立法还包括最高人民法院出台的诸多规范性文件，例如：1987年《通知》（以下简称《通知》）等，但该类文件多数旨在细化案件处理的程序或者解释《纽约公约》的内容，笔者在此不赘述。值得注意的是，根据1987年《通知》第1款规定，《纽约公约》应当优先于我国国内法适用；[5] 1995年的规定则确立了对国际仲裁裁决司法审查的“内部报告制度”，[6] 对此，笔者将在后文详述。

2. 国际法依据

目前，《纽约公约》是我国进行相关司法审查的主要国际法依据。[7] 当然，我国和其他国家签订的各种双边协定中，可能也涉及相互承认与执行仲裁裁决

---

[1] 参见我国《民事诉讼法》第283条。

[2] 陈治东、沈伟：《国际商事仲裁裁决承认与执行的国际化趋势》，载《中国法学》1998年第2期，第123页。

[3] 参见《民事诉讼法》第274条。

[4] 参见2015年《最高人民法院关于适用〈中华人民共和国民事诉讼法〉的解释》第540、548条。

[5] 参见1987年《最高人民法院关于执行我国加入的〈承认及执行外国仲裁裁决公约〉的通知》第1条。

[6] 参见1995年《最高人民法院关于人民法院处理与涉外仲裁及外国仲裁事项有关问题的通知》。

[7] 杜新丽：《论外国仲裁裁决在我国的承认与执行——兼论〈纽约公约〉在中国的适用》，载《比较法研究》2005年第4期，第98页。

的内容，[1] 但这些协定大多比较零散，且不具有普适性。[2]

值得注意的是，不同于其他国际性公约，《纽约公约》的缔约国不仅要对其他缔约国作出的仲裁裁决依公约进行承认与执行，对于非缔约国作出的裁决也要依约承认与执行。[3] 我国对该项提出了保留，即只有在缔约国作出的裁决才会被我国依约执行。但是随着安道尔的加入，截至 2015 年底已有 156 个国家加入了《纽约公约》。[4] 因此，《纽约公约》已经涵盖了世界上大部分国家，这就使得我国对公约的上述保留已经失去了实质性意义。[5]

（二）司法实践

整体来看，我国司法实践对公共政策予以较为严格的适用。[6] 我国特有的内部报告制度使最高人民法院的预先批准成为下级法院拒绝承认与执行国际仲裁裁决的前置程序。事实上，内部报告制度也与支持仲裁和谨慎适用公共政策的观念相符。在司法实践中，内部报告制度使我国法院对《纽约公约》的执行更为严格，也使相关案件的处理结果更具一致性和公正性。

在本部分，笔者将选取最高人民法院处理的几起国际裁决承认与执行的案件进行分析，并以此来确定目前我国司法实践对公共政策适用范围。

1. 国家主权和司法管辖权包含于公共政策中

在 2008 年济南永宁制药公司案中，最高人民法院认为国际商会仲裁院对中国法院已经作出司法判决的事项再次进行裁决，有损中国主权和司法管辖权，符合《纽约公约》第 5 条第 2 款第 2 项的适用情形。[7] 另外，最高人民法院认为本案还存在仲裁庭超越仲裁条款的范围进行裁决的情节，最终援引《纽约公约》第 5 条第 2 款第 2 项以及第 1 款第 3 项，拒绝承认与执行相关裁决。此案是我国以公共政策为由拒绝承认与执行外国仲裁裁决的第一案，也是唯一一

---

〔1〕 张圣翠：《国际商事仲裁强行规则研究》，北京大学出版社 2007 年版，第 185~186 页。

〔2〕 陈芳芳：《国际商事仲裁裁决的承认与执行中的公共政策》，复旦大学 2010 年硕士学位论文，第 27 页。

〔3〕 杜新丽：《论外国仲裁裁决在我国的承认与执行——兼论〈纽约公约〉在中国的适用》，载《比较法研究》2005 年第 4 期，第 98~99 页。

〔4〕 参见“一裁网”国际仲裁版面 http：//www. cnarb. com/Item/7534. aspx，最后访问日期：2017 年 1 月 10 日。

〔5〕 林一飞：《中国国际商事仲裁裁决的执行》，对外经济贸易大学出版社 2006 年版，第 243 页。

〔6〕 何其生：《国际商事仲裁司法审查中的公共政策》，载《中国社会科学》2014 年第 7 期，第 146 页。

〔7〕 万鄂湘主编：《涉外商事海事审判指导》（第 18 辑），人民法院出版社 2009 年版，第 124 页。

案。[1] 从此案可以看出，在司法实践中我国最高人民法院将“国家司法主权与司法管辖权”纳入了公共政策体系。

尽管最高人民法院并未提及本案是否涉及“不可仲裁性”和“既判力”等问题，但山东省高级人民法院在向其提交的请示当中认为，中国法院对于诉讼保全问题具有“排他的管辖权”，属于《仲裁法》规定的不可仲裁事项。另外，山东省高级人民法院认为国际商会仲裁院对于中国法院已经作出生效裁判的争议再一次作出裁决，“挑战了”我国法院判决的既判力，也构成对我国公共政策的违反。[2]

笔者认为，山东省高级人民法院的观点似乎比最高人民法院更恰当一些。一般而言，侵犯一国主权的行为是就国际公法上的主体而言的，而国际商会仲裁院的非主体地位使其无法构成对我国主权的侵犯。因此，以“既判力”或者“不可仲裁性”为由来拒绝承认与执行可能更适当一些。[3] 另外，最高人民法院在本案已经存在其他拒绝承认与执行的理由的情况下，依然援引了“公共政策”条款，这似乎与其在另外几起案件中的观点相悖。因为在2010年日本信越化学工业株式会社申请执行日本商事仲裁协会仲裁裁决一案中，最高人民法院明确表明，在有其他抗辩理由的情况下，公共政策就无须再考虑。[4]

2. 公共政策包含公序良俗和我国基本国情

在1997年汤姆胡莱特公司一案中，最高人民法院认为美国公司未经中国相关部门批准，演出了“不符合中国国情的重金属音乐”，“损害了中国的社会公共利益”，因此拒绝承认与执行了相关裁决。[5]

从此案可以得出，最高人民法院在司法实践中将我国的基本国情与公序良俗纳入公共政策体系。尽管我国目前的基本国情和公序良俗与当时的情况已大不相同，但此案所确立的基本原则依然是适用的。

3. 公共政策包含我国国家安全和社会公共安全，以及法律基本原则

在2012年韦斯顿瓦克公司一案中，虽然最高人民法院未在案中援引公共政

---

〔1〕 杨玲：《国际商事仲裁公共政策司法界定的实践与发展》，载《政治与法律》2010年第11期，第11-12页。

〔2〕 万鄂湘主编：《涉外商事海事审判指导》（第18辑），人民法院出版社2009年版，第132~133页。

〔3〕 何其生：《国际商事仲裁司法审查中的公共政策》，载《中国社会科学》2014年第7期，第147页。

〔4〕 万鄂湘主编：《涉外商事海事审判指导》（第21辑），人民法院出版社2011年版，第122页。

〔5〕 杨玲：《国际商事仲裁公共政策司法鉴定的时间和发展》，载《政治与法律》2010年第11期，第17页。

策，并最终予以承认和执行，但在对天津市高级人民法院作出的复函中，明确将“我国国家安全”“社会公共安全”“法律基本原则”纳入公共政策体系。[1]在2010年路易达孚商品亚洲有限公司一案中，虽然最高人民法院认为“无证据证明相关货物造成了严重的卫生安全以及有损公共健康的事实”，而未将相关情形认定为违反我国公共政策，[2] 但是由此依然可以反推出最高人民法院认为公共政策应当包含“国家安全与社会公共安全”的观点。

4. 公共政策不包括仲裁实体结果不公

在2009年GRD Minproc有限公司一案中，根据最高人民法院的观点，由于涉案物品“并非我国禁止进出口的设备”，而且考虑到仲裁的自主性和协议性，当事人理应承受裁决的结果，因而裁决实体结果公正与否无法构成判断是否违反公共政策的标准，[3] 最终承认与执行了相关裁决。

从此案可以看出，最高人民法院将仲裁裁决的实体结果的公平性排除于我国公共政策的范围之外。在2006年深圳宝升公司一案中，最高人民法院认为，“人民法院就仲裁庭具体适用法律和有关事实的认定无权进行审查”，[4] 这从另一个角度佐证了最高人民法院的上述观点。这与美国法院的观点相同，1925年《美国联邦仲裁法》明确规定，不允许就仲裁裁决的法律适用以及实体性问题进行起诉。[5]

5. 违反我国强制性规则不当然构成对公共政策的违反

对于公共政策与我国强制性法律规则之间的关系，我国司法实践中一直都没有一个比较清晰的定位。[6] 但从相关司法判例来看，最高人民法院承认违反某些强制性规则可能适用公共政策制度。但至今为止，在最高人民法院审理的涉及强制性法律规则的案件中，尚无一起适用公共政策制度，体现了最高人民法院对公共政策谨慎适用的态度。在2010年天瑞酒店投资有限公司一案中，尽管最高人民法院对当事人违反我国的行政强制性规定的情节予以了认定，但认为相关规定属于管理性强制规定，不会导致行为的无效，因此不能适用公共政

---

〔1〕 万鄂湘主编:《涉外商事海事审判指导》（第24辑），人民法院出版社2013年版，第116页。

〔2〕 万鄂湘主编:《涉外商事海事审判指导》（第22辑），人民法院出版社2012年版，第181页。

〔3〕 万鄂湘主编:《涉外商事海事审判指导》（第18辑），人民法院出版社2009年版，第135页。

〔4〕 万鄂湘主编:《涉外商事海事审判指导》（第23辑），人民法院出版社2013年版，第116页。

〔5〕 E. Chukwuemeke Okeke, “Judical Review of Forgen Arbitral Awards: Bane, Boon or Boondoggle”, *New York International Law Review*, 1997, Rev. 29, p. 42.

〔6〕 何其生:《国际商事仲裁司法审查中的公共政策》，载《中国社会科学》2014年第7期，第156页。

策。[1] 在1994年香港EDF曼氏公司一案中，尽管最高人民法院认为当事人未经有关部门审批即从事期货交易，构成对我国强制性法律规则的违反，“无疑应认定为无效”，但接下来又表明，违反强制性规则与公共政策二者并不完全等同，最终执行了相关裁决；[2] 在2005年三井物产案中，最高人民法院也表达了相同的观点。[3]

从最高人民法院对以上各案的处理可以看出，最高人民法院在司法实践当中区分了公共政策与强制性规则，但二者的区分标准究竟如何，并未给出明确解释。在天瑞案中，最高人民法院认为当事人违反的强制性规则不足以导致相关行为无效，因此不构成对公共政策的违反；而在香港曼氏案中，最高人民法院认为当事人对强制性规则的违反已经导致其行为无效，但依然未适用公共政策。由此可推知，违反强制性规则是否会导致相关行为无效并非区分公共政策与强制性规则的标准。目前，由于尚无一起涉及强制性法律规则的案件被最高人民法院认定为违反我国公共政策，所以相关标准尚不明朗。

6. 对公共政策谨慎适用

从以上讨论的各个司法判例可以看出，尽量进行狭义解释是最高人民法院援引公共政策条款时的处理模式。在2012年韦斯顿瓦克公司一案中，最高人民法院明确表明了“严格解释和适用”的态度。[4] 在2010年路易达孚商品亚洲有限公司申请承认与执行国际油、种子和脂肪协会作出的裁决一案中，尽管广东省高级人民法院认为相关仲裁裁决歪曲了我国的法律规定，并蔑视我国的法律权威，应当适用我国的公共政策，[5] 但最高人民法院对此并未予以认可。另外，在2010年天瑞酒店投资有限公司一案中，[6] 以及在2011年德宝公司一案中，[7] 虽然两项仲裁裁决分别违反不同的管理性法律强行规则，导致国有资产流失的情形，但最高人民法院均将相关情形认定为违背社会公共利益。以上各案均体现出最高人民法院对公共政策狭义解释的态度。

---

[1] 万鄂湘主编：《涉外商事海事审判指导》（第22辑），人民法院出版社2012年版，第175页。

[2] 万鄂湘主编：《涉外商事海事审判指导》（第7辑），人民法院出版社2004年版，第12~17页。

[3] 万鄂湘主编：《涉外商事海事审判指导》（第11辑），人民法院出版社2006年版，第109~112页。

[4] 万鄂湘主编：《涉外商事海事审判指导》（第24辑），人民法院出版社2013年版，第116页。

[5] 万鄂湘主编：《涉外商事海事审判指导》（第22辑），人民法院出版社2012年版，第187页。

[6] 万鄂湘主编：《涉外商事海事审判指导》（第22辑），人民法院出版社2012年版，第175页。

[7] 万鄂湘主编：《涉外商事海事审判指导》（第23辑），人民法院出版社2013年版，第68页。

二、我国仲裁裁决的承认与执行中的公共政策制度的问题

（一）立法中无“国际公共政策”与“国内公共政策”之分

我国的相关国内立法，并没有对国际公共政策与国内公共政策予以区分，而是一以贯之地将相关概念表述为“社会公共利益”。[1]

一方面，这可能导致在司法实践中区分“国内公共政策”与“国际公共政策”的做法只能在较高级别和较小范围的法院被承认，而无法在各个级别的法院达成普遍共识。这也是在以往的很多案例中，下级法院和最高人民法院的观点产生分歧的根源所在：很多情况中，下级法院都认为违反我国公共政策的情形应当被拒绝承认与执行，但都被最高人民法院否决。尽管在我国目前的制度框架下，这种情况可能不会使案件的最终处理结果发生太大的偏差，但是笔者认为，只有在立法层面上体现出“国内公共政策”与“国际公共政策”的差异，才能在全国范围内更好地引导各级法院的司法实践，在国际层面树立我国的司法公信力。

另一方面，我国立法中“社会公共利益”的表述可能会导致法院在司法实践中适用的偏差。从措辞的立足点来看，“社会公共利益”侧重于“根本利益”这个层面，但是按照《纽约公约》的表述以及各国立法和司法实践中的普遍认识，公共政策包含的内容远比此丰富。应该说，社会公共利益只是公共政策的一部分内容，前者包含于后者。[2]“社会公共利益”这一措辞很容易引导法官从保护国家经济利益的角度去作出判断。例如：在2011年德宝公司一案中，[3]湖北省高级人民法院就因相关裁决将导致我国国有资产流失而将其认定为违反我国公共政策，而未对裁决的实际情况以及相关案件的国际趋势加以考察，这显然是从狭义的自我保护角度来考虑的。

（二）法院对相关案件的判决缺乏推理过程

最高人民法院对以往相关案件的处理，大多只是简单地陈述了某种情况是否违反我国公共政策的客观事实，未就此进行详尽的推理解释。[4] 例如在2011年德宝有限公司一案中，最高人民法院在给湖北省高级人民法院的复函中仅对相关情形是否构成对我国社会公共利益的违反进行了一般性陈述，并未就具体

---

〔1〕 杜新丽：《论外国仲裁裁决在我国的承认与执行——兼论〈纽约公约〉在中国的适用》，载《比较法研究》2005年第4期，第107页。

〔2〕 杜新丽：《国际商事仲裁理论与实践专题研究》，中国政法大学出版社2009年版，第395页。

〔3〕 万鄂湘主编：《涉外商事海事审判指导》（第23辑），人民法院出版社2013年版，第68页。

〔4〕 何其生：《国际商事仲裁司法审查中的公共政策》，载《中国社会科学》2014年第7期，第149页。

原因分析论证。[1] 笔者认为这种做法是有失妥当的。

首先，对案情进行简单分析之后就迅速得出结论而缺少明确的推理解释过程，这会使案件的最终处理结果缺乏足够的信服力；其次，在一国国内立法对公共政策的界定不甚明确的情况下，司法判例中的论理解释是使相关概念趋于明确的主要途径之一，也是目前国际上的普遍做法。我国特有的“内部报告制度”也使得只有最高人民法院在司法判例中对公共政策的解释才最具权威性。从某种程度来讲，除相关立法和司法解释之外，最高人民法院对案件的处理还担负着厘清我国公共政策制度的职责。在案件的处理中缺乏推理解释的做法，不利于这种职责的完成。

（三）“内部报告制度”存在缺陷

“内部报告制度”在司法实践层面对于在国际仲裁裁决承认与执行中避免地方保护主义和统一相关案件的实体判决结果等方面，确实起到了一定的正面效果。[2] 但需要注意的是，设立该制度的文件形式是最高人民法院下达的通知，既非立法，亦非司法解释，这使内部报告制度具有很强的权宜性质和不稳定性，其法律效力是较为有限的；与此同时，我国国际仲裁裁决承认与执行的审查案件的一审法院一般为地方中级人民法院，因此内部报告制度中规定的层报制度导致一般需要两级报告才能将案件送达最高人民法院。这可能降低案件审理的效率。[3]

（四）公共政策丧失现实意义倾向

正如前文所述，我国自 1987 年加入《纽约公约》至今，仅有两项国际仲裁裁决被公共政策阻却承认或执行。当然，从某种角度来讲，这反映出我国严格适用公共政策的态度。但从另一个角度来讲，我们也需要考量，长此以往我们是否会形成一种对公共政策制度自上而下的压抑态度？[4]

笔者认为，作为国际社会中的一员，我国对于公共政策进行严格适用是没有任何问题的，但是作为保护一国的社会根本利益和价值观念的“安全阀”，在适当的情形中，公共政策也应发挥其制度价值。如果本国根本利益受到侵犯，我们应当果断出击，适用公共政策对相关裁决予以拒绝。解决此问题的核心需

---

〔1〕 万鄂湘主编：《涉外商事海事审判指导》（第 23 辑），人民法院出版社 2013 年版，第 68 页。

〔2〕 詹婉秋：《论我国国际商事仲裁的内部报告制度》，载《技术与市场》2011 年第 12 期，第 147 页。

〔3〕 张雪：《论我国国际商事仲裁裁决司法追诉的内部报告制度》，载《山东审判》2005 年第 5 期，第 37 页。

〔4〕 何其生：《国际商事仲裁司法审查中的公共政策》，载《中国社会科学》2014 年第 7 期，第 149 页。

要我们对本国“根本利益”的内涵有一个清晰明确的认识，在适应国际社会“谨慎适用”趋势的前提下，理智识别我国的根本利益范畴亦十分必要。

三、完善我国仲裁裁决的承认与执行中的公共政策制度的建议

（一）立法方面的建议

1. 统一国内立法与《纽约公约》的措辞

笔者认为，我国应当修改国内立法的措辞，将“社会公共利益”表述为“公共政策”，与国际公约相一致。这样可以避免因措辞不一而引发的适用偏差。[1] 另外，应当在立法中明确引入“国际公共政策”的概念，通过立法来引导司法实践，使区分“国内公共政策”与“国际公共政策”成为我国法院在司法实践中自上而下的统一认识。

2. 在立法中明确公共政策的范围

尽管公共政策的概念比较广泛和模糊，但是我国应当结合现有的司法判例，并观察其他国家的立法和司法实践，对符合我国国情的部分加以借鉴，使国内相关立法对公共政策趋于明确，这样才能使我国各级法院在国际仲裁裁决承认与执行的司法实践中有一个较为清晰的处理标准，避免在公共政策的适用中太过随意，或者太过谨小慎微、犹豫不决，使公共政策真正实现“安全阀”的制度价值。

一般而言，对公共政策的适用方法分为两种，即肯定性适用和否定性适用，通常前者在成文法条中适用较多，而后者在司法判例中使用较多。[2] 笔者建议，在我国的立法体系和司法体系中，适当增加肯定性适用方法，明确表明“何为公共政策”，而不是从反面表述“何为非公共政策”。当然，由于公共政策概念的特殊性，完全使用肯定性适用方式可能也不现实，我们应当使两种方式协调统一适用，相互配合，使公共政策的适用范围趋于明确。

3. 提高“内部报告制度”的立法层级

有学者认为由于“内部报告制度”带来的诸如效率低下、一案多判等种种弊端，应当进行废黜。但笔者认为，我国目前各级法院以及法官的司法水平良莠不齐，如果将国际仲裁裁决的司法审查权完全交于中级及以下法院手中，可能会导致一系列问题。因此，应当保留内部报告制度。目前，“内部报告制度”是由最高人民法院下达的通知确立的，为适当提高其法律效力，改由相关司法

---

〔1〕 杜新丽：《论外国仲裁裁决在我国的承认与执行——兼论〈纽约公约〉在中国的适用》，载《比较法研究》2005年第4期，第107页。

〔2〕 何其生：《国际商事仲裁司法审查中的公共政策》，载《中国社会科学》2014年第7期，第147~148页。

解释进行确立更为妥当。另外，对于该制度的具体内容，可以考虑改为直接由中级人民法院向最高人民法院报告，这样可以大大提高办案效率，但是也可能导致最高人民法院的负担太重。二者之间的平衡，还需要进一步的制度安排来实现。

（二）司法方面的建议

1. 树立分割承认与执行的意识

公共政策制度实质上是对仲裁各方意思自治的干涉。一旦一项裁决被法院拒绝承认与执行，那么胜诉当事人通过仲裁获得的权利也就没有任何现实意义了。同时，各国普遍认可的“仲裁终局”和“一事不再理”的法律原则，拒绝承认与执行裁决切断了当事人通过其他方式寻求救济的途径，由此导致的结果对胜诉方来说可能是不公平的。[1]

笔者认为，如果一项裁决仅部分一国的公共政策，且对该裁决进行分割承认与执行是可行的话，那么对未违反的部分则应予以承认与执行。对于一项国际仲裁裁决，法院应当进行理性分析，视具体情况决定是否对其进行分割，而不宜对所有裁决都作一概处理，这与公平正义原则不符，亦有违“支持仲裁”的国际趋势。

2. 强调客观标准

国际仲裁裁决承认与执行的公共政策审查中采用客观标准已经是各国的普遍做法。客观标准与“谨慎适用公共政策”以及“支持仲裁”的趋势相符，而且可以有效避免主观标准的随意性和不确定性，使案件的处理结果更具稳定性和可预测性。因此，在裁决承认与执行的司法实践中，我国法院应当采取客观性标准。

3. 提高法官的整体司法水平

尽管“内部报告制度”存在诸多制度缺陷，但我国目前的情况使其必须存在并发挥作用。导致这一状况的主要原因在于，我国目前各级法院和法官的司法水平与法律素质存在差异。由于缺乏判断公共政策范围的客观标准，一些下级法院无法对相关案件作出适当处理，[2] 需要通过内部报告制度将国际裁决承认与执行的最终决定权集中在最高人民法院的手中。

提高我国法官整体的司法水平和法律素质是公共政策制度得以完善的重要

---

〔1〕 谢宝朝：《论违反法院地国公共政策的外国仲裁裁决的分割承认与执行研究》，载《仲裁研究》2010年第3期，第78~79页。

〔2〕 杨弘磊：《人民法院涉外仲裁司法审查情况的调研报告》，载《武大国际法评论》2009年第1期，第314页。

保障。只有我国从下到上、各个级别的法官都能熟谙《纽约公约》的立法意旨，掌握相关案件的裁判规则和国际趋势，才能从根本上完善我国的公共政策适用体系。

结论

本文对世界主要国家在拒绝承认与执行国际商事仲裁裁决时适用公共政策的立法和司法实践情况进行了总结、对比和分析。同时结合相关判例，初步归纳了国际上适用公共政策的具体情形。随后介绍了我国适用公共政策对国际仲裁裁决进行司法审查的立法和司法现状，并且分析了我国目前存在的问题。最后，结合国际上的趋势和普遍做法，提出了完善我国公共政策制度的建议。

截至2015年底，包括我国在内的《纽约公约》的缔约国数量已经达到156个，覆盖了世界上3/4的国家。可以说，《纽约公约》是当今国际商事仲裁裁决承认与执行在全球范围内的基本国际法框架。尽管《纽约公约》和各国国内法对公共政策的具体范围都未做详尽规定，但随着全球经济一体化和各国对仲裁的包容态度，国际上呈现出“谨慎适用公共政策”和“支持仲裁”的趋势。国际法协会等国际组织亦致力于统一各国对公共政策的认识。目前，各国在公共政策的适用上普遍呈现出区分国际和国内公共政策、适用客观标准等一致趋势。可以预见，未来各国对公共政策的规定将越来越统一。

从我国的情况来看，最高人民法院在司法实践中对公共政策谨慎适用的态度与国际社会一致。作为《纽约公约》的缔约国，我国有义务按照公约来承认与执行国际仲裁裁决，但是，我们也需要谨防陷入过分强调在国际社会上的司法形象，而将公共政策作为制度摆设的极端状态。平衡二者关系的关键是，在立法和司法实践中合理清晰地确定我国公共政策的内涵，使公共政策真正发挥“安全阀”的制度价值。

公共政策制度具有动态性，公共政策概念本身也会随着时代的发展而变化。因此，本文总结的一些趋势和规律可能在一段时间后就不再适用了。但是，对现阶段公共政策体系的研究和探讨，如果能够对我国当前的司法实践起到一些引导作用，也是有现实意义的。

参考文献

一、著作类:

1. 杜新丽:《国际商事仲裁理论与实践专题研究》，中国政法大学出版社 2009 年版。

2. 韩德培主编:《国际私法新论》，武汉大学出版社 1997 年版。

3. 林一飞:《中国国际商事仲裁裁决的执行》，对外经济贸易大学出版社 2006 年版。

4. 万鄂湘主编:《涉外商事海事审判指导》，人民法院出版社第 7、11、12、18、21、22、23、24、25 辑。

5. 于喜富:《国际商事仲裁的司法监督与协助——兼论中国的立法与司法实践》，知识产权出版社 2006 年版。

6. 张圣翠:《国际商事仲裁强行规则研究》，北京大学出版社 2007 年版。

7. ［英］艾伦·雷德芬等著:《国际商事仲裁法律与实践》（第 4 版），林一飞、宋连斌译，北京大学出版社 2005 年版。

8. 杨弘磊:《中国内地司法实践视角下的〈纽约公约〉问题研究》，法律出版社 2006 年版。

9. Georgios Petrochilos, *Procedural Law in International Arbitration*, New York: Oxford University Press, 2004.

10. Van den Berg, The New York Arbitration Convention of 1958-toward a Uniform Judical Interetation (1981).

二、论文类:

1. 马晓红:《论国际商事仲裁中的公共政策保留》，载《科学之友》（B 版）2009 年第 8 期。

2. 张萍:《公共政策与国际商事仲裁裁决的承认和执行》，载《河南省政法管理干部学院学报》2007 年第 3 期。

3. 齐伟华:《国际商事仲裁裁决承认与执行中的公共政策问题》，载《法制博览》2012 年第 8 期。

4. 黄进:《国际私法上的公共秩序问题》，载《武汉大学学报（社会科学版）》1991 年第 6 期。

5. 杜新丽:《论外国仲裁裁决在我国的承认与执行——兼论〈纽约公约〉在中国的适用》，载《比较法研究》2005 年第 4 期。

6. 陈慧琳:《公共政策与国际商事仲裁裁决的承认和执行》，载《黑龙江省政法管理干部学院学报》2010 年第 12 期。

7. 马德才、杜焕芳:《〈纽约公约〉中的公共政策三题》，载《河北法学》2009 年第 7 期。

8. 顾微微等:《公共政策在国际商事仲裁裁决拒绝承认和执行中的适用——浅论〈纽约公约〉第 5 条第 2 款第 2 项的公共政策抗辩制度》，载《南通工学院学报（社会科学版）》2004

年第 4 期。

9. 何其生：《国际商事仲裁司法审查中的公共政策》，载《中国社会科学》2014 年第 7 期。

10. 张贝：《论国际商事仲裁裁决承认与执行中的公共政策问题》，载《北京仲裁》2004 年第 2 期。

11. 谢宝朝：《论违反法院地国公共政策的外国仲裁裁决的分割承认与执行研究》，载《仲裁研究》2010 年第 3 期。

12. 陈治东、沈伟：《国际商事仲裁裁决承认与执行的国际化趋势》，载《中国法学》1998 年第 2 期。

13. 毛洪波：《我国司法实践对国际商事仲裁公共政策的理解和适用》，载《仲裁研究》第 26 辑。

14. 张小雪：《国际商事仲裁中可仲裁性与公共政策的关系》，载《北京仲裁》2014 年第 1 期。

15. 张雅梅、白映福：《国际商事仲裁裁决承认与执行的统一化趋向》，载《甘肃政法学院学报》1994 年第 2 期。

16. 詹慧娟：《〈纽约公约〉第 5 条中公共政策条款与正当程序条款的适用》，载《北京仲裁》2009 年第 2 期。

17. 郭玉军：《美国国际商事仲裁中的显然漠视法律》，载《法学评论》2001 年第 2 期。

18. 康耿：《美国商事仲裁中显然漠视法律原则的新发展——以 Hall Street 案为中心》，载《比较研究》2012 年第 4 期。

19. 张雪：《论我国国际商事仲裁裁决司法追诉的内部报告制度》，载《山东审判》2005 年第 5 期。

20. 杨弘磊：《人民法院涉外仲裁司法审查情况的调研报告》，载《武大国际法评论》2009 年第 1 期。

21. 廖亦君：《论公共政策在承认与执行国际商事仲裁裁决中的适用》，载《今日南国（理论创新版）》2010 年第 3 期。

22. 杨玲：《国际商事仲裁公共政策司法界定的实践与发展》，载《政治与法律》2010 年第 11 期。

23. 詹婉秋：《论我国国际商事仲裁的内部报告制度》，载《技术与市场》2011 年第 12 期。

24. E Chukwuemeke Okeke，“Judical Review of Foreign Arbitral Awards：Bane，Boon or Boondoggle”，*New York International Law Review*，1997，Rev. 29.

25. Inae Yang，“A Comparative Review on Substantive Public Policy in International Commercial Arbitration”，*Dispute Resolution Journal*，2015，J. 49.

26. Peter Mokife. Hong-lin Yu，“The Impact of National Law Elements on International Commercial Arbitration”，*Int. A. L. R* 2001，4（1）.

27. “Case Law on UNCITRAL Texts Case 402：Bayerisches Oberstes Land Esgericht”，27

Y. B. Com. Arb. 445 (2002) and 263 (2002).

28. Lew, Application Law in International Commercial Arbitration (Oceana, 1978).

29. Ramona Martinez, "Recognicition and Enforcement of International Arbitration Awards under the United Nations Convention of 1958", *International Lawyer*, 1990.

30. May Lu, "The New York convention on the Recognition and Enforcement of Foreign Arbitral Awards: Analysis of the Seven Defenses to Oppose Enforcement in the United States and England", *Arizona Journal of International & Comparative Law*, 2006.

31. 高晓力:《论国际私法上公共政策之运用》，对外经济贸易大学 2005 年博士学位论文。

32. 陈芳芳:《国际商事仲裁裁决的承认与执行中的公共政策》，复旦大学 2010 年硕士学位论文。

33. 熊守毅:《论国际商事仲裁裁决承认与执行中的公共政策》，广西大学 2014 年硕士学位论文。

三、其他

1. 《纽约公约缔约国达 156 个》，载 http://www.cnarb.com/Item/7534.aspx.

股东大会决议撤销之诉实证研究
——以北京地区 45 篇裁判文书为基础[*]

张力涛

摘　要

我国于 1993 年制定并颁布了首部《公司法》，建立起现代公司制度，自此董事会与股东大会成为公司治理的核心。同时，为了防止大股东滥用"资本多数决"制度，旧《公司法》在第 111 条首次设立了股东大会、董事会决议瑕疵诉讼制度。该法虽然规定了股东大会决议撤销之诉制度，但是因为法律条款规定得过于原则性，所以在具体司法实践中难以适用。2005 年，我国对《公司法》进行了第三次修订，其中包括对股东大会决议撤销之诉制度的完善。此次修正虽然在一定程度上对该制度进行了细化，但是法律规定总体上仍有些模糊，在具体运行过程中亦有问题出现，引起了法学界的种种讨论。

2016 年 4 月 12 日，最高人民法院向社会公布了《公司法解释四（征求意见稿）》，公开征求意见，其中有 12 条关

---

* 本文完成于《最高人民法院关于适用〈中华人民共和国公司法〉若干问题的规定（四）》通过前。

于股东大会决议瑕疵诉讼制度，涉及诉讼当事人安排、诉讼事由、行为保全、判决效力等问题。股东大会决议撤销之诉再次成为学界讨论的热点。

本文通过案例统计研究法，在对北京地区股东大会决议撤销之诉司法案例进行定量分析的基础上，着重对裁判争议焦点比较集中的问题进行“分析式概况”，获得真正有价值的研究信息，更多地在理论层面的指导下发现新的问题，重新认识现有的问题。

对于股东大会决议撤销之诉当事人，笔者认为原告股东在起诉时应当证明其在此时具有被告公司的股东资格，同时应当赋予公司的董事和监事股东大会决议撤销之诉原告主体资格。对于被告的安排，只有作出决议的公司才能作为股东大会决议撤销之诉的适格被告。有股东与原告股东存在同样的诉求时，将其列为共同原告；有股东或者其他利害关系人并希望维持股东大会决议效力时，可以将其列为无独立请求权的第三人。

对于我国司法实践中将股东大会决议不成立之诉纳入决议撤销之诉范畴来审理的情况，笔者通过对案例的分析，得出建立股东大会决议不成立之诉制度的必要性，并通过对股东大会决议成立标准的探讨构建出不成立之诉的适用情形。此外，对于可撤销事由规定过于笼统的做法，笔者建议应适当地拓展与明确相关法律，并规定兜底条款。

针对当前我国《公司法》立法更倾向于对股东权益的保护而相对忽视公司整体稳定的问题，笔者首先探讨了股东大会决议撤销权行权期限的适用现状，并对学界存在的看法进行了分析与反驳。其次，对诉讼担保适用现状与存在的问题进行分析，并对该制度提出了三点完善措施。最后为了回应司法实践中的需求，笔者建议应当尽快设立股东大会决议撤销之诉裁量驳回制度，对现行立法过于倾向原告股东适当纠偏。

关键词：股东大会决议　当事人　撤销事由　限制

引　言

一、选题背景与意义

我国于1993年制定并颁布首部《中华人民共和国公司法》（以下简称《公司法》），设立董事会、监事会与股东大会的现代公司治理模式，自此董事会与股东大会成为公司治理的核心。同时，为了防止大股东滥用“资本多数决”制度，旧《公司法》首次设立了股东大会、董事会决议瑕疵诉讼制度，规定在股东认为其合法权益受到违法违规侵害时可以提起诉讼，要求判令公司停止违法或侵害行为。〔1〕 该条款赋予了权益受侵害的股东向法院主张撤销决议的权利。〔2〕 该法虽然规定了股东大会决议撤销之诉制度，但是因为法律条款过于笼统、宽泛，因此在具体司法实践中，原告股东往往被告知不予立案或者不予受理。2005 年，我国对《公司法》进行了第三次修正，其中就包含对股东大会决议撤销之诉制度的完善。此次修正虽然在一定程度上对该制度进行了细化，但具体运行当中还是出现了各种问题，同时也引起了法学界的种种讨论。

2016 年“万宝之争”入选“中国商法年度十大事件”。〔3〕 同年 6 月 17 日，万科召开董事会，会上表决通过了受到华润方面强烈反对的公司重组方案。万科公司的独立董事在议案表决时进行了回避，致使按照公司章程需要 2/3 董事表决同意才能通过的议案，最终以董事会成员 7∶3 的比例通过。此结果一经公布即引起了商法学界乃至整个社会的关注。6 月 28 日，万科两位投资者向法院提起诉讼，要求撤销上述董事会决议。借助该事件的发生，一时间公司决议撤销之诉问题再次成为商法学界比较热门的话题之一。

与“万宝之争”同时入选 2016 年“中国商法年度十大事件”的还有“最高人民法院审委会原则通过《最高人民法院关于适用〈中华人民共和国公司法〉若干问题的规定（四）》”。〔4〕 这一文件的征求意见稿〔5〕当中有 12 条对股东大会决议瑕疵诉讼问题进行了规范。〔6〕 以及 2017 年全国人民代表大会审议通过的《中华人民共和国民法总则》（以下简称《民法总则》）中的第 85 条除了再次申明营利性法人的出资人可以要求法院依法撤销具有瑕疵的法人决议外，进一步对被撤销后决议的效力作出了规定。〔7〕

上述事件再次说明公司决议撤销之诉制度仍存在诸多问题，学界仍然争论

---

〔1〕 1993 年《公司法》第 111 条规定：股东大会、董事会的决议违反法律、行政法规，侵犯股东合法权益的，股东有权向人民法院提起要求停止该违法行为和侵害行为的诉讼。

〔2〕 参见刘俊海：《股份有限公司的股东权保护》，法律出版社 1997 年版，第 300 页。

〔3〕 参见《2016 年“中国商法年度十大事件”评选结果公告》，载 http://www.commerciallaw.com.cn/index.php/home/news/info/id/177.html?from=timeline，最后访问日期：2017 年 3 月 8 日。

〔4〕 参见《最高法院原则通过适用公司法司法解释（四）》，载 http://www.chinacourt.org/article/detail/2016/12/id/2364600.shtml，最后访问日期：2017 年 3 月 10 日。

〔5〕 全称为《最高人民法院关于适用〈中华人民共和国公司法〉若干问题的规定（四）》（征求意见稿），以下简称《公司法解释四（征求意见稿）》。

〔6〕 参见《最高法就公司法司法解释向社会公开征求意见》，载 http://www.court.gov.cn/fabu-xiangqing-19342.html，最后访问日期：2017 年 3 月 8 日。

〔7〕 参见《民法总则》，载 http://www.npc.gov.cn/npc/xinwen/2017-03/15/content_2018907.htm?from=timeline&isappinstalled=0#10006-weixin-1-52626-6b3bffd01fdde4900130bc5a2751b6d1，最后访问日期：2017 年 3 月 20 日。

不休，司法实务界应用该制度时也出现了标准不一的情形。因此，笔者希望通过对最近十年间北京地区股东大会决议撤销之诉的实证研究，进一步探讨目前我国该诉讼制度存在的问题与不足，并对《公司法解释四（征求意见稿）》进行简要探讨，有针对性地提出自己的看法与完善措施建议。

此外，需要特别说明的是，公司决议包括股东大会决议、股东会决议以及董事会（执行董事）决议。因为三者决议撤销之诉基本原理相通，研究股东大会决议撤销之诉在现代公司决议表决方式，即资本多数决，以及公司控制权与所有权分离的背景下，将更具有典型意义。因此，本文为使讨论更具有针对性，决定将股东大会决议撤销之诉作为具体探讨对象。如未特殊说明，则股东大会决议撤销之诉的基本理论也同样适用于董事会（执行董事）决议和股东会决议。[1]

二、研究方法的说明

法律条文存在着"内部含糊"与"外部含糊"，前者是因法律条文本身用语笼统、歧义等而产生的。[2] 立法者不可能预料到社会现实生活中产生的处于不断发展中的各种各样、错综复杂的社会关系。因此，立法者在制定法律规范时为了尽可能地囊括某一类型的社会关系，其法律条文所使用的语言往往具有一定的概括性。这就意味着，审理具体个案时，法官不进行进一步解释而直接适用某一法条在客观上几无可能。在具体案件事实与法律条文规范之间，法官通过不断分析、比较和权衡等思维方式，不断经历着从法律规范到案件事实，从案件事实到法律规范的反复过程。[3] 经过上述不断往复的过程，法律规范逐渐变成"符合存在的"，司法案例逐渐变成"符合规范的"，并不断地将法律规范变成更细致、更接近存在的，具体案件拥有了清晰的轮廓，成为类型。[4] 司法裁决作为法学实证研究的主要对象，具有终结纠纷的属性，司法的进程和结果最能反映其所涉法律法规在实际现实生活中的运用效果，[5] 更易于发现现有法律法规在司法适用中存在的问题，从而更好地解决问题，促进法律和审判的不断发展与完善。将承载法官审判思路的裁判案例进行类型化的整理和分析，得出超越个案的经验，对于立法与司法解释的完善、裁判规则的逐步统一以及法

---

〔1〕 参见李建伟：《公司诉讼专题研究》，中国政法大学出版社2008年版，第167页。

〔2〕 参见［美］理查德·A. 波斯纳：《法理学问题》，苏力译，中国政法大学出版社2002年版，第106页。

〔3〕 参见张明楷：《从生活事实中发现法》，载《法律适用》2004年第6期。

〔4〕 参见［德］亚图·考夫曼：《法律哲学》，刘幸义等合译，五南图书出版公司2000年版，第237页。

〔5〕 参见张家勇：《探索司法案例研究的运作方法》，载《法学研究》2012年第1期。

学研究领域所遇到的困难都具有非常重大的意义。[1] 特别是在最高人民法院发布的指导性案例成为司法审判的重要参照之后，司法案例的实证研究无论在法学界还是在司法实务界都显得愈加重要。

案例研究的方式一般可以分为三种，即个案研究、类案研究和案例统计研究，前两种研究方法是法学案例研究中比较常见的方法，第三种方法因为对数据的采集和处理能力要求较高，所以应用较少。[2] 本文即采用比较新颖的案例统计研究法，在对现有司法案例进行定量分析的基础上，着重对裁判争议焦点比较集中的问题进行"分析式概括"，获得真正有价值的研究信息，更多地在理论层面的指导下发现新的问题，重新认识现有的问题。[3]

三、案例的来源与选取

北京作为全国中心城市，在司法实践领域也往往走在全国的最前列，因此将其作为我们研究的地域范围具有相当的意义和代表性。为了确保样本数据的可比性与完整性，将样本的时间跨度调整为2006—2015年，诉讼案由为"公司决议撤销纠纷"，所采集的样本皆为法院的裁判文书。本文的样本收集主要通过以下两种途径：一是中国裁判文书网。依据最高人民法院的要求，全国各级法院自2014年1月1日起，将其审判生效的裁判文书在中国裁判文书网公布。[4] 二是中国法律检索系统，即"北大法宝"。笔者将以该网站的资料对使用第一种方法检索的案例进行查缺补漏，更新补充按照第一种方法未能收集到的案例。通过两种方式共收集到裁判文书123篇。

这123篇裁判文书中有判决书87篇，裁定书36篇。经过逐一审查，发现裁定书内容简略，案件信息匮乏，无法体现法官的裁判思路，亦无法达到实证研究的目的，因此将这部分裁判文书剔除。此外，因通过两种方式收集到的裁判文书有部分重合，因此将重合部分剔除。另，北京地区部分法院对其一审审理但并未生效的判决书也在网上进行了公布，因该部分裁判文书的主要内容往往已经包含在二审生效的判决书之中，又因其本身并未产生法律效力，故亦将其排除在样本之外。因此，剩余有研究价值的裁判文书共45份。

---

〔1〕 参见李建伟：《股东知情权诉讼研究》，载《中国法学》2013年第2期。

〔2〕 参见张家勇：《探索司法案例研究的运作方法》，载《法学研究》2012年第1期。

〔3〕 参见王建云：《案例研究方法的研究述评》，载《社会科学管理与评论》2013年第3期。

〔4〕 参见《最高人民法院关于人民法院在互联网公布裁判文书的规定》，载 http：//www.chinacourt.org/article/detail/2013/11/id/1152212.shtml，最后访问日期：2017年3月10日。

四、北京地区股东大会决议撤销之诉概况

（一）公司类型和被诉会议类型

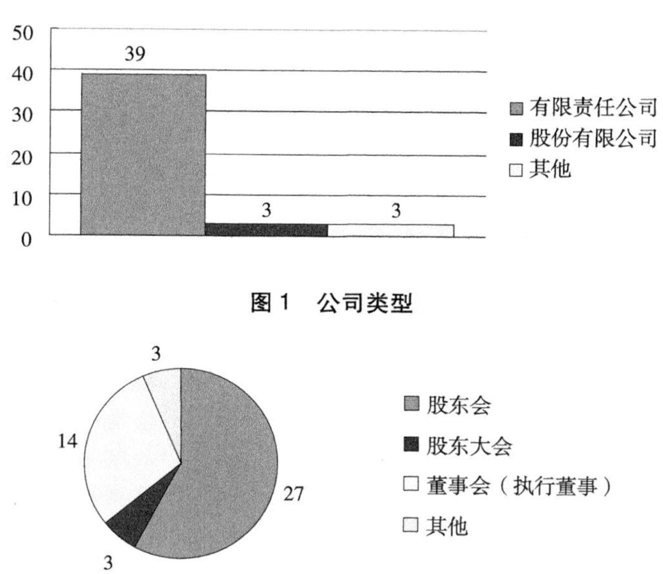

图1　公司类型

图2　被诉会议类型

图1“公司类型”反映的是被诉作出股东大会决议的公司类型。在45个公司类型样本中，有限责任公司有39个，占到案例样本总量的86.6%，具有鲜明的代表性；股份有限公司仅有3个，占到案例样本总量的6.7%。两者差距明显可能在于以下两个原因：其一，法律对股份有限公司董事会和股东大会决议作出的规定相对较多，避免了诸如有限责任公司那样在自治过程中“打擦边球”的做法，因此产生的争议也较少。其二，股份有限公司更加具有资合性，股权结构也较为分散，股东容易退出，当股东认为股东大会决议将对其自身权益造成损害时——虽然股东权益受损并非股东提起股东大会决议撤销之诉的法定条件，却是绝大多数股东提起诉讼的最大动因——股东可以迅速以“用脚投票”[1] 的方式退出公司。有限责任公司更加具有人合性，股东更愿长期持有公司的股份，也更加希望看到公司的长远发展与生存，因此股东提起股东大会决议撤销之诉所造成的机会成本也就较小。这一原因可以通过以下事实来证明：

〔1〕 参见施天涛：《公司法论》，法律出版社2014年版，第421页。

从样本中能够收集到股东人数的案例共 42 例，股东人数超过 10 人（含法人股东）的仅有 14 例。

此外，图 1 所示公司中还包含了 3 例股份合作制企业，占到样本总数的 6.7%。这 3 个案例均参照适用了《公司法》第 22 条关于股东大会决议撤销之诉制度的相关规定。正如在“北京某咨询服务中心与毕某某股东会决议撤销上诉案”中，两审法院均认为“鉴于该问题与《公司法》股东会决议效力问题性质相同，可参照适用相关规定”。[1]

图 2“被诉会议类型”反映的是被诉决议作出主体的类型，在其他类别中为 3 例股份合作制企业作出的股东大会（职工代表大会）决议。在 47 个[2]被诉决议作出主体类型样本中，被诉决议作出主体为股东大会（股东会）的有 30 例，占样本总量的 63.8%。被诉决议作出主体为董事会（执行董事）的有 14 例，占样本总量的 29.8%。由此可知，股东大会（股东会）决议的被诉率远远超过董事会（执行董事）决议。造成上述情形出现的原因有二：其一，有权参加董事会决议的人数远远少于有权参加股东大会决议的人数，并且前者在商事决策方面更加具有专业性；其二，前者往往决定着公司生存和发展的重大事项，对公司股东的个人利益影响更为深远，影响的股东范围也更加广泛，因此，股东往往更愿意通过诉讼的方式撤销具有瑕疵的决议，维护公司与自身权益。

（二）北京地区股东大会决议撤销之诉案件的程序性特征

表 1 审理法院级别与程序

		审理法院级别			合 计
		基层人民法院	中级人民法院	高级人民法院	
审理程序	一审程序	21	1	0	22
	二审程序	0	22	1	23
合 计		21	23	1	45

如表 1 所示，在我们收集到的 45 例裁判文书中，十年来由北京市各中级人民法院审结的案件最多，有 23 例，占到案例样本总量的 51.1%，即北京地区股东大会决议撤销之诉案件有一半以上是由中级人民法院审结的；然后为北京市

[1] 案号为（2009）二中民终字第 22302 号。

[2] 在案号为（2015）一中民（商）终字第 9211 号和（2013）朝民初字第 36068 号的案例中，原告同时起诉公司股东大会（股东会）和董事会（执行董事）。

各基层人民法院，审结的案件有21例，占到样本总量的46.7%；由北京市高级人民法院审结的案件最少，仅有1例，占样本总量的2.2%。由此我们可以看出，北京地区股东大会决议撤销之诉案件大部分是由各中级人民法院审结的。

同时，在45例样本案件中，法院一审结案的有22例，占到样本总量的48.9%；二审结案的有23例，占到样本总量的51.1%。由此可知，北京地区股东大会决议撤销之诉案件的上诉率较高，说明此类案件原被告之间争议较大，案情较为复杂，冲突较为严重，有时甚至造成公司的僵局，[1] 一审法院的判决往往无法消除原被告双方的矛盾或起到定纷止争的作用。此外，该表还显示出在一审结案的22个案件中，由北京市各中级人民法院审结的有1件，占到一审结案总数的4.5%，其余的案件都是由北京市各基层人民法院审结，北京市高级人民法院审结的一审案件数量为0。在二审程序结案的23例案件中，由北京市各基层人民法院上诉到管辖其中级人民法院的有22例，占总数的95.7%。由北京市各中级人民法院上诉到高级人民法院的有1例，占总数的4.3%，该例案件因属于重大涉外案件，依据《中华人民共和国民事诉讼法》（以下简称《民事诉讼法》）关于级别管辖的规定，由中级人民法院一审审理。[2]

（三）审结案件原告胜诉情况与上诉案件处理结果

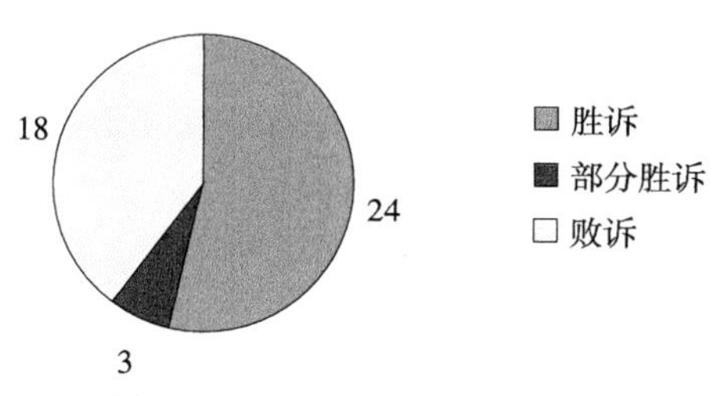

图3 审结案件原告胜诉情况

〔1〕 案号为（2009）二中民终字第03643号、（2015）一中民（商）终字第9211号、（2014）海民初字第10673号的案例。

〔2〕《民事诉讼法》第18条（旧版第19条）：中级人民法院管辖下列第一审民事案件：①重大涉外案件；②在本辖区有重大影响的案件；③最高人民法院确定由中级人民法院管辖的案件。

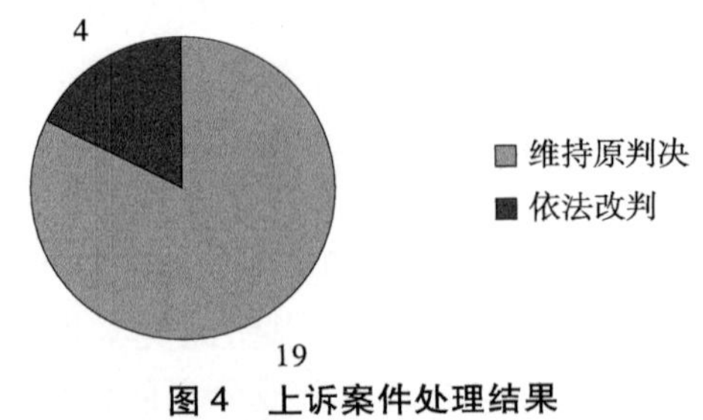

图4　上诉案件处理结果

如图3所示，在我们收集到的45例案件中，有24例原告诉求全部得到支持的案件，占到样本总数的53.3%；部分请求得到支持的案件共有3例，占到样本总数的6.7%；原告败诉的案件为18例，占到样本总数的40.0%。由此我们可以看出，北京地区股东大会决议撤销之诉案件原告的胜诉率刚刚过半，总体来看胜诉率偏低，说明股东以股东大会决议违法违章为由要求人民法院撤销决议在目前法律体系下仍有一定难度。

同时，如图4所示，在23例上诉的案件中，二审法院维持一审法院判决的案件有19例，占到总数的82.6%；一审判决被二审法院依法改判的案件为4例，占到总数的17.4%。案件的改判率较高，说明一审法院的审判质量有待进一步提高。造成这种情况的原因可能是目前在审理股东大会决议撤销之诉类案件时，各级法院对于案件是否具有撤销事由以及能否裁量驳回的标准把握上有一定出入，有时一审法院认定的撤销事由或未认定的撤销事由会被二审法院推翻。

第一章　股东大会决议撤销之诉当事人

我国现行《公司法》针对股东大会决议撤销之诉当事人仅规定“股东可以……”〔1〕而未对当事人做更详细的安排。这就导致在司法实践中原告被告及其他当事人参与司法活动的主体较为混乱，也引发了理论界的争论。本章拟结合北京市股东大会决议撤销之诉实证案例中的做法，探讨股东大会决议撤销之诉当事人的具体安排。

---

〔1〕《公司法》第22条第2款：股东会或者股东大会、董事会的会议召集程序、表决方式违反法律、行政法规或者公司章程，或者决议内容违反公司章程的，股东可以自决议作出之日起60日内，请求人民法院撤销。

一、股东大会决议撤销之诉原告

股东大会决议撤销之诉的原告在我国《公司法》的规定中只有股东，在实践中也印证了上述法律规定。例如，在笔者收集到的45例北京地区股东大会决议撤销之诉案件中，所有原告无一例外皆为公司股东。但是法律并未对股东的条件资格作出具体而明确的规定，继受股东、无表决权股东等处于特殊情形下的股东是否具有决议撤销权，以及撤销权的行使是否需要股东大会决议损害了股东自身利益，是否需要股东在决议的当场表示异议等问题，在理论与实践中也存在一些争议。此外，在理论界有学者认为原告主体应适当扩张至包括董事和监事甚至其他高管等。笔者将分两部分来论述这个问题。

（一）股东

依据《公司法》第22条第2款之规定，股东大会决议撤销之诉原告当然为公司股东。但是否所有股东均具有股东大会决议撤销之诉原告的主体资格？撤销权的行使是否会受到某些情形的限制？我国《公司法》并未作出进一步的规定。在一些具体情形下，我们需要进一步探讨。

1. 原告股东是否需要其个人权益受到损害

在笔者收集到的45例北京地区股东大会决议撤销之诉案件中，无一例人民法院因原告股东个人权益未受损害而认定原告主体不适格。同时，原告个人权益未受损也无法成为被告的抗辩事由。在北京地区法院实践中，有被告以可撤销的股东大会决议符合原告股东个人权益为由进行抗辩，但最终未被人民法院生效的判决予以认可，这样的案件有4例。[1] 例如，在笔者收集到的“北京某汽车服务公司与某科技公司董事会决议撤销纠纷上诉案”中，被告的抗辩事由，即“本案所涉董事会决议是在紧急情况下作出的，且决议内容符合公司和股东利益”[2] 并未被一审法院所采信。一审法院认为“董事会作出具有程序性瑕疵的决议，虽然不一定会对股东利益造成损害，但是如果股东决定通过诉讼方式撤销具有瑕疵的董事会决议，那么该董事会决议不会因为其没有给股东利益造成损害而有效”。[3] 二审法院支持了上述论断，认为“董事会决议事项的合理性与董事会决议作出的合法性并非同一层次的问题，董事会决议的作出存在违法事由并不能由董事会决议事项的合理性所治愈”。[4] 但值得注意的是，在“北京某科技投资公司与刘某股东会决议撤销纠纷上诉案”中，一审法院以“涉

---

〔1〕 这四例的案号分别为：(2009) 高民终字第1147号、(2009) 一中民终字第7749号、(2015) 一中民（商）终字第9211号、(2010) 昌民初字第12870号。

〔2〕 案号为：(2009) 高民终字第1147号。

〔3〕 案号为：(2009) 高民终字第1147号。

〔4〕 案号为：(2009) 高民终字第1147号。

案临时股东会的计票和表决方式并未损害股东权益”为由，未支持原告股东的诉讼请求，但之后被二审法院以“理由失当”纠正。[1]

从权利的性质角度来讲，具有股东大会决议撤销权的股东在法定期限内起诉被告公司，并经法院判决决议撤销，则决议自始无效；相反，如果被法院依法驳回或者被判败诉或者没有在法定期限内起诉，则具有撤销事由的决议最终将因行权期间的经过而成为有效的决议。据此，股东大会决议撤销权在性质上为形成权。虽然该权利的行使只能通过诉讼的方式，但是“此时撤销权非以诉行之，乃以诉讼为机会而行使，从而其撤销不失私法上意思表示之性质，故其效力不因诉讼关系如何而受影响”。[2] 据此，股东大会决议撤销之诉乃为形成之诉。然而对《公司法》规定的股东大会决议撤销之诉原告与《民事诉讼法》中规定的原告主体资格进行比较，则会发现决议撤销之诉原告在诉的利益上有特别之处。

根据我国《民事诉讼法》的规定，当事人必须是其自身的民事权益受到侵犯或与他人产生争议才能提起民事诉讼，并且因此为保护自身权益而提起诉讼的人；[3] 而从字面上看，《公司法》第22条第2款之规定显然只以原告具有股东身份为唯一要件，并未要求股东行使撤销权需要具有上述诉讼利益。

在德国法学界，学者普遍认为股东大会决议撤销之诉具有双重功效：其一，股东大会决议撤销之诉具有维护股东个人利益免受违法违章的股东大会决议侵犯的功能和效果；其二，股东大会决议撤销之诉更具有消除股东大会决议违法违章性、保障股东大会决议行为合法合章的控制功效。第二种功能甚至是股东大会决议撤销之诉的最根本功效。因此，股东大会决议撤销之诉是限于股东范围内的“公益之诉”。[4] 我国学者虽然缺乏对股东大会决议撤销之诉功能定位的深入研究，但是很多学者也经常引用上述“公益之诉”的观点。

因此，笔者认为，从上述股东大会决议撤销之诉的“公益”性质来看，为了保证股东大会决议合法合章，维护所有股东的共同权益，理论上任何一名股东只要在起诉时具有被告公司的股东资格，就可以提起股东大会决议撤销之诉。意即股东大会决议撤销之诉原告的主体条件仅限于原告在起诉时是否具有股东

---

〔1〕 案号为：(2009）一中民终字第7749号。

〔2〕 史尚宽：《民法总论》，中国政法大学出版社2000年版，第590页。

〔3〕 参见《民事诉讼法》第119条：“起诉必须符合下列条件：①原告是与本案有直接利害关系的公民、法人和其他组织；……”

〔4〕 Vgl. Horrwitz, Das Recht der Generalversammlungen der Aktiengesellschaften und Kommanditgeselischalten aut Aktien, tiernn, vanten, 1913, S. 88. 转引自丁勇：《股东大会决议撤销之诉功能反思》，载《法学》2013年第7期。

身份，并不需要股东的具体个人权益是否受到损害。这也与《公司法》第22条第2款规定的文义解释相一致。

当然，股东大会决议撤销之诉的原告主体资格不需要判定原告股东个人权益是否受损，并不代表股东的个人权益是否受损在股东大会决议撤销之诉制度中不重要。相反，股东个人权益受到损害是股东提起股东大会决议撤销之诉的最大动因，同时也是立法者建立股东大会决议撤销之诉原告主体资格标准的重要考量因素。正如在“北京某计算机公司与舒某公司决议撤销纠纷上诉案”中，二审法院认为“股东大会决议撤销之诉制度是一种对瑕疵决议的救济制度，其最初建立的目的是为了保护股东的合法权益，并在制度设计上，也显示出公平与效率以及大小股东之间的利益平衡”。[1] 股东往往因个人权益受损而提起股东大会决议撤销之诉，决议被法院依法撤销才能显现出股东大会决议撤销之诉的公益性功能和效果。如果股东的个人权益并未受到损害，股东往往不会主动地通过向法院起诉的方式，要求撤销具有瑕疵的股东大会决议。[2] 此外，在我国股东大会决议撤销之诉裁量驳回制度还未建立之际，股东个人利益没有受到损害有时也会成为在股东大会决议瑕疵明显轻微，以至于即使不存在该瑕疵也不会对决议的结果产生任何影响时，法院裁量驳回原告的理由之一。例如，在“袁某某与北京某建筑公司决议撤销纠纷上诉案”中，一审法院裁量驳回原告诉求的理由中即有“不影响每个股东和持股人的实际权利”。[3]

2. 继受股东

继受股东即通过股权转让继受取得股东资格的股东。围绕可撤销的股东大会决议形成之时以及提起股东大会决议撤销之诉时，是否应当具有被告公司的股东身份为股东大会决议撤销之诉主体资格的必要条件，理论界与司法实务届都存在巨大争论。[4]

在法学界，日本有学者认为，只要在起诉时与判决作出之前持续具有被告公司股东身份即可，而不要求原告股东在决议时是否具有股东身份。[5] 我国《公司法解释四（征求意见稿）》第2条与上述观点相同，并同时规定在法院受

〔1〕 案号为：(2015) 一中民（商）终字第9211号。

〔2〕 魏斌：《浅析对上市公司中小股东权益的救济措施》，载《经济论坛》2006年第23期。

〔3〕 案号为：(2009) 一中民终字第3331号。

〔4〕 参见周龙杰：《股东的股东会决议撤销之诉提诉主体资格研究》，载《长春理工大学学报》2008年第5期。

〔5〕 参见［日］末永敏和：《日本现代公司法》，金洪玉译，人民法院出版社2000年版，第128页。转引自钱玉林：《论可撤销的股东大会决议》，载《法学》2006年第11期，第38页。

理案件之后，不再具有公司股东身份的，应当驳回起诉。〔1〕同样，韩国学者李哲松认为不应以决议形成时具有股东资格作为提起股东大会决议撤销之诉的必要条件。〔2〕有的学者认为，在股东大会决议形成时应当具有股东资格，否则不享有撤销权。例如：学者杨建华认为，如果原告在作出决议时尚未取得股东身份，即使股东大会决议具有可撤销的瑕疵，因为没有涉及其自身的利益，则自然无从取得撤销权，因此，在股东大会决议作出时持有公司股份的人，才能提起股东大会决议撤销之诉。〔3〕

笔者认为，只要股东在提起诉讼时能够证明其具有被告公司的股东身份，即有权提起股东大会决议撤销之诉。在股东大会决议作出之后受让股份而成为公司股东的，如转让方撤销权未受到任何限制，则受让方对该撤销权的行使就不应受到任何限制；反之，若其前手股东撤销权行使受到限制，则受让股东对该撤销权的行使则应受到同等限制。因为继受股东在接受其前手股东股份转让时，就应默认其对包括前手股东决议撤销权受到限制等所有在其成为该公司股东之前发生的事实进行了认可。此外，因为工商登记往往具有滞后性，如果需要依工商登记来认定股东资格的话，则其撤销权很容易受到行权期限的限制，因此，对于股东身份的认定并不必然以是否进行了工商登记为准，如果原告股东有充足的证据证明其已受让股份而具有了被告公司的股东身份，则也应当认可其原告主体资格。

3. 无表决权股东

无表决权的股东是否有权起诉要求人民法院依法撤销股东大会决议，因各国是否需要通知其出席股东大会的规定不同而相异。例如：在美国、韩国等国家，股东大会的召开只需要通知拥有表决权的股东，而无须通知无表决权的股东，因此，上述这些国家的法律规定，没有表决权的股东不具有股东大会决议撤销权。〔4〕与之相对应的是在英国等地区，召开股东大会必须通知所有股东，因而包括无表决权股东在内的所有股东都具有股东大会决议撤销权。〔5〕

笔者认为，股东大会决议撤销之诉的原告主体资格问题的法理依据，不在于股东是否具有股东大会决议的表决资格，而在于其是否具有被告公司的股东

---

〔1〕参见《公司法解释四（征求意见稿）》第2条（撤销之诉的原告）："依据公司法第22条第2款起诉请求撤销股东会或者股东大会、董事会决议的原告，应当在起诉时具有公司股东身份。案件受理后不再具有公司股东身份的，应当驳回起诉。"

〔2〕参见［韩］李哲松：《韩国公司法》，吴日焕译，中国政法大学出版社2000年版，第417页。

〔3〕参见杨建华：《民事诉讼法问题研析》（三），1989年（自刊），第177页。

〔4〕参见钱玉林：《论可撤销的股东大会决议》，载《法学》2006年第11期，第39页。

〔5〕参见钱玉林：《论可撤销的股东大会决议》，载《法学》2006年第11期，第39页。

身份，撤销权与表决权也不是派生关系而是并列关系。并且，无表决权股东的权益也可能受到可撤销的股东大会决议的侵害。同时，由于股东大会决议撤销之诉的“公益之诉”属性，无表决权股东理应具有与其他股东同样的瑕疵股东大会决议撤销权，并不得因为其没有表决权而使其在提起股东大会决议撤销之诉时受到任何不正当的限制。此外，《公司法》第 99 条规定：“股东大会由全体股东组成”,〔1〕表明股东大会的召集必须通知所有股东，并且《公司法》第 22 条也没有对原告股东资格作出明确的限制，因此，我们当然认为无表决权的股东同样拥有股东大会决议撤销权。

4. 会议期间未当场异议股东

笔者查阅了所收集到的 45 例北京地区股东大会决议撤销之诉案例之后，发现有 5 例案件涉及股东是否当场表示了异议，其中只有一例被告以原告股东未当场表示异议为由进行抗辩，但并未得到法院的采信。〔2〕

对于原告股东在股东大会会议期间是否需要当场提出异议的问题，部分国家或者地区的法律和理论认为，股东当场提出异议是其享有瑕疵股东大会决议撤销权的前提。例如：《德国股份法》第 245 条第 1 项规定，提起股东大会决议撤销之诉的原告股东必须是在大会上对决议提出异议并记录在案的股东。〔3〕其理由为若股东在会议期间未提出异议，甚至投票赞成议案，此后再提起诉讼无疑违反了《民事诉讼法》的“禁止反言”原则。理论界多将上述情形区分为内容违章和决议程序违法违章两种情况而区别对待。有的学者认为，因决议程序违法违章易于识别，基于诚实信用原则，在该种情形下应对没有当场表示异议且投赞成票的股东行使股东大会决议撤销权进行必要限制；而对于决议的内容违反公司章程的情况，由于其是否违章并非容易分辨之事，且股东大部分都不熟悉公司的经营事务，很难做出准确判断，因此，对决议内容投票赞成的股东其撤销权不应受到限制。〔4〕

笔者认为股东在股东大会决议当场未提出异议，不应成为限制其撤销权行使的理由。因为在实务中，尤其是公司规模比较大、股东人数较多的公司股东

---

〔1〕 参见《公司法》第 99 条。

〔2〕 案号为：(2009) 二中民终字第 03643 号。

〔3〕 参见《德国股份法、德国有限责任公司法、德国公司改组法、德国参与决定法》，杜景林、卢堪译，中国政法大学出版社 2000 年版，第 110 页。

〔4〕 参见蔡立东、杨宗仁：《论股东会决议撤销权的主体及其行使》，载《当代法学》2008 年第 5 期。

大会决议会议中，股东很难发现可撤销的决议具有程序瑕疵。[1] 例如通知个别股东时间过晚，在股权登记环节对某个股东的股权登记出现纰漏等。此外，在股东投赞成票的情形下，其对内容的认可并不一定意味着其认可存在可撤销情形的程序。若决议内容具有瑕疵，因为股东理应对经过一致同意通过的公司章程相当熟悉，因此，股东投票赞成后，其撤销权理应受到“禁止反言”的限制，否则将严重影响法律秩序的安定性，除非原告股东有证据证明其赞成投票是在意思不自由或者存在重大误解的情形下作出的。

同时，对于在立法上引入股东当场异议制度，笔者并不赞同。因为此制度对于股东的法律素养要求较高，对其股东大会决议撤销权行使的限制也较为严格。笔者认为，在未当场异议甚至投票赞成议案的情形下，法官应依据现有的诚实信用原则结合具体情形进行灵活裁判。

（二）原告主体的扩张

1. 董事、监事

虽然我国现行《公司法》规定仅股东具有股东大会的决议撤销权，未赋予公司董事和监事相同的权利，实践中目前也未出现公司董事或者监事仅仅以其董事或者监事的名义起诉，要求撤销有瑕疵的股东大会决议，但是许多学者对公司董事、监事对公司股东大会决议的撤销权持肯定态度。

笔者认为，公司董事和监事也应具有撤销权。理由如下：其一，公司董事与监事对公司皆负有勤勉的义务，董事一旦执行了具有撤销情形的股东大会决议，需要对因此造成的损失承担责任；而监事负有对公司内部各机构的监督职责，依据该职责其必须监督股东大会决议的合法合章与否。其二，如果公司的股东大会决议涉嫌侵害董事及监事的利益，例如违法违章更换董事或监事而使决议具有可撤销事由的，就应当允许其提起撤销之诉。其三，公司董事与监事直接参与公司管理与监督事务，与普通股东相比更容易发现股东大会决议存在的瑕疵。其四，在公司董事会决议具有可撤销事由的情形下，董事会中具有股东身份的董事当然可以行使决议撤销权，但不具有股东身份的董事却不能拥有相同的权利。在我国公司独立董事制度越来越完善的背景下，虽然具有股东身份的董事行使董事会决议撤销权是基于其股东身份，但在外观上，公司董事会中的董事的权利及地位却不甚平等。其五，股东大会决议撤销之诉的功效不仅仅在于维护原告股东本人的利益，更在于维护公司和其他股东的利益，从维护股东大会决议合法性的“公益之诉”性质，引申出不仅仅是该公司股东应当具

[1] 参见李建伟：《公司决议效力瑕疵类型及其救济体系再构建——以股东大会决议可撤销为中心》，载《商事法论集》2008年第2期。

有股东大会决议撤销权，公司的董事、监事也应具有决议撤销权。

2. 公司高管

高管作为公司的员工，职责和地位与董事和监事不同，其仅行使公司的管理职权，不对股东大会负责，也不用向其报告工作，但对于董事会所作出的决议似乎不能持上述观点。首先，公司高级管理人员的工作内容可能就是对董事会决议的执行与落实。其次，董事会任命总经理，而总经理直接向董事会报告工作，公司总经理至少在与其自身利益相关的董事会决议上存在利害关系。综合以上两方面，公司高管至少应当可以撤销具有瑕疵的董事会决议。并且与上文从股东大会决议撤销之诉的“公益之诉”性质，引申出公司董事、监事具有相同撤销权，其他高级管理人员似乎也应具有相同的权利。

笔者并不认同上述观点，公司作为承载股东、员工以及债权人等多方利益的平台，法律为各主体提供的纠纷解决途径不同。高管作为公司的员工，其与公司的纠纷并非只能通过股东大会决议撤销之诉来解决，例如如果股东大会决议涉及公司高管的自身利益，其完全可以依据与公司签订的劳动合同来解决。同时，公司毕竟属于全体股东所有，股东大会决议撤销之诉的“公益”性主要是指全体股东的利益，不能将其过度引申。股东大会作为公司的最高决策机关，如果允许公司高管行使股东大会决议撤销权，当股东与公司高管利益诉求不相容时，公司高管则有可能损害股东的权益。除此之外，如果一味地扩大公司股东大会决议撤销权主体范围，则股东大会决议处于不确定状态的可能性就会增大，这样做既不利于公司内部运行的稳定，也不利于公司外部的交易安全。因此，笔者并不赞成将股东大会决议撤销权主体范围扩大到公司股东、董事及监事以外的主体。

二、股东大会决议撤销之诉被告

在股东大会决议撤销之诉中，谁可以作为被告，对此具有最直观感受的就是争议相对方的股东。我国现行法律并未规定股东大会决议撤销之诉的被告，但在笔者收集到的45篇案例中，所有案例均将公司作为股东大会决议撤销之诉被告，少部分案例中也存在将公司与其他希望维持股东大会决议效力的股东列为共同被告的情形。

各国在股东大会决议撤销之诉被告的安排上无论在立法还是在学说上都没有争议，即仅将公司作为股东大会决议撤销之诉的适格被告，而将股东排除在外。公司是股东、董事、监事、债权人等各方主体利益的连接点，而决议又是由公司做出的并体现公司的意志，决议的效果最终也只能由公司来承担，也只有公司才有对股东大会决议进行处分的权力。将公司作为被告，最终裁判的效力才能及于所有与之相关的各方利害关系人。因此，应将公司作为股东大会决议撤销之诉的被告，而这也得到了《公司法解释四（征求意见稿）》第3条第1款的认可。[1] 此外，值得注意的是当公司的法定代表人作为股东大会决议撤销之诉原告起诉公司时，则应对应诉公司代表作出特别安排，例如由公司中希望维持被诉决议效力的副董事长，或者其他经董事会依照相关程序推选的董事代表公司作为被告应诉。

三、股东大会决议撤销之诉其他当事人

（一）共同诉讼人

在笔者收集到的45例北京地区股东大会决议撤销之诉案件中，有14例案件涉及共同诉讼人，占到案件样本总数的31.1%，其中有10例案件存在共同原告，有5例案件中股东与公司为共同被告，这就意味着存在1例既有股东作为共同原告，又有股东作为共同被告的案件。

股东大会决议是经全体股东投票表决通过的，因此属于团体意思表示，其效力及于公司的全体股东，因此依据我国《民事诉讼法》第52条[2]之规定，股东大会决议撤销之诉依其性质理应属于共同诉讼。且因为其“就某一请求各自具有适格之当事人地位可起诉或应诉，但一旦共同起诉或应诉则法律上就要求裁决需就全体共同诉讼人合意确定，一并裁决其胜败”，[3] 所以其为类似必要共同诉讼。

在类似必要共同诉讼中，当事人无须一同提起诉讼或者被诉，其既可以与其他诉讼当事人一同参与诉讼，也可以单独提起诉讼，但是因为诉讼标的相同或者是同种类，为了法律规定的合一确定，共同诉讼的裁判结果对所有共同诉讼人均具有法律效力。如果原告胜诉，则股东大会决议被撤销，判决结果对其他股东均有效力。如果原告败诉，判决结果不影响其他股东继续行使其撤销权，例如在“姜某与北京某物业公司决议撤销纠纷上诉案”[4] 与“张某某诉北京某物业公司决议撤销纠纷案”[5] 中，两案实质为两股东对同一股东大会决议先后分别起诉，前者案件原告败诉，因此法院并未将前者判决结果直接适用到后者

---

[1] 参见《公司法解释四（征求意见稿）》第3条（当事人的诉讼地位）第1款：原告起诉请求确认本规定第4条规定的决议不存在、本规定第5条规定的未形成有效决议，以及确认决议无效、有效或者撤销决议案件，应当列公司为被告。

[2] 参见《民事诉讼法》第52条：当事人一方或者双方为二人以上，其诉讼标的是共同的，或者诉讼标的是同一种类、人民法院认为可以合并审理并经当事人同意的，为共同诉讼……

[3] [日] 高桥宏志：《重点讲义民事诉讼法》，张卫平、许可译，法律出版社2007年版，第212页。

[4] 案号为：(2014) 西民初字第12250号。

[5] 案号为：(2014) 西民（商）初字第16272号。

案件中，仅仅做了一定参照。同时，类似必要共同诉讼可能因为行权期限的经过而对其他股东产生效力，为此未提起诉讼的股东在一审法庭辩论终结之前有权要求参与到正在进行中的诉讼，并作为共同原告，这点也得到了《公司法解释四（征求意见稿）》第3条第2款的支持。[1] 审判机关的判决也不得对各共同诉讼人不同对待。

此外，在我国司法实践中，部分法院将涉及争议的股东列为共同被告，例如在“孙某某等与孙某公司决议撤销纠纷上诉案”[2] 与“刘某某与北京某电力系统自动化公司等决议撤销上诉案”[3] 中，法院都以股东为直接利害关系人，而将其列为共同被告。该种做法虽有利于查清案涉争议，便于纠纷的解决，却造成了法律关系的混乱，法院的判决通过撤销涉案股东大会决议而对股东产生间接的影响，而非直接要求股东承担某种责任，因此股东并非股东大会决议撤销之诉的适格共同被告。

（二）诉讼第三人

在笔者收集到的45例北京地区股东大会决议撤销之诉案例中，有7例涉及第三人。案涉第三人皆为公司的股东且无独立请求权，其中2例的第三人还是被告公司的法人代表。

《民事诉讼法》中的第三人是指对原、被告双方所争议的诉讼标的认为有独立的请求权；或者虽然没有独立的请求权，但是案件的判决结果与自身有利害关系，而参与到正在进行的诉讼中的人。[4] 前者为有独立请求权的第三人，后者为无独立请求权的第三人。

有独立请求权的第三人参与诉讼必须具备以下三个要件：其一，针对本案涉及的诉讼标的具有独立的请求权；其二，所参与的一审诉讼正在进行；其三，以起诉的方式参与到诉讼当中。[5] 结合有独立请求权第三人的特征就可以很容易判断出，在股东大会决议撤销之诉中不存在有独立请求权的第三人。

在股东大会决议撤销之诉中，有可能存在希望维持原决议效力的利害关系

---

[1] 参见《公司法解释四（征求意见稿）》第3条第2款：他人在一审法庭辩论结束前以与原告相同的诉讼请求申请参加诉讼，其诉讼主体资格符合民事诉讼法、公司法规定的，应当列为共同原告。

[2] 案号为：(2015) 二中民（商）终字第01090号。

[3] 案号为：(2011) 二中民终字第14571号。

[4] 参见《民事诉讼法》第56条：对当事人双方的诉讼标的，第三人认为有独立请求权的，有权提起诉讼。对当事人双方的诉讼标的，第三人虽然没有独立请求权，但案件处理结果同他有法律上的利害关系的，可以申请参加诉讼，或者由人民法院通知他参加诉讼。人民法院判决承担民事责任的第三人，有当事人的诉讼权利义务……

[5] 参见王保民、王泊达：《论有独立请求权的第三人制度之完善》，载《行政与法》2011年第12期。

人，例如：与原告持相反意见的股东、基于案涉决议而与公司进行交易的相对人等，因为判决结果可能损害上述利害关系人的利益，因此，在股东大会决议撤销之诉中引入第三人制度有利于尽快查清案件事实，维护相关利害关系人的合法权益。

因为原告股东之外的股东可以共同原告的身份参与到诉讼当中，所以股东大会决议撤销之诉引入第三人制度在于保护希望维持案涉股东大会决议的股东、董事、通过案涉决议而与公司外部进行交易的公司相对方等其他利害关系人的权益。上述第三人可以通过向法院申请或者法院主动追加的方式参与到诉讼当中。在股东大会决议撤销之诉中，第三人对诉讼标的作出的认可、放弃等处分行为不对原、被告双方产生效力。

四、小结

我国《公司法》关于股东大会决议撤销之诉当事人部分仅规定了“股东”，法条的规定过于笼统，未明确具体哪些股东具有起诉资格，哪些可能会受到限制。上述规定一方面可能是因为：在立法时立法者希望将所有股东都囊括进保护范围，以维护全体股东的利益；另一方面，我们也应注意到现实中的确存在一些“特殊的股东”，关于他们的原告主体资格问题，在具体的案例中，无论是案件的当事人还是法院的审理法官都会受到些许困扰。除此之外，关于此类案件的其他当事人，法律并未作出相应的规定，这就导致司法实践中当事人地位的混乱，也因此在部分案例中对于当事人资格的问题产生了争议。

笔者结合北京地区法院系统在实际中的做法，结合理论对上述问题进行了简要论述，但具体的制度安排还是需要我们通过立法或者司法解释的形式，来回应现实司法实践的需求，明确相关概念以及诉讼主体。值得庆幸的是，最近出台的《公司法解释四》（征求意见稿）在此方面已经有所涉及,[1] 相信对于规范现有司法案例具有非常重要的意义。

第二章　股东大会决议可撤销的情形

一、召集程序瑕疵

我国《公司法》等法律、行政法规对于股东大会召开的召集程序进行了详细的制度安排，实践中各公司在公司章程中也对其作出了规定，对于召集程序违反上述法律法规或者公司章程而作出的股东大会决议，理应属于可撤销范围。

---

[1] 2017年9月1日开始实施的《公司法解释四》第3条已经正式确认了上述内容。

在笔者收集的北京地区股东大会决议撤销之诉案例中，有35例涉及召集程序瑕疵，占比高达77.8%，并且有22例判决支持了原告的主张，支持率为62.9%，略高于总样本的胜诉率与部分胜诉率的60%，在所有27例胜诉或者部分胜诉的案件中占到81.5%。说明北京地区原告因股东大会决议存在召集权瑕疵而提起撤销之诉的在所有诉由中最多，且胜诉率最高。

下面，笔者将对案件中体现的具体召集程序瑕疵做进一步论述。

（一）董事会召集程序的瑕疵

依据《公司法》第102条之规定，股东大会的召集权由董事会行使，[1] 因此，如果董事会作出的召集股东大会的决议本身具有可撤销、无效事由，甚至决议根本不存在，则依据该具有效力瑕疵的董事会决议召集的股东大会，必然导致股东大会召集程序存在瑕疵，由此股东大会作出的决议也应当具有可撤销的事由。但由于董事会决议是否存在瑕疵，只有公司董事最为了解，其他不具有董事身份的股东很难去分辨，因此为了保护其他善意相对人的利益，将其定为可撤销事由较为适宜。[2]

例如：在“某投资公司诉北京某信息公司决议撤销”[3] 案中，法院即依据被告公司董事长在未召开董事会的情形下，擅自召开股东会，而依法认定其召集程序存在瑕疵将其撤销。值得注意的是，在实践中，存在以董事长个人作出召开股东大会的决定取代董事会决议的情形，但是都未得到法院的认可，法院认为“董事长不等同于董事会”。[4] 在此情形下，董事长个人的召集往往构成表见召集，股东很难知道召集权存在瑕疵，为了保护善意相对人的利益，宜将此情形认定为股东大会决议可撤销的事由。

（二）由无召集权人召集的股东大会

无召集权人召集股东大会的情形包括两类：一是虽然公司董事会作出了召集公司股东大会的决议，却是由无召集权的主体召集股东大会，如召集者不是法律或者公司章程规定的人；二是法律赋予了特定人，如少数股东或监事虽然有召集股东大会的请求权或者提议权，却仍然需要经过特定程序如由董事会决议和召集。若其径自召集，则属于无召集权人召集的股东大会。前述情形笔者并未收集到北京地区的实践案例，但是后一情形却广泛存在，例如：“喻某等与刘某撤销股东会决议纠纷上诉案”[5] 和“游某等与北京某科技公司等公司决议

---

〔1〕 参见《公司法》第102条：“股东大会会议由董事会召集……”

〔2〕 参见李建伟：《公司诉讼专题研究》，中国政法大学出版社2008年版，第186页。

〔3〕 案号为：(2014) 海民初字第10673号。

〔4〕 案号为：(2014) 三中民终字第11950号。

〔5〕 案号为：(2009) 一中民终字第929号。

撤销纠纷”，[1] 前一案例为监事未经法定程序私自召集临时股东会，后一案例为普通股东擅自召集股东会。我国《公司法》明确规定了公司股东大会的召集权人范围和顺序，对违反上述规定的情形当然属于股东大会决议可撤销情由。

值得注意的是，理论界学者普遍认为由于股东可以轻易分辨出召集人是否有权召集、召集程序是否违法，所以上述情形属于绝对无召集权的主体召集的股东大会。此股东大会无值得股东信赖的外观，也就不存在信赖保护利益，属于严重的程序性瑕疵，应为决议不成立的范畴，但在我国目前股东大会决议不成立之诉制度仍未建立的情形下，只得归入可撤销范畴。

（三）通知的瑕疵

“根据《公司法》原理，股东（大）会会议召开前对股东进行通知的意义，除了便于股东在准确的时间和地点参加股东（大）会会议，更在于为股东能够有效行使其表决权而预留合理的准备期间。因此，会议通知的内容除涉及会议时间、会议地点之外，还应将会议拟表决的议案内容包括在内，且对该议案内容的描述应尽可能明确与具体，从而在最大程度上尊重股东手中的表决权。”[2] 从上述论述中我们可以看出股东大会召集通知对股东来说具有非常重要的意义，如果召集通知具有瑕疵，则必然损害股东的合法权益，理应被撤销。

通知的瑕疵形式五花八门，从现有的案例中我们大致可以归纳出通知方式瑕疵、通知对象瑕疵、时间瑕疵、内容瑕疵。

第一，通知方式不符合法律法规或者公司章程的规定。我国《公司法》对股东大会召集时的通知工作没有明确通知方式，但是大部分公司的章程都进行了规定。即使公司章程“未明确规定董事会会议召集通知具体程序，但董事会会议召集应履行必要通知程序以保障公司所有董事知情权”。[3] 召集通知可通过公告、邮件、电话通知等能够保证股东知晓股东大会召开的时间、地点和事项的方式。在股东大会决议撤销之诉中，若被告公司无法证明其已经充分履行了使股东能够知晓的通知方式，法院将认定其通知程序存在瑕疵。通知方式原则上应当使用书面形式，也可以使用公司章程约定的方式，现实中，法院审理此类案件时也会灵活地进行认定。

第二，通知的对象有遗漏。在我国，所有类型的股东都有出席股东大会的权利，因此股东大会的召集应当通知所有股东。当通知工作出现遗漏，有股东因通知方式等原因未收到通知而导致其无法出席股东大会行使表决权时，由此

---

[1] 案号为：(2015) 昌民（商）初字第10293号。

[2] 案号为：(2014) 一中民（商）终字第9092号。

[3] 案号为：(2015) 二中民（商）终字第01090号。

作出的股东大会决议理应被撤销。值得注意的是，此处遗漏不得是故意遗漏，否则对被故意遗漏的股东来说，该股东大会决议即构成不成立。被故意遗漏的股东原本应当向法院要求确认该股东大会决议不成立，但在目前我国未建立股东大会决议不成立之诉制度的前提下，将此种情形归为可撤销情形。

第三，会议召集通知时间不符合规定。各国为了使股东能够充分地了解会议的情况，决定是否出席，如何投票，以保障股东对公司的合法权益，都规定了一定的通知期限，公司违反上述规定将侵害股东的期限利益，理应被撤销。值得一提的是，在笔者收集到的“北京某汽车服务公司与某科技公司董事会决议撤销纠纷上诉案”中，审理法院关于召集临时董事会通知时限的问题有这样一段论述：“被告公司章程规定董事会的召集应当提前30天通知董事的规定是指董事会定期会议，而非临时会议，法律法规以及被告公司章程都没有对召集临时董事会的通知期限作出规定，故被告公司召集临时董事会并未违反法律和公司章程中关于通知时限的规定。”〔1〕 笔者认为临时董事会虽是在紧急状态下召开的，也应当给予并保障股东或者董事的期限利益，只有这样股东或者董事才能准时且有准备地参与到会议的审议中来。此外，值得注意的是，依据北京市高级人民法院2008年发布的《关于审理公司纠纷案件若干问题的指导意见》第9条的规定，股东大会的召集期限虽然违反法律或者公司章程的规定，但是如果全体股东都出席了股东大会并行使了表决权，则上述通知期限瑕疵将被治愈，股东以此为由起诉公司要求撤销该股东大会决议的，法院将不予支持。〔2〕

第四，通知内容的不完全。我国《公司法》要求召集股东大会应向股东通知会议召开的时间、地点以及待审议的事项。〔3〕 现实中，我国少数公司股东出席股东大会的积极性始终不高，股东一般根据通知的内容是否涉及自身利益来决定是否出席。为此，股东大会的通知必须注明召集此次会议的目的，否则除非股东知晓会议内容，他将无法决定是否出席会议。因此，如果召集通知未载明会议需审议的议题，应认定为可撤销的决议。但通知的审议事项并不等于待审议案，也就是说公司只需要将待审的主要事项列明即可，无需将待审议案提前通知股东。例如在“北京某科技投资公司与刘某股东会决议撤销纠纷上诉案”

---

〔1〕 案号为：(2009) 高民终字第1147号。

〔2〕 参见北京市高级人民法院《关于审理公司纠纷案件若干问题的指导意见》第9条：公司召开股东会会议未依法定或章程规定的通知期限通知股东，但全体股东均出席了会议并参加了表决，则相应的股东会视为依法召开。股东以会议通知程序违法或违反章程规定为由请求撤销决议的，人民法院不予支持。

〔3〕 参见《公司法》第102条第1款：召开股东大会会议，应当将会议召开的时间、地点和审议的事项于会议召开20日前通知各股东……

中，法院以“公司法及公司章程均未明确规定，公司应当于会议召开前向股东提交需要表决的议案”[1] 为由，驳回了原告的诉讼请求。值得注意的是，因通知内容不明而可撤销的股东大会决议只能是因疏漏或者措辞导致通知内容不明而不得是公司故意不通知股东审议事项。在后一种情形下属于严重的程序性违法，在相关立法中的表述为：“股东大会不得对通知中未列明的事项作出决议”，[2] 否则属于决议不成立的范畴，但目前在我国实践中将其归入可撤销事由。

（四）其他召集程序瑕疵

除上述几种常见的情形之外，股东大会召集程序瑕疵还包含其他情形，例如在《公司法解释四（征求意见稿）》中提到的“股权登记、提案”等瑕疵情形。

上述股权登记是指在股东大会召集阶段，持有公司股份的股东向公司交付股权凭证，以证明其拥有参加股东大会的股东资格，公司需要对股东资格以及持股情况进行核验与登记。若在此阶段出现纰漏，则可能对之后的股东大会决议投票产生影响进而影响表决结果，因此，其属于召集程序方面的瑕疵，应当予以撤销。值得说明的是，股权登记瑕疵与无表决权股东或者表决权受限制股东违规行使表决权以及计票错误相比，三者虽然可能造成同样的股东大会决议瑕疵效果，但是前者与后两者在瑕疵发生阶段、原因等方面明显不同，不可混淆。

《公司法》对向股东大会提案的主体与程序作出了规定，毋庸置疑，对于上述规定的违反应属于召集程序方面的瑕疵，应当被撤销。

综上所述，召集程序的瑕疵可能存在种种表现形式，社会生活是瞬息万变与多种多样的，而在一段时间内，法律只能是固守不变的。因此，欲使刻板的法律适应多彩的现实：一方面，需要立法者具有前瞻性，将未来尽可能多的瑕疵表现形式纳入立法范围内；另一方面，也考验着我们的司法实务工作者，在现有法律规定的范围内，通过合理解释去规范各种各样的案例。

二、表决方式瑕疵

“表决方式是指股东在股东大会会议上为作成决议而行使表决权的程序和形式。”[3] 即使股东数量较少、更加强调人合性的有限公司也会存在股东意见不

---

[1] 案号为：(2009) 一中民终字第 7749 号。

[2] 参见《公司法》第 102 条第 3 款。

[3] 参见李建伟：《公司决议效力瑕疵类型及其救济体系再构建——以股东大会决议可撤销为中心》，载《商事法论集》2008 年第 2 期。

统一的情形，此时《公司法》规定股东可以通过表决的方式来统一各方意见，人数或者资本较少的一方需要听从人数或者资本较多的一方，当然人数较多或者资本较雄厚的一方也不得滥用大股东权利随意压制小股东。股东大会决议作为一种团体性质的法律行为，表决方式应当严格遵守资本多数决的原则，股东大会表决方式违反法律法规和公司章程的规定，属于表决方式瑕疵，当然是可撤销的事由。

在笔者收集到的北京地区股东大会决议撤销之诉案件中，有 19 例案件涉及表决方式瑕疵，占到样本案例的 42.2%，不到总量的一半。其中 10 例案件原告诉求得到了法院的支持并且胜诉，胜诉率为 52.6%，显著低于总体样本的胜诉率与部分胜诉率之和 60%。说明在北京地区股东大会决议撤销之诉案件中，以表决权瑕疵为由起诉的案件不但总数较低，胜诉率也较低。

依据案例统计结果结合理论，现将具体表决方式瑕疵做进一步讨论。

（一）无表决权人参与投票表决

法律规定，只有股东或者经股东授权的代理人有权参与股东大会决议的表决，除此之外的人参与表决的均构成违法。在实践中，某些公司会发行无表决权的股票，在我国此种股票多属于优先股股票，而持有该种类股票的股东即无表决权股东。该类股东依据法律法规和公司章程不享有股东大会的表决权。此外，某些有表决权的股东因为某些原因其表决权受到法律法规或者公司章程的限制。例如，我国《公司法》第 16 条规定，公司向股东提供担保时，被担保股东不得参与该事项的表决。如果以上两种股东参与了表决，则由此通过的股东大会决议应当属于可撤销的，上述情形成为决议可撤销的表决方式瑕疵事由。

在笔者收集到的案例中，未出现无表决权或者表决权受限制股东出席股东大会并投票的情形，但是存在股东或者股东之外的人在无授权的情况下代替股东投票的情形，最终决议被法院以表决方式存在瑕疵、投票人无投票权为由依法撤销。[1] 但是，笔者认为将此种情形认定为股东大会决议不成立更为适宜。因为在未获得股东授权的情形下而代替其进行投票是对股东投票权的严重侵犯，也是对法律规定的投票程序的严重违反，其行为不但损害被代表股东的权益，也有可能因无权代理投票而影响决议结果，进而损害公司和全体股东的利益。

（二）股东大会主持人无主持资格

股东大会的主持人对于股东大会的决议作出结果具有重要影响。因为主持人拥有确认出席股东、维护会议秩序、推进会议进程等权力，上述权力行使或多或少都会对股东大会决议的形成产生影响，因此，上述权力的行使者即会议

---

〔1〕 案号为：(2014) 房民初字第 04101 号、(2015) 二中民（商）终字第 01090 号。

主持人受到法律的严格规定。《公司法》规定董事长为股东大会的主持人，在特殊情况下副董事长或者经依法依章推举的董事也可以主持股东大会。[1] 违反上述规定即对强行性法律规定的违反，属于可撤销的事由。《公司法解释四（征求意见稿）》在第 7 条“表决方式”瑕疵中，也规定了“主持”瑕疵作为其表现形式。[2]

（三）违反决议要件

违反决议要件类案件是笔者收集到的涉及表决方式瑕疵当中最多的一类案件，有 13 例，占到所有存在表决方式瑕疵案例总数的 68. 4%。此类案件的主要表现方式有出席股东人数不满足法律规定、票数统计方法违法或者表决权数计算有误。一项审议事项若想成为决议，就要通过严格的法定或者章程规定的程序和标准。这是股东大会决议资本多数决这一根本性原则的要求。这一要求不仅仅指股东大会作出决议需要经过依据法律法规或者公司章程规定的多数股东投票赞成，也要求出席股东大会的股东人数达到法定标准。但是关于弃权票的统计存在一个难点，因为弃权票既隐含了反对票的含义，又隐含了赞成票的含义，这就使得计票时很难将其归为某一类。[3] 笔者认为该类问题的解决在立法缺失的情形下，还需公司在其章程中作出更细致的规定，如明确超 1/2 或 2/3 以上赞成票决议才可通过。

（四）其他表决方式瑕疵

表决方式瑕疵除以上表现情形外，在“北京某科技投资公司与刘某股东会决议撤销纠纷上诉案”中，原告以计票的清点人与唱票人不符合公司章程的规定为由要求撤销决议，法院确认了原告的诉由，此种情形属于违反公司章程约定的表决方式要件。[4]

值得注意的是，在《公司法解释四（征求意见稿）》第 7 条关于股东大会决议撤销之诉事由的规定中，采用列举的方式对“表决方式”的具体情形进行了解释，其中包含“议程的确定、主持、投票、计票、表决结果的宣布、决议

---

〔1〕 参见《公司法》第 101 条。

〔2〕 参见《公司法解释四（征求意见稿）》第 7 条第 1 款：公司法第 22 条第 2 款所称的“召集程序”和“表决方式”，包括股东会或者股东大会、董事会会议的通知、股权登记、提案和议程的确定、主持、投票、计票、表决结果的宣布、决议的形成、会议记录及签署等事项。

〔3〕 参见李建伟：《论公司决议可撤销的适用事由——基于司法适用立场的立法解释》，载《浙江社会科学》2009 年第 8 期。

〔4〕 案号为：（2009）一中民终字第 7749 号。

的形成、会议记录及签署等事项”。[1] 这就意味着该司法解释一旦最终通过，上述案件将不仅仅是违反公司章程的情形，也将属于违反法律规定的情形，由此形成的股东大会决议应当被撤销。同时，法院对于违反“表决方式”这一情形的适用也将更加准确与统一。

三、决议内容瑕疵

公司章程是经股东一致表示同意，依据法律法规制定的规定公司重大事项的根本性文件，其约束着股东、董事、监事、高级管理人员以及公司自身。作为公司内部的自治性文件，也是公司组织和活动的基本准则，公司章程充分体现了公司意思自治的宗旨。一般而言，公司章程即公司内部的宪法性文件，其在《公司法》中具有极为重要的意义。股东大会决议内容违反公司章程的情形在传统上被认为是无效的事由，但是现在将其作为可撤销的情由。公司章程本身就是经由全体股东一致同意通过的，如果股东大会决议内容虽然违反章程，但是无人向人民法院主张，在行权期限经过后，则可以治愈。上述转变充分体现了立法对公司自治的尊重。因此，将上述事由视为可撤销事由更为合理。

在《公司法》设立股东大会决议撤销之诉制度之初，就有学者预测该类诉讼将主要涉及决议程序争议方面，较少涉及股东大会决议内容争议方面。笔者通过对收集样本案例进行统计，发现至少在北京地区，股东大会决议撤销诉由方面确实印证了学者的猜测。在笔者收集的案例当中，共有 12 例案件涉及股东大会决议内容违反公司章程的情形，占到案例样本总量的 26. 7%，刚刚超过 1/4，且该诉由得到法院支持的案件只有 5 例，支持率只有 41. 7%，远低于上述其他两种瑕疵。

笔者认为，造成股东以股东大会决议内容违反公司章程起诉率低的主要原因是：此类案件的发案率本身比较低。公司的章程是全体股东一致同意并表决通过的结果，也是全体股东利益一致的结果。股东应当对公司章程规定的内容有所了解，并且很少有意愿去违反其规定。即使股东大会决议内容违反了公司章程，但在其未违反决议程序的前提下，决议的作出是在股东充分行使投票权并经由资本多数决的方式作出的，除非决议结果严重损害股东的个人利益，否则程序的正义会使股东很少去关注结果是否正义，因此，股东起诉的意愿也就不太强烈。

此外，司法的谦抑性要求法院在审理此类案件时除非股东大会决议内容明

---

〔1〕 参见《公司法解释四（征求意见稿）》第 7 条第 1 款：公司法第 22 条第 2 款所称的“召集程序”和“表决方式”，包括股东会或者股东大会、董事会会议的通知、股权登记、提案和议程的确定、主持、投票、计票、表决结果的宣布、决议的形成、会议记录及签署等事项。

确违反公司章程，否则就应当尽量少地干预公司自治。例如：在“北京某投资股份公司与刘某股东会决议撤销纠纷上诉案”中，原告认为决议内容违反了公司章程规定的公司设立宗旨，以此要求法院依法撤销临时股东大会决议。一审法院认为股东大会决议表决方式虽然合法，但是通过决议改变公司的名称、经营的宗旨以及经营范围的行为属于“未依法正当行使股东权利”，[1] 进而认为“股东大会的决议内容对公司与其他股东的合法权益造成了损害”，[2] 因此判定该股东大会决议无效。但是二审法院认为“公司与股东的利益一致，公司能否获利最终通过股东的利益分配进行体现，因此，即便是公司更改了其名称、经营范围甚至是设立宗旨导致公司经营利益与收益的降低，那也是公司股东自由意志的选择，是股东依据法律法规和公司章程通过自由判断的选择。法院因此不能仅凭主观印象判定股东大会决议内容将损害公司和股东的利益而确认该决议无效”。[3] 以此撤销了一审法院的判决，并进而认定股东大会决议合法有效。值得一提的是，《公司法解释四（征求意见稿）》第 7 条第 2 款明确规定了股东大会对公司章程修改的有效决议不属于对《公司法》第 22 条“决议内容违反公司章程”的情形。[4]

当股东的利益不一致时，应当依据“资本多数决原则”处理问题，至于持反对意见的股东，其既可以选择服从大多数股东而保留自己的意见，也可以选择法律规定的转让股权、股权回购等机制进行救济。作为市场经济主体，公司能够依据自身的需求作出符合自身利益的商业判断，法院不应随意介入公司的内部治理。上述二审判决很好地体现了法院审理股东大会决议内容瑕疵案件时，仅对其是否明确存在违反公司章程规定的情形进行了审查，而未对其合理性进行审查，遵循了司法干预与公司内部自治的界限。

四、决议可撤销之诉类型的边界兼论：决议不成立之诉的规范化

可撤销的股东大会决议若想被法院依法撤销，必须符合两方面要求：其一，可撤销的股东大会决议已经成立；其二，股东大会决议具有可撤销的具体事由。我国现行法律法规未建立公司股东大会决议不成立之诉制度，在现实的北京地区法院系统工作实践中，往往将不成立或者不存在的股东大会决议通过股东大会决议撤销之诉来否定其效力。法院在现实的案件审理中，将不成立或者不存在的股东大会决议通过认定其是否存在召集程序瑕疵、表决方式瑕疵或者决议

---

[1] 案号为：(2009) 一中民终字第 7749 号。

[2] 案号为：(2009) 一中民终字第 7749 号。

[3] 案号为：(2009) 一中民终字第 7749 号。

[4] 参见《公司法解释四（征求意见稿）》第 7 条第 2 款：修改公司章程的有效决议不属于公司法第 22 条第 2 款所规定的“决议内容违反公司章程”。

内容瑕疵来判定股东大会决议是否可撤销，或者仅仅通过笼统地认定股东大会决议是否存在违反法律法规或者公司章程的情形，来认定此类股东大会是否可撤销，进而否定存在上述情形的股东大会决议的效力。

笔者在本节将通过梳理北京地区法院系统在审理涉及股东大会决议是否成立的实践案例的基础上，探索股东大会决议可撤销诉讼类型的边界，进而发现现有诉讼制度中存在的问题，进一步探讨我国建立股东大会决议不成立之诉制度的必要性，并简要对该诉讼制度适用事由进行介绍。

（一）我国建立股东大会决议不成立之诉制度的必要性

在笔者收集到的45例北京地区股东大会决议可撤销之诉中，有7例案件涉及股东大会决议是否成立，占到案例总数的15.6%，说明北京地区司法实践中存在着大量股东大会决议不成立的案件。无论原、被告当事人，还是审理法院，都在实践中将不成立的股东大会决议作为可撤销的事由。

但是股东大会决议撤销之诉与股东大会决议不成立之诉相比，两者之间有很大的不同。主要体现在：其一，在适用情形方面，股东大会决议可撤销的情形不仅仅包含程序性瑕疵，还包含决议内容违反公司章程，但是股东大会决议不成立的适用情形仅仅包含严重的程序性瑕疵。由此我们也可以认为，股东大会决议可撤销诉讼类型与决议不成立之诉的边界即严重的决议程序性瑕疵，导致其根本就达不到决议成立所要求的标准。其二，在事后能否被治愈方面，具有撤销情形的股东大会决议程序性瑕疵在事后可以通过某些方式被治愈，但是不成立的股东大会决议程序瑕疵因其在违法程度上的严重性，导致其后无法被治愈。例如：在“北京某投资顾问公司诉北京某影院管理公司决议纠纷案”中，被诉公司事后通过另一董事会决议对此前未成立的董事会决议进行追认，而仍被审理法院所撤销。〔1〕其三，在法律后果方面，不成立的股东大会决议自然不发生任何效力，而依法被撤销的则自始无效，而其被撤销前则是有效的，并且如果决议没有被撤销则在行权期限经过之后永久有效。〔2〕

2005年《公司法》第三次修正时，只设立了两种瑕疵决议诉讼制度，即股东大会决议无效之诉和股东大会决议撤销之诉，并没有同时建立股东大会不成立之诉制度，属于典型的股东大会决议瑕疵诉讼制度“二分法”，即股东大会决议瑕疵之诉分为无效与可撤销。“二分法”的立法逻辑自我国建立股东大会决议瑕疵诉讼制度以来就有很多争议，有的学者认为，以上“二分法”的立法模式

〔1〕案号为：（2009）朝民初字第12507号。

〔2〕参见许中缘：《论意思表示瑕疵的共同法律行为——以社团决议撤销为研究视角》，载《中国法学》2013年第6期。

无论在法理上还是在逻辑上都存在缺陷，“如果根本就没有股东会的决议存在，也就没有检讨股东会决议是否存在瑕疵的必要性”。[1] 只有建立起股东大会决议不成立之诉制度，将其加入现有的股东大会决议瑕疵诉讼制度中来，采取股东大会决议瑕疵诉讼“三分法”的立法模式，才可避免以上“二分法”立法模式的缺陷。

笔者赞成上述“三分法”的立法模式。

第一，“三分法”的立法模式弥补了股东大会决议瑕疵诉讼制度在法理上与逻辑上的缺陷。股东大会决议在根本上是一种法律行为，因此法律行为应当分为成立与生效两阶段，两者为两个不相同的概念。与之相对应的股东大会决议也应分为成立与生效两阶段，如果股东大会决议无法满足成立的要件，就应当认定股东大会不成立，只有在股东大会成立的基础上，才可以进一步断定股东大会是否具有可撤销或者是否无效的情形。[2] 例如，在笔者收集到的“姚某诉北京某科技发展公司决议撤销案”中，审理法院要求原告首先“应当证明 2015 年第一次临时董事会决议切实存在”，[3] 才可进一步行使撤销权；同样在“北京某墨业公司与范某等公司决议撤销纠纷上诉案”中，被告极力否认被诉决议的存在，法院是在查清决议存在的基础上才进一步审查是否具有可撤销事由。[4]

第二，股东大会决议不成立之诉与撤销之诉以及无效之诉在起诉的主体、适用情形、价值理念等方面明显不同，不可相互取代。

第三，现实生活中存在大量虚构股东大会决议的案例，现阶段我国在实践中将股东大会决议不成立之诉纳入决议可撤销之诉中来进行审查实属权宜之举，建立股东大会决议不成立之诉是对司法实践和现实生活的回应与指导。

第四，建立股东大会决议不成立之诉制度是对程序正义的维护。股东大会决议不成立之诉的适用情形一般为严重的程序性违法违章，于不存在决议无效的情况下，决议可撤销之诉相对于决议不成立之诉对起诉主体、起诉期限等方面有过多的限制，只有建立决议不成立之诉制度才能更好地维护相关当事人的权益。例如在“张某诉北京某商贸公司决议撤销上诉案”中，原告诉称的决议是在被告没有召开股东会的情形下作出的，属于决议不成立的范畴，但是因被告一直隐瞒该决议的存在，导致原告超过起诉期限而败诉。[5] 因此，只有建立

---

〔1〕 参见柯芳枝：《公司法论》，中国政法大学出版社 2004 年版，第 232 页。

〔2〕 参见孙平：《股东大会决议效力瑕疵类型探析》，载《中国证券期货》2013 年第 5 期。

〔3〕 案号为：（2015）海民（商）初字第 17497 号。

〔4〕 案号为：（2012）一中民终字第 6242 号。

〔5〕 案号为：（2015）三中民（商）终字第 06802 号。

股东大会决议不成立之诉制度才能更好地维护当事人的合法权益。

综上所述，目前我国在司法实践中将股东大会决议不成立之诉纳入决议撤销之诉制度中进行审查实属权宜之策，长远来看，我国制定股东大会决议不成立之诉制度非常具有必要性。此外，针对《公司法解释四（征求意见稿）》在其第4条、第5条中，加入了“股东大会决议不成立之诉”[1] 与“股东大会未形成有效决议之诉”[2] 两种决议瑕疵诉讼制度，将股东大会决议瑕疵诉讼制度一分为四的做法，笔者并不赞同。理由如下：其一，从法律行为的效力形态来看，法律行为分不成立、可撤销以及无效三种，因此股东大会决议作为法律行为的一种应当遵从上述形态划分；其二，从《公司法解释四（征求意见稿）》第5条所列举的“未形成有效决议”具体类型来看，实质上无非就是不成立的事由，因此，再于股东大会决议不成立之诉的基础上细化“未形成有效决议”这一形态未免有画蛇添足之嫌。

（二）股东大会决议已成立标准

在判断股东大会决议是否已成立的问题上，笔者认为应当建立股东大会决议已成立的抽象标准。该标准应包含以下方面：其一，股东大会确已召开；其二，股东大会作出了决议；其三，股东大会决议满足《公司法》或者公司章程规定的资本多数决要求。

1. 股东大会确已召开

有效召开的股东大会，应当使人能够意识到其确已存在，首先要由有召集权的主体召集。世界上大部分国家的法律都规定了具有股东大会召集权的主体范围和顺序：董事会是行使召集权的第一顺位主体，在董事会不能行使其召集权时，监事会或者持股达到一定比例并达到一定期限的公司股东也可以成为股东大会的召集权人。对于无召集权人严重违反《公司法》和公司章程规定径行召集股东大会的，理应认定为没有召开股东大会，由此而作出的“股东大会决

---

[1] 《公司法解释四（征求意见稿）》第4条（决议不存在）：本规定第1条规定的原告有证据证明系争决议存在下列情形之一，请求确认决议不存在的，应予支持：①公司未召开股东会或者股东大会、董事会，但是公司按照公司法第37条第2款或者公司章程的规定不召开股东会或者股东大会而直接作出决定，并由全体股东在决定文件上签名、盖章的除外；②公司召开股东会或者股东大会、董事会，但是未对决议进行表决。

[2] 《公司法解释四（征求意见稿）》第5条（未形成有效决议）：公司召开股东会或者股东大会、董事会并作出决议，但是本规定第1条规定的原告有证据证明存在下列情形之一，请求确认未形成有效决议的，应予支持：①出席会议的人数或者股东所持表决权不符合公司章程的规定；②决议通过比例不符合公司法或者公司章程的规定；③决议上的部分签名系伪造，且被伪造签名的股东或者董事不予认可（另一种观点：决议上的部分签名系伪造，且被伪造签名的股东或者董事不予认可，在去除伪造签名后通过比例不符合公司法或者公司章程的规定）；④决议内容超越股东会或者股东大会、董事会的职权。

议”属于不成立的范畴。

其次，召集人必须向全体股东发送召集通知。部分学者认为，在只有极少数个别股东没有被通知的情形下，仅属于轻微的违反法律和章程的程序性规定，应当属于股东大会决议可撤销的事由，笔者并不这样认为。极个别股东的未被通知可能并不会影响股东大会决议最终的通过与否，但严重侵犯了该极个别股东出席股东大会的机会，对这极个别股东来说，股东大会的确也并不存在。《公司法》明确规定，股东大会由全部股东组成，一个确已召开的股东大会必须赋予每一位股东相同的参与机会。

最后，股东大会必须在事实上已经召开。股东大会以会议的形式来讨论关于公司的重大决定并作出相关决议，因此，是否在事实上召开了股东大会是认定股东大会确已召开的最基本要求。但是，我国《公司法》规定了有限公司股东会可以不召开会议而直接作出决议的例外情形。〔1〕值得注意的是，我国中小企业无论是有限责任公司还是股份有限公司，还存在大量的不开会即形成决议的情形。针对现实中的案例，司法实践中是否应当放松对股东大会事实上已经召开的要求呢？笔者认为不应当。上述条款明确并严格限制了可适用的情形。《公司法》第 99 条对股份有限公司股东大会的召开也明确规定了其仅适用第 38 条第 1 款，不适用第 2 款的例外规定。因此，例外情形应严格限制在《公司法》第 38 条第 2 款规定的股东会的特定事项当中。

2. 股东大会作出了决议

股东大会决议属于公司法人团体性质的法律行为，其只有经过股东大会所有出席股东的讨论与投票等一系列的意思表示才能成立。召开股东大会时没有作出决议而仅仅在事后伪造的决议是伪造决议，因为该决议并没有经过股东大会依照法定程序表达意思，理当被认定为不成立之决议。

3. 股东大会决议满足《公司法》或者公司章程规定的资本多数决要求

股东大会作为一个团体性质的机关，其作出的决议本应取得所有股东的一致同意，但现实中一项决议极难达到使所有股东都同意该项决议的要求，因此，往往一项决议只需要大多数股东（或资本）同意即可。这就需要一定的制度安排，既保证股东大会的决议符合大部分股东（或资本）的要求，又能保证少数股东（或资本）表达自身意见、维护自身利益的机会，该项制度即投票表决。投票表决的根本性原则即资本多数决原则。资本多数决原则既包含《公司法》和公司章程规定的投票比例要求，也包含对出席股东数的要求。对这一原则的

〔1〕参见《公司法》第 38 条第 2 款：对前款所列事项股东以书面形式一致表示同意的，可以不召开股东会会议，直接作出决定，并由全体股东在决定文件上签名、盖章。

违背，构成股东大会决议的严重程序性瑕疵。当然，最低出席数在实践中已经被柔化了许多，再加上《公司法》对股东出席数存在多处例外性规定，如果因股东出席数而导致股东大会决议出现是否成立的问题，应具体问题具体分析。如果在股东大会中一项议题并未获得多数股东（或资本）的投票赞成，则该项决议并未通过，即不符合资本多数决的要求，此后股东擅自伪造的决议为虚假决议，理当认定其不成立。

（三）股东大会决议不成立情形

结合上述股东大会决议成立标准的设立，很容易得出股东大会决议不成立的情形主要是“指决议在程序上存在严重的瑕疵，因此在法律上无法承认其存在”，〔1〕具体又可分为以下情形。其一，绝对无召集权人召集的股东大会；其二，召集通知有严重瑕疵；其三，除《公司法》第 37 条第 1 款规定的情形外，公司未召开会议。如果公司未召开股东大会会议，则该类股东大会决议因欠缺形式要件而不能成立；其四，股东大会没有对决议的事项进行表决或者表决并未得到多数股东的支持；其五，其他导致股东大会决议不能成立的情形。

五、小结

我国 2013 年《公司法》第 22 条第 2 款以列举的方式规定了三种股东大会决议可撤销事由，即通知瑕疵、表决方式瑕疵、决议内容瑕疵，并将实践中存在的股东大会决议不成立之诉制度纳入决议可撤销之诉制度当中。该种做法仅可作为当下的权宜之策，但是从完善法律行为的逻辑性来回应现实需求的角度而言，当务之急应是尽早在我国确立股东大会决议不成立之诉制度。

此外，目前我国股东大会决议撤销之诉诉由为封闭性的规定，即除列举的三种情形之外不得有其他股东大会决议可撤销事由。有的学者认为该条规定的可撤销事由范围太过狭隘，应包括其他情形。例如：清华大学的施天涛教授认为，股东大会决议可撤销的情形应当包括显失公平，他认为显失公平的决议主要表现为通过滥用多数决和利用不正当手段形成的决议。〔2〕中国政法大学的李建伟教授认为应当摒弃罗列的立法模式，建立公司股东大会决议可撤销事由的抽象标准。〔3〕

列举的模式虽然有利于司法机关审判案件时对可撤销事由的认定，但是严重限制了可撤销情形的范围。现实生活是繁杂的，仅靠列举的方式无法将现实

〔1〕参见日本横滨地方法院判决平成元年（1989 年）1 月 19 日，载《判例时报》第 1319 号，第 147 页。转引自李建伟：《公司诉讼专题研究》，中国政法大学出版社 2008 年版，第 175 页。

〔2〕参见施天涛：《公司法论》，法律出版社 2014 年版，第 388 页。

〔3〕参见李建伟：《公司决议效力瑕疵类型及其救济体系再构建——以股东大会决议可撤销为中心》，载《商事法论集》2008 年第 2 期。

中的案例一一对应。抽象的标准在司法适用时又容易产生争议，且可能会被恶意股东利用。因此，笔者认为应当在现有股东大会决议撤销之诉诉由列举的立法模式下，首先明确与股东大会决议无效和不成立的界限，此后加入兜底条款，例如加入“其他违反公司法或公司章程的情形”的规定，最后通过司法解释的方式适时拓宽“其他情形”的范围，这样可以取两种立法模式之长而避其短。

第三章　股东大会决议撤销权的限制

在收集到的北京地区股东大会决议撤销之诉案件中，案件的上诉率超过50%，同时值得注意的是有13例案件的被告至少有两次被起诉，占到样本案例总数的28.9%。此现象一方面说明这类案件原、被告双方争议较大，判决并未起到定分止争的效果；另一方面，我们也应意识到我国立法对股东大会决议撤销权的限制较少，任何股东均可以随意地提起此类诉讼，这也是造成此种现象的原因之一。

《公司法》赋予原告股东维护股东大会决议合法性的较为宽泛的撤销权，此点初衷虽好，但是为了追求其不正当的利益部分股东会滥用该项权利，损害公司利益。例如，在公司决议瑕疵诉讼制度立法典范的德国，公司股东大会决议撤销之诉的公益性体现在很多方面。主要有以下两点：其一，立法时对股东提起股东大会决议撤销之诉规定了极低的门槛，原则上任何股东只要持有被告公司的一股股票就可以维护股东大会决议合法性的名义提起诉讼；其二，决议一旦生效并付诸实行将很难在决议被撤销后恢复原始状态，会对股东利益造成无法挽回的损失，因此在德国，股东一旦提起股东大会决议撤销之诉，法院就会要求停止执行决议。[1] 正是借助上述制度的安排，现实中部分仅持少量甚至一股股份的股东往往通过提起股东大会决议撤销之诉，以停止决议执行相要挟，给公司造成重大压力，从而逼迫公司向其提供特殊利益，此种行为对相关公司乃至国民经济都造成了相当大的危害。

相较之下，我国股东大会决议撤销之诉制度建立时间较短，相关案例较为有限，但这并不意味着今后此类问题不会大规模产生。我国股东大会决议撤销之诉案件按件收费，诉讼费用非常之低。从笔者收集到的案例来看，大部分案件诉讼费用为70元，其他少部分案件诉讼费用甚至低于70元。况且我国《公司法》对股东大会决议可撤销之诉的规定过于笼统，对于撤销权的行使限制又

---

〔1〕 参见丁勇：《股东大会决议撤销之诉功能反思》，载《法学》2013年第7期。

比较少，更是导致此类滥诉现象发生的根源。然而“法律既不能无视瑕疵决议对股东大会民主、公司和股东利益的侵害，也不能容忍股东为追求私利而擅自违法动用诉权”。[1] 因此，有必要在完善现有制度的基础上加强对恶意股东的限制，通过设立新的制度来规范公司股东的行为，保障公司内部秩序稳定，维护大多数股东的合法利益。要想解决这一问题，平衡股东个人利益与公司利益，既要落实现有的撤销期间限制和诉讼担保制度，同时也应从立法上建立裁量驳回制度。

一、撤销期间限制

作为形成之诉，我国《公司法》股东大会决议撤销之诉制度对撤销权行使的除斥期间作出了60日的限定，这就要求法院在审理股东大会决议撤销之诉时，应当首先对原告股东的行权期间是否符合法律规定进行审查。如果行权期间符合规定，则进一步审查是否存在可撤销的情形；如果行权期间超过了法律的规定，法院就应当直接驳回原告股东的诉讼请求。

在笔者收集的案例中，几乎所有法院都在第一时间对撤销期间进行了审查，对于超过期限的股东大会决议，即使存在可撤销的情形，也认定原告败诉，决议不予撤销。例如：在“张某某与北京某商贸公司决议撤销纠纷上诉案”中，法院并未对公司决议是否存在瑕疵进行审查，而是直接以原告股东行权期间“已超过60日”[2] 为由驳回了原告的诉讼请求。同时，我们也注意到在“张某某诉北京某物业管理公司决议撤销纠纷案”中，法院在确认原告行权期限超期的同时，对股东大会决议是否具有瑕疵进行了认定，最后以“临时股东会的召集和通知程序合法有效”[3] 为由驳回了原告的诉讼请求。

有的学者认为，现实中存在对公司决议重大影响的股东可能会秘密通过某份决议并将其“锁在抽屉中”秘而不宣，不让小股东知道有该份决议的存在，待小股东知道时已经超过了60天的法定期限。北京地区的实践当中也存在此种案例，例如：在“张某某诉北京某物业管理公司决议撤销纠纷案”中，被告公司在未通知原告股东且未召开股东会的情况下通过了决议，当原告股东知晓该决议存在时已超过撤销期间。此后，当原告股东向法院起诉请求撤销上述决议时，法院以超过行权期限为由予以驳回。[4] 因此部分学者认为，为保障上述小股东的权益，应将“自决议作出之日起”改为“股东可以自其知道或者应当知

---

[1] 王彦明：《股东大会决议的无效与撤销——基于德国股份法的研究》，载《当代法学》2005年第4期。

[2] 案号为：(2015) 三中民（商）终字第06802号。

[3] 案号为：(2014) 西民（商）初字第16272号。

[4] 案号为：(2014) 西民（商）初字第16272号。

道决议作出之日起”。[1]

笔者认为应当维持现有的“自决议作出之日起”之规定，并且法院遇到原告股东行权期间明显超越法律规定的期限的应当直接将其驳回。法律不保护权利上的睡眠者，《公司法》设立股东大会决议撤销期间限制就是为了督促股东行使自身权利，使股东大会决议的效力尽早确定下来。若将现有之规定改为“股东可以自其知道或者应当知道决议作出之日起”，不但在现实中很难去证明股东到底是在何时知道决议的存在，使别有用心的股东钻法律制度的漏洞，而且会将股东大会决议的效力长期置于不确定的状态中，不利于公司内部秩序的稳定和外部交易的安全。针对不知道股东大会决议存在的股东，对其来说该决议即不存在的决议，正确的解决方式是尽早建立股东大会决议不成立之诉制度，通过决议不成立之诉来维护自身权益，而决议不成立之诉制度本身并无行权期间的限制。

二、诉讼担保制度

（一）股东大会决议撤销之诉担保的现状

2005年，我国《公司法》引入股东大会决议撤销之诉制度时借鉴了德国、韩国等国家的先进立法经验，规定法院可以应被告公司的请求责令原告股东提供相应担保，从而防止别有用心的股东为了获取不正当利益而进行恶意诉讼。[2]

笔者对收集到的北京地区股东大会决议撤销之诉的案例进行筛选，发现没有案件提及原告股东向被告公司提供了“相应担保”，因此笔者几乎能够断定，公司法的该项条款俨然成为一纸空文。笔者认为造成这一现象的主要原因是该项法律规定本身过于抽象，可操作性不强，主要体现在以下方面。

第一，诉讼担保的对象与担保的数额模糊。我国《公司法》并未明确规定担保所针对的对象，因此，确定数额时也就没有依据。当前理论界对于诉讼的担保对象主要有两种看法：一是诉讼担保的对象为被告公司将要发生的诉讼费用。“担保的范围应当仅限于公司有可能发生的合理诉讼费用，与争议事项下的公司决议所涉标的金额无关。”[3] 二是以股东大会决议涉及的争议事项为标的，或者此后公司对股东的赔偿请求权来确定担保费用。

---

〔1〕 参见刘俊海在《纪念王保树教授学术研讨会：〈公司法司法解释（四）〉学术研讨》上的发言，载 http：//www. commerciallaw. com. cn/index. php/home/salon/info/id/6. html？ from = timeline&isap pin-stalled = 0&winzoom = 1，最后访问日期：2017 年 3 月 12 日。

〔2〕 参见《公司法》第 22 条第 3 款。

〔3〕 参见刘俊海：《现代公司法》（第 2 版），法律出版社 2012 年版，第 289 页。

第二，担保适用条件的不确定。根据现行《公司法》的规定，被告公司只要提出请求，法院即可要求原告股东提供担保，此条规定过于笼统。法院在何种情况下判定原告股东提供担保，是无条件责令原告提供担保，还是在特定情形下责令原告提供担保，法律并未言明。

第三，原告不提供担保的后果不明。依据我国《民事诉讼法》关于诉讼保全制度的相关规定，原告拒不提供担保的，法院只是驳回诉讼保全的请求而不影响其继续提出诉讼请求。但是在股东大会决议撤销之诉担保制度下，现阶段不存在原告股东提出保全的情形。此外，法院仅仅是依据被告单方面的申请而要求原告提供担保，原被告双方地位似乎并不平等。从民事诉讼法的理论角度来看，除非原告主动申请保全措施打破原被告间的平衡，否则其并无义务提供担保。〔1〕

（二）诉讼担保制度完善

笔者认为应当从以下方面完善我国股东大会决议撤销之诉担保制度，以解决其在实际运行中出现的问题。

第一，明确担保数额的因素。在上述学界的两种观点中，若以诉讼争议事项的标的为诉讼担保对象，在大型公司动辄成百上千亿标的数额的情形下，无疑将对有正当利益诉求的股东维权起到极大的阻碍作用。但若仅以诉讼费用来确定担保数额，股东大会决议瑕疵诉讼非财产类案件，现有股东大会决议撤销之诉按件收费且收费明显偏低的情形之下，担保费用也就无法起到限制恶意诉讼、对抗滥诉的效果。因此，笔者建议诉讼的担保数额可以通过明确诉讼费用、案涉争议事项的标的、股东的持股时间与比例、被告公司可能遭受的损失等认定因素，由法院在具体个案中发挥自由裁量权来合理确定，以平衡原告股东与被告公司的利益。在《公司法解释四（征求意见稿）》第 10 条为原告股东创设了“行为保全”〔2〕的权利之后，为了平衡原被告双方的利益，案涉争议事项标的作为担保数额确定的因素将起主导作用。

第二，设定需要原告提供担保的条件，包括两种情形：其一，被告公司提供了原告股东存在恶意诉讼的初步证据。诉讼担保制度的建立目的是防止恶意股东利用股东大会决议撤销之诉制度，通过滥诉来获取不正当的利益，因此立

〔1〕 参见丁勇：《公司决议瑕疵诉讼担保制度检讨及立法完善》，载《法学》2014 年第 5 期。

〔2〕 参见《公司法解释四（征求意见稿）》第 10 条：股东会或者股东大会、董事会决议存在实施后不能恢复原状或者使当事人、利害关系人的合法权益受到难以弥补的损害等情形的，可以依据原告的申请禁止实施有关决议。人民法院采取前款规定的行为保全措施，可以根据公司的申请或者依职权责令原告提供相应担保。原告提供相应担保的，应当禁止实施有关决议。人民法院经审查认为，原告的申请存在恶意干扰或拖延决议实施情形的，应当驳回申请。

法应为公司向法院提出要求原告股东提供担保设定一定条件。该条件即被告公司应当向法院提供原告具有恶意诉讼的初步证据。上述恶意借鉴日本通说或者判例，是指一般的刁难之意，即原告起诉是为了不当损害公司的利益而非维护股东自身的正当利益。[1] 其二，根据《公司法解释四（征求意见稿）》第10条的规定，原告股东向法院申请了对被告的行为保全，则在此情形下，法院可以依职权或者被告申请要求原告提供担保。

第三，明确原告股东拒不提供担保的后果。此前，法院责令原告股东提供担保并不以原告申请保全为要件，因此，也就不存在其无法提供担保时驳回保全申请的情形。上述被告公司向法院提交原告股东提起诉讼具有刁难之意的证据时，法院应当直接驳回原告的诉讼请求。这也就要求原告提起股东大会决议撤销之诉时应当做好充足的准备，以防止因无法提供担保被法院驳回诉讼请求后，再次起诉时被法院以“一事不再理”的规定拒之门外。但是在《公司法解释四》（征求意见稿）第10条中，为原告创设了向法院申请对被告“行为保全”的权利并对“诉讼担保”制度进行细化后，如果原告股东拒不提供担保，或者存在恶意干扰或者拖延诉讼的情形，则法院当依法驳回原告的保全申请。此解释一旦通过，将对原被告双方之间的诉讼权益进行一定平衡。

三、裁量驳回制度

（一）裁量驳回在实践中的应用

所谓裁量驳回制度是指在股东大会决议撤销之诉中，如果被告公司仅仅是召集程序或者表决方式存在显著轻微的瑕疵，且并不影响决议的最终结果，则法院经过综合衡量各方利益后，本着司法的谦抑性和商事活动的效率原则驳回原告股东的诉讼请求的制度。2005年我国《公司法》进行第三次修正时，引入了股东大会决议撤销之诉制度，但并未同时引入与之相匹配的裁量驳回制度。日、韩两国在其《公司法》中明确规定了裁量驳回制度。国内学界经过较为深入的研究与探讨，总体倾向于引入该项制度。北京市高级人民法院在其2008年发布的《关于审理公司纠纷案件若干问题的指导意见》的第9条已经对裁量驳回制度有所尝试。[2] 在实践中，各地法院已经或多或少地存在适用裁量驳回制度的审判案例。

在笔者收集的北京地区股东大会决议撤销之诉案例中，有5例案件法院以

---

〔1〕 参见丁勇：《公司决议瑕疵诉讼担保制度检讨及立法完善》，载《法学》2014年第5期。

〔2〕 参见北京市高级人民法院《关于审理公司纠纷案件若干问题的指导意见》第9条：公司召开股东会会议未依法定或章程规定的通知期限通知股东，但全体股东均出席了会议并参加了表决，则相应的股东会视为依法召开。股东以会议通知程序违法或违反章程规定为由请求撤销决议的，人民法院不予支持。

被告公司在召集程序或者表决方式上虽然存在瑕疵，但是情形轻微，并不影响决议的最终结果为由驳回或部分驳回了原告股东的诉讼请求，占到21件败诉与部分败诉案件总数的23.8%。除上述案例外，在“北京某计算机技术股份公司与舒某公司决议撤销纠纷上诉案”中，被告也以情节轻微、不影响最终决议结果为由进行了抗辩。[1] 上述案例说明在北京地区股东大会决议撤销之诉类案件中，北京地区部分法院在司法实践中没有固守法律的规定，而是本着司法的谦抑性与商事活动的效率原则进行了自由裁量。此种做法虽然是法院综合考量各方面因素的结果，但是也导致陷入“于法无据”的窘境。

（二）裁量驳回的制度价值及引入我国的必要性

“在立法时创设股东大会决议撤销之诉讼制度的目的，在于否决以违法程序假借多数决的公正意思形式而成立的决议的效力，因此，股东大会召集程序或者表决方式违法违章对决议无任何明显影响时，是否有必要撤销决议，成为值得探讨的问题。”[2]在实践中，股东大会决议程序性违法违章并不一定会导致决议结果的改变。例如，在“魏某某与北京某科技发展公司决议撤销纠纷案”中，被告公司董事会向全体股东发送股东会召集通知时，其内容虽然对需要表决的事项有所涉及，但是表述方式却比较抽象，内容模糊不清，不过此后全体股东都如期参加了股东会，并且按照资本多数决原则通过了决议。[3] 法院认为在此种情形下，股东会决议的召集程序确实存在瑕疵，但即使不存在违法违章情形，似乎也无法改变决议的最终结果，那么是否应当撤销此类情形下作出的股东（大）会决议？

上述问题的实质涉及法律程序正当与公司法律关系稳定之间的平衡问题。如果一味地追求程序的公正性，则该项决议必将被撤销，但是如果考虑到程序的瑕疵对决议的结果明显无影响，则应从公司内部法律关系的稳定性似乎应当优先于程序的正当性来考量，裁量驳回制度的价值就此体现。在“北京某计算机技术公司与舒某公司决议撤销纠纷上诉案”中，被告公司的辩词同样体现了上述价值，被告称“从《公司法》第22条可以推知，该条款包含一对互补的法意，从保护股东权益的角度来讲，惩罚违反公司法和公司章程的通知行为或表决行为，其目的是保护股东的权益；而为了平衡法意，从限制股东滥用撤销权的角度来说，如果公司的通知或表决方式等程序性瑕疵不能改变决议的最终结果

---

〔1〕 案号为：（2015）一中民（商）终字第9211号。

〔2〕 参见钱玉林：《论可撤销的股东大会决议》，载《法学》2006年第11期。

〔3〕 案号为：（2014）一中民（商）终字第9092号。

时，为公司整体利益考虑，允许法官根据实际情况，行使裁量驳回制度”。[1]

综上所述，为了平衡程序正当与公司法律关系稳定之间的关系，回应司法实践中的现实需求，同时为了统一全国各地司法裁量的尺度，有必要通过立法或者司法解释的方式来建立我国的股东大会决议撤销之诉裁量驳回制度，允许法院在面对股东大会决议存在显著轻微的程序性瑕疵，且即使不存在此瑕疵不会改变决议结果时，裁量驳回原告诉讼请求。

四、小结

股东大会决议撤销之诉制度建立的初衷，是更好地保护每一位股东的利益，保证股东大会决议的合法合章，保障公司内部治理的公平正义。但同时我们也应注意到，在司法实践中，部分股东为了自身的利益一而再，再而三地提起股东大会决议撤销之诉，以表达自身对合乎法律与公司章程规定的决议的不满，阻碍股东大会决议的实施与执行，甚至利用股东大会决议撤销之诉起诉门槛低的特点，故意以提起诉讼为手段刁难公司，以获取不正当的利益。

因此，为了平衡原告股东与被告公司之间的利益，防止股东滥用股东大会决议撤销之诉制度获取不正当利益，维护公司内部的稳定，保障交易安全，现实的法律制度中以及法学界的探讨中都存在着种种方案以实现上述目的。在这些方案中，除了上文提到的股东大会决议撤销之诉行权期间限制、诉讼担保制度、裁量驳回制度三种方式外，《公司法解释四（征求意见稿）》第8条对事后明确表示或者以其行为对可撤销的股东大会决议表示认可的股东，以及股东大会通过新的决议认可了原告股东的诉求的股东进行了限制。[2] 此外，有的学者认为“由于套用了民事法律行为理论中的个体利益保护为中心，使得股东大会决议撤销之诉制度在起诉条件、诉讼和解和决议执行等环节均忽视了公司整体利益的保护而先天存在倾向于股东个人利益的保护，由此引起的滥诉风险只是此种失衡的必然体现”。[3] 对此，笔者提出以提高起诉条件的方式，来限制股东大会决议撤销之诉制度的滥用，例如设置最低持股份额和持股时间，对此笔者将分别进行论述。

对于事后股东明确表示或者以其行为表示对可撤销的股东大会决议内容表示认可，是否应当对该股东行使撤销权进行限制，笔者持否定态度。理由与股

---

〔1〕 案号为：（2015）一中民（商）终字第9211号。

〔2〕 参见《公司法解释四（征求意见稿）》第8条：股东起诉请求撤销股东会或者股东大会、董事会决议，公司有证据证明存在下列情形之一的，应当驳回诉讼请求：①决议作出后，股东明确表示同意决议内容；②决议作出后，股东以自己的行为明确表示接受决议内容；③作出新的决议，实质认可股东诉讼请求的内容。

〔3〕 参见丁勇：《公司决议瑕疵诉讼担保制度检讨及立法完善》，载《法学》2014年第5期。

东大会决议期间未当场异议的股东相同，需要特别说明的是，股东大会决议瑕疵形式多种多样，不能仅仅因为股东在事后具有认可瑕疵决议内容的表示或者行为，而认定其对所有形式的瑕疵都进行了认可，并限制其股东大会决议撤销权的行使。此外，股东大会决议是经过股东大会表决通过的团体意思表示，决议一经作出，即脱离股东个人的意志，上升为整个公司的共同意志，除非以通过新的决议的方式对之前可撤销的决议进行变更或者追认，否则不得因为某个股东的意思表示而使可撤销的股东大会决议得以治愈。这也是《公司法解释四（征求意见稿）》第 8 条第 3 项针对股东大会通过新的决议认可了原告股东的诉求的情形，此时可撤销的股东大会决议已经被新的决议所撤销，没有再次审理的必要，因此，为了节约司法资源，应当驳回原告的诉讼请求。

上述以提高起诉条件的方式来限制股东滥诉的行为有些矫枉过正。股东大会决议撤销之诉确实存在低门槛的现象，但这并不是滥诉发生的原因，更不应通过提高起诉门槛、设置最低持股比例与持股时间来剥夺小股东与继受股东的起诉权。小股东在股东大会决议中本身就容易成为大股东侵犯的对象，在股东大会决议的程序中也往往被大股东忽视或歧视，甚至损害其应有的权益，如果我们再于立法上剥夺其通过司法维护其自身权益的途径，则小股东将求告无门，也将更加助长恶意大股东的嚣张气焰。因此，我们更应该对小股东给予特殊的关怀而非剥夺其起诉权。持股期限已在前文继受股东处有所论述，在此不赘述，再次强调的是，我们不能因为个别继受股东存在的恶意行为而恶意揣度所有继受股东，并剥夺其诉权。但是为了回应现实中存在的通过小比例股权和临时持股的方式恶意刁难公司的情形，在被告公司申请的情况下，法院可以将股东持股比例和持股时间作为确定担保费用的考量因素，以此来限制上述股东的行为。

结　论

股东大会决议的撤销只能通过诉讼的方式来实现，这就要求对该诉讼制度的研究不能离开对诉讼当事人、诉讼事由以及诉讼原告撤销权的限制等问题的研究，这就构成了本文的主要内容。但是，本文并没有仅仅停留在理论层面的探讨上，笔者翻阅了 10 年间北京地区法院审理的 45 例股东大会决议撤销之诉的实际案例，对上述案例进行了定量与定性的分析，在此基础上发现股东大会决议撤销之诉制度在具体运行中存在的问题。笔者对当事人关于上述问题的看法、法官处理上述问题时的智慧进行梳理与归纳，并结合现有理论与《公司法解释四（征求意见稿）》中的具体规定，提出一些具有建设性的建议与意见，以期对制度完善有所助益。

对于股东大会决议撤销之诉当事人，原告股东在起诉时应当证明其在此时持有被告公司的股份。同时，应当赋予公司的董事和监事与公司股东相同的股东大会决议撤销之诉原告主体资格，以方便其行使公司的管理权与监督权。对于被告的安排，只有作出决议的公司才能成为股东大会决议撤销之诉的适格被告。对于司法实践中存在的将争议股东列为共同被告的情形，此行为是不恰当的。法院如此做法虽然有利于查清案件事实，却忽视了公司与股东之间的关系，将两者简单地画了等号。正确的做法应当是：在有股东与原告股东存在同样的诉求时，将其列为共同原告；在有股东或者其他利害关系人与被告公司站在同一战线，希望维持股东大会决议效力时，可以将其作为无独立请求权的第三人纳入诉讼当中。

对于股东大会决议撤销之诉的适用情形，司法实践中将股东大会决议不成立之诉纳入决议撤销之诉的范畴来审理，然而这仅仅是权宜之策。股东大会决议不成立之诉与股东大会决议撤销之诉在起诉主体、适用事由、价值理念等方面明显不同，不可相互取代。因此，当务之急是建立我国股东大会决议不成立之诉制度，以回应现实需求。此外，撤销之诉具体适用事由也存在定义模糊、适用范围不确定以及范围过窄的情形，应当对撤销事由进行适当的拓展与明确。

当前我国《公司法》立法更倾向于对股东权益的保护而忽视公司的整体稳定，虽然我国目前尚未出现股东恶意利用股东大会决议撤销之诉制度故意刁难公司的实践案例，但是不能否认我国《公司法》在立法上的确存在对原告股东限制的不足，可能会导致恶意诉讼的发生。此外，在实践中笔者已经发现对于处在公司僵局或者股东争执不下的情况，股东仅仅是为了发泄不满，就会一而再，再而三地起诉，既浪费司法资源，又使股东大会决议的效力长期处于不确定的状态，不利于公司的稳定。因此，在规范现有的行权期间限制之外，对于诉讼担保制度的具体适用条件与情形应尽快完善，尤其是在《公司法解释四（征求意见稿）》第10条设置了股东大会决议行为保全的前提下，与之相对应的诉讼担保制度完善显得更加迫在眉睫。同时，为了回应司法实践中的需求、制定法律依据、统一司法裁判尺度，股东大会决议撤销之诉裁量驳回制度的建立也是当务之急，这也是对现行立法过于倾向原告股东的适当纠偏。

对于股东大会决议撤销之诉判决的效力，当原告股东败诉时，其将受到一事不再理的原则限制，不得重复起诉。但这并不意味着股东大会决议当然有效，如果有其他股东在行权期间内提起决议撤销之诉，法院应当进行审理，并且不受前述裁判的限制。如果法院经过审理发现的确存在可撤销事由，且不存在裁量驳回的情形，则应当依法撤销。该胜诉判决对公司与所有股东均产生效力，以这一被撤销的决议为依据的工商登记必须恢复原状。但值得注意的是，依据此决议与善意相对人形成的法律关系不受影响，而这也得到《民法总则》第85条的确认。[1]

参考文献

一、著作类

1. 刘俊海：《股份有限公司的股东权保护》，法律出版社1997年版。
2. 李建伟：《公司诉讼专题研究》，中国政法大学出版社2008年版。
3. ［美］理查德·A. 波斯纳：《法理学问题》，苏力译，中国政法大学出版社2002年版。
4. ［德］亚图·考夫曼：《法律哲学》，刘幸义等合译，五南图书出版公司2000年版。
5. 施天涛：《公司法论》，法律出版社2014年版。
6. 史尚宽：《民法总论》，中国政法大学出版社2000年版。
7. ［韩］李哲松：《韩国公司法》，吴日焕译，中国政法大学出版社2000年版。
8. 《德国股份法·德国有限责任公司法·德国公司改组法·德国参与决定法》，杜景林、卢堪译，中国政法大学出版社2000年版。
9. ［日］高桥宏志：《重点讲义民事诉讼法》，张卫平、许可译，法律出版社2007年版。
10. 柯芳枝：《公司法论》，中国政法大学出版社2004年版。
11. 刘俊海：《现代公司法》（第2版），法律出版社2012年版。

二、论文类

1. 张明楷：《从生活事实中发现法》，载《法律适用》2004年第6期。
2. 张家勇：《探索司法案例研究的运作方法》，载《法学研究》2012年第1期。
3. 李建伟：《股东知情权诉讼研究》，载《中国法学》2013年第2期。
4. 王建云：《案例研究方法的研究述评》，载《社会科学管理与评论》2013年第3期。
5. 丁勇：《股东大会决议撤销之诉功能反思》，载《法学》2013年第7期。
6. 周龙杰：《股东的股东会决议撤销之诉提诉主体资格研究》，载《长春理工大学学报》2008年第5期。
7. 魏斌：《浅析对上市公司中小股东权益的救济措施》，载《经济论坛》2006年第23期。
8. 钱玉林：《论可撤销的股东大会决议》，载《法学》2006年第11期。
9. 蔡立东、杨宗仁：《论股东会决议撤销权的主体及其行使》，载《当代法学》2008年第5期。
10. 李建伟：《公司决议效力瑕疵类型及其救济体系再构建——以股东大会决议可撤销为

[1] 参见《民法总则》，载http://www.npc.gov.cn/npc/xinwen/2017-03/15/content_2018907.htm?from=timeline&isappinstalled=0#10006-weixin-1-52626-6b3bffd01fdde49 00130bc5a2751b6d1，最后访问日期：2017年3月20日。

中心》，载《商事法论集》2008 年第 2 期。

11. 王保民、王泊达：《论有独立请求权的第三人制度之完善》，载《行政与法》2011 年第 12 期。

12. 李建伟：《论公司决议可撤销的适用事由——基于司法适用立场的立法解释》，载《浙江社会科学》2009 年第 8 期。

13. 许中缘：《论意思表示瑕疵的共同法律行为——以社团决议撤销为研究视角》，载《中国法学》2013 年第 6 期。

14. 孙平：《股东大会决议效力瑕疵类型探析》，载《中国证券期货》2013 年第 5 期。

15. 王彦明：《股东大会决议的无效与撤销——基于德国股份法的研究》，载《当代法学》2005 年第 4 期。

16. 丁勇：《公司决议瑕疵诉讼担保制度检讨及立法完善》，载《法学》2014 年第 5 期。

三、其他

1. 《2016 年“中国商法年度十大事件”评选结果公告》，载 http：//www. commerciallaw. com. cn/index. php/home/news/info/id/177. html？ from=timeline.

2. 《最高法院原则通过适用公司法司法解释（四）》，载 http：//www. chinacourt. org/article/detail/2016/12/id/2364600. shtml.

3. 《最高法就公司法司法解释向社会公开征求意见》，载 http：//www. court. gov. cn/fabu-xiangqing-19342. html.

4. 《中华人民共和国民法总则》，载 http：//www. npc. gov. cn/npc/xinwen/2017-03/15/content_2018907. htm？ from=timeline&isappinstalled=0#10006-weixin-1-52626-6b3bffd01fdde4900130bc5a2751b6d1.

5. 《最高人民法院关于人民法院在互联网公布裁判文书的规定》，载 http：//www. chinacourt. org/article/detail/2013/11/id/1152212. shtml.

6. 刘俊海：《纪念王保树教授学术研讨会：〈公司法司法解释（四）〉学术研讨》上的发言，载 http：//www. commerciallaw. com. cn/index. php/home/salon/info/id/6. html？ from=timeline &isappinstalled=0&winzoom=1.

附表：北京地区股东大会决议撤销之诉案件统计表

序　号	案件字号	案件名	审结法院	审　级	审理结果
1	（2009）二中民终字第03643号	奥凯航空有限公司与张影等股东会决议撤销纠纷上诉案	北京市第二中级人民法院	二审	部分胜诉
2	（2009）二中民终字第22302号	北京弘云盈咨询服务中心与毕德昌股东会决议撤销纠纷上诉案	北京市第二中级人民法院	二审	胜诉
3	（2014）三中民终字第13067号	北京宏福源科技有限公司等诉安泰科技股份有限公司决议撤销纠纷案	北京市第三中级人民法院	二审	胜诉
4	（2009）朝民初字第12507号	北京汇添瑞投资顾问有限公司诉北京华影天映影院管理有限公司董事会决议撤销纠纷案	北京市朝阳区人民法院	一审	胜诉
5	（2013）二中民终字第17401号	北京家有儿女文化发展有限公司与李建宏公司决议撤销纠纷上诉案	北京市第二中级人民法院	二审	胜诉
6	（2009）高民终字第1147号	北京金冠汽车服务有限公司与东联科技有限公司董事会决议撤销纠纷上诉案（涉外）	北京市高级人民法院	二审	胜诉
7	（2009）一中民终字第8458号	北京市西租物资经营公司与王金龙等股东会决议撤销纠纷上诉案	北京市第一中级人民法院	二审	胜诉
8	（2010）二中民终字第01742号	北京苏坛建筑安装工程有限责任公司与莫翠平股东会决议撤销纠纷上诉案	北京市第二中级人民法院	二审	胜诉
9	（2009）二中民终字第17173号	北京燕阳豪情酒吧有限公司与于志刚股东会决议撤销纠纷上诉案	北京市第二中级人民法院	二审	胜诉

续表

序　号	案件字号	案件名	审结法院	审　级	审理结果
10	（2012）一中民终字第6242号	北京一得阁墨业有限责任公司与范某等公司决议撤销纠纷上诉案	北京市第一中级人民法院	二审	胜诉
11	（2009）一中民终字第7749号	北京艺进娱辉科技投资股份有限公司与刘旭股东会决议撤销纠纷上诉案	北京市第一中级人民法院	二审	败诉
12	（2014）三中民终字第1593号	北京远诚五河地产投资顾问有限公司等诉北京五河房地产开发有限公司决议撤销纠纷案	北京市第三中级人民法院	二审	败诉
13	（2015）一中民（商）终字第9211号	北京中科辅龙计算机技术股份有限公司与舒石公司决议撤销纠纷上诉案	北京市第一中级人民法院	二审	胜诉
14	（2009）海民初字第10990号	陈肖英诉清缘投资股份有限公司股东大会决议撤销纠纷案	北京市海淀区人民法院	一审	胜诉
15	（2009）二中民终字第00721号	邓启华等与张影等董事会决议撤销纠纷上诉案	北京市第二中级人民法院	二审	败诉
16	（2015）海民（商）初字第03146号	姚浩辉诉北京北方邦杰科技发展有限公司决议撤销纠纷案	北京市海淀区人民法院	一审	胜诉
17	（2014）海民（商）初字第28035号	姚浩辉诉北京北方邦杰科技发展有限公司决议撤销纠纷案	北京市海淀区人民法院	一审	胜诉
18	（2008）二中民初字第12571号	国际钢结构有限公司诉北京三杰国际钢结构有限公司股东会或者股东大会、董事会决议撤销纠纷案	北京市第二中级人民法院	一审	部分胜诉

续表

序　号	案件字号	案件名	审结法院	审　级	审理结果
19	（2012）一中民终字第12681号	韩某某与北京都宇设备制造有限公司决议撤销纠纷上诉案	北京市第一中级人民法院	二审	败诉
20	（2014）房民初字第04101号	何立爽等诉北京牧风科技有限公司决议撤销纠纷案	北京市房山区人民法院	一审	胜诉
21	（2009）昌民初字第11790号	贾俊龙等诉北京市西租物资经营公司股东会决议撤销纠纷案	北京市昌平区人民法院	一审、独任、简易	胜诉
22	（2015）二中民（商）终字第00448号	姜敏与北京城建弘城物业管理有限责任公司决议撤销纠纷上诉案	北京市第二中级人民法院	二审	败诉
23	（2014）西民初字第12250号	姜敏与北京城建弘城物业管理有限责任公司决议撤销纠纷上诉案	北京市西城区人民法院	一审	败诉
24	（2015）海民（商）初字第16696号	李风国与北京北方邦杰科技发展有限公司决议撤销纠纷案	北京市海淀区人民法院	一审、独任、简易	败诉
25	（2008）朝民初字第25200号	李国军诉北京星二十一新媒体技术有限公司股东会决议撤销纠纷案	北京市朝阳区人民法院	一审、独任	败诉
26	（2009）海民初字第10455号	李义诉北京新车居科贸有限公司股东会决议撤销纠纷案	北京市海淀区人民法院	一审、独任、简易	胜诉
27	（2011）二中民终字第14571号	刘太华与北京德威特电力系统自动化有限公司等公司决议撤销纠纷上诉案	北京市第二中级人民法院	二审	败诉
28	（2010）昌民初字第12870号	其鲁诉中信国安盟固利新能源科技有限公司股东会决议撤销纠纷案	北京市昌平区人民法院	一审	败诉

续表

序号	案件字号	案件名	审结法院	审级	审理结果
29	（2009）海民初字第10995号	乔文章等诉北京城建四建设工程有限责任公司董事会决议撤销纠纷案	北京市海淀区人民法院	一审	胜诉
30	（2009）海民初字第9717号	乔文章等诉北京城建四建设工程有限责任公司股东会决议撤销纠纷案	北京市海淀区人民法院	一审	胜诉
31	（2009）海民初字第26533号	苏亮诉北京欢唱网格互动科技有限公司撤销股东会决议纠纷案	北京市海淀区人民法院	一审、简易、独任	部分胜诉
32	（2015）二中民（商）终字第01090号	孙爱军等与孙岩公司决议撤销纠纷上诉案	北京市第二中级人民法院	二审	胜诉
33	（2013）大民初字第8883号	孙书来诉北京兴卓磷肥有限公司决议撤销纠纷案	北京市大兴区人民法院	一审、独任	败诉
34	（2014）海民初字第10673号	天相投资顾问有限公司诉天相财富（北京）信息技术有限公司决议撤销纠纷案	北京市海淀区人民法院	一审	胜诉
35	（2013）朝民初字第36068号	王明春诉北京万盛利昌再生资源回收有限公司决议撤销纠纷案	北京市朝阳区人民法院	一审、独任	败诉
36	（2014）一中民（商）终字第9092号	魏月萍与北京京鲁伟业科技发展有限公司等公司决议撤销纠纷案	北京市第一中级人民法院	二审	败诉
37	（2014）二中民终字第02576号	席伟等诉华枫信通（北京）科技有限公司决议撤销纠纷案	北京市第二中级人民法院	二审	败诉

续表

序　号	案件字号	案件名	审结法院	审　级	审理结果
38	（2015）海民（商）初字第17497号	姚浩辉诉北京北方邦杰科技发展有限公司决议撤销纠纷案	北京市海淀区人民法院	一审	败诉
39	（2015）昌民（商）初字第10293号	游峰等与北京博雅聚鑫磁业科技有限公司等公司决议撤销纠纷案	北京市昌平区人民法院	一审、独任、简易	胜诉
40	（2009）一中民终字第929号	喻敏等与刘英撤销股东会决议纠纷上诉案	北京市第一中级人民法院	二审	胜诉
41	（2009）一中民终字第3331号	袁丽杰与北京八达岭金宸建筑有限公司股东会或股东大会、董事会决议撤销纠纷上诉案	北京市第一中级人民法院	二审	败诉
42	（2014）西民（商）初字第16272号	张洪军诉北京城建弘城物业管理有限责任公司决议撤销纠纷案	北京市西城区人民法院	一审	败诉
43	（2015）三中民（商）终字第06802号	张松树与北京三源聚鑫商贸有限公司决议撤销纠纷上诉案	北京市第三中级人民法院	二审	败诉
44	（2015）西民（商）初字第16413号	张学静与北京五联大众旅馆有限公司决议撤销纠纷案	北京市西城区人民法院	一审	胜诉
45	（2014）三中民终字第11950号	中国技术创新有限公司与深圳世纪星源股份有限公司决议撤销纠纷上诉案	北京市第三中级人民法院	二审	胜诉

PPP 模式下社会资本退出机制的法律问题研究

徐宇翔

摘 要

政府和社会资本合作（以下简称“PPP 模式”）是制度供给的重大创新，既是一种新型的公共产品和服务的提供模式，亦是一项新型的投融资模式。无论是党的中央全会报告，还是国务院和中央部委的政策文件，都在倡导并推广 PPP 模式。诚然，PPP 模式有利于解决当前政府在基础设施建设领域面临的财政困境，有助于推动政府转变职能，也较好利用了社会资本的优势。然而，现有关于 PPP 的法律、法规和政策都在着力推动社会资本“进”到 PPP 项目中来，而缺乏对社会资本“退”的保障。PPP 模式中最不可或缺的一部分就是退出机制。设计合理的退出机制可以为项目的有序开展保驾护航。PPP 项目缺乏畅通的退出途径，必将制约 PPP 模式在我国的成功推广和运用。本文将以完善社会资本退出 PPP 项目的机制为切入点，结合当前的相关规定，分析和探讨实践中存在的若干 PPP 项目退出途径及社会资本退出 PPP 项目所面临的制约因素。在分析社会资本退出机制现存问题的基础上，为完善社会资本退出 PPP 项目的机制提出建议。

本文共分为以下几部分：第一章是对 PPP 模式的概述。首先介绍了 PPP 模式的定义和功能，在介绍 PPP 运作模式的基础上分析 PPP 模式的特征，探讨 PPP 项目协议的法律性质，最后从经济法的角度分析 PPP 模式的制度目标和法律原则。第二章介绍了完善社会资本退出机制的背景和必要性。本章首先介绍社会资本退出机制的定义和完善该机制的背景，在结合 PPP 项目自身特点的基础上论证完善社会资本退出机制的必要性。第三章介绍了几种可以被采用的社会资本退出 PPP 项目的途径。包括股权回购和转让、售后回租、公开上市、PPP 交易市场及资产证券化等形式。第四章介绍了实践中社会资本退出 PPP 项目面临的制约因素，包括"股权变更限制"制度、政府审批权制约和排斥联合体参与等。第五章介绍社会资本退出机制存在的法律问题并给出完善的建议。本章结合 PPP 模式自身的特点、实践中的问题，分析现有法律规范的不足之处及完善路径，以及为了实现第三章的若干退出途径，需要如何对现有的相关法律法规进行完善、保障社会资本的利益以及为构建多元化的退出渠道进行制度的创新。

关键词：PPP 模式　社会资本　退出机制　法律问题

引　言

一、研究背景

（一）经济背景

世界银行发布的《基础设施发展报告》中明确指出，基础设施的充足与否决定着国家能否崛起。良好的基础设施是社会进步的必备条件，然而其建设需要巨额资金支持。就融资方式而言，在早期，多数国家往往以政府财政拨款为主，但因来源单一、力度有限，至社会经济发展到一定阶段后这种模式已不能满足基础设施建设规模的需求。

为解决投资不足的问题，自 20 世纪 90 年代开始，以英国为代表的欧洲国家在实践中总结并应用了以推动政府和社会资本合作为目标的模式，即 PPP 模式。在该模式下，政府在建设项目中引进社会资本，由其建设和管理基础设施项目。采用 PPP 模式不但拓宽了融资渠道，而且提升了公共服务的质量和水平，进而推动了社会经济发展。

我国在基础设施建设投资上也面临相似的问题。改革开放以来，高速的城市化建设使得部分政府出现资金短缺问题，单一的政府投资模式已无法满足大规模基础设施建设的需要，这一供需矛盾在地方政府层面表现得更为显著。在20世纪90年代的分税制实施后，地方收入比重和所承担的公共事业建设任务并不匹配，只能通过银行贷款和发行债券来筹措资金，这又导致部分省份的高额债务问题。在此背景下，引入社会资本成为融资的重要途径。一方面，我国的储蓄率较高，民间资本充足，具备相应的实力；另一反面，公共事业建设中也潜藏着巨大商机，能为社会资本提供稳定的回报。在此背景下，PPP 模式在我国逐步推广开来。

（二）社会背景

政府提供公共服务的一项重要途径就是投资基础设施，但纯粹由政府投资和运营却未必高效。从治理结构上看，与企业相比，政府内部缺乏灵活的激励机制，而且存在管理成本高和创新能力不足等问题，而政府与社会资本的合作不但可以提高效率，而且可以实现职能的转变。李克强总理就多次指出要赋予市场更多空间，重视对内，特别是对民企的市场开放。PPP 模式激活了社会资本的市场活力，成为政府提供优质公共服务的有效途径。

（三）现实动因

现阶段，政府有关部门出台的 PPP 模式政策较多，但缺乏对实施程序、退出机制等方面的具体制度安排，致使许多项目存在社会资本非正常退出的现象，这不利于激励社会资本参与 PPP 项目。

二、研究意义

各级政府将 PPP 视为推动基础设施建设的重要创新模式，希望以此解决目前基建投资面临的资金短缺问题。但有关部门制定规则时往往只重视社会资本准入问题，缺乏对保障社会资本退出权利的关切。PPP 模式下政府和社会资本方应当遵循平等协商、互利共赢的原则，共同承担项目风险，但在实践中，公共部门容易通过出台、修订或废止法律规范动摇社会资本的地位，出台规定时也不够公开透明，通常也不会听取社会资本方的意见。在多重因素的作用下，社会资本方的契约自由和退出权利当然无法得到合理的保护。研究本选题的意义就是在 PPP 模式应遵循的基本原则的指引下，以社会资本的退出机制为切入点，分析制度上和实践中社会资本退出机制的不合理现象，重申对 PPP 项目中社会资本方的权利保护。随着 PPP 项目遍地开花，统一的高位阶的 PPP 模式立法必将出台，选择此题目也是希望能就 PPP 模式立法的问题提出自己的思路和见解。

三、研究现状

我国的 PPP 模式始于 20 世纪 80 年代，但国内对于 PPP 模式的研究热潮却是进入 21 世纪之后。天津大学李秀辉与张世英于 2002 年发表的《PPP 与城市公共基础设施建设》介绍了 PPP 模式的结构及国外的先进经验。这是国内较早研究 PPP 模式的文献。

当前对 PPP 模式研究的一个重点是对其内涵、类型的分析，例如：厦门大学王丽娅的《PPP 在国外基础设施投资中的应用及对我国的启示》以及河海大学陈伟强、章恒全的《PPP 与 BOT 融资模式的比较研究》。随着该模式的推广，许多研究开始关注其实践中的应用问题，如白锐的《城市基础设施建设项目 PPP 模式应用研究》和纪彦军的《我国 PPP 模式及其发展瓶颈研究》等文章，已经开始关注 PPP 模式在实践中遇到的问题。在我国推动“一带一路”倡议和“基建走出去”的大背景下，对国外 PPP 模式的研究也逐步兴起，中国财政科学研究院于雯杰的《国外 PPP 产生与发展概述》介绍了英国、澳大利亚、加拿大和印度等国推广 PPP 模式的有益经验。

目前，对于社会资本退出 PPP 项目机制的研究还比较少，华东政法大学李蓓的文章《政府和社会资本（PPP）融资法律问题研究》对 PPP 模式中的法律问题进行了梳理，对社会资本的退出问题做了一定的探索。黄华珍的《PPP 项目资产证券化退出机制的法律分析》则介绍了多种社会资本退出 PPP 项目的可行途径，这说明目前学界已经注意到了完善社会资本退出机制这一研究方向。但从总体来看，对 PPP 模式法律问题的研究还比较少，对于社会资本退出 PPP 模式的机制的研究更是寥寥无几。

四、研究方法

PPP 模式涉及的学科门类较多，包括法学、管理学等多个学科门类，不但理论背景复杂，而且在实践中存在许多创新的模式，因此要从理论、实践两个角度共同出发，在整理、阅读文件资料的同时，积极收集实践中的案例材料。为此，本文主要通过以下四种方法进行研究。

（一）文献研究法

通过图书馆借阅书籍、查询中国知网数据库和北大法宝数据库等途径获取文献资料，增进对 PPP 模式及相关理论的了解，通过文献资料和网络查询最新的关于社会资本退出 PPP 项目的制度规定。

（二）案例研究法

通过文献和网络查询最新的 PPP 项目案例资料，结合需要论证的事实进行有针对性的分析研究，增强论证的科学性。

（三）对比研究法

在本文中，有传统模式与 PPP 模式的对比，也有不同社会资本退出方式的比较。通过比较可以分析制度的不足，为提出新观点打下基础。

（四）利益分析法

在研究过程中，需要平衡的最重要的一对利益就是政府能履行监管职责与投资的社会资本方的利益。

五、研究的思路、重点和难点

我国正处在大力推广 PPP 模式的时期，中央和地方推出了许多鼓励和支持 PPP 项目的政策，但是现阶段 PPP 项目的签约率还比较低，部分 PPP 项目的实施效果也不理想。初步研究发现，社会资本退出 PPP 项目的途径不畅通是其中一项重要原因。本文即在分析退出机制于制度和实践中的不完善表现的基础上展开，进一步结合可以采取的社会资本退出途径来分析从法律角度如何完善社会资本退出 PPP 项目的机制。

本文的重点是找准 PPP 退出难的症结，而难点之一是集中分析退出难的深层原因，并提出完善的建议，另一个难点在于社会资本退出可以采取的诸如公开上市、资产证券化的途径，其本身比较复杂，需要深入分析。

六、研究的创新

（一）研究视角创新

PPP 模式在我国处于不断转型的阶段，中央和地方还在陆续出台相应的政策规范 PPP 模式。PPP 作为当下的研究热点，特别是近一两年，有不少相关的研究论文出现。然而相关研究主要侧重于 PPP 模式的内涵、结构分析、风险分担及其在行业的实际运用，目前尚无专门对社会资本退出 PPP 模式的法律问题进行专门分析的文章。本文立足 PPP 项目的最新实践，时效性较强，可以弥补相关研究的空白。

研究方法创新：以往与 PPP 模式相关的文章侧重于从理论角度探索 PPP 模式如何完善，本文的立足点既包括 PPP 模式的理论知识，也包含 PPP 模式的政策规定，而且结合了相关项目的具体实践。

（二）研究观点及结论创新

本文目的在于为完善 PPP 模式下的社会资本退出机制提出立法建议，但结论不仅局限于退出机制一方面，而是从整个模式的完善出发，提出可行性建议，并且在初步研究的基础上提出一些社会资本退出 PPP 项目可以尝试的途径。

第一章　PPP 融资模式概述

一、PPP 的定义和功能

PPP 模式，即政府与社会资本合作的模式，第一个 P 为 Public（政府），第二个 P 为 Private，在国内译为社会资本，最后一个 P 为 Partnership，是指政府部门与社会资本进行的合作。国家发展改革委颁布的 2014 年第 2724 号文[1]将 PPP 模式定义为“政府为增强公共产品和服务供给能力、提高供给效率，通过特许经营、购买服务、股权合作等方式，与社会资本建立的利益共享、风险分担及长期合作关系”。[2]

政府部门作为项目的启动方，依据发展规划和建设需求，通过政府采购的形式选择社会资本，共同组建项目公司。项目公司为项目的实际实施者与责任者，通过联系金融机构、承包商、供应商、运营商等完成项目的资金支持、设施建设、材料供应以及最终的管理运营。

以往的公共建设项目，基本都由政府来启动，并负责工程的建设和管理。这种传统的建设模式有一些不足之处：一是增加了工作难度，政府需要协调多个部门和单位，工程进度往往较慢，而且政府并不是专业的施工管理方，易造成工程效率低下；二是项目建设的资金来源单一，主要依靠财政，政府需要投入大量的人力物力以完成项目，易造成政府负债较高；三是增加了项目风险，政府是唯一风险承担者；四是未来在设施的维护上，政府作为唯一管理者，也需要大量的投入。

在 PPP 模式下，以上诸多难题都得到了有效的解决。首先是投资主体的变化，由单一的政府部门变为多元主体，私营机构作为项目合作方：一是可以筹集大量社会资本来推动项目的实施，解决政府的资金难题；二是能够提升项目的运行水平，使项目的设计、施工、运营等方面更加科学化。

其次，政府和社会资本方均有义务承担实施过程中的风险。在 PPP 模式下，各参与主体通过协议将项目中的各环节拆分，分别承担自己的职能与风险，既有利于项目的实施，又能促进各方分工合作、相互监督。

最后，设施的维护由单一的政府负责变为项目管理方负责，项目管理者聘用专业人员对项目进行评估与维护，不仅可以提高维护标准，保证维护的及时性，也能及时排除问题，降低政府的责任风险。

二、PPP 运作模式

在 PPP 模式之下，财政部和国家发展改革委都建立了 PPP 项目库，各省区市级财政部门也建立了本地区的项目库，将入库项目作为优先推动的项目。财政部门和行业主管共同管理项目的申报和审批等事宜。政府部门往往依据经济社会发展规划来推出 PPP 项目，而社会资本也可以根据本市经济社会发展的需

---

[1] 国家发展改革委《关于开展政府和社会资本合作的指导意见》（发改投资［2014］2724 号）。

[2] 李利娜：《高速公路建设 PPP 融资模式探讨》，载《改革与战略》2015 年第 3 期。

求，向有关部门提出项目合作建议。

对于实施条件成熟的项目，政府部门应当编制实施方案，方案内容包括项目名称、基本情况、合作期限、投资估算、融资方案、社会资本选择方式、政府支持措施和风险分配方案等内容。依据相关目录，政府可以提供实施方案，社会资本也有权自提方案。社会资本方在自提的方案中还可阐述对于特定项目的自身优势。随后，政府部门通过公开招标的方式选择项目合作方，并签订合作协议，成立项目公司，由项目公司负责项目融资，并对项目的运营和管理承担主要职责，在合作期限届满后，将项目移交政府。

北京市地铁四号线工程是第一条应用 PPP 模式建设的地铁项目。该线路从 2004 年开工建设，历时五年建成，总投资额达到 153 亿元人民币。该项目协议的双方分别是北京市交通委和京港地铁公司。京港地铁公司就是 PPP 模式下的项目公司，该公司主要由三方构成：一方是香港特别行政区政府控股的香港地铁公司，另两方是市属国企首创集团和北京市基础设施投资公司，三家公司的出资比例分别为 49%、49%和 2%。

拆迁工作和管道、车站的建设是项目的主要投资部分，鉴于该部分投资巨大而且程序复杂，北京市基础设施投资公司成立了北京地铁四号线投资公司来出资建设该部分。京港地铁通过订立协议，租赁管线、车站等设施，并负责车辆采购、日常维护、人员培训等运营成本。此外，京港地铁公司还负责项目的贷款融资。政府主要负责监管，并拥有调整价格的权力，项目公司主要负责运营，这样的安排确保了项目的高效，公众也能享受到优质的服务。

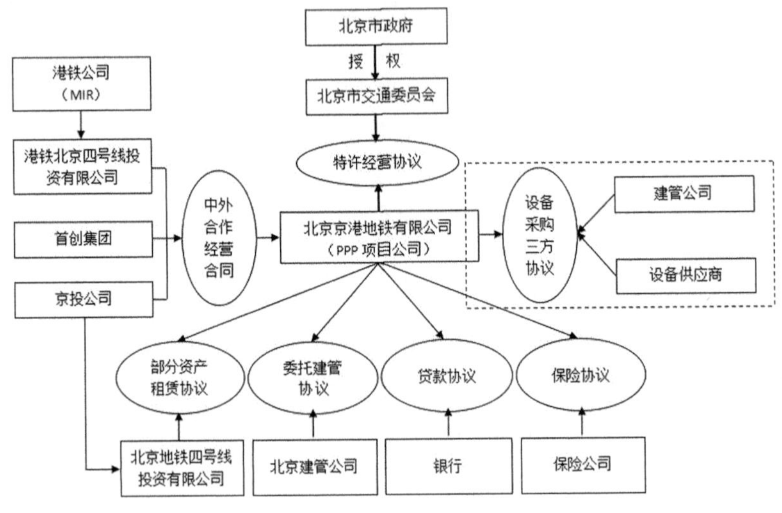

图 1　北京地铁四号线 PPP 项目结构示意图

三、PPP 模式的特征

PPP 模式的首要特征是合作伙伴关系，并由此派生出另外两个特征，即利益共享和风险共担。

在合作伙伴关系之下，双方的共同目标都是通过 PPP 项目为公众提供最多的公共产品和最优质的服务。在这个目标之下，社会资本可以满足对自身利益的诉求，而政府可以满足公众需求。因此，政府和社会资本应在平等协商的基础上订立合同。平等的法律地位和对等的权利义务，才能巩固政府和社会资本的伙伴关系。

利益共享不是简单地指政府与社会资本分享收益。当然，社会资本愿意投资与政府继续合作，主要的目标在于获取利润。但 PPP 项目有其特殊性，必须满足公众的基本需求，其定价不能过高。其中的各种需求又是一种刚性需求，只要项目的管理方提高价格，就可以轻易获得高额利润。因此，政府必须控制此类项目的高利润，但同时也要保证社会资本能获得长期稳定的回报。

构建可持续的伙伴关系，政府和社会资本除了要分享收益，也要共担风险，这是 PPP 模式与政府采购方式的不同。在采购模式下，风险会随着购买行为发生转移；在 PPP 模式下，社会资本主要承担运营的职责，而政府享有决策和评估的权力。因为信息不对称或者决策失误，政府提供公共产品时往往面临一定风险，譬如修筑的桥梁车流量达不到预期水平，导致无法如期收回资金。引入社会资本之后，如果发生这类问题，政府应当对投资者进行一定的补偿。对于风险的承担，特别是对日常经营管理中的职责和风险的分配，双方应在协议中作出详细约定。

四、PPP 模式的法律分析

PPP 模式的中心是公共部门和社会资本方构建的合作关系，公共部门即政府首要关注的是社会公共利益，而作为私营部门的社会资本方重视自身获益，双方必须通过订立协议来确定各自的权利和义务。2015 年公布的现行有效的 PPP 模式最高位阶的法规《基础设施和公用事业特许经营管理办法》（以下简称《特许经营管理办法》）规定政府和社会资本方必须签订特许经营协议。财政部出台的未来将成为 PPP 模式最重要的指导性法律的《政府和社会资本合作法（征求意见稿）》（以下简称《征求意见稿》）也规定政府和社会资本方要签订合作协议。

因此，协议在 PPP 项目中居于核心地位，要想从法律层面理解 PPP 模式，首先要厘清 PPP 项目协议的性质。

（一）PPP 项目协议的性质

对于项目协议的性质，理论界还存在一定的争议。主要有民事协议说、行政协议说和混合协议说三种观点。

1. 民事协议说

财政部颁布的《政府和社会资本合作项目政府采购管理办法》（以下简称《采购管理办法》）第 22 条[1]规定 PPP 项目的争议可采用民事诉讼的方式，因此，项目协议就具有了民事协议的性质。而且在《特许经营管理办法》及最近发布的一些政策文件中都强调双方的法律地位平等。尽管在实践中还存在招标、竞争性谈判等程序，以及政府方需要在私人部门选择环节对社会资本方进行资质的审核，但这些都只是为了订立协议所做的准备工作，并不能否定协议本身的性质。《征求意见稿》也规定，对于项目的争议，有关方面可以提起民事诉讼和仲裁，相当于支持了民事协议说。

2. 行政协议说

最高人民法院 2015 年 4 月发布的《关于适用〈中华人民共和国行政诉讼法〉若干问题的解释》第 11 条[2]规定了属于行政协议的若干情形，特许经营协议作为现阶段 PPP 项目协议的主要类型，在列举项中也被列为行政协议的一种。对照司法解释的内容，政府参与到 PPP 项目协议中，目的是实现公共利益，这符合行政协议的特征。

政府通常还享有行政优益权，这保障了其在协议中的优先地位。行政优益权可以表现为监督权，也包括行政相对方选择权和协议解除权。PPP 项目招标本身也是在选择相对方，这与行政主体选择相对人的权利相似。对于单方解除权，虽然《特许经营管理办法》并未直接规定政府具有该权利，但其在第 38 条[3]如果是政府方面违约导致合同无法履行，政府可以据此收回项目，这其实变相赋予了政府单方解除权。综上看来，PPP 项目协议具备行政协议的特征。在法国和日本，特许经营合同也都被认为是行政合同的一类。在法国的特许经营模式下，政府的地位要高于社会资本，项目合同必须全面遵守法国公法，其争议也由行政法院管辖。

---

〔1〕《采购管理办法》第 22 条第 2 款："项目实施机构和中标、成交社会资本在 PPP 项目合同履行中发生争议且无法协商一致的，可以依法申请仲裁或者提起民事诉讼。"

〔2〕《关于适用〈中华人民共和国行政诉讼法〉若干问题的解释》第 11 条第 1 款规定："行政机关为实现公共利益或者行政管理目标，在法定的职责范围内，与公民法人或者其他组织协商订立的具有行政法上权利义务内容的协议，属于行政诉讼法第 12 条第 1 款第 11 项规定的行政协议。"

〔3〕《特许经营管理办法》第 38 条规定："在特许经营期限内，因特许经营协议一方严重违约或不可抗力等原因，导致特许经营者无法继续履行协议约定义务，或者出现特许经营协议约定的提前终止协议情形的，在与债权人协商一致后，可以提前终止协议。特许经营协议提前终止的，政府应当收回特许经营项目，并根据实际情况和协议约定给予原特许经营者相应补偿。"

3. 混合协议说

这一观点是对以上两种观点的综合，既承认协议具有民事合同的特点，又认可其具有公法属性。双方在合同地位上平等，但行政机关享有一定的“特权”，如监督指导权等。这一观点的产生一方面是因为当前法律法规的不完善，另一方面也由 PPP 模式自身特点所决定。

（二）PPP 模式的经济法属性

1. PPP 项目协议的经济法特征

政府与市场的关系密不可分，其与市场的关系正是经济法最基础的调整对象。经济参与是国家的主要职能之一，即“国家的参与并不是为了追逐经济利益，而是为了社会公共利益的需要”〔1〕，“为一般大众提供其必要的但是又不能或不宜由市场提供的产品和服务”〔2〕。

在 PPP 模式下，社会公共产品和服务提供者本质上仍是政府，只是政府通过协议的方式委托社会资本方去直接提供。政府对社会资本方的选择、授权、监管，实质上体现的是其对市场的引导管理和监督。因此，PPP 项目协议具有经济法的属性，这也是本文所持的观点。政府推广 PPP 模式的目的在于为基础设施建设和提供公共服务进行融资，保证公共利益的最大化，而社会资本的目的在于获得合理的投资回报。协议既要实现合同预期的特定行政目的，又要保障社会资本方的权益，这使得 PPP 项目协议兼具公法和私法的属性，也具备了经济法的特点。

2. 以经济法思维指导 PPP 立法

调节经济运行，明确政府和市场的边界，是经济法的重要任务。以基础设施建设为例，可以分为纯经营类、准经营类和非经营类三种。纯经营类属于营利性项目，如收费高速，通常投资回报较高，属于可以全面对社会资本开放的项目；准经营类项目经济效益低于纯经营类项目，包括煤气、自来水等市政项目，较依赖政府补贴；而非经营类项目则完全依赖财政支出。因此，PPP 的主要市场应当存在于纯经营性和部分准经营项目中。在目前的 PPP 实践中，部门地方政府为了政绩盲目推动 PPP 项目，甚至推出非经营项目，并配套以出让土地资源等优惠条件来吸引社会资本，这样做实际上是模糊了市场界限，也不符合 PPP 模式的本质要求。

此外，PPP 模式与政府的公共服务职能密不可分。制定完善的 PPP 法律实质是利用规则优化公共服务的提供方式，合理调整政府和市场及市场主体的关

〔1〕 李东方：《近代法律体系的局限性与经济法的生成》，载《现代法学》1999 年第 4 期。

〔2〕 李东方：《近代法律体系的局限性与经济法的生成》，载《现代法学》1999 年第 4 期。

系。因此，应当用经济法的思维去指导 PPP 模式的立法，并在此基础上完善社会资本的退出机制。

“在经济法的宗旨方面，经济法所要解决的基本矛盾或调整的基础性目标，是要通过调控和规制，来协调个体营利性和社会公益性的矛盾，兼顾效率与公平。”〔1〕这也正是 PPP 模式所追求的目标，兼顾政府和社会资本双方的利益。为了达到此目标，相关的法律规范和调控应致力于构建相关主体能自由流动并交易的 PPP 市场，为社会资本创造较好的流通环境。制定 PPP 模式规则时，也应为实现社会资本自由、有序地进入或退出项目创造条件。

第二章 完善社会资本退出机制的背景和必要性

一、完善社会资本退出机制的背景

（一）社会资本退出机制的含义

《辞海》对“退出”一词的解释为：离开某种场合，脱离组织或活动或者把已经取得的东西交出来。“PPP 项目的全生命周期是指从项目的设计、融资、建造、运营、维护至终止移交的完整周期。”〔2〕PPP 项目的退出机制即在此期间内社会资本方终止与政府的合作关系，实现的方式可以是终止相关的项目合同，或者将自己的权利义务转让予第三方。本文讨论的退出机制是，社会资本通过转让股权或项目资产、经营权等形式退出 PPP 项目。

对于 PPP 项目是否需要成立项目公司，《特许经营管理办法》规定项目的实施机构应当在招标、谈判文件中说明是否需要成立，《征求意见稿》允许在协议中对是否成立公司作出约定。而财政部发布的《政府和社会资本合作模式操作指南（试行）》则规定，社会资本可以根据自身需要决定是否设立项目公司。但由于项目公司设立之后独立承担融资、建设及经营管理的责任，权利责任较为明确，也可以对投资人起到风险隔离的作用，故在实践中大部分 PPP 项目都会设立项目公司，因此变更在项目公司中的股权就成为社会资本退出 PPP 项目的主要途径。

一般而言，能造成 PPP 项目终止的原因较多，项目履行完毕、双方违约、不可抗力等都能终止项目。项目履行完毕有相应的评估和移交程序，违约情况下可以采用争议解决和责任追究机制，不可抗力也有相应的善后措施，这些情

〔1〕 张守文：《经济法基本原则的确立》，载《北京大学学报（哲学社会科学版）》2003 年第 2 期。

〔2〕 贾向明、卓识主编：《PPP 法律法规汇编全集》，民主与建设出版社 2015 年版，第 170 页。

形都不在本文的讨论之列。

（二）退出机制不畅致使签约率不高

PPP 模式已经成为热门词汇，PPP 项目的建设在各地也如火如荼地进行，但实践中项目的签约率并不高。新华网 2015 年 6 月的报道显示，34 个省区市地方政府推出的总额 1.6 万亿的 PPP 项目，实际签约的仅有 2100 亿左右，签约率不足两成。而据国家发展改革委网站消息，截至 2016 年 7 月底推出的两批 PPP 项目，总投资过万亿，其中第一批签约的项目为 456 个，签约率为 57.8%。针对 PPP 签约率低的问题，时任财政部副部长的史耀斌在接受采访时表示要理性看待签约率低的现象，社会资本需要对项目进行充分评估和了解，测算在项目合作中的收益。

对投资者而言，退出项目是收回投资的方式，也是创造价值的途径，如果 PPP 退出机制不畅，将会极大地打击投资者的信心。当前 PPP 项目签约率低的一项重要原因就是项目退出机制不完善。

二、完善社会资本退出机制的必要性

PPP 项目周期较长，需要投入的资金较多，面临多重风险，这些都意味着如果没有畅通的退出机制，不足以打消社会资本的投资疑虑。

（一）PPP 项目的自身特点

PPP 项目的合作期限往往是 10—30 年不等，《征求意见稿》也规定项目持续时间通常不少于 25 年，这都大大超出了我国企业的平均存续时间。抽样调查显示，“中国民营企业的平均寿命为 3—7 年，中小企业的平均寿命为 2.5 年”,〔1〕大公司的平均寿命为 7—9 年。在此种情况下，很可能发生项目公司或社会资本方的企业在 PPP 项目存续期间倒闭的情况，很多社会资本也难于参与 PPP 项目的全过程。

（二）PPP 项目资金占用情况

PPP 项目所需投入的资金较大，时任财政部长的肖捷在答记者问中提到，截至 2016 年底，全国 PPP 项目签约落地数达到 1351 个，总投资达到 2.2 万亿元。如此巨额的投资，不得不让社会资本慎之又慎，因而必须要构建与此融资规模相配套的社会资本的退出机制。

原因有三个方面。首先是针对银行、基金和信托等机构，尽管其资金实力较强，但其融资来源主要通过存款、理财产品和信托基金等投资期限较短的渠道，这些机构需要处理期限错配的问题，即所谓的“借新钱还旧账”，需要及时从投资中抽身出来，但 PPP 项目期限较长而且退出渠道不畅便决定了这个目标

〔1〕郭振华：《企业生命周期及其战略选择》，载《企业改革与管理》2017 年第 1 期。

难以实现。其次是对社保基金等长期沉淀可用于长期投资的基金而言，PPP 项目又显得不够稳健。因为 PPP 项目前期失败的风险较高，若缺乏完善的退出机制，社保基金这类资金在早期进入投资的意愿不会很强。最后，PPP 项目的建设施工单位要为项目垫付大量资金，而企业利用实施过程中的项目进行再融资的行为又受到严格的监管，在此情况下企业面临资金链断裂的风险。

（三）面临的风险

PPP 项目中存在着多重风险，主要可分为内部风险和外部风险两大类。

内部风险主要包括完工风险、技术风险和经营管理风险。“完工风险是指项目无法按时完工、延期完工或者完工后无法达到预期标准的风险”[1]，其主要与资金不能及时到位、技术力量不足等因素相关。技术风险与其先进程度和可靠程度直接关联，经营管理风险与管理者的水平密不可分。这些风险都属于商业风险，《征求意见稿》明确规定这些风险全部由社会资本方承担。

如果说内部风险尚属可控的话，外部风险则具有更大的不确定性，外部风险包括多个方面。首先是政治风险，其主要表现为政策、法律的不稳定，这对社会资本方而言属于不可控风险，《特许经营管理办法》和《征求意见稿》都明确规定应当由政府承担相应的风险，并对社会资本方进行必要的补偿。因为 PPP 项目周期较长，工艺和设备会逐渐落后，而通货膨胀容易造成项目建设成本的增加，项目也面临提标改造，需要额外增加资金的投入。为应对相应风险，有必要设计相应制度帮助社会资本方融资，这事实上也丰富了社会资本的退出途径。市场风险主要有价格风险、竞争风险及市场预测风险等，社会资本方在运营中较容易受到市场风险的冲击。以市场竞争风险为例，我国最早利用 BOT 建设的工程项目刺桐大桥，在完工之后的运营过程中，泉州当地政府又在该项目的附近建设新的过江大桥，极大地影响了项目公司的收入，这实质上是政府未能满足项目对于客流量的最低需求，理应由政府承担相应责任，对社会资本方进行补偿。不可抗力除政治风险以外，主要指自然不可抗力，主要包括自然不可抗力和社会异常事件，依据财政部于 2014 年发布的《PPP 项目合同指南（试行）》，由各方自行承担因此产生的额外开支，有关部门不会对项目公司进行其他补偿。

整体而言，社会资本方承担了较大的经营风险，且其抵御风险的能力较弱，对此应当保障社会资本退出项目的权利，并为其设计更加丰富的退出途径。

---

〔1〕 穆尉鹏：《PPP 项目融资风险分担机制研究》，重庆大学 2008 年硕士学位论文。

第三章 PPP 项目退出的实现途径

PPP 项目的退出机制即项目存续期间内社会资本方终止与政府的合作关系，实现的方式是将自己的权利义务转让予第三方。具体可以采取的途径包括：股权回购、股权转让、售后回租、公开上市、PPP 交易市场及资产证券化等。

一、股权变更

股权变更是社会资本退出 PPP 项目的主要途径，主要分为转让给政府的股权回购和转让给第三方的股权转让。

（一）股权回购

股权回购的方式是指社会资本方在 PPP 项目全部结束时，将项目公司的股权转让给政府融资平台或者其指定的单位，以期收回投资并取得收益的行为。然而，国务院于 2015 年 5 月发布第 42 号文指出要“严禁融资平台公司通过保底承诺等方式参与政府和社会资本合作项目，进行变相融资”〔1〕，财政部在 2015 年 6 月发布的《关于进一步做好政府和社会资本合作项目示范工作的通知》（以下简称《示范通知》）中也提到“严禁通过保底承诺、回购安排、明股实债等方式进行变相融资，将项目包装成 PPP 项目”。〔2〕有关部门出台相关规定之目的，在于防止某些地方政府通过融资平台和政府基金进行变相融资、违规举债，陷入债务风险之中。

财政部公布的《政府和社会资本合作项目财政管理暂行办法》（财金［2016］92 号文，以下简称“92 号文”）中也规定了政府股东或政府指定的其他机构不得与社会资本方约定对项目公司的股权进行回购，这些规定基本排除了政府回购项目公司股权的可能性。

（二）股权转让

“股权转让是公司股东依法将自己的股东权益有偿转让给他人，由他人取得股权的民事法律行为。”〔3〕社会资本既可转让给公司内作为联合体成员的其他社会资本方，也可转让给其他符合条件的企业法人。其他企业通过购买 PPP 项目公司的股权，影响和控制项目公司的经营管理。这种方式的优势在于交易成

〔1〕易斌主编：《PPP 项目法律实务解读》，中国建筑工业出版社 2016 年版，第 342 页。

〔2〕贵州君跃律师事务所编：《政府和社会资本合作模式（PPP）政策法规集成》，中国法制出版社 2016 年版，第 272 页。

〔3〕吴海燕：《商务汉语词汇研究》，中央民族大学 2012 年博士学位论文。

本比较低，过程简便，项目公司原有的社会资本方可以实现直接退出。

二、售后回租

"售后回租业务是指承租人将自有物件出卖给出租人，同时与出租人签订融资租赁合同，再将该物件从出租人处租回的融资租赁形式。"[1] 项目公司可以出售项目资产，进而盘活项目资产，将流动资金用于项目的进一步建设。项目公司依然享有项目管理权，可以将项目收益和政府补贴用于支付租金。项目完成后，项目公司再以该资产的名义价格将其回购。公司在购回之后，对资产进行必要价值评估，再移交给政府实施单位，社会资本通过此途径实现了从项目中的退出。

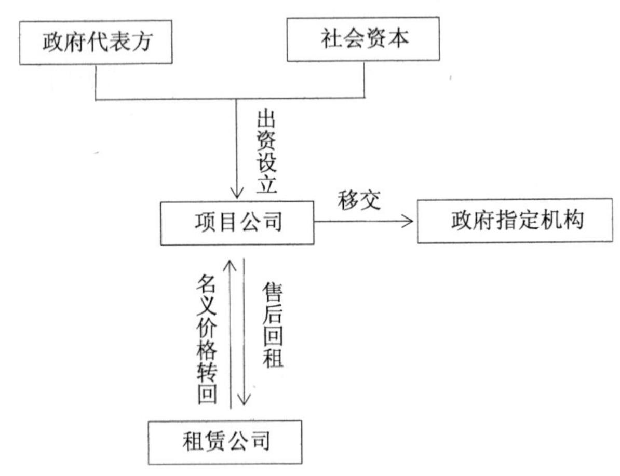

图2　售后回租示意图

由此可知，该制度涉及了物权的阶段性转移，根据《征求意见稿》的相关规定，社会资本方不得擅自转让项目资产，因而政府和社会资本方在订立协议阶段应当作出事先安排，写入相关条款。售后回租的PPP资产必须为项目公司真实拥有并可以处分，存在被抵押、质押或被查封情形的PPP资产不得成为售后回租业务的租赁物。

同时，该物权的转让也不得影响项目的持续运营和提供服务的质量，这需要政府和社会资本方在订立协议时充分考虑风险，避免影响公共利益，并且要谨慎选择符合资质要求的金融租赁公司作为合作伙伴。《金融租赁公司管理办法》中明确对相关企业的公司章程、注册资本、高管构成、风控体系及监管义

---

[1] 吴玉亮：《融资租赁法律关系浅析》，载《铁路采购与物流》2011年第7期。

务提出了明确要求，项目公司在决策时应充分考虑并遵守相关规定。

三、公开上市

PPP 项目公司可以通过上市来募集公众资金，实现社会资本的退出。首次公开募股（即 IPO）是指首次对全社会的不特定公众公开发展股票，由此可以实现项目公司向公众公司的转型。这样既能满足项目公司后续的资金需求，也可以为投资者带来丰厚的回报，更重要的是可以提高项目公司和社会资本方的知名度，有利于其今后募集资金和投资新项目。

（一）公开上市退出方式的障碍

PPP 项目通过主板上市实现社会资本退出的条件还并未成熟。首先是主板市场对企业的要求较高，拟上市企业不仅需要满足诸如主体资格、经营年限等方面的标准，还需要在盈利能力、资产要求、股东和管理层等方面符合监管部门较为严格的规定。[1]

除了面对较高的门槛，公司还需要做好长期的准备，包括但不限于进一步完善公司的经营管理状况，规范财务制度，将公司的经营状况等必要信息向外公布，使广大投资者了解公司的真实情况。公司应当及时向外公布与经营状况相关的各类信息。公司应当明确自身长远的发展战略，建立较为完善的包括经营、财务等各项制度在内的现代企业制度。

如果相关的 PPP 项目公司要启动上市进程，需要聘请中介机构如券商、会计师事务所、律师事务所等，并为此支付费用，在我国相关的交易成本一般为融资额的 8%。此外，除了 PPP 项目公司股权变更要遵循锁定期的规定以外，还要遵循《中华人民共和国公司法》（以下简称《公司法》）对股票锁定期[2]的规定，所以社会资本方无法在短期内将持有的项目公司股份抛出。

考虑到 IPO 所需的前期投入、时间成本及其他多重因素，其并非目前社会资本退出 PPP 项目的最佳途径。

（二）公开上市有助于项目信息公开

2016 年 9 月，交通运输部在汇总全国数据之后发布的《2015 年全国收费公路统计公报》中显示："2015 年一年全国公路的亏损就达到了 3187.3 亿元，是上一年的两倍。"[3] 文件公布之后，立刻引发了公众的热议，舆论普遍关注公路收费的具体流向。按照该公报的内容，将近 80% 的开支用于偿还债务本金和

---

〔1〕 何春丽：《基础设施公私合作（含跨国 PPP）的法律保障》，法律出版社 2015 年版，第 148 页。

〔2〕《公司法》第 141 条："发起人持有的本公司股份，自公司成立之日起一年内不得转让。公司公开发行股份前已发行的股份，自公司股票在证券交易所上市之日起一年内不得转让。"

〔3〕《〈2015 年全国收费公路统计公报〉解读》，载交通运输部网 http：//www. mot. gov. cn/zhengce-jiedu/2015qgsfgltjgb/，最后访问日期：2017 年 3 月 10 日。

利息支出，其余的用于道路养护、税费和运营管理，但舆论还是认为公布得不够详细。

2015年5月，绥大高速公路作为我国首个收费公路PPP项目正式启动，交通运输部门也不断表示将在收费公路建设中力推PPP模式。如果未来PPP项目公司上市，就必须要实行持续信息公开制度，发布年度报告和中期报告。“年度报告是反映该公司在该会计年度中的经营状况和财务状况的书面报告，而中期报告则主要包括：大股东情况、资本变动、股价及其交易量状况、涉及公司重大诉讼事项、经营成果分析等。”〔1〕这些公示制度客观上有助于增加公众对PPP项目盈亏状况的了解，化解公众的质疑，也有利于政府结合项目的实施状况进行远期项目科学论证，避免盲目决策。

PPP企业IPO上市的范例还属于凤毛麟角，河北华夏幸福公司就属于其中一例。该公司通过在河北省固安县和大厂县采用PPP模式建设新城取得成功之后，不失时机地选择了上市，取得了长足发展，帮助参与投资的社会资本取得了良好的收益。

四、PPP交易市场

构建PPP交易市场是盘活PPP项目资产、促进资产流转的有效途径，也有助于社会资本方实现项目退出。与证券市场相类似，PPP交易市场也存在发行和交易，即所谓的一级市场和二级市场。一级市场建立在PPP项目的基础交易之上，即政府已经选择了社会资本方并组建了项目公司，公司已经取得了股权、土地使用权、收益权及其他财产权利，并且就项目的内容、价费给付等重要事项达成了项目协议，这些事项是项目公司进行融资安排的基础。在项目进行到一定阶段，特别是进入稳定运营期之后，社会资本方之中的部分投资主体需要转让股权，项目公司也会围绕项目运营设计一些金融衍生品，这就需要交易市场作为载体。平台的作用既是为优质项目寻找社会资本，也是要为社会资本的退出提供便捷服务。市场平台可以发布项目信息，并进行配套融资，在政府和社会资本之间发挥纽带作用。

五、资产证券化

“资产证券化是指企业或金融机构将其能产生现金收益的资产加以组合和信用增级，出售给特殊目的载体，然后由特殊目的载体创立以该基础资产产生的现金流为支持的证券产品，将该证券产品在金融市场上出售给投资者的融资活

〔1〕李东方：《上市公司监管法论》，中国政法大学出版社2013年版，第175页。

动。"[1] 中国证监会的最新规定[2]将基础设施的收益权纳入可证券化资产的范围，这就为 PPP 项目引入该模式创造了可能。

资产证券化依赖的是资产的信用，即资产本身可以带来稳定的现金流，而 PPP 项目符合这一特点。例如：泉州刺桐大桥 BOT 项目在 1996 年投入运营之后，仅用 4 年时间，车辆通行收入从初建的 2000 多万元增长到近 5000 万元，年均增长率达到了 20%，完全具备成为基础资产的条件。

资产证券化交易的第一步就是构建资产池，即具有相当规模的资产组合，PPP 项目的高额投资符合这一要求。PPP 项目的基础资产通常为基础设施或公共产品、公共服务的经营权或收费权；第二步是将基础资产转移至特殊目的机构，在我国通常是信托计划、券商或保险资管计划；第三步是证券的发行和销售；第四步是对资产池产生的现金流进行管理并负责清偿和结算。

国家发展改革委和证监会 2017 年发布的相关通知[3]对重点推动 PPP 项目资产证券化的范围进行了明确规定，要求各级主管部门推动成立并运营两年，且已经产生稳定回报，并且在最近三年内未发生重大违约或虚假信息披露的 PPP 项目采用资产证券化的模式。同时，该规定还强调要积极引进多元化投资者，并要密切与国家发展改革委和证监会的联系，帮助投资者解决实际困难。这意味着，政府开始重视资产证券化和 PPP 项目的结合，努力为其营造良好的政策环境。

第四章 社会资本退出 PPP 模式的制约因素

国务院和中央各部委发布的文件都强调要完善退出机制，但由于缺乏相关立法以及《PPP 项目合同指南（试行）》本身规定的不完善，在 PPP 项目的实践中，无论在招投标还是项目的运营管理等多个阶段，都存在制约社会资本退出的现象，主要表现如下。

一、社会资本退出机制的制度障碍——股权变更限制

PPP 合同是整个项目的基础，也决定了社会资本方的退出机制。财政部在

〔1〕 何春丽：《基础设施公私合作（含跨国 PPP）的法律保障》，法律出版社 2015 年版，第 137 页。

〔2〕《证券公司及基金管理公司子公司资产证券化业务管理规定》第 3 条将"基础设施、商业物业等动产或不动产收益权"纳入资产证券化的基础资产之中。

〔3〕 该通知为《推进传统基础设施领域政府和社会资本合作（PPP）项目资产证券化相关工作的通知》。

《PPP 项目合同指南（试行）》中提到编制该指南的目的在于指导项目中的各个主体更好地认识、签订和执行项目合同。虽然财政部强调该文件侧重于指导合同订立，但由于其特殊地位和财政部门在 PPP 模式实践中的重要作用，在相关立法尚不健全的情况下，该《PPP 项目合同指南（试行）》实质上起到了临时法律的作用。

对 PPP 退出机制的规定主要集中在《PPP 项目合同指南（试行）》的第二章第十节“股权变更限制”，该规定首先强调了社会资本设立的项目公司作为项目的直接实施主体，具备相应的实力和资质，如果项目公司股权变化，就可能会影响项目的实施。因此，《PPP 项目合同指南（试行）》在该节对项目公司股权的变更做出了必要的限制，若社会资本方违反了相关规定则会被视作违约，情节严重的情况下，政府一方有权直接终止合同。

相关法律规范并未规定 PPP 项目公司的组织形式，但在实践中项目公司多为有限责任公司。这主要是因为 PPP 项目公司股东普遍较少，公司治理结构简单，发起设立时不会向社会公开募集资金，其股本也不必划分为等额股份。在股权变更的规定方面，《公司法》[1] 允许有限责任公司的股东移转股份，但一般要求得到过半数的其他股东的同意，并且受到优先购买权的制约，只有符合上述条件才能成功实现股权的转让。

（一）限制变更的原因

尽管《公司法》允许股东转让股权，但现实中项目公司的股权转让会受到诸多制约。股权变更是政府和社会资本的一场博弈，两者的关注点完全不同，政府选取社会资本和组织成立项目公司时需要进行系统评审，确保成立后的公司拥有相应的实力。政府通常倾向于认为股权的变动会将不具备相应资质的主体引入项目中来，迟滞项目推进或影响项目质量。社会资本更期待其自由转让股权的权利得到保障，这样有利于增强自身资金的流动性，实现项目退出。由于政府拥有政策的制定权，社会资本的话语权基本难以得到保障。

（二）限制股权变更的适用范围

针对各类型的项目，政府一方对限制股权变更制度作用的范围和程度的要求存在差异，一般包括如下几类。

---

〔1〕 参见《公司法》第 71 条第 1、2 款：“有限责任公司的股东之间可以相互转让其全部或者部分股权。股东向股东以外的人转让股权，应当经其他股东过半数同意。股东应就其股权转让事项书面通知其他股东征求同意，其他股东自接到书面通知之日起满 30 日未答复的，视为同意转让。其他股东半数以上不同意转让的，不同意的股东应当购买该转让的股权；不购买的，视为同意转让。”

1. 直接或间接转让股权

直接转让项目公司的股权，会影响项目公司的经营，自然是在限制转让的范围之内，应当经过政府的事先批准。现阶段的项目投资，特别是外商投资的 PPP 项目，往往存在多层次的股权结构，如“VIE 结构”等。在这些多层次的股权结构中，项目公司的母公司股权结构的变化也应被给与充分的关注，其控股股东的变化应当接受政府的事前审批。

《公司法》规定，只有在其他过半数股东同意的前提下，有限责任公司的股东才可以将股份转让出去。由于有限责任公司兼具“人合”和“资合”的特点，理论界对“过半数”是指股东人数还是股权份额存在一定争议。但从 PPP 项目的实践来看，政府方无论在股东人数还是股本上都不占优势，原因在于政府利用 PPP 模式的目的就在于以较小成本撬动大额资金。但是，政府享有对股权限制的制约权，这样的规定本身并不合理。

2. 并购、增发等方式导致的股权变化

除了将股权转让给第三人，项目公司收购其他公司股份和增发新股都能起到改变公司股权结构的效果。在现阶段，股份有限公司形式尚未成为 PPP 项目公司的主流，但未来公众公司必然会成为 PPP 项目公司的发展趋势，由于我国民众的高个人储蓄率，只有股份有限公司才最能激发个人投资者的投资热情。所以在可预见的将来，有关部门必然会放宽对 PPP 项目公司发行股份的限制。

3. 变更股份的权益

在公司的股东中，普通股股东直接参与公司的经营，自然在被限制变更之列。优先股股东尽管不具有经营权，但在该制度下，也很难让公司赎回股票或转让股票。在国内外的实践中，原本与股权绑定的表决权是可以与股权分离的，企业的创始人往往有超出其股权数倍的投票权，在 PPP 项目公司中，这种与股权一定程度分离的表决权也在被限制转让之列。在公司运营中，可转换公司债也广泛存在，例如山西省在去产能过程中就广泛采用该机制，省属的七家大型煤企均存在债转股计划，对于利用社会资金化解过剩产能起到了很大作用，而这种模式在 PPP 项目中也属于被限制之列。

以上都是企业在经营过程中时常面对的问题。这些举措本可以通过公司章程进行灵活规定，而在项目协议中很难作出事先约定，如果单方面禁止则又会影响公司的经营能力，导致项目管理水平下降。

（三）限制股权变更的具体措施和例外情形

1. 设置锁定期

锁定期是政府为限制合作方转让其所有的股权而规定的期限。在此期间内，社会资本方无权处分其股权。政府往往会在协议中与社会资本方就该期限作出约定，这是目前最主要的限制措施。

通常该锁定期的长短视项目的具体情况而定，通常不会早于项目的缺陷责任期，这一规定的目的在于确保社会资本不会在履行完全部义务之前退出项目。因在项目初期，政府和社会资本方需要处理招投标、订立项目协议及组建公司等烦琐程序，政府往往希望在这一时期不要出现社会资本方的变动。但社会资本方之中的短期投资者、以施工方身份加入项目的投资者普遍希望尽快退出项目，锁定期的设置使得他们难以如愿，这也会打击社会资本方的投资信心。

2. 受让方的资质要求

相当一批 PPP 项目对入围企业的资质有较高标准，比如国家发展改革委等八部委颁布的《关于印发促进智慧城市健康发展的指导意见的通知》提到要积极吸引社会资本参与，其中涉及的技术包括物联网、大数据、空间信息地理等新技术，企业若缺乏相应的资质和经验则不足以开展有关项目。因此，有资质要求的项目即使在锁定期结束之后，还必须由政府审查受让方的资质。因此，政府不但有权制定标准，还拥有审查权。尽管政府为保证特定项目的实施提出一定资质要求本身并无不妥，但在实践中政府往往会人为设置过高的门槛，而实际项目本身并不需要相应资质。这对于社会资本方转出股权退出 PPP 项目极为不利，因为政府的相关做法缩小了有能力接手项目的群体。未来 PPP 交易市场建立后，其目的应当是通过统一的市场整合资源以促进交易，人为设置高门槛也不符合相应的要求。

3. 例外情形

如果项目公司是为本项目融资进行担保而变更股权，或是将项目公司的股权转让给本公司的关联公司，则不受股权变更限制规定的约束。此外，若政府转让其持有的股份不受该规定的约束，则此规定显示出政府和社会资本方在转让股权方面并不处于平等地位。

二、政府审批权的制约

财政部在《PPP 项目合同指南（试行）》中规定，政府有权也应当对 PPP 项目公司的股权变更进行审批，不仅如此，项目公司的母公司的相关变更也要接受政府审批。这意味着不仅是项目公司，社会资本方自身的股权变动也在政府的监管之列。政府作出这样规定的初衷是要确保项目合作方的稳定，但过度的限制是社会资本方所难以接受的。在传统模式下，政府直接为公众提供公共服务；而在 PPP 模式下，政府是购买者，也承担监督的职责。赋予政府带有公权力性质的审批社会资本能否退出的权利，等于让政府既当“运动员”，又当“裁判员”，这不利于保护社会资本方的权益。

例如，漳州发展股份有限公司和当地城乡建设局达成的项目协议，[1]在该协议的第十三章“变更和转让”中，作为甲方的政府和作为乙方的社会资本约定：乙方不仅不能允许处分项目资产，也不得在其上设置担保。又如：湖南长沙的某市政 PPP 项目协议[2]也规定未经甲方即政府同意，社会资本不得变更股权。

实践中的 PPP 项目协议大多都有这样的规定。《PPP 项目合同指南（试行）》有对股权变更事项的兜底条款，即任何可能导致股权变更发生的问题都在政府的审查之列。如果社会资本进入 PPP 项目中，由于企业正常战略的调整想退出项目，但政府很可能不想放行而不批准，这样就造成企业被一个比其寿命还要长的项目套牢。这对社会资本而言并不公平，也会削弱其介入相关项目的主动性和积极性。

三、排斥联合体参与

PPP 项目的准入制度和退出制度在实践中会相互影响，政府初次选择社会资本方时设置较高的门槛，也会增加社会资本方退出项目的难度，如实践中存在的限制联合体投标的情形。

PPP 项目的复杂性对社会资本方的资质有较高的要求，单一的投资人通常不具备全程运作 PPP 项目的能力；而且，让单独的一家企业来负责整个项目也不利于体现专业分工的效率优势。就一项基础设施的建设而言，需要资金融通、投资管理、勘察设计、工程施工、项目运营等不同分工，如果具备这些不同能力的人组成联合体，则有助于发挥优势，分工完成 PPP 项目，这样不但可以降低经营风险，提高竞标能力，还可以提高项目的整体质量。

在这样的联合体中，提供资金的一方通常不会乐于长期参与项目，因而有提前退出的意愿；而施工建设方和运营方则相对稳定，即使投资方退出项目，变更公司的股权，其实质变化的也只是项目的受益对象，不会在很大程度上影响项目的施工和运营，处理这些情形的做法可以在结成联合体时通过合同予以

---

〔1〕 该协议为《漳州市东墩污水处理厂（一期）项目特许经营协议》，相关内容为：“未经甲方事先书面同意，乙方不得出让、转让、抵押、质押本项目的资产，也不得在上述资产、权利和利益上设置任何留置权或担保”，参见《关于签署〈漳州市东墩污水处理厂（一期）项目特许经营协议〉的公告》，载中国银河证券网 http：//www. chinastock. com. cn/yhwz/astock/shareholdersEquityAction. do? methodCall = detailANNOUNMT&announmtid = 1846292&target = _blank，最后访问日期：2017 年 3 月 10 日。

〔2〕 本协议为《宁乡县东城区污水处理厂 PPP 项目特许经营协议》，其中第 17 条规定：“乙方应在公司章程中作出规定，确保在协议生效日之后至运营期结束的最后一日，未经甲方同意股东都不得将股权进行转让，股权比例亦不得变更。”载长沙市金洲新区官网 http：//www. nxgov. com/nxxjzxq/jzdt/yqxw/content_103006. html，最后访问日期：2017 年 3 月 10 日。

事先规定。所以说，接受联合体竞标在一定程度上有利于社会资本一方或多方从项目中退出。

但目前还有许多 PPP 项目在公告中禁止竞标方组建联合体参与项目。例如：三亚市园林环卫管理局发布《三亚市建筑废弃物综合利用厂 PPP 项目社会投资人招标公告》就规定禁止联合体投标。对招标工作而言，特别是较大且复杂的 PPP 项目的招标工作，要想找到一家拥有完全能力实施项目的社会资本方并非易事。以早期的来宾电厂 BOT 项目为例，〔1〕该项目在招标阶段就有 31 家国际公司（联合体）向广西政府提供了资格预审材料，其中有 6 家联合体获得了投标邀请，最后的中标方为法国联合体。从实施效果来看，来宾电厂项目不但取得了高额盈利，还实现了良好的社会效益，并于前年正式移交广西方面。这个事例是联合体运营 PPP 项目并取得成功的典范。

对于招标方是否可以规定禁止联合体投标这个问题，实践中还存在一定争议。《中华人民共和国招标投标法》（以下简称《招标投标法》）第 31 条第 1 款的规定〔2〕也认可了投标方组成联合体的权利。尽管法律并未禁止招标单位做出“禁止联合体投标的规定”，但结合国务院、各部委和地方政府近期发布的关于 PPP 模式政策的文件精神来看，有关部门对社会资本进入 PPP 项目是大力支持的。因此，招标公告设置这样的门槛也是不合理的。

保障 PPP 项目中社会资本方组成联合体竞标的权利，实质上有利于畅通社会资本退出项目的渠道。

四、所有制、地域限制

各类 PPP 项目有各自不同的门槛，PPP 项目的社会资本方要实现退出，接手的一方也要满足相应的条件，比如对所有制的要求、对地域的限制。

很多地方政府在 PPP 项目招标时会设置较高的门槛，例如要求社会资本方“须是特级企业”“具备 15 年以上行业经验”“获得国际奖项”等，能达到此类标准的非国有企业在行业内凤毛麟角。此外，还有很多地方的招标文件直接声称“优先考虑国有企业”，很多民企难以进入 PPP 项目。

除了所有制方面，还有地域方面的限制。很多地方都规定竞标本地的 PPP 项目的外地企业要履行复杂的备案程序，甚至规定备案手续只有在外地企业拿到招标文件后才可以办理，因为办理手续时间较长，外地企业基本很难按时完

---

〔1〕王薇、戴大双、王东波：《广西来宾 B 电厂 BOT 项目特许经营者选择研究》，载《科技与管理》2011 年第 2 期。

〔2〕《招标投标法》第 31 条第 1 款规定：“两个以上法人可以组成一个联合体，以一个投标人的身份共同投标。”

成投标；而且地方政府往往出于本地 GDP 增长的考虑，并不愿意本地企业特别是国有企业投资外地项目。

有资质成为社会资本方的群体数量的多寡，影响着原先的社会资本退出的难度。上文提到本地的融资平台和国有企业没有成为社会资本方的资格，外地政府的融资平台和国有企业投资本地的热情也不会很高，并且本地政府在 PPP 项目招标上也会优先考虑本地企业。这些因素综合到一起，再加上招标中人为设置的一些门槛，基本上可以说社会资本方想要退出 PPP 项目的话，能够“接盘”的企业并很多，这当然也增加了社会资本退出的难度。

第五章 社会资本退出机制存在的法律问题及其完善

一、存在的法律问题

（一）法律法规不完善

在现阶段，PPP 模式的法律法规还不完善，对于社会资本的退出而言更是如此，突出表现在以下方面。

1. 法律层级低且缺乏专门立法

现如今，PPP 模式已经植入经济建设和社会公共服务的多个领域中，而制度的滞后已经迟滞了 PPP 模式的快速发展。现存的 PPP 立法主要是 2014—2015 年制定的，而且大多以“意见”或“通知”的形式出现，现行有效的、最高位阶的 PPP 法律是《特许经营管理办法》，其属于部门规章，难以达到规范效果。

表 1 国务院和各部委颁布的规范性文件及相关内容〔1〕

日　期	发文机关	文件名称	相关内容
2014 年 9 月 23 日	财政部	《关于推广运用政府和社会资本合作模式有关问题的通知》（以下简称“76 号文”）	“地方各级财政部门要会同行业主管部门协商订立合同，重点关注项目的功能和绩效要求、付款和调整机制、争议解决机制、退出安排等关键环节”

〔1〕 表格中各项规定的内容来源为贾向明、卓识主编：《PPP 法律法规汇编全集》，民主与建设出版社 2015 年版，第 157 页、第 161 页、第 175 页和第 179 页。

续表

日　期	发文机关	文件名称	相关内容
2014 年 11 月 16 日	国务院	《国务院关于创新重点领域投融资机制鼓励社会投资的指导意见》（以下简称“60 号文”）	“政府要与投资者明确 PPP 项目的退出路径，保障项目持续稳定运行”
2014 年 12 月 2 日	国家发展改革委	《关于开展政府和社会资本合作的指导意见》	“从项目选择、方案审查、伙伴确定、价格管理、退出机制、绩效平价方面，完善制度设计，营造良好的政策环境”“依托各类产权、股权交易市场，为社会资本提供多元化、规范化、市场化的退出渠道”
2014 年 12 月 2 日	国家发展改革委	《政府和社会资本合作项目通用合同指南》	“项目合同应约定合同权利义务是否允许转让；如允许转让，应约定需满足的条件和程序”
2014 年 12 月 30 日	财政部	《关于规范政府和社会资本合作合同管理工作的通知》（以下简称“156 号文”）	“合理设置一些关于期限变更（展期和提前终止）、内容变更（产出标准调整、价格调整等）、主体变更（合同转让）的灵活调整机制”
2015 年 4 月 25 日	财政部等五部委	《特许经营管理办法》	对特许经营协议的规定中要求包含“股权转让的方式”和“变更、提前终止及补偿”的内容

梳理相关文件的内容可知，PPP 项目的合同管理和多元化退出渠道建设正日益得到重视，建设交易市场的构想也在上海、天津两地得到初步落实，但相关的规定仍然只有只言片语，不具有操作性。

财政部发布的《征求意见稿》规定了对 PPP 项目实施过程中社会资本应当遵循的义务，以及在社会资本退出后政府可以采取的必要措施，包括临时接管、项目重启、项目回收以及移交等程序，为社会资本退出进行了必要的制度设计。此意见稿在结束征求意见之后，还处在修改完善阶段，距离其生效还需较长时间。

2. 缺乏可操作性的制度安排

中央部委发布的关于 PPP 模式的政策文件对于社会资本的退出机制，均未作出详细的规定。财政部的 76 号文和 156 号文只强调了要做好退出安排，以“兼顾灵活”的方式处理 PPP 合同。国务院 60 号文也仅仅提到要规定项目的退出途径。国家发展改革委在其发布的 2724 号文中对 PPP 退出机制仅仅提到要为社会资本提供多元化、规范化、市场化的退出渠道，除此以外，没有过多的制度安排。因此，在现阶段，对 PPP 项目而言，缺乏一套成熟的退出机制设计。在《征求意见稿》中提到了社会资本可以采用抵押、资产证券化等方式进行融资，但又把相关规则的制定委托给了国务院银监会、证监会及保监会等部门，且不说这些未来的规定是否具备可操作性，首先它们何时出台都没有时间表，所以目前为止相关的法律法规还是对社会资本的退出缺乏可操作性的安排。

相关制度内容不具体明确也束缚了地方政府的手脚，使后者难以对社会资本退出机制作出具体制度设计。60 号文发布后，各省市也先后推出了地方版的 PPP 模式的实施意见，其主要内容大致可归纳为以下几类。

第一，直接沿用国务院 60 号文的规定，强调明确退出路径，各级政府要做好 PPP 项目结束后的接管工作，如河北省的相关规定。

第二，在国务院和部委的规定以外有所拓展。比如，北京市提出“社会资本退出也可依托各类产权、股权交易市场等渠道进行”;〔1〕浙江省政府发布的实施意见进一步提出可以采用资产证券化的形式来拓展融资渠道，丰富社会资本的退出形式。

第三，部分省份并未对 PPP 的退出机制作出相应规定，如青海省。

综合来看，各地推出的落实 PPP 模式的文件还是以延续中央文件内容为主，主要叙述社会资本投资的重点领域、融资机制和渠道、支持政策和监管保障等方面，对社会资本退出机制的关注还较少，主要强调非正常情况下政府的接管，缺乏对社会资本正常退出的规定。

3. 法律属性模糊

上文已经提到，相关司法解释已经将政府特许经营协议认定为行政协议，利益相关人可据此提出行政诉讼。《采购管理办法》第 22 条规定对于 PPP 项目政府采购中的争议，社会资本方可以申请仲裁或者提起民事诉讼。在《征求意见稿》中，对于社会资本和政府的争议，可以允许社会资本方提出民事诉讼。这表明，这几部法律对 PPP 项目社会资本方自身救济的途径的规定是不一致的。

---

〔1〕 曹珊主编:《政府与社会资本合作（PPP）模式政策法规与示范文本集成》，法律出版社 2015 年版，第 545 页。

此外，将 PPP 项目协议直接认定为民事关系也是欠妥的，因为政府在项目中享有相当程度的行政优益权，在项目实践中政府也具有高于社会资本的影响力和话语权，而认定为行政协议，又不利于对社会资本进行保护。对法律属性认识的模糊，导致现阶段有关部门在立法上存在认识的偏差。

4. 部分规定存在冲突

财政部和国家发展改革委作为推广 PPP 模式的两大机关都先后出台了不少政策和规章文件，其中有不少规定是不一致的。财政部牵头起草的《征求意见稿》是否能覆盖全部 PPP 模式，包括特许经营模式，并兼容国家发展改革委主导的 PPP 项目，还有待在未来实践中考察。

（二）股权变更限制的规定

所谓股权变更限制，就是对 PPP 项目中的社会资本方转让项目公司或控股母公司股权行为的限制。作为 PPP 项目合作一方的政府，对作为另一方的社会资本转出股权行为进行审批。《PPP 项目合同指南（试行）》不仅是对直接或间接转出股权的行为进行限制，也对并购、增发、转让收益权等导致股权变化的行为进行限制。这在很大程度上限制了社会资本自由退出 PPP 项目。对于审查的标准，《PPP 项目合同指南（试行）》没有做出详细的规定，《征求意见稿》也没有做出安排。如果是在合同中约定审查股权转让事项标准的话，也很难起到实现明确审查和退出标准的作用，因为《PPP 项目合同指南（试行）》直接规定了可以对股权转让事项设定兜底条款，政府完全掌握了裁量的权利，很难就此类问题与社会资本作出事先约定。

同时，《征求意见稿》规定了对于双方的争议解决可以适用民事诉讼，相当于变相承认了项目合同民事协议的性质，在民事协议中授予某一方对另一方退出行为的审批权，将双方置于不平等地位。因此，股权变更限制本身的正当性值得商榷，而且也不符合《公司法》对股权转让的规定。

（三）转出途径受阻

实践中，影响社会资本退出 PPP 项目的一个重要因素就是在某一社会资本退出后有资质接手进入的新主体较少。地方政府在选择 PPP 项目合作伙伴的过程中都会或多或少地对所有制形式、企业地域等方面提出要求。尽管其不会在招标公告中直接提出相关的要求，但可以对企业资质、企业在本地有无办公地点做细节规定，过滤掉不认可的对象，通常本地企业和国有企业的中标概率会较高。这对于退出机制的影响就是，社会资本需要找到符合相应条件的新合作伙伴来接替，否则政府就可以审批权为后盾来拒绝企业的退出。

实践中存在 PPP 项目限制联合体投标的现象，这在一定程度上会影响社会资本退出项目。社会资本发挥的重要作用就是融资，在 PPP 项目流程的各个环节中，相对于项目建设、施工和管理，融资的可替代性是最强的。政府坚持拥有企业转让股权的审批权的目的就在于防止企业股权的变更影响基础设施建设和社会公共服务，在联合体运作的项目中，若只有融资主体的变化则不会影响PPP 项目的施工。如果单个企业来负责 PPP 项目，其退出的难度要大于联合体，因为联合体的成员并未都退出时，他们毫无疑问是具备项目建设和运营的经验的，可以在一定程度上维持项目的稳定。

（四）风险和债务分担问题

《征求意见稿》规定了项目的持续期间通常不短于 25 年，实践中多为 10—30 年。社会资本长期运营 PPP 项目会增加其企业面临的风险，其中政府信用风险对企业的影响相当大。《征求意见稿》规定："政府换届、负责人变更、实施单位职能调整、合并分立或撤销不得影响合作协议履行。"[1] 但在实践中，这样的规定是否能发挥实际作用尚未可知。

此外，该《征求意见稿》对合作项目的价格变动作了规定，当存在连续 3 年收入相比协议规定过高或过低的情形时，可以调整。这意味着在 PPP 项目下，政府也依然具备调整价格的权利，特别是向下调整的权利。对社会资本方而言，其要承担较大的风险，获取利润本属无可厚非。一般来说，项目在启动之前已经经过充分论证，而且政府与社会资本已经订立了协议，作出向下调整的规定其实是变相的违约，不合理地加重了社会资本的风险。放眼国际，对 PPP 项目收益低于预期时进行补贴已经成为世界范围内的通行做法，但在我国，对于补偿机制的规定还不具体。同时，所谓的调整过高的收入并不可取，因为 PPP 项目所提供的主要是准公共产品，利润率并不高。不够细致与合理的调整机制只会增加 PPP 项目协议的不确定性，导致社会资本的非正常退出。

由风险分配不合理导致的债务分担问题，也值得关注。92 号文规定 PPP 项目实施过程中因项目公司产生的债务由项目公司独立承担偿付义务，在项目移交时不得移交给政府。《征求意见稿》将商业风险归于社会资本方，而由政府承担最低需求风险。在杭州湾大桥 PPP 项目中，大桥开工建设未满两年之际，附近就开始建设绍兴大桥，随后开通的嘉绍大桥更是让杭州湾大桥的运营雪上加霜。后开通的两座大桥对杭州湾大桥而言与其说是商业风险，不如说是政府未能满足 PPP 项目对客流量的最低需求，是政府主导的竞争性项目减少了大桥客流。由此导致的后果就是 2010 年杭州湾大桥的客流量比预期减少 30%以上，项

---

〔1〕《中华人民共和国政府和社会资本合作法（征求意见稿）》，载政府和社会资本（PPP）研究中心网 http://www.pppcenter.org.cn/xydt/xyxw/201601/121543Eay.html，最后访问日期：2017 年 3 月 10 日。

目公司陷入运营困境。

（五）对具体途径的规定不够完善

社会资本目前的退出途径包括股权转让、股权回购、资产证券化等。现阶段对这些途径的具体规定还不够完善。

首先是对股权回购规定不一致。国务院已经发文禁止了地方融资平台进行保底承诺，而财政部发布的《示范通知》也规定了要禁止通过回购安排进行变相融资。然而，《征求意见稿》对政府回购放松了一些限制，例如：第 28 条规定，为了保证社会资本的合理收益，可以在土地使用、必要费用支出上给予优惠条件。《征求意见稿》第 39 条也规定了政府回购的适用情形，这说明有关部门已经注意到了完全禁止政府回购不仅不利于保障社会资本收益，也不利于社会资本的退出。现阶段，主要的问题还是要解决这几部法律和规章规定的不一致，并对政府回购作出更为详细、更具可操作性的制度安排。

《征求意见稿》授权银监会、证监会和保监会对资产证券化等融资方式进行补充立法。授权给以上若干机关进行立法，首先面临的情况是出台时间的不确定，而且这几家机构并非财政部、国家发展改革委等 PPP 项目的专责机关，缺乏相关经验，其制定的规则极有可能只是对现有规定的照搬，难以体现 PPP 模式的特点。

PPP 资产流转在我国属于新生事物，鉴于当前金融体系偏重短期投资以及监管体系的不完善，容易导致某些人利用信息不对称以及 PPP 市场转嫁风险。

二、完善建议

（一）完善 PPP 模式立法

完善立法首要的步骤是进行统一的 PPP 立法。财政部、国家发展改革委等多家机关都有权管理 PPP 项目，并就 PPP 模式制定政策，PPP 模式“政出多门”的问题长期存在。制定高位阶的 PPP 法律，进行统一的 PPP 立法，实质上也是在整顿、清理过去出台的大量 PPP 相关法律法规和政策文件。解决 PPP 法律相互冲突的问题，也有利于避免 PPP 模式在实务中适用法律的混乱。

现行 PPP 的专门立法应当坚持问题导向原则，着力解决 PPP 项目实践中暴露的问题。现行 PPP 模式的高位阶法律《特许经营管理办法》代表的特许经营模式已经无法涵盖全部 PPP 项目类型，而《征求意见稿》在征集意见之后尚未进入立法程序，所以现阶段应加快立法，早日推动《政府与社会资本合作法》的正式出台。

（二）修正股权变更限制制度

政府对社会资本的转让股权的行为具有审批权本身无可厚非，但应当设计一套机制防止政府滥用权力，干预社会资本的正常退出。

设置股权变更锁定期的目的在于引导其长期投资，防止社会资本中途退出。但现实中，社会资本有多方面的考量，追逐利润必定是其中最主要的一项。在生产要素高速流动的信息化时代，资本在项目中的进入、退出本应成为一种常态，过度的限制只会束缚社会资本，也会影响项目的持续融资。政府应当结合项目的实际情况设计合理的限制机制，在这一过程中还应积极听取社会资本方的诉求。政府应当更多关注对社会资本资质能力的考察和工程质量的监督，采用更加灵活的监管手段，摒弃单一的期限锁定做法和“一刀切”式的禁止股权变更的规定。

（三）放松限制、加强监管

社会资本进入和退出 PPP 项目都会遇到多多少少的限制，对所有制和地域的歧视只是其中一个方面。《招标投标法》第 18 条[1]强调了对社会资本的公平待遇问题，《征求意见稿》没有作出相关规定，应当对此进行补充。

当前 PPP 项目需要一个专门的主管部门，目前的财政部门、国家发展改革委协作的机制已经暴露了很多问题，责任的不清晰导致政府疏于对自身的监督。《征求意见稿》在政府部门的监管上只强调了对社会资本的监督，而忽视了对政府自身的监督，导致部分政府机关推行和监督 PPP 项目时随意性较大。《征求意见稿》规定的民事诉讼的救济方式最多只能为社会资本提供经济补偿，无法激励政府加强自身监督，完善自身建设。

（四）加强对投资者的保护

政府应当保障实行使用者付费的 PPP 项目获得稳定的用户群体，并且与社会资本方事先约定排斥竞争性项目，以杭州湾大桥为例，可以约定在一定时期和一定区域内不会修筑另一座竞争性大桥。如果政府违反协议，或者协议未约定但发生了此类情况，由此产生的相关债务或损失应当明确为最低需求风险并由政府承担，社会资本退出该项目时应得到相应的补偿。

（五）创新制度以丰富退出途径

回购条款的设置应当灵活。《征求意见稿》第 39 条规定，在 PPP 项目合作协议终止后，项目实施单位可以按照项目采购的程序重新选择社会资本；并且还规定，若是期间内发生了影响公共产品和服务提供的情形，政府应当对项目进行回购。但是将该权利级别限定在县级以上似有不妥，因为各地正在大力推广的秸秆沼气化 PPP 项目的层级往往比县级更低，而且基层 PPP 项目标的不大，回购难度较小，适合采用政府回购的方式，这样也能保护投资者的利益。

---

〔1〕《招标投标法》第 18 条第 2 款规定：“招标人不得以不合理的条件限制或排斥潜在投标人，不得对潜在投标人实行歧视待遇。”

所以，有关部门对政府回购权还需作出更加灵活的规定。

公开上市、资产证券化等都是社会资本退出的可行途径，但由于这两种制度操作流程复杂，门槛较高，在实践中应用得很少，有关部门应该设计符合PPP项目特点的全面且可操作的制度来推广这几种途径。以资产证券化为例，未来的规则制定要关注风险隔离、监督、评级等机制的完善。建设专门的PPP交易市场需要修订相应的制度规范，组建专门的评级和估价机构，同时还要建立完善的风险控制和监管体系。要做好这些工作，除了要坚持机制体制创新，还要抓紧建设一支PPP人才队伍，处理与PPP项目相关的专门事宜。相关的法律法规和政策应多着眼于这些方面，未雨绸缪，为解决实践中的PPP问题作出具体明确且合理可行的规定。

所以说，《征求意见稿》的出台只是完善PPP立法的开始，完善PPP模式特别是退出机制仍任重道远，有赖于我们在实践中去发现、总结和创新。

结 论

我国的PPP模式起步时间并不晚，但其掀起热潮却是近两年的事。仅在2014年，各省市地方政府推出的PPP项目的总额就高达1.6万亿元，这说明：一是在中央和地方政府的大力提倡和政策支持之下，大量的社会资本进入PPP项目；二是社会资本进入PPP项目的时间还比较短，很多风险和问题尚未暴露，随着时间的推移，必然会有相当一批社会资本方想要退出PPP项目。但是现有的退出机制并不完善，如果社会资本方未能实现有序退出，则会给现阶段的PPP热潮“泼凉水”，也会伤害政府的信誉。因此，完善PPP模式下社会资本退出机制的工作必须有条不紊而又紧锣密鼓地开展起来。

以经济法的理论指导PPP的立法的价值在于平衡政府和社会资本方的利益，政府制定规则，也要以经济法的主体身份遵守规则。有关部门应当以公平、公开、公正等方式为PPP模式进行立法，多听取双方特别是社会资本方的意见和建议。在此过程中要实现统一立法，避免政出多门以及相互之间的法律发生冲突。相关立法和政策文件要多做细节安排，为社会资本的退出创造可操作性。

完善社会资本退出机制是推广PPP模式的关键环节。社会资本的退出并不可怕，因为其又可以投资新的项目，给市场带来新的活力；而真正值得警惕的是，抱残守缺使资源无法被优化配置。所以，完善PPP项目下社会资本的退出机制势在必行。

参考文献

一、著作类

1. 贾向明、卓识主编:《PPP 法律法规汇编全集》，民主与建设出版社 2015 年版。

2. 易斌主编:《PPP 项目法律实务解读》，中国建筑工业出版社 2016 年版。

3. 贵州君跃律师事务所主编:《政府和社会资本合作模式（PPP）政策法规集成》，中国法制出版社 2016 年版。

4. 李东方:《上市公司监管法论》，中国政法大学出版社 2013 年版。

5. 何春丽:《基础设施公私合作（含跨国 PPP）的法律保障》，法律出版社 2015 年版。

6. 曹珊主编:《政府与社会资本合作（PPP）模式政策法规与示范文本集成》，法律出版社 2015 年版。

二、论文类

1. 李利娜:《高速公路建设 PPP 融资模式探讨》，载《改革与战略》2015 年第 3 期。

2. 李东方:《近代法律体系的局限性与经济法的生成》，载《现代法学》1999 年第 4 期。

3. 张守文:《经济法基本原则的确立》，载《北京大学学报（哲学社会科学版）》2003 年第 2 期。

4. 郭振华:《企业生命周期及其战略选择》，载《企业改革与管理》2017 年第 1 期。

5. 吴玉亮:《融资租赁法律关系浅析》，载《铁路采购与物流》2011 年第 7 期。

6. 王薇、戴大双、王东波:《广西来宾 B 电厂 BOT 项目特许经营者选择研究》，载《科技与管理》2011 年第 2 期。

7. 穆尉鹏:《PPP 项目融资风险分担机制研究》，重庆大学 2008 年硕士学位论文。

8. 吴海燕:《商务汉语词汇研究》，中央民族大学 2012 年博士学位论文。

三、其他

1. 《2015 年全国收费公路统计公报解读》，载交通运输部官网 http://www.mot.gov.cn/zhengcejiedu/2015qgsfgltjgb。

2. 《漳州市东墩污水处理厂（一期）项目特许经营协议》，载中国银河证券网 http://www.chinastock.com.cn/yhwz/astock/shareholdersEquityAction.do?methodCall=detailANNOUNMT&announmtid=1846292&target=_blank.

3. 《宁乡县东城区污水处理厂 PPP 项目特许经营协议》，载长沙市金洲新区园区官网 http://www.nxgov.com/nxxjzxq/jzdt/yqxw/content_103006.html.

4. 《中华人民共和国政府和社会资本合作法（征求意见稿）》，载政府和社会资本（PPP）研究中心网 www.pppcenter.org.cn/xydt/xyxw/201601/121543Eay.html.

图书在版编目（CIP）数据

中国政法大学法律硕士优秀学位论文集. 2016-2017/中国政法大学法律硕士学院编. —北京：中国政法大学出版社，2020.10
ISBN 978-7-5620-9078-6

Ⅰ. ①中…　Ⅱ. ①中…　Ⅲ. ①法律—文集　Ⅳ. ①D9-53

中国版本图书馆CIP数据核字(2019)第190227号

出版者　中国政法大学出版社
地　址　北京市海淀区西土城路25号
邮寄地址　北京100088信箱8034分箱　邮编100088
网　址　http://www.cuplpress.com (网络实名：中国政法大学出版社)
电　话　010-58908289(编辑部) 58908334(邮购部)
承　印　北京九州迅驰传媒文化有限公司
开　本　720mm×960mm　1/16
印　张　36
字　数　670千字
版　次　2020年10月第1版
印　次　2020年10月第1次印刷
定　价　145.00元